ZHONGHUA RENMIN GONGHEGUO
MINFA ZONGZE
CAIPAN GUANDIAN YU ANLI SHIYONG

中华人民共和国
民法总则
裁判观点与案例适用

◆《民法总则裁判观点与案例适用》编写组/编◆

中国检察出版社

图书在版编目（CIP）数据

中华人民共和国民法总则裁判观点与案例适用/《民法总则裁判观点与案例适用》编写组编. —北京：中国检察出版社，2017.4
ISBN 978 -7 -5102 -1873 -6

Ⅰ.①中… Ⅱ.①民… Ⅲ.①民法 - 总则 - 研究 - 中国 ②民法 - 总则 - 法律适用 - 中国 Ⅳ.①D923.1

中国版本图书馆 CIP 数据核字（2017）第 064622 号

中华人民共和国民法总则裁判观点与案例适用

《民法总则裁判观点与案例适用》编写组　编

出版发行： 中国检察出版社
社　　址： 北京市石景山区香山南路 111 号（100144）
网　　址： 中国检察出版社（www.zgjccbs.com）
编辑电话：（010）88960622
发行电话：（010）88954291　88953175　68686531
（010）68650015　68650016
经　　销： 新华书店
印　　刷： 保定市中画美凯印刷有限公司
开　　本： 710 mm×960 mm　16 开
印　　张： 30.25
字　　数： 556 千字
版　　次： 2017 年 4 月第一版　2017 年 4 月第一次印刷
书　　号： ISBN 978 -7 -5102 -1873 -6
定　　价： 78.00 元

目　　录

第一章　基本规定

第一条　为了保护民事主体的合法权益，调整民事关系，维护社会和经济秩序，适应中国特色社会主义发展要求，弘扬社会主义核心价值观，根据宪法，制定本法。

典型案例　李桂霞等与杨晓红侵权纠纷

【裁判观点】法律明确规定公民的合法权益受法律保护，而非法的民事权益不受法律保护。由于本案涉诉的“五个地下门市房”属于非法建筑设施，而基于非法建筑设施产生的非法收益亦不应受法律保护。杨晓红的诉讼请求是要求获取李桂霞等基于非法设施取得的非法利益，故不应受到法律的保护。

【案情介绍】再审申请人李桂霞、姜某某因与被申请人杨晓红侵权纠纷一案，不服鸡西市中级人民法院（2014）鸡民终字第435号民事判决，申请再审。

李桂霞申请再审称：（1）原两审程序严重违法。①本案系因不动产纠纷提起的诉讼，应当由涉诉房产所在的牡丹江农垦法院管辖；本案三位被告的户籍和经常居住地都不在密山市区域。原两审法院无权管辖。②遗漏诉讼主体。赵景志购买诉争房屋45%的产权，成为涉诉地下门市的实际产权人，杨晓红诉请的房屋租赁费包括其购买之后所产生的费用，另外在涉及地下门市的两案中均实际处理了产权归属及房屋应由谁占有的问题，作为房屋共有权人的赵景志与本案有直接利害关系，本案的审理结果关乎其切身利益，其系必要共同诉讼人，应参加诉讼。赵景志在原两审中曾多次书面申请参与诉讼，原审法院拒收其申请，并口头回绝。（2）原两审判决认定的基本事实错误。①原两审判决认定“被上诉人对本案争议的5个无照地下门市享有所有权”是违背事实。②原两审判决关于“三个房屋租赁合同因出租人无权出租而无效”的认定错误。第一，依据李桂霞与杨晓红签订的“4·30协议”中关于房屋共有的内容和省高院（2009）黑民一终字第19号民事判决书第二判项，李桂霞享有涉诉地下门市产权，自然享有出租权。第二，姜某某亲见牡丹江农垦法院将涉诉地下门市交付给李桂霞，其有理由相信李桂霞对房屋享有处分权，其与李桂霞签订租赁合同，主观上出于善意。第三，李桂霞与姜某某均具备相应的民事行为能力和主体资格，签订租赁合同是双方真实的意思表示，其内容、形式都不违反法律、行政法规的强制性规定，亦不损害社会公共利益。应当认定双方签订的三份租赁合同合法有效。第四，本案不具备《合同法》第52条规定的合同无效的五种情形，原审判决欠缺法律依据。第五，李桂霞将通过执行程序从法院取得的房屋交付给姜某某，其也依约交付了房租，合同双方都全面履行了各自的义务，不存在违约行为。（3）原两审判决适用法律不当。原两审判决适用法条不但违背事实，而且有悖物权法、房地产管理法、房屋登记办法等有关法律规定，属适用法律错误。综上所述，根据《中华人民共和国民事诉讼法》第200条第2、5、6、8、11项的规定申请再审。

姜某某申请再审称：（1）有新的证据足以推翻原判决。2013年4月23日李桂霞出具姜某某在2012年10月底将争议房屋交付给了李桂霞，李桂霞转交给了赵景志，密山法院（2012）密民初字第1089号判决后才取得的证明。（2）原判决认定的基本事实缺乏证据证明。杨晓红没有提交证据证实其在2012年11月7日起诉时姜某某还占用该争议房屋。原审法院判决强行认定姜某某2012年10月底之后还占用该争议房屋没有法律依据。（3）原审判决适用法律错误。原审判决解决的争议实际是房屋产权之争，姜某某是承租户与房屋产权无关，原审判决适用《民法通则》《合同法》有关侵权责任方面法律错误，应适用物权法确认产权，故请求再审本案。

【法院审理意见】本院认为，首先，本院生效的（2009）黑民一终字第19号民事判决确认杨晓红与李桂霞（王建福）签订的“4·30协议”有效，判决杨晓红享有该栋共有房屋55%的所有权、李桂霞享有25%的所有权、王建福享有20%的所有权。已经人民法院执行完毕。2007年6月6日，该栋房屋李桂霞、王建福所享有的共计45%的建筑面积968.80平方米的房屋，部分办理了高某某名下的产权证书，另55%的建筑面积归杨晓红享有所有权。本案诉争的“五个地下门市房”位于高某某享有产权房屋部分的基础下，是将外侧房屋的部分地下承重梁围建封闭后形成房屋，没有权属证书。李桂霞依据968.80平方米房屋权属证书与土地部门签订了该处土地的使用权合同。根据最高人民法院《关于审理建筑物区分所有权纠纷案件具体应用法律若干问题的解释》第2条“建筑区划内符合下列条件的房屋，以及车位、摊位等待定空间，应当认定为物权法第六章所称的专有部分：（一）具有构造上的独立性，能够明确区分；（二）具有利用上的独立性，可以排他使用；（三）能够登记成立特定业主所有权的客体”、第3条“除法律、行政法规规定的共有部分外，建筑区划内的以下部分，也应当认定为物权法第六章所称的共有部分：（一）建筑物的基础、承重结构、外墙、屋顶等基本结构部分，通道、楼梯、大堂等公共通行部分，消防、公共照明等附属设施、设备，避难层、设备层或者设备间等结构部分……”的规定，由于诉争的“五个地下门市房”为高某某享有所有权的房屋的地下基础部分，与高某某取得产权证照的房屋为一体，无法区分，不能独立存在。且不属于另行建筑的独立房屋，不能独立办理产权登记。故应当属于高某某房屋的专有部分。原审判决认定该“五个地下门市房”为杨晓红所有无事实和法律依据。

其次，李桂霞申请再审时，提出杨晓红已不是其所有的55%房屋部分的权利人，其不具备房屋所有权人的合法身份，并申请本院对杨晓红的房产档案进行调查。经对杨晓红原房产档案核查，2010年8月2日，密山市人民法院作出（2009）密执字518号执行裁定书，将被执行人杨晓红所有的位于密山市口岸8510农场房屋（原天达商贸城东侧，面积1184.2平方米，房照号105091）交付申请执行人黑龙江省双胜集团，抵偿申请执行人黑龙江省双胜集团债务1168882元及在诉讼、执行过程中的相关费用。2010年8月30日，密山市人民法院下发（2009）执字第518号“协助执行通知书”，由8510农场房产科将被执行人杨晓红的上述1184.2平方米房产更名给双胜集团。据此，2013年8月6日，杨晓红提起本案诉讼时，已经不享有整栋房屋属于其55%房屋部分的物权。亦不具备诉讼本案侵权纠纷的民事权利主体资格。故杨晓红起诉要求确认李桂霞、高某某与姜某某的房屋租赁协议无效及赔偿其经济损失没有法律依据。

最后，《中华人民共和国民法通则》第1条规定“为了保障公民、法人的合法的民事权益，正确调整民事关系，适应社会主义现代化建设事业发展的需要，根据宪法和我国实际情况，总结民事活动的实践经验，制定本法”、第6条规定“公民、法人的合法的民事权益受法律保护，任何组织和个人不得侵犯”。《中华人民共和国侵权责任法》第1条“为保护民事主体的合法权益，明确侵权责任，预防并制裁侵权行为，促进社会和谐稳定，制定本法”。上述法律明确规定公民的合法权益受法律保护，而非法的民事权益不受法律保护。由于本案涉诉的“五个地下门市房”属于非法建筑设施，而基于非法建筑设施产生的非法收益亦不应受法律保护。杨晓红的诉讼请求是要求获取李桂霞等基于非法设施取得的非法利益，故不应受到法律的保护。并符合《全国民事审判工作会议纪要》"当事人请求确认违法建筑权利归属及内容的，人民法院不应予以受理；已经受理的，应驳回起诉"的意见。故应当驳回杨晓红的起诉。

【法院裁判结果】综上，李桂霞、姜某某的再审申请符合《中华人民共和国民事诉讼法》第200条第2、6项规定的情形，裁定如下：

指令鸡西市中级人民法院再审本案；再审期间，中止原判决的执行。

第二条 民法调整平等主体的自然人、法人和非法人组织之间的人身关系和财产关系。

典型案例 彭光亚与汕头帝豪酒店有限公司纠纷

【裁判观点】民法调整平等主体的自然人、法人和非法人组织之间的财产关系和人身关系。本案上诉人请求判令被上诉人依法交付其收取装修款的相应增值税发票，而增值税发票的印制、领购、开具、取得、保管、缴销均由税务机关管理和监督，被上诉人是否履行开具增值税专用发票义务，应由主管税务机关处理，不属于人民法院民事案件受理范围。

【案情介绍】上诉人汕头帝豪酒店有限公司不服汕头市龙湖区人民法院(2015)汕龙法民二重字第1号民事裁定，向本院提起上诉。

上诉人上诉称，被上诉人开具发票的义务问题不仅属于行政主管部门审查管理范围，此开具并交付发票问题同时也属于诚实信用原则中民事合同附随义务范围。根据《合同法》并参照最高人民法院《关于审理买卖合同纠纷案件适用法律问题的解释》等相关规定，所谓"合同的附随义务"，是指附随于合同约定义务之履行所形成的义务。比如，车辆买卖合同所导致的车辆变更登记的协助配合义务，房屋买卖合同所导致的产权过户登记的协助配合义务，皆属于因合同性质、目的和交易习惯所形成的合同附随义务。而普通发票或增值税专用发票均属于合同交易习惯中的单证及资料，货物及劳务的提供方作为收款人向付款人交付相应的发票系法定的合同附随义务。根据本案《精装修工程合同》的约定，被上诉人承包装修工程的方式为"包工包料"，即提供装修工程所需的货物及施工劳务，并根据其提供的货物及劳务情况收取相应的款项，那么，被上诉人开具与收取款项金额相一致的发票交付上诉人系被上诉人的法定合同附随义务。一审裁定仅以被上诉人是否开具、如何开具相应的发票属于行政主管部门审查管理范围、不属法院受理范围为由，驳回上诉人的上述反诉请求，显属相应认定及适用法律有误。因此，请求撤销原裁定，指令原审法院对本案予以审理。

【法院审理意见】本院经审理认为，依据《中华人民共和国民法通则》第2条规定，民法调整平等主体的公民之间、法人之间、公民和法人之间的财产关系和人身关系。本案上诉人请求判令被上诉人依法交付其收取装修款的相应增值税发票，而增值税发票的印制、领购、开具、取得、保管、缴销均由税务机关管理和监督，被上诉人是否履行开具增值税专用发票义务，应由主管税务机关处理，不属于人民法院民事案件受理范围。原审裁定以上诉人的诉求不属于人民法院受理民事诉讼的范围，当事人应向行政主管部门请求解决为由驳回起诉并无不当，依法应予维持。上诉人的上诉理由不成立，依法不予采纳。

【法院裁判结果】综上，裁定如下：

驳回上诉，维持原裁定。

本裁定为终审裁定。

第三条　民事主体的人身权利、财产权利以及其他合法权益受法律保护，任何组织或者个人不得侵犯。

典型案例　北京一鼎建业商贸有限公司与金静劳动争议纠纷

【裁判观点】民事主体的合法权益受法律保护，劳动者的合法权益亦受法律保护。金静与一鼎公司之间的法律关系符合劳动关系的基本特征，鉴于金静与一鼎公司存在劳动关系，而双方未签订书面劳动合同，一鼎公司应当支付金静未签订书面劳动合同的二倍工资差额。

【案情介绍】金静在仲裁期间主张2014年5月9日入职，后被一鼎公司违法辞退，并提交辞退证明（内容为：库房主管金静因在2016年1月11日盘点中违规操作，将库房盘盈商品违规出口，又无法合理解释意图，故予以辞退。落款日期为2016年1月21日，加盖一鼎公司公章）、工资卡明细（自2014年6月10日起一鼎公司股东王世一每月为金静账户转入工资，其中2015年1月为3200元，2015年2月起每月为3000元及603.22元）证明其主张。庭审过程中，一鼎公司对公章真实性予以认可，但不认可与金静存在劳动关系，主张已经将相关业务承包给案外人李某某，金静与李某某有劳动关系。双方均认可，每月603.22元系用来缴纳金静个人社保费用的。

为证明与金静不存在劳动关系，一鼎公司提交与李某某的承包合同、企业变更信息、一鼎公司其他员工劳动合同及社保缴费记录。经查，李某某与一鼎公司分别签订了2014年1月1日至2014年12月31日、2015年1月1日至2015年12月31日期间两份承包合同，在合同中，双方约定将一鼎公司库房管理、收发货、客户咨询、售后服务等事业承包给李某某，按自然年度发货总金额的12%计算收入，由于结算周期较长，期间承包人雇佣人员、库房租赁、快递成本费用，由一鼎公司按照承包人提出的实际金额先行垫付，并直接付款给收款人；合同期满后，双方核对发货金额，按合同约定计算承包人收入，扣除先行垫付的金额后支付余额。2014年7月4日，李某某成为一鼎公司股东。

一鼎公司主张因快递在春节前不收件，故在相应的时间已经安排金静休带薪年假，金静不予认可，主张不发快递还要理货，没有休假，一鼎公司未提交其他证据证明其主张。庭审过程中，金静同意未休年假天数按照3天计算。

金静主张未发放2016年1月1日至2016年1月21日工资，一鼎公司称金静只工作到1月11日，金静对此不予认可，一鼎公司未提交其他证据证明其主张。

一鼎公司上诉请求：撤销一审判决第一、二、四、五项，改判第三项判决金额。上诉理由为：一审判决认定事实不清，适用法律错误。其与金静不存在劳动关系，金静系李某某个人雇佣。金静出示的辞退证明系在金静恶意骗取下加盖公章，不具备法律效力。金静提交的凭证单据系伪造，金静正常工作至2016年1月11日。

金静辩称，其提交的证据并非伪造，其就职于一鼎公司，辞退证明上也加盖一鼎公司公章，其正常提供劳动至2016年1月21日。

一鼎公司向一审法院起诉请求：(1) 其与金静2014年5月9日至2015年12月31日期间不存在劳动关系；(2) 无需支付金静2015年1月23日至2015年5月8日未签劳动合同双倍工资差额10572.42元；(3) 无需支付金静5天应休未休年假补偿1379.31元；(4) 无需支付金静2016年1月12日至21日工资；(5) 无需支付违法解除劳动关系赔偿金8325元。

本次诉讼前，金静向北京市石景山区劳动人事争议仲裁委员会（以下简称仲裁委）申请仲裁。一鼎公司不服仲裁裁决，向法院提起诉讼。

【法院审理意见】一审法院认为，劳动者合法权益受法律保护。用人单位招用劳动者未订立书面劳动合同，但同时具备下列情形的，劳动关系成立。(1) 用人单位和劳动者符合法律、法规规定的主体资格；(2) 用人单位制定的各项劳动规章制度适用于劳动者，劳动者受用人单位的劳动管理，从事用人单位安排的有报酬的劳动；（3）劳动者提供的劳动是用人单位业务的组成部分。一鼎公司为金静出具了辞退证明，金静从事的工作也是一鼎公司的业务，而金静每月工资由一鼎公司股东王世一转账支付，故综合以上几点，法院认定金静与一鼎公司 2014 年 5 月 9 日至 2016 年 1 月 21 日存在劳动关系，对一鼎公司主张金静应与李某某构成劳动关系的主张不予支持。因一鼎公司与金静未签订书面劳动合同，故应视为双方于 2015 年 5 月 9 日起签订了无固定期限劳动合同，故一鼎公司应支付金静 2015 年 1 月 23 日至 2015 年 5 月 8 日未签订书面劳动合同二倍工资差额 10572.42 元。

一鼎公司在辞退证明中表明辞退金静的理由为盘点中违规操作，将库房盘盈商品违规出口，又无法合理解释意图，但庭审中金静对其提交的违规出库的商品明细不予认可，且一鼎公司不能证明金静存在违规操作，库房盘点由金静一人负责，故法院认定系违法解除劳动合同，因金静认可仲裁裁决，故一鼎公司应支付金静违法解除劳动合同经济赔偿金 8325 元。

一鼎公司不能证明金静工作到 2016 年 1 月 11 日，其出具的辞退证明日期为 2016 年 1 月 21 日，故应支付金静 1 月 1 日至 1 月 21 日工资 2068.97 元。

金静 2015 年 5 月 9 日至 2016 年 1 月 21 日期间应休年假天数为 3 日，故一鼎公司应支付其未休年假工资差额 827.59 元（$3000 \div 21.75 \times 3 \times 2$）。

一审法院依据《中华人民共和国劳动合同法》第 82 条、第 87 条之规定，判决：一、确认金静与北京一鼎建业商贸有限公司于 2014 年 5 月 9 日至 2016 年 1 月 21 日存在劳动关系；二、北京一鼎建业商贸有限公司于判决书生效之日起 7 日内，支付金静 2015 年 1 月 23 日至 2015 年 5 月 8 日未签订书面劳动合同二倍工资差额 10572 元 4 角 2 分；三、北京一鼎建业商贸有限公司于判决书生效之日起 7 日内，支付金静 2016 年 1 月工资 2068 元 9 角 7 分；四、北京一鼎建业商贸有限公司于判决书生效之日起 7 日内，支付金静违法解除劳动关系赔偿金 8325 元；五、北京一鼎建业商贸有限公司于判决书生效之日起 7 日内，支付金静未休年假工资差额 827 元 5 角 9 分。

本院认为，关于劳动关系。首先，金静提交的辞退证明上加盖一鼎公司公章，一鼎公司亦认可该公章的真实性，且一鼎公司未能提交证据证明其在辞退证明上加盖公章存在欺诈、胁迫之情形，可以认定该辞退证明系一鼎公司向金静出具。其次，金静的劳动报酬系由一鼎公司股东王世一通过个人账户支付。再次，金静从事的库房管理工作亦是一鼎公司的业务组成部分。综上，金静与一鼎公司之间的法律关系符合劳动关系的基本特征，一鼎公司主张其与金静不存在劳动关系的上诉请求不能成立。鉴于金静与一鼎公司存在劳动关系，而双方未签订书面劳动合同，一审判决一鼎公司支付金静未签订书面劳动合同的二倍工资差额并无不当。

关于金静正常提供劳动的期间。一鼎公司主张金静正常工作至2016年1月11日，但未能提交证据证明上述主张。金静主张其正常工作至2016年1月21日，加之一鼎公司为金静出具的辞退证明落款日期亦为2016年1月21日，本院采信金静的主张，一鼎公司应当向金静支付2016年1月1日至1月21日期间的工资。

关于违法解除劳动关系赔偿金。一鼎公司主张因金静在盘点中违规操作、将库房盘盈商品违规出口又无法合理解释意图，故将金静辞退。但一鼎公司提交的证据无法显示金静存在该公司主张的上述违规行为，一鼎公司亦无法证明库房盘点仅有金静一人负责，故一鼎公司与金静解除劳动关系违法，应当支付违法解除劳动关系赔偿金。

关于年休假。一鼎公司主张金静已休年休假，但其提交的快递业务调整时间通知无法显示其已经安排金静休年假的情况，故本院对一鼎公司的该项主张不予采信。一审判决一鼎公司向金静支付未休年假工资并无不当。

【法院裁判结果】综上所述，一鼎公司的上诉请求不能成立，应予驳回；一审判决认定事实清楚，适用法律正确，应予维持。判决如下：

驳回上诉，维持原判。

本判决为终审判决。

第四条　民事主体在民事活动中的法律地位一律平等。

典型案例　石河子新建畅达客运有限公司与孙磊挂靠经营合同纠纷

【裁判观点】作为民事主体的合同当事人的法律地位平等，一方不得将自己的意志强加给另一方，当事人依法享有自愿订立合同的权利。本案中，原告与被告实际形成合同关系，但双方当事人除对挂靠管理费、营运路线等达成合意并履行外，并未对安全基金等事宜达成合意，被告强行直接以扣发客票款的方式单方收取费用，侵害了原告的合法权利，违背了合同平等、自愿订立的原则，因此，被告扣取原告安全基金不当，应予返还，因未及时返还而造成的利息损失，应予赔偿。

【案情介绍】 对于当事人双方没有争议的从2006年11月至2014年10月被告每月从原告客票款中扣取安全基金计30337.23元的事实，该院予以确认。被告提交新疆生产建设兵团交通局兵交发〔2010〕118号文件《关于切实加强兵团道路客运安全工作的通知》，其中要求：各运输企业要依照《新疆生产建设兵团道路运输企业安全生产管理规范（试行）》的有关规定进一步规范企业安全生产管理，落实各项制度，安全生产专项经费要专款专用，严格按照标准和递减足额补足制度收取安全保证金，终止合同时企业必须全额退还其保证金等。还提交石河子市交通局石交〔2011〕17号《关于印发〈2011年道路交通行业安全生产工作要点〉的通知》，其中谈到积极开展安全生产专项检查，督促运输企业足额提取、按规定使用安全生产费用。被告以此证明企业按文件规定扣取安全基金是有依据的。原告对文件真实性和合法性认可，但认为与原告无关，双方是挂靠经营合同关系，原告交纳管理费。

原告对2006年11月至2014年10月每笔扣取的安全基金计算了利息，平均按银行3至5年贷款年利率6.45%转换成月利率为5.37‰计算，合计利息为11261.88元。原告称双方挂靠经营合同关系2014年10月结束，扣款凭证可以证明。被告认为双方挂靠经营合同关系2014年9月结束，2014年10月扣的是9月的客票款，10月原告的客车就停运了。庭审中，双方当事人认可挂靠经营在被告处的新××××号普通客车车主系孙磊，孙泽艳系孙磊父亲，因被告扣款出具的条据中有部分条据出具时将车主姓名写成孙泽艳，所以起诉时孙泽艳作为共同原告参加了诉讼。被告认可孙泽艳名下所扣款项系新××××号普通客车车主孙磊的，孙泽艳并非挂靠经营合同主体，故原告孙泽艳当庭撤回诉讼，被告无异议。该院口头予以准许。

畅达公司上诉请求：撤销一审判决，改判驳回被上诉人一审全部的诉讼请求，被上诉人承担一、二审诉讼费。事实和理由：被上诉人一直未与上诉人签订书面的挂靠合同，事实上被上诉人也不愿与上诉人签订书面的挂靠合同，被上诉人一直享受挂靠经营合同的权利，却不履行法律规定的义务。被上诉人对外都是在以上诉人名义进行经营，所收益的客票款是由上诉人统一结算进入上诉人的账户，税收和相关安全基金都是以收入额为标的进行计收的，是合法的。被上诉人在行政和安全管理上与上诉人是一体的，在安全生产经营上被上诉人必须服从上诉人的管理，如此产生的成本费用，被上诉人应该承担。被上诉人收到票款的时间是2014年10月份，这是被上诉人2014年9月的经营收入，其在2014年9月份以后已经没有从事旅客运输，相应的车辆已停运，也就不存在挂靠经营了，本案诉讼时效应从2014年9月计算，被上诉人的诉讼请求已超过诉讼时效。

被上诉人孙磊答辩称：本案的性质是挂靠经营合同纠纷，这一性质是法院依据案件事实作出的认定，被上诉人未签订挂靠合同的原因是上诉人要将其有权收取“事故保障金”“安全基金”等条款强行订立在合同中。上诉人与被上诉人之间既然是一种合同法律关系，就必须依据我国合同法的法律规范进行裁决，一审判决援引合同法的规定对本案裁判并无不当。从上诉人的扣款凭证反映双方挂靠经营合同关系终止于2014年10月，因扣款凭证中上诉人并未明确注明具体日期，故应认定合同终止时间为2014年10月底，被上诉人于2016年10月提起诉讼，未超过两年诉讼时效。上诉人的上诉理由不能成立，请求二审法院驳回上诉人的上诉请求，维持原判。

孙磊向一审法院起诉请求：（1）请求法院判令被告返还原告客票款30337.23元，赔偿可得利息损失11261.88元（按每月扣取客票款的金额逐月计算）；（2）由被告承担本案诉讼费、送达费。

【法院审理意见】一审法院认为，根据《中华人民共和国合同法》第3条、第4条的规定，合同的订立应当遵循平等、自由原则，即合同当事人的法律地位平等，一方不得将自己的意志强加给另一方，当事人依法享有自愿订立合同的权利。本案中，原告与被告实际形成合同关系，但双方当事人除对挂靠管理费、营运路线等达成合意并履行外，并未对安全基金等事宜达成合意，被告强行直接以扣发客票款的方式单方收取费用，侵害了原告的合法权利，违背了合同平等、自愿订立的原则，因此，被告扣取原告安全基金不当，应予返还，因未及时返还而造成的利息损失，应予赔偿，原告利息计算方式相对客观合理，该院予以确认。被告抗辩依据提交的文件而扣款合法，因被告提交的文件系相关职能部门制定的行业指导性意见，并非强制性规范，不能作为单方强制收取安全基金的依据，故其抗辩意见不成立，该院不予采信。原告提交的扣款凭证反映双方挂靠经营合同关系终止于2014年10月，因扣款凭证中未明确注明日期，故应认定合同终止时间是10月底。原告于2016年10月提起本案诉讼，未超过两年诉讼时效期，故被告辩称本案诉讼时效已过的理由不成立，该院不予采信。

综上所述，原告的诉讼请求合理合法，该院予以支持。判决：

一、被告石河子新建畅达客运有限公司返还原告孙磊安全基金30337.23元；

二、被告石河子新建畅达客运有限公司偿付原告孙磊利息损失11261.88元。

以上两项合计41599.11元，被告石河子新建畅达客运有限公司于本判决生效之日起5日内给付原告孙磊。

如果未按本判决指定的期间履行给付金钱义务，应当依照《中华人民共和国民事诉讼法》第253条规定，加倍支付迟延履行期间的债务利息。

本院认为，根据上诉人的上诉理由和被上诉人的答辩意见，本案的争议焦点为：(1) 被上诉人的请求是否已超过诉讼时效；(2) 被上诉人主张上诉人返还客票款30337.23元及偿付利息损失11261.88元的请求能否成立。

关于焦点一，根据查明的事实，上诉人最后一次扣取客票款的时间是2014年10月，应以此计算被上诉人的诉讼时效，至被上诉人向一审法院提起诉讼，被上诉人的诉讼请求并未超过诉讼时效。上诉人的该项上诉理由不能成立。

关于焦点二，合同双方当事人享有依法自愿订立合同的自由，被上诉人与上诉人经营过程中形成事实上的挂靠合同关系，双方除了对挂靠管理费、经营线路达成合意外，对是否收取安全基金事宜并未达成合意。上诉人提交的新疆生产建设兵团交通局兵交发〔2010〕118号文件《关于切实加强兵团道路客运安全工作的通知》和石河子市交通局石交〔2011〕17号《关于印发〈2011年道路交通行业安全生产工作要点〉的通知》作为收取安全基金的依据，该两份文件仅是相关职能部门制定的行业性指导意见，并不是强制性规范，不能作为上诉人收取安全基金的依据。上诉人强行以扣取客票款的方式收取安全基金不当，应当予以返还，并应赔偿由此给被上诉人造成的利息损失。一审判决上诉人返还客票款和赔偿利息损失正确。

【法院裁判结果】 综上，上诉人的上诉请求不能成立，应予驳回；一审判决认定事实清楚，适用法律正确，应予维持。判决如下：

驳回上诉，维持原判。

本判决为终审判决。

第五条　民事主体从事民事活动，应当遵循自愿原则，按照自己的意思设立、变更、终止民事法律关系。

典型案例　高文润与高文生股权转让纠纷

【裁判观点】 法律规定民事主体从事活动，应当遵循自愿原则。高文生与高文润签署的买断协议、股权转让协议以及相关的补充协议，均系当事人双方的真实意思表示，且不违反现行的法律、法规的规定，应依法确认其合法有效。当事人双方均应按照约定全面履行合同义务。

【案情介绍】2009 年 5 月 31 日，高文生与高文润签署买断协议一份，约定高文生作为天津市智迪房地产开发有限公司（以下简称智迪公司）、天津港宁房地产有限公司（以下简称港宁公司）的法定代表人，将其两公司名下的房产转让于高文润买断销售，其中港宁公司的为 20800000 元，智迪公司的为 22601655 元。智迪公司散房共计 5022.59 平方米，转让价格为 4500 元/平方米。

2009 年 6 月 13 日，高文生与高文润的授权代表田增荣签署了转让协议，约定高文生将智迪公司全部股权、经营权、债权债务、未尽事宜，一并转让给高文润，同时将上述两公司的法定代表人变更为高文润；涉及房屋的收益按双方 2009 年 5 月 31 日的买断协议执行等内容。

2010 年 3 月 8 日，高文生与高文润签署补充协议书，约定基于 2009 年 5 月 31 日及 6 月 13 日协议约定，确认高文润欠高文生 43204200 元，于 2010 年 12 月 31 日前支付；高文生奔驰轿车一辆，高文润于 2010 年 8 月 1 日归还，逾期不归还折价 2000000 元，于 2010 年 12 月 1 日前支付；逾期支付，高文润每延误一天按当月应付款的 1% 支付违约金，到月末不能支付的，高文润按当月应支付金额的一倍支付违约金。

2011 年 7 月 2 日，高文生与高文润签署关于港宁西路 1 号（会馆）交易完成后款项分配问题的补充协议，约定鉴于高文生目前的状况，并依据双方 2009 年 6 月签署的智迪公司、港宁公司股权转让协议，最后欠高文生 590049 元。

2011 年 9 月 15 日，智迪公司出具授权委托书一份，授权张清奎全权办理南开区竹华里港宁西路 1 号，房屋交易，产权变更、转移及公司股权分配等事宜。

2011 年 12 月 27 日，高文生与智迪公司就有关问题签订《关于港宁公司高文生与智迪公司、田增荣、高文润、张清奎就有关问题的补充协议》（以下简称 2011 年 12 月 27 日补充协议），约定根据高文生、高文润于 2010 年 3 月 8 日签署的补充协议内容，截至今日高文润欠高文生为：原欠款 4320.42 万元，已付 6500000 元，欠 36704200 元；到期未归还奔驰车作价 200 万元；上述授权委托书作为该协议的附件一附后。

2013 年 8 月 14 日，高文生与高文润就华苑新城商业中心的相关事宜达成一揽子协议，约定高文生负责向法院进行民事诉讼的撤诉工作，高文润负责向公安机关解除刑事案件的全部工作等内容。

2013 年 8 月 16 日，高文生与高文润就华苑新城商业中心、港宁西路一号达成和解协议，约定高文生负责向法院进行民事诉讼的撤诉工作；高文润负责向公安机关解除刑事案件的全部工作。

2013 年 8 月 22 日，高文生与高文润就华苑新城商业中心、港宁西路一号民事判决书达成和解协议，约定双方不再执行关于此案的判决，双方已和解，双方不再追究任何责任；高文润自行办理撤销上诉高院的上诉申请事宜。

港宁公司曾起诉高文润，要求判令其支付买断销售款 1419 余万元，原审法院（2012）一中园初字第 0009 号民事判决支持了港宁公司部分诉讼请求。高文润不服该判决向天津市高级人民法院提起上诉，该案以（2013）津高民一终字第 0064 号民事调解书调解结案。后港宁公司向最高人民法院提起再审申请，认为二审调解书所依据的一揽子协议系在受胁迫之下所作出的，最高人民法院以（2014）民申字第 1794 号民事裁定书驳回了港宁公司的再审申请。

高文生曾就与本案相同事由在原审法院起诉高文润，诉讼中，高文生以双方已庭外和解为由撤回起诉，并经原审法院（2012）一中民三初字第 54 号民事裁定书裁定准许。

高文润抗辩称双方曾在 2011 年 7 月 2 日协议中约定了高文润仅欠高文生 590049 元，但在该协议中当事人双方除了约定智迪公司的销售款的欠付数额外，还约定了其他给付事项，故高文润主张在该协议中仅欠高文生 590049 元证据不足。双方在其后的 2011 年 12 月 27 日就本案相关销售款的约定效力从优，应予确认。

高文润抗辩称双方分别于 2013 年 8 月 16 日及 2013 年 8 月 22 日形成的和解协议，均已证明高文润不再欠付高文生任何款项。原审法院认为双方的上述两次和解中，放弃的均为正在行使的诉讼权利，不影响高文生再次提起诉讼主张其民事权利。故高文润的该抗辩不能成立。

高文润认为双方在 2010 年 3 月 8 日对返还车辆约定之时，该车辆并不在高文润之手，且已被法院采取保全措施，故其不应当承担返还责任。对此，高文润在法院限定的期限内未提交证据证明其主张，高文润应承担举证不能的法律后果。

诉讼中，高文润放弃对诉讼时效之抗辩。

高文润不服原审判决，向本院提出上诉。上诉请求：（1）撤销原审判决；驳回高文生要求向其支付股权转让款 1790.42 万元的诉讼请求。（2）本案一、二审诉讼费由高文生承担。主要理由：（1）原审判决认定事实不清。原审判决以张清奎与高文生于 2011 年 12 月 27 日补充协议为依据，认定高文润欠高文生股权转让款 15904200 元，另欠到期未归还奔驰车作价 200 万元事实错误。首先，高文润未委托张清奎代为签订该协议，该协议系张清奎私自与高文生签订的，对高文润没有约束力。另，天津市第一中级人民法院（2012）一中园初字第 4 号民事判决否认了该协议的效力。因此，该协议属于无效协议。其次，高文润与高文生之间已不存在欠款。鉴于张清奎与高文生2011年12月27日协议无效，双方最终的协议应为2013年8月22日的和解协议，根据该和解协议高文生认可高文润已不存在欠款，即已经放弃继续诉讼的权利。（2）原审判决适用法律错误。双方当事人于2011年7月2日的补充协议，约定智迪公司的销售款的欠付数额以外的其他事项，不违反法律规定，对双方产生约束力。而原审判决认定高文润依据该补充协议，主张其仅欠高文生59万元证据不足，适用法律错误。（3）关于高文生主张高文润支付车辆作价款问题，双方于2010年3月8日对返还车辆进行约定时，该车辆实际已被南开区人民法院采取执行保全措施，高文润从未占有过该车辆。因此，不承担返还该车辆的义务。

被上诉人高文生答辩称：（1）关于高文润主张其未委托张清奎代为签订有关补充协议与事实不符。高文润委托其外甥张清奎与高文生就股权转让相关事宜进行谈判，并代表高文润与高文生签订一系列的补充协议，包括2011年12月27日的补充协议。此事实，有天津市公安经侦总队询问笔录及高文润签署给张清奎的书面授权委托书为证。且高文润在原审中认可该授权委托书的真实性，只是称张清奎无权凭该授权委托书与高文生签署协议。（2）关于高文润主张根据2013年8月22日的和解协议，高文生认可高文润不存在欠款与事实不符。该协议是高文润恶意对高文生进行刑事控告后，高文生迫于压力与高文润达成的协议，该协议只是约定高文生就相关民事案件进行撤诉，并未放弃实体权利。该协议中没有高文生认可高文润不存在欠款的表述。（3）关于奔驰车作价款200万元的事实。根据2010年3月8日高文生于高文润签署的补充协议书约定的内容，“甲方奔驰车一辆，乙方于2010年8月1日前送还甲方，逾期未还该车折价200万元”。也就是说车辆处于高文润控制之下，高文润应提供向高文生送还该车辆的相关交接手续，但其未提交该类证据，应承担不利的后果。

本院经审理查明的事实与原审法院查明的事实无异，对一审法院查明的事实，本院予以确认。

【法院审理意见】原审法院认为，高文生与高文润签署的买断协议、股权转让协议以及相关的补充协议，均系当事人双方的真实意思表示，且不违反现行的法律、法规的规定，应依法确认其合法有效。当事人双方均应按照约定全面履行合同义务。鉴于双方当事人对于所转让智迪公司的股权对价即为买断协议中售房价款（智迪公司部分）之事实均无异议，故确认高文润应向高文生支付智迪公司的股权对价款为22601655元。高文生自认高文润已付款6500000元，高文润对该事实亦已认可，故应从高文润应付款中减除。当事人双方就与智迪公司售房款有关的众多补充协议中，从时间顺序来看，最后一个协议即为2011年12月27日高文生与智迪公司就有关问题的补充协议，该协议中再次明确高文润欠高文生："原欠款4320.42元，已付650万元，欠36704200元；到期未归还奔驰车作价200万元"等事实，其中减除港宁公司的20800000元，高文润尚欠高文生15904200元。另，高文生主张的车款2000000元问题，因双方当事人在2010年3月8日以及2011年12月27日的补充协议中均有约定，高文润未在约定时间内返还车辆，应以其认可的2000000元作价，支付给高文生。另，高文生主张违约金应按照2010年3月8日补充协议的约定，按当月应支付金额的一倍支付违约金。鉴于高文润已构成违约，理应支付违约金。但当事人双方约定的违约金按应付款的一倍计付属于明显过高，依据我国民法通则所确立的公平原则，确定按人民银行同期贷款利率计付为宜。

综上，原审法院判决：（1）本判决生效之日起10日内，高文润向高文生支付股权对价余款15904200元及车辆作价款2000000元，共计17904200元；（2）本判决生效之日起10日内，高文润向高文生支付违约金，自2010年12月1日至本判决确定给付之日止，以17904200元为基数，按人民银行同期贷款利率计付；（3）驳回高文生其他诉讼请求。

本院认为，高文生为转让智迪公司、港宁公司的房产、股权与高文润签订了买断协议、股权转让协议。嗣后，双方及其委托代理人相继签订一系补充协议，双方对其中协议的效力或内容发生争执，在原审判决后，高文润在上诉中对如下相关协议的效力或内容仍持有异议，本院逐一进行评判。

第一，关于2011年12月27日补充协议效力问题。基于智迪公司、田增荣、高文润于2011年9月15日书面委托智迪公司总经理张清奎，全权办理南开区竹华里港宁西路1号房产交易，产权变更、转移，及公司股权分配等相关事宜。2011年12月27日张清奎代表高文润与高文生签订补充协议，确认了双方之间因房产、股权转让发生并存在的债权债务。张清奎在高文润的委托权限内与高文生签订的补充协议，其代理行为不属于无效的情形。高文润主张该补充协议对其没有约束力的理由与法有悖，本院不予支持。

另，天津市第一中级人民法院（2012）一中园初字第4号案件，系高文润依据高文生2011年7月25日出具的凭证提起诉讼，故2011年12月27日补充协议所涉争议，不属于该案的审理范围。且该判决对补充协议所作认定与本案查明的事实明显存在冲突，不能作为本案定案依据。

第二，关于高文生与高文润于2013年8月22日签订的和解协议的证明内容问题。该和解协议是双方当事人针对有关生效判决书的执行问题和有关上诉案件的撤诉问题进行的约定，而对于高文润未及时履行合同义务所欠的房产、股权款项，高文生没有放弃的意思表示。故原审认为高文生放弃的均为正在行使的诉讼权利，不影响高文生再次提起诉讼主张其民事权利的理由，并无不妥。

第三，关于双方2011年7月2日协议中高文润仅欠高文生590049元应如何认定的问题。根据双方当事人的陈述智迪公司的股权转让款为22601655元，高文润已付款6500000元，结合2011年12月27日补充协议“原欠款4320.42万元，已付650万元，欠3670.42万元；奔驰车作价200万元”的数额，再减去港宁公司的20800000元，高文润尚欠高文生15904200元。诉讼至今，高文润没有提交证据证明其以往付款的数额多于本案认定的数额。且2011年7月2日的协议中除了约定智迪公司的销售款的欠付数额外，还约定了其他给付事项，同时由于2011年12月27日的协议时间在此之后，在前后两份协议的内容存在差异的情况下，原审法院认定时间在后的协议正确。故高文润主张欠款590049元的理由，不能成立。

第四，关于高文润是否应支付奔驰车辆作价款200万元的问题。原审期间，高文润主张双方在2010年3月8日约定返还奔驰车辆时，已被法院采取保全措施，高文润并没有控制该车辆，但在法院限定的期限内其未提交证据加以证明。二审期间，高文润对该项主张仍不能举证证明，本院不予支持。

【法院裁判结果】 综上，原审判决认定事实清楚，适用法律正确。二审判决如下：

驳回上诉，维持原判。

本判决为终审判决。

第六条　民事主体从事民事活动，应当遵循公平原则，合理确定各方的权利和义务。

典型案例　刘超捷与中国移动通信集团江苏有限公司徐州分公司电信服务合同纠纷

【裁判观点】 提供格式条款的一方应当遵循公平原则确定当事人之间的权利和义务，并采取合理的方式提请对方注意免除或者限制其责任的条款，按照对方的要求，对该条款予以说明。本案被告既未在电信服务合同中约定有效期内容，亦未提供有效证据证实已将有效期限制明确告知原告，被告暂停服务、收回号码的行为构成违约，应当承担继续履行等违约责任。

【案情介绍】2009年11月24日，原告刘超捷在被告中国移动通信集团江苏有限公司徐州分公司（以下简称移动徐州分公司）营业厅申请办理“神州行标准卡”，手机号码为1590520××××，付费方式为预付费。原告当场预付话费50元，并参与移动徐州分公司充50元送50元的活动。在业务受理单所附《中国移动通信客户入网服务协议》中，双方对各自的权利和义务进行了约定，其中第四项特殊情况的承担中的第1条为：在下列情况下，乙方有权暂停或限制甲方的移动通信服务，由此给甲方造成的损失，乙方不承担责任：(1）甲方银行账户被查封、冻结或余额不足等非乙方原因造成的结算时扣划不成功的；（2）甲方预付费使用完毕而未及时补交款项（包括预付费账户余额不足以扣划下一笔预付费用）的。

2010年7月5日，原告在中国移动官方网站网上营业厅通过银联卡网上充值50元。2010年11月7日，原告在使用该手机号码时发现该手机号码已被停机，原告到被告的营业厅查询，得知被告于2010年10月23日因话费有效期到期而暂停移动通信服务，此时账户余额为11.70元。原告认为被告单方终止服务构成合同违约，遂诉至法院。

【法院审理意见】法院生效裁判认为：电信用户的知情权是电信用户在接受电信服务时的一项基本权利，用户在办理电信业务时，电信业务的经营者必须向其明确说明该电信业务的内容，包括业务功能、费用收取办法及交费时间、障碍申告等。如果用户在不知悉该电信业务的真实情况下进行消费，就会剥夺用户对电信业务的选择权，达不到真正追求的电信消费目的。

依据《中华人民共和国合同法》第39条的规定，采用格式条款订立合同的，提供格式条款的一方应当遵循公平原则确定当事人之间的权利和义务，并采取合理的方式提请对方注意免除或者限制其责任的条款，按照对方的要求，对该条款予以说明。电信业务的经营者作为提供电信服务合同格式条款的一方，应当遵循公平原则确定与电信用户的权利义务内容，权利义务的内容必须符合维护电信用户和电信业务经营者的合法权益、促进电信业的健康发展的立法目的，并有效告知对方注意免除或者限制其责任的条款并向其释明。业务受理单、入网服务协议是电信服务合同的主要内容，确定了原被告双方的权利义务内容，入网服务协议第四项约定有权暂停或限制移动通信服务的情形，第五项约定有权解除协议、收回号码、终止提供服务的情形，均没有因有效期到期而中止、解除、终止合同的约定。而话费有效期限制直接影响到原告手机号码的正常使用，一旦有效期到期，将导致停机、号码被收回的后果，因此被告对此负有明确如实告知的义务，且在订立电信服务合同之前就应如实告知原告。如果在订立合同之前未告知，即使在缴费阶段告知，亦剥夺了当事人的选择权，有违公平和诚实信用原则。被告主张“通过单联发票、宣传册和短信的方式向原告告知了有效期”，但未能提供有效的证据予以证明。综上，本案被告既未在电信服务合同中约定有效期内容，亦未提供有效证据证实已将有效期限制明确告知原告，被告暂停服务、收回号码的行为构成违约，应当承担继续履行等违约责任，故对原告主张“取消被告对原告的话费有效期的限制，继续履行合同”的诉讼请求依法予以支持。

【法院裁判结果】徐州市泉山区人民法院于2011年6月16日作出(2011)泉商初字第240号民事判决：

被告中国移动通信集团江苏有限公司徐州分公司于本判决生效之日起十日内取消对原告刘超捷的手机号码为1590520××××的话费有效期的限制，恢复该号码的移动通信服务。

一审宣判后，被告提出上诉，二审期间申请撤回上诉，一审判决已发生法律效力。

第七条　民事主体从事民事活动，应当遵循诚信原则，秉持诚实，恪守承诺。

典型案例　巴尔山村委会与崔玉民农村土地承包合同纠纷

【裁判观点】作为民事主体的合同双方应遵循诚实信用原则，根据合同的性质、目的和交易习惯，按照约定全面履行各自的义务，不得擅自变更或者解除合同。本案中钱志荣、李恩廷在与原告的果园承包合同期满前将果园转包给被告，转包期届满时间应当与原果园承包合同履行期届满时间一致。原果园承包合同期满后，原告未收回果园，由被告继续经营使用并且支付承包费至2005年，视为原、被告对继续履行承包合同达成合意。双方未约定合同继续履行期限，则应当履行至农村第二轮土地承包期届满之时。

【案情介绍】1992年，原告将队部前地块2.7亩果园发包给村民钱志荣，将队部前地块6.3亩果园发包给村民李恩廷，承包费100元/亩年，每年年末前支付一次，承包期至2000年12月30日。

1993年，钱志荣将其承包的2.7亩果园转包给被告，未约定转包期限。

1997年，李恩廷将其承包的6.3亩果园转包给被告，未约定转包期限。

2000 年末原告与钱志荣、李恩廷的果园承包合同期满后，原告未收回果园，被告继续经营使用至今，并向原告支付承包费至 2005 年。

2010 年，被告在果园内建房，占地 0.6 亩。

2015 年初，经村民代表会议讨论决定，原告收回到期果园土地，并于 2015 年 3 月 27 日通知被告，但被告未予交还。

经法库县价格认证中心鉴定，案涉果园土地近年租金为 450 元/亩·年。

原告巴尔山村委会诉称，请求：（1）解除原、被告所签订的果园承包合同，被告返还承包地 8.4 亩；（2）被告支付 2015 年果园承包费 4050 元（450 元/亩 ×9 亩）；（3）被告承担本案诉讼费。所依据的事由：1992 年，原、被告签订果园承包合同，被告承包原告果园 9 亩至 2000 年末。合同期满后，原告未收回果园，被告一直经营至今，其中 0.6 亩被告建房占用。2015 年 1 月 25 日，经村民代表大会通过，原告决定收回果园，用以解决本村新增人口承包地问题，但被告拒不返还，故起诉。请法院依法维护原告利益。

被告李宝成辩称，不同意原告的诉讼请求。所依据的事由：案涉 9 亩果园是我从村民钱志荣和李恩廷手承包的，1993 年我从村民钱志荣手承包果园 2.7 亩，1997 年我从村民李恩廷手承包果园 6.3 亩，共计 9 亩，均未约定承包期限。钱志荣和李恩廷都是在 1992 年时从原告承包的上述果园。我从他俩承包时都已经栽植葡萄，我一直经营，至 2013 年秋改种树莓，经营至今。我没有和原告签过果园承包合同，案涉果园承包期应该到 2027 年。另外，果园栽植了树莓，也不应该返还给原告。2001 年至 2005 年我向原告交过这 9 亩地的承包费，2006 年至今未交承包费。

【法院审理意见】本院认为，钱志荣、李恩廷在与原告的果园承包合同期满前将果园转包给被告，转包期届满时间应当与原果园承包合同履行期届满时间一致。原果园承包合同期满后，原告未收回果园，由被告继续经营使用并且支付承包费至 2005 年，视为原、被告对继续履行承包合同达成合意。双方未约定合同继续履行期限，则应当履行至农村第二轮土地承包期届满之时（2027 年末）。被告经营使用案涉土地至今，承包合同已经实际继续履行，双方均应当遵循诚实信用原则，根据合同的性质、目的和交易习惯，按照约定全面履行各自的义务，不得擅自变更或者解除合同。

原告请求解除合同，应当举证证明合同符合约定或法定的解除条件，否则由原告承担不利后果。原、被告在合同中未约定解除条款，也未就解除合同协商一致，不符合约定解除合同的条件。被告虽然拖欠承包费，但考虑到农村土地承包合同的特殊性，承包土地的基本目的是解决村民基本生活，从有利于村民生产、生活和社会稳定来看，被告拖欠承包费并不构成根本违约，不符合法定解除合同的条件。原告未举证证明本案符合合同解除条件，其解除合同的诉请证据不足，事由不充分，本院不予支持。

被告拖欠承包费属违约，应当承担民事责任，向原告支付相应承包费。因当地农村土地流转金已经大幅上涨，继续按照原承包费标准（100元/亩·年）履行合同有失公允，参照当地土地流转市场价格，本院酌情调整本案土地承包费至450元/亩·年。原告主张被告按450元/亩支付2015年承包费，事由充分，于法有据，本院予以支持。

【法院裁判结果】综上所述，本院为保护合同当事人的合法权益，结合本案的实际情况，判决如下：

一、被告李宝成于本判决发生法律效力后10日内支付原告法库县登仕堡子镇巴尔山村民委员会2015年土地承包费4050元（450元/亩×9亩）；

二、被告李宝成自2016年起至2027年止于每年12月30日之前按450元/亩支付原告法库县登仕堡子镇巴尔山村民委员会9亩承包地当年的承包费4050元（450元/亩×9亩）；

三、驳回原告法库县登仕堡子镇巴尔山村民委员会的其他诉讼请求。

第八条 民事主体从事民事活动，不得违反法律，不得违背公序良俗。

典型案例 邹瑜与黄发框、梁甜甜赠与合同纠纷

【裁判观点】法律规定民事主体从事民事活动不得违背公序良俗。本案，被告黄发框在与原告邹瑜夫妻关系存续期间，在未征得邹瑜同意的情况下，将属于夫妻共同财产中的545021.08元赠与婚外第三人，即被告梁甜甜，事后邹瑜对此也不予追认；梁甜甜取得上述财物不属于法律规定的善意取得情形，也有违公序良俗，故依法应认定黄发框擅自处分该部分财产的行为无效。

【案情介绍】在原告邹瑜与被告黄发框婚姻关系存续期间（2015年5月15日之前），被告黄发框将其民生银行卡与被告梁甜甜的支付宝账户绑定，被告梁甜甜从该银行卡中消费共计17191.08元；被告黄发框用其招商银行卡为被告梁甜甜消费支出40130元；被告黄发框于2015年4月8日通过王某工商银行卡为被告梁甜甜支付购房款43.95万元。另，被告黄发框、梁甜甜庭审时自认，被告黄发框在其与原告婚姻关系存续期间，为被告梁甜甜购买苹果手机1

只（购置价格为5200元），赠与被告梁甜甜4万元用于购买戒指，为被告梁甜甜支付美容美发消费3000元。

原告邹瑜与被告黄发框婚后育有儿子黄某甲、儿子黄某乙。20××年×月××日，原告邹瑜与被告黄发框至杭州市下城区民政局办理离婚登记。因原告邹瑜离婚后发现被告黄发框在与其婚姻关系存续期间，以及离婚后共同居住期间，采取隐瞒方式，在未征得原告同意的情况下，私自将夫妻共同财产赠与被告梁甜甜，故诉讼来院，要求确认被告黄发框对梁甜甜的赠与行为无效，被告梁甜甜返还受赠财产，以及赔偿其精神损失。

原告邹瑜诉称：原告与被告黄发框于20××年×月××日登记结婚，婚后生育儿子黄某甲（现年10岁）、儿子黄某乙（现年3岁）。因为工作关系，黄发框自2014年初起在上海工作至今。2015年5月15日，黄发框以其发生债务危机，对外巨额负债，不离婚恐怕房子难保，两儿子居无住所，假离婚以保全住房为由欺骗原告。原告信以为真，无奈于20××年×月××日与黄发框办理了离婚登记。办理离婚登记后，原告与黄发框仍然以夫妻名义共同生活至今。2016年1月6日，原告接到黄发框从上海打回电话，被告在电话那头哭，电话里传来另一女人（被告梁甜甜）的喊叫声，称要砍死原告两个儿子。2016年1月7日凌晨22分，黄发框微信朋友圈封面更换照片为二被告的婚纱照（事后知晓为梁甜甜趁黄发框醉酒使用黄发框的手机所为）。此时，原告如梦初醒，方知黄发框外面有第三者。2016年1月7日10时左右，梁甜甜到原告家中，对黄发框拳打脚踢，污言秽语，威胁撒泼。原告事后得知，二被告于2014年12月相识，梁甜甜明知黄发框有妻子儿子家庭，次月发展为情人关系。自2014年12月24日，黄发框在原告不知情的情况下，将原告与黄发框夫妻共同财产以现金、转账方式、支付宝绑定银行卡等方式赠送给梁甜甜，用于支付购房款、购房按揭贷款、车位款、支付物业管理费、梁甜甜奢侈消费等共计人民币74.0979万元。并在原告不知情的情况下分多次以夫妻共同财产购买苹果手机一部（价值人民币0.6万元）、ipadmini两部（价值人民币0.7万元）、钻石戒指一枚（价值人民币4万元）、钻石项链一条（价值人民币1.51万元）赠送被告梁甜甜，数额巨大。二被告的婚外情关系破坏了原告婚姻家庭和谐稳定，违背公序良俗，损害社会公共利益和社会公德，对原告及两个幼小的儿子带来极大的精神创伤。前述黄发框未经原告同意将原告与黄发框的共同财产违法赠送婚外情第三者梁甜甜，侵犯了原告的夫妻共同财产权，赠与行为依法无效。原告为维护自身合法权益，只得提起诉讼，请求法院判令：（1）依法确认被告黄发框对梁甜甜的赠与行为无效；（2）被告梁甜甜返还原告财产现金人民币75.5002万元、苹果手机一部（无法返还的按购置价0.6万元赔偿)、ipadmini 两部(无法返还的按购置价0.7万元赔偿)、钻石戒指一枚(无法返还的按购置价5万元赔偿)、钻石项链一条(无法返还的按购置价1.51万元赔偿)、耳钉一副(无法返还的按购置价2.8208万元赔偿);(3)被告梁甜甜赔偿原告精神抚慰金人民币2万元;(4)诉讼费用、保全费用由被告梁甜甜承担。

被告黄发框辩称:(1)2015年5月被告与原告有巨额负债,与原告协商,原告意思是两人离婚,方式是对财产、孩子有利的。办理离婚手续后,因为不想影响孩子的生活,被告周末回到杭州生活。当时确实是协商后,双方离婚的。(2)其与被告梁甜甜是在2014年12月认识、交往,离婚后,被告继续与被告梁甜甜来往,诉状所说的拍婚纱照等行为都是在2015年7月份左右,法律形式上,已与原告已经离婚。(3)离婚时,其对将现金给被告梁甜甜、给被告梁甜甜买房这些事情没有与原告说。但是在财产上其与原告是差不多独立的,其认为离婚也好、办理手续也好,这些钱应该都是其自己可以使用的。离婚前,其与被告梁甜甜来往是不应该的,其很诚恳地向原告道歉。对原告诉讼请求事项的第一项,其认为送就送了,原告认为是共同财产,但其认为已经送了就算了,没什么无效的。

被告梁甜甜辩称:(1)原告的第一项诉讼请求无任何事实与法律依据,应依法驳回。黄发框与其在2014年12月相识后结识朋友,并在日常交往过程中渐生爱意、相互爱慕,在这过程中,其从来没有对黄发框有任何的胁迫、要挟、强迫等行为,黄发框每次赠与财物都是真实意愿、自愿行为,赠与行为发生时,黄发框与其都具有完全民事行为能力,黄发框自愿将财产赠与,其也愿意接受,黄发框的赠与行为是有效的。黄发框为不影响与被告的感情发展,于2015年5月15日与原告办理了离婚。据了解,就黄发框与原告的离婚财产分配,原告与黄发框已达成一致,黄发框对其婚前、婚后分配的财产有完全的处分权,黄发框与原告的离婚在法律上合法有效,事实上真实有效,黄发框所支配使用的财产自始至终均为个人财产,是合法财产,黄发框的赠与是合法有效的。因此原告的该项诉讼请求应予以驳回。(2)原告的第二项诉讼请求无理无据,应依法驳回。如前所述,黄发框的赠与都是合法有效的,原告的第二项诉讼请求无理无据,原告的该项诉讼请求应依法驳回。(3)原告的第三项诉讼请求属无理要求,无法无据,应予以驳回。黄发框与原告离婚后,为了不给两孩子正常生活、身心成长带来影响,因黄发框在杭州已无住所,也不可能也没必要去外面租房,所以黄发框周末、节假日回杭州还住在原告家中,但黄发框与原告已经不是夫妻关系了。黄发框与被告在2015年7月拍摄婚纱照、微信朋友圈更换照片等,都是黄发框与原告离婚后发生的,也都是黄发框自愿行为，黄发框与被告更是在商议今后结婚共同生活等事宜，黄发框与被告这些恋爱行为符合法律规定。2016 年 1 月 7 日，原告知道了黄发框与被告的恋爱行为后，要求黄发框与原告复婚否则后果十分严重，被告在原告家中知道黄发框答应与原告复婚的事后，无法接受黄发框突然的变化，一时冲动对黄发框做出了不恰当行为，但那也只是口头说说而已，不存在给原告带来多大的精神损害。(4) 原告的第四项诉讼请求无法无据，应依法驳回。被告与黄发框正常恋爱行为，对原告而言无法接受，但被告并不违法，所有的诉讼请求都是原告一厢情愿之事，无法无据。总之，原告的诉讼请求没有事实与法律依据，请求法庭依法驳回原告的诉讼请求。

【法院审理意见】本院认为，《中华人民共和国婚姻法》第 17 条第 2 款规定，夫妻对共同所有的财产，有平等的处理权。最高人民法院《关于适用〈中华人民共和国婚姻法〉若干问题的解释（一）》第 17 条第 2 项规定，夫或妻非因日常生活需要对夫妻共同财产做重要处理决定，夫妻双方应当平等协商，取得一致意见。他人有理由相信其为夫妻双方共同意思表示的，另一方不得以不同意或不知道为由对抗善意第三人。故夫妻共同财产系基于《婚姻法》的有关规定，因夫妻关系存在而产生。在夫妻双方未约定实行分别财产制的情形下，夫妻双方对共同财产系共同共有，而非按份共有。根据共同共有一般原理，在婚姻关系存续期间，夫妻共同财产应作为一个不可分割的整体，夫妻对全部共同财产不分份额地共同享有所有权。夫妻对共同财产享有平等的处理权，并不意味着夫妻各自对共同财产享有一半的处分权。只有在共同共有关系终止时，才可对共同财产进行分割，确定各自份额。本案，被告黄发框在与原告邹瑜夫妻关系存续期间，在未征得邹瑜同意的情况下，将属于夫妻共同财产中的 545021.08 元赠与婚外第三人，即被告梁甜甜，事后邹瑜对此也不予追认；当原告邹瑜与被告黄发框离婚时，双方亦未对该部分财产进行分割；且被告梁甜甜取得上述财物不属于法律规定的善意取得情形，也有违公序良俗，故依法应认定黄发框擅自处分该部分财产的行为无效，作为权利受损的夫妻一方邹瑜起诉要求返还该部分财产的理由正当，依法应予支持。原告邹瑜要求被告梁甜甜返还财产中超出 545021.08 元的部分，或虽发生在婚姻关系存续期间，但缺乏证据证明系黄发框赠与梁甜甜，或发生在其与被告黄发框离婚后，不属于夫妻共同财产，故本院对超出部分，不予支持。原告要求被告梁甜甜赔偿精神抚慰金人民币 2 万元，系原告基于侵权责任的法律关系提出，在本案中无法律依据，本院不予支持。

【法院裁判结果】综上，判决如下：

一、确认被告黄发框赠与被告梁甜甜 545021.08 元的行为无效；

二、被告梁甜甜于本判决生效之日起10日内返还原告邹瑜545021.08元；

三、驳回原告邹瑜的其他诉讼请求。

第九条 民事主体从事民事活动，应当有利于节约资源、保护生态环境。

第十条 处理民事纠纷，应当依照法律；法律没有规定的，可以适用习惯，但是不得违背公序良俗。

第十一条 其他法律对民事关系有特别规定的，依照其规定。

第十二条 中华人民共和国领域内的民事活动，适用中华人民共和国法律。法律另有规定的，依照其规定。

第二章 自 然 人

第一节 民事权利能力和民事行为能力

第十三条 自然人从出生时起到死亡时止，具有民事权利能力，依法享有民事权利，承担民事义务。

典型案例 田竞与王炳英赠与合同纠纷

【裁判观点】 公民从出生时起到死亡时止，具有民事权利能力，依法享有民事权利，承担民事义务。本案××里原为上诉人之母汤振华与上诉人之父田华宗承租的公有住房，汤振华于1996年12月8日去世，其民事权利能力已因其死亡而终止。田华宗于1998年购买××里产权时，虽使用汤振华的工龄获得购房款上的优惠，但该优惠的部分并非汤振华遗产，应属于田华宗个人财产。

【案情介绍】 原告与案外人田华宗系养父子关系、与案外人汤振华系养母子关系，田华宗与汤振华系夫妻关系，涉诉房屋天津市区××里××号（以下简称××里）原系田华宗承租的公产房屋。1996年12月8日，汤振华去世。1998年1月19日，田华宗与××里的产权管理人天津市房信房产经营公司第三经营处签订《公有住房买卖协议书》，田华宗以其个人自1955年6月至1991年7月的工龄及其妻子汤振华自1954年至1973年11月的工龄，合计56年的工龄折算优惠，以人民币16127元一次性购买××里的全部产权并登记在田华宗名下。2002年11月22日，田华宗与被告登记结婚。2007年11月21日，田华宗在天津市公证处办理了（2007）津河西证字第1983号遗嘱公证书，指定××里由被告继承。2011年12月19日，田华宗与被告签订《配偶之间变更房屋权利人协议》及《共有房屋产权份额分配比例具结书》，将××里所有权变更为田华宗与被告共同共有。2012年1月9日，被告取得共有权证，成为××里的共有权人。2014年1月24日，田华宗去世。

2014年2月19日，本案原告将本案被告诉至原审法院，请求法院确认（2007）津河西证字第1983号公证书中以田华宗名义所立的公证遗嘱无效。原审法院经审理后作出（2014）西民一初字第273号民事判决，判决驳回原告田竞的全部诉讼请求。原告田竞不服，提起上诉。天津市第二中级人民法院经审理后作出（2014）二中民一终字第649号民事裁定书，以该案件不属于人民法院受理范围为由，裁定：一、撤销天津市河西区人民法院（2014）西民一初字第273号民事判决；二、驳回上诉人田竞的起诉。

2014年8月31日，田竞向天津市公证处提出申请，请求撤销（2007）津河西证字第1983号公证书。2014年9月25日，天津市公证处受理了田竞的申请。2014年10月22日，天津市公证处作出（2014）津河西维字第3号决定书，决定维持（2007）津河西证字第1983号公证书。2014年11月23日，田竞向天津市公证协会申请撤销（2014）津河西维字第3号决定书。2015年1月9日，天津市公证协会作出公证复查投诉处理通知书，对田竞的投诉请求不予支持。

2015年5月5日，田竞向原审法院提起诉讼，请求法院确认2011年12月19日田华宗与被告签订的《配偶之间变更房屋权利人协议》和《共有房屋产权份额分配比例具结书》将××里产权赠与被告的行为无效。

上诉人田竞上诉请求：撤销原审判决，依法改判确认2011年12月19日田华宗与被上诉人签订的《配偶之间变更房屋权利人协议》和《共有房屋产权份额分配比例具结书》将××里产权赠与被上诉人的行为无效，诉讼费由被上诉人承担。主要理由：（1）原审法院认为“田华宗在购买××里时，虽因使用了汤振华的工龄抵扣了部分购房款，但抵扣的该部分购房款应视为田华宗依据相关政策取得的福利”，缺乏政策依据和法律依据。（2）原审法院对《关于唐民悦房改房产权认定问题的复函》的理解是错误的。（3）汤振华的20年工龄，依据房改政策已经折算为相应的购房款，该部分购房款应当属于国家对已死亡人员生前财产权益的追认，故该工龄优惠所对应的补偿，属于汤振华的遗产，登记在田华宗名下的房改房包含汤振华的工龄优惠所折算的相应部分购房款，应当属于田华宗与汤振华的夫妻共同财产。

被上诉人王炳英辩称，不同意上诉人的上诉请求，请求驳回上诉，维持原判。

【法院审理意见】原审法院认为，《中华人民共和国民法通则》第9条规定：公民从出生时起到死亡时止，具有民事权利能力，依法享有民事权利，承担民事义务。原告在庭审中提出案外人田华宗在购买××里时使用了其妻汤振华的工龄，进而主张××里应为田华宗、汤振华的夫妻共同财产。然而，根据本案已查明的事实，田华宗在取得××里所有权时，汤振华的民事权利能力已因其死亡而终止，故汤振华并不具备取得××里所有权的主体资格，汤振华的工龄也并非汤振华的遗产。田华宗在购买××里时，虽因使用了汤振华的工龄抵扣了部分购房款，但抵扣的该部分购房款应视为田华宗依据相关政策取得的福利，而非汤振华的出资。此外，住房和城乡建设部《关于唐民悦房改房产权认定问题的复函》（建住房市函〔1999〕005号）虽然载有“唐民悦按房改政策购买住房时享受了其配偶的工龄优惠，该住房应当视为其夫妇双方共同购买，因此我司认为，该住房应视为唐民悦与其配偶共同财产”的内容，但上述函件并未对“夫妻一方死亡后，健在一方购买公房时享受了已死亡配偶工龄优惠的情况下，该住房是否属于夫妻共同财产”这一问题作出明确答复，故仅根据《关于唐民悦房改房产权认定问题的复函》（建住房市函〔1999〕005号），原审法院难以认定田华宗购买的××里属于夫妻共同财产。因原告所提诉讼请求缺乏相关的事实依据与法律依据，故对原告所提诉讼请求依法不予支持。依照《中华人民共和国民法通则》第5条，《中华人民共和国民事诉讼法》第64条第1款的规定，判决：驳回原告田竞的诉讼请求。案件受理费80元，由原告田竞负担。

本院认为，××里原为上诉人之母汤振华与上诉人之父田华宗承租的公有住房，汤振华于1996年12月8日去世，其民事权利能力已因其死亡而终止。田华宗于1998年购买××里产权时，虽使用汤振华的工龄获得购房款上的优惠，但该优惠的部分并非汤振华遗产，上诉人主张田华宗在购买××里时使用了汤振华的工龄，进而主张××里应为田华宗与汤振华的夫妻共同财产无法律依据，因此，××里应属于田华宗个人财产。2002年，田华宗与被上诉人结婚，2011年，田华宗与被上诉人签订的《配偶之间变更房屋权利人协议》及《共有房屋产权份额分配比例具结书》属于田华宗对个人财产的处置，应属有效。上诉人要求确认田华宗与被上诉人签订的《配偶之间变更房屋权利人协议》和《共有房屋产权份额分配比例具结书》将××里产权赠与被上诉人的行为无效的上诉请求，没有法律依据，本院不予支持。综上，原审判决并无不当，本院予以维持。

【法院裁判结果】 判决如下：

驳回上诉，维持原判。

本判决为终审判决。

第十四条　自然人的民事权利能力一律平等。

典型案例 马耀华、罗预喜等与南宁常超东商贸有限公司纠纷

【裁判观点】 自然人的民事权利能力一律平等。人民法院受理平等民事主体间在企业产权制度改造中发生的民事纠纷案件。上诉人马耀华、罗预喜、曹红宝、唐仲安、雷善莲原为南宁市郊区津头供销合作社的集体企业人员，1989年原南宁市郊区津头供销合作社和原三塘供销社合并为南宁市东区供销社，企业性质为集体所有制。从2004年10月开始，南宁市东区供销社将企业改制为现在的南宁常超东商贸有限公司。由于整个企业改制过程由政府主导，故马耀华、罗预喜、曹红宝、唐仲安、雷善莲等人的诉请不属于平等民事主体间在企业产权制度改造中发生的民事纠纷，双方地位不平等，民事权利能力也不平等，因此，本案不属于人民法院受理民事诉讼案件的范围。

【案情介绍】 上诉人马耀华、罗预喜、曹红宝、唐仲安、雷善莲不服一审裁定上诉称：本案是平等的民事主体之间的民事纠纷。南宁常超东商贸有限公司是由十几个股东组成的有限公司，政府在公司里既不占有股份也不参与日常的经营，是一个完全的民事主体，双方地位平等民事权利能力平等，南宁常超东商贸有限公司未经上诉人同意擅自处理上诉人的财产，侵犯了上诉人的财产权，双方之间是平等的民事主体之间关于财产所有权争议。一审认为“由于整个改制过程由政府主导”这是不符合事实的，事实上，政府并没有主导，南宁市东区供社改制完全是在王金议等人的推动下，在职员工签名同意后，改成了现在的南宁常超东商贸有限公司，把原先占有股权的73名离退休员工排除在外，改为股东不包含离退休员工在内的有限公司。一审认为只要是政府参与沾上点边，就是政府主导，就是主体不平等而不予受理的观点错误。如果政府能主导改制，那政府直接下文改制就可以了，没有必要征得员工的签名同意，上诉人在起诉状里都没有出现过“政府”一词，一审法院凭空认为整个改制过程由政府主导，不属于平等民事主体在企业产权制度改造过程由政府主导，不属于平等民事主体间在企业产权制度改造中发生的民事纠纷案件，不属人民法院受理民事诉讼案件的范围是越俎代庖。如认定本案与政府有关，按照诉讼规则，法院完全可以把政府列为第三人，而不是不予受理本案。不符合中央“有案必立”定纷止争、化解矛盾的精神。一审根据南宁市政府印发《加快国有中小企业改制实施产权制度改革的规定》［南府发（2004）39号］文件精神，这是错误的，该文件对象是国企，东区供销社是一个集体企业，国企的产权人是国家、集体企业的产权人是特定一群人，政府绝不可能把适用国企

的文件，让其他性质的企业来执行。退一万步来说，本案不属于平等民事主体间在企业产权制度改造中发生的民事纠纷案件是对的，那政府就应该对整个改制负责，然而2014年7月18日上诉人向南宁市兴宁区人民政府就本案申请行政复议，2014年7月22日兴宁区人民政府认为上诉人的请求事项不属于行政复议受理范围，决定不予受理，上诉人不服起诉至青秀区法院，法院亦不予受理，政府说不归他管，法院说是“政府主导”谁都不管，法院与政府之间推脱责任。

为维持上诉人合法权益，请求二审法院撤销一审裁定，责令一审法院依法受理本案，（1）确认被起诉人在2005年将南宁市东区供销社变更为南宁常超东商贸有限公司的行为侵害起诉人的权益；（2）被起诉人将起诉人补列为南宁常超东商贸有限公司的股东之一，起诉人所占的股权份额与在原南宁市东区供销社所占份额相当；（3）本案诉讼费由被起诉人负担。

【法院审理意见】 一审法院经审查认为，《中华人民共和国民事诉讼法》第119条规定：起诉必须符合下列条件：（1）原告是与本案有直接利害关系的公民、法人和其他组织；（2）有明确的被告；（3）有具体的诉讼请求和事实、理由；（4）属于人民法院受理民事诉讼的范围和受诉人民法院管辖。而最高人民法院《关于审理与企业改制相关的民事纠纷案件若干问题的规定》第1条规定，人民法院受理平等民事主体间在企业产权制度改造中发生的民事纠纷案件。

关于本案是否属于人民法院受理民事诉讼案件的范围的问题。马耀华、罗预喜、曹红宝、唐仲安、雷善莲原为南宁市郊区津头供销合作社（以下简称“津头供销社”）集体企业人员，1989年根据南宁市人民政府体制改革办公室、南宁市供销社联合社、南宁市郊区人民政府文件精神，原津头供销社和原三塘供销社合并为南宁市东区供销社（以下简称“东区供销社”），企业性质为集体所有制。2004年4月，南宁市人民政府印发《加快国有中小企业改制实施产权制度改革的规定》[南府发（2004）39号文]，对企业改制时富余职工的安置补偿，职工身份的置换、离退休人员未列统筹的社会保障等进行了规定。从2004年10月开始，东区供销社根据上述文件精神，对企业进行了改制。由于整个改制过程由政府主导，因此，本案不属于平等民事主体间在企业产权制度改造中发生的民事纠纷案件，不属于人民法院受理民事诉讼案件的范围。对于马耀华、罗预喜、曹红宝、唐仲安、雷善莲的起诉，不予受理。一审法院据此依照《中华人民共和国民事诉讼法》第119条规定，裁定对马耀华、罗预喜、曹红宝、唐仲安、雷善莲的起诉，不予受理。

本院经审查认为，上诉人马耀华、罗预喜、曹红宝、唐仲安、雷善莲原为南宁市郊区津头供销合作社的集体企业人员，1989年根据南宁市人民政府体制改革办公室、南宁市供销社联合社、南宁市郊区人民政府文件精神，原南宁市郊区津头供销合作社和原三塘供销社合并为南宁市东区供销社，企业性质为集体所有制。2004年4月，南宁市人民政府印发《加快国有中小企业改制实施产权制度改革的规定》[南府发（2004）39号文]，对企业改制时富余职工的安置补偿、职工身份的置换、离退休人员未列统筹的社会保障等进行了规定。从2004年10月开始，南宁市东区供销社根据上述文件精神，将企业改制为现在的南宁常超东商贸有限公司。由于整个企业改制过程由政府主导，故马耀华、罗预喜、曹红宝、唐仲安、雷善莲等人的诉请不属于平等民事主体间在企业产权制度改造中发生的民事纠纷，因此，本案不属于人民法院受理民事诉讼案件的范围。一审裁定对马耀华、罗预喜、曹红宝、唐仲安、雷善莲的起诉不予受理，并无不当，本院予以维持。马耀华、罗预喜、曹红宝、唐仲安、雷善莲的上诉理由不成立，本院不予支持。

【法院裁判结果】综上，裁定如下：

驳回上诉，维持原裁定。

本裁定为终审裁定。

第十五条 自然人的出生时间和死亡时间，以出生证明、死亡证明记载的时间为准；没有出生证明、死亡证明的，以户籍登记或者其他有效身份登记记载的时间为准。有其他证据足以推翻以上记载时间的，以该证据证明的时间为准。

典型案例 徐雪梅等与金华市中心医院医疗损害责任纠纷

【裁判观点】法律规定如果没有出生证明、死亡证明，也没有户籍登记或其他有效身份登记记载的时间，有其他证明的，以该证明为准。本案属于“其他有关证明”认定出生的情形，应认定徐雪梅产下的男婴已完成了出生而成为法定的自然人。

【案情介绍】徐雪梅自2013年年底怀孕后，因“停经37+周，左腰部疼痛伴发热1天”于2014年6月3日收住金华市中心医院产科。经初步诊断为孕4产1孕37+周待产，尿路结石，发热待查及瘢痕子宫（2001年11月15日剖腹产生下一女）。泌尿外科会诊后当日行左肾盂穿刺造瘘，术前形成“超声介入诊疗操作谈话记录”，医院将可能出现的麻醉意外、损伤邻近器官和血管等并发症予以明示，徐雪梅在“患方意见栏”处签字。当日16时48分头位取出一男婴，男婴经新生儿复苏后评分较差，将病情告知家属，家属表示放弃治疗。徐雪梅术后先后转ICU、产科、泌尿科治疗，经控制感染，拔除D－J管，多次行体外冲击波碎石术，于9月1日出院。蒋建平、徐雪梅系夫妻关系。

在案件审理过程中，因徐雪梅、蒋建平申请，原审法院委托金华正路司法鉴定所对徐雪梅的营养时间、误工时间进行鉴定。正路司法鉴定所〔2015〕临鉴字第1363号鉴定意见书载明：徐雪梅的误工时间评定为120天，营养时间评定为60天。因金华市中心医院申请，依法委托浙江省医学会对双方争议事项进行鉴定，包括：本例属胎儿死亡还是新生儿死亡；如系胎儿死亡，金华市中心医院对患者徐雪梅的诊疗行为是否存在过错，如有过错，过错程度如何，与徐雪梅本人（包括胎儿死亡）的损害后果之间是否存在因果关系；如系新生儿死亡，金华市中心医院对患者徐雪梅的诊疗行为是否存在过错，如有过错，过错程度如何，与徐雪梅本人的损害后果之间是否存在因果关系；金华市中心医院对新生儿的诊疗行为是否存在过错，如有过错，过错程度如何，与新生儿死亡的损害后果之间是否存在因果关系。浙江医鉴〔2015〕70号医疗损害鉴定意见书载明：金华市中心医院在对徐雪梅的诊治过程中存在医疗过错，医疗过错与新生儿死亡之间存在因果关系，医方承担主要责任。

原审原告徐雪梅、蒋建平起诉称：2014年6月3日凌晨3时左右，徐雪梅因感有发热症状，自测体温37.8度，前往金华市中心医院就诊，9时30分收住产科。2015年1月13日，双方共同委托金华市医学会进行医疗损害鉴定，认定：医方病情评估不到位，告知欠充分，急诊行肾脏穿刺，导致腹腔内急性内出血，低血容量，造成胎儿宫内窘迫，与新生儿的死亡存在相关性，医方存在过错。专家讨论认为兼顾孕妇与胎儿特殊情况，抗感染观察病情变化，择期剖宫产手术，应是稳妥的治疗方案。患者入院后，产科马上组织泌尿科会诊，但会诊意见对病情评估不到位，急诊行肾脏穿刺，穿刺过程不顺利，导致肾脏损伤腹腔内出血，之后出现胎儿缺血缺氧，宫内窘迫情况，最终造成新生儿死亡。医方的过错与患者的损害（包括新生儿死亡）后果存在因果关系，应承担主要责任。徐雪梅、蒋建平在收到鉴定意见书后，向金华市医疗纠纷调解委员会申请调解，未果。后诉至法院，要求判令金华市中心医院：（1）赔偿死亡赔偿金等损失合计968617.60元；（2）承担本案诉讼费。

原审被告金华市中心医院答辩称：患者分娩的胎儿无哭声，无独立自主呼吸，并非新生儿，主张胎儿的死亡赔偿金、精神损害抚慰金、丧葬费缺乏事实和法律依据。请求法院依法驳回徐雪梅、蒋建平的诉讼请求。

徐雪梅、蒋建平不服原审法院上述民事判决，向本院上诉称：（1）原审认定新生儿的赔偿标准，存在重大错误。原审认定新生儿出生后不久即死亡，尚未户籍登记，也不符合子女随父母进城就学、生活的情形，死亡赔偿金应按照农村居民标准计算是错误的认定。①本案新生儿出生死亡没有进行户籍登记的根本原因是院方的医疗过错造成的结果，而不是按照农村标准的理由。且新生儿父母在市区经商生活，新生儿也没有在农村生活过，其也必然跟随父母在城镇生活，应该按照城镇居民标准计算。②本案中徐雪梅和新生儿同时受到损害却采用不同的赔偿标准违背了法律公平公正原则。（2）一审中，上诉人根据法官的要求也同意对所欠的医疗费24298.44元进行扣除，一审法庭庭审也明确欠款为24298.44元，一审认定抵扣款为57471.69元是错误的。一审后，我方已经缴清了医疗费，对医疗费不应该扣除。综上，原审判决存在错误，应当予以纠正，请求二审在原审判决的基础上增加赔偿款两项合计393791.69元（第一项不再扣除医疗欠费，第二项增加336320元）。

金华市中心医院辩称：（1）本案为胎儿死亡，并不存在婴儿或公民死亡，所以不存在死亡赔偿金项目。对于出生，我国司法实践采取独立呼吸说，本案胎儿分娩后始终没有呼吸，不能认定为民法意义上的自然人，从而不具备民事权利能力，故不存在胎儿死亡的死亡赔偿金。（2）胎儿分娩后没有呼吸，不存在户籍登记，更不存在与徐雪梅、蒋建平共同生活的事实。徐雪梅、蒋建平系农村居民，子女户籍随父母，其子女也应认定为农村居民。（3）徐雪梅在我院治疗期间产生医疗费62471.69元，预交5000元，尚欠57471.69元是客观事实，上诉人认为只欠24298.44元与事实不符。综上，上诉人的上诉请求缺乏事实和法律依据，请求法院依法驳回。

金华市中心医院不服原审判决，向本院上诉称：（1）原审认定本案出生的胎儿死亡为法律上自然人死亡与事实不符，缺乏依据。①本案胎儿出生后虽经心肺复苏但始终没有呼吸，不存在独立的自主呼吸，不具备法律上自然人的资格而享受民事权利。一审判决认定自然人有误。②医疗损害鉴定报告中虽有“新生儿死亡”的表述，但并没有进行专门的是否为“新生儿”的鉴定认定，鉴定报告中也没有任何说明。一审中，上诉人向法院申请要求鉴定机构对新生儿的认定的依据和出生后有无呼吸作出说明解释，但至今没有答复。因此，医疗损害鉴定报告中涉及“新生儿死亡”认定的内容，不能作为认定案件事实的依据。③为查明案件事实，请求对本案中出生胎儿是否为法律上的自然人死亡委托鉴定机构进行专项鉴定认证。④原审判决“金华市中心医院应赔偿原告徐雪梅、蒋建平死亡赔偿金等损失”表述有误。（2）原审认定上诉人承担

80%的赔偿责任过高，请求二审予以调低改判。综上，请求依法撤销原审判决第二项，并驳回有关胎儿死亡赔偿的相关损失。

徐雪梅、蒋建平答辩称：（1）金华市中心医院认为本案不是新生儿死亡而是胎儿死亡与事实不符。首先，金华市中心医院在本案的新生儿的抢救记录备注中，明确定性为新生儿，也就是说在抢救时，医院认为是新生儿。其次，本案新生儿有生命体征，新生儿现场抢救记录表中也明确记载了新生儿复苏过程中，有多次新生儿心跳的记录，说明新生儿复苏过程中，生命特征持续存在。另外，新生儿出生时间为当天16时48分，死亡时间为17时34分，也能证明本案为新生儿。最后，本案系新生儿死亡，已经经过两次鉴定，特别是第二次鉴定时，医学会已充分陈述其理由认定为新生儿死亡，不需另外的鉴定。（2）金华市中心医院认为承担80%的责任过高，要求调低改判，没有事实和法律依据。医疗鉴定结果为院方主要责任，80%明显在合理范围。

【法院审理意见】原审法院认为，在诊疗活动中，医疗机构及其医务人员应将患者的病情、医疗措施、医疗风险等如实告知患者，以便患者自行判断是否愿意承担相应的医疗风险；但即使已充分履行风险告知义务，医疗机构及其医务人员也应避免对患者产生不利后果。徐雪梅因妊娠晚期、发热到金华市中心医院治疗，经诊断为尿路结石、上尿路感染等症状，院方予行“经皮肾脏穿刺造瘘引流”符合诊疗原则，但术前院方未将其他合理的保守治疗方案告知患者，且术中穿刺不顺利，导致肾脏损伤、腹腔内出血，出现了胎儿缺血、缺氧、宫内窘迫的情况，该医疗行为具有过错，与患者徐雪梅因手术造成的身体损伤以及新生儿死亡等损害后果之间存在因果关系，应承担与其过错程度相适应的民事责任。在本案诉讼前，虽双方共同委托了医疗过错鉴定，但申请事项主要为诊疗行为的过错程度及与徐雪梅的损害（包括新生儿死亡）后果是否存在因果关系，即双方尚未出现本例属“胎儿死亡”还是“新生儿死亡”的争议，故在诉讼过程中，因金华市中心医院提出申请，针对双方争议事项进行了重新鉴定。鉴定机构从医学理论与技术分析的角度认为本例属新生儿死亡，医院应承担主要责任。院方对有关过错程度及损害后果的鉴定意见持有异议，但未能提出任何反驳证据，对其异议不予采信，金华市中心医院应承担主要责任。根据院方的过错程度及对损害后果的原因力大小，酌定其对徐雪梅因身体损伤造成的合理损失以及徐雪梅、蒋建平因新生儿死亡造成的合理损失承担80%的赔偿责任。关于双方争议的患方的合理损失问题：其一，徐雪梅因身体损害造成的合理损失包括：医疗费62471.69元、住院伙食补助费2700元、营养费5580元、护理费13500元、误工费13320元、交通费1800元，合计99371.69元。金华市中心医院应按80%的责任比例承担79497.35元，扣除尚欠的57471.69元，还应赔偿22025.66元。其二，双方的争议焦点还包括了徐雪梅因行剖宫产术产下的新生儿是否具有民事权利能力，徐雪梅、蒋建平是否具有作为近亲属主张赔偿的权利。自然人的民事权利能力始于出生，终于死亡。徐雪梅产下男婴后，据病历记载的评分情况婴儿具有生命体征，经抢救无效后死亡，从医学的角度应认定为新生儿死亡；双方争议的死亡赔偿金等相关赔偿项目是否属于因新生儿死亡造成的合理损失，实则是有关法律问题的争议，即医学上具有生命体征的"活体"，如尚未有独立呼吸的，是否具备法律上自然人的资格而享受民事权利。因本案病历等证据能够证明新生儿脱离母体的时间，其具有生命体征，符合《最高人民法院关于贯彻执行〈中华人民共和国民法通则〉若干问题的意见（试行）》第1条中规定的"其他有关证明"认定出生的情形，应认定已完成了出生而成为法定的自然人。子女的户籍随父或母登记，但子女的人身损害赔偿标准并不当然等同父母，如父母进城务工或经商，子女也随父母进城就学、生活的，对子女的损失应按照城镇居民标准计算。但本案徐雪梅、蒋建平均系农村户口，新生儿出生不久后即死亡，尚未户籍登记，也不符合"子女随父母进城就学、生活"的情形，故死亡赔偿金应按照农村居民标准计算。新生儿因本次侵权行为造成死亡，综合考虑侵权过错程度、损害后果等因素后酌定精神损害抚慰金40000元。两原告对丧葬费、委托金华市医学会鉴定时的鉴定费计算合理，予以支持。故徐雪梅、蒋建平因新生儿死亡所造成的合理损失包括：死亡赔偿金387460元（19373元/年×20年）、丧葬费28286元、精神损害抚慰金40000元、鉴定费2000元，合计457746元，被告应当赔偿374196.80元（计算方法：417746元×80%+40000元）。其三，徐雪梅因其自身遭受人身损害主张赔偿的诉讼请求，以及徐雪梅、蒋建平作为死亡受害人的近亲属主张赔偿的诉讼请求，因诉讼标的属同一种类，符合法律规定的普通共同诉讼的构成要求，可合并审理，根据诉讼标的分项作出判决。据此，判决：一、金华市中心医院应赔偿徐雪梅医疗费等损失合计22025.66元（已扣除欠付的医疗费57471.69元）。二、金华市中心医院应赔偿徐雪梅、蒋建平死亡赔偿金等损失合计374196.80元。三、驳回徐雪梅、蒋建平的其他诉讼请求。

本院认为，本案二审的争议焦点之一，关于"胎儿死亡"还是"新生儿死亡"的问题，两次医疗鉴定都认为本案损害结果包括新生儿死亡。原审法院也根据金华市中心医院的申请，要求浙江省医学会对浙江医鉴（2015）70号医疗损害鉴定意见证书中有关"医疗过错与新生儿死亡之间存在因果关系，医方承担主要责任"的问题进行书面答复。浙江省医学会出具了浙江医鉴复函（2015）3号函，对认定"新生儿死亡"的依据进行说明并再次明确本例损害结果为新生儿死亡，故原审法院认定本案系新生儿死亡符合医学理论及相关法律规定，并无不当。上诉人金华市中心医院就此提出的上诉理由以及要求重新鉴定的请求缺乏事实和法律依据，本院不予支持。至于院方责任承担的问题，从医疗损害鉴定结果看，院方在本次医疗过程中负主要责任，但考虑到金华市中心医院在本次诊疗过程中尽力救治患者并最终治愈徐雪梅的原发疾病，以及新生儿出生后也尽力进行抢救的情况，本院将院方承担的责任比例调整为70%。

【法院裁判结果】综上，原判认定事实清楚，但适用法律错误，本院依法予以纠正。据此，判决如下：

一、撤销金华市婺城区人民法院（2015）金婺民初字第1476号民事判决；

二、金华市中心医院于本判决生效之日起10日内赔偿徐雪梅医疗费、住院伙食补助费、营养费、护理费、误工费、交通费等医疗损害赔偿款合计69560.183元。

三、金华市中心医院于本判决生效之日起10日内赔偿徐雪梅、蒋建平新生儿死亡医疗损害赔偿款合计626702.2元。

四、驳回徐雪梅、蒋建平的其他诉讼请求。

本判决为终审判决。

第十六条　涉及遗产继承、接受赠与等胎儿利益保护的，胎儿视为具有民事权利能力。但是胎儿娩出时为死体的，其民事权利能力自始不存在。

典型案例　李某、郭某阳诉郭某和、童某某继承纠纷

【裁判观点】涉及遗产继承、接受赠与等胎儿利益保护的，胎儿视为具有民事权利能力。遗产分割时，应当保留胎儿的继承份额。被继承人郭某顺死亡后，继承开始。郭某顺在立遗嘱时，明知其妻子腹中的胎儿而没有在遗嘱中为胎儿保留必要的遗产份额，该部分遗嘱内容无效。因此，在扣除应当归李某所有的财产和应当为胎儿保留的继承份额之后，郭某顺遗产的剩余部分才可以按遗嘱确定的分配原则处理。

【案情介绍】1998年3月3日，原告李某与郭某顺登记结婚。2002年，郭某顺以自己的名义购买了涉案建筑面积为45.08平方米的306室房屋，并

办理了房屋产权登记。2004 年 1 月 30 日，李某和郭某顺共同与南京军区南京总医院生殖遗传中心签订了人工授精协议书，对李某实施了人工授精，后李某怀孕。2004 年 4 月，郭某顺因病住院，其在得知自己患了癌症后，向李某表示不要这个孩子，但李某不同意人工流产，坚持要生下孩子。5 月 20 日，郭某顺在医院立下自书遗嘱，在遗嘱中声明他不要这个人工授精生下的孩子，并将 306 室房屋赠与其父母郭某和、童某某。郭某顺于 5 月 23 日病故。李某于当年 10 月 22 日产下一子，取名郭某阳。原告李某无业，每月领取最低生活保障金，另有不固定的打工收入，并持有夫妻关系存续期间的共同存款 18705.4 元。被告郭某和、童某某系郭某顺的父母，居住在同一个住宅小区的 305 室，均有退休工资。2001 年 3 月，郭某顺为开店，曾向童某某借款 8500 元。

南京大陆房地产估价师事务所有限责任公司受法院委托，于 2006 年 3 月对涉案 306 室房屋进行了评估，经评估房产价值为 19.3 万元。

原告李某诉称：位于江苏省南京市某住宅小区的 306 室房屋，是其与被继承人郭某顺的夫妻共同财产。郭某顺因病死亡后，其儿子郭某阳出生。郭某顺的遗产，应当由妻子李某、儿子郭某阳与郭某顺的父母即被告郭某和、童某某等法定继承人共同继承。请求法院在析产继承时，考虑郭某和、童某某有自己房产和退休工资，而李某无固定收入还要抚养幼子的情况，对李某和郭某阳给予照顾。

被告郭某和、童某某辩称：儿子郭某顺生前留下遗嘱，明确将 306 室赠予二被告，故对该房产不适用法定继承。李某所生的孩子与郭某顺不存在血缘关系，郭某顺在遗嘱中声明他不要这个人工授精生下的孩子，他在得知自己患癌症后，已向李某表示过不要这个孩子，是李某自己坚持要生下孩子。因此，应该由李某对孩子负责，不能将孩子列为郭某顺的继承人。

【法院审理意见】法院生效裁判认为：本案争议焦点主要有两方面：一是郭某阳是否为郭某顺和李某的婚生子女？二是在郭某顺留有遗嘱的情况下，对 306 室房屋应如何析产继承？

关于争议焦点一。最高人民法院《关于夫妻离婚后人工授精所生子女的法律地位如何确定的复函》中指出："在夫妻关系存续期间，双方一致同意进行人工授精，所生子女应视为夫妻双方的婚生子女，父母子女之间权利义务关系适用婚姻法的有关规定。"郭某顺因无生育能力，签字同意医院为其妻子即原告李某施行人工授精手术，该行为表明郭某顺具有通过人工授精方法获得其与李某共同子女的意思表示。只要在夫妻关系存续期间，夫妻双方同意通过人工授精生育子女，所生子女均应视为夫妻双方的婚生子女。《民法通则》第 57

条规定："民事法律行为从成立时起具有法律约束力。行为人非依法律规定或者取得对方同意，不得擅自变更或者解除。"因此，郭某顺在遗嘱中否认其与李某所怀胎儿的亲子关系，是无效民事行为，应当认定郭某阳是郭某顺和李某的婚生子女。

关于争议焦点二。《继承法》第5条规定："继承开始后，按照法定继承办理；有遗嘱的，按照遗嘱继承或者遗赠办理；有遗赠扶养协议的，按照协议办理。"被继承人郭某顺死亡后，继承开始。鉴于郭某顺留有遗嘱，本案应当按照遗嘱继承办理。《继承法》第26条规定："夫妻在婚姻关系存续期间所得的共同所有的财产，除有约定的以外，如果分割遗产，应当先将共同所有的财产的一半分出为配偶所有，其余的为被继承人的遗产。"最高人民法院《关于贯彻执行继承法若干问题的意见》第38条规定："遗嘱人以遗嘱处分了属于国家、集体或他人所有的财产，遗嘱的这部分，应认定无效。"登记在被继承人郭某顺名下的306室房屋，已查明是郭某顺与原告李某夫妻关系存续期间取得的夫妻共同财产。郭某顺死亡后，该房屋的一半应归李某所有，另一半才能作为郭某顺的遗产。郭某顺在遗嘱中，将306室全部房产处分归其父母，侵害了李某的房产权，遗嘱的这部分应属无效。此外，《继承法》第19条规定："遗嘱应当对缺乏劳动能力又没有生活来源的继承人保留必要的遗产份额。"郭某顺在立遗嘱时，明知其妻子腹中的胎儿而没有在遗嘱中为胎儿保留必要的遗产份额，该部分遗嘱内容无效。《继承法》第28条规定："遗产分割时，应当保留胎儿的继承份额。"因此，在分割遗产时，应当为该胎儿保留继承份额。综上，在扣除应当归李某所有的财产和应当为胎儿保留的继承份额之后，郭某顺遗产的剩余部分才可以按遗嘱确定的分配原则处理。

【法院裁判结果】江苏省南京市秦淮区人民法院于2006年4月20日作出一审判决：

涉案的306室房屋归原告李某所有；李某于本判决生效之日起30日内，给付原告郭某阳33442.4元，该款由郭某阳的法定代理人李某保管；李某于本判决生效之日起30日内，给付被告郭某和33442.4元、给付被告童某某41942.4元。

一审宣判后，双方当事人均未提起上诉，判决已发生法律效力。

第十七条　十八周岁以上的自然人为成年人。不满十八周岁的自然人为未成年人。

典型案例 石嘴山市惠农区惠农中学与徐磊、石晓亮等教育机构责任纠纷

【裁判观点】 18周岁以上的自然人为成年人。不满18周岁的自然人为未成年人。侵权行为发生时行为人不满18周岁，在诉讼时已满18周岁，并有经济能力的，应当承担民事责任；行为人没有经济能力的，应当由原监护人承担民事责任。石晓亮现不满18周岁，无经济收入，故依法应由其监护人石月义、邵兴春承担本案民事责任。马宁现已年满18周岁，但无经济收入，故依法应由其监护人马兴龙、××琴承担本案民事责任。

【案情介绍】 2012年9月26日晚，徐磊和石晓亮、马宁等同学在惠农中学操场，一起用手抓住足球架门框攀吊足球门时，致使足球门翻倒将徐磊砸伤，徐磊被送往石嘴山市第一人民医院住院治疗，实际住院治疗66天，但住院医疗费票据记载住院80天（2012年9月26日至2012年12月14日），住院病案记载2012年12月1日徐磊自动到上级医院进一步治疗，挂床半月。徐磊共花费住院医疗费82596元，其中惠农中学支付68996元，徐磊自行支付13600元，徐磊支付门诊医疗费636.11元，药店购药65.7元，向他人购买治疗尿崩症的去氨加压素两瓶360元。经诊断徐磊为（1）急性开放性颅脑损伤：脑挫裂伤、颅骨骨折、颅内积气、继发性脑干损伤、颜面部软组织挫伤，（2）创伤性湿肺，（3）双眼外伤性视神经萎缩，（4）外伤性尿崩。2012年12月4日至2013年1月22日徐磊在首都医科大学附属北京同仁医院住院治疗49天，出院诊断徐磊为脑脊液鼻漏、颅面多发骨折、脑挫裂伤（额、双），徐磊支付住院医疗费39813.27元、门诊医疗费1539.12元，药店购药553.2元。2013年3月11日至2013年6月9日徐磊在宁夏医科大学总医院住院治疗90天，经诊断为脑外伤、脑脊液鼻漏术后、左耳听力异常、左眼视神经损伤、左侧面神经炎、尿崩症。徐磊支付住院医疗费83050.66元，门诊医疗费2854.12元，药店购药1341元（其中手动轮椅595元）。2013年7月23日经宁夏泰和司法鉴定中心鉴定，徐磊的伤残等级为七级、八级、九级，医疗依赖为一般医疗依赖等级，徐磊支付鉴定费1200元。惠农中学不服该鉴定结果，向一审法院提出复核鉴定申请，一审法院依法委托银川市第一人民医院司法鉴定中心对徐磊的伤残及医疗依赖等级进行了鉴定，2013年12月10日经该鉴定中心鉴定，徐磊的伤残等级为七级、八级、九级、十级，一般性医疗依赖，徐磊支付重新鉴定检查费、鉴定费1075.64元。2016年3月5日至2016年3月18日徐

磊在石嘴山市第二人民医院住院治疗13天，经入院诊断、出院诊断徐磊为脑出血后遗症，花费住院医疗费5869.47元，其中新农合医保统筹支付3885.10元，徐磊个人支付1984.37元，支付门诊医疗费1256.28元。

徐磊受伤后，惠农中学对足球架门框进行了固定。石月义、邵兴春系石晓亮的父母亲，马兴龙、××琴系马宁的父母亲。

惠农中学上诉请求：（1）撤销（2016）宁0205民初1374号民事判决，改判惠农中学不承担徐磊伤害事故的赔偿责任，判决由徐磊承担主要赔偿责任，马宁、石晓亮承担次要赔偿责任；（2）一、二审诉讼费由徐磊、石晓亮、石月义、邵兴春、马宁、马兴龙、××琴承担。事实和理由：（1）惠农中学校园环境、足球门等各项设施安全完全符合标准，学校也不存在管理上的过错，对徐磊不承担监护责任，对徐磊的损失不应承担赔偿责任；（2）徐磊的人身伤害完全是由其自己及马宁、石晓亮共同实施助跑后吊足球门的危险行为导致足球门倒地造成，应由徐磊承担主要责任，马宁、石晓亮承担次要责任；（3）徐磊已根据（2014）石民终字第670号民事判决申请惠农区人民法院强制执行，惠农中学已按判决书确定的义务赔偿徐磊152491.35元，该款项应从惠农中学应付的赔偿款219458.76中扣除；（4）一审法院按照徐磊诉讼请求数额877587.15元判决惠农中学承担9761元诉讼费不合理。一审判决认定事实严重错误，划分责任出现重大偏差，适用法律不当，应予以撤销；

徐磊辩称，一审判决事实清楚，证据充分、适用法律正确，请求依法维持。

石晓亮、石月义、邵兴春辩称，惠农中学的上诉理由不能成立。

马宁、马兴龙、××琴辩称，惠农中学的上诉理由不能成立。

徐磊向一审法院起诉请求：（1）惠农中学赔偿徐磊医疗费149524.13元、住院伙食补助费11550元、护理费34895.52元、残疾赔偿金186415.16元、终身治疗费471696元（一般医疗依赖）、鉴定费3167.64元、住宿费22630元、交通费9509.2元、营养费和辅助器具费2978元、精神抚慰金20000元、复印费221.5元，共计912587.15元；（2）惠农中学支付徐磊爱心捐赠款20000元，减去惠农中学已支付55000元，下余877587.15元；（3）本案诉讼费用由惠农中学承担。一审庭审中变更诉讼请求，要求惠农中学承担主要责任，马宁、石晓亮承担次要责任。

【法院审理意见】一审法院认为，惠农中学作为教育机构，负有教育、管理和保护学生安全的职责，惠农中学明知学校的足球门多次翻倒，存在安全隐患，却未能在可预见的职责范围内积极采取必要的防范措施，将活动的足球门进行固定，致使学生在校学习期间攀吊足球门过程中受到伤害，应承担主要的过错责任。徐磊、石晓亮、马宁作为限制民事行为能力人，对自己的行为已有一定的认知和判断能力，也应当预见到自己攀吊足球门存在一定的危险后果，却一起攀吊足球门，导致足球门翻倒，将徐磊砸伤，徐磊与石晓亮、马宁实施的共同危险行为与徐磊的损害后果具有一定的因果关系，徐磊与石晓亮、马宁应承担次要的过错责任。石晓亮、马宁作为限制民事行为能力人，对其造成他人损害的，依照最高人民法院《关于适用〈中华人民共和国民事诉讼法〉的解释》第67条规定，无民事行为能力人、限制民事行为能力人造成他人损害的，无民事行为能力人、限制民事行为能力人和其监护人为共同被告。所以石晓亮应和其监护人石月义、邵兴春，马宁应和其监护人马兴龙、××琴作为共同被告，故徐磊与石晓亮、石月义、邵兴春、马宁、马兴龙、××琴应共同承担本案次要的过错责任。《中华人民共和国侵权责任法》第32条规定，无民事行为能力人、限制民事行为能力人造成他人损害的，由监护人承担侵权责任。最高人民法院《关于贯彻执行〈中华人民共和国民法通则〉若干问题的意见（试行）》第159条规定，被监护人造成他人损害的，有明确的监护人时，由监护人承担民事责任。第161条规定，侵权行为发生时行为人不满18周岁，在诉讼时已满18周岁，并有经济能力的，应当承担民事责任；行为人没有经济能力的，应当由原监护人承担民事责任。石晓亮现不满18周岁，无经济收入，故依法应由其监护人石月义、邵兴春承担本案民事责任。马宁现已年满18周岁，但无经济收入，故依法应由其监护人马兴龙、××琴承担本案民事责任。

综上所述，徐磊庭审中变更诉讼请求，要求惠农中学赔偿其诉求损失的主要责任，石晓亮的监护人石月义、邵兴春，马宁的监护人马兴龙、××琴赔偿其诉求损失的次要责任的诉求符合法律规定，予以支持。惠农中学关于学校没有过错，学校只能从人道主义方面给予一定的补偿，请求法院依法驳回徐磊对惠农中学的诉讼请求，判决徐磊承担主要责任，马宁、石晓亮承担次要责任的抗辩理由不符合事实和法律规定，不予采纳。石晓亮、石月义、邵兴春、马宁、马兴龙、××琴关于徐磊所受伤害是惠农中学的责任，与其没有责任的抗辩理由不符合事实和法律规定，本院不予采纳。一审法院判决：一、石嘴山市惠农区惠农中学于本判决生效后10日内赔偿徐磊医疗费、住院伙食补助费、护理费、残疾赔偿金、鉴定费、住宿费、交通费、营养费、残疾辅助器具费合计335048.76元，精神损害抚慰金10000元，共计345048.76元，扣除惠农中学已支付徐磊的125590元，惠农中学还应支付徐磊各项赔偿款219458.76元；二、石晓亮的监护人石月义、邵兴春于本判决生效后10日内赔偿徐磊医疗费、住院伙食补助费、护理费、残疾赔偿金、鉴定费、住宿费、交通费、营养费、残疾辅助器具费共计47864.11元；三、马宁的监护人马兴龙、××琴于本判决生效后十日内赔偿徐磊医疗费、住院伙食补助费、护理费、残疾赔偿金、鉴定费、住宿费、交通费、营养费、残疾辅助器具费共计47864.11元；四、驳回徐磊其他诉讼请求。

本院认为，关于本案中惠农中学是否应对徐磊的损失承担赔偿责任及责任比例的问题，经查，惠农中学的足球门曾多次翻倒，学校明知足球门存在安全隐患，未采取积极的防护措施尽到教育、管理职责，致使徐磊在学校学习期间因攀吊足球门受伤，学校应当对徐磊造成的损失承担赔偿责任且应承担主要赔偿责任。徐磊、石晓亮、马宁虽系限制民事行为能力人，但三人作为初中学生，应对自己攀吊足球门可能发生的危险有一定的认知和判断，在预见到可能存在危险的情形下三人仍然采取危险方法攀吊足球门，致使徐磊受伤造成损失，三人应当承担次要的赔偿责任，一审法院判决由石晓亮、马宁的监护人及徐磊自身各承担10%的过错责任并无不当，惠农中学该项上诉理由不能成立；关于惠农中学在（2014）石民终字第670号民事案件中判决赔偿徐磊的赔偿款152491.35元应否从本案中扣除的问题，因（2014）石民终字第670号民事判决被自治区高级人民法院撤销，已执行的款项可在本次判决生效后在执行过程中扣减，而不需在本判决中直接予以扣减，故惠农中学该项上诉理由不能成立；关于诉讼费用承担问题，不是判决实体处理的问题，本院根据各方当事人承担的赔偿金额在判决时依法分担。

【法院裁判结果】综上所述，惠农中学的上诉请求不能成立，应予驳回；一审判决认定事实清楚，适用法律正确，应予维持。判决如下：

驳回上诉，维持原判。

本判决为终审判决。

第十八条 成年人为完全民事行为能力人，可以独立实施民事法律行为。

十六周岁以上的未成年人，以自己的劳动收入为主要生活来源的，视为完全民事行为能力人。

典型案例 钟坚铭与李燕松机动车交通事故责任纠纷

【裁判观点】16周岁以上以自己的劳动收入为主要生活来源的，视为完全民事行为能力人。法律并不禁止16周岁以上的未成年人通过工作获得劳动报酬。钟铭坚在发生交通事故时已年满16周岁，其所在社区居民委员会出具证明材料证实其已务工，足以采信。

【案情介绍】2015年1月30日0时15分，被告李燕松驾驶悬挂粤D×××××号小型普通客车，从两英镇古溪村往美林村方向行驶，途经两英镇环市东路美林村路口时，与原告钟坚铭驾驶乘载有钟林进的无牌二轮摩托车发生碰撞，事故造成原告及钟林进受伤。事故发生后，原告当即被送往汕头潮南民生医院治疗，于2015年2月2日转至濠江新圣创骨科医院住院治疗，至2015年4月20日出院，共住院81天，花费医疗费23476.19元，期间被告支付了医疗费20776.21元。汕头市公安局潮南分局交通警察大队于2015年3月12日作出《道路交通事故认定书》，认定被告李燕松在事故中有主要过错，应承担事故的主要责任，原告钟坚铭在事故中有次要过错，应承担事故的次要责任，乘坐人钟林进免承担事故责任。庭审中，原告提出被告驾驶的肇事车辆未投保交强险，依法应对其损失先在交强险责任限额内予以赔偿。

肇事车辆粤D×××××号小型普通客车所有人为被告李燕松，该车没有投保交强险和商业第三者责任险。

广东省2015年度人身损害赔偿计算标准中其他服务业在岗职工年平均工资62190元，国有农业行业在岗职工年平均工资26184元，住院伙食补助费每人每天100元。

原告钟坚铭诉称，2015年1月30日0时15分，被告李燕松驾驶粤D×××××号小型普通客车，从两英镇古溪村往美林村方向行驶，途经两英镇环市东路美林村路口时，与他驾驶乘载有钟林进的二轮摩托车发生碰撞，造成他和钟林进受伤及摩托车损毁的交通事故。被告驾驶的车辆未经公安机关交通管理部门登记、且使用未经公安机关交通管理部门登记核发的号牌的机动车夜间上路行驶时，没有注意前方交通状况，没有按照操作规范安全驾驶，没有缴纳交强险，且发生事故后弃车逃逸，交警部门在《道路交通事故认定书》中认定被告在本事故中有主要过错，应承担事故的主要责任。事故发生后，他被送往汕头潮南民生医院治疗，于2015年2月2日转至濠江新圣创骨科医院住院治疗，至2015年4月20日出院，共住院81天。经广东省汕头市潮南区公安司法鉴定中心鉴定，事故造成他双侧鼻骨、上颌骨突骨折，损伤程度为轻伤二级。本次事故造成他以下的经济损失，包括误工费共计61336.89元。被告应当承担70%的责任即为42935.82元，但被告垫付医疗费20776.21元后，拒不支付余款22159.61元。他多次向被告主张权益，被告拒不履行赔偿义务。为维护他的合法权益，现向法院起诉，请求：（1）判令被告赔偿他的医疗费、住院伙食补助费、营养费、交通费、护理费、误工费等共计 22159.61 元；（2）由被告承担本案全部诉讼费用。诉讼中，原告将第 1 项诉讼请求变更为：判令被告李燕松赔偿他的全部经济损失包括医疗费、住院伙食补助费、营养费、交通费、护理费、误工费等共计 40560.68 元。

被告李燕松没有提交书面答状，当庭辩称，其对事故的发生和责任认定无异议，他驾驶的车辆没有投保交强险和商业第三者责任险，应由其承担的责任会依法承担，但认为：（1）原告受伤后，其一直有积极支付医疗费用，原告当庭变更诉讼请求赔付经济损失医疗费、住院伙食补助费、营养费、交通费、护理费、误工费等共计 40560.68 元，请法院依法认定；（2）关于本事故的发生，双方都有责任，原告负次要责任，其负主要责任，在司法实践中以 30% 和 70% 的责任比例划分，请法院依法认定；（3）其有垫付医疗费 20776.21 元，应在其承担 70% 的责任比例下应赔偿的合理数额中予以抵除。

【法院审理意见】 原告提交的证明系原告户籍所在地潮南区××镇永丰社区居民委员会所出具，证实其误工的事实，对此，本院认为，根据《中华人民共和国民法通则》第 11 条第 2 款“十六周岁以上不满十八周岁的公民，以自己的劳动收入为主要生活来源的，视为完全民事行为能力人”的规定，法律并不禁止十六周岁以上的未成年人通过工作获得劳动报酬。钟铭坚在发生交通事故时已年满十六周岁，其所在社区居民委员会出具证明材料证实其已务工，足以采信。由于钟铭坚属于农业家庭户口，其请求按农村户口性质计算成本误工费，可予照准。广东省上一年度国有农业在岗职工年平均工资为 26184 元，钟铭坚的误工期从交通事故发生日（2015 年 1 月 30 日）计算至出院之日（2015 年 4 月 20 日），共计 81 天，以此计算成本，钟铭坚的误工费应为 26184 元/年 ÷365 天 ×81 天 =5810.7 元。原告请求赔偿医疗费 23476.19 元、住院伙食补助费 8100 元，被告没有异议，可予认定。原告请求赔偿交通费，虽没有提供相关证据，但考虑到发生交通事故后原告住院、转院、出院必然产生交通费用的实际，本院酌情认定交通费为 800 元。原告请求以每天 150 元的标准计算护理费，虽未能提交雇佣护工支付报酬依据，但护理费参照 2015 年国有同行业其他服务业在岗职工年平均工资 62190 元计算的标准比原告主张的标准高，故可按原告主张的标准计算护理费，即 81 天 ×150 元 =12150 元。原告请求赔偿营养费 2000 元，因没有相关医嘱证明，其请求缺乏依据，对该项请求不予支持。原告请求精神损害抚慰金 5000 元，因交通事故并未致其伤残等严重后果，该项请求依法不予支持。

本院认为，被告李燕松驾驶悬挂粤 D×××××号小型普通客车与原告钟坚铭驾驶的无牌二轮摩托车发生碰撞，致原告受伤，对本次事故，公安交警部门已作出了被告负主要责任、原告负次要责任的认定。原告对责任认定有异议，提出根据《广东省道路交通安全条例》第45条的规定，肇事逃逸应承担全部责任。对此，本院认为，该条规定的逃逸当事人承担全部责任的前提条件是事故发生后，当事人为逃避法律追究而逃离事故现场，现原告并无证据证明被告系为逃避法律追究而逃离现场，而公安交警部门根据相关证据认定原告钟坚铭未取得机动车驾驶证，驾驶未经公安机关交通管理部门登记的机动车夜间上路行驶，驾乘人员均没有戴安全头盔，途经交叉路口时，没有遵守交通标志让行，对事故的发生有过错。由于交警部门已认定原告对事故的发生存在过错，并认定负次要责任，因此，依照《中华人民共和国道路交通安全法实施条例》第92条的规定，可以减轻被告的责任，本院确定原告对本次事故承担20%责任，被告承担80%责任。原告请求赔偿医疗费23476.19元、住院伙食补助费8100元、护理费12150元、误工费5810.7元，依法有据，可予支持；原告请求赔偿营养费、精神损害抚慰金、车辆损失费，因缺乏依据，不予支持；原告请求赔偿交通费1000元，因缺乏依据，不予额支持，应按本院酌情认定的数额800元确定；综上，原告的各项损失共计50336.89元。因被告驾驶的机动车没有依法投保交强险，依照最高人民法院《关于审理道路交通事故损害赔偿案件适用法律若干问题的解释》第19条第1款“未依法投保交强险的机动车发生交通事故造成损害，当事人请求投保义务人在交强险责任限额范围内予以赔偿的，人民法院应予支持”的规定，对原告提出其因交通事故造成的损失被告应在交强险赔偿限额范围内先予赔偿的主张予以采纳，对于超出交强险责任限额部分的损失，由原、被告按照各自在事故中的过错，按20%与80%的比例承担。被告应在交强险的医疗费用赔偿限额项下负责赔偿医药费、住院伙食补助费共10000元及在伤残赔偿限额内对包括护理费、交通费、误工费等项目的损失18760.7元向原告直接赔付，被告在交强险赔偿范围内共应赔偿的数额为28760.7元；不足部分21576.19元由被告按主要责任的比例80%计为17260.95元，被告共应赔偿原告各项损失为46021.65元，抵除被告先支付给原告的20776.21元，被告尚应赔偿原告25245.44元。

【法院裁判结果】判决如下：

一、被告李燕松应于本判决生效后15日内赔付给原告钟坚铭各项损失25245.44元。

二、驳回原告钟坚铭的其他诉讼请求。

第十九条 八周岁以上的未成年人为限制民事行为能力人，实施民事法律行为由其法定代理人代理或者经其法定代理人同意、追认，但是可以独立实施纯获利益的民事法律行为或者与其年龄、智力相适应的民事法律行为。

典型案例 石少磊与曹智昊、王海燕等民间借贷纠纷

【裁判观点】 8周岁以上的未成年人为限制民事行为能力人，实施民事法律行为由其法定代理人代理或者经其法定代理人同意、追认。限制民事行为能力人订立的合同，经法定代理人追认后，该合同有效，但纯获利益的合同或者与其年龄、智力、精神健康状况适应，不必经法定代理人追认。本案中，债权债务关系发生时，被告曹智浩系限制民事行为能力人，其在欠条上签字捺印的行为，效力待定，因曹智浩的父母对其行为未作追认，故该借款行为无效。故被告曹智浩应返还原告石少磊现金3700元。

【案情介绍】 原告石少磊系蒙阴县百邦通讯器材销售中心经营者。2014年1月12日，被告曹智浩在原告书写的“今欠石少磊现金3700元大写叁仟柒佰元整”欠条欠款人处签字捺印，双方未约定还款期限及利息。此借款经原告催要，被告至今未偿还。为此，原告于2016年3月22日诉至法院，要求二被告归还借款3700元，并承担诉讼费用。

被告曹智浩曾在原告石少磊经营的蒙阴县百邦通讯器材销售中心购买不同型号的“苹果”手机，并以其所有的手机抵顶尚欠的手机款。庭审中，原告石少磊认可被告曹智浩以手机抵顶现金1000元用于偿还案涉借款3700元。

原告石少磊诉称，被告曹智昊于2014年1月12日，在蒙阴镇百邦通讯器材中心借原告现金3700元，给原告出具书面欠条一份，后经原告多次催要，被告未偿还。为维护原告的合法权益，具状起诉，要求被告归还原告借款3700元，该案诉讼费由被告承担。

被告曹智浩、王海燕辩称，事情发生在2012年，我去过原告的店，也给付过原告钱1200元左右，账都已经清了。孩子是未成年，在2012年的时候才11周岁，是限制行为能力人，只有经过家长同意才能支付。孩子没有给任何人写过借条，在2013年去临沂上学了，不是孩子写的，对证据本身有异议，不能作为证据使用。案件发生在2012年，2014年没有发生过事情，已经超过

诉讼时效，原告本人未向我们要过一分钱。

被告曹礼华未作答辩。

【法院审理意见】本院认为，被告曹智浩系未成年人，《中华人民共和国民法通则》第16条第1款规定“未成年人的父母是未成年人的监护人。”第133条“无民事行为能力人、限制行为能力人造成他人损害的，由监护人承担民事责任。”及《中华人民共和国民事诉讼法》第132条规定“必须共同进行诉讼的当事人没有参加诉讼的，人民法院应当通知其参加诉讼。”根据上述规定及原告申请，本院追加被告曹智浩的父亲曹礼华为本案被告。

11周岁的未成年人是限制民事行为能力人，《中华人民共和国合同法》第47条规定：“限制民事行为能力人订立的合同，经法定代理人追认后，该合同有效，但纯获利益的合同或者与其年龄、智力、精神健康状况××，不必经法定代理人追认。相对人可以催告法定代理人在一个月内予以追认。法定代理人未作表示的，视为拒绝追认。合同被追认之前，善意相对人有撤销的权利。撤销应当以通知的方式作出。”本案中，债权债务关系发生时，被告曹智浩系限制民事行为能力人，其在欠条上签字捺印的行为，效力待定，因曹智浩的父母对其行为未作追认，故该借款行为无效。《中华人民共和国民法通则》第61条规定：“民事行为被确认为无效或者被撤销后，当事人因该行为取得的财产，应当返还给受损失的一方。有过错的一方应当赔偿对方因此所受的损失，双方都有过错的，应当各自承担相应的责任。”故被告曹智浩应返还原告石少磊现金3700元，庭审中，因原告石少磊认可曹智浩已用手机抵顶现金1000元用于偿还借款的事实，故被告应返还原告现金2700元。《中华人民共和国民法通则》第133条规定：“无民事行为能力人、限制行为能力人造成他人损害的，由监护人承担民事责任。监护人尽了监护责任的，可以适当减轻他的民事责任。”故被告王海燕、曹礼华作为曹智浩的监护人应承担返还原告现金2700元的民事责任。

【法院裁判结果】判决如下：

被告王海燕、曹礼华于本判决生效后七日内返还原告石少磊现金2700元。

如果未按本判决指定的期间履行给付金钱义务，应当依照《中华人民共和国民事诉讼法》第253条之规定，加倍支付迟延履行期间的债务利息。

第二十条　不满八周岁的未成年人为无民事行为能力人，由其法定代理人代理实施民事法律行为。

典型案例　崔某甲与杨凌某饭店健康权纠纷

【裁判观点】 不满8周岁的未成年人为无民事行为能力人，由其法定代理人代理实施民事法律行为。被告杨凌某饭店将带有滑轮的冰柜摆放在饭店外台阶处，形成安全隐患，未尽到安全保障义务，致使原告受伤，故依法应当承担赔偿责任。案发时，原告系年仅4岁的未成年人，属无民事行为能力人，其认知、辨别、判断能力低于成年人，因此，家长应起到监护作用。原告崔某甲的法定代理人崔某乙到庭参加诉讼。

【案情介绍】 2015年8月11日晚9时左右，原告崔某甲跟随其母亲及其他亲属到被告杨凌某饭店吃饭。吃饭过程中，原告崔某甲与另一名小孩在被告杨凌某饭店摆放在店外台阶上的冰柜（带有滑轮）周围玩耍，后冰柜倒下，将原告崔某甲砸伤。后原告崔某甲被送往杨凌示范区医院，当日9时57分经杨凌示范区医院初步诊断，原告为左胫腓骨远端骨折，建议转院治疗。2015年8月12日凌晨原告转院至西安市红会医院，经诊断为：左胫腓骨远端骨骺损伤，住院治疗6天，于2015年8月18日出院。出院医嘱：（1）继续定期清洁换药，加强护理，密切观察伤口情况，如有红肿、异常渗出等情况及时就医；（2）出院后继续外固定；（3）出院后4周周二门诊复查；（4）……不遵医嘱可能造成不良后果。原、被告就赔偿一事协商未果，2015年9月14日原告将杨凌某饭店（经营者张某某）及袁某作为被告向本院提起诉讼；2015年11月26日本院作出（2015）杨民初字第00837号民事判决，已依法予以处理。

2015年10月12日原告在西安市红会医院继续治疗，主要诊断为：左胫腓骨远端骨骺损伤术后，住院治疗9天，于2015年10月21日出院，出院医嘱：（1）继续定期清洁换药，加强护理，加强营养，密切观察伤口情况，如有红肿、异常渗出等情况及时就医；（2）出院后患者暂不负重；（3）出院后4周周二门诊复查；（4）……不遵医嘱可能造成不良后果。2016年4月6日原告在中国人民解放军第四军医大学西京医院继续医疗，诊断为：左胫骨远端骨骺早闭并内翻畸形，住院治疗9天，于2015年4月15日治愈出院，出院医嘱：（1）保持伤口干燥，定时门诊换药，给予对症治疗；（2）加强护理，预防针眼；（3）出院后4周门诊复查，不适随诊。2016年9月12日原告就后续治疗费、残疾赔偿金等提起诉讼。经鉴定，原告的残疾程度为九级伤残、护理期限为500天、营养期限为500天。

被告杨凌某饭店系张某某个人经营。原告长期随父母在城镇居住生活。

原告崔某甲的法定代理人崔某乙向本院提出诉讼请求：（1）依法判令被告赔偿原告经济损失37194.4元（其中医疗费46968.99元×70%、住院伙食补助费18×30元×70%、交通费5200元×70%、住宿费543元×70%）；（2）判令被告承担护理费35000元（500天×100元×70%）、营养费10500元（500天×30元×70%）、伤残赔偿金73976元（26420元×20年×20%伤残程度×70%）、鉴定费用1680元，增加请求合计121156元；（3）由被告承担本案诉讼费用。事实和理由：2015年8月11日，原告随家人在被告杨凌某饭店吃饭，用餐过程中原告被饭店摆放在店外台阶上的冰柜砸伤腿部。事后原告先后在杨凌示范区医院（2015.8.11－8.18住院）、西安市红会医院（2015.10.12－10.21住院）、第四军医大学西京医院（2016.4.6－4.15住院）进行了左胫腓骨远端骨垢损伤术后治疗、左胫骨远端骨条切除、胫骨内翻截骨矫形、取髂骨植骨等多项手术，期间原告支付了大量的医疗费用，而被告仅被强制执行支付了第一次原告住院的部分费用。现原告向贵院提起诉讼，请予以支持。

被告杨凌某饭店经依法传唤未到庭，亦未作任何答辩。

本案在审理过程中，原告申请撤回了对被告张某某的起诉，本院予以准许。

【法院审理意见】本院认为，公民的生命健康受法律保护。经营者对消费者未尽到安全保障义务，造成消费者损害的，应当承担侵权责任。被告杨凌某饭店将带有滑轮的冰柜摆放在饭店外台阶处，形成安全隐患，未尽到安全保障义务，致使原告受伤，故依法应当承担赔偿责任。案发时，原告系年仅4岁的未成年人，属无民事行为能力人，其认知、辨别、判断能力低于成年人，因此，家长应起到监护作用。本案中原告家长对原告在就餐期间走动未予以必要的看护，没有履行好监护责任，也有过错。综合全案案情，被告杨凌某饭店应当承担70%的责任，原告的监护人自行承担30%的责任。经核实，原告的经济损失为221331.99元，其中医疗费46968.99元、住院伙食补助费540元、交通费5200元、住宿费543元、护理费每天按100元计算500天共计50000元、营养费每天按20元计算500天共计10000元、伤残赔偿金按九级伤残计算为105680元、鉴定费用2400元。故被告杨凌某饭店应当赔偿原告经济损失的70%即154932.39元。

【法院裁判结果】判决如下：

一、被告杨凌某饭店（经营者张某某）于本判决生效之日起10日内赔偿原告崔某甲医疗费、住院伙食补助费、交通费、住宿费、护理费、营养费、伤残赔偿金、鉴定费用共计154932.39元。

二、驳回原告崔某甲的其他诉讼请求。

如果未按判决指定的期间履行给付金钱义务，应当依照《中华人民共和国民事诉讼法》第253条之规定，加倍支付迟延履行期间的债务利息。

第二十一条　不能辨认自己行为的成年人为无民事行为能力人，由其法定代理人代理实施民事法律行为。

八周岁以上的未成年人不能辨认自己行为的，适用前款规定。

典型案例　崔新友与江苏沪远建设工程有限公司提供劳务者受害责任纠纷

【裁判观点】不能辨认自己行为的成年人为无民事行为能力人，由其法定代理人代理实施民事法律行为。被上诉人崔新友因涉案事故导致其行动能力受损，其妻子胡守平以其法定代理人身份代理其提起本案诉讼。诉讼过程中，上诉人沪远公司对崔新友的行为能力及胡守平的法定代理人身份提出异议，被上诉人崔新友代理人申请对其行为能力进行确认。一审法院裁定中止诉讼，后于长丰县人民法院判决宣告崔新友为无民事行为能力人，指令胡守平为崔新友监护人后继续对本案进行审理，程序并无不当。

【案情介绍】2012年11月20日宿迁宝尊汽车销售服务有限公司（××）与沪远公司（××）签订《建设工程施工合同》一份，载明：工程名称为“宿迁宝马4S店装修工程”，工程承包范围为“装修施工图纸上所有装修工程及装修相关的安装工程”，合同开工日期为2012年11月10日，竣工日期为2012年12月30日。后，沪远公司将室内装修工程部分分包给案外人梅本水。崔新友系案外人梅本水找来从事宝马4S店装修工作的工人，没有签订用工合同或者劳动合同。2012年12月2日崔新友在从事装修工作时从脚手架上摔下，受伤后被送往宿迁市工人医院接受治疗。

2013年12月30日，崔新友在徐州市泉山区人民法院起诉案外人江苏中实建设有限公司（以下简称中实公司），请求判令中实公司赔偿伤残赔偿金、精神损害抚慰金、误工费、护理费、住院伙食补助费、营养费、鉴定费、后续治疗费、交通费、住宿费共计434714元，并承担案件的诉讼费。2014年9月24日，徐州市泉山区人民法院作出（2014）泉民初字第173号民事判决书，以崔新友因工作原因受伤，理应获得相应的赔偿，但赔偿责任，应由其实际用工单位承担。崔新友主张是在中实公司承建的“宿迁宝马新建宝马4S店工程”中受伤，但是经审理查明，本案所涉宝马4S店工程的土建钢构与装修工程，系分别由中实公司与沪远公司承建，崔新友受伤时，土建钢构工程已完工并经验收，而崔新友亦自认是在装修过程中受伤，与中实公司的施工并无关联。崔新友所举证据，从形式和内容上来看，均不能证实崔新友的主张。故对崔新友要求中实公司承担赔偿责任的请求，不予支持。崔新友可就其赔偿问题，另行向相应的责任主体进行主张。并驳回了崔新友的诉讼请求。

2014年11月13日，崔新友向一审法院提起本案诉讼。本案审理过程中，因双方对崔新友行为能力存在争议，崔新友代理人申请对崔新友的行为能力进行确认。2015年4月27日，一审法院作出（2014）云民初字第3485号民事裁定书，裁定中止本案诉讼。2015年5月8日，崔新友之妻胡守平向安徽省长丰县人民法院提起申请认定崔新友无民事行为能力、限制民事行为能力。2015年7月23日，××医院司法鉴定所对崔新友有无精神、智能障碍及民事行为能力进行鉴定，同年8月18日，××医院司法鉴定所出具合精司鉴所〔2015〕精鉴字第537号司法鉴定意见书，鉴定意见为：鉴定诊断：颅脑损伤所致智能障碍（轻度），法定能力评定：目前无民事行为能力。2015年9月28日，长丰县人民法院作出（2015）长民特字第00002号民事判决书，判决：宣告被申请人崔新友为无民事行为能力人，同时指定申请人胡守平为被申请人崔新友的监护人。

上诉人沪远公司上诉请求：请求二审法院撤销一审判决，依法改判或发回重审。事实和理由：（1）崔新友的法定代理人胡守平在（2015）长民特自第00002号民事判决书生效后即2015年9月28日，方取得崔新友法定监护人的资格，在此之前其诉讼行为均是无效法律行为，一审法院作出裁定中止审理的程序系错误的，应当驳回上诉人的起诉。（2）一审法院适用法律错误，判决上诉人单独承担赔偿责任错误。被上诉人系案外人梅本水的雇工，被上诉人也要求梅本水与上诉人承担连带赔偿责任，上诉人在一审中书面要求追加梅本水为被告，但一审法院未予理会，上诉人与崔新友依法不能成立单独的劳务关系并单独受诉承担赔偿责任。本案系提供劳务受害者责任纠纷，应当适用侵权责任法第三十五条，而人损司法解释第十一条已被侵权责任法吸收，已不再适用，被上诉人无权选择要求上诉人单独承担赔偿责任。（3）一审法院判决支持被上诉人后续治疗费36000元属于认定事实不清。被上诉人提供的皖求司鉴中心（2013）临鉴字第603号－（2）司法鉴定意见书鉴定意见载明，被上诉人颅骨缺损修补的后续医疗费用需人民币36000元。上诉人对该鉴定意见提出异议，后经连云港正达司法鉴定中心出具鉴定意见书，载明：其颅骨缺损9平方厘米以上（已修补）。故被上诉人后续治疗费36000元并不存在，即便有该笔费用，也应以实际发生数额确定。（4）一审法院判决赔偿数额的计算标准依据上海参数证据不足，以2015年度标准认定赔偿参数属于错误认定。被上诉人自认常住上海城镇，但其未提供充分证据证明，故其赔偿参数应以受诉法院上年度即江苏标准计算。即便能证明其经常居住地在上海，也仅有残疾赔偿金一项依法可参照上海标准计算，其余赔偿项目只能依据江苏标准计算。被上诉人第一次因此权益起诉系2013年12月30日，后于2014年9月24日被驳回诉请。后又因同一权益诉至一审法院，至2016年判决。该期限的拖延系因被上诉人自身原因、过错所致，故其赔偿参数应确定为2012年统计数据而非2015年。

被上诉人崔新友辩称：一审法院认定事实清楚，适用法律正确，上诉人的上诉理由不能成立，请求二审法院驳回上诉，维持原判。

【法院审理意见】一审法院认为，关于沪远公司应否承担赔偿责任的问题。根据最高人民法院《关于审理人身损害赔偿案件适用法律若干问题的解释》第11条第2款的规定：雇员在从事雇佣活动中因安全生产事故遭受人身损害，××、分包人知道或者应当知道接受发包或者分包业务的雇主没有相应资质或者安全生产条件的，应当与雇主承担连带赔偿责任。结合《建设工程质量管理条例》第2条规定，凡在中华人民共和国境内从事建设工程的新建、扩建、改建等有关活动及实施对建设工程质量监督管理的，必须遵守本条例。本条例所称建设工程，是指土木工程、建筑工程、线路管道和设备安装工程及装修工程。第25条规定，施工单位应当依法取得相应等级的资质证书，并在其资质等级许可的范围内承揽工程。禁止施工单位超越本单位资质等级许可的业务范围或者以其他施工单位的名义承揽工程。涉案工程应当由取得相应资质的施工单位进行施工，而沪远公司应当知道崔新友的雇主即案外人梅本水作为个人是不具备相应资质的，因此依法应当与崔新友的雇主梅本水承担连带赔偿责任。同时《中华人民共和国侵权责任法》第13条规定，法律规定承担连带责任的，被侵权人有权请求部分或者全部连带责任人承担责任。现崔新友仅要求承担连带责任的沪远公司在本案中承担赔偿责任，符合相关法律规定，依法应当支持。

崔新友自行委托的伤残等级、休息期限、营养期限、护理期限，护理依赖程度及后续医疗费用，劳动能力丧失程度等鉴定，沪远公司虽对安徽求实司法鉴定中心作出的相关鉴定意见书有异议，但未能提供充分证据推翻上述鉴定意见。经审查，上述鉴定意见中伤残等级鉴定依据不足，一审法院对除伤残等级鉴定意见外的其他鉴定意见予以采信。本案审理过程中，崔新友申请鉴定伤残等级，连云港正达司法鉴定中心作出鉴定意见书，经审查，该鉴定意见书鉴定程序合法、鉴定结论充分，一审法院亦予以采信。

本院认为，关于一审诉讼程序是否合法的问题是本案的焦点问题之一。被上诉人崔新友因涉案事故导致其行动能力受损，其妻子胡守平以其法定代理人身份代理其提起本案诉讼。诉讼过程中，上诉人沪远公司对崔新友的行为能力及胡守平的法定代理人身份提出异议，被上诉人崔新友代理人申请对其行为能力进行确认。一审法院结合案件情况，综合考虑减轻双方当事人讼累等问题，裁定中止诉讼，后于长丰县人民法院判决宣告崔新友为无民事行为能力人，指令胡守平为崔新友监护人后继续对本案进行审理，程序并无不当。上诉人沪远公司关于一审法院程序违法的主张，依据不足，本院不予支持。

【法院裁判结果】 综上所述，鉴于二审出现新证据，一审法院判决结果应予以相应调整。判决如下：

一、撤销徐州市云龙区人民法院（2014）云民初字第3485号民事判决；

二、江苏沪远建设工程有限公司于判决生效之日起10日内赔偿崔新友残疾赔偿金295802元、精神损害抚慰金16000元、误工费34115.92元、护理费116800元、住院伙食补助费1860元、营养费2700元、颅骨修补治疗费35982.79元、交通费1100元；

三、驳回崔新友的其他诉讼请求。

如果义务人未按本判决书指定的期间履行给付金钱义务，应当依照《中华人民共和国民事诉讼法》第253条之规定，加倍支付迟延履行期间的债务利息。

本判决为终审判决。

第二十二条 不能完全辨认自己行为的成年人为限制民事行为能力人，实施民事法律行为由其法定代理人代理或者经其法定代理人同意、追认，但是可以独立实施纯获利益的民事法律行为或者与其智力、精神健康状况相适应的民事法律行为。

典型案例 袁金梅、贵阳朗玛信息技术股份有限公司劳动争议

【裁判观点】 不能完全辨认自己行为的成年人为限制民事行为能力人，实施民事法律行为由其法定代理人代理或者经其法定代理人同

意、追认。本案中，贵阳市××人联合会于2009年5月21日向袁金梅签发了《××人证》，载明袁金梅系精神××，××等级为叁级，监护人为王某。袁金梅向朗玛公司提交《辞职申请》及之后袁金梅因办理离职手续在《员工档案表》、《解除/终止劳动关系证明》上签字与其精神状况并不相适应，袁金梅申请辞职的行为未征得其法定代理人王某的同意，事后王某也向朗玛公司明确表示不同意袁金梅的辞职行为，故袁金梅的辞职行为系无效民事行为，不具备法律约束力。

【案情介绍】 袁金梅于2008年1月入职朗玛公司工作，从事客服岗位。双方于2014年1月14日签订最后一次劳动合同，约定合同期限为无固定期限。袁金梅所在岗位以倒班的方式进行工作，朗玛公司包括人力资源部在内的其他行政部门执行的是每周六、日休息两天的工作制度。袁金梅工作期间，朗玛公司为其办理了城镇职工基本医疗保险，缴费截止时间为2015年12月。贵阳市××人联合会于2009年5月21日向袁金梅签发了《××人证》，载明："袁金梅，××类别精神，××等级叁级，××人证号：52010319811231404063，有效期十年，监护人王某……"2009年8月19日贵阳市医疗保险结算机构为袁金梅核发的《城镇职工基本医疗保险特殊病种门诊医疗证》载明袁金梅工作单位为朗玛公司，特殊病种名称为精神分裂症，定点医院为贵州省第二人民医院。

2015年11月28日袁金梅所写《离职申请》载明："因个人原因，现申请离职，请批准。"客户经理肖红在该《离职申请》上签署"同意，2015年11月28日"。2015年11月28日袁金梅在《员工档案表》上离职陈述书写"个人原因"，并签字确认。当日客户经理肖红在该表办事处经理一栏签字，并审批同意袁金梅离职。2015年11月28日朗玛公司出具的《解除/终止劳动关系证明》载明："乙方与甲方的劳动关系，因以下F（乙方提前30日向甲方以书面形式提出辞职，并获批准）原因于2015年11月28日解除/终止"，落款处乙方袁金梅签字确认，时间为2015年11月28日，但为机打时间，非袁金梅书写，落款处朗玛公司加盖了公章，时间为2015年11月28日，但该时间为手写。袁金梅于2015年11月28日中午左右离开朗玛公司，袁金梅离开朗玛公司前12个月平均工资为3011.73元，日平均工资为138.47元，袁金梅工作期间，朗玛公司已为其缴纳了医疗及养老保险。

2015年11月28日晚袁金梅出现精神躁动等异常情况，其监护人在当晚22时左右将袁金梅送至贵州省第二人民医院，并于当晚22时52分左右办理住院。2015年11月29日袁金梅监护人王某向朗玛公司递交请假条，11月30

日递交疾病证明书，朗玛公司以袁金梅已申请辞职为由拒收该证明书。袁金梅在贵州省第二人民医院住院治疗55天（2016年1月22日出院），该医院对袁金梅入院诊断为精神障碍原因，出院诊断为早发性阿尔采末氏病性痴呆、精神分裂症等。2015年12月4日朗玛公司向袁金梅邮寄送达了《解除/终止劳动关系证明》，袁金梅监护人王某于2015年12月7日收到该邮件后即在该快递文件签收记录单上签署了内容为“母亲王某反对公司辞职袁金梅”的意见，并于当日向朗玛公司邮寄送达了不同意解除劳动关系通知书。

朗玛公司于2014年8月制定《公司职工考勤制度》，该制度第五条第（一）项第3.4.5目载明：“……病假在2天以内（含2天），按日工资的80%支付，病假期在2天以上30天以内的超出的天数按职员日工资的60%支付，如职员病假天数1年内累计计算超过30天，超出部分按当地最低工资标准执行。”朗玛公司辞职审批程序为，部门经理收到员工辞职申请后，人力资源经理办理。

袁金梅上诉请求：（1）判令解除双方劳动关系的行为无效；（2）判令朗玛公司向袁金梅支付劳动关系存续期间的全部工资及五险一金交纳，享受公司同等职工一切待遇；（3）判令朗玛公司因过错对袁金梅（含家人）造成的伤害支付相关赔偿金共计3920060.34元；（4）判令由朗玛公司承担本案自劳动仲裁至上诉期间的全部费用。事实和理由：一审判决解除双方劳动关系的行为无效，但只判令支付病假6个月的病假工资，五险一金未明确，要求朗玛公司支付。治疗6个月后袁金梅的工资及五险一金没有明确的结论，袁金梅因朗玛公司的过错造成的伤害已无法正常工作，需长期治疗，请求判令朗玛公司承担后续费用。为了保障袁金梅的合法权利及后续生活、治疗，朗玛公司因过错造成的结果应承担责任，直至袁金梅康复能从事正常工作或达到领取社会保障金为止。袁金梅因朗玛公司的过错一直没有收入，生活困难，治疗费用也是外借，请求判令本案全部费用由朗玛公司承担。

朗玛公司辩称，袁金梅请求判令双方解除劳动关系的行为无效不符合法律规定，袁金梅基于个人原因向朗玛公司提出离职，朗玛公司当天收到袁金梅离职的意思表示，并为其办理了离职，袁金梅作出离职的意思表示到达朗玛公司后即发生解除劳动关系的效力，朗玛公司基于袁金梅的意愿，作出解除劳动关系的行为符合法律规定，并无不妥。袁金梅请求判令朗玛公司向袁金梅支付劳动关系存续期间的全部工资及缴纳五险一金，享受同等待遇不符合事实，没有法律依据，不应得到支持。朗玛公司已于2015年11月28日与袁金梅解除劳动关系，朗玛公司不应承担上述费用。袁金梅请求判令朗玛公司赔偿3920060.34元无理无据，不应得到支持。袁金梅主动提出离职时意愿强烈、表达顺畅、条理清晰，朗玛公司并没有诱导袁金梅辞职，袁金梅离职后其母亲向朗玛公司递交请假条并告知朗玛公司袁金梅因家庭琐事和家人产生争执才导致生病住院，袁金梅主张朗玛公司给袁金梅造成伤害，朗玛公司不能接受。本案一审、二审的诉讼费用应由袁金梅承担。

朗玛公司上诉请求：（1）改判朗玛公司与袁金梅解除劳动关系的行为有效；（2）改判朗玛公司无需向袁金梅支付 6 个月医疗病休期间病假工资 10547.85 元；（3）判令袁金梅承担一审、二审全部诉讼费用。事实和理由：劳动者享有单方提出解除劳动合同的权利，劳动者作出意思表示并通知相对方即发生解除的法律效力，是否提前三十日并不影响解除的效力。《中华人民共和国劳动合同法》第 37 条是约束劳动者，要求其在行使单方解除权时应尽的义务，在用人单位来说是用人单位的权利，用人单位可以免除劳动者提前三十日通知的义务。用人单位为劳动者出具解除或终止劳动合同的证明是用人单位为保障劳动者的再就业权而应负的后合同义务、附随义务，用人单位不履行书面解除义务并不影响解除劳动关系的效力。《离职申请》《员工档案表》《解除/终止劳动关系证明》均为袁金梅的亲笔书写和签名，三份材料中关于离职的意思表示逻辑清晰，用词准确，袁金梅也亲笔确认离职日期为 2015 年 11 月 28 日，落款时间为打印或手写并不影响劳动关系解除的效力。袁金梅离职后其母亲向朗玛公司递交请假条并告知朗玛公司袁金梅因家庭琐事和家人产生争执导致生病住院，因袁金梅已离职，朗玛公司拒收了请假条。袁金梅离职在前，就医在后，其离职时是能够清楚地知道其提出离职行为的后果的，一审法院仅因其患病而认定袁金梅为限制民事行为能力人有悖于法律规定。因袁金梅与朗玛公司之间的劳动关系已于 2015 年 11 月 28 日解除，因此，并不存在 6 个月的病休期间，故朗玛公司不应向袁金梅支付病休期间的病假工资。

袁金梅辩称，朗玛公司欺骗袁金梅，导致她在医院又打又闹，还骗袁金梅签字办理离职手续。

袁金梅向一审法院起诉请求：（1）依法判决维持劳动仲裁结果；（2）依法判决朗玛公司赔偿袁金梅共计 3920060.34 元；（3）判决朗玛公司承担本案的诉讼费。

【法院审理意见】一审法院认为，关于朗玛公司与袁金梅解除劳动关系的行为的效力问题。依照《中华人民共和国民法通则》第 13 条第 2 款“不能完全辨认自己行为的精神病人是限制民事行为能力人，可以进行与他的精神健康状况相适应的民事活动；其他民事活动由他的法定代理人代理，或者征得他的法定代理人的同意”之规定，本案中贵阳市××人联合会于 2009 年 5 月 21 日向袁金梅签发了《××人证》，袁金梅系精神××，××等级为叁级，监护人为王某。袁金梅于2008年1月入职朗玛公司工作，系工作8年的老员工，如无特殊原因袁金梅不会轻易申请辞职，且2015年11月28日袁金梅书写的《辞职申请》也存在多次修改的情况，再结合2015年11月28日晚上袁金梅发病入院治疗，贵州省第二人民医院入院诊断为精神障碍原因，故2015年11月28日袁金梅系处于不能完全辨认自己行为××人，是限制民事行为能力人。袁金梅2015年11月28日向朗玛公司申请辞职的行为未征得其法定代理人王某的同意，且事后袁金梅的法定代理人王某也向朗玛公司明确反对袁金梅的辞职行为。

另外，朗玛公司针对袁金梅的辞职行为在履行审查同意过程中也存在许多不合常理之处，《解除/终止劳动关系证明》载明，袁金梅提前30日向朗玛公司以书面形式提出辞职，并获批准，但袁金梅是当天申请辞职，且该证明落款处袁金梅签字确认，但落款时间2015年11月28日却为电脑打印，非袁金梅书写，落款处朗玛公司加盖了公章，但时间2015年11月28日却为手写。综上，2015年11月28日袁金梅系处于不能完全辨认自己行为××人，是限制民事行为能力人，其辞职行为未经法定代理人同意，且朗玛公司在履行解除合同过程中存在许多不合常理之处，故朗玛公司与袁金梅解除劳动关系的行为没有法律效力。关于朗玛公司是否应向袁金梅支付6个月医疗病休期间病假工资的问题。参照《企业职工患病或非因工负伤医疗期规定》第3条第1项“实际工作年限十年以下的，在本单位工作年限五年以下的为三个月；五年以上的为六个月”的规定，本案中袁金梅于2008年1月入职朗玛公司工作，袁金梅应当享受6个月的医疗病休假期，结合朗玛公司《公司职工考勤制度》关于员工病假工资的规定，朗玛公司应支付袁金梅6个月医疗病休假期病假工资为10547.85元。关于朗玛公司是否应向袁金梅支付住院期间自负的医疗费用5062.61元的问题。本案中，袁金梅在朗玛公司工作期间，朗玛公司已依法为袁金梅缴纳了医疗保险，袁金梅在住院治疗期间所产生的医疗费用已按照贵阳市城镇职工基本医疗保险费用结算的相关规定，由城镇职工基本医疗保险基金统筹支付，袁金梅诉请的医疗费5062.61元不属于城镇职工基本医疗保险基金统筹范围，故袁金梅的该项诉请于法无据，不予支持。关于袁金梅诉请依法判决朗玛公司赔偿其各项损失共计3920060.34元的问题。依照《中华人民共和国劳动争议调解仲裁法》第5条“发生劳动争议，当事人不愿协商、协商不成或者达成和解协议后不履行的，可以向调解组织申请调解；不愿调解、调解不成或者达成调解协议后不履行的，可以向劳动争议仲裁委员会申请仲裁；对仲裁裁决不服的，除本法另有规定的外，可以向人民法院提起诉讼”之规定，袁金梅上述诉请未依法向劳动争议部门申请仲裁，故不予审查。据此，判决：

一、被告贵阳朗玛信息技术股份有限公司与原告袁金梅2015年11月28日解除双方劳动关系的行为无效；二、被告贵阳朗玛信息技术股份有限公司于本判决生效之日起十五日内向原告袁金梅支付6个月医疗病休期间病假工资10547.85元；三、驳回原告袁金梅的其他诉讼请求。

本院认为，关于朗玛公司与袁金梅解除劳动关系的行为是否有效的问题，《中华人民共和国民法通则》第13条第2款规定："不能完全辨认自己行为的精神病人是限制民事行为能力人，可以进行与他的精神健康状况相适应的民事活动；其他民事活动由他的法定代理人代理，或者征得他的法定代理人的同意。"本案中，贵阳市××人联合会于2009年5月21日向袁金梅签发了《××人证》，载明袁金梅系精神××，××等级为叁级，监护人为王某。袁金梅于2008年1月入职朗玛公司工作，至2015年11月28日前，袁金梅已向朗玛公司提供劳动近8年，诉讼中朗玛公司未提出袁金梅工作期间具有与其精神状况不相适应的行为，根据袁金梅××××等级及其日常工作状况，应认定袁金梅系限制民事行为能力人。2015年11月28日，袁金梅书写《辞职申请》向朗玛公司提出辞职，但该《辞职申请》的内容存在涂改、删划，部分文字还有重复手写的重影，袁金梅以该《辞职申请》向朗玛公司提出辞职并不符合能完全辨认自己行为的常人的作为。结合袁金梅于申请辞职当晚上入院治疗，贵州省第二人民医院入院诊断为精神障碍原因，出院诊断为早发性阿尔采末氏病性痴呆、精神分裂症等，原判认定袁金梅2015年11月28日向朗玛公司申请辞职时已处于不能完全辨认自己行为××状态并无不当，本院予以维持。

袁金梅向朗玛公司提交《辞职申请》及之后袁金梅因办理离职手续在《员工档案表》、《解除/终止劳动关系证明》上签字与其精神状况并不相适应，袁金梅申请辞职的行为未征得其法定代理人王某的同意，事后王某也向朗玛公司明确表示不同意袁金梅的辞职行为，故原判认定袁金梅的辞职行为系无效民事行为，不具备法律约束力并无不当，本院予以维持。

因袁金梅向朗玛公司申请辞职的行为系无效民事行为，朗玛公司与袁金梅解除劳动关系的事实基础已不存在，故朗玛公司与袁金梅解除劳动关系的行为应认定为无效。关于朗玛公司提出袁金梅是否应当提前30日向朗玛公司申请辞职及朗玛公司是否向袁金梅出具解除或终止劳动合同证明并不影响解除双方劳动关系的效力的上诉理由，《中华人民共和国劳动合同法》第37条规定，劳动者向用人单位提出解除劳动合同应当提前三十日以书面形式通知用人单位。一方面劳动者提出解除劳动合同应提前通知用人单位，以便给予用人单位充分的时间安排其他劳动者接替岗位、进行工作交接、维持用人单位的正常经营秩序，另一方面用人单位也应按正常的审批流程为劳动者办理离职手续。本案中，袁金梅于2015年11月28日向朗玛公司提交《辞职申请》，而当天系周六，并非朗玛公司人力资源部等行政部门的工作时间，而袁金梅提交的《辞职申请》又存在诸多不合常理之处，但朗玛公司并未尽到必要的、合理的审查义务，其客户经理肖红当天即在《辞职申请》上签署了"同意"的意见，并于当天便为袁金梅办理了离职手续。虽然劳动者是否提前30日向用人单位申请辞职及用人单位是否为劳动者出具解除或终止劳动关系的证明并不是认定双方解除劳动关系是否有效的必要条件，但朗玛公司在审查袁金梅辞职的过程中并未尽到必要的、合理的注意义务，故本院对朗玛公司的该项上诉理由，不予采信。

关于朗玛公司是否应当支付袁金梅病假工资10547.85元的问题，本院认定朗玛公司与袁金梅解除劳动关系的行为无效，故双方劳动关系仍然存续，根据原劳动部《企业职工患病或非因工负伤医疗期规定》关于医疗期的规定，结合朗玛公司《公司职工考勤制度》有关病假工资的规定，朗玛公司应向袁金梅发放医疗病休期间的病假工资。关于朗玛公司提出袁金梅与朗玛公司之间的劳动关系已于2015年11月28日解除，朗玛公司不应向袁金梅支付病假工资的上诉理由，因本院认定朗玛公司与袁金梅2015年11月28日解除劳动关系的行为无效，故朗玛公司的该项上诉理由不能成立，本院不予采信。袁金梅、朗玛公司对一审判决计算病假工资的数额无异议，故本院对一审判决判令朗玛公司支付袁金梅6个月的病假工资10547.85元，予以维持。

【法院裁判结果】综上所述，袁金梅及朗玛公司的上诉请求均不能成立，应予驳回；一审判决认定事实清楚，适用法律正确，应予维持。判决如下：

驳回上诉，维持原判。

本判决为终审判决。

第二十三条 无民事行为能力人、限制民事行为能力人的监护人是其法定代理人。

典型案例 何某某等与张某某等分家析产纠纷

【裁判观点】无民事行为能力人、限制民事行为能力人的监护人是他的法定代理人。原审法院在开庭笔录、民事判决书中均未列明未成年人田×2的法定代理人。

【案情介绍】上诉人何某某、李某某因与被上诉人张某某、田×4、田×1、志×1、志×2、田×2分家析产纠纷一案，不服北京市海淀区人民法院（2015）海民初字第41110号民事判决，向本院提起上诉。

【法院审理意见】本院认为，无诉讼行为能力人依法应由他的监护人作为法定代理人代为诉讼。在诉讼中，无民事行为能力人、限制民事行为能力人的监护人是他的法定代理人。原审法院在开庭笔录、民事判决书中均未列明未成年人田×2的法定代理人。原审法院认定何某某、李某某系拆迁协议中认定的拆迁安置人口，认为何某某、李某某享有相应的拆迁安置利益，但未查清涉案拆迁回购安置协议中各项安置利益内容的构成依据，该依据对本案结果有实质性影响。

【法院裁判结果】综上，原审判决基本事实不清，严重违反法定程序。裁定如下：

一、撤销北京市海淀区人民法院（2015）海民初字第41110号民事判决；

二、本案发回北京市海淀区人民法院重审。

第二十四条 不能辨认或者不能完全辨认自己行为的成年人，其利害关系人或者有关组织，可以向人民法院申请认定该成年人为无民事行为能力人或者限制民事行为能力人。

被人民法院认定为无民事行为能力人或者限制民事行为能力人的，经本人、利害关系人或者有关组织申请，人民法院可以根据其智力、精神健康恢复的状况，认定该成年人恢复为限制民事行为能力人或者完全民事行为能力人。

本条规定的有关组织包括：居民委员会、村民委员会、学校、医疗机构、妇女联合会、残疾人联合会、依法设立的老年人组织、民政部门等。

典型案例 王连江与于群慧申请宣告公民限制民事行为能力

【裁判观点】不能辨认或者不能完全辨认自己行为的成年人，其利害关系人或者有关组织，可以向人民法院申请认定该成年人为无民事行为能力人或者限制民事行为能力人。申请人王连江系被申请人于群慧之夫。就被申请人于群慧的行为能力状况，经鉴定：被鉴定人于群慧临床诊断精神发育迟滞，受所患疾病的影响，认识及意思表达能力不完全，应评定为限制民事行为能力。故其夫向法院申请于群慧为限制民事行为能力人，法院予以支持。

【案情介绍】 申请人王连江诉称：被申请人于群慧从小就胆小懦弱，不善于与人交流，非常健忘并且十分容易相信别人。同时，被申请人于群慧的母亲患有先天性痴呆，先天性痴呆具有遗传性。因此，被申请人于群慧的家人从不让其一人出远门或者负责家中的重大事情。但是其他人对被申请人于群慧并不是十分了解，都觉得被申请人于群慧性格老实，把被申请人于群慧当做普通的同龄人对待。因此申请人王连江和家人都担心被申请人于群慧不能完全认识到自己的行为是什么意思，很可能做出损害自身及其家人利益的意思表示。故诉至法院，请求宣告被申请人于群慧为限制民事行为能力人。

【法院审理意见】 经审查：申请人王连江系被申请人于群慧之夫。就被申请人于群慧的行为能力状况，经本院委托，首都医科大学附属北京安定医院出具鉴定意见：被鉴定人于群慧临床诊断精神发育迟滞，受所患疾病的影响，认识及意思表达能力不完全，应评定为限制民事行为能力。依据本案鉴定结论，本院依法宣告被申请人于群慧为限制民事行为能力人。

【法院裁判结果】 据此，判决如下：

宣告被申请人于群慧为限制民事行为能力人。

本判决为终审判决。

第二十五条 自然人以户籍登记或者其他有效身份登记记载的居所为住所；经常居所与住所不一致的，经常居所视为住所。

典型案例 张菊香、吴静等与吉安市第三人民医院医疗损害责任纠纷

【裁判观点】 公民以他的户籍所在地的居住地为住所，经常居住地与住所不一致的，经常居住地视为住所。虽然温小梅的户籍所在地为广东省××市，但其为万安县国土资源局的职工，其工作生活于江西省××县，收入来源地也是江西省××县，温小梅的住所应为其居住地江西省××县。

【案情介绍】 张菊香系温小梅的母亲，吴静系温小梅的女儿，吴克芳系温小梅的丈夫。张菊香、吴静、吴克芳的亲属温小梅于2013年10月14日因“心烦、乏力、情绪差、全身疼痛2月”入第三医院住院治疗，诊断为“重度

抑郁发作，不伴精神性症状”。2013年11月19日16时许，温小梅跑到堆花酒厂门口的桥上欲往下跳，被吴克芳及时发现并制止，后由吴克芳带回病房。家属告知以上情况后，第三医院考虑温小梅目前具有严重的消极言行，将其转入半封闭病房。2013年11月20日，第三医院主治医师主持全院会诊，认为目前温小梅诊断明确，重度抑郁发作，就目前温小梅具有严重的消极言行，建议先行MECT治疗，并将以上会诊意见反馈给了家属，但家属明确拒绝行MECT治疗，坚持先使用药物治疗再看。2013年11月21日14时43分许，吴克芳陪温小梅从半封闭病房出来，温小梅进入心理治疗室，吴克芳离开。15时46分吴克芳进入心理治疗室，与温小梅耳语几句后离开。16时15分上完集体心理治疗后，温小梅称其丈夫在楼下等她一起晒太阳，下楼离开住院部往外走。16时50分左右吴克芳回病房发现温小梅不在，并称他们这段时间并没有在一起。后家属和第三医院四处寻找温小梅。2013年11月22日9时许在第三医院大门前水塘发现温小梅溺水死亡。2013年12月10日，吉安市医疗纠纷人民调解委员会委托江西求实司法鉴定中心对温小梅在第三医院诊疗期间溺水死亡，医方是否有过错、与医方的管理有无因果关系，如有过错，过错参与度多少进行鉴定。2014年4月14日，江西求实司法鉴定中心出具鉴定意见书，认为第三医院在为温小梅提供的诊疗行为中存在管理制度不完善，未尽到特殊注意义务及不良后果的预见及回避义务，存在过错，其过错与温小梅发生的不良后果存在一定的因果关系，拟定其过错参与度为50～60%。第三医院为此次鉴定支付鉴定费7000元。诉讼过程中，第三医院申请对温小梅在该院治疗期间溺水死亡医方是否有过错及与医方的管理有无因果关系，如有过错，过错参与度多少进行重新鉴定。经双方共同选定由法院依法委托湘雅二医院司法鉴定中心进行重新鉴定。2015年10月14日，湘雅二医院司法鉴定中心出具鉴定意见书，分析认为，温小梅入院诊断明确，确定有亲属陪护，并对陪护注意事项已告知。而陪护人在2013年11月21日下午于温小梅参加集体心理治疗时未待其治疗结束就独自离开医院，脱离对温小梅监护且未告知医务人员，致使温小梅单独外出而发生意外；此外，据病历记录，在事发前一天（2013年11月20日）医方全院会诊，认为目前温小梅诊断明确，重度抑郁发作。就目前温小梅具有严重的消极言行，建议先行MECT治疗。××患者自杀等风险的有效治疗措施，而患方明确拒绝。据此认为，温小梅2013年11月21日下午单独外出而发生意外，患方应承担相应责任。温小梅入住医院时就已明确诊断为“重度抑郁发作”，特别是在事发前一天医方全院会诊后，明知温小梅有自杀风险，仍让其住入半封闭病房，如果早将其转入全封闭病房，则发生意外的可能性就会减小。此外，温小梅入住该医院系在我国精神卫生法（2013年5月1日）生效以后，但医方未明确告知患方亲属该法的相关规定，让其明确其己方在监护患者方面的法律责任，从而引起高度重视。再次，据病历记录，2013年11月21日“下午4时15分上完集体心理治疗后主持人叫她回房，患者称其丈夫在楼下等她一起去晒太阳”。由此可见，医方有人知其是单独外出，违反了该院“心理科半封闭病房管理制度”第3条“病人一般不得外出半封闭病房，病情稳定的病人如要外出半封闭病房必须由家属提出，经医生同意在家属××病人外出半封闭病房检查、治疗应由医务人员陪同”的规定。综上，第三医院在温小梅住院期间的管理上存在一定过错，并与其2013年11月21日下午单独外出而发生意外有一定因果关系，其参与度约50%。第三医院为此次鉴定支付鉴定费4300元。

温小梅，女，1968年12月13日出生，籍贯江西省××县，2009年10月13日因女儿吴静在广东省××市读书需要，将户口从江西省××县芙蓉镇迁往广东省××市。温小梅生前在万安县国土资源局工作。张菊香共育有四子女。事发后，第三医院已支付50000元给张菊香、吴静、吴克芳。张菊香、吴静、吴克芳因温小梅的死亡造成的损失合计512784元。

张菊香、吴静、吴克芳不服上述判决，提出上诉，请求撤销原判，依法改判。其理由主要是：（1）温小梅的户籍系广东省××市，根据法律规定，公民的住所地是指公民的户籍所在地，故温小梅的住所地为广东省××市，其住所地的赔偿标准高于经常居住地江西省××县，温小梅的死亡赔偿金应按广东省的标准计算为651974元；（2）被扶养人张菊香一直居住于广东省××市，张菊香的被扶养人生活费应按照广东省标准24105.60元/年计算；（3）精神损害抚慰金应赔偿30000元；（4）第一次鉴定费7000元由双方分担，重新鉴定因没有改变鉴定结论，重新鉴定费应由第三医院负担。

第三医院答辩称：（1）温小梅为万安县国土资源局的职工，其一直在江西省××工作、生活，收入来源于万安，故温小梅的死亡赔偿金按照江西省的标准计算正确；（2）张菊香未举证证明其经常居住地为广东省××市；（3）一审法院认定精神损害抚慰金10000元无误；（4）第三医院因诉讼的需要申请重新鉴定，且鉴定结论不同，一审法院分担鉴定费正确。

二审查明的事实与一审法院认定的事实一致。

【法院审理意见】一审法院认为：张菊香、吴静、吴克芳的亲属温小梅因“心烦、乏力、情绪差、全身疼痛2月”入第三医院住院治疗，诊断为“重度抑郁发作，不伴精神性症状”，双方已形成医疗关系。温小梅在第三医院住院治疗期间，家属明确拒绝行MECT治疗，且未完全尽到陪护责任，事发当天脱离对温小梅监护未告知医护人员导致意外发生，患者家属应承担相应责任。而第三医院已明确诊断温小梅为“重度抑郁发作”，明知温小梅有自杀风险，仍让其住入半封闭病房，且未明确告知患方亲属××患者方面的法律责任，从而使亲属引起高度重视。在事发当天，第三医院有人知道温小梅是单独外出，而只简单问询一句，过于相信温小梅的说辞，任由温小梅单独外出，违反了该院“心理科半封闭病房管理制度”的规定，第三医院在温小梅住院期间的管理上存在一定过错，并与其2013年11月21日下午单独外出而发生意外有一定因果关系，法院综合确定第三医院的过错责任为50%，赔偿张菊香、吴静、吴克芳的损失512784元的50%即256392元，同时，由于第三医院的过错行为造成张菊香、吴静、吴克芳的精神痛苦，结合过错程度、造成的后果以及本地生活水平等因素，综合确定第三医院赔偿张菊香、吴静、吴克芳精神损害抚慰金10000元，核减第三医院已支付的50000元，尚应赔偿张菊香、吴静、吴克芳损失216392元。张菊香、吴静、吴克芳主张温小梅的死亡赔偿金等损失按2013年广东城镇居民标准计算，理由是温小梅的户籍在广东省××市。死亡赔偿金的计算标准，应根据案件的实际情况，结合受害人住所地、经常居住地、主要收入来源等因素，确定应适用的标准。温小梅生前一直在万安县国土资源局工作，常年居住生活工作在江西省××县，2009年因为女儿读书需要将户口从江西省××县迁至广东省××市，但其主要生活来源和经常居住地仍然在江西省××县，故仅凭温小梅的户籍系广东省××市而主张按广东省标准来计算赔偿，不予支持，应按2013年江西省城镇居民标准计算。张菊香、吴静、吴克芳主张处理丧葬事宜的交通费、误工费于法有据，但金额过高，酌定交通费、误工费各3000元，超过部分不予支持。据此，判决：第三医院赔偿张菊香、吴静、吴克芳各项经济损失216392元，限判决生效后10日内付清。

综合上诉人的上诉理由和被上诉人的答辩意见，归纳本案争议焦点为：本案相关损失应如何认定？

本院认为：《中华人民共和国民法通则》第15条规定，公民以他的户籍所在地的居住地为住所，经常居住地与住所不一致的，经常居住地视为住所。虽然温小梅的户籍所在地为广东省××市，但其为万安县国土资源局的职工，其工作生活于江西省××县，收入来源地也是江西省××县，张菊香、吴静、吴克芳未能举证证明本案事发前温小梅在广东省××市居住生活一年以上的事实，故广东省××市不能认定为温小梅的住所，温小梅的住所应为其××居住地江西省××县，张菊香、吴静、吴克芳上诉主张温小梅的死亡赔偿金应按照广东省城镇标准计算，于法无据，不予支持。二审期间，张菊香、吴静、吴克芳又主张，即使适用江西省城镇标准，也应按照一审法庭辩论终结时的上一年度即2014年度江西省城镇标准计算温小梅的死亡赔偿金为486180元，该请求符合法律规定，且未超过该项诉请赔偿金额，应予支持。张菊香的户籍所在地为万安县，但广州铁路公安局惠州公安处惠州站派出所出具证明，证明张菊香自2011年9月以来，长期生活在惠州，现住惠州铁路家属区××栋××房，第三医院对该证据未提出实质性的反驳意见，予以确认，可认定张菊香的经常居住地为广东省××市，张菊香上诉主张其被扶养人生活费按照广东省城镇标准计算，予以支持。温小梅的死亡造成张菊香、吴静、吴克芳精神痛苦，结合过错程度、造成的后果以及本地生活水平等因素，一审法院确定第三医院赔偿张菊香、吴静、吴克芳精神损害抚慰金10000元过低，应赔偿25000元为宜。鉴定费由本院根据本案具体情况依法决定由各方当事人负担。综上，张菊香、吴静、吴克芳因温小梅的死亡造成的损失核算如下：（1）死亡赔偿金570549.60元，其中死亡赔偿金486180元（24309元/年×20年）、被扶养人生活费84369.60元（24105.60元/年×14年/4人）；（2）丧葬费21791元；（3）交通费3000元；（4）误工费3000元。以上损失合计598340.60元，由第三医院赔偿50%即299170.30元，同时，由第三医院赔偿张菊香、吴静、吴克芳精神损害抚慰金25000元，核减已支付的50000元，第三医院尚应赔偿张菊香、吴静、吴克芳损失274170.30元。

【法院裁判结果】判决如下：

变更吉安市吉州区人民法院（2014）吉民一初字第927号民事判决为：吉安市第三人民医院于本判决生效后10日内赔偿张菊香、吴静、吴克芳各项经济损失274170.30元。

如未按本判决指定的期间履行给付金钱义务，应当依照《中华人民共和国民事诉讼法》第253条之规定，加倍支付迟延履行期间的债务利息。

本判决为终审判决。

第二节 监 护

第二十六条 父母对未成年子女负有抚养、教育和保护的义务。

成年子女对父母负有赡养、扶助和保护的义务。

典型案例 李明辉与马淑芳健康权纠纷

【裁判观点】父母对未成年子女负有保护的义务。李明辉系无民事行为能力人，其父母系李明辉的法定监护人，监护人负有对被监护人的人身、财产和其他权益进行监督和保护的权利。李明辉在游乐场玩耍时受伤，李明辉的父母没有尽到监护义务应负主要责任。

【案情介绍】原告李明辉母亲吉美玲与被告梁国利均在乌兰浩特市罕山公园内经营游乐场。被告乌兰浩特市梁国利游乐场经营者为被告梁国利，与被告刘晓燕系夫妻关系，与被告梁卓、马淑芳系父母子女关系。2015 年 8 月 23 日原告李明辉自己到被告梁国利游乐场玩弓箭，被告马淑芳劝阻其不让玩弓箭，在被告马淑芳忙乎其他事宜时，原告李明辉擅自玩耍弓箭致其自己左眼受伤。原告李明辉受伤后在兴安盟人民医院住院治疗 11 天，支出医疗费 8447.88 元，诊断为“1. 左眼球破裂伤；2. 窦性心律不齐；3. 左眼玻璃体疝”，出院医嘱为“1. 继续抗炎对症治疗 2 周期（典必殊眼水每周减 2 次，直至停药）；2. 保持眼部卫生，避免揉眼；3. 一周后来院复查；4. 定期复查血常规，必要时儿科进一步诊治；5. 定期复查心电图”。后到白城 321 医院检查治疗，支出医疗费 81 元。经兴博司法鉴定所（2015）临鉴字第 1058 号鉴定书鉴定为：“1. 原告李明辉的伤残为×级；2. 后续治疗费为 3000 元 - 5000 元”。原告母亲吉美玲多次与被告协商赔偿事宜无果，故原告诉至法院，要求被告赔偿各项经济损失 77389.88 元，其中医疗费 8528.88 元、护理费 1661 元（151 元×11 天）、伙食补助费 1100 元（100 元×11 天）、营养费 1100 元（100 元×11 天）、交通费 300 元、伤残赔偿金 56700 元（28350 元×20 年×10%）、精神损害抚慰金 3000 元、后续治疗费 5000 元。

上诉人李明辉上诉请求：（1）撤销原审法院判决，依法改判被上诉人乌兰浩特市梁国利游乐场、刘晓燕、马淑芳、梁卓连带赔偿其各项经济损失 77389.88 元；（2）诉讼费及其他费用由四被上诉人负担。事实和理由：2015 年 8 月 23 日上诉人李明辉去被上诉人梁国利、刘晓燕、马淑芳、梁卓经营的弓箭炮游戏区找被上诉人梁国利的儿子梁宇游玩，被上诉人马淑芳主动对上诉人说：“你玩吧，到时会给你钱的”，被上诉人马淑芳在整个过程中不仅没有阻止反而积极的劝说上诉人玩弓箭炮，上诉人在玩弓箭的过程中，因弓箭反弹将上诉人左眼射伤，后经诊断为“左眼球破伤、窦性心律不齐、左眼玻璃体疝”，后经兴博司法鉴定所（2015）临鉴字第 1058 号鉴定书鉴定为：“李明辉伤残为×级；后续治疗费为5000元，作为梁国利游乐场经营、管理者之一的被上诉人马淑芳主动让上诉人玩其游乐设施，却不尽安全管理义务，致使上诉人在其游乐区内受伤，对其所造成的损害应承担全部赔偿责任。"因被上诉人梁国利游乐场系由梁国利、刘晓燕、马淑芳、梁卓共同经营并管理，作为经营管理者应共同对在其经营场所内游玩的人负有保障其安全的义务。根据《中华人民共和国侵权责任法》第6条、第16条之规定，被上诉人等人允许上诉人玩其游乐设施，但未尽到安全管理责任，导致事故的发生，应由其共同承担全部的赔偿责任。

被上诉人乌兰浩特市梁国利游乐场、被上诉人刘晓燕、梁卓、马淑芳未答辩。

李明辉向原审法院起诉请求：（1）被告赔偿各项经济损失77389.88元，其中医疗费8528.88元、护理费1661元（11天×151元）、伙食补助费1100元（11天×100元）、营养费1100元（11天×100元）、交通费300元、伤残赔偿金56700元（28350元×20年×10%）、精神损害抚慰金3000元、后续治疗费5000元；（2）诉讼费用由被告承担。

二审庭审中，上诉人与被上诉人均未提供新证据。原审法院查明的事实与二审法院认定的事实一致，本院予以确认。

【法院审理意见】原审法院认为，原告李明辉系无民事行为能力人，其父母系原告的法定监护人，监护人负有对被监护人的人身、财产和其他权益进行监督和保护的权利。本案中原告李明辉自己去游乐场玩要受伤时其监护人均不在现场，对原告未尽到监护义务，故原告李明辉受伤之事，父母作为监护人应负主要责任。同时，被告梁国利作为乌兰浩特市梁国利游乐场的经营者和管理人，对在其经营场所内游玩的人负有安全保障义务，尤其是应该采取相应措施或者安排相关人员确保在游乐场设施和游玩区域内游玩的未成年人的安全，但被告未尽到上述义务，故对原告的损失被告梁国利负次要责任。被告刘晓燕、梁卓、马淑芳系被告乌兰浩特市梁国利游乐场的经营者梁国利的妻子及父母，不应承担责任。原告诉请的医疗费8528.88元，有原告提供的医院病历、诊断证明、住院费、门诊费收据为证，予以认定；原告诉请的护理费1661元（151元×11天），计算标准过高，参照内蒙古自治区上一年度居民服务业职工平均工资40251元，每天为110元的标准计算，本院认定为1210元（110元×11天）；原告诉请的伙食补助费1100元（100元×11天）符合法律规定，予以认定；原告诉请的营养费1100元（100元×11天），病历中没有加强营养医嘱，对营养费不予认定；原告诉请的交通费300元，原告虽未提供相应票据证明，但其去医院（包括白城）治疗必然发生相应的费用，予以认定。原告诉请的伤残赔偿金56700元（28350元×20年×10%）、后续治疗费5000元，有其原告提供的病历、诊断书、出院医嘱及司法鉴定书为证，被告未提出重新鉴定，对伤残赔偿金予以认定，对后续治疗费予以认定4000元；精神损害抚慰金3000元，符合法律规定，予以认定。以上认定的医疗费8528.88元、护理费1210元、伙食补助费1100元、交通费300元、伤残赔偿金56700元、后续治疗费4000元、精神损害抚慰金3000元，合计74838.88元，由原告自行负担70%即52387.22元，由被告乌兰浩特市梁国利游乐场经营者梁国利负担30%即22451.66元。判决：一、被告乌兰浩特市梁国利游乐场于本判决生效后10日内赔偿原告李明辉22451.66元。二、驳回原告李明辉其他诉讼请求。案件受理费1735元，由原告李明辉负担1232元，由被告乌兰浩特市梁国利游乐场负担503元。

本院认为，公民的健康权受法律保护。上诉人李明辉主张撤销原审法院判决，改判被上诉人乌兰浩特市梁国利游乐场、刘晓燕、梁卓、马淑芳连带赔偿其全部经济损失77389.88元。上诉人李明辉系无民事行为能力人，其父母系上诉人李明辉的法定监护人，监护人负有对被监护人的人身、财产和其他权益进行监督和保护的权利。上诉人李明辉在没有其父母监护下在游乐场玩耍时受伤，作为上诉人李明辉的父母没有尽到监护义务应负主要责任。被上诉人梁国利作为乌兰浩特市梁国利游乐场的经营者和管理人，对在其经营场所内游玩的人负有安全保障义务，在上诉人李明辉监护人未在场的情况下，未采取相应措施或者安排相关人员确保在游乐场设施和游玩区域内游玩的未成年人的安全，故此次纠纷被上诉人梁国利负次要责任。故原审法院以7:3的比例划分责任及刘晓燕、梁卓、马淑芳作为梁国利的妻子及父母，不承担赔偿责任正确。上诉人李明辉在诉讼中没有提供充分证据证明其主张，故上诉人李明辉的上诉理由不成立，本院不予支持。上诉人马淑芳于2016年12月16日以同意原审法院判决为由，向本院提出撤回上诉申请，依照《中华人民共和国民事诉讼法》第173条规定，准许上诉人马淑芳撤回上诉。

【法院裁判结果】判决如下：

驳回上诉，维持原判。

本判决为终审判决。

第二十七条 父母是未成年子女的监护人。

未成年人的父母已经死亡或者没有监护能力的，由下列有监护能力的人按顺序担任监护人：

（一）祖父母、外祖父母；

（二）兄、姐；

（三）其他愿意担任监护人的个人或者组织，但是须经未成年人住所地的居民委员会、村民委员会或者民政部门同意。

典型案例 常某某与雷某甲离婚纠纷

【裁判观点】未成年人的父母是未成年人的监护人。本案中，被告雷某甲在强制隔离戒毒期间，原告常某某是婚生子雷某乙当然的监护人，离婚后婚生子雷某乙应当由原告常某某直接抚养，被告可在本次强制隔离戒毒结束后的次月支付抚养费。

【案情介绍】原、被告于2008年8月经人介绍相识，2009年4月30日举行民间婚礼。2012年5月8日补办结婚登记。2012年12月9日，原告生育一子雷某乙，现随原告共同生活。婚后，原、被告一直在原告娘家居住生活，共同生活期间婚生子雷某乙日常主要由常乐抚养。

原告诉称：原、被告于2008年8月经人介绍相识，相处仅半年后于2009年4月30日按照当地风俗举行了结婚典礼仪式。2012年5月8日，在长治高新区民政部门补办了结婚登记。婚后，原、被告居住在原告娘家，期间双方感情尚可。2012年11月9日，共同生育一子，取名雷某乙。婚生子出生后，被告性格及各个方面发生较大的变化，刚开始相隔很久不回家，来家后也是呆很短的时间即匆匆离开，后来发展到寻找借口在外居住。自此，原、被告过上了聚少离多的日子，双方没有正常的家庭生活，原告丝毫感受不到家庭的温暖。更令人伤心的是，被告与他人保持不正当男女关系，严重伤害了双方的夫妻感情综上，原告认为原、被告双方夫妻感情已经彻底破裂，并无和好可能。为此，原告提起诉讼，请求依法解除原、被告婚姻关系，婚生子雷某乙随原告生活，被告每月支付抚养费500元。

被告辩称：被告同意离婚。被告强制戒毒期间同意婚生子雷某乙随原告生活，强制戒毒结束出去后，被告要求直接抚养婚生子雷某乙。雷某乙上学期间的所有费用被告均愿意承担，被告同意每月支付抚养费500元。

【法院审理意见】原、被告双方争议的焦点是：婚生子雷某乙应当由谁直接抚养有利于其健康成长。

本院认为：原告诉请离婚，被告同意离婚，本院尊重原、被告双方的意愿。未成年人的父母是未成年人的监护人。本案中，被告雷某甲在强制隔离戒毒期间，原告常某某是婚生子雷某乙当然的监护人，离婚后婚生子雷某乙应当由原告常某某直接抚养，被告可在本次强制隔离戒毒结束后的次月支付抚养费。若被告雷某甲在强制隔离戒毒结束后，要求直接抚养婚生子雷某乙，可与原告自行商量解决或者另案诉讼要求变更抚养关系。经调解未果。

【法院裁判结果】判决如下：

一、原告常某某与被告雷某甲离婚。

二、婚生子雷某乙由原告常某某直接抚养，被告雷某甲从本次强制隔离戒毒结束的次月起每月支付抚养费500元至雷某乙18周岁止。

第二十八条 无民事行为能力或者限制民事行为能力的成年人，由下列有监护能力的人按顺序担任监护人：

（一）配偶；

（二）父母、子女；

（三）其他近亲属；

（四）其他愿意担任监护人的个人或者组织，但是须经被监护人住所地的居民委员会、村民委员会或者民政部门同意。

典型案例 徐某申请确定监护人

【裁判观点】成年人为无民事行为能力人，其配偶若有监护能力，可担任监护人。本案中邵某甲患脑溢血，不能与正常人沟通，属无民事行为能力人，因此法院指定其妻子为监护人。

【案情介绍】申请人徐某与被监护人邵某甲系夫妻关系，二人婚生一子邵某乙；邵某甲之父母均已死亡。被申请人邵某甲患脑溢血，不能与人正常沟通。2017年1月16日，青岛市市北区大港街道内蒙古路社区居民委员会（以下简称内蒙古路居委会）出具证明：“邵某甲，男，19××年××月××日生人，汉族，住青岛市市北区，徐某，女，19××年××月××日生人，汉族。邵某甲因无民事行为能力，经家人协商一致同意。居委会指定徐某为邵某甲的监护人。”

申请人徐某称，申请人系被申请人之丈夫，因被申请人患脑溢血，无民事行为能力。请求法院指定申请人担任其监护人。

申请人和被监护人之子邵某乙到庭称，其父亲邵某甲患病，已无民事行为能力，同意由其母亲徐某担任监护人。

【法院审理意见】本院认为，内蒙古路居委会出具的监护人指定书已载明邵某甲无民事行为能力，并指定其妻子徐某担任邵某甲的监护人，邵某甲之父母已死亡，徐某作为邵某甲之妻子，具备监护资格。因此内蒙古路居委会的指定符合法律规定，本院确认徐某担任邵某甲的监护人。监护人应当依法履行监护职责，保护被监护人的人身、财产及其他合法权益，除为被监护人的利益外，不得处理被监护人的财产，否则应依法承担相应责任。

【法院裁判结果】综上，判决如下：

徐某担任邵某甲的监护人。

本判决为终审判决。

第二十九条　被监护人的父母担任监护人的，可以通过遗嘱指定监护人。

第三十条　依法具有监护资格的人之间可以协议确定监护人。协议确定监护人应当尊重被监护人的真实意愿。

典型案例　王著申请认定王金贵限制行为能力

【裁判观点】有监护资格的人之间协议确定监护人的，由协议确定的监护人对被监护人承担监护责任。被申请人王金贵受精神障碍的影响，不能完全清楚地表达自己的意愿，不能完全辨认自己的权利和义务，不能有效地保护自己的合法权益。王金贵的近亲属协议确定王著担任王金贵的监护人。

【案情介绍】 被申请人王金贵于2015年5月29日发生交通事故后在中国人民武装警察部队四川省总队医院住院治疗，经诊断为脑出血、右侧枕顶骨骨折、头皮挫裂伤、脑外伤致精神障碍等。2016年2月2日，经乐山科信司法鉴定中心鉴定，王金贵诊断为脑外伤所致精神障碍（轻度智能损害），民事行为能力评定为限制民事行为能力。王金贵的近亲属现有：夏桂香（王金贵之妻）、王华兵（王金贵之子）、王华有（王金贵之子）、王秀蓉（王金贵之女）、王秀云（王金贵之女）、王华君（王金贵之子）、王著（王金贵之孙），夏桂香、王华兵、王华有、王秀蓉、王秀云、王华君、王著协议确定由王著担任王金贵的监护人。

申请人王著称，被申请人于2015年5月29日因交通意外致使其脑外伤致精神障碍。被申请人经乐山科信司法鉴定中心于2016年2月2日对其伤残评定为交通事故八级；对其民事行为能力评定为限制民事行为能力。2016年7月20日，乐山科信司法鉴定中心对王金贵的护理依赖程度评定为部分护理依赖。由于被申请人王金贵不能正确表达自己的意志，生活不能自理，没有完全的判断能力和自我保护能力，不能完全知晓自己行为的后果。为保护被申请人的合法权益，特申请人民法院认定王金贵为限制民事行为能力人，并指定王著为其监护人。

被申请人王金贵的诉讼代理人王华兵称，王著所述属实，王金贵现无法走路、精神上有问题，晚上不能睡整夜，没有出过门。同意由王著担任王金贵的监护人。

【法院审理意见】 本院认为，被申请人王金贵受精神障碍的影响，不能完全清楚地表达自己的意愿，不能完全辨认自己的权利和义务，不能有效地保护自己的合法权益。有监护资格的人之间协议确定监护人的，由协议确定的监护人对被监护人承担监护责任。

【法院裁判结果】 判决如下：

一、宣告王金贵为限制民事行为能力人；

二、指定王著为王金贵的监护人。

本判决为终审判决。

第三十一条 对监护人的确定有争议的，由被监护人住所地的居民委员会、村民委员会或者民政部门指定监护人，有关当事人对指定不服的，可以向人民法院申请指定监护人；有关当事人也可以直接向人民法院申请指定监护人。

居民委员会、村民委员会、民政部门或者人民法院应当尊重被监护人的真实意愿，按照最有利于被监护人的原则在依法具有监护资格的人中指定监护人。

依照本条第一款规定指定监护人前，被监护人的人身权利、财产权利以及其他合法权益处于无人保护状态的，由被监护人住所地的居民委员会、村民委员会、法律规定的有关组织或者民政部门担任临时监护人。

监护人被指定后，不得擅自变更；擅自变更的，不免除被指定的监护人的责任。

典型案例　黄某某申请变更黄某、薛某某监护人

【裁判观点】 居民委员会、村民委员会、民政部门或者人民法院应当尊重被监护人的真实意愿，按照最有利于被监护人的原则在依法具有监护资格的人中指定监护人。申请人黄某某和被申请人黄某甲、黄某乙作为黄某、薛某某之子女，具备监护资格，但是由于三人同时作为监护人，在处理相关事务时需要同时到场，并形成一致意见，如出现分歧则导致需要处理的被监护人的事务有所延误，不利于维护被监护人自身利益，也对监护人履行监护职责存在诸多不利，因此根据申请人提交的黄某意识清醒时所表示的意愿的视频资料以及签署的《委托书》和《嘱托》，被申请人黄某亦同意应由一人即申请人黄某某担任监护人。

【案情介绍】 黄某系申请人黄某某和被申请人黄某甲、黄某乙之父亲；薛某某系申请人黄某某和被申请人黄某甲、黄某乙之母亲。黄某、薛某某生育3个子女，即申请人黄某某和被申请人黄某甲、黄某乙。

2016年×月×日，申请人黄某某和被申请人黄某甲、黄某乙以其父母年事已高，母亲薛某某因摔伤处于植物人状态，父亲黄某老年痴呆等多种疾病，两人均已丧失民事行为能力为由，向青岛市××区××路街道办事处××路社区居民委员会（以下简称××路社区居委会）申请指定其三人共同作为黄某、

薛某某的监护人。××路社区居委会经过实地走访、调查，认为黄某、薛某某确已丧失民事行为能力，三人之申请符合法律规定，遂在申请书上加盖××路居委会公章并注明“同意”。之后，申请人黄某某认为由于三人意见不统一，导致父母诸多事务无法处理，因此三人同时作为监护人不妥，申请本院确定其一人担任黄某、薛某某的监护人。

申请人黄某某述称，申请人黄某某、被申请人黄某甲、黄某乙之父亲黄某、母亲薛某某均年事已高，母亲薛某某于2015年×月××日摔倒后导致颅脑外伤，目前处于植物人状态；父亲黄某在得发，目前丧失行为能力。2016年×月×日，子女三人请青岛市××区××路街道办事处××路社区居民委员会指定三子女作为父母的监护人，居委会经过调查后同意请求。但是申请人认为，三人同时作为监护人对于很多事情的处理不方便。因此申请法院确定申请人黄某某作为黄某、薛某某的监护人。

被申请人黄某甲辩称，不同意申请人黄某某担任监护人。因为申请人黄某某处事不公，存有私心，不具备凝合力和说服力，不能公正合法地处理问题，要求三子女同时作为监护人。

被申请人黄某乙辩称，父母生病一年多以来，我们姊妹都尽心尽力孝敬父母。期间为许多事情商量，有一些事情商量不通，希望法院能指定一名监护人，照顾父母晚年。对于申请人黄某某当监护人没有意见。

申请人黄某某向法庭提交了黄某于2015年×月××日神志清醒时签署的《委托书》和《嘱托》以及现场录像资料，证明黄某在具有民事行为能力时，对于由其长女申请人黄某某全权处理家事并不持反对意见，并在《委托书》和《嘱托》中捺指纹印。

【法院审理意见】本院认为，××路社区居委会经调查后出具的材料可以证明黄某、薛某某无民事行为能力，并指定申请人黄某某和被申请人黄某甲、黄某乙担任黄某、薛某某的监护人。申请人黄某某和被申请人黄某甲、黄某乙作为黄某、薛某某之子女，具备监护资格，因此××路社区居委会的指定符合法律规定。但是由于三人同时作为监护人，在处理相关事务时需要同时到场，并形成一致意见，如出现分歧则导致需要处理的被监护人的事务有所延误，不利于维护被监护人自身利益，也对监护人履行监护职责存在诸多不利，因此本院认为应确定子女中的一人作为监护人更为便利。根据申请人提交的黄某意识清醒时所表示的意愿的视频资料以及签署的《委托书》和《嘱托》，被申请人黄某乙亦同意应由一人即申请人黄某某担任监护人，本院确定申请人黄某某作为黄某、薛某某的监护人，对于被申请人黄某甲之抗辩意见，本院不予采纳。监护人应当依法履行监护职责，保护被监护人的人身、财产及其他合法权益，除为监护人的利益外，不得处理被监护人的财产，否则应依法承担相应责任。二被申请人虽非监护人，不履行监护职责，但作为被监护人黄某、薛某某子女身份并未改变，法律规定的其他法定义务仍应履行。

【法院裁判结果】综上，判决如下：

申请人黄某某担任黄某、薛某某的监护人。

本判决为终审判决。

第三十二条 没有依法具有监护资格的人的，监护人由民政部门担任，也可以由具备履行监护职责条件的被监护人住所地的居民委员会、村民委员会担任。

第三十三条 具有完全民事行为能力的成年人，可以与其近亲属、其他愿意担任监护人的个人或者组织事先协商，以书面形式确定自己的监护人。协商确定的监护人在该成年人丧失或者部分丧失民事行为能力时，履行监护职责。

第三十四条 监护人的职责是代理被监护人实施民事法律行为，保护被监护人的人身权利、财产权利以及其他合法权益等。

监护人依法履行监护职责产生的权利，受法律保护。

监护人不履行监护职责或者侵害被监护人合法权益的，应当承担法律责任。

典型案例 邓汉学、熊春霞等与利川市民生天然气有限公司等生命权、健康权、身体权纠纷

【裁判观点】监护人应当履行监护职责，保护被监护人的人身、财产及其他合法权益，监护人不履行监护职责的，应当承担责任。结合本案，邓某的死亡与其未关闭火炉燃气阀有直接的关系，且在事发的前一晚，原告邓汉学已感觉到头疼并提醒过邓某要关闭燃气阀，死者邓某在事故发生时才十五周岁，系限制民事行为能力人，原告邓汉学作为其监护人未尽监护、管理职责，应承担70%的民事责任。

【案情介绍】2016年8月12日，原告邓汉学租赁被告饶帮华位于本市木梳小区的房屋一套，用于邓汉学和其子邓某居住。被告饶帮华在该房屋厨房和邓某居住的房屋处安装了天然气火头，后原告自行购买了火炉安装在邓某的房屋内。同年11月26日，原告邓汉学和邓某吃完晚饭后在火炉边烤火，当晚9点左右原告邓汉学感觉头有点疼，就离开邓某的房间回到自己的卧房睡觉，临走前其提醒邓某早点休息并记得关火。次日早上8点左右，原告邓汉学到邓某的房间发现邓某因天然气中毒已死亡，当时房间内的天然气味很重，火炉的燃气已熄灭，但火炉的气阀没有关闭。

2016年11月11日，被告饶帮华在被告人保利川支公司处投保了居民燃气责任保险，每次事故责任限额60万元，每人死亡、伤残责任限额30万元，保险期限为2016年11月11日0时至2017年11月10日24时。

原告邓汉学与熊春霞于2011年3月6日签订了离婚协议并领取离婚证。邓某生于2001年3月26日，系本市职校学生，由原告邓汉学抚养并随其生活，邓汉学系农业户口。

原告邓汉学、熊春霞诉称：原告邓汉学于2016年8月12日在被告饶帮华处租赁位于本市木梳小区的房屋一套，用于邓汉学和其子邓某居住。被告饶帮华在出租的房屋厨房和其中一间卧房安有天然气火头，用于做饭、洗澡和取暖。2016年11月10日被告饶帮华在被告人保利川支公司处投有居民燃气责任保险，保额为30万元。同年11月27日，原告之子邓某在家中取暖时，不幸天然气中毒死亡。为维护原告权益，特起诉至贵院，请求：（1）判决被告天然气公司、饶帮华赔偿因原告亲属死亡的死亡赔偿金541020元、丧葬费23615元、精神抚慰金50000元，合计614635元。被告人保利川支公司在保险范围内承担赔偿责任。（2）三被告承担诉讼费。

被告天然气公司辩称：天然气公司与饶帮华之间是供气关系，与原告之子无任何关系，被告天然气公司不是赔偿义务人，不应承担侵权赔偿责任。天然气公司与饶帮华对天然气管线的所有权是以气表为分界线，气表前的管线为天然气公司所有，气表后的管线为饶帮华所有，对饶帮华室内的管线天然气公司没有监管职责，对原告之子的死亡与天然气公司不存在关联性，故应驳回原告对天然气公司的诉讼请求。

被告饶帮华辩称：我出租房屋为一室一厅，而不是两间卧房，我没有在卧室安装天然气管线，而是安装在客厅。租房合同上明确载明租赁方应注意天然气的使用，我尽到了注意义务。对原告之子的死亡，主要责任在于原告自己。综上，我没有责任，请求驳回对我的诉讼请求。

被告人保利川支公司辩称：本次事故保险公司不应承担赔偿责任。本次事故的原因不明确，从现有情况判断，事故发生与饶帮华并无因果关系，也不能判断饶帮华存在过错。可以看出事故发生是因为原告使用不当所导致的，原告作为房屋的租赁人和实际管理人，在对房屋进行使用管理期间，因自身使用不当产生后果，应由其自己承担责任。饶帮华无责任，故我公司不应承担赔偿责任。综上，请求驳回对我公司的诉讼请求。

本案在审理过程中，本院主持双方调解，因双方存在差异，调解无果。

【法院审理意见】本院认为：行为人因过错侵害他人民事权益，应当承担侵权责任，被侵权人对损害的发生也有过错的，可以减轻侵权人的责任。被侵权人死亡，其近亲属有权请求侵权人承担侵权责任。监护人应当履行监护职责，保护被监护人的人身、财产及其他合法权益，监护人不履行监护职责的，应当承担责任。结合本案，邓某的死亡与其未关闭火炉燃气阀有直接的关系，且在事发的前一晚，原告邓汉学已感觉到头疼并提醒过邓某要关闭燃气阀，死者邓某在事故发生时才十五周岁，系限制民事行为能力人，原告邓汉学作为其监护人未尽监护、管理职责，应承担70%的民事责任。被告饶帮华对其出租的房屋，未尽安全注意义务，应承担30%的民事责任。饶帮华已在被告人保利川支公司处投有居民燃气责任保险，而邓某死亡系天然气中毒导致，属于燃气责任保险条款约定承担责任的情形，故应由被告人保利川支公司承担其赔偿责任。对于被告人保利川支公司辩称，邓某死因不明，与饶帮华没有因果关系的辩称理由本院不予采纳。因被告天然气公司尽到了相应的职责，其辩称本案中不应承担赔偿责任的理由成立，本院予以采纳。

原告请求应按照城镇居民标准计算死亡赔偿金，因其未提供充分的证据证实其居住在城镇满一年且主要生活来源于城镇，故本院不予支持，应按照农村居民标准计算死亡赔偿金，为236880元；精神损害抚慰金，因邓某系天然气中毒死亡，原告的该项请求于法无据，本院不予支持；丧葬费，按照本省在岗职工年平均工资的标准，应为23660元（47320元/年÷12月×6月），但原告主张23615元，系原告自由处分的权利，本院予以确认。以上费用合计为：260495元。

【法院裁判结果】综上，判决如下：

一、被告人保利川支公司于本判决发生效力之日起10日内赔偿原告邓汉学、熊春霞因邓岳死亡的死亡赔偿金、丧葬费共计78148.50元，余下182346.50元由二原告自行承担。

二、驳回二原告的其他诉讼请求。

第三十五条　监护人应当按照最有利于被监护人的原则履行监护职责。监护人除为维护被监护人利益外，不得处分被监护人的财产。

未成年人的监护人履行监护职责，在作出与被监护人利益有关的决定时，应当根据被监护人的年龄和智力状况，尊重被监护人的真实意愿。

成年人的监护人履行监护职责，应当最大程度地尊重被监护人的真实意愿，保障并协助被监护人实施与其智力、精神健康状况相适应的民事法律行为。对被监护人有能力独立处理的事务，监护人不得干涉。

典型案例　林书耕、张青华与张书仁返还原物纠纷

【裁判观点】监护人应当履行监护职责，保护被监护人的人身、财产及其他合法权益，除为被监护人的利益外，不得处理被监护人的财产。原告林书耕、张青华及被告张书仁作为严扁妹的成年子女，系严扁妹共同监护人，应当履行监护职责，保护被监护人的人身、财产及其他合法权益。被告张书仁将拆迁补偿款 1809291 元用于以张书仁名义购买二手房等，系擅自处理被监护人的财产。

【案情介绍】原告林书耕、张青华及被告张书仁系严扁妹的子女。2014 年 1 月，因福州市仓山区房屋拆迁，严扁妹获得拆迁补偿款 1809292.6 元。拆迁补偿款 1809292.6 元于 2014 年 1 月 10 日汇入严扁妹的中信银行账户，其中 1809291 元于 2014 年 1 月 13 日转入被告张书仁的中信银行账户。庭审中，被告张书仁自认系其带着母亲严扁妹到银行办理转账业务，将拆迁补偿款从严扁妹的账户转至被告张书仁的账户，该款项用于以张书仁名义购买二手房、日常照顾母亲的花费，款项已用完。2014 年 8 月 21 日，福建省精神卫生中心司法鉴定所作出省精司鉴所（2014）法医精鉴字第 127 号《司法鉴定意见书》，评定被鉴定人严扁妹在将其房屋拆迁补偿款转移给儿子张书仁时精神状态符合“脑器质性痴呆”（轻度）的诊断标准，其行为辨认能力已丧失，故评定为无民事行为能力。福州市仓山区人民法院于 2014 年 9 月 3 日作出（2014）仓民特字第 7 号民事判决书，宣告严扁妹为无民事行为能力人。2014 年 9 月 5 日，原告林书耕到仓山区信访局，要求社区在原告林书耕与张青华中指定一人作为严扁妹的监护人。2014 年 9 月 17 日，福州市仓山区人民政府仓前街道办事处作出仓前信函字第（2014）33 号《关于林书耕信访事项答复意见书》，答复：因严扁妹的三个子女林书耕、张书仁、张青华均健在，林书耕提出的其与张青

华均符合成年子女这一顺序，属于法定监护人，街道与社区均无权指定。又因监护人可以是一人，也可以是同一顺序中的数人，而严扁妹子女中无人提出拒绝承担监护人，在成年子女这一顺序存在时，社区无法从后一顺序其他近亲属中为严扁妹指定监护人。

原告林书耕、张青华诉称，原、被告系同母异父的兄弟姐妹，严扁妹系原、被告的母亲。2012 年 9 月严扁妹因患脑梗塞经福州第二医院治疗出院后，因脑器性质痴呆，无法表达自己的真实意思。2014 年 1 月 14 日，因福州市仓山区房屋拆迁，严扁妹获得拆迁补偿款 1809292.60 元。被告张书仁利用与母亲共同生活的便利，将严扁妹中信银行乌山支行银行卡中 1809292.60 元拆迁款，通过支付宝转出占为己有。2014 年 8 月 21 日，经福建省精神卫生中心司法鉴定所鉴定：严扁妹为脑器质性痴呆（轻度），属无民事行为能力人。并认定被鉴定人严扁妹将其房屋拆迁补偿款转移给儿子张书仁时其行为辨认能力丧失。2014 年 9 月 3 日，仓山区人民法院作出（2014）仓民特字第 7 号民事判决书，宣告严扁妹为无民事行为能力人。原告认为，被告利用自己与母亲严扁妹共同生活的便利，在母亲无行为辨认能力时，将母亲的拆迁补偿款 1809292.60 元转移通过支付宝转出，并据为已有，已严重损害了母亲严扁妹的合法利益。现原告诉请判令：（1）被告将严扁妹福州市仓山区拆迁补偿款 1809292.60 元返还至严扁妹的银行卡上，并按银行同期同类贷款利率支付占用利息；（2）该卡和补偿款由其他共同监护人保管；（3）本案诉讼费由被告承担。

被告张书仁辩称，原告没有诉讼资格，诉请为归还严扁妹的拆迁补偿款，该款项属于严扁妹所有，原告无权请求归还；本案争议款项在仓山区法院（2014）仓民初字第 3722 号民事裁定书中裁定驳回返还原物的请求，故本案适用一事不再理的原则；本案所讼争的拆迁补偿款的转移发生在 2014 年 9 月 3 日，仓山法院作出（2014）仓民特字第 7 号民事判决书，宣告严扁妹为无民事行为能力人之前，本案争议内容不属于原告诉称的有关监护人损害被监护人财产的纠纷。

【法院审理意见】 本院认为，根据《中华人民共和国民法通则》第 17 条："无民事行为能力或者限制民事行为能力的精神病人，由下列人员担任监护人：（一）配偶；（二）父母；（三）成年子女；（四）其他近亲属……"；第 18 条第 1 款："监护人应当履行监护职责，保护被监护人的人身、财产及其他合法权益，除为被监护人的利益外，不得处理被监护人的财产"。原告林书耕、张青华及被告张书仁作为严扁妹的成年子女，系严扁妹共同监护人，应当履行监护职责，保护被监护人的人身、财产及其他合法权益。根据福建省精神卫生中心司法鉴定所《司法鉴定意见书》，严扁妹在将其房屋拆迁补偿款转移给儿子张书仁时精神状态符合“脑器质性痴呆（轻度）”的诊断标准，其行为辨认能力已丧失。被告张书仁将拆迁补偿款1809291元用于以张书仁名义购买二手房等，系擅自处理被监护人的财产。被告张书仁辩称拆迁补偿款系其与严扁妹共有房屋拆迁而来，其中属于严扁妹有产权的面积有20多平方米，剩余面积是被告自行违章搭盖所补偿的，因被告违章搭盖的房屋没有产权面积，而与严扁妹的房屋连为一个整体，所以就由严扁妹作为拆迁权利人，领取拆迁补偿款，但被告的抗辩未能提交相应证据予以佐证，故本院不予采信。现原告诉请被告张书仁将严扁妹福州市仓山区拆迁补偿款返还至严扁妹的银行卡上，并按银行同期同类贷款利率支付占用利息，本院予以支持。关于原告主张的严扁妹的银行卡和补偿款由其他共同监护人保管，没有法律依据，本院不予支持。

【法院裁判结果】 综上，判决如下：

一、被告张书仁应于本判决生效之日起10日内将拆迁补偿款1809291元返还至严扁妹的中信银行账户内，并支付占用利息（按中国人民银行同期同类贷款利率的标准，从2014年1月13日计至款项还清之日止）；

二、驳回原告林书耕、张青华的其他诉讼请求。

如果债务人未按本判决指定的期间履行给付金钱的义务，应当依照《中华人民共和国民事诉讼法》第253条的规定，加倍支付迟延履行期间的债务利息。

第三十六条 监护人有下列情形之一的，人民法院根据有关个人或者组织的申请，撤销其监护人资格，安排必要的临时监护措施，并按照最有利于被监护人的原则依法指定监护人：

（一）实施严重损害被监护人身心健康行为的；

（二）怠于履行监护职责，或者无法履行监护职责并且拒绝将监护职责部分或者全部委托给他人，导致被监护人处于危困状态的；

（三）实施严重侵害被监护人合法权益的其他行为的。

本条规定的有关个人和组织包括：其他依法具有监护资格的人，居民委员会、村民委员会、学校、医疗机构、妇女联合会、残疾人联合会、未成年人保护组织、依法设立的老年人组织、民政部门等。

前款规定的个人和民政部门以外的组织未及时向人民法院申请撤销监护人资格的，民政部门应当向人民法院申请。

典型案例 罗某1与罗某2申请撤销监护人资格特别程序

【裁判观点】法律规定，监护人被有关组织指定后，被指定人不服的，可以在法定期限内向人民法院提出异议，其他有关人员或者有关单位在监护人不履行监护职责或者侵害被监护人的合法权益时，可以向人民法院提出申请，要求撤销监护人的资格。被申请人罗某2于2016年12月22日被指定为罗某6的监护人，2017年1月24日罗某1即向本院申请要求撤销罗某2为罗某6的监护人的资格并另行指定其为罗某6监护人，但申请人罗某1提供的证据不能证明被申请人罗某2受指定后有不履行监护职责或者侵害被监护人罗某6的合法权益的行为，所以罗某2仍为罗某6的监护人。

【案情介绍】罗某6，男，汉族，1953年10月29日出生，住所地四川省长宁县长宁镇电力路一段。罗某6的父母已故，生前先后共生育子女罗某3（女）、罗某4（男，已故）、罗某5（女）、罗某6、罗某7（女）、罗某8（女）、罗某2、罗某1八人。1978年罗某6患精神疾病。2016年，罗某5、罗某7、罗某8、罗某2、罗某1均向长宁县长宁镇碧玉社区居民委员会申请担任罗某6的监护人。2016年12月22日，长宁县长宁镇碧玉社区居民委员会召开听证会，同日，长宁县长宁镇碧玉社区居民委员会作出决议，指定罗某2担任罗某6监护人。2017年1月21日，罗某2将罗某6从康复医院接回与其共同生活。

申请人罗某1称，申请人与被申请人系姊妹。父亲罗某9与母亲张某生前共生育八个子女。大姐罗某3、二哥罗某4（已故）、三姐罗某5、四哥罗某6、五姐罗某7、六姐罗某8、七姐罗某2和申请人。四哥罗某6因1978年在部队服役途中患上精神病，被部队送回家，至今未愈。八姊妹除罗某6因患精神病未结婚成家外，其余姊妹均已成家立业。四哥罗某6回家后，生活起居先由父母负责。1980年父亲去世后，由母亲负责。母亲去世后，由二哥罗某4、二嫂胡某、三姐罗某5和申请人负责。父母去世前，二哥罗某4、二嫂胡某、三姐及申请人对罗某6也在给予关心和照顾。被申请人不仅没有给予罗某6关心和关爱，反而时常叨骂罗某6，不给罗某6饭吃。2007年2月，被申请人接罗某6到她住处耍，将罗某6安置睡硬板床，自己睡床铺。以致罗某6跑到外面飘荡数月，被申请人也不去找，还嫌罗某6是包袱。为了罗某6的生活起居和疾病治疗，经几姊妹商量，已将罗某6送往医院长期住院治疗。2016年12月22日，长宁县长宁镇碧玉社区居民委员会作出了《关于指定罗某2担任罗某6监护人的决议》，申请人对此决议不服。申请人认为，被申请人从未尽过扶养照顾罗某6的义务，根本没有关心、关爱过罗某6。如果让被申请人担任罗某6的监护人，不利于罗某6的身心健康和生活照顾。由申请人担任罗某6的监护人，对罗某6的身心健康和关心、关爱更为有利。要求撤销长宁县长宁镇碧玉社区居民委员会作出的《关于指定罗某2担任罗某6监护人的决议》；申请撤销被申请人罗某2担任罗某6的监护人资格；申请指定由申请人担任罗某6的监护人。

被申请人罗某2称，1978年罗某6因患上精神病被部队送回家后至今未愈。罗某6的生活起居先均由父母负责。1980年父亲去世后，申请人与被申请人都未成年，罗某6的生活由母亲负责。随着时间的推移，我们兄妹八人中除被申请人和罗某6外，先后参加工作在外成家立业，唯独被申请人被母亲留在家中招婿上门，其目的和用意就是照顾四哥罗某6。被申请人夫妇二人整整照顾了罗某620年，在这20多年中，家庭成员中从未有过打骂，兄妹间从无意见。申请人从来没有照顾过罗某6生活。申请人说被申请人对罗某6不好，不给罗某6饭吃，与事实不符。2016年，我们姊妹中5人因罗某6的监护权发生纠纷后，均向长宁县长宁镇碧玉社区居民委员会申请争做监护人。长宁县长宁镇碧玉社区居民委员会多次调解均不能达成一致意见。2016年12月22日，长宁县长宁镇碧玉社区居民委员会组织有关人员参加的听证会，5姊妹均各自陈述了理由，后投票表决指定被申请人为罗某6的监护人，该指定，程序、形式、内容都是合法的，应当是有效的。申请人称其一直在关心和关爱罗某6与事实不符，罗某6在康复医院生活期间，申请人从来没有去探望过罗某6。2017年1月27日，被申请人将罗某6从康复医院接回共同生活。

【法院审理意见】本院认为，法律规定，监护人被有关组织指定后，被指定人不服的，可以在法定期限内向人民法院提出异议，其他有关人员或者有关单位在监护人不履行监护职责或者侵害被监护人的合法权益时，可以向人民法院提出申请，要求撤销监护人的资格。被申请人罗某2于2016年12月22日被指定为罗某6的监护人，2017年1月24日罗某1即向本院申请要求撤销罗某2为罗某6的监护人的资格并另行指定其为罗某6监护人，但申请人罗某1提供的证据不能证明被申请人罗某2受指定后有不履行监护职责或者侵害被监护人罗某6的合法权益的行为，其申请主张本院不予支持。

【法院裁判结果】判决如下：

驳回申请人罗某1的申请。

本判决为终审判决。

第三十七条 依法负担被监护人抚养费、赡养费、扶养费的父母、子女、配偶等，被人民法院撤销监护人资格后，应当继续履行负担的义务。

典型案例 赵某甲、胥某申请撤销田某甲监护人资格

【裁判观点】 依法负担被监护人抚养费、赡养费、扶养费的父母、子女、配偶等，被人民法院撤销监护人资格后，应当继续履行负担的义务。在本案中被申请人作为被监护人的父亲，怠于履行监护职责，疏于照顾被监护人，致使被监护人自2013年12月起长期随申请人生活，由申请人实际承担抚养、照顾等监护义务，被申请人在此期间长期未履行监护职责，故撤销其监护资格。被申请人作为被监护人的父亲，可自监护人资格被撤销之日起3个月至1年内，书面向人民法院申请恢复监护人资格，但应当提交相关证据，在被撤销监护人资格后应当继续负担未成年人的抚养费用。

【案情介绍】 被申请人田某甲系被监护人田某2的父亲，申请人赵某甲、胥某系被监护人田某2的外祖父母。被告田某2于2004年7月25日出生，自出生后一直在申请人处居住生活。2013年3月2日，被监护人田某2的母亲赵某乙因病去世，被申请人田某甲便于2013年6月将被监护人田某2接回家中生活，因被申请人疏于对被监护人田某2抚育及保护，被监护人田某2便自2013年12月起随申请人赵某甲、胥某一起生活，此后被监护人田某2的教育费、医疗费及其他抚养费用一直由申请人负责交纳。

申请人赵某甲、胥某诉称，两申请人系夫妻关系，赵某乙系两申请人的婚生女，被监护人田某2是赵某乙和被申请人田某甲的婚生子，赵某乙因病不幸于2013年3月2日去世。赵某乙与田某甲同居后，因工作原因一直在申请人家吃饭，田某2出生后也一直由申请人看管照顾，接送其上学放学。赵某乙去世后的2013年5月底，被申请人田某甲将田某2从申请人处接回家一起生活。但是田某甲经常不在家，对被监护人田某2疏于照管。2013年10月1日，田某2因脚发痒抓挠，导致脚踝发炎红肿，但被申请人却不予治疗。根据田某2学校老师反映，田某2因无人照顾其洗澡换衣，导致全身散发出浓重的臭味，班上的同学都不愿意挨着其坐。老师便找到申请人希望对田某2予以照顾，据田某2说，田某甲多次叫其跟着申请人，2013年12月中旬，被申请人到申请人家中，声称自己一直有病，无力照顾田某2，要求申请人看管

照顾田某2，要不然就只有让他去流浪。申请人实在不忍心田某2受罪，也为了让田某2有一个健康快乐的生活和学习环境，便于2013年12月中旬一直将田某2留在身边照顾其衣食起居，虽然被申请人作为田某2的监护人，但却没有做到监管和保护田某2的基本义务，田某2多次生病不予医治，也不照顾田某2的起居生活和学习，自从田某2与申请人生活后，被申请人未支付田某2的生活费和学费。为使田某2有一个健康、良好的生活环境，以保障其健康成长，故诉至法院请求：（1）请求人民法院依法撤销被申请人田某甲对田某2的监护资格，并指定申请人担任田某2的监护人；（2）本案的诉讼费由被申请人田某甲承担。

被申请人田某甲辩称，申请人陈述的不是事实，生活费被申请人每个月都给了，田某2是申请人强行从被申请人处带走，虽然被申请人没有带田某2，但有请专人照顾，我不同意撤销我的监护权，不同意变更监护人。

【法院审理意见】庭审后，本院就监护人撤销及变更问题征询了被监护人田某2的意见，被监护人表示同意由申请人赵某甲、胥某作为其监护人，因为被监护人自三年级起便随申请人居住生活，每天上学由申请人接送，吃住及学费均由申请人负担。

本院认为，父母作为未成年人的监护人，应当履行监护职责，保护被监护人的人身、财产及其他合法权益，监护人不履行监护或侵害被监护人合法权益的，应当承担责任。在本案中被申请人作为被监护人的父亲，怠于履行监护职责，疏于照顾被监护人，致使被监护人自2013年12月起长期随申请人生活，由申请人实际承担抚养、照顾等监护义务，被申请人在此期间长期未履行监护职责。根据《中华人民共和国民法通则》第18条第3款“监护人不履行监护职责或者侵害被监护人的合法权益的，应当承担责任；给被监护人造成财产损失的，应当赔偿损失。人民法院可以根据有关人员或者有关单位的申请，撤销监护人的资格”的规定，对申请人撤销被申请人监护人资格的诉请本院依法予以支持。被监护人长期随申请人共同生活，由申请人照料生活起居，双方在生活上的联系较为紧密，被监护人也同意由申请人担任其监护人，愿意随其外祖父母共同生活，为了不改变其生活习惯，有利于被监护人健康成长，本院指定申请人赵某甲、胥某作为被监护人田某2的监护人。同时，本院特别提示申请人与被申请人，申请人作为田某2的监护人应切实履行监护职责，保护被监护人的人身、财产及其他合法权益，如不履行监护职责或者侵害被监护人的合法权益的，应承担法律责任。被申请人作为被监护人的父亲，根据最高人民法院、最高人民检察院、公安部、民政部《关于依法处理监护人侵害未成年人权益行为若干问题的意见》第38、42条的规定，可自监护人资格被撤销之日起3个月至1年内，书面向人民法院申请恢复监护人资格，但应当提交相关证据，在被撤销监护人资格后应当继续负担未成年人的抚养费用。

【法院裁判结果】综上，判决如下：

撤销被申请人田某甲的监护人资格，变更被监护人田某2的监护人为申请人赵某甲、胥某。

本判决为终审判决。

第三十八条 被监护人的父母或者子女被人民法院撤销监护人资格后，除对被监护人实施故意犯罪的外，确有悔改表现的，经其申请，人民法院可以在尊重被监护人真实意愿的前提下，视情况恢复其监护人资格，人民法院指定的监护人与被监护人的监护关系同时终止。

第三十九条 有下列情形之一的，监护关系终止：

（一）被监护人取得或者恢复完全民事行为能力；

（二）监护人丧失监护能力；

（三）被监护人或者监护人死亡；

（四）人民法院认定监护关系终止的其他情形。

监护关系终止后，被监护人仍然需要监护的，应当依法另行确定监护人。

典型案例 唐某甲与王某甲、王某乙监护权纠纷

【裁判观点】被监护人取得或者恢复完全民事行为能力，监护关系终止。原告在诉讼前已经年满18周岁，具备了完全民事行为能力，在没有特殊情形下，根据法律规定，其与被告王某甲之间的监护关系在其年满18周岁时自然解除。

【案情介绍】1996年12月1日，原告的母亲王某丙因精神抑郁症发作而投井自杀，原告的父亲唐某乙下井抢救，因方法不当两人双双溺水死亡。1996年12月5日，原告父母双方的亲属和原告父亲所在的单位某部队在充分协商的基础上达成了《关于确定唐某甲监护人协议书》，并确定：（1）原告的外婆

唐某丙（现已经去世）和被告王某甲为原告的监护人；（2）唐某乙、王某丙的遗产由其子唐某甲继承，监护人有责任代为保管；（3）唐某甲的抚恤金由监护人领取用于唐某甲的生活教育等相关内容。同年12月9日，原告父母双方单位和父母双方的亲属达成了《关于唐某乙、王某丙善后工作备忘录》，备忘录与本案处理有关的内容有：（1）王某丙的母亲唐某丙、姐姐王某甲同为唐某乙、王某丙之子唐某甲的监护人；（2）唐某乙、王某丙所有的遗产均由其子唐某甲继承（见附件3《遗物清单》）①遗产中金银首饰（金戒指2枚、金项链1条、金耳环1副）由监护人代为保管；②现金61175.71元由唐某甲的监护人以唐某甲的名义全部存入银行，待唐某甲18周岁之后由唐某甲自行支配；③唐某甲的一次性抚恤金（清单附后）和定期抚养金由监护人用于唐某甲的日常生活和学习，不得挪作他用。王某甲在上述备忘录上签字并领取了备忘录上的所有现金和物品。此外在同一日，两被告领取了唐某乙同志的丧葬费、抚恤金等费用12623.80元、王某丙死亡后丧葬费、抚恤金等费用8208.76元、保险款5696元（含工会救助补助费1000元及1997年1至6月救济费696元）及唐某乙遗物清单上所列物品。

另外，（1）自1997年起至2011年1月26日止，唐某乙所在的单位通过邮寄给监护人王某甲唐某甲的抚恤金合计92566元（应扣除适当的汇费）；原告母亲所在的单位自1997年起至2009年合计28700余元（根据苏州制氧机有限责任公司抚恤金邮寄的明细表和被告王某甲、王某乙认可的收到1997年至2009年抚恤金，按当年的标准计算，当年没有标准的，按上一年度标准计算）。（2）唐某甲在其父母死亡后至2002年一直随其外婆唐某丙生活，之后一直随王某甲、王某乙生活。

原告唐某甲诉称：1996年12月1日，原告的父亲唐某乙、母亲王某丙因故离世。1996年12月5日，原告父母双方的亲属和原告父亲所在的单位某部队在充分协商的基础上达成了《关于确定唐某甲监护人协议书》，并确定原告的外婆唐某丙（现已经去世）和被告王某甲为原告的监护人。同年12月9日，原告父母双方单位和父母双方的亲属达成了《关于唐某乙、王某丙善后工作备忘录》确定：原告父母的遗产均由原告继承，现金61175.71元存入银行待原告年满18周岁后自行支配，其他物品由监护人保管，抚恤金供原告生活和学习所用。同日，两被告领取了全部现金和物品（详见清单）。之后，原告父母双方单位按时将原告的抚恤金和定期抚养金交付被告。现原告已经成年，原告要求与被告解除监护关系并返还两被告代为保管的原告的财产，但遭到被告的拒绝。为维护原告的合法权益，故起诉要求：（1）解除原告与被告王某丙之间的监护关系；（2）判令两被告立即返还保管的财产现金181015.12

元及物品。

被告王某甲、王某乙在庭审中辩称：原告已经成年，原、被告之间的监护关系自然解除；现金已经全部支出，不能返还；物品已经被原告的外婆处分，实际被告保管的金银首饰愿意返还；作为监护人除了被告之外，还有原告的外婆，遗物中的生活用品是由原告的外婆在孙家村某号房屋中保管，后该房拆迁，物品无处保管，所以就处理了；原告父母单位支付的费用总计20万元左右，被告抚养原告期间，20万元已经作为原告的生活学习医疗费用全部支出，另外被告还额外支付了大量费用。导致诉讼的成因系原告的其他家属与被告发生矛盾，请求人民法院驳回原告的诉讼请求。

【法院审理意见】本院认为：监护人应当履行监护职责，保护被监护人的人身财产及其他合法权益，除为被监护人的利益外，不得处理被监护人的财产。原告在诉讼前已经年满18周岁，具备了完全民事行为能力，在没有特殊情形下，根据法律规定，其与被告王某甲之间的监护关系在其年满18周岁时自然解除。故原告请求人民法院判决解除其与被告王某甲之间的监护关系的请求不能成立，本院不予支持。被告王某甲作为唐某甲的监护人，被告王某乙作为王某甲的丈夫及领取唐某乙、王某丙遗产的接受人，其实际是根据法律规定代为保管遗产继承人唐某甲的财产。除为被监护人的生活、教育、医疗等必要支出的费用外，不得擅自处置其代为保管的财产。原告唐某甲自1996年12月其父母死亡后，随其外婆唐某丙生活到2002年，之后随监护人王某甲及其丈夫王某乙共同生活。期间，原告唐某甲一直在上学，其必然产生一定的生活费、教育费、医疗费等相关费用，上述费用应当在被告王某甲代为保管的原告财产范围内予以扣除。原告的父母亲死亡后，父母双方单位自1997年至2011年按照有关规定支付给原告的抚恤金及原告父母遗留的财产共计208700余元，根据芜湖市的平均生活水平、教育费用及原告在大学期间被告支付的学习费用和生活费用（原告认可）以及监护协议书和《关于唐某乙、王某丙善后工作备忘录》中约定的61175.71元由监护人以唐某甲的名义存入银行，待唐某甲18周岁之后由唐某甲自行支配的规定，本院酌定被告王某丙为原告的学习、生活、教育等花费的费用为14万元，故两被告尚应返还其代为保管的原告父母遗产68700元。因原告在生活中需连续不断的支付生活费、教育费等相关费用，故其将被告代为保管的财产按定期计算利息无事实依据和法律依据，本院不予采纳。被告代为保管的原告父母遗留的金戒指2枚、金项链1条、金耳环1副亦应在监护关系终止时一并返还。原告父母死亡时遗留的物品考虑时间已经多年，被告庭审中表示已经不存在，考虑到已经无法返还，本院酌情确定由被告折价赔偿原告5000元。

【法院裁判结果】 据此，判决如下：

一、被告王某甲和王某乙在本判决生效后10日内一次性返还原告唐某甲73700元；

二、被告王某甲和王某乙在本判决生效后10日内将其保管的金戒指2枚、金项链1条、金耳环1副返还原告唐某甲；

三、驳回原告唐某甲的其他诉讼请求。

第三节　宣告失踪和宣告死亡

第四十条　自然人下落不明满二年的，利害关系人可以向人民法院申请宣告该自然人为失踪人。

典型案例　江某要求宣告江亚林失踪

【裁判观点】 自然人下落不明满二年的，利害关系人可以向人民法院申请宣告该自然人为失踪人。被申请人江亚林现下落不明已满二年，符合法定的宣告失踪条件。

【案情介绍】 被申请人江亚林，女，生于1982年8月5日，汉族，四川省岳池县人，系申请人江某之母。申请人江某之父林德全于2001年5月死亡，被申请人江亚林于2008年外出后便一直无音讯，不知其下落。2002年1月9日申请人江某向法院申请宣告被申请人江亚林失踪。本院根据《中华人民共和国民事诉讼法》第168条第1款的规定，于2012年1月9日在《民主与法治时报》上发出寻找江亚林失踪的公告。法定公告期间为3个月，现已届满，被申请人江亚林仍然下落不明。

申请人江某诉称，申请人之父林德全于2001年死亡，其母江亚林于2002年8月外出务工后便一直未回家，亦未与家人联系，现不知其下落。特申请法院宣告被申请人失踪。

【法院审理意见】 本院认为，被申请人江亚林现下落不明已满二年，符合法定的宣告失踪条件。

【法院裁判结果】 判决如下：

宣告被申请人江亚林为失踪人。

本判决为终审判决。

第四十一条 自然人下落不明的时间从其失去音讯之日起计算。战争期间下落不明的，下落不明的时间自战争结束之日或者有关机关确定的下落不明之日起计算。

典型案例 丁金华宣告公民失踪

【裁判观点】 自然人下落不明的时间从其失去音讯之日起计算。被申请人丁静燕于1993年4月离家走失，失去音讯，至今下落不明。故丁静燕下落不明的时间是1993年4月。

【案情介绍】 下落不明人丁静燕，女，1974年10月21日生，汉族，户籍地苏州市吴中区香山××（××）××组××号，系申请人丁金华之女。丁静燕自1993年4月走失，至今下落不明。2015年2月25日，丁静燕的常住户口被注销。

申请人丁金华诉称，其与被申请人丁静燕系父女关系，丁静燕自1993年4月离家出走至今未归，下落不明。故请求法院宣告丁静燕失踪。

本院根据《中华人民共和国民事诉讼法》第185条之规定，于2016年11月30日发出寻找丁静燕的公告，公告期为3个月，现已届满，丁静燕仍不落不明。

【法院审理意见】 本院认为，公民下落不明满二年的，利害关系人可以向法院申请宣告其为失踪人。被申请人丁静燕于1993年离家，至今下落不明。本院依法发出寻找丁静燕的公告，公告期满，丁静燕仍下落不明。申请人丁金华系被申请人丁静燕之父，申请宣告丁静燕失踪，符合法律规定，本院予以支持，同时指定丁金华作为丁静燕的财产代管人。

【法院裁判结果】 据此，判决如下：

一、宣告丁静燕为失踪人。

二、指定丁金华为失踪人丁静燕的财产代管人。

本判决为终审判决。

第四十二条 失踪人的财产由其配偶、成年子女、父母或者其他愿意担任财产代管人的人代管。

代管有争议，没有前款规定的人，或者前款规定的人无代管能力的，由人民法院指定的人代管。

典型案例 吴某申请宣告公民失踪

【裁判观点】失踪人的财产由其配偶、成年子女、父母或者其他愿意担任财产代管人的人代管。被申请人韩某甲经本院宣告失踪后，至今仍无音信。申请人吴某为韩某甲之母，申请指定其为韩某甲财产代管人，符合法律规定。

【案情介绍】韩某甲，男，汉族，19××年××月××日出生，户籍所在地青岛市××区××路××号××户，至今未婚无子女。申请人吴某与丈夫韩某乙婚姻存续期间生育子女2人，长子韩某丙、次子韩某甲。吴某与韩某乙2002年购买共有房产一处，位于青岛市××区××路××号××户，房地产权利人登记为韩某乙。韩某乙于20××年××月××日去世。2000年2月韩某甲离家出走未归。2015年12月8日申请人韩某丙向本院提出申请，要求宣告其弟韩某甲失踪。2016年5月30日本院依法作出（2015）北民特字第×××号民事判决，宣告韩某甲失踪。

申请人吴某称，要求指定其为儿子韩某甲的财产代管人。事实与理由：申请人之子韩某甲于2000年离家走失，经多方寻找至今下落不明。于2016年5月30日经市北区人民法院宣告其失踪，其财产管理权应由申请人代为行使。为此，特向贵院提出申请，望依法裁决。

【法院审理意见】本院认为，被申请人韩某甲经本院宣告失踪后，至今仍无音信。申请人吴某为韩某甲之母，申请指定其为韩某甲财产代管人，符合法律规定，本院予以准许。

【法院裁判结果】判决如下：

指定吴某为失踪人韩某甲的财产代管人。

本判决为终审判决。

第四十三条 财产代管人应当妥善管理失踪人的财产，维护其财产权益。

失踪人所欠税款、债务和应付的其他费用，由财产代管人从失踪人的财产中支付。

财产代管人因故意或者重大过失造成失踪人财产损失的，应当承担赔偿责任。

第四十四条 财产代管人不履行代管职责、侵害失踪人财产权益或者丧失代管能力的，失踪人的利害关系人可以向人民法院申请变更财产代管人。

财产代管人有正当理由的，可以向人民法院申请变更财产代管人。

人民法院变更财产代管人的，变更后的财产代管人有权要求原财产代管人及时移交有关财产并报告财产代管情况。

典型案例 黄立常、黄子鸣申请为失踪人财产指定、变更代管人

【裁判观点】财产代管人丧失代管能力的，失踪人的利害关系人可以向人民法院申请变更财产代管人。黄瑶绪在美国下落不明，其继承的产权份额由黄兆鸿代为管理。但因黄兆鸿已于2013年去世，无法继续履行代管职责，如不重新确定财产代管人，将不利于保护黄瑶绪的合法权益。黄瑶绪的同辈中已无其他兄妹在世或可取得联系，无法履行财产代管的相关职责。考虑申请人与黄瑶绪为亲属关系，亦为涉案房屋的共有人之一且居住在涉案房屋所属城市，处理涉案房屋的相关事宜较为便利，可以作为财产代管人。

【案情介绍】余令桃、黄沃宏、黄展媚、黄兆鸿于2004年11月17日以黄立常、黄立本、黄婉茵、黄婉仲、黄立平、黄兆涛、黄瑶娟作为被告向本院提起诉讼，认为涉案房屋属黄云景遗产，原、被告均为黄云景的法定继承人，故请求依法继承该房屋的产权；除原、被告外，黄云景另有一法定继承人黄瑶绪已在美国去世多年，因无法与其继承人联系，故愿意代管其所继承的遗产。

本院于2006年3月16日作出（2004）越法民一初字第1210号民事判决书，判决：一、坐落于广州市西湖路××房屋（不含四楼违章建筑之部分）的产权由黄瑶绪、原告黄兆鸿、被告黄瑶娟、被告黄兆涛各继承1/6，由原告黄沃宏、黄展媚共同继承1/6，被告黄立常、黄立平、黄立本、黄婉茵、黄婉仲共同继承1/6。其中黄瑶绪所继承的份额由原告黄兆鸿代为管理。二、驳回原告余令桃的诉讼请求。该案中黄兆涛下落不明。黄立常、黄立本对上述判决不服，遂提起上诉。

广州市中级人民法院于2011年10月11日作出（2007）穗中法民一终字第1827号民事判决书，其中查明如下事实：黄云景于1954年死亡，其妻余瑞

兰于1980年死亡，二人共生育子女6人，即：女儿黄瑶绪、黄瑶娟；儿子黄兆涛、黄兆鸿、黄兆湖、黄文铎（又名黄兆锦）。二审期间，双方当事人确认：黄兆鸿并非黄云景、余瑞兰所生，黄兆鸿母亲并不是余瑞兰，黄兆鸿是黄云景的非婚生子。黄兆湖已于1952年11月15日死亡，生前娶妻余令桃，生育子女黄沃宏、黄展眉；黄文铎于2000年4月21日死亡，生前娶妻余惠箴，亦已于2000年5月9日死亡，二人生育子女黄立常、黄立平、黄立本、黄婉茵、黄婉仲。广州市中级人民法院于2004年9月28日作出（2004）穗中法民四终字第2952号民事判决书，判决：变更广州市越秀区民法院（2003）越法民三初字第1934号民事判决为："坐落广州市西湖路××房屋（不含四楼违章建筑之部分）属黄云景的遗产"。余令桃、黄沃宏、黄兆鸿、黄展眉称黄瑶绪已在美国去世，去世具体时间不详，也无法找寻到她的子女和其他亲属。存于广州市国土资源和房屋管理局属下广州市房地产档案馆的登记统字6867号档案中的申请书记载，黄文铎在1988年6月22日向房管部门申请私有房屋产权登记时，提及"妹黄瑶绪（在美居，已故）"。黄婉茵于2006年2月1日死亡，本院追加其继承人杨学启（丈夫）、杨元栋（儿子）参加诉讼；黄婉仲于2010年10月16日死亡，其继承人苏子毅（丈夫）、苏丽仪（女儿），苏子毅明确放弃继承，本院追加苏丽仪参加本案诉讼。该判决书判决："一、维持广东省广州市越秀区人民法院（2004）越法民一初字第1210号民事判决第二项；二、变更广东省广州市越秀区人民法院（2004）越法民一初字第1210号民事判决第一项为：坐落于广州市西湖路××房屋（不含四楼违章建筑之部分）的产权由黄瑶绪、黄瑶娟、黄兆涛各继承30/175，黄沃宏、黄展眉份额各继承15/175，黄兆鸿继承25/175，黄立常、黄立平、黄立本各继承6/175，杨学启、杨元栋各继承3/175，苏丽仪继承6/175。其中黄瑶绪所继承的份额由黄兆鸿代为管理"。该判决已于2012年6月22日发生法律效力。

申请人黄立常诉称，广州市越秀区西湖路××房屋（以下简称：涉案房屋）本是申请人父亲黄文铎购置，并在广州市国土房管局合法登记近六十年产权的产业。因在与余令桃、黄沃宏、黄兆鸿财产权属及继承纠纷两案中，被作出了有违事实有违物权法的判决结果。（2007）穗中法民一终字第1827号案（以下简称：民一终字第1827号案）继承二审判决：坐落于广州市西湖路××房屋（不含四楼违章建筑之部分）的产权由黄瑶绪、黄瑶娟、黄兆涛各继承30/175，黄沃宏、黄展眉份额各继承15/175，黄兆鸿继承25/175，黄立常、黄立平、黄立本各继承6/175，杨学启、杨元栋各继承3/175，苏丽仪继承6/175。其中黄瑶绪所继承的份额由黄兆鸿代为管理。在上述判决中，认定黄瑶绪在美国下落不明，其继承的产权份额由黄兆鸿代为管理。但现查实黄兆鸿已死亡，黄瑶绪该代管产权现正被非黄瑶绪亲属、黄兆鸿的原代理人朱翠瑜、邓敏济伙同开发商办理异地置换产权而侵占。上述判决生效后，黄兆鸿、黄沃宏、黄展眉已把他们在涉案房屋继承所得份额弃产与开发商领取货币补偿了结，还伙同开发商企业把黄瑶绪的30/175产权继承份额也一并弃产瓜分，但没有通过广州市房屋征收办的审核。2013年11月，因对父亲的合法产业被如此判决非常失望，黄立本、黄立平、杨学启、杨元栋也办理了弃产，不再过问涉案房屋的事情。至此，黄兆鸿去世后，申请人已是黄瑶绪在国内广州唯一适合代管的近亲属，申请人也是原产权人黄文铎生前所指定的涉案房屋的回迁经办人，其去世后数十年来的拆迁、回迁及与国内外亲属联系的所有事务也是由申请人代为处理。因此，黄兆鸿去世后，黄瑶绪所继承的涉案房屋30/175产权份额应重新指定由申请人代为管理。现起诉申请：对（2007）穗中法民一终字第1827号继承案中黄瑶绪所继承的广州市西湖路××房屋30/175产权指定代管人。

【法院审理意见】本院认为：《中华人民共和国民法通则》第21条规定，失踪人的财产由他的配偶、父母成年子女或者关系密切的其他亲属、朋友代管。民一终字第1827号案判决已认定黄兆鸿作为黄瑶绪继承份额的财产代管人，但因黄兆鸿已于2013年去世，无法继续履行代管职责，如不重新确定财产代管人，将不利于保护黄瑶绪的合法权益。黄瑶绪的同辈中已无其他兄妹在世或可取得联系，无法履行财产代管的相关职责。考虑申请人与黄瑶绪为亲属关系，亦为涉案房屋的共有人之一且居住在涉案房屋所属城市，处理涉案房屋的相关事宜较为便利，现无其他案外人提出要求作为上述财产的代管人。因此，审理申请人的申请符合法律规定，本院予以准许。

【法院裁判结果】综上所述，判决如下：

指定黄立常为坐落于广州市越秀区西湖路××房屋（不含四楼违章建筑之部分）中黄瑶绪继承取得的30/175所有权份额的代管人。

本判决为终审判决。

第四十五条　失踪人重新出现，经本人或者利害关系人申请，人民法院应当撤销失踪宣告。

失踪人重新出现，有权要求财产代管人及时移交有关财产并报告财产代管情况。

典型案例 申请撤销宣告失踪特别程序

【裁判观点】被宣告失踪的公民重新出现，经本人或者利害关系人申请，应当作出新判决，撤销原判决。现申请人芮永文已重新出现、恢复正常生活，其提出要求撤销失踪宣告的申请，与法无悖，应予准许。

【案情介绍】本院于2006年7月5日作出（2006）浦民一（民）特字第8号民事判决：宣告芮永文失踪。2011年11月5日，被宣告失踪人芮永文已重新出现，现居住于浙江省绍兴市越城区快阁苑丽日坊5幢1单元102室。

芮永文称，申请人因逃债于2000年10月底离家出走，多年未归。期间为不牵连家人，故未和家人联系。2006年7月，经申请人之女芮玥申请，被法院宣告为失踪人，芮玥为财产代管人。嗣后，申请人在回家奔丧时，才知此事。现申请人已回归家庭，故根据法律规定，申请撤销宣告失踪的判决。

【法院审理意见】本院认为，被宣告失踪的公民重新出现，经本人或者利害关系人申请，应当作出新判决，撤销原判决。现申请人芮永文已重新出现、恢复正常生活，其提出要求撤销失踪宣告的申请，与法无悖，应予准许。

【法院裁判结果】判决如下：

撤销本院（2006）浦民一（民）特字第8号民事判决。

本判决为终审判决。

第四十六条 自然人有下列情形之一的，利害关系人可以向人民法院申请宣告该自然人死亡：

（一）下落不明满四年；

（二）因意外事件，下落不明满二年。

因意外事件下落不明，经有关机关证明该自然人不可能生存的，申请宣告死亡不受二年时间的限制。

典型案例 李凤英申请宣告公民死亡

【裁判观点】自然人下落不明满4年，其利害关系人可以向法院申请宣告自然人死亡。本案，下落不明人王保国于2011年8月擅自离家出走长达5年之久，从未与家人联系，经其家人四处寻找未果，且相关部门已出具其下落不明的证明。本院根据申请人李凤英的申请，于2016年2月24日在人民法院报发出寻找王保国的公告，现公告期间已满仍无音信，应依法认定下落不明人王保国已死亡。

【案情介绍】下落不明人王保国，男，1947年4月17日出生，汉族，安徽省天长市人，原住安徽省天长市汊涧镇×路×号，系申请人李凤英丈夫。于2011年8月8日离家出走，后经家人四处寻找不知其下落，申请人李凤英申请宣告王保国死亡后，本院于2016年2月24日在人民法院报发出寻找王保国的公告。法定公告期间为一年，现已届满，王保国仍然下落不明。

申请人李凤英称，被申请人王保国于2011年8月离家出走，家人曾四处寻找仍杳无音讯。被申请人王保国下落不明已有5年多的时间，现依法向法院申请，请求法院依法宣告被申请人王保国已死亡。

【法院审理意见】本院认为：下落不明人王保国于2011年8月擅自离家出走长达5年之久，从未与家人联系，经其家人四处寻找未果，且相关部门已出具其下落不明的证明。本院根据申请人李凤英的申请，于2016年2月24日在人民法院报发出寻找王保国的公告，现公告期间已满仍无音信，应依法认定下落不明人王保国已死亡。对申请人李凤英的申请请求，应予支持。

【法院裁判结果】判决如下：

宣告王保国死亡。

本判决为终审判决。

第四十七条 对同一自然人，有的利害关系人申请宣告死亡，有的利害关系人申请宣告失踪，符合本法规定的宣告死亡条件的，人民法院应当宣告死亡。

第四十八条 被宣告死亡的人，人民法院宣告死亡的判决作出之日视为其死亡的日期；因意外事件下落不明宣告死亡的，意外事件发生之日视为其死亡的日期。

典型案例　陈甲、孟某某等申请宣告公民死亡

【裁判观点】被宣告死亡的人，人民法院宣告死亡的判决作出之日视

为其死亡的日期。申请人作为被申请人的父母，在被申请人无配偶的情况下，有权提出宣告死亡申请。被申请人下落不明已满4年，本院公告期间也无踪迹，符合宣告死亡的条件。法院判决日期为2010年7月1日，所以陈丙的死亡日期为2010年7月1日。

【案情介绍】被申请人陈丙，女，1964年11月14日出生，身份证号码330××××140068，户籍所在地临安市××街道××地质××队宿舍，系浙江省第一地质大队职工。申请人陈甲、孟某某系被申请人陈丙父母。陈丙1988年3月7日与陆某某登记结婚，未生育子女，1991年8月8日，陈丙与陆某某经原浙江省余某县人民法院判决离婚。2001年1月，陈丙从浙江省第一地质大队小区的9幢4单元308室出走，下落不明，至今未归。申请人陈甲、孟某某于2009年5月12日向本院申请宣告陈丙死亡。

申请人陈述：陈丙因患有精神分裂症，于1991年8月8日与陆某某离婚。后陈丙与两申请人共同生活。2001年1月陈丙离家出走，当时家人向公安机关报案，并经多年寻找未果。陈丙所在单位浙江省第一地质大队也停发了陈丙的工资等待遇。

申请人请求人民法院宣告陈丙死亡。

本院根据《中华人民共和国民事诉讼法》第168条第1款的规定，于2009年6月26日发出寻找陈丙的公告。法定公告期为一年，现已届满，陈丙仍然下落不明。

【法院审理意见】本院认为：申请人作为被申请人的父母，在被申请人无配偶的情况下，有权提出宣告死亡申请。被申请人下落不明已满4年，本院公告期间也无踪迹，符合宣告死亡的条件。

【法院裁判结果】判决如下：

宣告陈丙死亡，死亡日期为2010年7月1日。

本判决为终审判决。

第四十九条　自然人被宣告死亡但是并未死亡的，不影响该自然人在被宣告死亡期间实施的民事法律行为的效力。

第五十条　被宣告死亡的人重新出现，经本人或者利害关系人申请，人民法院应当撤销死亡宣告。

典型案例　钟庆发申请撤销宣告死亡

【裁判观点】 被宣告死亡的人重新出现，经本人或者利害关系人申请，人民法院应当撤销死亡宣告。被宣告死亡人钟开会已重新出现，申请人钟庆发作为钟开会的父亲，向法院申请撤销宣告钟开会死亡。

【案情介绍】 2015 年 1 月 23 日，本院作出（2014）梓民特字第 1 号民事判决：宣告钟开会死亡。

2017 年 2 月 3 日，被宣告死亡人钟开会回到本县双板乡青益村二组，并与申请人钟庆发见面团聚。

申请人钟庆发称，2004 年 5 月，自己女儿钟开会外出至南京务工，后就失去联系。经多方打听和查找，仍没有下落。2013 年 12 月，本人只好到你院申请宣告钟开会死亡。2015 年 1 月 23 日，你院作出宣告钟开会死亡的判决。可就在 2017 年 2 月 3 日，钟开会突然回家，且还带着男友步成龙及其与步成龙所生的两个儿子。据此，本人特请求你院作出新判决，撤销原宣告钟开会死亡的判决。

【法院审理意见】 本院认为，被宣告死亡人钟开会已重新出现，申请人钟庆发作为钟开会的父亲，向本院申请撤销宣告钟开会死亡的判决，于法有据，应予以支持。

【法院裁判结果】 判决如下：

撤销本院（2014）梓民特字第 1 号民事判决。

本判决为终审判决。

第五十一条　被宣告死亡的人的婚姻关系，自死亡宣告之日起消灭。死亡宣告被撤销的，婚姻关系自撤销死亡宣告之日起自行恢复，但是其配偶再婚或者向婚姻登记机关书面声明不愿意恢复的除外。

第五十二条　被宣告死亡的人在被宣告死亡期间，其子女被他人依法收养的，在死亡宣告被撤销后，不得以未经本人同意为由主张收养关系无效。

第五十三条　被撤销死亡宣告的人有权请求依照继承法取得其财产的民事主体返还财产。无法返还的，应当给予适当补偿。

利害关系人隐瞒真实情况，致使他人被宣告死亡取得其财产的，除应当返还财产外，还应当对由此造成的损失承担赔偿责任。

典型案例　曲远和与庄河市沙岭农场一般人格权纠纷

【裁判观点】利害关系人隐瞒真实情况，致使他人被宣告死亡取得其财产的，除应当返还财产外，还应当对由此造成的损失承担赔偿责任。案外人曹娜为离婚编造虚假事实，申请上诉人庄河市沙岭农场为其出具曲远和失踪证明，进而申请宣告曲远和死亡，故上诉人庄河市沙岭农场对案涉"证明"没有尽到基本的审查义务，最终导致上诉人被宣告死亡、户口被注销，曹娜再婚，上诉人无法继续从事在山东与大连地区之间的运送树苗工作，无法出行、住宿、银行存取款等，其结果使上诉人不仅不能继续工作，而且给其生活带来巨大困扰，经济上造成巨大损失，同时户口和身份证件等被注销，使原告公民相关权利被剥夺，给其精神上造成巨大的痛苦，这一损害后果的发生曹娜应承担主要责任，该责任不能因为曲远和不主张而由庄河市沙岭农场承担，应当视为曲远和已放弃曹娜的赔偿责任及赔偿份额。

【案情介绍】原告与曹娜于2001年8月举行婚礼，开始同居生活，于2002年11月19日生育一女曲垚，于2004年10月10日在庄河市民政局补办了结婚登记手续。2009年3月18日，曹娜欲与原告离婚，要求被告沙岭农场出具原告下落不明的证明。被告沙岭农场出具了证明，内容为：曹娜与曲远和在1996年10月1日结为夫妻，生育一女名叫曲垚，现与母亲居住，曲远和至今下落不明，曲远和、曹娜至今分居。情况属实，特此证明。同时，被告公安局下属的青堆派出所在证明上签署了"农场所证实情况属实的意见，并加盖了派出所公章。后被告沙岭农场根据曹娜的要求，在原证明上添加了"曲远和从2002年2月1日外出至今下落不明"的内容。2009年3月20日，曹娜持上述证明到本院申请宣告原告死亡；2010年5月13日，本院作出（2009）庄民特字第1号民事判决，宣告原告死亡。2010年7月7日，曹娜与宋文君登记结婚。2012年3月21日，原告向本院申请撤销宣告其死亡的判决；2012年4月1日，本院作出（2012）庄民特字第6号民事判决，撤销了本院（2009）

庄民特字第1号民事判决。2012年6月25日，原告持诉称理由诉至本院。

一审原告曲远和诉称：2009年，曹娜（原告前妻）以原告于2002年2月1日外出，至今杳无音讯，经曹娜和其他亲属以及有关部门多方查寻，至今下落不明为由，向庄河市人民法院申请宣告原告死亡。庄河市人民法院于2010年5月13日作出（2009）庄民特字第1号民事判决，判决宣告原告死亡。2010年10月，原告准备去山东运送树苗，在乘船使用身份证时方知自己户口已被注销。2012年3月，经原告申请，庄河市人民法院于2012年4月1日作出（2012）庄民特字第6号民事判决，撤销了宣告原告死亡的民事判决。因被告沙岭农场、公安局出具虚假证明，导致原告与曹娜离婚、户口被注销，原告无法继续从事在山东与大连地区之间的运送树苗工作，无法出行、住宿、银行存取款等，其结果使原告不仅不能继续工作，而且给其生活带来巨大困扰，经济上造成巨大损失，同时户口和身份证件等被注销，使原告公民相关权利被剥夺，给其精神上造成巨大的痛苦。为此曲远和曾多次找到被告沙岭农场协商赔偿事宜，因双方未能就赔偿事宜协商一致，故诉至法院，请求判令二被告赔偿误工损失20万元、精神损害赔偿10万元，共计30万元。

一审被告沙岭农场辩称：不同意原告的诉讼请求。（1）被告沙岭农场出具的关于原告下落不明的证明是根据原告前妻曹娜陈述出具的，并经公安机关确认，符合法律规定。根据曹娜在法庭的陈述，被告在被告沙岭农场开具的证明是为了离婚而用，而原告起诉是基于曹娜宣告其死亡而要求赔偿，因为申请宣告死亡是基于曹娜的申请，而并不是被告沙岭农场申请的，所以产生被宣告死亡的后果与被告沙岭农场没有任何关系。（2）法院根据《民事诉讼法》第185条规定宣告原告死亡，符合法律的程序。在法律程序合法的前提下宣告原告死亡，说明被告沙岭农场出具的下落不明的证明是正确的，宣告死亡也是正确的。因为宣告死亡申请的主体是曹娜，宣告死亡的后果应该由曹娜承担。被告沙岭农场是本着实事求是出具证明，所以应当驳回原告要求被告承担赔偿责任的诉讼请求。根据《民法通则》第25条规定，撤销宣告死亡后，被宣告死亡人有权请求返还财产。所以撤销宣告死亡后果只是根据法律规定，谁取得了被告所有的财产应当返还。本案被告沙岭农场也没有取得被告所有财产，原告要求被告承担赔偿责任没有依据，请求依法驳回原告诉讼请求。

一审被告公安局辩称：同意被告沙岭农场的答辩意见。本案证人曹娜已经在庭审中证实当时是为了离婚到二被告处开具的证明，并没有阐述开具该证明是用于宣告死亡，且当时在公安机关盖章时，证明上“从2002年2月11日外出”的内容不存在，在公安机关盖章后，原告又找到被告沙岭农场有关人员添写的，公安机关并不知情，公安机关在本案中没有侵权行为，所以不应承担民事赔偿责任。

宣判后，上诉人曲远和、上诉人庄河市沙岭农场均不服原审判决，向本院提起上诉，曲远和上诉理由及请求是：2004 年 10 月 10 日上诉人与曹娜在庄河市民政局补办了结婚登记手续。2009 年 3 月 18 日，曹娜欲与上诉人离婚，上诉人考虑到孩子以及家中老人，不同意离婚，为了达到离婚的目的，曹娜申请庄河市沙岭农场、庄河市公安局出具虚假证明，最终导致上诉人被宣告死亡、户口被注销，曹娜再婚，上诉人无法继续从事在山东与大连地区之间的运送树苗工作，无法出行、住宿、银行存取款等，其结果使上诉人不仅不能继续工作，而且给其生活带来巨大困扰，经济上造成巨大损失，同时户口和身份证件等被注销，使原告公民相关权利被剥夺，给其精神上造成巨大的痛苦，请求二审法院支持上诉人的全部请求。

上诉人庄河市沙岭农场上诉理由及请求是：上诉人出具的只是曲远和失踪证明，而宣告曲远和死亡的申请人是曹娜，一审判决认定上诉人出具的与事实不符的证明材料，导致曲远和被法院宣告死亡，属于认定事实错误；曹娜为离婚编造虚假事实申请上诉人为其出具证明，上诉人应是次要责任。原审被告庄河市公安局述称：同意一审判决。

本院审理查明：原审认定事实属实。

【法院审理意见】一审法院认为：公民的人格权受法律保护。原告前妻曹娜向本院申请宣告原告死亡时，提供的是被告沙岭农场和被告公安局共同出具的原告下落不明的证明材料。被告沙岭农场出具的原始证明材料，只证明原告下落不明，没有下落不明的具体时间，而人民法院宣告公民死亡的法定条件之一是“公民下落不明满四年”，正是由于被告沙岭农场在原始证明材料上添加了“原告从 2002 年 2 月 1 日外出”的内容，才使得原告下落不明的时间符合宣告公民死亡的法定条件。但原告与曹娜于 2004 年 10 月 10 日办理结婚登记手续，说明此时原告并未下落不明，被告沙岭农场在证明材料上后添加的内容明显与事实不符。故被告沙岭农场出具的与事实不符的证明材料的行为，导致人民法院宣告原告死亡，给原告的生活带来了不便，侵犯了原告的人格权，应承担侵权责任，本院确定被告沙岭农场赔偿原告精神损害抚慰金 5 万元。原告要求二被告赔偿劳动报酬 20 万元，因证据不足，本院不予支持。被告公安局未经核实，即在被告沙岭农场出具的证明材料上盖章确认，其行为存在瑕疵，但对其后被告在沙岭农场证明材料上添加内容的行为不知情，对原告遭受的损害后果没有过错，不承担民事侵权责任。被告沙岭农场辩称证明材料是根据曹娜陈述出具的，并经公安机关确认，符合法律规定，不应承担责任的理由；本院认为，被告沙岭农场未经审查核实，仅凭当事人陈述即出具证明材料，且证明材料的内容与事实明显不符，其行为存在过错，应承担侵权责任，对其该辩解意见，本院不予采纳。判决如下：一、被告庄河市沙岭农场于本判决发生法律效力之日起10日内赔偿原告曲远和精神损害抚慰金5万元。二、驳回原告曲远和其他诉讼请求。案件受理费2000元，由原告曲远和负担1500元，由被告庄河市沙岭农场负担500元。

本院认为，案外人曹娜为离婚编造虚假事实，申请上诉人庄河市沙岭农场为其出具曲远和失踪证明，进而申请宣告曲远和死亡，对侵犯曲远和的人格权，负有主要责任；曲远和与曹娜于2002年11月19日生育一女曲垚，于2004年10月10日在庄河市民政局补办结婚登记手续。而案涉“证明”中的“曲远和从2002年2月1日外出至今下落不明”与上述事实明显矛盾，故上诉人庄河市沙岭农场对案涉“证明”没有尽到基本的审查义务，因此，对曲远和的人格权被侵犯负有次要责任。一审庭审中曲远和对是否申请追加曹娜为被告，明确表示即便曹娜需要承担责任也不申请追加，应视为对自己权利的放弃。因曹娜的侵权行为而造成曲远和的损失，应由其自行承担。

2010年5月13日，庄河市人民法院作出（2009）庄民特字第1号民事判决，宣告曲远和死亡。同年10月曲远和已发现户口被注销，但其直至2012年3月21日，方申请撤销宣告其死亡判决，其诉称是因此间多次与庄河市沙岭农场协商赔偿事宜，而没有申请撤销宣告其死亡判决的理由不成立，因为无论双方协商结果如何，最终必然需要经过申请撤销宣告其死亡判决的程序，才能恢复其人格权。故，此间如有经济损失发生，曲远和负有放任的责任。综上，一审判决结合本案的其他证据材料情况，认为曲远和请求赔偿劳动报酬20万元，证据不足，不予支持，并无不当。

一审法院确定曲远和精神损害抚慰金5万元，符合本案的实际情况。但判令庄河市沙岭农场全额承担不当，因为这一损害后果的发生曹娜应承担主要责任，该责任不能因为曲远和不主张而由庄河市沙岭农场承担，应当视为曲远和已放弃曹娜的赔偿责任及赔偿份额。本院认为，庄河市沙岭农场赔偿曲远和精神损害抚慰金2万元为宜。

庄河市公安局虽对案涉证明的确认有一定的过错，但曲远和请求该局在本案中承担民事责任，没有法律依据，本院不予支持。

【法院裁判结果】综上所述，判决如下：

一、变更（2013）庄民初字第3074号民事判决第一项为上诉人庄河市沙岭农场于本判决发生法律效力之日起10日内赔偿上诉人曲远和精神损害抚慰金2万元；

二、撤销（2013）庄民初字第3074号民事判决第二项；

三、驳回上诉人曲远和、上诉人庄河市沙岭农场的其他上诉请求。

本判决为终审判决。

第四节 个体工商户和农村承包经营户

第五十四条 自然人从事工商业经营，经依法登记，为个体工商户。个体工商户可以起字号。

典型案例 武汉居然之家家居市场有限公司武昌分公司与武汉市武昌区方园冠牛建材经营部、周文莉合同纠纷

【裁判观点】 自然人从事工商业经营，经依法登记，为个体工商户。涉及方园冠牛店的民事诉讼应以经营者为诉讼当事人。周文莉系方园冠牛店工商登记的经营者，也代表方园冠牛店与居然之家武昌店签订两年招商合同，向居然之家武昌店出具撤场申请，居然之家武昌店收取顾客货款后依约汇至周文莉或其前夫杨少明银行账户，周文莉无论是自己实际经营该店还是将该店交由其前夫杨少明经营，均不影响居然之家武昌店向周文莉主张权利，周文莉对外应承担相应的法律责任。

【案情介绍】 2014 年 7 月 9 日居然之家武昌店（甲方）与周文莉（乙方）签订《居然之家招商合同（2014 版）》，合同编号 DS20 - 292831401，2015 年 7 月 1 日居然之家武昌店（甲方）与周文莉（乙方）签订《居然之家招商合同（2015 版）》，合同编号 DS20 - 2928315001，两份合同均约定：甲方将位于武汉市武昌店 101 号楼地下一层，面积为 122.60 平方米摊位号为 DS20 - 1 - B - 1087 的场地租赁给乙方用于商业经营；乙方向甲方支付场地租金及相关管理费用，并接受甲方的统一管理；乙方的产品经营类别为木门，经营品牌为冠牛；为减少结算过程中的风险、方便消费者，甲方为乙方提供统一收银服务，乙方须在送货之前要求消费者将货款和相关费用交至甲方；甲方必须在每月 10 日之前将乙方上月（自然月）的货款支付给乙方；“先行赔付”指甲方对乙方的经营活动承担连带责任，当消费者购买乙方产品出现质量或服务问题时，可以要求甲方先向其赔付，为此乙方必须严格执行国家或行业关于产品质量和服务方面的相关规定，以及甲方对消费者的服务承诺。当乙方与消费者就

售后服务无法取得一致意见时，必须无条件接受甲方的处理意见；乙方不接受甲方的售后服务处理意见，甲方视同乙方严重违约并终止合同；乙方必须遵守甲方的各项管理规定，包括但不限于营业时间、卫生、消防、票据及合同、价格管理、售后服务管理等，乙方违反甲方的管理规定三次以上，甲方视同乙方违约并有权终止合同；乙方租赁的场地只允许自己使用，不得以转租、转让、转借等任何形式供他人使用，否则，甲方视同乙方违约并终止合同。除甲乙双方另有约定外，因乙方违约导致合同提前终止的，乙方除了补齐所欠租金及费用，退还甲方在合同期内给予乙方在租金、物业服务费、广告费等方面的减免优惠和促销活动中甲方给予乙方的补贴（包括但不限于按销售额承担的扣点、赠品费用）外，乙方还须赔偿甲方相当于两个月租金的违约金。双方还就租金、税收、装修和消防安全、价格管理等进行了约定。周文莉向居然之家武昌店租赁摊位的期间为2014年7月1日至2016年6月30日，其中2015年7月1日至2016年6月30日期间的日租金为每平方米3.67元。

2015年9月21日周文莉向居然之家武昌店提出撤场申请，载明“由于经营压力较大，现申请撤出居然之家武昌店，并保证截止到2015年9月30日之前产生的销售由我方全权承担，撤场时间为2015年9月30日。冠牛周文莉”。因十余位顾客向居然之家武昌店投诉方园冠牛店延期未送货的情况，方园冠牛店未予处理，居然之家武昌店于2015年9月25日向周文莉送达书面通知要求终止《居然之家招商合同》，并要求偿还居然之家武昌店因该摊位经营活动承担连带责任而向顾客进行先行赔付的相关款项。2015年9月至今居然之家武昌店为李某、祖某、任某等方园冠牛店的顾客向广东冠牛木业有限公司垫付货物成本154514元，向李某、祖某、缪某、王某等方园冠牛店的顾客退款12360元，向李某、刘某等方园冠牛店的顾客代垫赔偿款26884元，合计193758元。因方园冠牛店撤场后未向居然之家武昌店支付其先行赔付的款项和违约金，故居然之家武昌店诉至本院，请求判如所请。

在本案审理过程中，居然之家武昌店申请撤回对杨少明的起诉，该申请符合法律规定，本院予以准许。

原告居然之家武昌店诉称：2014年7月9日，原告与周文莉签署《居然之家招商合同〈2014版〉》，2015年7月1日原告与周文莉签署《居然之家招商合同〈2015版〉》，约定原告将位于武汉市武昌店101号地下一层，摊位号为DS20－1－B－1087的场地租给周文莉用于商业经营，周文莉向原告支付场地租金及相关管理费用，并接受原告的统一管理。周文莉办理了个体工商户营业执照，上号为武汉市武昌区方园冠牛建材经营部，经营者为周文莉。两份《招商合同》中规定了先行赔付制度，约定当周文莉提供的商品和服务存在问题时，由原告与消费者就赔付问题进行协商解决，被告周文莉必须接受原告的处理方案。周先生、熊工、陈女士等多名消费者与原告签订了《居然之家家具建材销售合同》，购买被告方销售的木门等家具，并支付了相应款项。原告按照招商合同的约定于每月的10日前将上月的货款打入周文莉的银行账户，然而周文莉并未按约定对消费者送货和安装，也没有将该货款退还给消费者。消费者投诉到原告处后，周文莉、杨少明拒不出面解决问题。原告按照先行赔付支付与消费者协商，由原告向消费者退款或由原告向生产厂家购买商品并为消费者安装。被告杨少明和被告周文莉系夫妻，共同经营武汉市武昌区方园冠牛建材经营部，杨少明向原告出具承诺书，承诺2015年10月31日前解决上述问题，但到期未履行。原告认为被告的行为已严重侵犯原告的合法权益，并构成严重违约，故诉至法院，请求判令：（1）被告赔偿原告垫付款项193758元；（2）被告向原告赔偿违约金27896元；（3）被告承担本案诉讼费用。

被告方园冠牛店、周文莉辩称：不同意原告诉讼请求，我周文莉没有参与经营，只是营业执照上的名字，整个经营活动都是我前夫杨少明在进行，杨少明在去年9月底10月初已经向原告作出承诺。我只是签了租赁合同，没有参与任何经营。周文莉认为之前的资金等事情是杨少明在处理，自己没有能力去赔偿，故本案也应由杨少明处理。

【法院审理意见】本院认为，依照《中华人民共和国民法通则》第26条、《最高人民法院关于贯彻执行〈中华人民共和国民法通则〉若干问题的意见》第41条的规定，涉及方园冠牛店的民事诉讼应以经营者为诉讼当事人。周文莉系方园冠牛店工商登记的经营者，也代表方园冠牛店与居然之家武昌店签订两年招商合同，向居然之家武昌店出具撤场申请，居然之家武昌店收取顾客货款后依约汇至周文莉或其前夫杨少明银行账户，周文莉无论是自己实际经营该店还是将该店交由其前夫杨少明经营，均不影响居然之家武昌店向周文莉主张权利，故对周文莉辩称其未参与方园冠牛店的经营，其前夫杨少明才是方园冠牛店的实际经营者，其不应对该店的经营行为承担法律责任这一抗辩意见不予采纳，周文莉对外应承担相应的法律责任。

居然之家武昌店与方园冠牛店经营者周文莉签订的《居然之家招商合同》均系合同双方当事人的真实意思表示，且不违反相关法律规定，合法有效，双方均应按照约定履行自己的义务。顾客向方园冠牛店购买产品后，居然之家武昌店依约将货款给付周文莉或杨少明，而方园冠牛店未向顾客履行送货安装等服务，违反《中华人民共和国合同法》第135条、第138条、《中华人民共和国消费者权益保护法》第52条、第53条的规定，导致十余位顾客投诉至居然之家武昌店，方园冠牛店的行为符合《居然之家招商合同》第49条第2款的情形，居然之家武昌店视同方园冠牛店违约并有权终止合同，故居然之家武昌店要求终止合同的行为符合双方约定。方园冠牛店未予及时处理这十余位顾客的问题，居然之家武昌店对顾客的要求进行了处理，产生费用193758元，符合《居然之家招商合同》第44条及附件三先行赔付的条件，居然之家武昌店处理的方式为向冠牛厂家支付款项为顾客交付合同约定的产品、退还顾客货款、支付顾客自行垫付的安装费等，符合先行赔付的方式约定。根据《中华人民共和国消费者权益保护法》第40条第1款的规定，居然之家武昌店有权向方园冠牛店追偿上述款项，故居然之家武昌店主张方园冠牛店经营者周文莉赔偿其垫付款项193758元的诉讼请求本院予以支持。依据《居然之家招商合同》第52条第2款第1项的约定，方园冠牛店须赔付居然之家武昌店相当于两个月租金的违约金，原、被告签订的《居然之家招商合同（2015版）》于2015年9月终止，依据合同，2015年7月1日至8月31日两个月的租金为27896.404元，故居然之家武昌店主张方园冠牛店经营者周文莉赔偿违约金27896元的诉讼请求本院予以支持。

【法院裁判结果】综上，判决如下：

一、被告周文莉于本判决生效之日起7日内返还原告武汉居然之家家居市场有限公司武昌分公司垫付款项193758元；

二、被告周文莉于本判决生效之日起7日内赔偿原告武汉居然之家家居市场有限公司武昌分公司违约金27896元；

三、驳回原告武汉居然之家家居市场有限公司武昌分公司其他诉讼请求。

第五十五条 农村集体经济组织的成员，依法取得农村土地承包经营权，从事家庭承包经营的，为农村承包经营户。

典型案例 施桂兰与缙云县新碧街道马渡村民委员会土地承包经营权纠纷

【裁判观点】农村集体经济组织的成员，依法取得农村土地承包经营权，从事家庭承包经营的，为农村承包经营户。胡岳尚系被告马渡村村民。胡岳尚户8人向马渡村经合社承包4.28亩水田，1999年二轮土地承包开始至今，承包合同经发包方新建镇马渡村经济合作社管理委员会和鉴证人缙云县新建镇及其代表人盖章、签字确认，而且原告持有土地承包经营权证，故承包人胡岳尚未签字的瑕疵，不足以影响实质上的土地承包经营关系。

【案情介绍】胡岳尚系马渡村村民。二轮土地承包过程中，胡岳尚户 8 人（妻施桂兰、长子胡利进、长媳虞舜爱、次子胡运进、次媳周芬、孙女胡悔、孙子胡鑫涛）向新建镇马渡村经济合作社（以下简称：马渡村经合社）承包 4.28 亩水田，包括磷头三百七 4.13 亩（四至：东尚官田、南公路、西前朱车路、北忠环田）、长田 0.15 亩（在等仁田中），承包期限为 1999 年 9 月 1 日至 2029 年 8 月 31 日。1999 年 9 月 1 日，马渡村经合社管理委员会制作了胡岳尚户的《缙云县土地（大田）承包合同》，在发包方和发包方负责人一栏盖章、签字，承包方一栏未签字。2000 年 5 月 31 日，新建镇人民政府在鉴证单位一栏加盖“缙云县新建镇农业承包合同鉴证章”，鉴证人在合同上签字。2000 年 6 月 4 日，被告向胡岳尚户发放由浙江省人民政府农村工作办公室颁发的浙农包（缙）字第 031××××0116 号《浙江省农村集体土地承包权证》，载明内容与上述承包内容一致。2003 年，胡岳尚死亡。原告户在承包过程中，将磷头三百七 2.2 亩水田出租给村民叶文才种植茭白等农作物，收取 500 元/年的租金。2014 年 4 月，被告为贯彻落实县委县政府“迎宾大道”和“六边三化三美”建设项目要求，通过村民代表会议，确定以租赁形式向公路两沿（约 10000 平方米承包地）农户租地 16 年用于建设道路绿化工程、租金按每亩 600 元/年一次性付给农户、青苗补偿费按茭白 3500 元/亩、其余 5 元/m^2 计算的方案。2014 年 4 月 23 日，被告发布两则《公示》，告知马渡村村民公路两沿的农户及时核对测量的面积，并在 4 月 26 日前自行处理土地上种植的农作物，逾期则视为丢弃物处理。公路两沿 86 户农户中大部分同意被告决议，将公路两沿承包地出租给被告用于绿化建设，并领取相应租金和青苗补偿费。叶文才领取了原告磷头三百七 2.2 亩水田的青苗补偿费 4385 元，得到原告追认。胡岳尚表侄孙施进伟领取了原告磷头三百七 2.2 亩水田 16 年租金 11917 元，原告拒绝追认。现被告已将原告承包的磷头三百七 2.2 亩水田改建成公路防护林。原告认为被告未经其同意将承包地用于绿化建设诉至本院，要求被告停止侵害、复垦防护林为水田。

2016 年 2 月 2 日、2 月 5 日，胡岳尚户施桂兰、胡利进、胡运进、虞舜爱、周芬、胡悔、胡鑫涛七人到庭确认推选施桂兰作为代表起诉被告。2016 年 1 月 22 日，被告双委召开会议决议：2014 年被告因公益事业向农户租用的田地，在原来 600 元/亩的基础上提高到 800 元/亩，租金付到第二轮承包（大田）期满，即 2029 年 8 月 31 日止一次付清。2016 年 2 月 26 日，被告召开村民代表大会，51 名村民代表中 39 名村民代表签字同意通过决议：（1）同意本届村集体因公益事业向农户租用田地的租金在原来600元/亩的基础上提高到800元/亩；（2）租金补差时段按原租期计算，最长暂计算到第二轮承包（大田）期满，即2029年8月31日止；（3）补差租金一次性付清。

原告施桂兰起诉称：1999年9月原告与马渡村经济合作社签订集体土地承包协议，承包坐落马渡村�头三百七4.013亩水田，承包期至2029年8月31日止。2000年6月4日，原告向被告领取了浙农包（缙）字第031×××0116号《浙江省农村集体土地承包权证》（以下简称土地承包权证）。原告在承包土地上种植茭白、蔬菜等农作物。2014年4月26日，被告未经村民代表大会同意，也未与原告协商，强行铲除原告磷头三百七2.2亩承包地上农作物，填埋泥土并将承包地改为绿化带。施进伟未经原告委托领取租金，原告不认可。综上，被告未履行法定程序单方面改变承包土地用途，侵害原告土地承包经营权，给原告造成了巨大的损失。根据《中华人民共和国民法通则》第80条以及《中华人民共和国农村土地承包法》第9条、第26条、第32条、第33条、第53条之规定，请求判令：（1）被告停止侵害原告的土地承包经营权；（2）被告将原告承包的合法土地复垦恢复原样还田；（3）本案诉讼费由被告负担。庭审中，原告认可承租人叶文才领取了磷头三百七2.2亩承包地上茭白的青苗补偿费，明确第2项诉讼请求为被告复垦磷头三百七2.2亩承包地为水田。

被告马渡村委会答辩称：（1）原告主体不适格，请求驳回原告的起诉。根据农村土地承包法第15条、最高人民法院《关于审理涉及农村土地承包纠纷案件适用法律问题的解释》第3条第1款、第2款规定，集体经济组织内部的农户是家庭承包方式中土地承包经营权唯一的权利主体。根据《民法通则》第27条、第28条、第29条的规定，农户不仅依法享有诉讼权利、承担诉讼义务，也能够以其财产承担不利的诉讼后果。原告以个人名义起诉，主体不适格。（2）原告诉称“马渡村经济合作社于1999年9月与被告签订了集体土地承包协议”与事实不符。原告未签订土地承包合同，其持有的土地承包权证无效，不能作为原告的权利证明，原告没有取得土地承包经营权。如果合同成立，原告也应根据合同第五条第3项的规定：“服从国家建设、集镇建设、农田水利基本建设等用地的需要，并获取相应的补偿。”（3）原告诉称“被告未经村民代表大会同意等”与事实不符。被告为响应县委县政府迎宾大道建设和“六边三化三美”建设于2014年4月9日、4月10日、4月21日召开村双委会议、村民代表大会，会议决定被告以支付租金方式向农户租赁土地。被告在同年4月23日进行公告，并多次对原告户做工作。原告承包地块的承租人叶文才领取了茭白的青苗补偿费，原告亲戚也代领了租金。被告支付相应款项使用原告承包地合理合法。（4）本案诉争土地不宜恢复原状。被告愿意以更换的方式提供相同面积的其他同类土地满足原告的种植需要。被告租赁原告承包地后种植防护林，使其成为公路沿线的绿化用地，提高马渡村村容村貌，创造一个适宜生活、居住的优美环境，提高村民居住的生活质量，是为公共利益使用该土地。马渡村路段公路边绿化项目是县委县政府“六边三化三美”项目的一部分，获得政府的补助。对该绿化项目恢复原状涉及公共利益，不宜恢复原状。综上所述，请法院充分考虑被告的意见，驳回原告的起诉或诉讼请求。

【法院审理意见】本院认为：针对本案争议焦点，作如下分析：

（1）原、被告之间土地承包经营权关系的效力。

胡岳尚系被告马渡村村民。胡岳尚户 8 人向马渡村经合社承包 4.28 亩水田，包括磷头三百七 4.13 亩和长田 0.15 亩。1999 年二轮土地承包开始至今，被告认可原告管理使用上述承包地块。被告提供的土地承包合同内容与原告持有的承包经营权证证载内容一致。承包合同标注的号码 031××××0116 与承包经营权证号码一致。本院认为，承包合同经发包方新建镇马渡村经济合作社管理委员会和鉴证人缙云县新建镇及其代表人盖章、签字确认，而且原告持有土地承包经营权证，故承包人胡岳尚未签字的瑕疵，不足以影响实质上的土地承包经营关系。

（2）农户的诉讼主体资格如何确定，原告施桂兰以个人名义参加诉讼是否适格。

承包合同纠纷，以发包方和承包方为当事人。家庭承包的承包方是本集体经济组织的农户。本案土地承包经营合同的承包方为胡岳尚户 8 人。根据最高人民法院《关于审理涉及农村土地承包纠纷案件适用法律问题的解释》第 4 条之规定，“农户为多人的，由其代表人进行诉讼。农户代表人按照下列情形确定：（一）土地承包经营权证等证书上记载的人；（二）未依法登记取得土地承包经营权证等证书的，为在承包合同上签字的人；（三）前两项规定的人死亡、丧失民事行为能力或者因其他原因无法进行诉讼的，为农户成员推选的人”。农户系因血缘或婚姻形成的全体家庭成员的生活共同体，在对外争取诉求利益最大化的立场上，内部成员之间没有利益分歧，一般不需要提交诉讼代表人推举书。承包经营权证记载的户主胡岳尚死亡后，承包方以家庭中最长者胡岳尚妻子施桂兰名义起诉，符合农户的生活共同体和利益共同体权利一体的本质。原告施桂兰以个人名义起诉，没有违反法律规定，且在庭审过程中原告施桂兰取得了农户全体成员的推荐，成为本案诉讼代表人。综上，本院对被告认为原告主体不适格的抗辩观点，不予采纳。

(3) 被告未取得原告同意以城镇建设和公益建设需要为由根据承包合同第五条第3项规定将原告承包地改变为绿化，是否符合法律规定，应否恢复原告承包地为水田。

被告未经承包人同意单方进行土地承包经营权流转并且擅自改变承包地的农业用途，应当停止侵害，恢复原状。但是鉴于被告为贯彻县委县政府“迎宾大道”和“六边三化三美”建设项目要求，以租赁形式向公路两沿农户租地16年用于建设道路绿化工程；公路两沿86户农户中大部分同意将公路两沿承包地出租给被告做绿化建设并领取相应租金和青苗补偿费；原告磷头三百七2.2亩水田的实际种植人叶文才领取了青苗补偿费4385元取得原告追认，以及马渡村公路两沿包括原告2.2亩水田在内的承包地均已改造成公路防护林，成为“迎宾大道”和“六边三化三美”公路绿化项目建设一部分等实际情况，将公路绿化带恢复为水田会影响到“六边三化三美”工程建设的整体布局。政府为了公共利益对公路绿化进行巨额投入，已经建成规模化的绿化工程，如果对原告的承包地块进行复垦，会导致公路绿化被截断，影响公路绿化工程的整体性，造成社会财富的更大浪费。本院认为本案不宜复垦，恢复原告水田原状。本院向原告释明是否变更恢复原状诉讼请求为赔偿损失，原告拒绝变更。

【法院裁判结果】 综上，判决如下：

驳回原告施桂兰的诉讼请求。

第五十六条 个体工商户的债务，个人经营的，以个人财产承担；家庭经营的，以家庭财产承担；无法区分的，以家庭财产承担。

农村承包经营户的债务，以从事农村土地承包经营的农户财产承担；事实上由农户部分成员经营的，以该部分成员的财产承担。

典型案例 程修田与王磊、沈志勇等机动车交通事故责任纠纷

【裁判观点】 根据法律规定，个体工商户的债务，个人经营的，以个人财产承担；家庭经营的，以家庭财产承担。苏C×××××号车辆所有人为马勇，该车辆道路运输许可证登记业主为马勇（个体经营），且马勇也办理了涉案车辆客运出租的个体工商户营业执照。马勇作为CE7935号车辆的经营者，其是以自己名义从事客运服务，享有自主运营权利，所以，马勇应承担赔偿责任。沈志勇承包车辆后，

擅自将车辆交给没有办理苏C×××××号出租车副驾服务证的张心意进行运营，并收取一定的租金，因此应当认定沈志勇对该车享有运营控制权和运营利益，沈志勇与张心意对程修田损失承担连带赔偿责任。

【案情介绍】 2014年8月6日6时许，张心意驾驶苏C×××××号出租车行驶至徐州市三环北路时与程修田骑行的电动三轮车发生交通事故，致程修田受伤，两车损坏。经公安交警部门认定，程修田、张心意均负事故的同等责任。事故发生后，程修田即被送往徐州市第一人民医院救治，经诊断其伤情为急性开放性颅脑外伤，左脑脊液耳漏，两额颞顶脑组织挫裂伤，硬膜下血肿，蛛网膜下腔出血，左乳突骨折，颅内积气，左额骨、右枕骨骨折。医疗费用共计支付184757.6元。2014年10月11日至2014年12月15日转入中国人民解放军第九七医院注院治疗，支付医疗费157042元。2014年12月15日至2015年2月28日转入徐州医学院附属医院住院治疗，支付医疗费106963.93元。2015年2月28日至2015年6月14日转入徐州矿务局集团总医院康复治疗，支付医疗费52682.95元，出院医嘱继续服药巩固治疗。程修田另行支付急救费210元、购买医用器具花费6000元、在徐州市第一人民医院支付门诊医疗费427.7元（2015年7月31日）、在徐州市泉山区奎园社区卫生服务中心支付门诊医疗费2492.9元。

苏C×××××号出租车车主为马勇，自2009年5月起该车挂靠于徐州市九侑汽车出租服务部（登记业主为王磊，现已注销）从事营运。2014年4月14日，马勇将该车承包给沈志勇营运。双方签有出租车承包合同，期限从2014年4月15日至2017年5月26日。合同约定在承包期间发生的各种损失由沈志勇承担全部责任。沈志勇承包该车后，未经马勇同意便将该车转包给张心意共同经营。肇事车辆在华安财产保险股份有限公司徐州中心支公司投有机动车交通事故责任强制保险和商业第三者责任保险（责任限额为30万元，未投保不计免赔率附加险，同等责任免赔额为10%）。本起事故发生在保险有效期内。

2014年度江苏省全年城镇居民人均纯收入为34346元，人均生活消费支出为23476元。程修田母亲余彩英生于1934年3月6日，程修田兄弟姊妹六人。事发前，程修田居住在徐州市鼓楼区琵琶街道办事处李沃车道口路南三巷2号。

程修田与华安财产保险股份有限公司徐州中心支公司在庭前自行达成和解协议，程修田撤回了对被告华安财产保险股份有限公司徐州中心支公司的起诉。

王磊上诉请求：撤销原判，依法改判。事实和理由：（1）本案事故发生在2014年8月6日，涉案证明出具的日期是2014年8月7日，该“挂靠证明”实际是应驾驶员和保险公司要求，即办理保险理赔需要向保险公司出具，徐州市九侑汽车出租服务部不具备涉案车辆提供挂靠的法律条件，其经营范围仅是“汽车运输咨询服务、汽车租赁”，服务部本身没有从事出租车经营的资质及经营范围。（2）徐州市九侑汽车出租服务部对涉案车辆没有管理权和运行支配权，也不享有运营利益，马勇和徐州市九侑汽车出租服务部之间是委托服务合同关系，根据双方签订的《个体出租车委托服务管理协议》约定，徐州市九侑汽车出租服务部主要为马勇代办运营证件、代征代缴费用、代买保险，每月收取一定的服务费（2013年之前每月收取50元，2013年之后每月收取100元），马勇对车辆有自主经营的权利，徐州市九侑汽车出租服务部并不享有车辆的运营利益。（3）马勇作为个体出租车的所有人和运营人，其办理了个体工商户营业执照和个体出租车营运证，从马勇提交的出租承包合同可以看出，马勇对其车辆享有完全的运营支配权、运营利益。徐州市九侑汽车出租服务部是基于徐州市客运管理处和徐州市个体协会集中管理个体出租车的行政管理需要提供相关服务。综上，一审判决认定涉案车辆“挂靠”徐州市九侑汽车出租服务部并对车辆具有管理权和运行支配权、享有运营利益为由判决王磊承担连带责任，没有事实和法律依据。

沈志勇上诉请求：（1）一审认定我未经马勇同意将车转包给张心意共同经营是错误，马勇对我白天租赁经营、张心意租赁车辆晚上经营是明知的，应当认定张心意和马勇之间是租赁关系，我在本案中不应该承担连带责任。（2）程修田的各项损失应当按照农村标准来计算，原审关于精神损害抚慰金、交通费、鉴定费、护理费、医疗费的认定过高。（3）本案中程修田是以侵权法律关系提起诉讼，一审法院却以承包人和挂靠人的法律关系进行审理，要求沈志勇承担责任的依据与程修田提起的法律关系不相符，属于适用法律错误。

被上诉人程修田辩称：依据徐州市九侑汽车出租服务部出具的证明以及王磊的陈述能够认定涉案车辆与徐州市九侑汽车出租服务部之间存在挂靠关系。沈志勇同马勇之间签订承包合同能够证明沈志勇承包经营了涉案车辆，在本案中应当承担责任。请求二审法院驳回上诉，维持原判。

被上诉人马勇辩称，我和张心意根本不认识，我将涉案车辆承包给沈志勇了，至于和徐州市九侑汽车出租服务部的关系，我每月向其缴纳100元，请求法院依法认定。

被上诉人张心意、原审被告华安财产保险股份有限公司徐州中心支公司未到庭答辩，庭后亦未提交书面答辩意见。

程修田向一审法院起诉请求：请求判令被告连带赔偿其各项损失合计680494.59元（其中医疗费168777.48元、残疾赔偿金686920元、精神抚慰金50000元、误工费31617元、护理费769800元、被扶养人生活费19563元、伙食补助费6300元、营养费1050元、交通费1703.7元、鉴定费1400元）；并承担本案诉讼费。

【法院审理意见】一审法院认为：机动车发生交通事故造成人身伤亡、财产损失的，首先应由保险公司在交强险限额内赔偿；不足部分，由承保商业三者险的保险公司根据保险合同赔偿；仍有不足的，由侵权人按相应责任承担。就本案而言，本起事故系机动车之间发生的交通事故，机动车驾驶人张心意承担事故的同等责任，应承担相应的责任。所谓相应的责任，应与过错程度相应，与原因力相应。因此，原告的损失应首先由人民保险公司在交强险和商业三者险范围内予以赔偿，人民保险公司赔偿不足部分的50%应由张心意承担。

关于本案各方当事人之间的法律关系。苏C×××××号肇事车主为马勇，该车挂靠于徐州市九侑汽车出租服务部（登记业主为王磊，现已注销）从事营运。事发前，马勇将该车承包给沈志勇营运，沈志勇将该车夜间经营转包给张心意。事故发生于张心意经营期间。因此，对于出租车的挂靠、转让经营，沈志勇与张心意对该车享有控制权和运行利益，沈志勇关于两人各自分别经营的抗辩于法无据，不予采信。马勇作为车主，既是车辆的所有权人，也是车辆营运证登记的营运人。承包人承包车辆后仍须以车主的名义运营，肇事车辆挂靠在徐州市九侑汽车出租服务部从事经营，徐州市九侑汽车出租服务部收取费用，并负责管理，马勇和九侑服务部对该车均具有管理权和运行支配权，同时享有运营利益。无论基于马勇同沈志勇内部关系如何约定，对于属于该机动车一方的责任，根据最高人民法院《关于审理道路交通事故损害赔偿案件适用法律若干问题》第3条的规定："以挂靠形式从事道路运输经营活动的机动车发生交通事故造成损害，属于该机动车一方责任，均应有挂靠人和被挂靠人承担连带责任。"王磊以服务部每月仅收取100元挂靠费，只负责管理，行驶证和营运证的登记人是马勇，九侑服务部不应承担赔偿责任的抗辩理由不成立，不予支持。对于张心意的赔偿责任，沈志勇、马勇、徐州市九侑汽车出租服务部均应承担连带赔偿责任。徐州市九侑汽车出租服务部现已被申请注销，不再具有法律上的主体资格。王磊系徐州市九侑汽车出租服务部的经营者和实际控制人，应以其作为本案的诉讼主体。根据法律规定，个体工商户的债务，个人经营的，以个人财产承担；家庭经营的，以家庭财产承担。依据现有证据，徐州市九侑汽车出租服务部所负赔偿责任应由王磊承担。至于挂靠经营协议与承包合同所约定的免责条款系合同当事人内部约定，对外不发生法律效力，当事人各方可在承担责任后依据合同相对性予以追偿。

原告本次诉讼合理损失总额为1251508.28元，华安财产保险股份有限公司徐州中心支公司已在交强险赔偿限额内赔付原告110000元，余额1141508.28元按照责任划分原告自行承担570754.14元，其余部分扣除华安财产保险股份有限公司徐州中心支公司商业险限额内赔付133071元，剩余部分437683.14元应由张心意承担，沈志勇、马勇、王磊承担连带清偿责任。

遂判决：一、被告张心意一次性赔偿原告程修田各项损失共计437683.14元；二、被告沈志勇、马勇、王磊对上述款项承担连带清偿责任。

本院认为，(1) 关于王磊应否在本案中承担责任的问题。王磊作为徐州市九侑汽车出租服务部的负责人，其在本案中应否承担责任，关键是应如何认定徐州市九侑汽车出租服务部与苏C×××××号车辆的关系。最高人民法院《关于审理道路交通事故损害赔偿案件适用法律若干问题的解释》第3条规定：“以挂靠形式从事道路运输经营活动的机动车发生交通事故造成损害，属于该机动车一方责任，当事人请求由挂靠人和被挂靠人承担连带责任的，人民法院应予支持。”上述规定的“挂靠”指的是具有道路运输经营许可证的被挂靠人向不具备道路运输经营资格的挂靠人非法转让、出租道路运输经营许可证的行为。结合本案证据分析：其一，苏C×××××号车辆所有人为马勇，该车辆道路运输许可证登记业主为马勇（个体经营），且马勇也办理了涉案车辆客运出租的个体工商户营业执照。其二，徐州市交通运输局《关于进一步规范市区个体出租汽车经营管理工作的通知》中载明：“个体出租汽车纳入个体出租汽车服务公司实行集中管理，其个体经营者性质不变，双方签订《个体车辆管理服务协议》，明确权利义务。”从该份文件可以看出，个体出租车纳入个体出租汽车服务公司是为了规范个体出租车管理的需要，其中明确个体经营者性质不变。其三，徐州市九侑汽车出租服务部与马勇2009年5月26日签订的《个体出租汽车委托服务管理协议》的明确约定：徐州市九侑汽车出租服务部受马勇委托，提供代办营运证、行驶证等营运证件，代办代缴规费，代办车辆保险，出险后代办事故处理、保险索赔等服务内容；马勇依法享有车辆产权及使用权，有自主经营的权利。从双方的上述约定可以看出，上述协议签订的背景是马勇应交通管理部门的要求，委托徐州市九侑汽车出租服务部办理上述服务事项，徐州市九侑汽车出租服务部按照徐州市交通运输局文件要求提供服务，并履行好教育、监管、考核等义务。其四，从涉案车辆的运营情况分析，涉案车辆是以马勇名义对外运营，结合马勇一审中提交的《出租车承包合同书》(原审卷147页)，亦能看出马勇自行将车辆承包给沈志勇经营，承包费为5000元/月。由此可见，涉案车辆在实际运营中，车辆的运营支配权、运营利益的享有者为马勇，而不是徐州市九倘汽车出租服务部。徐州市九倘汽车出租服务部仅是基于其与马勇之间的《个体出租汽车委托服务管理协议》每月收取一定的服务费（2013年之前为50元/月、2013年之后为100元/月），对涉案车辆并没有运营支配权。其五，从徐州市九倘汽车出租服务部工商登记信息来看，徐州市九倘汽车出租服务部核准登记的经营范围为：汽车运输咨询服务、汽车租赁，并无出租车营运资质，结合本案马勇具有出租车营运资质；虽徐州市九倘汽车出租服务部在本案是发后出具了“挂靠证明”，但与上述法律规定的挂靠并非同一概念，二者之间不属于法律上的车辆挂靠关系。综上分析，应当认定马勇作为CE7935号车辆的经营者，其是以自己名义从事客运服务，享有自主运营权利，其与徐州市九倘汽车出租服务部之间并不构成法律上的车辆挂靠关系，故，王磊在本案中不应承担赔偿责任。

（2）关于沈志勇在本案中应否承担责任的问题。最高人民法院《关于适用〈中华人民共和国民事诉讼法〉的解释》第90条规定：“当事人对自己提出的诉讼请求所依据的事实或者反驳对方诉讼请求所依据的事实，应当提供证据加以证明，但法律另有规定的除外。在作出判决前，当事人未能提供证据或者证据不足以证明其事实主张的，由负有举证证明责任的当事人承担不利的后果。”本案中沈志勇主张张心意和马勇之间是租赁关系，但马勇二审中明确表示：“我和张心意根本不认识，我将涉案车辆承包给沈志勇”。在无其他证据证实其主张成立的情况下，结合沈志勇与马勇签订的《出租车承包合同书》（原审卷147页）中载明的承包方为沈志勇，故对于沈志勇的该项主张，本院不予采信。沈志勇承包车辆后，擅自将车辆交给没有办理苏C×××××号出租车副驾服务证的张心意进行运营，并收取一定的租金，因此应当认定沈志勇对该车享有运营控制权和运营利益，沈志勇与张心意对程修田损失承担连带赔偿责任。

【法院裁判结果】 综上，上诉人沈志勇的上诉理由不能成立，应予驳回；王磊的上诉请求成立，依法应予支持，判决如下：

一、撤销徐州市鼓楼区人民法院（2015）鼓民初字第807号民事判决；

二、张心意于本判决生效后10日内赔偿程修田各项损失共计437683.14元；

三、沈志勇、马勇对上述款项承担连带清偿责任。

四、驳回程修田的其他诉讼请求。

本判决为终审判决。

第三章　法　　人

第一节　一般规定

第五十七条　法人是具有民事权利能力和民事行为能力，依法独立享有民事权利和承担民事义务的组织。

典型案例　河南省昊鼎建筑基础工程有限公司、平顶山市第一人民医院等与平顶山市新城区管理委员会建设工程施工合同纠纷

【裁判观点】法人是具有民事权利能力和民事行为能力，依法独立享有民事权利和承担民事义务的组织。昊鼎公司是与平顶山市新城区医院建设筹备组签订的《建设工程施工合同》，该筹备组已于2011年6月8日被平顶山市事业单位登记管理局登记为平顶山市新区人民医院，颁发了事业单位法人证书，平顶山市新城区医院建设筹备组的权利义务已被平顶山市新区人民医院承继。合同的义务主体应是平顶山市新区人民医院。

【案情介绍】上诉人平顶山市新城区管理委员会（以下简称新城区管委会）与被上诉人河南省昊鼎建筑基础工程有限公司（以下简称昊鼎公司）、平顶山市第一人民医院（以下简称第一人民医院）建设工程施工合同纠纷一案。

昊鼎公司于2014年9月19日向河南省平顶山市中级人民法院（以下简称原审法院）提起诉讼，请求判令新城区管委会、第一人民医院支付昊鼎公司工程款9362894.65元及自2011年9月6日起至判决给付之日止的同期银行贷款利息，并承担本案诉讼费用。

【法院审理意见】本院经审理认为：昊鼎公司是与平顶山市新城区医院建

设筹备组签订的《建设工程施工合同》，该筹备组已于2011年6月8日被平顶山市事业单位登记管理局登记为平顶山市新区人民医院，颁发了事业单位法人证书，平顶山市新城区医院建设筹备组的权利义务已被平顶山市新区人民医院承继。《中华人民共和国民法通则》第36条规定："法人是具有民事权利能力和民事行为能力，依法独立享有民事权利和承担民事义务的组织。法人的民事权利能力和民事行为能力，从法人成立时产生，到法人终止时消灭。"根据合同相对性原则，合同的义务主体应是平顶山市新区人民医院。原审判决认为平顶山市新区人民医院不具备承担责任的能力并判令新城区管委会承担支付工程款的责任无法律依据，程序不当。

【法院裁判结果】裁定如下：

一、撤销河南省平顶山市中级人民法院（2014）平民初字第111号民事判决；

二、本案发回河南省平顶山市中级人民法院重审。

第五十八条　法人应当依法成立。

法人应当有自己的名称、组织机构、住所、财产或者经费。法人成立的具体条件和程序，依照法律、行政法规的规定。

设立法人，法律、行政法规规定须经有关机关批准的，依照其规定。

典型案例　刘爱红与中交一航鹤大高速公路项目ZT08标段项目经理部追偿权纠纷

【裁判观点】法人应当依法成立。法人应当有自己的名称、组织机构、住所、财产或者经费。设立法人，法律、行政法规规定须经有关机关批准的，依照其规定。中交一航项目部在诉讼中不能向法院提供证明其具备诉讼主体资格的证明材料，由此可以认定中交一航项目部未经依法或登记设立，不具有固定的组织机构、人员和经营场所，不能独立承担民事责任，其不具备民事诉讼法所规定的法人或其他组织的诉讼主体地位。

【案情介绍】中交一航项目部为先行施工与刘爱红的丈夫王述涛于2014年12月7日签订了资金垫付协议。由中交一航垫付刘爱红林地征用补偿款5万元；抚松县交通局支付补偿款后三个工作日内，刘爱红全额返还垫付资金5

万元；逾期视为违约，双倍返还垫付资金给中交一航项目部。2015 年 5.6 月份，抚松县交通局已向刘爱红支付了全部的占用林蛙养殖沟系补偿款，刘爱红未按协议履行返还垫付资金 5 万元的义务。

中交一航项目部请求判令刘爱红返还垫付款 5 万元及给付违约金 1 万元。刘爱红以中交一航项目部在征用林地之外，未经许可占用和破坏了刘爱红承包的林地、林蛙孵化地和林地内的通道，给刘爱红造成了较大经济损失为由，反诉请求判令中交一航项目部赔偿刘爱红各项经济损失 4 万元。

刘爱红不服原审判决，上诉称：中交一航项目部施工队在使用被征用林地时，任意越界，肆意破坏未征用森林、植被、河流等资源。其行为不但严重破坏了环境，亦给刘爱红的林蛙养殖造成了巨大损害。请求撤销原审判决，改判支持刘爱红的反诉请求。

中交一航项目部认为原审判决正确。

【法院审理意见】原审法院认为：双方签订的资金垫付协议合法有效。刘爱红未按协议约定向中交一航返还垫付资金构成违约。中交一航项目部要求刘爱红返还垫付资金 5 万元，支付违约金 1 万元的请求，符合法律规定，应予支持。刘爱红对其要求中交一航项目部赔偿经济损失的主张，不能向法院提供证据证明具体的损失数额，故对其反诉请求不予支持。判决：一、刘爱红于判决生效后 10 日内返还中交一航项目部垫付款 5 万元，并支付违约金 1 万元；二、驳回刘爱红的反诉请求。

本院认为：中交一航项目部在诉讼中不能向法院提供证明其具备诉讼主体资格的证明材料，由此可以认定中交一航项目部未经依法或登记设立，不具有固定的组织机构、人员和经营场所，不能独立承担民事责任，其不具备民事诉讼法所规定的法人或其他组织的诉讼主体地位，其作为本案的原审原告和反诉被告主体不适格。

【法院裁判结果】裁定如下：

一、撤销抚松林区基层法院（2015）抚林民初字第 138 号民事判决；

二、驳回中交一航鹤大高速公路项目 ZT08 标段项目经理部的起诉；

三、驳回刘爱红的反诉。

本裁定为终审裁定。

第五十九条 法人的民事权利能力和民事行为能力，从法人成立时产生，到法人终止时消灭。

典型案例　张贵生与临漳县煤矿、临漳县工业和信息化局劳动和社会保障行政管理再审复查与审判监督

【裁判观点】法人的民事权利能力和民事行为能力，从法人成立时产生，到法人终止时消灭。临漳县煤矿已于2011年2月11日由临漳县人民法院宣告破产，并于2013年1月8日由临漳县人民法院裁定终结其破产清算程序。而张贵生提起劳动争议之诉，要求临漳县煤矿给付其部分工资以及职业病补助费，是在临漳县煤矿破产清算程序终结，已无可供执行财产，临漳县煤矿作为法人已经终止之后。

【案情介绍】再审申请人张贵生因与被申请人临漳县煤矿、临漳县工业和信息化局劳动争议纠纷一案，不服河北省邯郸市中级人民法院（2015）邯市民二终字第01209号民事裁定，向本院申请再审。

张贵生申请再审称：原审裁定适用法律错误，本案应适用《企业破产法》的规定。根据《企业破产法》第113条和第48条的规定，管理人在破产程序中对所欠职工的工资和医疗补助费用等应调查后列出清单予以公示，但其并未没有公示，违反法律规定。且临漳县煤矿经二审法院确认并没有注销，根据最高人民法院《关于适用〈中华人民共和国公司法〉若干问题的规定（二）》第10条的规定，公司依法清算结束并办理注销登记前，有关公司的民事诉讼，应当以公司的名义进行，因此，临漳县煤矿仍具有诉讼主体资格。原审法院驳回张贵生起诉不符合法律规定。

【法院审理意见】本院认为：临漳县煤矿已于2011年2月11日由临漳县人民法院宣告破产，并于2013年1月8日由临漳县人民法院裁定终结其破产清算程序。2014年6月9日，临漳县人民法院决定终止临漳县煤矿破产管理人执行职务。《中华人民共和国民法通则》第36条第2款的规定，“法人的民事权利能力和民事行为能力，从法人成立时产生，到法人终止时消灭”。第45条规定，“企业法人由于下列原因之一终止：……（三）依法宣告破产；……”依据上述规定，临漳县煤矿作为法人已经终止。而张贵生提起劳动争议之诉，要求临漳县煤矿给付其部分工资以及职业病补助费，是在临漳县煤矿破产清算程序终结，已无可供执行财产，临漳县煤矿作为法人已经终止之后。因此，原审裁定驳回张贵生的起诉并无不当。

【法院裁判结果】综上，张贵生的再审申请不符合《中华人民共和国民事诉讼法》第200条规定的情形。裁定如下：

驳回张贵生的再审申请。

第六十条 法人以其全部财产独立承担民事责任。

典型案例 路平与安吉县教育局劳动争议

【裁判观点】 全民所有制企业法人以国家授予它经营管理的财产承担民事责任，电子仪器厂应承担为原告补缴相应的养老保险费、医疗保险费的民事责任。但鉴于电子仪器厂已被注销且无履行能力，被告未正确履行管理职责致使原告损害发生，为保障原告的合法权益，被告应承担赔偿责任。

【案情介绍】 本原告路平于1970年11月参加工作，原系浙江省湖州市汽车运输总公司的全民所有制职工。1988年7月，原告因工作调动到电子仪器厂工作。1990年因电子仪器厂产品无销路，原告曾寻找时任被告的负责人江秋帆要求安排原告的工作未果，原告自认征得被告同意，于停发工资期间外出谋生。2009年11月25日、2014年6月4日，经与社保经办机构联系，被告分别交给原告《浙江省企业职工连续工龄视作年限核定表》一份，将1971年11月至1990年5月视同缴费年限，要求原告以个人参保的形式办理养老保险事宜。

2014年1月6日，被告以《信访事项处理意见书》答复原告，确认原告为企业全民固定工，原告调入的工作单位电子仪器厂系独立核算法人单位；该企业在被注销时已对相关人员进行了妥善安置；该企业被注销时不存在企业改制的情况；原告反映的承包人携款逃跑并带走了主要的仪器设备，导致企业被迫停产为承包人的个人行为，建议通过司法途径解决。

2014年11月17日，原告向安吉县仲裁委提出仲裁，要求被告为原告补交1990年6月至2009年11月的养老保险费和医疗保险费138996元并支付安置费106740元。仲裁委以原告的仲裁请求超过诉讼时效为由不予受理。

2015年1月5日，原告向本院起诉，要求被告为其补缴相应的社会保险费用，该案中本院认为征缴社会保险费属于社会保险费征缴部门的法定职责，社会保险费征缴部门与缴费义务主体之间是管理与被管理的行政法律关系，该案不属于民事案件受理范围，裁定驳回起诉。

2015年6月5日，原告向社保经办机构缴纳社会保险费如下：1990年6月至1997年12月的职工基本养老保险费74256元，即3709元/月（2013年度浙江省在岗职工月平均工资的100%，其中单位负担比例为14%、个人比例为

8%）×91 个月；1998 年 1 月至 2014 年 12 月的职工基本养老保险费 87108 元，即 2372.22 元/月（2013 年度安吉县在岗职工月平均工资的 80%）×18%（2014 年度安吉县个体缴费人员比例）×204 个月；1990 年 6 月至 2014 年 12 月职工基本养老保险费合计为 161364 元，因原告于 2006 年 7 月至 2007 年 6 月曾以其他单位参保，社保经办机构退还了原告在安吉县缴纳的 2006 年 7 月至 2007 年 6 月的职工基本养老保险费 5124 元，原告实际缴纳养老保险费 156240 元。同日，原告缴纳了 2009 年 6 月至 2009 年 7 月的医疗保险费 334 元、2009 年 8 月至 2014 年 12 月的医疗保险费 10855 元，原告共缴纳医疗保险费 11189 元，即 2225 元/月 ×7.5%（其中单位负担比例 5%、个人 2%）×67 个月。

安吉电子仪器厂系被告申请设立的校办全民所有制企业，独立核算。1990 年 5 月 11 日，电子仪器厂申请注销登记，在《企业申请注销登记注册书》中"企业的人员安置、设备、物资、债权债务处理情况"一栏填写"均已安排好，处理完毕"；被告在"主管部门"一栏填写"同意注销"并加盖公章；同年 7 月 12 日，电子仪器厂被注销登记。1997 年 7 月 18 日，被告仍在给路平增加工资，并自 1997 年 7 月起执行。

原告路平向本院提出诉讼请求：（1）被告赔偿原告养老保险费 159143.04 元；（2）被告赔偿原告医疗保险费合计 11189 元；（3）被告改正错误，重新出具工龄证明；（4）被告赔偿原告因未按时交费而造成的养老金损失。事实与理由如下：1970 年，原告分配到浙江省嘉兴地区汽车修理厂工作，属全民所有制企业固定工。1980 年，汽车修理厂并入浙江省汽车运输公司安吉中心站。1987 年，原告调到被告所属校办企业安吉电子仪器厂工作（以下简称电子仪器厂）。1989 年，电子仪器厂因承包人携款逃跑并带走了主要的仪器设备而被迫停产。1990 年，被告决定电子仪器厂破产关闭。1989 年 11 月，电子仪器厂停产停发工资，原告生活困难，经教育局领导批准，在停发工资期间，准许原告外出打工养家糊口。1990 年春节后，原告外出。工厂破产前后，原告不在安吉。原告外出时儿子只有两岁，若非家里揭不开锅，原告绝不会外出。至今，被告未为原告办理养老保险手续，未安排工作，未办理改制手续，也未支付过工资或失业保险金等。原告多次要求被告办理社保证、安排工作或办理改制手续，均遭被告拒绝，理由是"工厂已经不存在了""工厂注销时已经对相关人员进行了妥善安置"，但被告不能说明如何安置。2009 年 11 月 26 日，被告通知原告去办理养老保险有关事宜，交给原告"视同缴费年限"的证明，让原告以"个人参保"的方式缴纳养老保险费，要求在 2009 年 12 月 31 日前办理，过期作废。原告要求落实"买断工龄，自谋出路"的政策、支付安置费，然后再个人参保，被告不同意。2014 年 6 月 3 日，县信访局出面协调，被告仍不同意，协商的结果为重新办理了视同缴费年限的证明。《中华人民共和国破产法（试行）》第 4 条规定“国家通过各种途径妥善安排破产企业职工重新就业，并保障他们重新就业前的基本生活需要”。1990 年，电子仪器厂关闭时被告未按国家规定安置职工，使得原告具有国营企业职工身份却不能提供正常劳动获取劳动报酬，拿不到工资或生活补贴，连基本生活都成问题。在计划经济时期，企业用工都是有计划、有指标的，个人找工作十分困难。1990 年以后，被告有多次机会可以解决这些问题，但都未解决。被告的“不安置”行为违反了国家法律，侵犯了原告的合法权益，被告必须对自己的违法行为及其后果承担责任。1990 年，电子仪器厂关闭时被告应当为原告办理好养老保险手续，但是被告未办理，原告无法正常缴纳养老保险费和医疗保险费（当时个人不可以申请社保证，只有企业可以申请办理），现在需补交 295 个月，每月需交 594 元（427 元 +167 元），而开始交费时每月仅需几元，现在需补交 172553 元。原告失业多年，生活困难，无法缴纳如此高额的补交费用。2014 年 12 月 8 日，原告要求被告给予适当补偿。2014 年 12 月 23 日被告口头答复，原告不是被告单位职工，无法给予困难补助。原告认为，缴纳社会保险是被告的法定义务，被告应当承担 1990 年 6 月至 2014 年 12 月的全部补交费用，合计 170332.04 元（养老保险费 159143.04 元，医疗保险费 11189 元），其中个人应当缴纳的 8%，按法律规定应由用人单位从职工工资扣回。原告是全民所有制企业固定工，2014 年劳动部门重新办理“浙江省连续工龄视作年限核定表”（以下简称企业职工表）时要求被告出具工龄证明，被告证明“1990 年 5 月电子仪器厂关闭时，已经对相关人员进行了妥善安置”，劳动部门因此受到误导办理了企业职工表，侵犯了原告的合法权益，故请求法院责令被告改正错误，重新出具证明，重新办理浙江省企业固定职工连续工龄视作缴费年限核定表。社保规定的缴费时间为当年的 7 月 1 日至次年的 6 月 30 日，原告是 2014 年 12 月退休的，2015 年 6 月 5 日缴清了全部该缴的费用，应当是在规定的时间内，但在计算养老金指数时，社保却按 2014 年平均工资 4031 元计算，未按 2013 年的 3709 元计算，计算结果比正常情况减少了 9%，社保解释为按缴费时间的上一年平均工资计算，该部分 9% 的养老金损失应由被告赔偿。

被告教育局答辩称：（1）本案不属于民事案件的受理范围。本案系因社会保险费缴纳引发的问题，根据相关法律规定，征缴保险费属于行政机关的职能，即使被告有义务为原告缴纳而没有缴纳，也应由原告自行缴纳后向相关部门提出，由行政部门责令责任人进行赔偿或补缴，而不是通过民事诉讼的方式向被告提出要求。根据司法解释的规定，人民法院应当受理因用人单位没有给职工缴纳社会保险，职工无法享受保险待遇要求用人单位赔偿的案件，现原告主张的赔偿社会保险费用，故原告的诉请不符合立案条件。(2) 被告认为原被告之间不存在劳动关系，故被告没有为原告缴纳社会保险费用的义务。原告1987年至1990年止与安吉电子仪器厂建立了劳动关系，该厂是独立核算的法人，被告作为主管部门，在该厂注销时没有得到该企业的任何资产，故被告不应当承担责任。据原告陈述，其1989年9月离开企业，外出谋生，安吉电子仪器厂1990年5月份注销时，原告实际已经与其终止了劳动关系，如安吉电子仪器厂对原告负有安置义务，则该厂对原告利益的侵犯应从该企业注销时计算，1990年至今已长达26年，原告之前并没有与被告联系，也没有要求被告为其缴纳费用，故本案原告的起诉已经超过了诉讼时效。(3) 即使被告应当承担相应的赔偿责任，原告的诉请也超过了法律规定的范围。社会保险费用实行单位、个人统筹缴纳的原则，其中有部分是应当由原告承担的，原告要求被告赔偿所有费用计算错误。综上，请求驳回原告的诉讼请求。

【法院审理意见】本院认为，最高人民法院《关于审理劳动争议案件适用法律问题若干问题的解释（三）》第1条规定，“劳动者以用人单位未为其办理社会保险手续，且社会保险经办机构不能补办导致其无法享受社会保险待遇为由，要求用人单位赔偿损失而发生争议的，人民法院应予受理”。对照该条文，本案原告因无法领取养老金、享受医疗保险待遇，先行补缴费用，再将被告诉至本院主张补缴的保险费损失，属平等民事主体之间的纠纷，从程序上本案应作为民事案件受理。至于被告是否应承担责任，则应由实体法解决。原被告就养老、医疗保险费的补缴已多次协商未果，期间原告曾向国家信访网、县信访局、被告多次主张权利，应视为诉讼时效中断；本案系原告要求被告赔偿补缴保险费的损失，鉴于保险费的征缴部门为社会保险经办机构，且未经补缴也无法确定具体损失，现原告在补缴相应保险费后一年内向本院起诉，未过诉讼时效。本院对被告提出的诉讼时效抗辩不予采纳。

安吉电子仪器厂系由被告教育局申请设立的全民所有制企业，原告路平自1988年7月因工作调动成为电子仪器厂全民所有制职工的事实清楚。被告教育局作为电子仪器厂设立的申请人，在当时的经济管理体制下，对电子仪器厂行使管理职能，为电子仪器厂的主管部门。《中华人民共和国民法通则》第47条规定，“企业法人解散，应当成立清算组织，进行清算。企业法人被撤销、被宣告破产的，应当由主管机关或者人民法院组织有关机关和有关人员成立清算组织，进行清算”；最高人民法院《关于贯彻执行〈中华人民共和国民法通则〉若干问题的意见（试行）》第59条规定，“企业法人解散或者被撤销的，应当由其主管机关组织清算小组进行清算。企业法人被宣告破产的，应当由人民法院组织有关机关和有关人员成立清算组织进行清算”。国务院制定的《全民所有制工业企业转换经营机制条列》第36条规定，“企业停产整顿仍然达不到扭亏目标，并且无法实行合并的，以及因其他原因应当终止的，在保证清偿债务的前提下，由政府主管部门提出，经省级政府或者国务院主管部门批准，可以依法予以解散。企业解散，由政府主管部门指定成立的清算组清算”；《国务院关于清理整顿公司中被撤并公司债权债务清理问题的通知》第2条规定，“被撤并公司的主管部门或清算组织，须负责清理被撤并公司的债权、债务，并对公司财产进行清点、保管和处理……”依照上述法律及法规之规定，被告应在电子仪器厂注销前对电子仪器厂的债权、债务进行清算并妥善安置职工。电子仪器厂在《企业申请注销登记注册书》中“企业的人员安置、设备、物资、债权债务处理情况”一栏填写“均已安排好，处理完毕”，现原告主张电子仪器厂在注销前并未对原告进行安置，电子仪器厂应当对原告已被安置的事实承担举证责任。因电子仪器厂因注销登记已不具备诉讼主体资格，应由其主管部门即本案被告承担举证责任。原告举证的企业职工增资审批表可以认定，被告于1997年7月16日仍在为原告调整工资，并于当年7月起执行，故本院可以认定原告的劳动关系仍在被告处。被告辩称原告自谋职业但未能举证原告已办理离职等手续，也未能证明原告已被电子仪器厂安置的事实，故应承担举证不利的后果，本院对原告主张的原告在电子仪器厂注销时未被安置的事实予以采信。原告作为全民所有制职工，依法享有劳动并获取报酬、享受社会保险待遇的权利，电子仪器厂未对原告予以安置，致使原告在达到退休年龄时不能领取养老金、无法享受医疗保险待遇，应认定电子仪器厂侵犯了原告的合法权益。《中华人民共和国民法通则》第48条虽规定，全民所有制企业法人以国家授予它经营管理的财产承担民事责任，电子仪器厂应承担为原告补缴相应的养老保险费、医疗保险费的民事责任。但鉴于电子仪器厂已被注销且无履行能力，被告未正确履行管理职责致使原告损害发生，为保障原告的合法权益，被告应承担赔偿责任。现原告以个人参保的形式补缴养老保险费、医疗保险费后要求被告赔偿相应的社会保险费损失，本院予以支持。依照《中华人民共和国社会保险法》第10条、第23条之规定，用人单位和职工共同缴纳养老保险费、医疗保险费。故被告仅对应由电子仪器厂承担的养老保险、医疗保险费承担赔偿责任。经查，1990年6月至1997年12月的养老保险费按照22%缴纳，其中单位14%、个人8%的比例缴纳，此后缴纳保险费因原告以个人参保形式缴纳，无法确定单位与个人各自承担的比例，本院酌定统一按照单位14%、个人8%的比例缴纳，则原告主张的2009年11月前的养老保险费135317元，被告应负担养老保险费86110.8元。因医疗保险费缴费比例为7.5%，按照单位负担5.5%、个人2%的比例缴纳，则被告负担医疗保险费8205.2元。

至于原告诉请被告重新出具工龄证明，本院认为，原告提出该项主张系为弥补其缴纳社会保险费之损失，现该笔费用本院已判决被告赔偿，被告是否再出具证明已无意义，故对该项主张本院不予支持。综上，原告诉请合理部分本院予以支持，超出部分本院不支持。

【法院裁判结果】 据此，判决如下：

一、被告安吉县教育局于判决生效之日起10日内赔偿原告路平补缴养老保险费损失86110.8元、医疗保险费损失8205.2元，合计94316元；

二、驳回原告路平的其余诉讼请求。

第六十一条　依照法律或者法人章程的规定，代表法人从事民事活动的负责人，为法人的法定代表人。

法定代表人以法人名义从事的民事活动，其法律后果由法人承受。

法人章程或者法人权力机构对法定代表人代表权的限制，不得对抗善意相对人。

典型案例　江鑫与杭州邦建建筑工程有限公司、李祖锐建设工程施工合同纠纷

【裁判观点】 企业法人对它的法定代表人的经营活动，承担民事责任。原告与邦建公司之间的权利义务关系有邦建公司出具的欠条等得到确定。邦建公司未按约履行付款义务，应属违约，理应承担相应的民事责任。李祖锐作为邦建公司的法定代表人，向原告出具欠条，系李祖锐履行职务行为，其责任应由邦建公司承担。

【案情介绍】 李祖锐为邦建公司的法定代表人。2015年8月31日，李祖锐代表邦建公司向原告出具了欠条一份，欠条载明“杭州邦建建筑工程有限公司欠丽水贝盈幼儿园水电师傅江鑫工程款共计人民币贰万捌仟肆佰伍拾元整”。该欠条有邦建公司的盖章及李祖锐的签名。

原告江鑫诉称，2015年4月1日，被告邦建公司雇原告江鑫去施工“贝

盈幼儿园”水电装修项目。原告于2015年8月15日按期完成“贝盈幼儿园”水电装修工程，但被告邦建公司拒不支付原告工程价款合计28450元整，公司老板李祖锐关门跑路，并把公司财产转移其私人名下，造成原告经济损失，故被告李祖锐应负连带责任。为维护原告的合法权益，特向法院起诉，请求依法判令二被告连带支付原告工程款28450元，并赔偿原告因起诉而产生的一切损失，包括诉讼费等。

为支持上述诉称主张，原告向本院提交了欠条、施工合同、银行转账汇款电子回单、银行卡客户交易查询单等证据。

被告邦建公司、李祖锐未应诉、答辩。

审理中，本院依法对原告诉称的被告邦建公司尚欠其工程款28450元的事实及提供的证据欠条、施工合同进行审核，该诉称及证据真实合法，可以作为定案的依据，对其所证明的事实予以认定。

【法院审理意见】本院认为，原告与邦建公司之间的权利义务关系有邦建公司出具的欠条等得到确定。邦建公司未按约履行付款义务，应属违约，理应承担相应的民事责任。因此，原告诉请邦建公司支付其工程款，符合法律规定，且证据充分，本院应予支持。但其诉请李祖锐也承担付款责任之主张，则缺乏依据，本院不予支持。因为，《中华人民共和国民法通则》第43条规定，企业法人对它的法定代表人和其他工作人员的经营活动，承担民事责任。李祖锐作为邦建公司的法定代表人，向原告出具欠条，系李祖锐履行职务行为，其责任应由邦建公司承担。

【法院裁判结果】综上，判决如下：

一、被告杭州邦建建筑工程有限公司支付原告江鑫工程款28450元，于本判决生效之日起10日内付清。

二、驳回原告江鑫其他诉讼请求。

第六十二条　法定代表人因执行职务造成他人损害的，由法人承担民事责任。

法人承担民事责任后，依照法律或者法人章程的规定，可以向有过错的法定代表人追偿。

典型案例　甲公司与乙劳动合同纠纷

【裁判观点】公司法人的法定代表人有权代表公司法人从事民事活

动，法定代表人执行职务的行为所产生的一切法律后果都应当由法人承担，但并不是说法人的法定代表人的一切行为后果都应当由法人承担，对于法定代表人非执行职务而产生的行为后果，法人不承担责任。本案中，甲公司法定代表人安排乙为其儿子的蛋糕房运送蛋糕的行为与甲公司的经营范围无关，不属于执行职务。

【案情介绍】 乙于2008年8月18日进入甲公司，担任驾驶员工作。2009年4月20日下午15点左右，因甲公司与乙为解除劳动关系发生争议，"110"接警后到场，后甲公司法定代表人出具《事实经过》一份，内容为"乙2008年8月18日到甲公司上班，至今2009年4月20日已8月有余，白天工资1800元，晚上工资1000元，每天早上加班一个半小时，加班工资15元，星期天也加班，加班费80元，没有一天休息，2008年8月18日至2009年4月20日至今没有签合同（试用期一个月）。2009年4月20日辞退乙。"该《事实经过》上签盖了甲公司印章并有乙的签名。2010年3月22日乙向上海市浦东新区劳动争议仲裁委员会提出仲裁申请，要求甲公司支付：（1）2008年8月18日至2009年4月20日未签订劳动合同双倍工资22400元；（2）违法解除劳动合同赔偿金5600元；（3）2008年8月至2009年4月期间节假日、双休日加班工资4032元。2010年5月13日上海市浦东新区劳动争议仲裁委员会作出仲裁裁决：（1）甲公司于裁决生效之日起七日内支付乙2008年9月18日至2009年4月20日期间未签订劳动合同双倍工资19857.47元；（2）甲公司于裁决生效之日起7日内支付乙违法解除劳动合同赔偿金5600元；（3）甲公司于裁决生效之日起7日内支付乙2008年8月至2009年4月期间的节假日、双休日加班工资3089.66元。因甲公司不服该裁决，向原审法院提起诉讼，请求判令甲公司：（1）不支付乙2008年9月18日至2009年4月20日期间未签订劳动合同双倍工资19857.47元；（2）不支付乙违法解除劳动合同赔偿金5600元；（3）不支付乙2008年8月至2009年4月期间的节假日、双休日加班工资3089.66元。

甲公司提交给乙的工资单的形式为"乙1800+1000=2800元"。

上海市浦东新区劳动争议仲裁委员会裁决书中确认乙2008年8月至2009年4月期间春节3天、元旦1天、国庆3天及清明1天的节假日加班工资为3089.66元。

原审审理中，甲公司提出，甲公司与乙约定的工资标准为1800元/月，因乙晚上为甲公司法定代表人的儿子经营的蛋糕房运送蛋糕，约定工资为1000元，该1000元不是为甲公司工作的工资，钱款由蛋糕房支付，但通过甲公司交付乙，甲公司向乙出具的相关工资结算单也证明甲公司支付乙的工资标准应为1800元/月，另1000元由蛋糕房委托甲公司支付。甲公司与乙约定签订劳动合同的前提是乙提供真实的驾驶证，但乙一直不能提交，故甲公司于2009年4月20日作出了解除与乙劳动关系的决定，无需支付违法解除劳动关系赔偿金，即使甲公司需支付未签劳动合同二倍工资差额也应按照1800元/月的标准予以支付，甲公司春节期间均放假，故不同意支付2008年8月至2009年4月期间法定节假日加班工资。

乙则提出甲公司每月支付工资2800元，乙白天为甲公司工作，工资为1800元/月，晚上另根据甲公司法定代表人的要求为甲公司法定代表人的儿子运送蛋糕，工资为1000元/月，该钱款均由甲公司支付。法定节假日加班也是为甲公司法定代表人的儿子运送蛋糕所致。由于甲公司系无理由解除与乙的劳动关系，故要求甲公司支付违法解除劳动关系赔偿金，并支付法定节假日加班工资、未签劳动合同二倍工资差额，计算相关钱款均应按照2800元/月的工资标准。

原审判决后，甲公司不服上述判决，向本院提起上诉。甲公司上诉称，乙应聘时递交的驾驶证是伪造的，故甲公司行为没有违法，而恰恰是乙的行为是违法的。请求撤销原判第一、二项，改判其不支付乙未签订劳动合同双倍工资及违法解除劳动关系赔偿金。被上诉人乙则不接受上诉人甲公司的上诉请求。

甲公司补充事实称，乙应聘时递交的驾驶证是伪造的。对此，乙予以否认。经查，甲公司就其所补充的此节事实未提供任何证据予以佐证。有鉴于此，本院对甲公司所补充的此节事实不予认定。

【法院审理意见】原审法院认为，用人单位自用工之日起即与劳动者建立劳动关系，用人单位应当建立职工名册备查。建立劳动关系应当订立书面劳动合同，已建立劳动关系，未同时订立书面劳动合同的，应当自用工之日起一个月内订立书面劳动合同，用人单位自用工之日起超过一个月不满一年未与劳动者订立书面劳动合同的，应当向劳动者每月支付二倍的工资。乙于2008年8月18日至甲公司工作，双方未对签订劳动合同的条件进行约定，同时甲公司也无证据证明乙存在持假驾驶证而遭公安机关处罚的事实，故甲公司应承担未签订劳动合同的法律后果。对于乙的工资标准问题，公司法人的法定代表人有权代表公司法人从事民事活动，法定代表人执行职务的行为所产生的一切法律后果都应当由法人承担，但并不是说法人的法定代表人的一切行为后果都应当由法人承担，对于法定代表人非执行职务而产生的行为后果，法人不承担责任。本案中，甲公司法定代表人安排乙为其儿子的蛋糕房运送蛋糕的行为与甲公司的经营范围无关，且甲公司与乙对于运送蛋糕的行为均确认发生在甲公司正常工作时间之外，对于工资支付的金额也进行了区分，故乙另行根据甲公司法定代表人的安排从事的工作不属于为甲公司从事的活动，乙白天为甲公司工作，甲公司与乙确认该期间的工资标准为1800元/月，故甲公司应按照该工资标准支付乙2008年9月18日至2009年4月20日期间的二倍工资差额12681.86元，甲公司与乙各自的观点均不予采纳。订立劳动合同应当遵循合法、公平、平等自愿、协商一致、诚实信用的原则，依法订立的劳动合同具有约束力，用人单位与劳动者应当诚信履行。因用人单位作出的开除、除名、辞退、解除劳动合同、减少劳动报酬、计算劳动者工作年限等决定而发生的劳动争议，用人单位负举证责任。甲公司主张因乙无正规的驾驶证，且不同意签订劳动合同而作出了解除与乙劳动关系的决定，但甲公司无证据证明其主张，故甲公司于2009年4月20日作出辞退乙的决定属违法，应依法支付违法解除劳动关系赔偿金，根据上述对乙工资标准的论述结合乙在甲公司处的工作年限，确认甲公司应予支付的违法解除劳动关系赔偿金为3600元，甲公司与乙各自的相关观点，不予采纳。当事人对自己提出的诉讼请求所依据的事实有责任提供证据加以证明；没有证据或者证据不足以证明当事人的事实主张的，由负有举证责任的当事人承担不利后果。乙对仲裁裁决甲公司应支付2008年8月至2009年4月期间法定节假日加班工资无异议，但乙在原审审理中确认法定节假日加班均属于为甲公司法定代表人的儿子的蛋糕房工作，因乙并未在上述法定节假日为甲公司从事工作，故甲公司无需支付乙该期间的加班工资，甲公司不同意支付该期间加班工资的诉讼请求应予支持。

原审法院于2010年11月24日判决：一、甲公司应于判决生效之日起5日内支付乙2008年9月18日至2009年4月20日期间未签劳动合同二倍工资差额12681.86元；二、甲公司应于判决生效之日起5日内支付乙违法解除劳动关系赔偿金3600元；三、甲公司无需支付乙2008年8月至2009年4月期间节假日、双休日加班工资3089.66元。负有金钱给付义务的当事人如未按判决指定的期间履行给付金钱义务，应当依照《中华人民共和国民事诉讼法》第229条之规定，加倍支付迟延履行期间的债务利息。

本院认为，甲公司上诉主张乙应聘时递交的驾驶证是伪造的，故其可以不支付乙未签订劳动合同双倍工资及违法解除劳动关系赔偿金。甲公司就其此项事实主张，未提供相关证据予以佐证，因此对于甲公司此项事实主张，本院不予采纳。

原审法院在就本案作出判决时，已经详尽地阐明了判决理由，该理由正确，据此所作的判决亦无不当。甲公司上诉认为其不应支付乙未签订劳动合同双倍工资及违法解除劳动关系赔偿金，未提出新的事实与理由加以佐证，故本院不予采信。原审法院依据查明的事实依法所作的判决正确，本院应予维持。

【法院裁判结果】甲公司的上诉请求，本院不予支持。判决如下：

驳回上诉，维持原判。

第六十三条 法人以其主要办事机构所在地为住所。依法需要办理法人登记的，应当将主要办事机构所在地登记为住所。

典型案例 北京优朋普乐科技有限公司与乐视网（天津）信息技术有限公司侵害作品信息网络传播权纠纷

【裁判观点】法人以其主要办事机构所在地为住所。依法需要办理法人登记的，应当将主要办事机构所在地登记为住所。法人的主要办事机构所在地不能确定的，法人的注册地或者登记地为住所地。本案是信息网络侵权纠纷，因侵权行为提起的诉讼，由侵权行为地或者被告住所地人民法院管辖。原告提交证据证明其主要办事机构所在地为北京市朝阳区，属于原审法院辖区，故原审法院对本案具有管辖权。

【案情介绍】上诉人北京优朋普乐科技有限公司（简称优朋普乐公司）不服北京市朝阳区人民法院（2016）京0105民初6077号民事裁定，向本院提出上诉，其上诉理由是：乐视网（天津）信息技术有限公司（简称乐视网公司）的注册地为天津生态城动漫中路126号动漫大厦B1区二层201－68，优朋普乐公司的住所地在北京市西城区，按照侵权行为地或者被告住所地，应该由北京市西城区人民法院或天津有管辖权的人民法院管辖。故请求撤销北京市朝阳区人民法院（2016）京0105民初6077号民事裁定，将本案移送至北京市西城区人民法院或天津有管辖权的法院管辖。

【法院审理意见】本院经审查认为：本案是信息网络侵权纠纷。根据《中华人民共和国民事诉讼法》第28条的规定，因侵权行为提起的诉讼，由侵权行为地或者被告住所地人民法院管辖。根据最高人民法院《关于适用〈中华人民共和国民事诉讼法〉的解释》第3条、第24条、第25条的规定，法人的住所地是指法人的主要办事机构所在地，法人的主要办事机构所在地不能确定的，法人的注册地或者登记地为住所地；侵权行为地包括侵权行为实施地、侵权结果发生地；信息网络侵权行为实施地包括实施被诉侵权行为的计算机等信息设备所在地，侵权结果发生地包括被侵权人住所地。

本案中，原告乐视网公司以优朋普乐公司为被告，向原审法院提起侵害信息网络传播权之诉。原告提交证据证明其主要办事机构所在地为北京市朝阳区，属于原审法院辖区，故原审法院对本案具有管辖权。

优朋普乐公司上诉称乐视网公司的注册地在天津市、优朋普乐公司的住所地在北京市西城区，要求将本案移送至天津有管辖权的人民法院或者北京市西城区人民法院管辖。对此，本院认为，乐视网公司的注册地虽在天津，但其提交相关证据证明其主要办事机构所在地在北京市朝阳区，根据相关司法解释，法人的住所地为其主要办事机构所在地，只有当主要办事机构所在地不能确定时，方以其注册地或登记地为住所地，故原审法院认定乐视网公司的住所地为北京市朝阳区并以此确定管辖并无不当，本院对优朋普乐公司要求将本案移送至天津有管辖权的人民法院的上诉主张不予支持。

另外，根据《中华人民共和国民事诉讼法》第35条的规定，两个以上人民法院都有管辖权的诉讼，原告可以向其中一个人民法院起诉。本案中，原告乐视网公司已向有管辖权的原审法院提起诉讼，优朋普乐公司请求将本案移送至优朋普乐公司住所地所在的北京市西城区人民法院管辖的上诉主张，缺乏法律依据，本院不予支持。

【法院裁判结果】综上，原审法院所作裁定结论正确，应予维持。优朋普乐公司的上诉请求缺乏依据，应予驳回。裁定如下：

驳回上诉，维持原裁定。

本裁定为终审裁定。

第六十四条　法人存续期间登记事项发生变化的，应当依法向登记机关申请变更登记。

典型案例　昌文忠、李彦斌与哈尔滨华昌健康医药有限公司、王亚光、王建华与公司有关的纠纷

【裁判观点】法人存续期间登记事项发生变化的，应当依法向登记机关申请变更登记。华昌公司设立时，并未新申领药品经营企业许可证，而是由健康药店向哈尔滨市人民政府医药管理办公室、哈尔滨市卫生局申请并获得批准，将健康药店企业名称变更为华昌公司，经济性质由个体变更为有限责任公司，工商行政部门据此办理了华昌公司登记，华昌公司取得企业法人营业执照。由于健康药店系个体，华昌

公司系有限责任公司，经济性质不同，不能在工商登记中直接进行变更，只能依据公司法的有关规定重新设立。

【案情介绍】 1996年11月29日，康远公司成立，企业类型为有限责任公司，登记股东为王亚光、昌文忠、李彦斌，法定代表人为王亚光，注册资本为50万元，王亚光、昌文忠、李彦斌的出资额分别为10万元、20万元、20万元，出资额占注册资本比例分别为20%、40%、40%。健康药店系业主王信卿于1994年成立的个体药店，有哈尔滨市人民政府医药管理办公室、哈尔滨市卫生局颁发的药品经营企业合格证、药品经营企业许可证。1997年6月，经昌文忠与健康药店业主王信卿协商，康远公司收购个体健康药店。1997年7月8日，昌文忠、李彦斌、王建华签订《股东合作协议书》，协议约定：在康远公司整体效益（包括药店及工贸公司）产生税后利润时，将按比例把各股东的投资（指现金部分）逐步返还各股东，股份的分成每人按公司整体效益的33.33%计，各占1/3，计总额100%，执照的两位法人（即王亚光、王信卿）今后不占任何股份，王亚光股份转至王建华名下。《股东合作协议书》由昌文忠、李彦斌、王建华签字，康远公司加盖公章。1998年10月1日，昌文忠、李彦斌、王建华代表康远公司与王信卿签订《关于王信卿转让健康药店给康远工贸公司的补充说明》，王信卿以6万元的价格，将健康药店转让给康远公司，由昌文忠、李彦斌、王建华共同经营。1999年7月16日、17日，健康药店经哈尔滨市人民政府医药管理办公室、哈尔滨市卫生局批准，变更健康药店药品经营企业合格证、药品经营企业许可证，将企业名称由健康药店变更为华昌公司，经济性质由个体变更为有限责任。

华昌公司工商设立登记文件，有形成日期为2000年2月22日的华昌公司章程，形成日期为2000年2月28日的入股协议，2000年3月1日哈尔滨鑫诚会计师事务所《验资报告》。公司章程及入股协议均有王亚光、昌文忠、李彦斌分别出资100万元、50万元、50万元，出资额占公司股权比例分别为50%、25%、25%的条款约定。哈尔滨鑫诚会计师事务所《验资报告》关于实物出资的验资内容为，以药品出资人民币180万元并附有购买药品的工商业统一发票二张，日期分别为1999年11月8日、2000年2月18日的二张工商业统一发票发票联，记载的药品购货单位为华昌公司。2000年2月28日，哈尔滨市工商行政管理局平房分局，依据公司章程、入股协议、哈尔滨鑫诚会计师事务所《验资报告》、变更后的健康药店药品经营企业合格证、药品经营企业许可证等公司登记文件，批准华昌公司设立登记，登记企业类型为有限责任公司、登记股东为王亚光、昌文忠、李彦斌，法定代表人为王亚光，注册资本

200 万元，股东出资额与所持公司股权比例，与华昌公司章程、入股协议内容一致。

2012 年 3 月 30 日，因华昌公司未按规定参加 2005 年度以来的企业年检，哈尔滨市工商行政管理局平房分局吊销了华昌公司的营业执照。在华昌公司经营期间，昌文忠、李彦斌、王建华均参与公司经营。

在华昌公司工商档案中，涉及股东出资比例及股权分配的重要文件，包括 2000 年 2 月 22 日的华昌公司章程及 2000 年 2 月 28 日的委托代理人证明、入股协议和股东及股份名册中，昌文忠、李彦斌的签字均非本人书写。

昌文忠、李彦斌上诉请求：撤销一审判决，依法改判支持其诉讼请求。事实和理由是，一审法院认定事实不清，证据不足：（1）哈尔滨市康远工贸有限公司（以下简称康远公司）收购平房区健康药店（以下简称健康药店）之后，股东昌文忠、李彦斌与王亚光股权实际行使人王建华订立股东合作协议书，约定健康药店和康远公司的股份，由昌文忠、李彦斌、王建华各占 1/3；（2）华昌公司系由健康药店变更而来，并沿用原健康药店的药品经营企业许可证及合格证，健康药店全部资产并入华昌公司；（3）华昌公司工商登记档案中的公司章程、入股协议中的昌文忠、李彦斌的签名均不是其本人书写，委托代理人证明中的昌文忠、李彦斌的签名也不是其本人书写，以上事实足以否定该委托代理人证明、公司章程、入股协议的成立；（4）华昌公司经营时间并不长，2003 年 2 月哈尔滨健康医药连锁有限公司成立后，华昌公司就不再经营，股东合作协议书早在 1997 年就已经订立，昌文忠、李彦斌并不知晓工商档案中所谓的入股协议的存在，一审判决关于明知和认可的推定依据不足。

华昌公司、王亚光、王建华辩称：（1）华昌公司是由王亚光、昌文忠、李彦斌三位股东新设立的公司，与康远工贸、健康药店无关；（2）公司章程及入股协议是合法有效的，上述文件中的签字是否必须是股东本人签字，并不影响公司章程及入股协议的效力。如果不是股东亲自办理工商登记，那么必然有委托代理人根据三位股东的意思前去办理，所以昌文忠、李彦斌必然知晓公司章程及入股协议的签字不是本人书写，必然知道是代理人代其签字，且公司经营 10 多年的过程中，昌文忠、李彦斌并未提出异议，应视为默认，且章程及入股协议记载的股权比例与哈尔滨鑫城会计师事务所出具的验资报告相互印证，符合客观事实，是股东的真实意思表示，合法有效。请求二审法院驳回上诉，维持原判。

昌文忠、李彦斌向一审法院起诉请求：请求确认华昌公司在工商行政管理部门登记备案的公司章程及入股协议未成立，诉讼费由华昌公司、王亚光、王建华负担。

【法院审理意见】一审法院认为，根据昌文忠、李彦斌的诉讼请求，本案系因公司章程及入股协议的效力而产生的纠纷，双方当事人系平等主体，双方之间的法律关系应当属于相关民事法律规则的调整范畴。故本案诉讼属于人民法院民事诉讼受案范围。华昌公司、王亚光、王建华关于本案属行政诉讼，不应作为民事案件受理的抗辩理由不能成立，该院不予采纳。

根据华昌公司工商档案记载，华昌公司是于2000年2月28日依法设立的独立法人，股东只有王亚光、昌文忠、李彦斌三人，并未体现出王建华与华昌公司之间存在关联，且昌文忠、李彦斌举示的证据也不足以证实王建华与本案诉争涉及的民事法律关系之间有关，故王建华作为本案被告属主体不适格。

华昌公司所使用的药品经营企业许可证和药品经营企业合格证中，虽有名称变更字样，但根据《中华人民共和国公司法》第6条第3款关于“公司营业执照记载的事项发生变更的，公司应当依法办理变更登记，由公司登记机关换发营业执照”的规定，公司名称的变更必须经由公司登记机关核准，其他任何部门均无权就公司营业执照记载事项的变更进行确认，故华昌公司的相关信息应以营业执照记载为准，而根据华昌公司营业执照记载，可以认定华昌公司是于2000年2月28日新设立的企业法人，与健康药店、康远公司之间并不存在变更、分立、合并等法律关系。

华昌公司于2000年2月28日依法设立，公司出资情况除在公司章程及入股协议中予以记载外，还经由第三方验资机构的验资予以证实，且昌文忠、李彦斌自认其二人一直参与华昌公司经营，却从未就公司章程及入股协议提出异议，可视为其二人对其中内容的明知与认可。而昌文忠、李彦斌举示的证据又不足以证实公司章程及入股协议中的内容非其真实意思表示，或存在公司章程及入股协议未成立的法定情形。故昌文忠、李彦斌举示的证据不足以证实其诉讼主张所依据的事实成立，对其诉讼请求，该院不予支持。

综上，判决如下：驳回原告昌文忠、李彦斌的诉讼请求。

本院认为，康远公司收购健康药店后，1997年7月8日，王建华与康远公司另二位控股股东昌文忠、李彦斌订立股东合作协议书，约定共同经营康远公司、健康药店，康远公司加盖公章，确定将王亚光的股份转至王建华名下。股东合作协议订立后，1998年10月1日，由王建华与昌文忠、李彦斌共同代表康远公司与王信卿订立健康药店转让补充协议，并共同经营健康药店。以上事实可以确认，昌文忠、李彦斌认可王建华参与康远公司、健康药店经营的主体身份，王建华代表王亚光行使股东权利的实际情况。

《中华人民共和国药品管理法》等法律规定，预先取得药品经营企业许可证是设立药品经营企业取得营业执照的前置审批程序。华昌公司设立时，并未新申领药品经营企业许可证，而是由健康药店向哈尔滨市人民政府医药管理办公室、哈尔滨市卫生局申请并获得批准，将健康药店企业名称变更为华昌公司，经济性质由个体变更为有限责任公司，工商行政部门据此办理了华昌公司登记，华昌公司取得企业法人营业执照。由于健康药店系个体，华昌公司系有限责任公司，经济性质不同，不能在工商登记中直接进行变更，只能依据公司法的有关规定重新设立。哈尔滨鑫诚会计师事务所《验资报告》反映，华昌公司设立时，有180万元实物药品出资，验资发票记载的购药单位为华昌公司，并非王亚光、昌文忠、李彦斌，购货时间分别为1999年11月8日、2000年2月18日，华昌公司工商登记时间为2000年2月28日，健康药店向卫生行政机关申请批准变更企业名称的时间为1999年7月16日、17日，在2000年2月28日前，能够使用华昌公司企业名称的购货主体，应当为健康药店。因此，可以确认华昌公司是由个体性质的健康药店改变经济性质，变更企业名称设立的有限责任公司。

公司章程及入股协议是公司设立人依法订立的规定公司组织及活动原则的文件，是公司活动的行为准则，也是确定股东权利义务的依据。因此，制定章程、签订入股协议应当符合民事法律行为的基本条件，应当是章程制定者及协议签订者的真实意思表示。本案系争的公司章程、入股协议及委托代理人证明中昌文忠、李彦斌的签字并非本人书写，又无证据证明昌文忠、李彦斌委托代理人代为签字同意该章程、入股协议的内容，且昌文忠、李彦斌对章程及入股协议不予追认，结合昌文忠、李彦斌在1997年7月8日股东合作协议书中，关于每人股份各占1/3的表述，可以确认系争公司章程及入股协议并非昌文忠、李彦斌真实意思表示。现昌文忠、李彦斌主张系争公司章程、入股协议未成立，有事实和法律依据，应予以支持。一审法院关于昌文忠、李彦斌对系争公司章程和入股协议的内容是明知和认可的推定，缺乏证据支持，依据不足。

【法院裁判结果】综上所述，昌文忠、李彦斌的上诉请求成立。判决如下：

撤销哈尔滨市平房区人民法院（2016）黑0108民初477号民事判决；

确认形成日期为2000年2月22日的华昌公司章程不成立；

确认形成日期为2000年2月28日的入股协议无效。

本判决为终审判决。

第六十五条　法人的实际情况与登记的事项不一致的，不得对抗善意相对人。

典型案例　刘爱芳与申发集团有限公司等案外人执行异议之诉

【裁判观点】公司应当将股东的姓名或者名称向公司登记机关登记；登记事项发生变更的，应当办理变更登记。未经登记或者变更登记的，不得对抗第三人。从公司法立法目的和商事外观主义原则来看，“不得对抗第三人”的规定目的是为了维护交易安全，对于非交易第三人，由于工商登记公示的权利不是其交易对象，其没有基于工商登记所产生的交易信赖，一般也就不存在交易安全的问题。本案中，上诉人作为股权转让人周森茂的一般债权人，不属于《公司法》第32条第3款中规定的“第三人”。

【案情介绍】刘爱芳与周森茂民间借贷纠纷一案，原审法院于2011年11月8日作出（2011）绍诸商初字第2021号民事判决，判决周森茂应支付刘爱芳借款200万元及相应利息，并承担诉讼费16640元。判决生效后，周森茂未履行判决书确定的付款义务。刘爱芳遂向原审法院申请执行。执行过程中，2013年8月19日，原审法院作出（2012）绍诸执民字第786号执行裁定书及协助执行通知书，对周森茂所有的在诸暨市宜创公司中的股权45%份额内价值计人民币200万元予以查封、冻结。2013年9月26日，原告申发公司向原审法院提出执行异议，认为该院查封、冻结的周森茂名下的宜创公司股权中30%属其所有，要求该院解除查封、冻结。该院执行机构审查认为：根据《公司法》第33条第3款的规定，因股权转让发生变更的，应当办理变更登记。未经登记或者变更登记的，不得对抗第三人。也就是说，股权转让协议生效后，即使出让股东与受让人已实际履行并使受让人享有实际的股权，如没完成股权的变更登记，则该股权转让对其他人不产生约束力。只有股权受让完成了股权变更登记，才对股权转让的双方当事人的债权人产生对抗效力。最高人民法院《关于人民法院民事执行中查封、扣押、冻结财产的规定》第17条规定：“被执行人将其所有的需要办理过户登记的财产出卖给第三人，第三人已经支付部分或者全部价款并实际占有该财产，但尚未办理产权过户登记手续的，人民法院可以查封、扣押、冻结；第三人已经支付全部价款并实际占有，但未办理过户登记手续的，如果第三人对此没有过错，人民法院不得查封、扣押、冻结。”对其中“第三人对此没有过错”的理解，该院认为，由于公司的股权状况属于工商登记的重要内容，根据《公司登记管理条例》的规定，有限责任公司变更股东权等事项的，应当自股东权事项发生变动之日起30日内申请变更登记，这就给申请工商变更登记设定了一个合理的期限，如果在该期限内提出了变更登记申请，由于登记部门的原因而未完成变更登记手续，也应视为无过错；否则应适用《公司法》第33条第3款的规定。申发公司提出的异议理由，缺乏法律依据，裁定驳回申发公司的异议请求。

原告申发公司与被告周森茂于2010年11月24日签订《合作开发协议》一份，约定：（1）原告与被告周森茂共同出资成立宜创公司，由宜创公司向海亮集团有限公司受让位于诸暨市暨阳街道浣东北路28号、32号两块面积为3367.31平方米的国有出让土地的使用权以及地上建筑物的所有权，由宜创公司进行开发建设，原告与被告周森茂共享收益、共担风险。（2）合作开发的模式为原告与被告周森茂各出资50%设立宜创公司，开发收益亦由双方各按50%的比例分享。目标地块的前期开发工作（至土建工程竣工验收并办理房产证时止）由被告周森茂具体实施，包括将目标地块过户至宜创公司名下，以宜创公司的名义办理房产证等。原告需将由其承担的投资款份额按期支付至宜创公司的账户，用于目标地块的开发。2011年6月8日，原告与被告周森茂又签订了《补充协议》一份，约定被告周森茂将其在宜创公司的出资比例中的30%转让给原告，原告需相应的追加投资款2000万元。协议订立后，宜创公司30%的股权转让款计人民币30万元由被告周森茂此前向原告公司的实际控制人许国林所借的500万元借款中抵付30万元，该30万元借款转变为股权转让款经过了债权人许国林的同意。剩余的470万元借款作为原告需要追加的投资款，被告的债权人许国林亦表示认可。第二期投资款500万元由原告在2011年6月9日支付；第三期投资款1000万元由原告在2011年6月14日支付。并变更了股东名册。原告在支付相应的股权转让款后多次催促被告周森茂，至今未能办理变更登记手续，也未能对受让所得的土地进行开发建设，也未将原告支付的大部分投资款用于开发房地产。2012年12月28日，原告向原审法院提出起诉，要求与被告周森茂解除尚未履行部分协议，即双方合作建造房屋部分协议，并返还相应投资款。2013年4月10日，该院作出（2013）绍诸民初字第88号民事判决书，认定原告除支付设立宜创公司的资本金80万元（包含为获得宜创公司30%的股权而支付的30万元转让款）之外，按照合作开发协议和补充协议的约定支付的投资款为44926900元，并判决解除原告与被告周森茂订立的《合作开发协议》中关于合作建房部分的协议；由被告周森茂返还相应投资款。

2011年10月26日、2011年11月28日、2012年5月2日，原审法院根据张俊萍、陈建松、姚柏林的申请，分别作出（2011）绍诸商初字第2184号、（2011）绍诸商初字第2578号、（2012）绍诸商初字第2685号民事裁定，对周森茂在宜创公司45%股权予以冻结。该三案已进入执行程序，原告对上述三案的执行异议尚在处理过程中。

刘爱芳不服原判，向本院提出上诉称：(1) 原判认定申发公司通过与周森茂签订《补充协议》而受让周森茂所享有的宜创公司的30%股权的事实是虚假的。原判认定上述事实的主要依据是被上诉人与周森茂之间的两份协议及(2013)绍诸民初字第88号民事判决，其中，《合作开发协议》是合作开发房地产的协议，与本案无关联性，《补充协议》存有瑕疵，该两份协议中周森茂的签字明显不一，生效(2013)绍诸民初字第88号民事判决本身没有问题，但基于申发公司与宜创公司的关联关系，宜创公司的章程修正案等证据有可能系虚假的，生效判决基于上述证据所认定的股权转让事实就有虚假的可能；(2)《公司法》第32条第3款中的"第三人"并不特定指向股权交易人，应包括对工商登记具有信赖利益的上诉人，原审认定上诉人不属于《公司法》第三十二条第三款的保护对象，系适用法律错误；(3) 申发公司对于未办理案涉股权转让登记手续存有过错。根据《公司登记管理条例》的规定，有限责任公司变更股权等事项的，应当自股权事项发生变动之日起30日内申请变更，根据被上诉人提供的材料，其在2011年6月即发生股权变动，但其至今没有办理变更登记手续，其过错是显然存在的，即使是因周森茂不配合，其也可以通过诉讼方式确权的。综上，原判认定事实和适用法律错误，请求撤销原判，改判驳回被上诉人申发公司的诉讼请求，本案一二审诉讼费用由被上诉人负担。

被上诉人申发公司辩称，(1) 原判根据《补充协议》、宜创公司出具的股东名册、变更后的公司章程等证据认定案涉股权已经由周森茂合法转让给申发公司是合理合法的，且(2013)绍诸民初字第88号民事判决对此已予以确认，上诉人对该事实虽有异议，但并未提出足以推翻生效判决的相反证据；(2) 上诉人仅是周森茂的普通债权人，双方的债权债务关系与案涉股权没有直接的关系，上诉人对案涉股权工商登记没有信赖利益，其不是《公司法》第32条第3款所规定的善意第三人；(3) 申发公司对案涉股权未办理工商变更登记并没有过错。本案中，对案涉股权未办理工商登记的过错方是周森茂，周森茂负债外逃才导致案涉股权迟迟未能变更登记。综上，请求驳回上诉，维持原判。

被上诉人周森茂未作答辩。

【法院审理意见】

原审认为，登记在周森茂名下的宜创公司30%股权，已由周森茂转让给原告，宜创公司亦向原告签发了新的出资证明书，并相应修改了公司章程及股东名册中关于出资额的记载。最高人民法院《关于人民法院民事执行中查封、扣押、冻结财产的规定》第16条规定“被执行人将其财产出卖给第三人，第三人已经支付部分价款并实际占有该财产，但根据合同约定被执行人保留所有权的，人民法院可以查封、扣押、冻结；第三人要求继续履行合同的，应当由第三人在合理期限内向人民法院交付全部余款后，裁定解除查封、扣押、冻结。”根据该执行规定，受让人已履行完毕对价支付义务，并且已办理公司股东名册的变更登记，实际上已经占有该股权，故可确认原告已经受让取得周森茂转让的涉案30%股权。那么涉案股权转让后，未办理工商变更登记是否影响股权转让效力。《中华人民共和国公司法》第32条第3款规定：“公司应当将股东的姓名或者名称向公司登记机关登记；登记事项发生变更的，应当办理变更登记。未经登记或者变更登记的，不得对抗第三人。”第三人凭借对登记内容的信赖，一般可以合理地相信登记的股东就是真实的股权人，可以接受该股东对股权的处分。由此可见，公司登记机关登记只会产生对外效力不会影响股权转让效力。当受让人根据股权转让合同支付股权转让款后受让人即取得股权，该股权转让未经登记或者变更登记的，只是不得对抗第三人，而非无效。该法律条款的立法意图在于保护善意第三人的信赖利益，减少交易成本，维护交易安全。而被告刘爱芳系被告周森茂的债权人，并非就股权进行交易，而是要执行债务人周森茂的股权来满足其债权的实现，故其并非股权交易第三人，不存在基于对股权工商登记的信赖而产生的信赖利益，也不存在基于该信赖而发生的交易行为，故也非《中华人民共和国公司法》第32条第3款的保护对象。现原告申发公司请求解除对讼争股权的查封，理由正当，予以支持。被告周森茂经传票传唤，无正当理由拒不到庭参加诉讼，依法缺席判决。判决：确认登记在被告周森茂名下的诸暨市宜创贸易公司30%股权为原告申发集团有限公司所有，并停止对以上财产的执行。

本院认为，本案的争议焦点主要有两个：（1）上诉人是否属于《公司法》第三十二条第三款规定的“第三人”；（2）申发公司对案涉股权未办理工商变更登记是否存有过错。

关于第一个争议焦点，即上诉人是否属于《公司法》第32条第3款规定的“第三人”的问题。《公司法》第32条第3款规定“公司应当将股东的姓名或者名称向公司登记机关登记；登记事项发生变更的，应当办理变更登记。未经登记或者变更登记的，不得对抗第三人。”本院认为，从公司法立法目的和商事外观主义原则来看，“不得对抗第三人”的规定目的是为了维护交易安全，对于非交易第三人，由于工商登记公示的权利不是其交易对象，其没有基于工商登记所产生的交易信赖，一般也就不存在交易安全的问题。本案中，上诉人作为股权转让人周森茂的一般债权人，不属于《公司法》第32条第3款中规定的"第三人"。故原判认定上诉人不属于《公司法》第32条第3款的保护对象，并无不当。

关于第二个争议焦点，即申发公司对于未办理案涉股权变更登记手否存有过错的问题，本院认为，根据《公司法》第32条第3款之规定，公司登记机关的股权变更登记行为具有对抗第三人的效力，但该工商变更登记并非设权登记，股权变动亦不以工商变更登记为生效要件。本案中，宜创公司向申发公司签发新的出资证明书，并相应修改公司章程及股东名册中关于出资额的记载，可以确认申发公司已经受让取得周森茂转让的案涉30%股权。申发公司在合法受让案涉股权后，其是否对未办理工商变更登记存有过错，均不影响对案涉股权权属的认定。本案系案外人执行异议之诉，所需判断的是申发公司是否对执行标的享有阻却执行的实体权利，即申发公司是否受让取得登记在被执行人周森茂名下的宜创公司30%股权，至于申发公司对案涉股权未办理工商登记是否存有过错则不属于本案的审理范围。

【法院裁判结果】综上，上诉人的上诉理由均不能成立，其上诉请求本院不予支持。原判认定事实清楚，适用法律正确，应予维持。判决如下：

驳回上诉，维持原判。

本判决为终审判决。

第六十六条　登记机关应当依法及时公示法人登记的有关信息。

第六十七条　法人合并的，其权利和义务由合并后的法人享有和承担。

法人分立的，其权利和义务由分立后的法人享有连带债权，承担连带债务，但是债权人和债务人另有约定的除外。

典型案例　周秀云与杭州市西湖区蒋村街道仕林社区居民委员会、杭州市蒋村乡深潭口村经济合作社合同纠纷

【裁判观点】法人合并的，其权利和义务由合并后的法人享有和承担。深潭口村经济合作社于2003年11月13日成立，经济性质为集体企业，2010年5月26日，撤销蒋村街道所属深潭口社区，原深潭口社区分别归入竞渡社区及仕林社区。原深潭口村委会的债权债务由

深潭口村经济合作社承继，原深潭口村委会的会计凭证和明细账目现存放深潭口村经济合作社处。案涉协议的主体为深潭口村委会，现该主体不再续存，基于案涉协议产生的债权债务关系应由深潭口村经济合作社承继。

【案情介绍】1998年6月18日，为成立公司联合开发深潭口村红线以内的土地，原杭州市蒋村乡深潭口村村民委员会（以下简称深潭口村委会，甲方）和赵政良（乙方）签订《杭州市蒋村乡深潭口村与东阳市赵政良先生关于建立“综合开发有限责任公司”的协议书》（以下简称《合作协议》），约定：双方投资成立“杭州正金综合开发有限责任公司”，公司注册资金100万元；甲方投入公司资产的40%，乙方投入公司资产的60%，利润按投入比例分配；甲方投入土地资产和现金，投入土地资产为风情园北门口附近的15亩（具体位置见附图），土地价10万元每亩，共计150万元，如不足公司总资产的40%，不足部分用现金投入；乙方投入资产与现金，根据风情园和附近地段的开发情况，投入资金和人力进行三通一平，分期建造停车场、商店等建筑设施，如以上投入不足公司总资产的60%，不足部分用现金投入。甲方的义务与责任：（1）负责办理风情园北大门附近的15亩土地的征用手续；（2）办理公司的营业执照；（3）依约投入土地资产与现金；（4）协助公司处理好与当地政府机关和群众的关系；乙方的义务与责任：（1）在协议签订后的一个月内打入定金15万元；（2）依约投入资产和现金；（3）负责设计与建造停车场、商店等建筑设施；协议期限为50年，自1998年6月28日至2048年6月27日，协议期满后，如无异议，再继续顺延20年；双方应共同遵守协议，任何一方不履行协议，应赔偿另一方经济损失并支付违约金50万元；协议共4份，双方各执2份，经双方盖章签字后生效。深潭口村委会和赵政良分别在协议上签字盖章。

1998年7月29日，沈金法向案外人任某出具收条一份，确认收到赵政良定金15万元。

1998年8月1日，深潭口村委会（甲方）与赵政良（乙方）签订《关于建立杭州正金综合开发有限责任公司的补充协议》（以下简称《补充协议》），确认双方于1998年6月18日订立协议，并补充约定：一、杭州正金综合开发有限责任公司甲方占40%股份，乙方占60%股份……二、公司先以现金100万元投入，并经注册登记成立后，视风情园开发进度逐步追加投入；现金投入注册资本金甲方投入40万元，乙方投入60万元；三、公司成立后，采用逐步投入滚动式开发的方法发展公司规模，即甲方以北大门附近15亩土地使用权每亩折合10万元逐步追加投入，投入期50年，占公司股份40%；乙方相应分期建造停车场、商店、等建筑设施，并经资产评估达到公司资产的60%，不足部分用其他实务或现金投入；……；五、乙方已支付给甲方定金15万元，计入乙方投资的股本金，即在公司注册时，乙方再认缴45万元；六、双方暂定公司经营期限为50年；……；九、补充协议双方各执2份，经盖章签字后生效。深潭口村委会和赵政良分别在补充协议上签字盖章。

2014年4月5日，赵政良与周秀云签订债权转让协议，协议约定：赵政良将其在上述两份协议项下的一切债权，连同为履行该合同所形成的其他债权，一并转让给周秀云；债权包括但不限于要求深潭口村（或其变更后的债权债务继受主体）返还定金15万元，支付违约金50万元；协议签订后，赵政良应向深潭口村（或其变更后的债权债务继受主体）通知债权转让事宜；协议签订后，债权即归属周秀云，周秀云有完全的处分权能，包括对前述金额进行调整后向债务人主张，周秀云负责债权的催讨和实现，承担相关的风险和费用。

2014年6月11日，赵政良向仕林居委会邮寄通知书一份，称：1998年6月18日、8月1日，赵政良与原深潭口村委会签订了上述两份协议，并已依约支付定金15万元，但深潭口村委会未依约办理公司设立手续；据悉深潭口村已变更为仕林社区，故特向仕林社区发出通知，要求仕林社区在收到通知之日起10日内，返还定金15万元，并支付违约金50万元，逾期不履行则解除上述协议，通知书即具有解除协议通知的效力。该通知书于2014年6月16日到达仕林居委会。

2014年7月23日，赵政良向仕林居委会邮寄债权转让通知书，通知其已将与深潭口村的协议项下的所有债权转让给周秀云，要求仕林居委会在收到通知之日起，立即向周秀云履行债务。该通知书于2014年7月25日到达仕林居委会处。2014年8月，周秀云诉至原审法院。

深潭口村经济合作社于2003年11月13日成立，经济性质为集体企业，经营范围为自有房产物业管理。2010年5月26日，杭州市西湖区人民政府西政发（2010）56号文件批复同意撤销蒋村街道所属深潭口社区，原深潭口社区分别归入竞渡社区及仕林社区。原深潭口村委会的债权债务由深潭口村经济合作社承继，原深潭口村委会的会计凭证和明细账目均存放于深潭口村经济合作社处。

原审还查明，深潭口村委会和赵政良签订的《合作协议》项下所涉的土地于2004年被征用。

周秀云不服原审法院判决，向本院提起上诉称，（1）原判以周秀云提起本案诉讼超过诉讼时效为由，驳回周秀云诉讼请求，法律适用错误。《合作协议》明确载明：深潭口村委会（甲方）和赵政良（乙方）共同出资建立“综合开发有限公司责任公司”，甲方出资40%，乙方出资60%。显而易见，甲乙各方的关系是投（出）资关系。赵政良支付15万元定金是履行出资义务，深潭口村委会征地、注册公司等行为同样也是履行出资义务。赵政良因违约方未履行出资义务向违约方主张违约责任，法律关系基础是投资关系，性质上属债权请求权，显然应当适用最高人民法院《关于审理民事案件适用诉讼时效制度若干问题的规定》第1条关于“当事人可以对债权请求权提出诉讼时效抗辩，但对下列债权请求权提出诉讼时效抗辩的，人民法院不予支持：……（三）基于投资关系产生的缴付出资请求权”的规定，而不是《民法通则》第135条的规定。上述诉讼时效解释属于新法，应当优先适用。（2）原判将2004年土地被征用的事实认定为赵政良权利被侵害，是对合作协议内容的曲解，进而认定错误。《合作协议》第9条约定“协议期限为伍拾年”。2004年的时候，协议仍然在有效期内，不存在协议一方的权利被侵害的事实。按照《合作协议》约定的合作模式，项目的实质性工作（包括征地手续、公司注册、对外沟通协调、公司运营等）都是甲方（深潭口村委会）操作，赵政良并没有义务去经手这些事务，再加上赵政良不是杭州本地人，常年不在杭州，更没有机会去了解项目的进展情况。事实上，赵政良也是一直都认为协议一直在履行的。自协议签订至今，深潭口村委会、沈金法或者任何其他相关方，都没有向赵政良口头、书面或其他任何形式的告之案涉《合作协议》不（能）履行。如果深潭口村委会、沈金法早已知晓《合作协议》不（能）履行而不告之赵政良，违背诚信，是违约行为。《合作协议》第8条明确规定“甲方（即深潭口村委会）的义务与责任：1. 负责办理风情园北大门附近的15亩土地的征用手续”。也就是说，土地被征用本身就是案涉《合作协议》履行过程应当出现的情况，这是深潭口村委会的合同义务之一。深潭口经济合作社、沈金法在本案诉讼发生之后，以土地被征用这一客观事实作为其拒绝（无法）履行合作协议的抗辩，完全是不顾事实、违背诚实信用的无赖行径。原判进而推定土地被征用之时就是赵政良应当明知其权利被侵害之日，明显曲解了《合作协议》，认定错误。（3）原审对债权债务承继主体认定不当，遗漏必须参加诉讼的当事人，程序违法。原判认定“原深潭口村委会的债权债务由深潭口村经济合作社承继”，不当。依据相关批复规定，原深潭口村分别被划入竞渡社区、仕林社区。参照《民法通则》第44条第2款关于“企业法人分立、合并，它的权利和义务由变更后的法人享有和承担”的规定，竞渡社区、仕林社区同样也是原深潭口村的承继主体，应当作为本案被告参加诉讼。请求撤销原审判决，发回重审或改判支持周秀云的一审诉讼请求，诉讼费用由仕林居委会、深潭口经济合作社负担。

被上诉人仕林居委会答辩称，《合作协议》签订方是村民自治组织，不适用周秀云引用的法律条款。仕林居委会不具有经济收益，也不适用民法通则第四十四条有关企业法人变更后权利义务承继主体的规定。根据杭州市西湖区人民政府的批复意见，从区域和工作职责上来讲仕林社区是新设立的，只是将原属于原深潭口社区管理的居民人口部分划入仕林社区管理。原深潭口社区债权债务关系应该由深潭口经济合作社继承。本案与仕林居委会无关。

被上诉人深潭口经济合作社答辩称，认可一审判决的结果，对一审事实认定有异议。深潭口经济合作社对签署的协议是不了解的，至今未听原村委领导提及该合作事宜，经济合作社和村委均未收到赵政良支付或沈金法交付的15万元。即使该协议真实存在，深潭口经济合作社也不是适格被告，应有原深潭口村委会承担。深潭口经济合作社2003年成立，主要职能并不涉及土地资产处置。涉案土地已经被征用。假设协议是真实的，周秀云也不是合作协议的相对方，其并不是适格原告。赵政良支付给沈金法的15万元不是出资，协议明确为定金。定金仅是保证金，不是出资。诉讼时效问题，有关基于投资关系产生的缴付出资请求权不适用本案，合作协议是1998年签署，能切实履行的前提是案涉土地能够作价成为公司成立的注册资本，双方签署协议后赵政良没有证据证明其就公司成立事宜与合同相对方进行过合作沟通，也没有就土地作价出资投入问题进行过交流。尤其是2004年土地被征收，十余年赵政良也未就协议履行问题或者15万定金退还问题向合同相对方及涉案关联人物主张过权利，所以其诉讼时效已超出。权利侵害日应当从2004年起算。已交付的15万元是否就是协议中的定金，希望法庭查清。本案的程序问题不影响实体权利处置，1998年至今10余年赵政良均未主张权利，属于实体权利的放弃。希望驳回上诉，维持原判。

原审第三人沈金法在二审中表示，定金不存在，交付的15万元是前期费用并不是定金。

原审第三人赵政良在二审中未发表意见。

各方当事人均未向本院提交新的证据。

本院经审理查明的事实与原审判决认定的事实一致。

【法院审理意见】原审法院认为，原深潭口村委会和第三人赵政良签订的《合作协议》及《补充协议》系双方当事人真实意思表示，且未违反法律法规效力性强制性规定，合法有效。本案的争议焦点之一在于：案涉协议书的权利、义务主体。

关于案涉协议书的权利、义务主体问题，本院认为：

关于本案原告的主体资格。1998年6月18日，赵政良与深潭口村委会作为合同相对方签订案涉协议。2014年4月5日，赵政良与周秀云签订债权转让协议，协议约定：赵政良将其在上述两份协议项下的一切债权，连同为履行该合同所形成的其他债权，一并转让给周秀云；债权包括但不限于要求深潭口村（或其变更后的债权债务继受主体）返还定金15万元，支付违约金50万元。周秀云基于债权转让取得诉权，予以认定。

关于本案被告的主体资格。根据《浙江省村经济合作社组织条例》第4条、第7条，村经济合作社依法代表全体社员行使集体财产所有权，享有独立进行经济活动的自主权，尚未设立村经济合作社的，村集体财产所有权由村民委员会行使；村经济合作社承担资源开发与利用、资产经营与管理、生产发展与服务、财务管理与分配的职能。深潭口村经济合作社于2003年11月13日成立，经济性质为集体企业，经营范围为自有房产物业管理。2010年5月26日，杭州市西湖区人民政府西政发（2010）56号文件批复同意撤销蒋村街道所属深潭口社区，原深潭口社区分别归入竞渡社区及仕林社区。原深潭口村委会的债权债务由深潭口村经济合作社承继，原深潭口村委会的会计凭证和明细账目现存放深潭口村经济合作社处。案涉协议的主体为深潭口村委会，现该主体不再续存，基于案涉协议产生的债权债务关系应由深潭口村经济合作社承继。

【法院裁判结果】 综上所述，原审认定事实清楚，适用法律正确。判决如下：

驳回上诉，维持原判。

本判决为终审判决。

第六十八条　有下列原因之一并依法完成清算、注销登记的，法人终止：

（一）法人解散；

（二）法人被宣告破产；

（三）法律规定的其他原因。

法人终止，法律、行政法规规定须经有关机关批准的，依照其规定。

典型案例　马宇辉与东北第六制药厂、沈阳国有控股集团有限公司劳动争议

【裁判观点】 法人被宣告破产的，并依法完成清算、注销登记的，法

人终止。沈阳市中级人民法院作出民事裁定书已经裁定终结东北第六制药厂破产程序。破产程序的终结，是指破产财产分配已经进行完毕或者债务人无财产可供分配，经管理人申请，人民法院作出裁定，破产清算程序到此结束的事实。破产程序终结，企业法人的主体资格归于消灭。终结东北第六制药厂破产程序之后，东北第六制药厂企业法人的主体资格归于消灭，已不具有民事权利能力和民事行为能力。原告马某针对东北第六制药厂的起诉不符合起诉条件。

【案情介绍】原告1990年8月至东北第六制药厂行政处幼儿园从事教育工作，幼儿园隶属于东北第六制药厂教育中心，1994年3月“博威集团”承包了东北第六制药厂教育中心后，原告在此工作一个月，1994年4月原告至东北第六制药厂制剂销售部任内勤工作，1998年10月原告生育，之后未再到被告处工作。

2009年6月22日东北第六制药厂破产清算组向沈阳市中级人民法院申请终结东北第六制药厂破产清算程序，沈阳市中级人民法院于2009年6月26日作出〔2007〕沈中民破字第27号民事裁定书，以东北第六制药厂破产清算程序具备法定终结条件为由，裁定终结东北第六制药厂破产程序。

原告马某诉称，原告于1990年8月毕业于沈阳市幼儿示范学校，由国家正式分配到东北第六制药厂从事教师工作（有派遣证）。1994年，幼儿园规划归厂教育中心，1998年末~1999年初，根据相关国家文件精神，企业的子弟学校（包括幼儿园）成建制移交到当时所属的地方政府，即东陵区教育局（现浑南教育局），原告被遗漏（见漏报证明），当时企业不景气，原告又正在产假期间，也并不知情。根据《教师法》第11条第3项的法律规定，以及国务院批转教育局关于加强中小学教师队伍管理工作的意见的通知［国发（1978）1号］和中发（1980）84号文件和市转属文件的相关规定，原告属于国家派遣的教师身份（有派遣证和学校同事证实），之所以被漏报，是被告没有进到应尽的职责所导致的，其负有不可推卸的责任。为维护原告的合法权益，原告多次要求被告解决原告回归教师岗位的工作问题，原告是被借用的教师编制人员，应当依法归还教育部门，依法判决被告更应履行自身的法律职责，承担组织上的责任和义务，办理原告回归到教育部门的事宜，被告违反《劳动法》、《教师法》以及《女职工劳动保护法》等相关法律法规的规定，被告以及其上级主管部门应当对原告所造成的损害进行相应的赔偿。诉讼请求：（1）请求依法裁决原告是教师编制，应当回归教师岗位，依据国家有关规定和原告《漏报证明》，根据《转发市经贸委、教委关于分离国有企业办中小学实施意见的通知》（沈政治办发〔1997〕2号）文件规定属于1995年12月31是前的在职人员，按照《关于搞好沈阳市分离企业办中小学工作的几点意见》（沈分离办〔1997〕1号）的规定，依法判决被告办理原告的转属事宜；(2) 依法判决对原告造成的损害进行赔偿。

被告东北第六制药厂未到庭，未提交书面答辩意见。

被告沈阳国有控股集团有限公司辩称，(1) 本案主体东北第六制药厂已于2009年破产终结，原告主张在破产终结后提出，不属于人民法院受案范围。①东北第六制药厂已于2009年6月26日经沈阳市中级人民法院裁定破产终结，该主体已消灭。②马某原是被告东北第六制药厂的员工，沈阳国有控股集团有限公司曾是东北第六制药厂的上级部门，但与东北第六制药厂是两个独立的法人单位，马某不是我单位员工，劳动纠纷与我单位无关。(2) 东北第六制药厂出具《漏报证明》，沈阳市东陵区教育局经调查后出具《关于马某同志的情况说明》，否定了《漏报证明》并澄清事实：并非东北第六制药厂漏报，而是转制时马某不具备条件。2006年8月16日东北第六制药厂出具《关于马某同志情况证实》，证明1998年企业转制时马某被漏报。教育局收到该书面材料后，于9月15日特派人事科两名同志到东北第六制药厂调查，调查后于2006年9月18日出具《关于马某同志的情况说明》，内容：马某提到的六药小学的肖茹和高焱两位老师证实：转制时马某并未在幼儿园工作也并未在学校工作，根本不在转制教师之列。通过以上的调查，马某信中所反映情况不属实，她不是六药厂的老师，1998年六药厂子弟小学转制时他不具备条件，也并非六药厂漏报，更不属于东陵区教育局该解决的问题。(3) 此案经信访局组织各局领导现场听证一致讨论：驳回了马某的诉求。因此，本案无需再浪费司法资源，本案更无法执行。(4) 马某从1997年至东北第六制药厂2009年破产结束，一直未上班，其属于自动离职。①沈阳市东陵区教育局出具的《关于马某同志的情况说明》，查明马某从1997年休产假一直没上班。②其孩子是于1998年10月27日出生，而其从1997年起一直未上班的原因并非休产假，是自动离职。因此，1998年转属时个人并未申请。马某的六药厂的漏报证明，是曾经六药厂的领导在其不断上访、白天晚上不断打电话的情况下开具的，而证人证言，教育局出具说明认为不实，因此，请法院驳回原告诉请。

原告于2015年12月14日向沈阳市沈河区劳动人事争议仲裁委员会申请仲裁，该委作出沈河劳人仲不字〔2015〕590号不予受理通知书，以申请人主体不适格为由决定不予受理，原告起诉至我院。

庭审中，原告诉讼请求明确为：(1) 确认教师编制，该编制是企业单列的教师编，要求二被告办理转属事宜，按照正常当时其他教师的手续办理情况给我办理；（2）损害的具体数额按照3000元×12个月×16年计算，总计人民币57.6万元。

【法院审理意见】本院认为，沈阳市中级人民法院于2009年6月26日作出〔2007〕沈中民破字第27号民事裁定书已经裁定终结东北第六制药厂破产程序。破产程序的终结，是指破产财产分配已经进行完毕或者债务人无财产可供分配，经管理人申请，人民法院作出裁定，破产清算程序到此结束的事实。破产程序终结，企业法人的主体资格归于消灭。根据《中华人民共和国民法通则》第45条之规定，终结东北第六制药厂破产程序之后，东北第六制药厂企业法人的主体资格归于消灭，已不具有民事权利能力和民事行为能力。根据《中华人民共和国民事诉讼法》第119条之规定，原告马某针对东北第六制药厂的起诉不符合起诉条件。

关于原告要求第二被告承担连带责任的问题，〔2007〕沈中民破字第27号民事裁定书裁定东北第六制药厂破产程序终结，并未载明第二被告沈阳国有控股集团有限公司为东北第六制药厂连带债务人，现东北第六制药厂已将破产财产分配方案执行完毕，原告与第二被告又不存在劳动关系，原告主张第二被告承担连带责任没有法律依据，本院不予支持。

【法院裁判结果】综上，判决如下：

驳回原告马某的诉讼请求。

第六十九条 有下列情形之一的，法人解散：

（一）法人章程规定的存续期间届满或者法人章程规定的其他解散事由出现；

（二）法人的权力机构决议解散；

（三）因法人合并或者分立需要解散；

（四）法人依法被吊销营业执照、登记证书，被责令关闭或者被撤销；

（五）法律规定的其他情形。

典型案例 中电科技电子信息系统有限公司等与北京今典环球数字技术有限公司股东损害公司债权人利益责任纠纷

【裁判观点】公司出现被吊销营业执照的解散事由后，应在15日内成立清算组自行清算。有限责任公司的股东因怠于履行义务，导致公司主要财产、账册、重要文件等灭失，无法进行清算，债权人主张其对公司债务承担连带清偿责任的，人民法院应依法予以支持。本案中，阜国公司系有限责任公司，其被吊销营业执照后，其全体股东系清算义务人。阜国公司在2008年10月29日被吊销营业执照后，其股东仪电公司于2012年1月12日向法院申请予以强制清算。在清算过程中，阜国公司账册等重要文件不全且未查找到任何财产，构成无法清算，导致清算程序终结。就此，应认定股东怠于履行清算义务，阜国公司债权人有权要求股东对公司债务承担连带清偿责任。

【案情介绍】阜国公司成立于2000年3月1日，2008年10月29日被吊销营业执照。中电公司、仪电公司系阜国公司股东。

2006年12月20日，北京市第一中级人民法院作出（2006）一中民初字第1180号民事判决书，判令阜国公司赔偿今典公司2848871元。今典公司不服，上诉至北京市高级人民法院，该院于2007年12月20日判决驳回上诉，维持原判，两审判决书均于2007年12月25日生效。后今典公司申请强制执行，北京市第一中级人民法院于2008年6月20日作出（2008）一中执字第654-3号裁定书，以未查找到阜国公司可供执行财产为由裁定终结本次执行程序。2012年1月12日，阜国公司股东上海广电资产经营管理有限公司（现名称为仪电公司）向北京市第一中级人民法院申请对阜国公司进行强制清算，该院于2012年3月16日作出（2012）一中法特清算初字第5011-1号民事裁定书，受理仪电公司的上述申请。2014年12月15日，北京市第一中级人民法院作出（2012）一中法特清算初字第5011号裁定书，以清算组未能查找到阜国公司的任何财产，且账册等重要文件不全，没有清算费用，无法清算为由，裁定终结强制清算程序，并告知债权人可依据最高人民法院《关于〈中华人民共和国公司法〉若干问题的规定（二）》第18条的规定，要求阜国公司的股东、董事、实际控制人等清算义务人对其债务承担偿还责任。

今典公司辩称，中电公司、仪电公司的上诉请求和理由不能成立，没有法律依据。阜国公司已经经过法院强制清算，今典公司是依据该强制清算生效的法律文书和最高人民法院《关于适用〈中华人民共和国公司法〉若干问题的规定（二）》第18条第2款进行起诉，要求中电公司、仪电公司承担相应的责任。即使阜国公司的破产案件北京市高级人民法院予以裁定立案也不影响本案的审理，也不能免除清算责任。所以一审判决认定事实清楚、适用法律正确、证据确实充分，应予维持。

中电公司、仪电公司同意相互之间的上诉请求和事实理由。

今典公司向一审法院起诉请求：中电公司、仪电公司连带向今典公司支付

(2006) 一中民初字第1180号民事判决书确定的案款2848871元及利息(以2848871元为基数，从2006年12月20日起至实际支付日止，按同期银行贷款利率双倍标准计算)。

中电公司上诉请求：(1) 撤销 (2015) 海民 (商) 初字第20937号民事判决，将本案发回重审；(2) 诉讼费由今典公司承担。事实和理由：(1) 中电公司对北京阜国数字技术有限公司(以下简称阜国公司)的经营状况、清算情况均不知情，没有怠于履行义务。阜国公司主要财产、账册、重要文件如果灭失也不是中电公司造成的，不应承担责任。北京市第一中级人民法院在清算期间既未通知也未征询中电公司是否愿意参加清算，北京市宏威律师事务所亦从未与中电公司联系，造成中电公司无法参与清算。因此北京市第一中级人民法院及北京市宏威律师事务所对阜国公司的强制清算存在瑕疵，中电公司不应承担责任。(2) 阜国公司已就北京市第一中级人民法院作出的 (2016) 京01民破1号民事裁定提起上诉，北京市高级人民法院正在审理中。若查明清算过程存在瑕疵，导致终结强制清算程序的，阜国公司可以再次申请强制清算。一审法院没有中止审理，且在阜国公司破产清算程序仍可能启动的情况下，判决中电公司承担责任是错误的。

仪电公司上诉请求：(1) 撤销 (2015) 海民 (商) 初字第20937号民事判决，将本案发回重审，或改判中止审理本案；(2) 诉讼费由今典公司承担。事实与理由：(1) 本案中阜国公司的股东是否损害公司债权人利益的事实认定或法律适用，应以阜国公司申请破产及审理破产案件的结果为依据。一审法院在明知阜国公司申请破产案件正在北京市高级人民法院审理，且仪电公司在一审庭审中明确提出中止审理请求的情况下，作出的判决，违反了《中华人民共和国民事诉讼法》第150条第5款的规定。(2) 阜国公司已提起破产申请而且法院尚在审理之中，北京市第一中级人民法院的民事裁定的效力就具有不确定性。一审法院在尚未获悉阜国公司破产案件的最终结果前，以不确定的民事裁定作为本案的依据是片面的，缺乏法律依据。(3) 阜国公司的破产申请案件尚在审理中，还未有结果，因此今典公司必须按照法律规定及法律程序等有过错的当事人确定后，才能向其进行追偿。若阜国公司进入破产程序今典公司就应当向阜国公司破产清算组主张债权。

【法院审理意见】 一审判决认定，根据《中华人民共和国公司法》及最高人民法院《关于适用〈中华人民共和国公司法〉若干问题的规定(二)》的相关规定，公司出现被吊销营业执照的解散事由后，应在十五日内成立清算组自行清算。有限责任公司的股东因怠于履行义务，导致公司主要财产、账册、重要文件等灭失，无法进行清算，债权人主张其对公司债务承担连带清偿责任的，人民法院应依法予以支持。本案中，阜国公司系有限责任公司，其被吊销营业执照后，其全体股东系清算义务人。阜国公司在2008年10月29日被吊销营业执照后，其股东仪电公司于2012年1月12日向法院申请予以强制清算。在清算过程中，阜国公司账册等重要文件不全且未查找到任何财产，构成无法清算，导致清算程序终结。就此，应认定股东怠于履行清算义务，阜国公司债权人有权要求股东对公司债务承担连带清偿责任。

阜国公司未按照生效判决书及时清偿对今典公司的债务，应加倍支付迟延履行期间的债务利息。根据2009年5月18日起施行的最高人民法院《关于在执行工作中如何计算迟延履行期间的债务利息等问题的批复》及2014年8月1日起施行的最高人民法院《关于执行程序中计算迟延履行期间的债务利息适用法律若干问题的解释》的相关规定，应当区别迟延履行期间的一般债务利息和加倍部分债务利息。(2006)一中民初字第1180号判决书未确定一般债务利息，故仅应计算加倍部分利息。该判决书的生效日期为2007年12月25日，判决书确定的债务履行期间为生效之日起10日，故应将2008年1月4日确定为迟延履行利息起算点。自2008年1月4日至2014年7月31日期间的加倍部分利息按照中国人民银行同期贷款基准利率二倍标准计算；自2014年8月1日至实际付清之日止期间的加倍利息按照日万分之一点七五标准计算。今典公司主张的超出上述范围的迟延履行利息部分，该院不予支持。当事人提举的其他证据或发表的其他意见，不影响该院依据查明的事实依法进行裁处，该院不予一一评述。

综上，该院判决：(1)中电公司、仪电公司于判决生效之日起10日内连带向今典公司支付2848871元及迟延履行期间的债务利息（自2008年1月4日至2014年7月31日期间，按中国人民银行同期贷款基准利率的2倍计算；自2014年8月1日至实际付清之日止，按每日万分之一点七五计算）；(2)驳回今典公司的其他诉讼请求。

本院认为，最高人民法院《关于适用〈中华人民共和国公司法〉若干问题的规定（二）》第18条第2款规定："有限责任公司的股东、股份有限公司的董事和控股股东因怠于履行义务，导致公司主要财产、账册、重要文件等灭失，无法进行清算，债权人主张其对公司债务承担连带清偿责任的，人民法院应依法予以支持。"根据本案审理查明，阜国公司于2008年10月29日被依法吊销营业执照，仪电公司作为阜国公司股东，于2012年1月12日向本院申请对阜国公司进行强制清算，经清算组审查，因未能查找到阜国公司任何财产，公司账本、账册等重要文件不全，无法清算，故提请本院终结阜国公司强制清算程序。以上事实表明，阜国公司股东未在公司法规定的解散事由出现之后

15日内成立清算组自行清算，系怠于履行清算义务，在清算过程中，亦未能提供阜国公司财务账册、重要文件等清算资料，导致阜国公司无法清算，中电公司、仪电公司等阜国公司股东的行为符合上述司法解释的规定。今典公司依据生效的（2006）一中民初字第1180号民事判决书，对阜国公司享有债权2848871元，系阜国公司的债权人，其有权据此要求中电公司、仪电公司等阜国公司股东对阜国公司债务承担连带清偿责任。

中电公司、仪电公司上诉主张，阜国公司强制清算程序存在瑕疵，阜国公司已经提起破产清算申请，并针对本院驳回阜国公司破产清算申请一事提起上诉，破产案件审理结果影响本案事实认定，故本案应中止审理，一审法院径行作出判决不当，应予发回重审。对此本院认为，其一，公司强制清算程序和破产清算程序原属于不同的审理程序，公司法及破产法并未有关于两种特别程序应当互为前提的规定，阜国公司是否符合破产案件受理条件，亦不应当作为判断阜国公司的股东是否应当承担因滥用股东权利给债权人造成损失的依据，故中电公司、仪电公司关于本案应当中止审理的主张，并无法律依据；其二，本院已经针对阜国公司强制清算一案作出生效民事裁定书，终结了阜国公司强制清算程序，与此同时，前述裁定中亦明确指出，阜国公司债权人有权另行要求该公司有关清算义务人承担相应债务清偿责任，在未经司法程序对上述生效裁定予以变更或者撤销的情况下，上述当事人各方均应受到该裁判结果的效力拘束，今典公司依据生效民事裁定书提起本案诉讼，要求阜国公司股东对该公司债务承担连带清偿责任，有事实及法律依据；其三，在本案审理期间，本院多次询问、通知中电公司、仪电公司提交阜国公司财务账册及重要文件，两公司均未能提交，应承担由此产生的不利后果，应认定阜国公司不具备继续清算的可能，中电公司、仪电公司系怠于履行清算义务，导致公司主要财产、账册、重要文件等灭失，无法清算，一审法院判决中电公司、仪电公司对阜国公司债务承担连带清偿责任，并无不当。综上，本院对中电公司、仪电公司的上诉意见不予采信。

【法院裁判结果】 综上所述，中电公司、仪电公司的上诉请求不能成立，应予驳回；一审判决认定事实清楚，适用法律正确，应予维持。判决如下：

驳回上诉，维持原判。

本判决为终审判决。

第七十条 法人解散的，除合并或者分立的情形外，清算义务人应当及时组成清算组进行清算。

法人的董事、理事等执行机构或者决策机构的成员为清算义务人。法律、行政法规另有规定的，依照其规定。

清算义务人未及时履行清算义务，造成损害的，应当承担民事责任；主管机关或者利害关系人可以申请人民法院指定有关人员组成清算组进行清算。

典型案例 胡甲与金某某、李某某民间借贷纠纷

【裁判观点】法人解散的，除合并或者分立的情形外，清算义务人应当及时组成清算组进行清算。清算义务人未及时履行清算义务，造成损害的，应当承担民事责任。原告与原浙东獭兔开发公司的民间借贷关系合法有效，应受法律保护。浙东獭兔开发公司借款后经原告催讨应及时归还原告借款并按约支付利息。浙东獭兔开发公司系股份合作制企业，具备法人资格，其在解散前应当成立清算组织，进行清算。现该企业因被吊销营业执照而注销，而两被告作为股东，系清算义务人，其未提交证据证明该企业已经进行清算或清算时已经通知原告，致使原告作为债权人的合法权益受到侵害，故两被告应当对原告承担民事责任。

【案情介绍】两被告系夫妻，共同投资设立股份合作制企业临海市浙东獭兔开发公司。2002 年 3 月 27 日，浙东獭兔开发公司向原告借款人民币 10000 元，约定月利率 1.5%。借款后，原告催讨无果。2005 年 8 月 17 日，浙东獭兔开发公司因被吊销营业执照而注销。

原告胡甲起诉称：两被告系夫妻关系。1999 年被告向原告借款共计人民币 20000 元，后归还本金某民币 10000 元，尚欠人民币 10000 元。2002 年 3 月 27 日，被告重新出具借条一份，约定月利率 1.5%，并承诺会及时归还。后原告欲催讨借款，却无法联系上被告。到被告家里催讨，被告李某某虽承认借款却拒绝告知被告金某某的联系电话，亦拒绝还款。原浙东獭兔开发公司并非有限责任公司，该公司因未参加年检被吊销营业执照后注销，两被告作为责任人，应承担无限责任。现起诉要求两被告归还借款本金某民币 10000 元，并支付从借款之日起至履行完毕之日止按月利率 1.5% 计算的利息。

被告李某某书面答辩称：本案借款的行为人系浙东獭兔开发公司，且该公司因未参加年检被吊销执照。根据最高人民法院司法解释规定，被吊销执照的公司尚具备民事行为能力，因此，该公司仍具备作为被告的主体资格，原告起诉的主体不适格，要求驳回原告的起诉。

被告金某某未作答辩。其经本院合法传唤无正当理由拒不到庭参加诉讼，视为放弃抗辩的权利。

【法院审理意见】本院认为，原告与原浙东獭兔开发公司的民间借贷关系合法有效，应受法律保护。浙东獭兔开发公司借款后经原告催讨应及时归还原告借款并按约支付利息。浙东獭兔开发公司系股份合作制企业，具备法人资格，其在解散前应当成立清算组织，进行清算。现该企业因被吊销营业执照而注销，而两被告作为股东，系清算义务人，其未提交证据证明该企业已经进行清算或清算时已经通知原告，致使原告作为债权人的合法权益受到侵害，故两被告应当对原告承担民事责任。原告的诉讼请求合法有理，本院予以支持。被告李某某有关其诉讼主体不适格的抗辩意见，本院不予采纳。

【法院裁判结果】判决如下：

被告金某某、李某某于本判决发生法律效力之日起 15 日内归还原告胡甲借款人民币 10000 元，并支付利息（利息按月利率 1.5% 从 2002 年 3 月 27 日起计算至履行完毕之日止）。

如果被告未按本判决指定的期间履行给付金钱义务，应当依照《中华人民共和国民事诉讼法》第 229 条之规定，加倍支付迟延履行期间的债务利息。

第七十一条　法人的清算程序和清算组职权，依照有关法律的规定；没有规定的，参照适用公司法的有关规定。

第七十二条　清算期间法人存续，但是不得从事与清算无关的活动。

法人清算后的剩余财产，根据法人章程的规定或者法人权力机构的决议处理。法律另有规定的，依照其规定。

清算结束并完成法人注销登记时，法人终止；依法不需要办理法人登记的，清算结束时，法人终止。

典型案例　吴月繁、佛山市顺德区全顺实业发展有限公司民间借贷纠纷

【裁判观点】企业法人解散后至其债权债务清理完毕前，法院应认定该企业法人为清算法人，清算期间法人存续，但是不得从事与清算无关的活动。清算结束并完成法人注销登记时，法人终止。本案中，全顺公司于2013年11月27日被登记机关注销登记，表明全顺公司已经终止，其已丧失民事主体资格，诉讼时间为2012年8月6日，这期间至注销登记，全顺公司不得从事与清算无关的活动，全顺公司作为本案被告已不适格。

【案情介绍】全顺公司是于1995年10月27日登记成立的有限责任公司，刘泳持全顺公司20%的股份，黄锦新持全顺公司80%的股份，全顺公司因逾期未年检于2011年3月30日被吊销营业执照。1994年10月25日，深圳平安投资公司（现已注销登记）通过银行转账向长城顺德公司支付300000元。1994年11月15日，深圳平安投资公司与龙岗粮油公司签订一份《协议书》，约定双方共同经营钢材事宜，龙岗粮油公司向深圳平安投资公司支付合作款1000000元，使用期限为3个月。1994年12月19日，深圳平安投资公司与龙岗粮油公司签订一份《协议》，约定龙岗粮油公司投资深圳平安投资公司3000000元，由深圳平安投资公司经营棉纱生意，龙岗粮油公司不承担投资风险，时间为3个月，深圳平安投资公司每月向龙岗粮油公司缴交利润90000元。

1996年8月12日，全顺公司与长城顺德公司签订1份《补充协议》，约定长城顺德公司于1994年10月15日与顺昌贸易公司签订关于“眉蕉地块”的文件、合同、协议由全顺公司负责，一切经济、法律、债权、债务等责任也由全顺公司负责。1999年8月份，顺昌贸易公司、长城顺德公司、全顺公司等单位签订一份《确认书》，确认顺昌贸易公司委托长城顺德公司以长城顺德公司名义与原土地权属人签订《土地转让合同书》，土地受让方实为全顺公司，土地开发、挂靠问题由全顺公司与长城顺德公司另定细则，土地转让欠款1500000元由长城顺德公司支付给原土地权属人，该土地尚未办理变更登记，全顺公司要求以该土地抵押办理贷款，原土地权属人以土地使用者的名义把土地提供给全顺公司办理抵押，但由此产生的一切民事、经济及其他责任由全顺公司承担。

吴月繁认为全顺公司欠其借款本金4000000元、利息1000000元未还，遂

于2012年7月30日向一审法院提起诉讼。谢克忠、叶颂欣向深圳市罗湖区法院提起诉讼，称吴月繁是中国和平深圳公司下属分支机构深圳平安投资公司的实际控制人，向其借款210000元，并口头承诺该借款为其个人借款，请求吴月繁及其妻子归还借款200000元及逾期付款违约金，吴月繁及其妻子答辩称深圳平安投资公司在1994年期间曾向多个公司及个人借款用于进口白糖和冷轧板业务，各批借款已清还，但不知谢克忠为何未与公司结清，中国和平深圳公司已表示该款可退还给谢克忠，不知道谢克忠为何未办理，反而追究其个人责任，请求驳回谢克忠、叶颂欣的诉讼请求。深圳市罗湖区人民法院于2007年8月13日作出（2007）深罗法民一初字第928号《民事判决书》，该判决查明吴月繁原系深圳平安投资公司的法定代表人，该公司已于1996年5月8日注销登记，其主管单位为中国和平深圳公司，中国和平深圳公司于1996年2月1日出具的书面说明称谢克忠与公司之间有往来款200000元，此款可退谢克忠，吴月繁在与谢克忠的通话中表示该笔借款为公司借款，并认为谢克忠与深圳平安投资公司存在借款关系，谢克忠、叶颂欣主张该笔借款名为公司借款，实为吴月繁个人借款，但从通话录音的内容看，吴月繁确认此笔借款为公司借款，未表示愿意直接承担还款责任，谢克忠、叶颂欣主张吴月繁及其妻子还款缺乏事实和法律的依据，遂驳回谢克忠、叶颂欣的诉讼请求。

全顺公司现企业状态为吊销并注销，龙岗粮油公司、华群公司现企业状态为吊销。

吴月繁向一审法院起诉请求：（1）全顺公司偿还借款本金4000000元、利息1000000元，合共5000000元；（2）本案诉讼费由全顺公司负担。

吴月繁上诉请求：（1）撤销本案一审重审判决，改判全顺公司偿还借款本金及利息共5000000元（本金4000000元，利息1000000元）；（2）全顺公司负担本案全部诉讼费用。事实和理由：（1）重审判决查明的事实与本案证据所反映的事实不符，以及逻辑上对证据及证人证言断章取义。本案是民间借贷纠纷，吴月繁是实际出借人，黄锦新作为实际借款人公司的实际控制人，即其独资持股无限责任的香港顺昌贸易公司（下称顺昌贸易公司）以及后来受让全部借款权利和义务的全顺公司，还有参与偿还借款程序的黄锦新担任法定代表人和独资控股的华群公司，不论其名下持股的公司或是授权委托的关联公司长城顺德公司，黄锦新都是借款或偿还借款的实际控制人。不论各方在各自的背景下涉及相关联的公司或自然人，其出借资金的筹集或偿还借款的行为都是发生在吴月繁与黄锦新实际控制的公司之间。吴月繁提交法院的证据多达50余份，所有的证据之间互相印证，形成一套完整证据链条，证明吴月繁出借款项的资金来源，以及黄锦新实际控制的全顺公司和关联公司参与借款还款行为的事实。全顺公司对吴月繁提出的所有证据均提出不同意的主张，但是，全顺公司及刘泳、黄锦新仅仅只有主张，并没有提出任何支持其主张的证据。原审判决明显偏袒全顺公司，对无证据支持的主张均予以采纳，采纳的理由无视吴月繁证据之间相互印证的完整链条性，在逻辑上对证据单独评价，采纳全顺公司主张，断章取义认定事实。比如，黄锦新先后或分别在中国香港特别行政区和内地设立若干公司，为完成购买在顺德区的地块进行商业开发的融资借贷行为，实际控制并指挥资金的筹措、使用、偿还行为，而且，在公司之间权利义务的转让、受让上都有明确的书面合同形式予以记载，在资金筹措来源、偿还流向上都有众多证据相互印证，这些借贷资金的使用偿还行为都是黄锦新实际控制指挥其各下各公司先后完成的，黄锦新的控制指挥行为完全符合《中华人民共和国公司法》关于公司实际控制人的规定，而原审判决故意分离公司实际控制人或股东与公司独立法人之间必然联系的法律关系，不顾证据证明的事实，断章取义认定黄锦新实际控制下的若干公司之间权利义务转让行为只包括债权而不包括债务从而得出驳回吴月繁全部诉讼请求的结论。（2）原重审判决适用法律错误。①原审判决认定吴月繁单方委托作出的鉴定意见程序上不合法属于适用法律错误。最高人民法院《关于民事诉讼证据的若干规定》第 28 条规定："一方当事人自行委托有关部门作出的鉴定结论，另一方当事人有证据足以反驳并申请重新鉴定的，人民法院应予准许。"该规定并未禁止当事人自行委托有关部门进行鉴定，相反，对于吴月繁自行委托有关部门作出的鉴定意见，全顺公司应当提交足以反驳的证据并申请重新鉴定，否则，法院应该采纳。全顺公司对吴月繁提交的鉴定意见，只有不同意的意见主张，并无证据足以反驳并申请重新鉴定，而原审判决不采纳吴月繁自行委托有关部门作出的鉴定意见，违反上述规定。②关于诉讼时效的认定违反法律规定。原审判决认为吴月繁已证明其在 2011 年、2012 年向全顺公司主张了权利，但并没有提供证据证明在 1997 年 5 月前向债务人主张权利，或存在其他导致诉讼时效发生中断的事由，根据上述规定，吴月繁诉请已经超过诉讼时效，依法丧失胜诉权。原审判决关于诉讼时效的上述认定存在错误。《中华人民共和国民法通则》第 140 条规定："诉讼时效因提起诉讼当事人一方提出要求或同意履行义务而中断。从中断时起诉讼时效期间重新计算。"最高人民法院《关于审理民事案件适用诉讼时效制度若干问题的规定》第 10 条规定，当事人一方以发送信件或者数据电文方式主张权利，信件或者数据电文到达或者应当到达对方当事人，应当认定为《中华人民共和国民法通则》第 140 条规定的"当事人一方提出要求"，产生诉讼时效中断的效力。相关规定非常明确，如果按原审判决适用诉讼时效制度，一方当事人必须每两年连续不断主张权利才属于诉讼时效中断，有悖于法律规定。

吴月繁二审中申请追加刘泳、黄锦新为本案被告参加诉讼。事实和理由：根据全顺公司注销资料证明，刘泳、黄锦新于2013年5月23日作出全顺公司的清算报告，依据清算报告申请公司注销登记，并承诺对公司债务清算的真实性承担责任。吴月繁于2016年6月30日向原审法院提出追加刘泳、黄锦新为本案被告，但原审法院未予理会并作出重审判决，在重审判决中又确认全顺公司的主体资格适格，侵害了吴月繁的合法权益。刘泳、黄锦新与本案存在直接利害关系，根据《中华人民共和国公司法》第20条及最高人民法院《关于适用〈中华人民共和国公司法〉若干问题的规定（二）》第19条、第20条的规定，申请追加刘泳、黄锦新为本案被告参加诉讼。

【法院审理意见】 一审法院认为，刘泳、黄锦新是香港居民，故本案属涉港民事纠纷。一审法院属于在本辖区内对涉外民事案件有管辖权的人民法院，且符合级别管辖的规定，故本案应由一审法院管辖。因各方当事人对于本案应适用的法律没有作出约定，故应根据《中华人民共和国民法通则》第145条第2款、《中华人民共和国合同法》第126条第1款规定的最密切联系原则确定本案适用的准据法。本案吴月繁是中国内地居民，全顺公司是中国法人单位，吴月繁主张其与全顺公司之间存在借款关系提起诉讼，故中国内地的法律与本案纠纷具有最密切联系，应适用中国内地的法律解决本案纠纷。本案争议焦点之一在于：本案诉讼主体是否有民事主体资格。

关于诉讼主体问题，本院认为，广东省高级人民法院《关于企业法人解散后的诉讼主体资格及其民事责任承担问题的指导意见》第1条规定，企业法人被工商行政管理部门吊销营业执照、未经清算被注销、被撤销或企业自动歇业和视为自动歇业的，应认定该企业法人解散。企业法人解散后至其债权债务清理完毕前，法院应认定该企业法人为清算法人，具备民事主体资格。工商登记资料反映全顺公司于2013年11月27日注销，本案诉讼始于2012年8月6日，全顺公司在诉讼期间进行注销，但并未就本案的债务进行处理。根据上述规定，全顺公司仍具民事主体资格，依法应当参加本案诉讼。综上所述，吴月繁的主张缺乏事实和法律依据，一审法院不予支持。判决如下：驳回吴月繁的全部诉讼请求。

本院认为，《中华人民共和国民事诉讼法》第119条规定："起诉必须符合下列条件：（一）原告是与本案有直接利害关系的公民、法人和其他组织；（二）有明确的被告；（三）有具体的诉讼请求和事实、理由；（四）属于人民法院受理民事诉讼的范围和受诉人民法院管辖。"《中华人民共和国公司登记管理条例》第44条规定："经公司登记机关注销登记，公司终止。"本案中，全顺公司于2013年11月27日被登记机关注销登记，表明全顺公司已经终止，其已丧失民事主体资格，全顺公司作为本案被告已不适格。鉴于全顺公司在一审诉讼期间已经终止，而吴月繁并无证据证明全顺公司注销登记未经清算，吴月繁的起诉不符合法定条件，故应驳回吴月繁的起诉。一审判决以全顺公司在诉讼期间进行注销、未就本案债务进行处理为由，认定全顺公司仍具有民事主体资格、依法应当参加本案诉讼，属于适用法律错误，处理不当，本院依法予以纠正。如果吴月繁认为全顺公司办理注销登记行为损害其合法权益，应另案主张其权利，其关于在本案中追加被告的上诉请求于法无据，本院不予支持。鉴于本院基于诉讼主体问题已驳回吴月繁的起诉，故对于与本案实体处理相关的事实，本院依法不作审查。

【法院裁判结果】 裁定如下：

一、撤销广东省佛山市顺德区人民法院（2015）佛顺法民一重字第12号民事判决；

二、驳回吴月繁的起诉。

本裁定为终审裁定。

第七十三条　法人被宣告破产的，依法进行破产清算并完成法人注销登记时，法人终止。

典型案例　天全县国有资产经营有限公司与天全县和神农林实业有限公司纠纷

【裁判观点】 法人被宣告破产的，依法进行破产清算。被申请人是经工商登记的企业法人，其不能履行的到期债务达85607010余元及利息，且公司现处于瘫痪状态，明显缺乏清偿能力，依法应清理债务。故申请人的破产清算申请符合法律规定，法院依法予以受理。

【案情介绍】 申请人天全县国有资产经营有限公司向被申请人天全县和神农林实业有限公司主张债权的案件在本院有2件，均在审理中，案号分别为（2016）川1825民初890号、（2016）川1825民初891号，诉讼标的共计6814411元。经初步统计，被申请人天全县和神农林实业有限公司现未履行的债务还有：（1）欠四川鼎际建设集团有限公司20684605.08元及其利息，并承担该案诉讼费60000元［（2015）天全民初字第912号案］；（2）欠天全县始阳镇人民政府200万元及迟延履行期间利息，并承担该案诉讼费11400元［（2016）川1825民初478号案］；（3）欠吕勇4218218.05元及其利息，并承担该案诉讼费25273元［与天全县宏森林业有限责任公司连带偿还，案号为（2015）天全民初字第659号］；（4）欠四川康能电气股份有限公司1476630元及利息，并承担该案诉讼费18090元［（2016）川1825民初第533号案］；（5）欠朱俊奇6028650元及迟延履行期间利息、该案执行费62687元（2015川1802执15号案）；（6）欠袁建雅16257900元及迟延履行期间利息、该案执行费108690元［（2015）川1802执16号案］；（7）欠田光全29294350元及利息，并承担该案诉讼费193272元；（8）欠27名员工工资152834元。

被申请人天全县和神农林实业有限公司成立于2012年5月25日，注册资本为4200万元，经营范围为木竹材加工销售（凭许可证经营），投资人为天全县宏森林业有限责任公司（投资比例为28.5714%）、成都和神贸易有限公司（投资比例为22.4286%）、成都科甲投资开发有限公司（投资比例为49%），执行董事为李成佳，监事为朱华忠。该公司厂房建成后试生产了一个月就因种种原因停产至今，公司现处于瘫痪状态。

被申请人天全县和神农林实业有限公司资产状况。工业用地使用权面积：70155.5平方米，地号：3－100，出让价约12.3万元一亩；办公楼一幢，六楼一底，约7000平方米；宿舍楼一幢，四楼一底，约4000平方米；厂房5间，每间约2500平方米；机器设备。资产优先受偿、查封情况：四川鼎际建设集团有限公司在天全县和神农林实业有限公司应支付的工程款16821914.18元范围内对其为该公司修建的工程项目（含厂房、宿舍楼、办公楼）享有优先受偿权［依据（2015）天全民初字第912号民事判决书］；雨城区人民法院于2016年1月20日将天全县和神农林实业有限公司所有的坐落于天全县始阳镇凤阳大道北侧的工业用地（2013）第19号，地号：3－100，使用权面积：70155.5平方米以及该宗土地上的厂房、机器设备予以查封，可以使用但不得转让；天全县人民法院于2015年6月17日裁定对天全县和神农林实业公司位于天全县始阳镇工业集中区五楼一底的框架结构办公楼予以查封，2016年7月11日裁定对天全县和神农林实业公司位于天全县始阳镇工业集中区内三楼一底职工宿舍楼（含员工餐厅）一幢予以查封。

2017年2月7日，申请人天全县国有资产经营有限公司以被申请人天全县和神农林实业有限公司欠其担保债务、借款债务共计人民币6814411元，而该公司已停止运营，找不到人，且据悉现有1000多万元判决债务尚待执行，另有数额不详的未诉债务，公司资产也被相应法院冻结，其有充分理由认为该公司现已明显缺乏清偿债务的能力为由向本院申请对被申请人天全县和神农林实业有限公司进行破产清算。

本院于2017年2月15日通知了被申请人天全县和神农林实业有限公司。被申请人天全县和神农林实业有限公司在法定期限内未向本院提出异议。

【法院审理意见】 本院认为：被申请人的住所地在天全县始阳镇工业集中区，本院对该破产清算案件具有管辖权。申请人天全县国有资产经营有限公司对被申请人享有债权，符合申请人资格。被申请人是经工商登记的企业法人，属于破产适格主体。本院现初步查明其不能履行的到期债务达85607010余元及利息，且公司现处于瘫痪状态，明显缺乏清偿能力，依法应清理债务。故申请人的破产清算申请符合法律规定，本院依法予以受理。

【法院裁判结果】 裁定如下：

受理申请人天全县国有资产经营有限公司对被申请人天全县和神农林实业有限公司的破产清算申请。

本裁定自即日起生效。

第七十四条　法人可以依法设立分支机构。法律、行政法规规定分支机构应当登记的，依照其规定。

分支机构以自己的名义从事民事活动，产生的民事责任由法人承担；也可以先以该分支机构管理的财产承担，不足以承担的，由法人承担。

典型案例　浙江苍南农村商业银行股份有限公司与郑乃御、杨宝红金融借款合同纠纷

【裁判观点】 法人可以依法设立分支机构。分支机构以自己的名义从事民事活动，产生的民事责任由法人承担。原浙江苍南农村合作银行桥墩支行系原浙江苍南农村合作银行的分支机构，其权利义务应由浙江苍南农村合作银行承受。由于浙江苍南农村合作银行已变更为浙江苍南农村商业银行股份有限公司，其与被告因金融借款合同所产生的权利义务依法由原告苍南农商银行享有和承担。

【案情介绍】 2014年5月22日，经温州市工商行政管理局核准，浙江苍南农村合作银行变更登记为浙江苍南农村商业银行股份有限公司；被告郑乃御与杨宝红系夫妻关系，两人于1994年12月28日办理结婚登记。

原告浙江苍南农村商业银行股份有限公司向本院提出诉讼请求：（1）判

令被告郑乃御立即偿还原告借款本金20万元及利息、逾期利息（利息自2015年9月21日起算至2016年5月2日止，按月利率7.000001‰计算，扣除已支付利息1837.88元；逾期利息自2016年5月3日起至判决确定的履行之日止，按月利率10.500001‰计算）；（2）判令被告杨宝红对上述债务承担连带保证责任；（3）本案诉讼费及实现债权的其他费用由各被告承担。事实和理由：（1）2014年5月4日，被告郑乃御、杨宝红与原浙江苍南农村合作银行桥墩支行签订一份编号为浙苍合银（2014）循保借字第8611120140041637号的《个人循环保证借款合同》，该合同约定：贷款人向被告郑乃御发放借款的额度为20万元，被告郑乃御自2014年5月4日起至2016年5月3日止，可循环使用上述借款额度，但在该期限内任何一时点上的借款余额不得超过该借款额度。具体每笔借款的金额、期限和用途由借款借据另行约定；（2）合同项下单笔借款利率根据借款发放之日中国人民银行同期同档次基准贷款利率上浮80%确定；（3）还款方式为按季付息，每季末月的20日为结息日，次日为付息日，逾期付息视为违约。本金至借款期限届满时一次性归还，利随本清；（4）被杨宝红自愿作为保证人对原告在合同项下发生的所有债权提供连带责任保证。保证期间根据各笔借款的借款期限分别确定，自该笔借款的借款期限届满之日起二年；（5）若未按期归还借款本金，从逾期之日起按借款合同所约定的利率加收50%的罚息利率计收罚息。2015年5月4日，被告郑乃御向原告借款20万元，并在借款借据上签字确认，双方约定借款月利率为7.000001‰，借款期限自2015年5月4日起至2016年5月2日止，还款方式为到期还本，按季结息。借款后，被告郑乃御仅支付利息至2015年9月20日，原告于2015年10月21日扣除利息1837.88元，后为此提前宣告借款到期。剩余借款本息经原告催讨，被告郑乃御至今未还。

被告郑乃御辩称，本人与被告杨宝红系夫妻关系，因欠他人钱款，故向银行借款20万元用于还债，并签署了合同，但利息如何计算记不清了。借款后，本人未偿还借款本金，仅支付利息至入狱前，均通过银行卡直接扣除。

被告杨宝红未作答辩。

【法院审理意见】本院认为，原浙江苍南农村合作银行桥墩支行与被告郑乃御、杨宝红共同签订的《个人循环保证借款合同》、与被告郑乃御签订的借款借据均系双方当事人真实意思的表示，且内容合法，应认定为有效合同。各方当事人均应全面履行合同约定的义务。原浙江苍南农村合作银行桥墩支行系原浙江苍南农村合作银行的分支机构，其权利义务应由浙江苍南农村合作银行承受。由于浙江苍南农村合作银行已变更为浙江苍南农村商业银行股份有限公司，其与被告因金融借款合同所产生的权利义务依法由原告苍南农商银行享有和承担。被告郑乃御未按约支付利息，已构成违约，原告要求被告郑乃御偿还借款本金20万元并支付利息、逾期利息，理由正当，应予支持。被告杨宝红作为担保人按约应对该借款本息承担连带保证责任。

【法院裁判结果】 综上所述，判决如下：

一、郑乃御于本判决生效后10日内偿还浙江苍南农村商业银行股份有限公司借款20万元并支付利息、逾期利息（以借款20万元为基数，利息自2015年9月21日起至2016年5月2日止，按月利率7.000001‰计算；逾期利息自2016年5月3日起至本判决确定的履行之日止，按月利率10.500001‰计算，扣除已支付的利息1837.88元）；

二、杨宝红对上述款项承担连带保证责任。

如果未按本判决指定的期间履行给付金钱义务，应当按照《中华人民共和国民事诉讼法》第253条之规定，加倍支付迟延履行期间的债务利息。

第七十五条　设立人为设立法人从事的民事活动，其法律后果由法人承受；法人未成立的，其法律后果由设立人承受，设立人为二人以上的，享有连带债权，承担连带债务。

设立人为设立法人以自己的名义从事民事活动产生的民事责任，第三人有权选择请求法人或者设立人承担。

第二节　营利法人

第七十六条　以取得利润并分配给股东等出资人为目的成立的法人，为营利法人。

营利法人包括有限责任公司、股份有限公司和其他企业法人等。

第七十七条　营利法人经依法登记成立。

典型案例　**罗似水与山东天伟农业有限公司、胡清华等公司设立纠纷**

【裁判观点】 设立公司，应当依法向公司登记机关申请设立登记。符合公司法规定的设立条件的，由公司登记机关分别登记为有限责任公司或者股份有限公司。原审被告天伟公司经枣庄市工商行政管理局审查并颁发法人营业执照，原审原告罗似水以公司章程等手续上的签名系原审被告胡清华所写、其只认可六人组成的公司，不认可五人组成的公司为由，要求原审被告天伟公司返还其出资600000元、其他原审被告承担连带赔偿责任，系公司设立过程中产生的纠纷，应由股东之间根据法律规定予以解决，或由主管机关处理，人民法院不宜受理。

【案情介绍】原审原告罗似水与原审被告胡清华拟设立山东永恒农业有限公司。2010年7月15日，原审原告罗似水向原审被告胡清华交付50000元股本金作为筹建款，口头约定由胡清华办理公司注册登记的各种事项，商定公司股东为罗似水、胡清华、李长媛及案外人胡宝藤、胡燕茹、秦志全六人。因山东永恒农业有限公司未能获得企业名称预先核准，罗似水与胡清华商定成立"山东天伟农业有限公司"，并于2010年8月9日，由胡清华在枣庄市工商行政管理局办理了企业名称预先核准登记，但企业登记行政管理机关出具的企业名称预先核准通知书上确定天伟公司的股东为罗似水、胡清华、李长媛及案外人胡宝藤、胡燕茹。2010年8月19日，罗似水向李长媛的农行6217账户转入款50000元，作为入股"山东天伟农业有限公司"的股金。其后，原审原告罗似水与原审被告胡清华、李长媛及案外人胡宝藤、胡燕茹、秦志全签署了落款时间为2010年8月30日的"山东天伟农业有限公司"的公司章程。2010年8月31日，张宝宗持胡清华、李长媛、案外人胡宝藤、胡燕茹的签名以及胡清华假冒罗似水签名的委托代理人证明书，在枣庄市工商行政管理局办理了天伟公司的企业注册登记手续，领取了天伟公司的企业法人营业执照。张宝宗向企业注册登记管理机关提交的文件中，包括天伟公司的章程、验资报告书等，其中章程落款时间为2010年8月30日，所标注股东为罗似水、胡清华、李长媛及案外人胡宝藤、胡燕茹，该章程股东签名处"罗似水"的签字，系他人假冒罗似水所签。庭审中，胡清华承认该签字为其所写。

原审被告胡清华、李长媛及案外人胡宝藤、胡燕茹，在枣庄市工商行政管理局办理了原审被告天伟公司的企业注册登记手续，该章程股东签名处"罗似水"的签字，经山东金剑司法鉴定中心鉴定罗似水的签名不是本人所签，为此原审原告罗似水支出鉴定费1500元。

2012年5月26日，原审原告罗似水诉称，其曾与胡宝藤、胡燕茹、秦志全及被告胡清华、李长媛六人协议成立"山东天伟农业有限公司"，六人亦据此拟定公司章程，并共同认可签字。原告为履行上述章程义务，将共计

600000 元的出资交与被告胡清华、李长媛，委托该二人向拟成立的公司进行交付，但被告胡清华、李长媛置上述六人间协议于不顾，假冒原告签字，另行拟定以原告、被告胡清华、被告李长媛，案外人胡宝藤、胡燕茹五人为股东的公司章程，委托被告张宝宗注册成立了被告天伟公司，并将原告上述出资予以注入。原告没有与被告胡清华、李长媛，案外人胡宝藤、胡燕茹达成成立被告天伟公司的合意，被告胡清华、李长媛将原告拟与胡宝藤、胡燕茹、秦志全及被告胡清华、李长媛六人协议成立“山东天伟农业有限公司”的资产注入到被告天伟公司，非原告真实意思表示，被告天伟公司收取原告出资没有事实和法律依据，被告胡清华、李长媛未按原告委托履行义务，与原告损失具有直接因果关系，应承担赔偿责任；被告张宝宗没有原告的授权却代表原告申请注册登记，致使被告胡清华、李长媛将原告出资转投至被告天伟公司，原告的损失与被告张宝宗的行为亦有因果关系，亦应当承担赔偿责任。请求判令被告天伟公司返还原告款 600000 元，被告胡清华、李长媛、张宝宗承担连带赔偿责任。

被告天伟公司、胡清华、李长媛、张宝宗未提出书面答辩意见。

原审被告张宝宗辩称，成立天伟公司是原审原告罗似水的真实意思表示；原审认定罗似水移交 498842 元的实物证据不足；天伟公司注册时，张宝宗只是给原审被告胡清华等人帮忙，在本案中并没有过错，故原审原告罗似水的损失与张宝宗无关；再审请求撤销原判，驳回原审原告对张宝宗的诉讼请求。

原审被告天伟公司辩称，公司筹建之初有原审原告罗似水、原审被告胡清华、李长媛以及案外人胡宝藤、胡燕茹五人，没有秦志全。原审原告罗似水认缴的出资额为 600000 元，持股 12%，其中以货币出资 100000 元，分两次交付给设立中的公司，还以蛋鸡、药品以及养殖设备等实物出资，评估作价 498842 元，但原审原告罗似水并未将实物交付给设立中的公司。后天伟公司召开股东会议，秦志全表示加入公司，胡清华同意将自己 5% 的股份转让给秦志全，约定于秦志全交付现金时办理变更手续，在此情况下才拟定了六人公司章程，后因秦志全没有交付现金，也就没有成为股东。现公司已经成立，原审原告罗似水的起诉没有事实和法律依据，请求撤销原判，驳回其诉讼请求。

原审被告胡清华的答辩意见与原审被告天伟公司的答辩意见相同。

原审被告李长媛未提出书面答辩意见。

【法院审理意见】原审认为，公民以其资产作为出资设立公司须行为人意思表示真实。本案原告罗似水的真实意思表示是以其现金及实物作为出资，与被告胡清华、李长媛及案外人胡宝藤、胡燕茹、秦志全六人设立并成立“山东天伟农业有限公司”，而不是与被告胡清华、李长媛及案外人胡宝藤、胡燕茹五人成立被告天伟公司。被告胡清华、李长媛及案外人胡宝藤、胡燕茹在原告罗似水不知情的情况下，与其成立公司并将原告罗似水交付给被告胡清华、李长媛的财产作为出资注入到被告天伟公司中，构成对原告罗似水权利的侵害。原告仅对被告胡清华、李长媛提起诉讼，系对自己民事诉讼权利的处分。被告张宝宗未取得原告罗似水的授权，仍以原告罗似水的名义办理企业注册登记，致使原告罗似水的财产被注入被告天伟公司，其行为与原告罗似水权利受到侵害存有因果关系，应承担补充赔偿责任。被告天伟公司取得原告罗似水财产，没有合法依据，应当予以返还。原告罗似水请求被告张宝宗承担连带清偿责任，没有事实和法律依据，本院不予支持。被告天伟公司、胡清华、李长媛经本院合法传唤无正当理由拒不到庭参加诉讼，系对自己诉讼权利的处分。判决如下：一、被告山东天伟农业有限公司于本判决发生法律效力之日起十日内返还原告罗似水投资款及实物折价600000元；二、被告胡清华、李长媛对本判决第一项承担连带清偿责任；三、被告张宝宗对本判决第一项承担补充赔偿责任；四、驳回原告罗似水的其他诉讼请求。

本院再审认为，根据《中华人民共和国公司法》第6条的规定，设立公司，应当依法向公司登记机关申请设立登记。符合公司法规定的设立条件的，由公司登记机关分别登记为有限责任公司或者股份有限公司。原审被告天伟公司经枣庄市工商行政管理局审查并颁发法人营业执照，原审原告罗似水以公司章程等手续上的签名系原审被告胡清华所写、其只认可六人组成的公司，不认可五人组成的公司为由，要求原审被告天伟公司返还其出资600000元、其他原审被告承担连带赔偿责任，系公司设立过程中产生的纠纷，应由股东之间根据法律规定予以解决，或由主管机关处理，人民法院不宜受理。原审判决在没有证据证明无法送达的情况下，采用公告送达方式违反法律程序，系剥夺当事人的权利，再审予以纠正。原审判决认定事实基本清楚，但适用法律错误，依法应予纠正。

【法院裁判结果】

原审被告李长媛经本院合法传唤，无正当理由拒不到庭参加诉讼，系对自己诉讼权利的处分。本案经本院审判委员会讨论决定，裁定如下：

一、撤销本院（2012）山民初字第975号民事判决；

二、驳回原审原告罗似水的起诉。

第七十八条 依法设立的营利法人，由登记机关发给营利法人营业执照。营业执照签发日期为营利法人的成立日期。

典型案例　皇平与陈维与公司有关的纠纷

【裁判观点】依法设立的公司，由公司登记机关发给公司营业执照。公司营业执照签发日期为公司成立日期。公司只有领取营业执照，才可确定企业法人的主体资格，才具备民事权利能力和民事行为能力。上诉人与被上诉人拟共同出资成立成都市申兴天健商贸有限公司，并将企业名称进行了预先核准登记，没有颁发营业执照，故最终并未成立。上诉人与被上诉人作为公司发起人，在公司成立之前系合伙关系。合伙经营的时间为2012年9月至2013年8月。

【案情介绍】2012年10月18日，成都市工商行政管理局发出《企业名称预先核准通知书》一份，载明：根据《企业名称登记管理规定》和《企业名称登记管理实施办法》等有关规定，同意预先核准陈维出资51万元，投资比例为51%，皇平出资49万元，投资比例为49%，企业名称为成都市申兴天健商贸有限公司。以上预先核准的企业名称保留期至2013年4月17日，在保留期内，企业名称不得用于经营活动，不得转让。经企业登记机关设立登记，颁发营业执照后企业名称正式生效。2012年10月25日，陈维收到皇平投资款16万元。原告皇平委托严竹作为其代理人于2012年9月起同被告陈维一起从事成都北大荒绿色食品的销售。后严竹离开成都，原告未再委托他人代理与被告的合伙事宜。被告陈维一直经营至2013年8月。原告认为在严竹走后双方的合伙事宜已经结束，被告陈维未按约出资，导致公司未能成立，要求被告返还其投资款未果后，遂向法院提起诉讼。

原告提供的录音资料显示，2013年4月，原告皇平与被告陈维协商时，其并无终止合作的意思表示，反而明确表示双方要理顺原、被告之间的合作模式，继续合作。被告陈维也认可原告皇平投资293670元。

原、被告拟成立的成都市申兴天健商贸有限公司并未成立，但双方仍自2012年9月起合作经营。双方对合作经营的期间、合作模式、财务管理等未形成书面协议。故为查明事实，一审法院在庭审中将举证责任进行分配：由原告向法院申请对2012年9月至2013年8月经营期间的收入、支出等一系列会计资料进行司法审计。由于会计资料在被告陈维的实际掌控中，故陈维应向法院提交所有的收入、支出原始票据、账单和建设银行卡等，以配合审计机构的司法审计。2015年3月23日，原、被告双方同意对上述期间的经营状况进行司法审计。2015年3月27日，法院委托四川建业会计师事务所有限公司进行审计。2015年7月29日，该公司向法院作出《关于皇平、陈维与公司有关的纠纷一案财务经营情况进行司法鉴定的函》，主要内容如下：我们按照《中国注册会计师审计准则》《司法鉴定程序通则》等法律文件的相关规定，在进行相关司法鉴定时，首先需要确定鉴定对象、鉴定凭据，并对是否能进行司法鉴定而向原、被告双方分别做了前期调查与询问；由于无法明确：原告的合作经营者是谁？合作投资及投资者的投资金额、投资（验资报告）确认书、投资转移证据及收款方的收据、财务记账凭证等证据情况？具体什么阶段是谁负责经营及经营管理情况？合作的整个阶段：合作负责人是谁？公司会计、出纳是谁？采购销售的记录、供销合同、收支明细记录集及财务凭证银行存款日记账、现金日记账、每月银行对账单？财务管理负责人是谁？支出、收入报账程序和相关财务制度规定等诸多问题。我们对当事人分别采取电话或当面沟通的形式了解，但双方的陈述基本均不一致。为此，我们无法实施鉴定程序、且不具备司法鉴定的条件。据此，在初步了解贵院委托本项司法鉴定的要求及初步核实的情况下，我们认为本案因缺乏原、被告提供的合法、真实有效且双方均认可的鉴定对象与凭据的情况下，我们无法实施司法鉴定程序，而且根据谁主张、谁举证的原则，因证据资料不符合财务、税务、企业管理的相关要求及规定，将会导致鉴定结论达不到申请人或委托人的要求，所以根本不具备实施司法鉴定的条件。我们特提请贵院转告当事人因本项鉴定工作复杂、证据资料不充分、不关联、难度大、所需鉴定时间较多，所以鉴定费用较高。同时，更应注意存在的具体问题将导致鉴定不能得出结果的风险。

原告皇平诉称：原告于2011年至2012年在成都、德阳等地区从事销售业务时与被告相识，该期间被告向原告积极推荐成都北大荒代理生意，被告主动邀请原告成立公司，共同经营北大荒成都地区代理业务。2012年10月初，被告持双方共同签署成立公司的相关申请文件，通过成都文成企业咨询服务有限公司代理注册公司（即“成都市申兴天健商贸有限公司”），并支付了相应的服务费。2012年10月18日成都市金牛工商行政管理局核发了《企业名称预先核准通知书》批准：出资人为陈维、皇平；出资比例为陈维51万元占51%，皇平49万占49%。企业名称预先核准后，原、被告双方决定各方按约定出资，并由被告负责管理。2012年8月29日原告依被告要求打款160000元给成都北大荒绿色食品配送有限公司，并由该公司发货给陈维签收；2012年10月25日，陈维出具收款收据一份，载明“投资款”、金额为61170元；2013年2月21日，陈维又出具给原告收款收据一份，载明投资款、金额61170元；2012年12月初，原告再次打款72500元给成都北大荒绿色食品配送有限公司，由被告签收货物，此款作为原告投资款用于购买啤酒。自2012年10月18日“成都市申兴天健商贸有限公司”名称核准后，被告自始至终未出资，公司至今未正式成立。原告多次催促被告出资并要求正式注册公司，而被告均无故推诿，并在电话中承诺连本带利按30万元返还给原告。2013年11月12日，原告前往被告所称北大荒成都门店，发现被告根本未在此经营，物品款项下落不明，故原告向法院提起诉讼，请求判令：被告返还原告本金293670元，承担利息损失19818.44元（按中国人民银行同期贷款利率计算至实际支付之日止），交通费损失3200元。

被告辩称：原、被告双方为朋友关系，原告主动要求与被告合作销售北大荒产品，双方通过中介运作并核发了企业名称通知，公司未成立在于原告经常不签字。公司虽未成立，但双方销售了北大荒产品，原告投资16万元，被告投资20万元，原告投资主要打入北大荒形成货款，被告资金用于前期开展业务及货款。双方并未签订书面合伙协议约束权利义务，原告全权委托被告销售，对于原告所述的61170元及72500元，予以认可。双方投资失败属合伙做生意的结果，利息不应计算。投入的本金双方均有损失，现剩余货物由被告保管。综上，被告并未侵占原告的利益，也不存在诈骗行为，双方应按约共同分担经营损失，请求驳回原告的诉讼请求。

上诉人皇平提出上诉理由称：一审法院未查清事实并且适用法律错误。一审法院并未查清陈维是否投资15万元，双方当事人是否合作经营一年，未核实经营情况表所对应的凭证，对于被上诉人所提交建设银行卡，却不予认可此为经营状况的证据。一审法院分配举证责任无据，认为不适用公司法的相关法规属不当。故请求法院：撤销（2014）旌民初字第942号民事判决，并予以改判支持上诉人的一审诉讼请求。

被上诉人陈维答辩称：一审认定事实正确，适用法律正确，故应驳回上诉，维持原判。

二审中，法庭询问上诉人诉讼请求的具体涵义，其表示因仅合作三个月，终未能成立公司，应当退还其全部投资款及其他费用。法庭释明，因承认合作三个月，应计算合伙经营的盈亏，其表示被上诉人曾表示愿意全部退还投资款，但未提交相应证据予以佐证。被上诉人称该公司由上诉人、被上诉人和案外人刘洪军共同出资建立，但上诉人予以否认，根据合同之约定，公司由上诉人与被上诉人出资建立，关于刘洪军与其的法律关系，不在本案中解决。

【法院审理意见】一审法院认为，本案争议焦点为：被告陈维是否应向原告皇平返还出资款。

原告认为，原、被告双方是筹备、设立公司的发起人，有共同设立有限公司的合意。原告出资293670元已得到被告的认可。2012年9月、10月、11月三个月期间的经营费用为61170元，按申请注册公司时载明的出资比例分担即可。被告陈维于2012年12月至2013年8月的经营，应属于被告自行经营期，应认定为被告对2012年9月至11月三个月经营结果的承接。被告对经营期收入、支出、盈余亏损的账簿举证不能，审计机构认为“证据材料不符合财务、税务、企业管理的相关要求及规定，证据材料不充分、不关联等”，不具备审计条件，证实被告未尽善意经营的职责，从而应当返还原告全部投资款。被告未履行实际出资义务，导致公司未能成立，应当返还原告相应的投资款。被告作为经营期间账簿的持有者、管理者，应当承担相应的举证不能的责任。被告认为，原告没有证据能证明被告非善意经营。本案纠纷中双方合伙经营项目亏损，原告以亏损和账目不规范来推论被告非善意经营，完全无事实根据。因为：首先，善意经营不等同于必须要盈利，双方未成立公司也没有以书面形式约定双方的权利、义务，双方合伙经营连书面协议也没有，说明双方至少在合作初期是相互信任的。账目记账不规范的原因不在被告，而在于双方既没有记账的书面约定也未成立公司，也未按照《会计法》的规范进行操作。在经营的前三个月，双方的账目记载也很不规范，当时原告还派人参与了经营，原告并未提出任何的异议。其次，建行卡只能反映出合伙经营的部分情况，不能反映全部的经营情况，其中包括房租、给供货方北大荒公司打的货款、店铺转让费10万元以及库存等情况就无法反映。最后，原告提供的录音资料和被告提供的证据，表明双方的合伙经营还存在第三方人员刘红军。刘红军实际参与了经营，如果要清理核算，刘红军也应当加入清算。否则，就可能损害第三人的权益。综上，双方合伙经营有亏有赚都属正常，原告证明被告“非善意”经营并进一步要求被告全额退款证据不足，其现有证据也没有反映出纠纷的全部事实，被告在此次合伙经营中损失也很大，也是受害者，所以请求驳回原告的诉讼请求。

一审法院认为，原告皇平与被告陈维拟共同出资成立成都市申兴天健商贸有限公司，并将企业名称进行了预先核准登记，但最终并未成立。《中华人民共和国公司法》第7条规定了“依法设立的公司，由公司登记机关发给公司营业执照。公司营业执照签发日期为公司成立日期”，也就是说，公司只有领取营业执照，才可确定企业法人的主体资格，才具备民事权利能力和民事行为能力，故原、被告之间的合作经营不适用《中华人民共和国公司法》的相关法律规定。原告认为是被告未履行出资义务造成公司未能成立，故应向其返还全部出资款。被告抗辩称，其仅是管理者，并非与原告合伙经营的投资者，出资15万元是由于原告和另一发起人刘红军都不管，为维持正常经营才打的款。被告的该抗辩理由，与工商登记资料相矛盾，不予采纳，被告陈维应为成都市申兴天健商贸有限公司的发起人。原告现主张返还投资款，根据最高人民法院

《关于民事诉讼证据的若干规定》第2条第1款关于“当事人对自己提出的诉讼请求所依据的事实或者反驳对方诉讼请求所依据的事实有责任提供证据加以证明”的规定，原告应举证证明双方合作经营的期间及在经营期间内的收入和支出金额，收支抵销后尚有可分配的财产。关于经营的期间，原告仅认可2012年9月至2012年11月，但原告所举的录音资料显示，原告在2013年4月与被告商谈时并无终止合作的意思表示，被告陈维经营至2013年8月的行为效力应当及于原告，视为双方仍在继续合作。关于经营期间的收入和支出金额，严竹走后由被告独自管理，被告当庭陈述经营至2013年8月已经亏损，并提交了2012年9月至2013年8月期间的收、支明细账及在中国建设银行的收入明细，虽然原告对严竹走后的收支凭证均不认可，但原告亦无法提供其他证据证明被告在独自管理期间尚有其他真实账册存在。同时，原告申请对2012年9月至2013年8月经营期间的收入、支出情况进行司法审计，法院也依法委托四川建业会计事务所有限公司对原告申请的事项进行审计，但该公司认为本案不具备司法鉴定的条件，无法实施鉴定程序。根据最高人民法院《关于民事诉讼证据的若干规定》第2条关于“当事人对自己提出的据诉讼请求所依的事实或者反驳对方诉讼请求所依据的事实有责任提供证据加以证明。没有证据或者证据不足以证明当事人的事实主张的，由负有举证责任的当事人承担不利后果”的规定，现有证据无法证明被告陈维应否向原告皇平返还投资款及投资款的具体金额，原告应承担举证不能的法律后果。

综上所述，原、被告双方作为成都市申兴天健商贸有限公司的出资人，在公司尚未成立，且未就合作经营的期间、合作模式、财务管理等达成一致意见的情况下，已经开展了经营业务。由于经营活动以营利为目的，但并不一定产生盈利的后果，故现原告皇平主张返还293670元投资款，无事实依据，不予支持。为此，依照最高人民法院《关于民事诉讼证据的若干规定》第2条之规定，判决如下：驳回原告皇平的诉讼请求。

本案的主要争议焦点：被上诉人陈维是否应当退还上诉人皇平投资款及相应利息、费用？

本院认为，上诉人与被上诉人拟共同出资成立成都市申兴天健商贸有限公司，按约其出资分别为221170元和278000元，并将企业名称进行了预先核准登记，但最终并未成立。上诉人与被上诉人作为公司发起人，在公司成立之前系合伙关系。虽然上诉人称其已向被上诉人明确表示终止合作关系，但并未向法庭提交相应的证据予以佐证。同时，上诉人为证明其终止合作关系的意愿向法庭提交录音资料，但该录音并未显示其终止合作关系的内容，反表明其愿继续合作。故予以确认合伙经营的时间为2012年9月至2013年8月。对于合伙经营所产生盈亏的处理，上诉人与被上诉人并无书面或口头约定，合伙人均应按照法律规定分配利润和分担亏损。现上诉人提出由被上诉人返还全部投资款及相应费用，于法无据。上诉人参与了前三个月的经营，后期经营由被上诉人负责，作为合伙人，上诉人应当积极参与，现不能因未参与后期经营，而全盘否定盈亏的情况。故根据上诉人与被上诉人的对账，经核算，支出为1087660.07元，收入为547593.26元，亏损额为540066.81元。

【法院裁判结果】

综上，原判认定事实清楚，适用法律正确，审理程序合法，上诉人皇平的上诉理由不成立，依法应予驳回。判决如下：

驳回上诉，维持原判。

第七十九条 设立营利法人应当依法制定法人章程。

典型案例 元秋与浙江禾本科技有限公司股东资格确认纠纷

【裁判观点】设立公司必须依法制定公司章程。公司章程对公司、股东、董事、监事、高级管理人员具有约束力。股东签署并经工商登记的公司章程以及公司置备的股东名册对内是确定股东及其权利义务的主要根据，对股东资格确认具有推定效力。本案中，被告禾本科技公司的章程、股东名册以及工商登记中载明的股东均显示不包括原告，原告不具备成为禾本科技公司股东的形式要件。

【案情介绍】1995年，第三人曾仲武为开发杀菌剂甲霜灵产品，邀请原告合股，允诺原告投资5万元，给予0.5股。因原告资金短缺，曾仲武答应原告可先行投入2万元。同年10月30日，第三人曾仲武、李洪益、曾挺与案外人赵某、叶某、金某甲、金某乙、王某、卜某甲、卜某乙等十人共同签订《股东协议书》一份，协议书载明：今有赵某、曾仲武、李洪益等十人创办中间体厂，合股生产经营，开发新型杀菌剂甲霜灵产品，确定设在黎明酒石酸厂内，并将黎明酒石酸厂变更为中间体厂；本厂有股东股份15.5，每股份投资金额为10万元，其中，王元秋0.5股，投入金额2万元。《股东协议书》落款处，“王元秋”的名字为第三人曾仲武代签。

同年12月6日，原告将2万投资款交与曾仲武，曾仲武向原告出具收条一张，并承诺到厂后再开收款收据。同年12月12日，曾仲武以植保化学厂的名义向原告出具一张收款收据，确认收到原告投资款2万元。同时，曾仲武将上述代签的《股东协议书》交给原告。

上述《股东协议书》签订后，签订协议的十人（不包括原告）未实际履行协议，而是与案外人戴积东另行签订了一份新的《股东协议书》，载明：今有曾仲武等理顺植保化学厂关系后，组建鹿城农药厂（前身植保化学厂甲霜灵分厂），合股经营甲霜灵；本厂有股东股份18，每股份投资金额为10万元，合计投入资金150万元，其中3股为曾仲武技术入股。该份《股东协议书》的落款时间与此前的《股东协议书》一致，均为1995年10月30日。

为设立上述《股东协议书》中提到的鹿城农药厂，植保化学厂于同年11月7日向黎明乡政府申请，要求将其厂的甲霜灵车间单独分开立户设立鹿城农药厂。经审批，黎明乡政府同意植保化学厂的申请，法定代表人由曾仲武担任。为办理工商登记手续，曾仲武向工商部门提交了上述新签订的《股东协议书》以及验资证明、章程等材料。这些材料中均未将原告记载为鹿城农药厂的股东或记载原告的出资情况。

1996年4月15日，鹿城农药厂在工商部门注册成立，企业性质为股份合作制，工商登记的股东为曾仲武、李洪益、曾挺、赵某、叶某、金某甲、金某乙、卜某甲、卜某乙等九人，原告王元秋、王某、戴积东三人没有被登记为股东。

1997年3月1日，鹿城农药厂向工商部门申请将注册资本由150万元增加到341.36万元。为此，相关股东签订新的《股东协议书》，原告作为投资人被载入该《股东协议书》，出资额为8.86万元，股份为0.886股。但是，《股东协议书》落款处“王元秋”签名为曾仲武代签。鹿城农药厂除将该份新的《股东协议书》提交工商部门外，还提交了1996年度的企业法人年检报告书以及截至1997年3月19日的验资报告，在这些材料中，载明原告作为投资人投资8.86万元。

1998年12月，鹿城农药厂向工商部门申请将注册资本增加到515万元。为此，除王元秋、王某、戴积东外的上述剩余九位股东（曾仲武、李洪益、曾挺、赵某、叶某、金某甲、金某乙、卜某甲、卜某乙）重新签订《股东协议书》，明确各自投资额。王元秋、王某、戴积东三人不再作为股东出现在《股东协议书》中。当年鹿城农药厂提交给工商部门的验资报告中，三人的出资额一栏均变更为空白。

1999年7月16日，曾仲武、李洪益、曾挺、赵某、叶某、金某甲、金某乙、卜某甲、卜某乙等九人签订《增股协议书》一份，约定再次扩大投资，将鹿城农药厂的注册资金变更为1080万元，并各自认购股份。

同年9月6日，温州鹿城审计事务接受鹿城农药厂的委托对该厂进行审计并出具了审计报告，审计报告中载明，鹿城农药厂于1995年收到原告投投入款2万元，1997年退还其2万元。

同年11月11日，鹿城农药厂为升级为有限公司，在工商部门办理了注销手续，并更名为禾本农药公司。禾本农药公司的工商登记股东为曾仲武、赵某、叶某、李洪益、金某乙、卜某甲、卜某乙、金某甲、曾挺等九人。禾本农药公司的章程由该九股东签字，并加盖了鹿城农药厂的印章，禾本农药公司的股东（发起人）名录上载明的股东亦为该九股东。

2011年3月23日，禾本农药公司更名为禾本科技公司。现公司工商登记股东为：曾仲武、李洪益、曾少霞、金晓恩、曾挺、濮剑波、濮锦林。

原告除向鹿城农药厂投资上述2万元外，另于1997年2月15日、11月27日、12月25日、1998年1月24日向鹿城农药厂出资18600元、3400元、3000元、5000元，合计3万元。该3万元均有鹿城农药厂出具收款收据为证，收款收据上交款项目一栏载明的款项性质为“股份基（资）金．集资款”或“集资款”。

2004年至2014年期间，曾忠武向原告的汇款情况如下：2004年1月18日汇款10500元、2006年1月15日9600元、2006年8月20日12000元、2007年至2014年期间每年12000元。

原告起诉称：1995年10月，第三人曾仲武邀请原告入股投资创办温州市鹿城农药厂（以下简称鹿城农药厂），将甲霜灵农药工业化。鹿城农药厂的股份为15.5股，每股10万元，原告占0.5股，应出资5万元。同年12月6日，原告将入股金2万元交给曾仲武，曾仲武于同年12月12日以温州鹿城植保化学厂（以下简称植保化学厂）的名义向原告开具收款收据。1997年2月15日、11月27日、12月25日、1998年1月24日，原告又缴纳投资款18600元、3400元、3000元、5000元，鹿城农药厂收取上述款项后分别向原告出具收款收据。此后，由于股东约定将企业利润的50%作为生产发展基金计入股东名下，原告名下被计入股金3.86万元。以上原告合计出资8.886万元。

鹿城农药厂筹办期间，曾以植保化学厂和温州市农药中间体厂（以下简称中间体厂）的名义从事经营活动。鹿城农药厂于1996年正式成立，于1999年改制成立浙江禾本农药化学有限公司（以下简称禾本农药公司），于2012年更名为禾本科技公司。1997年至2014年期间，禾本科技公司将企业的股息及部分红利由曾仲武转交给原告。鹿城农药厂总股份为34.136股，原告占0.886股。鹿城农药厂改制为禾本科技公司后，总股份为100股，原告应享有禾本科技公司的股权为2.5955%。

现要求：确认原告王元秋是被告禾本科技公司的股东，并享有2.5955%的股权。

被告及第三人共同答辩称：（1）禾本科技公司原名鹿城农药厂，与原告所述的中间体厂、植保化学厂是三个不同的公司。（2）禾本科技公司确实收到原告交付的5万元款项，但由于原告未参与任何股东会会议，包括公司设立的相关会议，也未履行任何股东义务，故鹿城农药厂并没有将其作为股东进行登记，该5万元款项也并非公司设立时的注册资金。（3）原、被告之间是一种短持的债权债务关系，被告已经将收取的集资款，通过第三人曾仲武归还原告，且远远超出。（4）退一万步来讲，即使被告公司的注册资金中的5万元系原告投资，原告也只能请求确认该5万元注册资金相对应的权益归自己所有，该5万元注册资金实际占被告公司的股权比例不是2.5955%。（5）根据最高人民法院《关于适用〈中华人民共和国公司法〉若干问题的规定（三）》第25条的规定，未经禾本科技公司其他股东半数以上同意，原告也不能成为禾本科技公司的股东。（6）原告的诉请已经超过诉讼时效。综上，请求依法驳回原告的诉讼请求。

【法院审理意见】本案的争议焦点为：原告是否具有被告禾本科技公司的股东资格。原告认为，原告向鹿城农药厂出资，并取得出资凭证，完成了出资义务，系鹿城农药厂的股东，但鹿城农药厂未将原告登记为股东。此后，鹿城农药厂经改制变更为被告禾本科技公司，前后属同一主体。因此，原告具有被告禾本科技公司的股东资格。被告及第三人共同认为，原告向鹿城农药厂出资是事实，但原告的出资款并非鹿城农药厂的注册资金，而是属于短持债权，且原告出资后于1997年退出了鹿城农药厂，鹿城农药厂亦将投资款返还给了原告。现鹿城农药厂已注销，并经重组改制为禾本科技公司，禾本科技公司的工商登记及公司章程中均没有原告的名字，原告不是禾本科技公司的股东。

本院认为，股东资格是民事主体作为公司股东的一种身份和地位，在认定股东资格时，既要看是否签署公司章程、被记载于股东名册、经工商登记等形式要件，也要综合考虑是否实际出资、是否有入股的合意、是否实际行使股东权利等实质要件。本案中，原告并不具备被告禾本科技公司的股东资格，理由如下：

（1）从形式要件看。《中华人民共和国公司法》第11条规定："设立公司必须依法制定公司章程。公司章程对公司、股东、董事、监事、高级管理人员具有约束力。"第25条规定："有限责任公司章程应当载明下列事项：……（四）股东的姓名或名称；（五）股东的出资方式、出资额和出资时间。……股东应当在公司章程上签名、盖章。"第32条规定："有限责任公司应当置备股东名册，记载下列事项：（一）股东的姓名或者名称及住所；（二）股东的出资额；（三）出资证明书编号。记载于股东名册的股东，可以以股东名册主张行使股东权利。公司应当将股东的姓名或名称及其出资额向公司登记机关登记；登记事项发生变更的，应当办理变更登记。未经登记或者变更登记的，不得对抗第三人”。根据上述规定可知，股东签署并经工商登记的公司章程以及公司置备的股东名册对内是确定股东及其权利义务的主要根据，对股东资格确认具有推定效力。本案中，被告禾本科技公司的章程、股东名册以及工商登记中载明的股东均显示不包括原告，原告不具备成为禾本科技公司股东的形式要件。

（2）从实质要件分析。首先，最高人民法院《关于适用〈中华人民共和国公司法〉若干问题的规定（三）》第23条规定：“当事人之间对股权归属发生争议，一方请求人民法院确认其享有股权的，应当证明以下事实之一：（一）已经依法向公司出资或者认缴出资，且不违反法律法规强制性规定；（二）已经受让或者以其他形式继受公司股权，且不违反法律法规强制性规定。”本案中，原告虽然向禾本科技公司的前身，即鹿城农药厂出资，并取得出资凭证，但该凭证仅仅是收款收据，并非鹿城农药厂签发的出资证明书，其载明的款项性质也无法区分是投资款亦或是注册资金，且根据工商部门的相关登记材料，原告缴纳的款项也没有计入鹿城农药厂的注册资本。因此，无法认定原告已经依法向鹿城农药厂履行了公司法意义上的出资义务。另外，原告也没有通过其他形式继受取得公司股权。其次，在鹿城农药厂成立及其变更的整个过程中，多次出现增资扩股、股东变更的情形，新、旧股东签订新的《股东协议书》，以明确各自的投资额。但是，原告从未参与过任何一次《股东协议书》的起草，也从未在与公司有关的相关材料中签字。原告与其他股东之间缺乏合股的意思表示，其出资更多的是一种投资性质。特别是1999年11月11日，鹿城农药厂改制为禾本农药公司，企业性质发生了变更，鉴于有限公司的人合性，鹿城农药厂的股东不必然是禾本农药厂的股东。再者，就权利、义务而言，出资对出资人而言应以取得并享有股东权利为目的。股东权属综合性权利，兼具财产权与人身权的双重性质，主要表现为股东不仅享有利润分配权，还享有参与公司决策表决等权利。本案中，原告提供的证据仅仅只能证明自2004年起，每年收到曾仲武给付的、数额固定的款项。除此之外，在长达20年的时间里，原告从未参加过被告公司的股东大会，亦未参与决策表决，即原告从未享有过与股东有关的权利、亦未履行过股东相应的义务。其虽事实上向鹿城农药厂投入资金，但并无证据证明其投资目的系获取股东资格、享有股东权利，亦无证据证明其实际上行使了上述权利或履行了相应义务。且曾仲武给付的金额也不符合分红的形式，曾仲武也已经就该款项作出解释。即使该款项是禾本科技公司所给付，也不能当然证明原告是公司的股东。

【法院裁判结果】综上，原告要求确认其具有被告禾本科技公司的股东资格，缺乏事实和法律依据，本院不予支持。

判决如下：

驳回原告王元秋的诉讼请求。

第八十条 营利法人应当设权力机构。

权力机构行使修改法人章程，选举或者更换执行机构、监督机构成员，以及法人章程规定的其他职权。

典型案例 苏春桃与温州华利集团有限公司、林生余等公司决议撤销纠纷

【裁判观点】营利法人应当设权力机构。股东会是公司的权力机构。权力机构行使选举或者更换执行机构、成员，以及法人章程规定的其他职权。临时股东会如期举行并形成决议，会议通过了罢免上一届董事会，选举产生了新一届董事会等事项。

【案情介绍】据2015年5月11日查询的苍南县工商行政管理局档案记载，华利集团成立于1994年，工商登记的股东17人，法定代表人为苏立安（一审庭审后变更为林松鹤），副董事长苏立德，副总经理苏立进、林孝辅、毛永叶三人，监事陈世成、苏立会、陈继广、苏立棉（庭审后也已变更），2002年章程相关内容如下：第10条，各股东出资额占总股份额为苏立安25.33%，苏中化5.59%，苏春桃5.59%，张宗义7.89%，卢成希7.89%，林荣高6.58%，苏立德4.93%，林生余4.61%，苏立业3.95%，林孝选3.95%，张宗好3.95%，谢作汉3.95%，周开麟3.95%，王少媚3.29%，高炳市3.29%，薛碧红2.63%，谢金桃2.63%。第16条，股东会由董事会召集，董事长主持，董事长因特殊原因不能履行职务时，由董事长指定其他董事主持。第17条，股东会议由股东按照出资比例行使表决权，一般决议必须经代表半数表决权的股东通过，对公司分立、合并、解散，变更公司形式及修改章程的决议，必须经代表2/3以上表决权的股东同意。第19条，公司设董事会，是公司经营机构，董事会由股东会选举产生，其成员7人。第20条，董事会设

董事长一人，董事长由董事会全体成员选举产生，董事长为公司法定代表人。第22条，董事任期为一年，董事任期届满后，可连选连任。第27条，公司设监事会，监事会由五名监事组成，监事任期一年，连选可连任。后对公司经营范围、经营期限等进行多次修正，但对前述条款未予修正。2015年4月8日，该公司股东林荣高、林生余、张宗义、卢成希四人提议并拟定在2015年5月5日召开临时股东会，当时以特快专递方式向部分股东送达会议召开的通知，股东苏立安于2014年11月11日因涉嫌挪用资金罪被苍南县公安局执行逮捕羁押在苍南县看守所，其送达邮件以原址查无此人被退回，苏中化等送达邮件因拒收或地址不详被退回，股东周开麟于2014年3月5日病故，通知由其妻代收。2015年4月20日，华利集团通过温州日报刊出召开临时股东会议通知，2015年5月5日，临时股东会如期举行并形成决议，会议通过了罢免上一届董事会，选举产生了新一届董事会等事项，此次股东会到会的股东11人，其中林荣高、谢作汉两股东系会后在决议上签名，苏春桃委托的徐继榜代行使其持有的股份中1.59%股份权利，委托颜松代为行使其持有的股份中2%股份权利，委托宇世金代为行使其持有的股份中2%股份权利，代理人均有到场参加投票选举，但未在决议中签名。上述11位股东持有的股份占公司股份的56.58%（决议中称到会股东10人，持有股份占公司股份的50.99%，未包括苏春桃的股份5.59%），选举产生张宗义、林生余、张宗好、苏立德、谢作汉、林松鹤、林荣高为公司董事会成员，但其中张宗好和谢作汉选为董事，仅占代表46.06%的表决权的股东通过，未达到代表1/2以上表决权的股东通过，苏立德选为董事，仅占代表36.18%的表决权的股东通过，未达到代表1/2以上表决权的股东通过，其他选为董事的四人均以占代表50.99%的表决权的股东通过。

华利集团2002年章程第15条规定，股东会会议一年召开一次。当公司出现重大问题时，代表1/4以上表决权的股东、1/2以上的董事或者监事，均可提议召开临时股东会议。

涉案临时股东会决议选举公司董事会成员采用打勾投票方式，并根据得票数确定董事会成员人员，选举产生的董事为张宗义、林生余、张宗好、苏立德、谢作汉、林松鹤、林荣高。本次临时股东会决议得到了持有50.99%公司表决权的股东签字确认通过。

苏春桃于2015年5月12日向原审法院起诉称：2015年5月5日，华利集团的股东卢成希、高炳市、苏立业、林孝选、苏立德、林生余、张宗义、张宗好、谢作汉、林荣高在未通知苏春桃及其他股东的情况下，擅自召开临时股东会，作出股东会决议，选举张宗义、林生余、张宗好、谢作汉、林松鹤和林荣高为董事会成员。华利集团召开股东会未在法定的期限内通知苏春桃，也未通知苏春桃以外其他股东，而华利集团的法定代表人苏立安目前因涉嫌犯罪被羁押在苍南县看守所，因此，此次股东会召集程序违反了《中华人民共和国公司法》（以下简称《公司法》）第41条关于召开股东会议，应当于会议召开15日前通知全体股东的规定。华利集团作出的股东会决议记载的内容显示，临时股东会的临时召集人张宗义、卢成希、林荣高、林生余并不是公司的董事长、副董事长或过半数董事推选的董事。因此，此次临时股东会召集人和主持人不合法。根据该股东会议决议记载，林荣高、谢作汉并未出席此次股东会，其在股东会决议的签字无法证明系其本人签署。华利集团召开的临时股东会程序不合法，作出股东会决议的程序不合法，而且林荣高、谢作汉当选董事，不符合公司章程第十七条的规定，严重侵犯了苏春桃等股东的合法权益，因此，股东会决议应当予以撤销。故此，诉请依法判令：一、撤销华利集团于2015年5月5日作出的临时股东会决议；二、本案诉讼费由华利集团承担。

华利集团一审期间答辩称：法定代表人更换没有道理，通知有问题，苏春桃要求撤销有理。

卢成希、高炳市、苏立业、林孝选、林生余、张宗义、张宗好、谢作汉、林荣高一审期间答辩称：（1）本案临时股东会决议召集合法有效，不存在可撤销事由。①股东林荣高、林生余、张宗义、卢成希四位股东有权提议召开临时股东会。《公司章程》第15条："当公司出现重大问题时，代表四分之一以上表决权的股东、三分之一以上的董事或者监事，均可提议召开临时股东会。"公司章程第11条规定："出资捌拾万元拥有一票的表决权，并根据其出资份额享有相应的票数的表决权。"股东林荣高、林生余、张宗义、卢成希合计持有10.25票表决权，超过公司38票表决权的1/4。因此该四位股东有权提议召开临时股东会。根据《公司法》第40条第3款规定："……代表十分之一以上表决权的股东可以自行召开和主持"，股东林荣高、林生余、张宗义、卢成希四位股东有权作为召集人和主持人。②召开临时股东会已经依法提前通知。《公司法》第41条："召开股东会会议，应当于会议召开十五日前通知全体股东。"本案中，召开临时股东会通知已经于2015年4月12日通过EMS全球邮政特快专递寄出，于2015年4月13日送达苏春桃。特快专递上有苏春桃的姓名、地址、联系电话和邮件内文件名称。在通常情况下，苏春桃应当签收，即召开股东会通知能有效送达苏春桃和其他股东，但苏春桃和其他股东在毫无理由的情况下拒收邮件，因此引起的法律后果应由苏春桃和其他几位拒收的股东承担。股东薛碧红通信地址变更未及时通知公司，导致无法投递，也应由其自行承担。股东苏立安因涉嫌刑事犯罪被羁押在看守所，根据国务院颁布的《看守所条例》第28条之规定，其通信自由受到限制，华利集团及四位提议股东林荣高、林生余、张宗义、卢成希，依法均不能与苏立安进行通信。另于2015年4月20日通过温州日报向全体股东刊登了召开临时股东会的通知，告知了会议召开时间、地点和会议事项，尽最大努力向全体股东履行了通知义务。况且，苏春桃虽然拒收了召开股东会通知的邮件，但在股东会召开当天，苏春桃委托了徐继榜、颜松、宇世全三位代理人参加临时股东会，参与了董事选举，苏春桃已充分行使了股东权利。③2015年5月5日召开的临时股东会，参会股东及其代理人共计13位，其中股东林荣高和谢作汉是通过电话连线方式参会并投票选举董事，在会后书面签字确认投票结果，林荣高和谢作汉的做法没有违反公司法和公司章程，苏春桃称其未出席股东会以及无法确认签字的真实性没有事实和法律依据。（2）公司决议撤销纠纷案件，将股东列为共同被告没有法律依据。根据《公司法》第36条“股东会是公司的权力机构”和第42条“股东会会议由股东按照出资比例行使表决权”之规定，股东会是根据“资本多数决”的原则确立的，该原则将多数派的意见拟制为公司的意思，体现了公司的意思，因此在公司决议撤销之诉是将公司列被告。至于各个股东虽然直接参与了相关决议的形成过程，但是决议的形成乃是一个共同的法律行为，因而不能将股东个人列为共同被告。最高人民法院指导案例10号“李建军诉上海佳动力环保科技有限公司决议撤销纠纷案”，也仅以公司作为被告。《最高人民法院关于案例指导工作的规定》第7条规定：“最高人民法院发布的指导性案例，各级人民法院审判类似案例时应当参照。”因此，苏春桃将股东作为共同被告没有法律依据，也与司法实践不符，故应驳回苏春桃对本案公司股东卢成希等十位被告的起诉。综上所述，本案公司决议合法，不具有可撤销的事由，法院应判决驳回苏春桃的诉讼请求；驳回苏春桃对卢成希等十位股东的起诉。

苏立德一审期间未作答辩。

上诉人华利集团、林生余、卢成希、张宗好、苏立业、林孝选不服原审法院上述民事判决，向本院提起上诉称：（1）一审法院认定涉案临时股东会通知程序违法，系认定事实不清，适用法律错误。①华利集团已于2015年4月13日依据保留在公司各股东的联系地址，通过EMS全球邮政特快专递向苏春桃及其他股东寄送召开临时股东会通知，并已经送达至相应地址。但因苏春桃等几位股东采取拒收的方式，导致通知的邮件被退回。一审法院以此为由认定召开涉案临时股东会通知未实际送达所有股东，明显不合理的加重了上诉人的通知责任。②根据《看守所条例》，犯罪嫌疑人即本案华利集团股东苏立安在看守所羁押期间，其人身自由和通信自由是受到限制的。因此，一审法院认定未按规定通知苏立安是错误的，也没有任何法律依据。③本案召开临时股东会的通知在温州日报刊登的时间为2015年4月20日，召开时间为2015年5月5日，一审法院据此认定通知未按《公司法》规定的提前15日是错误的。《公司法》第41条所规定的15日前通知全体股东并非效力性强制性规定，不应据此认定通知程序违法。（2）一审法院以华利集团工商登记档案为据，认定涉案临时股东会召集和主持程序违法是错误的。本案中，公司章程和公司工商登记档案记载存在诸多不一致。第一，公司章程中并未设立副董事长职务，而工商登记档案里将苏立德登记为副董事长。第二，公司章程规定董事会成员为7人，但工商登记档案里没有公司董事会成员的名单。第三，公司章程中规定公司设监事会，是公司内部监督机构，由股东代表组成，而工商登记档案里的监事仅为陈世成、苏立会、陈继广、苏立棉四位，且该四人既非公司股东，也不是公司职员。公司章程作为公司组织与行为的基本准则，是公司的宪章。因此，在公司章程和公司登记档案出现不应有的矛盾时，应以公司章程的约定结合《公司法》的相应规定处理。一审法院却以公司工商登记档案记载为据认定涉案临时股东会召集和主持程序不符合《公司法》规定，该认定明显错误。根据华利集团章程第15条的约定及《公司法》第40条之规定，上诉人林荣高、林生余、张宗义、卢成希作为代表1/4表决权的股东，在公司长期不召开股东会，相关人员亦不履行召开股东会职责的情况下，有权提议召开、召集和主持临时股东会。（3）一审判决以部分董事得票率为由，认定涉案临时股东会决议未经代表半数表决权的股东通过，没有《公司法》和公司章程的依据。一审判决混淆了董事选举程序和董事任职的股东会决议表决程序，涉案已选举的7位董事系得到到会10名股东的一致通过，该10名股东的表决权比例达50.99%，是符合《公司法》及公司章程规定的。此外，一审判决并未充分考虑本案上诉人华利集团长期处于公司僵局的现状，在公司大股东苏立安及其关联关系股东长期抵制召开股东会导致公司权力机构、执行机构、监督机构均完全瘫痪无法正常运作时，代表1/2以上表决权的股东展开自救行为，是符合公司及公司大部分股东利益的行为。综上，请求二审法院依法撤销原判，改判涉案临时股东会决议合法有效。

被上诉人苏春桃答辩称：（1）上诉人所陈述的内容并非事实。①苏春桃并不存在拒收邮件的情形，且邮单上的地址和电话号码与苏春桃本人的地址寄电话号码不一致。②华利集团并无长期处于僵局的现状，公司大股东苏立安在被羁押前并无抵制召开股东会，且与上诉人就公司承包期限内的债务进行过多次协商。（2）涉案临时股东会的发起、召集、召开在程序上存在违法，在表决上未达到公司章程规定的过半数股东表决通过，该临时股东会决议无效，应予撤销。①根据公司章程规定，股东会应由董事长苏立安召集主持。而涉案临时股东会的召集人违反公司章程的规定，虽然华利集团的董事长苏立安在苍南看守所羁押，但仍可履行召集召开程序。②涉案临时股东会通知程序违反《公司法》和公司章程的规定。上诉人在明知邮件无法送达苏立安家中的情况下，仍向其家中邮寄通知，且苏立安妻子已经过世，子女亦非同住，因此，剥夺了苏立安的知情权。另外，对方在《温州日报》上刊登的通知，苏立安同样无法获知，且刊登时间至召开时间不符合《公司法》规定的15日的要求。而根据《公安机关办理刑事案件程序规定》及《看守所管理条例》的相关规定，对方完全可以通过公安机关或者辩护律师将召开股东会及决议内容通知给苏立安。③股东周开麟已去世，现无法确定其名下股权的归属，因此，对方通知其遗孀也是存在问题的。(3) 涉案临时股东会的主持人违反《公司法》规定。该次股东会召开的当天，股东苏立德作为有权的主持股东会的人选，并没有主持股东会，而是由律师主持，不符合公司章程的规定，也不符合《公司法》的规定。(4) 涉案临时股东会决议中部分董事（张宗好、谢作汉、苏立德）未超过50%股东表决权通过，该决议不符合公司章程的规定。综上，原判认定事实清楚，适用法律正确，应予驳回上诉，维持原判。

原审被告张宗义、林荣高、谢作汉一并答辩称：同意上诉人的意见。

原审被告苏立德、高炳市二审期间未作答辩。

二审期间各方当事人均未提交证据材料。

【法院审理意见】原审法院审理认为：根据《公司法》第41条规定，召开股东会会议，应当于会议召开15日前通知全体股东。华利集团召开股东会议的通知，虽已发出，但未实际送达所有股东，特别是明知苏立安在苍南县看守所羁押，未按规定通知，在温州日报上刊出的公告，实际未满15日，属于没有按公司法规定已在会议召开15日前通知全体股东，可以确定股东会的会议召集程序违反法律规定；根据《公司法》第40条规定，有限责任公司设立董事会的，股东会会议由董事会召集，董事长主持；董事长不能履行职务或者不履行职务的，由副董事长主持；副董事长不能履行职务或者不履行职务的，由半数以上董事共同推举一名董事主持。董事会或者执行董事不能履行或者不履行召集股东会会议职责的，由监事会或者不设监事会的公司的监事召集和主持；监事会或者监事不召集和主持的，代表1/10以上表决权的股东可以自行召集和主持。该公司设董事会，有董事长，副董事长，也设监事会，董事长虽涉案在押，还有副董事长、监事会、监事存在，林荣高、林生余、张宗义、卢成希作为股东并非董事会、监事会成员，在没有证据证明董事会、监事会、副董事长不能履行或不履行召集和主持职责，就自行召集和主持，不符合《公司法》规定的召集和主持程序。根据《公司法》第43条和华利集团公司章程第17条的规定，股东会议由股东按照出资比例行使表决权，一般决议必须经代表半数表决权的股东通过，而决议中确定张宗好、谢作汉、苏立德为公司董事会成员，未经代表半数表决权的股东通过，违反公司法和公司章程规定。综上，苏春桃的诉讼请求，合法有据，应予支持。至于卢成希等提出的公司决议撤销纠纷，不能将股东列为共同被告的辩解，因本案实际情况，将决议涉及的相关股东，列为共同被告更有利于保障相关股东的合法权益，可列为共同被告，为此，该院不予采信。据此，原审法院作出如下判决：撤销华利集团于2015年5月5日作出的临时股东会关于选举张宗义等七人为公司董事会成员的决议。

本院认为：(1) 关于涉案临时股东会通知程序是否违反法律规定的争议。《公司法》第41条规定，召开股东会会议，应当于会议召开十五日前通知全体股东。首先，关于被上诉人苏春桃的通知程序是否符合法律规定的问题。涉案临时股东会召开之前，上诉人已经通过EMS邮件通知苏春桃本人，该邮件虽被拒收，但涉案临时股东会召开当天，苏春桃所委托的代理人已经到会并在签到表上签字确认，因此，有关苏春桃的通知程序应视为符合上述法律规定。其次，关于苏立安、苏中化等送达邮件因拒收或地址不详或原址查无此人被退回的股东的通知程序是否符合法律规定的问题。现已查明，涉案临时股东会在通知召开之前，华利集团法定代表人苏立安因涉嫌挪用资金罪被苍南县公安局执行逮捕羁押在苍南县看守所，同时，苏立安作为华利集团的最大股东，所占公司股份比例为25.33%。然而，上诉人在明知上述事实的情况下，通知苏立安的邮件所邮寄的地址却仍为其户籍所在地，该邮件因原址查无此人被退回后，其在温州日报上刊出公告的期间亦未满15日。因此，原判认定涉案临时股东会通知程序违反《公司法》第41条之规定并无不当，本院予以支持。

(2) 关于涉案临时股东会召集和主持程序是否违反法律及公司章程规定的争议。华利集团2002年章程第15条规定，股东会会议一年召开一次。当公司出现重大问题时，代表1/4以上表决权的股东、1/3以上的董事或者监事，均可提议召开临时股东会议。该规定表明，华利集团对提议召开临时股东会议所设置的前提条件并非《公司法》第40条所规定的如此严苛，因此，若涉案临时股东会在召集和主持程序上并未违反强制性效力性规定的情况下，应认定为有效。现查明，涉案临时股东会议系股东林生余、林荣高、张宗义、卢成希提议召集，其合计持有公司的表决权超过1/4，且在公司法定代表人亦是公司最大股东苏立安因涉案刑事犯罪被羁押在苍南县看守所的情况下，上述四股东提议召开临时股东会符合上述章程规定，应当认定为有效。同时，该次临时股东会虽并非副董事长苏立德主持召开，但苏立德本人在临时股东会决议上签字确认，亦未对该临时股东会决议提出异议。因此，原判认为涉案临时股东会不符合《公司法》规定的召集和主持程序有误，本院予以纠正。

(3) 关于原判认定股东张宗好、谢作汉、苏立德选举为公司董事未经代表半数表决权的股东通过是否正确的争议。涉案临时股东会决议上签字确认股东包括卢成希等10名股东，该些股东所持有股份占公司股份的50.99%，已然超过半数表决权。因此，原判以部分董事得票率未达半数为由，认定股东张宗好、谢作汉、苏立德未经半数表决权的股东通过存在错误，本院予以纠正。

【法院裁判结果】

综上，原判认定事实和适用法律均存在部分错误，但裁判结果正确，判决如下：

驳回上诉，维持原判。

本判决为终审判决。

第八十一条 营利法人应当设执行机构。

执行机构行使召集权力机构会议，决定法人的经营计划和投资方案，决定法人内部管理机构的设置，以及法人章程规定的其他职权。

执行机构为董事会或者执行董事的，董事长、执行董事或者经理按照法人章程的规定担任法定代表人；未设董事会或者执行董事的，法人章程规定的主要负责人为其执行机构和法定代表人。

典型案例 南通通达房地产开发有限公司与南通市工商行政管理局行政登记

【裁判观点】公司法定代表人依照公司章程的规定，由董事长、执行董事或者经理担任，并依法登记。公司法定代表人变更，应当办理变更登记。该规定表明，能够代表公司行为的应当是经依法登记的法定代表人，或者经法定代表人授权委托的代理人。在1999年3月的变更登记未经法定程序被撤销或者确认无效之前，原告通达公司的法定代表人仍然为王华云，××云不能直接以原告通达公司名义提起诉讼。而××云亦未能提供证据证明已获得王华云的委托授权以原告通达公司名义提起诉讼。因此，××云以通达公司的名义提起本案诉讼不能视为系通达公司的真实意思表示。

【案情介绍】原告南通通达房地产开发有限公司（以下简称通达公司）不服被告南通市工商行政管理局（以下简称南通工商局）工商行政登记，于2016年1月12日向本院提起行政诉讼。

1999年3月，原告通达公司向被告南通工商局申请将公司董事长、总经理由××云变更登记为王华云。被告南通工商局经审核同意并作出变更登记，重新颁发了注册号为企合苏通总副字第000997号《企业法人营业执照》。

原告通达公司诉称，1993年，原告通达公司经被告南通工商局登记成立，系中外合资经营企业。1999年3月4日，王华云伪造《南通通达房地产开发有限公司九九年度第一次董事会决议》及相关材料，向被告南通工商局申请将原告通达公司的法定代表人××云变更为王华云。2015年11月20日，××云从湖南省岳阳市岳阳楼区人民法院向其送达的《行政起诉状》中才得知原告通达公司法定代表人已变更为王华云。被告南通工商局在1999年进行工商变更登记时，未认真审查相关材料即进行工商变更登记。请求：（1）确认被告南通工商局准许原告通达公司董事长（法定代表人）由××云变更为王华云的行政行为违法，并撤销该工商登记；（2）诉讼费用由被告南通工商局承担。

被告南通工商局辩称：（1）原告通达公司于1993年4月向被告南通工商局提出设立登记申请，被告南通工商局经审核后于同年6月1日颁发了工商企合苏通字第00997号《企业法人营业执照》。（2）1999年3月，被告南通工商局受理了原告通达公司将法定代表人由××云变更为王华云的变更登记申请，被告南通工商局经过审核认为符合变更登记条件，于1999年3月27日为原告通达公司办理了变更登记手续并重新颁发了企合苏通总副字第000997号《企业法人营业执照》。被告南通工商局履行了必要的审查义务，变更登记符合《公司登记管理条例》及《企业法人法定代表人登记管理规定》的规定，程序合法。（3）因原告通达公司逾期不接受年检，被告南通工商局于2002年12月5日作出通工商案字〔2002〕第2509号《行政处罚决定书》，依法吊销了原告通达公司的营业执照。（4）被告南通工商局作出被诉行政行为的时间为1999年3月，原告通达公司于2016年1月提起诉讼，根据《中华人民共和国行政诉讼法》第46条第2款的规定，其起诉已超过了法定期限。请求驳回原告通达公司的起诉。

【法院审理意见】本院认为，《中华人民共和国行政诉讼法》第25条第1款规定，行政行为的相对人以及其他与行政行为有利害关系的公民、法人或者其他组织，有权提起诉讼。第49条第1项规定，提起行政诉讼的原告应当是符合本法第25条规定的公民、法人或者其他组织。根据上述法律规定，原告主体资格的获得应以原告与被诉行政行为具有法律上的利害关系为前提。此处的利害关系是指被诉行政行为对原告的权利义务在法律上已经或必将产生有利或不利的实际影响，且该利害关系必须是直接的，而非间接的、或因事物普遍联系而产生的关联。本案中，原告通达公司的法定代表人于1999年3月由××云变更登记为王华云。根据《中华人民共和国公司法》第13条规定，公司法定代表人依照公司章程的规定，由董事长、执行董事或者经理担任，并依法登记。公司法定代表人变更，应当办理变更登记。该规定表明，能够代表公司行为的应当是经依法登记的法定代表人，或者经法定代表人授权委托的代理人。行政行为一经作出即具有公定力、拘束力、执行力等特征。因此，在1999年3月的变更登记未经法定程序被撤销或者确认无效之前，原告通达公司的法定代表人仍然为王华云，××云不能直接以原告通达公司名义提起诉讼。而××云亦未能提供证据证明已获得王华云的委托授权以原告通达公司名义提起诉讼。因此，××云以通达公司的名义提起本案诉讼不能视为系通达公司的真实意思表示，故本案应不予受理，已经受理的，应当裁定驳回起诉。

需要指出的是，《中华人民共和国行政诉讼法》第46条规定，公民、法人或者其他组织直接向人民法院提起诉讼的，应当自知道或者应当知道作出行政行为之日起6个月内提出。法律另有规定的除外。因不动产提起诉讼的案件自行政行为作出之日起超过20年，其他案件自行政行为作出之日起超过五年提起诉讼的，人民法院不予受理。上述规定明确了行政诉讼的一般起诉期限以及不知道行政行为内容情形下的最长起诉期限。一般情况下，行政机关作出行政行为都以一定方式告知相对人行政行为的内容，以期得到相对人的配合或者履行，实现行政管理的目的，相对人在知晓行政行为后即可以及时提起行政诉讼予以救济。但在某些特殊情况下，行政机关作出行政行为时没有直接告知相对人或者利害关系人，导致相对人及利害关系人迟迟不知道已作出行政行为。在此情况下，如果因为无法确定当事人知道或者应当知道行政行为的时间，从而对起诉期限一味延长，就会使得行政法律关系无限期的处于不稳定状态。为此，我国行政诉讼法作出上述规定，规定了公民、法人或者其他组织提起诉讼的最长保护期限，即涉及不动产的，自行政行为作出之日起20年，其他案件自行政行为作出之日起5年，超过以上期限提起诉讼，不论当事人是否知道或者应当知道行政行为，人民法院都不予受理。即便××云以个人名义提起诉讼的话，也已经超过了法律规定的最长五年的起诉期限。

【法院裁判结果】 综上，××云以通达公司名义提起本案诉讼，不具有诉讼原告主体资格。裁定如下：

驳回南通通达房地产开发有限公司的起诉。

第八十二条 营利法人设监事会或者监事等监督机构的，监督机构依法行使检查法人财务，监督执行机构成员、高级管理人员执行法人职务的行为，以及法人章程规定的其他职权。

典型案例 曾福珍、陈世红等与武汉市青山区钢花新村中心粮店公司决议纠纷

【裁判观点】 营利法人设监事会或者监事等监督机构的，监督机构依法行使检查法人财务，监督执行机构成员、高级管理人员执行法人职务的行为，以及法人章程规定的其他职权。本案中，被上诉人的《章程》第20条规定："股东大会行使下列权力：……3. 选举由股东代表和职工代表出任的监事，决定有关监督内容事宜；……5. 审议批准监事会的报告；……"

【案情介绍】 曾福珍、陈世红、邓建荣、邓春芳、曾爱萍原系钢花粮店（国有经济性质）职工。2001年，钢花粮店制定了企业改制方案，经有关部门审批同意后，对原企业整体实行股份合作制，并按股份合作制的要求规范运作。原告选择了解除劳动关系一次性领取经济补偿金，置换身份入股。同年7月经工商行政管理机关核准登记，确认钢花粮店企业性质为股份合作制。2001年5月30日，全体股东一致通过了《武汉市青山区钢花新村中心粮店章程》，该章程规定：武汉市青山区钢花新村中心粮店总股本为501650元，即501650股；股东人数为36人；根据出资额行使一人一票表决权，股东按出资比例分取红利；建立股东大会制，股东大会为本店最高权力机构，股东大会首次会议由出资额最多的股东召集和主持，并实行一人一票表决权；股东大会审议批准本店的利润分配方案和对本店增加或减少注册资本作出决议；股东大会选举由股东代表出任的董事，选举由股东代表和职工代表出任的监事；股东大会由全体股东或股东委托人组成，并出席会议，股东委托人出席会议应向股东大会出示签署的委托书；其决议必须由2/3以上的职工股东通过，股东大会分定期会议和临时会议，定期会议每年召开两次，临时会议由董事会提议召开；公司设立董事会，董事会是公司的决策机构，经股东大会选举杨翠贞、徐晓玉、韩杰担任董事，董事会设董事长一人，由董事会选举和罢免，董事长为法定代表人，由杨翠贞担任。2015年12月31日，钢花粮店形成董事会决议，决议载明："时间：2015年12月31日，地点：钢花新村中心粮店办公室，主持人：

杨翠贞，出席人：徐晓玉、韩杰、杨翠贞，会议内容：1. 讨论通过2015年董、监事会换届选举。2. 讨论通过2015年收入、支出及分配情况。会议决议：1. 定于2016年1月16日召开全体股东大会。2. 全体一致同意按照2002年1月28日股东大会决议通过的股本变动后的股本分配：全体股东按每股150元分配。3. 一致同意由李红担任出纳、宋巧珍、林家发担任办公室主管参与并监督企业管理工作"，钢花粮店董事徐晓玉、杨翠贞、韩杰在该董事会决议下方签名。2016年1月1日，钢花粮店发出会议通知，通知载明："定于2016年1月16日上午9点，在七在乐里，召开全体股东大会，会议内容：1. 董、监事会换届选举。2. 公布及通过2015年度收入、支出及分配情况"。2016年1月16日，钢花粮店在上述地点召开股东大会，会议应到43人，实到40人（工商登记股东33人和7名内退职工），股东（赵军）去世，两人书面委托他人参会（邓春芳委托邓建荣、黄晓敏委托杨翠贞）。会议在进行董、监事会换届选举过程中，推选监票人为王小妹、邓建荣，计票人为李红。选举结果为，董事会由杨翠贞、徐晓玉、韩杰，监事会由张慧当选。股东大会还公布了经董事会商议的2015年分配方案：2015年股份分红每股分配150元，每人30股×150元=4500元，经讨论该方案共有33人签名同意（工商登记股东26人和7名内退职工），有7人不同意，另有2人未签名。

2002年1月28日，钢花粮店召开股东大会，股东大会会议记录载明："时间：2002年元月28日下午2点30分，地点：梦天湖，讨论内容：1. 新增入股东七名（耿华华、龚建萍、徐华、张清秀、高萍英、智润兰、石曼莉）；2. 股本变动：43人×30×200=258000元，注册资本282000元；3. 30年工龄以上每月生活费增加20元，30年以下每年增加1股直到30年为止，年终效益工资按在册职工的股份分配。"等内容，该会议记录共有32位股东签字。该项股东会决议通过并执行至今。钢花粮店股东彭锦新于2012年4月24日起诉武汉市青山区钢花新村中心粮店，要求确认钢花粮店于2002年1月28日作出的上述《股东大会决议》内容无效，（2012）鄂青山民二初字第00247号民事判决书，判决驳回彭锦新的诉讼请求。彭锦新不服提起上诉，武汉市中级人民法院审理后，认为："股份合作制企业是集体企业和国有小型企业改制向公司转换的一种过渡形式，股份合作制企业以企业职工出资为主或者全部由企业职工出资构成企业法人财产，职工既是股东也是劳动者。由于股份合作制企业并非《中华人民共和国公司法》所界定的公司形式，故对于股份合作制企业相关纠纷处理可以在某种情况下参照《中华人民共和国公司法》的有关规定，但主要还是依照企业章程的规定来处理"、"彭锦新与中心粮店是在改制完成后形成的纠纷，应根据公司章程和参照《公司法》规定作出认定和处理。故彭锦新认为决议违反了《办法》规定，应认定为无效的依据不足，对其诉请本院不予支持"，并于2012年11月2日作出（2012）鄂武汉中民商终字第00960号民事判决书，判决驳回上诉，维持原判。此后，彭锦新向湖北省高级人民法院申请再审，湖北省高级人民法院审理后，认为："钢花粮店为2001年经改制设立的股份合作制企业，我国对于股份合作制企业的股东资格、减少注册资本及分红问题在法律、行政法规层面上无相应法律规制，仅有部门规章和湖北省、武汉市地方政府规章，均不能作为判定民事行为效力的法律依据，且参照有关部门规章和地方政府规章的内容，股份合作制企业在股东资格产生、股东会行使表决权、股东分红标准等方面与《公司法》的规定均存在差异，《公司法》第二条明确规定调整对象仅限于在中国境内设立的有限责任公司和股份有限公司，故在涉及上述股东会决议三项表决内容上，不应适用我国《公司法》的规定。在无相应法律、行政法规规制的情况下，则应尊重股份合作制企业全体股东意思自治，根据钢花粮店章程确定该股东会决议的效力"、"钢花粮店2002年1月28日股东会决议的三项内容均属于章程规定的股东会行使权力的范围，且经32名股东表决同意，仅有4名股东表示反对，该股东会决议已经三分之二以上多数股东同意，应对全体股东产生法律效力，彭锦新认为股东会决议无效的申请再审理由不能成立"，并于2013年3月6日作出（2013）鄂民申字第00199号民事裁定书，裁定驳回彭锦新的再审申请。

上诉人曾福珍、陈世红、邓建荣、邓春芳、曾爱萍上诉请求：撤销武汉市青山区人民法院（2016）鄂0107民初344号民事判决；依法改判：（1）撤销被上诉人钢花粮店2015年12月31日董事会决议第2条；（2）撤销被上诉人钢花粮店2016年1月16日股东大会决议中"每人30股"及均等分配红利的内容；（3）确认被上诉人钢花粮店2016年1月16日董事会召集股东大会表决程序不合法，选举产生的新一届董事会和监事会无效。事实和理由：（1）2015年12月31日董事会决议、2016年1月16日股东大会决议违反了《武汉市青山区钢花新村中心粮店章程》（以下简称《章程》）关于股东持股数量、持股比例以及股东按出资比例分取红利的规定。（2）虽然钢花粮店2002年1月28日的股东大会决议被生效判决认定为有效，但是2015年12月31日董事会决议、2016年1月16日股东大会决议对2002年1月28日的股东大会决议及2002年1月16日董事会决议进行了实质性修改。（3）被上诉人通知耿华华等7名非股东出席2016年股东大会，召集程序违反《章程》相关规定。

被上诉人钢花粮店辩称，一审法院认定事实清楚，适用法律正确，请求维持原判。

曾福珍、陈世红、邓建荣、邓春芳、曾爱萍向一审法院起诉请求：（1）

撤销钢花粮店2015年12月31日《董事会决议》第2条；（2）撤销钢花粮店2016年1月16日《股东大会决议》中“每人30股”及均等分配红利的内容；（3）请求确认钢花粮店2016年1月16日董事会召集股东大会表决程序不合法，选举产生新一届董事会和监事会无效。

【法院审理意见】一审法院认为，被告为股份合作制企业，应尊重股份合作制企业全体股东意思自治，根据章程确定决议的效力。关于原告的第一项诉讼请求，要求撤销被告于2015年12月31日形成董事会决议的第2条“全体一致同意按照2002年1月28日股东大会决议通过的股本变动后的股本分配：全体股东按每股150元分配”的内容。对此认为，被告形成的该项董事会决议属于自主经营、自主管理的范畴，是自治的具体体现，法律及行政法规对此未作出禁止性规定，并由全体董事一致同意通过，符合章程规定。原告要求判决撤销该项决议的诉请，无事实及法律依据，不予支持。关于原告要求撤销被告2016年1月16日《股东大会决议》中“每人30股”及均等分配红利的诉请。原告认为被告于2002年1月28日形成的股东大会决议中关于股本的内容违法公司章程及公司法的规定，所以依据该决议作出的本次决议也是违法的。对此认为，2002年1月28日的股东会决议已由发生法律效力的人民法院判决为有效，同时本次决议是经2/3以上股东表决同意后形成的，符合章程规定，原告要求撤销该项决议的诉请，无事实及法律依据，不予支持。关于原告要求确认被告钢花粮店2016年1月16日董事会召集股东大会表决程序不合法，选举产生新一届董事会和监事会无效的诉请。原告认为被告允许非股东参加投票选举以及董事会未公开有效选票，不允许原告复印，所以认为选举程序不合法，选举无效。对此认为，该次股东会应到43人，实到40人，2人委托他人参会，会议发出42张选票，收回42张，根据得票数的多少推选出董事会、监事会成员，表决程序并无不当。另外，原告认为被告允许“非股东等七人”参加投票，对此，该七人已由2002年1月28日的股东大会决议确认其股东身份，而该股东大会决议亦由发生法律效力的人民法院判决为有效，故该七人参与投票并无不当。因此，原告的该项诉讼请求，无事实及法律依据，不予支持。据此，判决如下：驳回原告曾福珍、陈世红、邓建荣、邓春芳、曾爱萍的全部诉讼请求。

本院认为，被上诉人钢花粮店为2001年经改制设立的股份合作制企业，由于股份合作制企业并非《中华人民共和国公司法》所界定的公司形式，在无相应法律、行政法规规制的情况下，应尊重股份合作制企业全体股东意思自治，根据章程确定决议的效力。上诉人诉称，被上诉人2015年12月31日的董事会决议及2016年1月16日的股东大会决议违反了《章程》第9条、第

10 条、第 12 条第 4 款、第 30 条规定，其中第 9 条是关于出资姓名、出资方式、出资金额和出资比例的内容，第 10 条规定“本店实行同股同权同益同损的原则，每股金额为人民币 1 元”，第 12 条第 4 款规定“股东按出资比例分取红利，本店新增资本时，股东可以优先认缴出资”，第 30 条规定“本章程的修改由董事会提出方案经股东大会通过后可修改、实施”。根据《章程》第 23 条：“董事会行使下列职权：1. 负责召集股东大会，向股东大会报告工作；2. 执行股东大会决议；3. 决定本店的经营方针，计划和投资方案；4. 制定本店的年度财务预、决算方案；5. 制定本店的利润分配方案和弥补亏损方案……”2015 年 12 月 31 日，钢花粮店形成董事会决议：“1. 定于 2016 年 1 月 16 日召开全体股东大会。2. 全体一致同意按照 2002 年 1 月 28 日股东大会决议通过的股本变动后的股本分配：全体股东按每股 150 元分配。……”2016 年 1 月 16 日，钢花粮店召开股东大会，会议公布了经董事会商议的 2015 年分配方案：2015 年股份分红每股分配 150 元，每人 30 股 ×150 元 =4500 元，经讨论该方案经 2/3 以上的股东表决同意通过。根据《章程》第 20 条规定：“股东大会行使下列权力：1. 决定本店的经营方针和投资计划；2. 选举由股东代表出任的董事，决定有关董事报酬事宜；3. 选举由股东代表和职工代表出任的监事，决定有关监督内容事宜；4. 审议批准董事会的报告；5. 审议批准监事会的报告；6. 审议批准本店的年度财务预算方案、决算方案；7. 审议批准本店的利润分配方案和弥补亏损方案……”《章程》第 21 条对股东大会的议事方案和表决程序作出规定：“股东大会由全体股东或股东委托人组成，并出席会议。其决议必须通过 2/3 以上的职工股东通过。……”本院认为，2015 年 12 月 31 日董事会决议内容属于董事会职权范围，决议由全体董事一致同意通过，并于 2016 年 1 月 16 日提交股东大会审议讨论形成股东大会决议，该股东大会决议经 2/3 以上股东表决同意，决议事项属于股东大会行使权力范围，表决程序符合章程规定，体现被上诉人自主经营、自主管理，符合章程规定。关于上诉人诉称耿华华等 7 名非股东出席股东大会因此要求确认被上诉人 2016 年 1 月 16 日董事会召集股东大会表决程序不合法，选举产生新一届董事会和监事会无效的诉请，本院认为，2002 年 1 月 28 日的股东大会决议已为人民法院生效判决所确认，故通知耿华华等 7 人参与投票程序并无不当。上诉人上诉请求不成立，本院不予支持。

【法院裁判结果】综上所述，上诉人曾福珍、陈世红、邓建荣、邓春芳、曾爱萍的上诉请求不能成立，应予驳回。一审判决认定事实清楚，适用法律正确，应予维持。判决如下：

驳回上诉，维持原判。

本判决为终审判决。

第八十三条 营利法人的出资人不得滥用出资人权利损害法人或者其他出资人的利益。滥用出资人权利给法人或者其他出资人造成损失的，应当依法承担民事责任。

营利法人的出资人不得滥用法人独立地位和出资人有限责任损害法人的债权人利益。滥用法人独立地位和出资人有限责任，逃避债务，严重损害法人的债权人利益的，应当对法人债务承担连带责任。

典型案例 永嘉县天和拉链有限公司与陈玉仙、潘教益股东损害公司债权人利益责任纠纷

【裁判观点】 营利法人的出资人不得滥用法人独立地位和出资人有限责任损害法人的债权人利益。滥用法人独立地位和出资人有限责任，逃避债务，严重损害法人的债权人利益的，应当对法人债务承担连带责任。被告陈玉仙、潘教益系温州尚吉服饰有限公司股东，其中被告陈玉仙系公司总经理，为公司法定代表人。温州尚吉服饰有限公司现已停止生产，法定代表人及股东下落不明，无人提交财产状况说明、债务清册、债权清册、有关财务会计报告以及职工工资的支付和社会保险费用的缴纳情况，客观上无法进行清算。终结对温州尚吉服饰有限公司的破产清算程序，债权人有权另行向温州尚吉服饰有限公司的出资人主张权利。

【案情介绍】 原告永嘉县天和拉链有限公司诉被告陈玉仙、潘教益股东损害公司债权人利益责任纠纷一案，原告于2016年2月1日向本院提起诉讼

原告诉请：（1）判令被告陈玉仙、潘教益共同偿付原告货款363757元并赔付利息38468元；（2）本案诉讼费由二被告承担。

本案在审理过程中，原告变更第1项诉讼请求为：判令被告陈玉仙、潘教益对温州尚吉服饰有限公司向原告永嘉县天和拉链有限公司所负的债务363757元及逾期付款利息损失（利息损失按货款本金363757元自逾期之日起按中国人民银行同期同档次贷款基准利率计算）、诉讼费1689元承担连带清偿责任。

【法院审理意见】 本院经审理认定：被告陈玉仙、潘教益系温州尚吉服饰

有限公司股东，其中被告陈玉仙系公司总经理，为公司法定代表人。

2013年2月25日，永嘉县人民法院作出（2013）温永瓯商初字第108号民事调解书，确定温州尚吉服饰有限公司自愿支付永嘉县天和拉链有限公司货款363757元，于2013年2月28日前支付原告33757元，从2013年3月份起，于每月30日前支付30000元，至2014年1月30日止；并约定如温州尚吉服饰有限公司按期履行，则永嘉县天和拉链有限公司放弃其他诉讼请求；否则，永嘉县天和拉链有限公司有权自温州尚吉服饰有限公司逾期之日起就货款本金363757元及逾期付款利息损失（利息损失按货款本金363757元自逾期之日起按中国人民银行同期同档次贷款基准利率计算）、诉讼费1689元一并向法院申请执行（扣除调解后已履行的金额）。调解后，温州尚吉服饰有限公司未能履行调解书所确定的付款义务，原告遂向本院申请强制执行。因无可供执行的财产，本院于2013年12月20日做出（2013）温永执民字第1367－3号民事裁定书，裁定执行程序终结。

2014年11月18日，本院依法作出（2014）温永破（预）字第7－1号民事裁定书，裁定受理温州大东方纺织品有限公司对温州尚吉服饰有限公司的破产清算申请。

2014年12月22日，本院依法作出（2014）温永破字第5－1号民事裁定书。该民事裁定书认为，温州尚吉服饰有限公司现已停止生产，法定代表人及股东下落不明，无人提交财产状况说明、债务清册、债权清册、有关财务会计报告以及职工工资的支付和社会保险费用的缴纳情况，客观上无法进行清算。而且经温州尚吉服饰有限公司管理人调查，目前尚未发现温州尚吉服饰有限公司存在可供处置的财产，显然不足以清偿破产费用，并据此裁定：宣告温州尚吉服饰有限公司破产；终结对温州尚吉服饰有限公司的破产清算程序，债权人有权另行向温州尚吉服饰有限公司的出资人主张权利。

【法院裁判结果】判决如下：

被告陈玉仙、潘教益于本判决生效之日起10日内共同对温州尚吉服饰有限公司向原告永嘉县天和拉链有限公司所负的债务363757元及逾期付款利息损失（利息损失按货款本金363757元自逾期之日起按中国人民银行同期同档次贷款基准利率计算）、诉讼费1689元承担连带清偿责任。

第八十四条　营利法人的控股出资人、实际控制人、董事、监事、高级管理人员不得利用其关联关系损害法人的利益。利用关联关系给法人造成损失的，应当承担赔偿责任。

典型案例 杭州余杭金桥民间资本管理有限公司与浙江金桥控股集团有限公司、陆建庆等纠纷

【裁判观点】 公司控股股东、实际控制人、董事、监事及高级管理人员不得利用其关联关系损害公司利益。违反上述规定，给公司造成损失的，应当承担赔偿责任。其间产生的纠纷即公司关联交易损害责任纠纷。本案中，案外人杭州坤健投资合伙企业（有限合伙）向原告民间资本公司借款1500万元，签订相应的《借款合同》，该借款由案外人梅洪华、浙江金桥担保有限公司提供担保，原告民间资本公司在未向债务人杭州坤健投资合伙企业（有限合伙）催讨借款，也未要求担保人梅洪华、浙江金桥担保有限公司履行担保责任的前提下，向本案各被告提起关联交易损害责任纠纷，要求各被告承担相关赔偿责任，其未提供相关的证据证明上述借款行为损害了原告民间资本公司的利益，造成了原告民间资本公司的实际损失。遂驳回其诉讼请求。

【案情介绍】 2014年4月3日，民间资本公司注册成立，公司章程规定金桥控股集团公司出资2250万元，占注册资本的45%，杭州中亚布衣有限公司出资1000万元，占注册资本的20%，杭州大阳纸塑制品有限公司出资1000万元，占注册资本的20%，浙江银冠兽药饲料有限公司（法定代表人王贤勇）出资500万元，占注册资本的10%，周国华出资250万元，占注册资本的5%。民间资本公司2014年4月1日的股东会、董事会决议载明：陆建庆担任民间资本公司的董事长，周国华担任民间资本公司的法定代表人、总经理，王贤勇担任公司监事。2015年11月4日，杭州大阳纸塑制品有限公司、金桥控股集团公司、周国华、王贤勇作为股东签字的股东会决议载明：民间资本公司公章及合同章由王贤勇负责保管；审核公司的财务及经营情况，各股东予以认同，自此原法人代表应尽的权利和义务已经履行完毕，免去法人代表周国华职务并及时办理法人变更等手续；法人代表及经理由王贤勇担任。现民间资本公司的法定代表人并未在工商登记部门进行变更。

2014年11月28日，民间资本公司与杭州坤健投资合伙企业（有限合伙）签订二份《借款合同》，约定杭州坤健投资合伙企业（有限合伙）向民间资本公司分别借款1000万元、500万元，均由梅洪华、浙江金桥担保有限公司提供连带责任保证。同日，杭州坤健投资合伙企业（有限合伙）向民间资本公司出具二份还款指令，载明将上述《借款合同》项下的1500万元划入金桥创

业投资公司账户。金桥创业投资公司于 2014 年 11 月 28 日收到民间资本公司转账 1400 万元，并于当日转账划入杭州坤健投资合伙企业（有限合伙）账户。庭审中，民间资本公司确认其诉请 900 万元包含在转账凭证中 1400 万元中。现原告民间资本公司认为被告金桥控股集团公司、陆建庆利用控股股东或者实际控制人身份损害其利益应承担相应的赔偿责任，被告金桥创业投资公司作为共同侵权人应承担相应的连带责任，请求上判。

原告民间资本公司诉称：2014 年 4 月 3 日，原告民间资本公司在杭州市工商行政管理局余杭分局注册设立，股东有金桥控股集团公司、杭州中亚布艺有限公司、杭州大阳纸塑制品有限公司、浙江银冠兽药饲料有限公司和周国华，其中周国华为总经理并担任法定代表人，陆建庆担任董事长，民间资本公司的财务人员由金桥控股集团公司的财务人员兼任，所有财务资料也由金桥控股集团公司保管。《杭州余杭金桥民间资本管理有限公司章程》约定金桥控股集团公司应于 2014 年 4 月 15 日之前缴纳认缴的占股 45% 的 2250 万元注册资金，但是金桥控股集团公司至今都未缴纳，反而利用陆建庆在民间资本公司处的董事长身份，在未经民间资本公司股东会、董事会同意的情况下，让其控制下的财务人员于 2014 年 11 月 28 日向其投资设立的一人有限责任公司即金桥创业投资公司分两次分别打款 400 万元、500 万元。根据《公司法》第 21 条规定，公司的控股股东，实际控制人、董事、监事、高级管理人员不得利用其关联关系损害公司利益，违反前款规定，给公司造成损失的，应当承担赔偿责任；《公司法》第 148 条规定，董事、高级管理人员不得违反公司章程的规定，未经股东会、股东大会或者董事会同意，将公司资金借贷给他人或者以公司财产为他人提供担保；《侵权责任法》第 8 条规定，二人以上共同实施侵权行为，造成他人损害的，应当承担连带责任等相关法律规定。民间资本公司屡次要求金桥控股集团公司、陆建庆、金桥创业投资公司返还 900 万元未果，为此，特起诉，请求判令：（1）被告金桥控股集团公司、陆建庆共同赔偿原告民间资本公司本金损失 900 万元；（2）被告金桥创业投资公司对被告金桥控股集团公司、陆建庆的上述债务承担连带赔偿责任；（3）被告金桥控股集团公司、陆建庆、金桥创业投资公司向原告民间资本公司支付因本案支出的保全费 5000 元；（4）本案诉讼费用由被告金桥控股集团公司、陆建庆、金桥创业投资公司共同承担。

被告金桥控股集团公司答辩称：第一，被告金桥控股集团公司不是本案适格主体，因为公司关联交易损害责任纠纷侵权股东是控制人，被告金桥控股集团公司并非控制人，不属于《公司法》第 21 条所规定的主体。原告民间资本公司在诉状中运用了《公司法》第 148 条，该条款是关于股份有限公司规定，但是民间资本公司不是股份公司，所以本案也不适用《公司法》第148条。第二，被告金桥控股集团公司认为本案损害事实没有发生，法律不禁止所有的关联交易，从本案实际情况来看，该笔款项的借贷相对方是民间资本公司与杭州坤健投资合伙企业（有限合伙），从借贷合同本身来说，并没有损害原告民间资本公司的利益，借贷关系除了主债务人外还设立了第三人的担保，借贷利率为年利率15%，利率约定也符合市场化习惯，这些约定都没有损害原告的权益，而且原告民间资本公司并未向主债务人及保证人主张债权，无法推定该债权无法收回，因此被告金桥控股集团公司认为原告民间资本公司的损失还没有成立，起诉没有事实依据，应当予以驳回。

被告金桥创业投资公司答辩称：被告金桥创业投资公司并未占用本案所涉的900万元资金，涉案900万元资金是案外人杭州坤健投资合伙企业（有限合伙）向原告民间资本公司借款1500万元中的一部分，只是为了方便账务处理才将款项打入被告金桥创业投资公司账户周转一下，资金的实际使用人是杭州坤健投资合伙企业（有限合伙）。被告金桥创业投资公司并未侵害原告民间资本公司的合法权益，也没有给原告民间资本公司造成损失，不需要承担任何直接或间接的赔偿责任，请求法院驳回原告民间资本公司对金桥创业投资公司的全部诉讼请求。

【法院审理意见】本院认为，《公司法》第21条规定，“公司控股股东、实际控制人、董事、监事及高级管理人员不得利用其关联关系损害公司利益。违反前款规定，给公司造成损失的，应当承担赔偿责任”。其间产生的纠纷即公司关联交易损害责任纠纷。本案中，案外人杭州坤健投资合伙企业（有限合伙）向原告民间资本公司借款1500万元，签订相应的《借款合同》，该借款由案外人梅洪华、浙江金桥担保有限公司提供担保，原告民间资本公司在未向债务人杭州坤健投资合伙企业（有限合伙）催讨借款，也未要求担保人梅洪华、浙江金桥担保有限公司履行担保责任的前提下，向本案各被告提起关联交易损害责任纠纷，要求各被告承担相关赔偿责任，本院认为其未提供相关的证据证明上述借款行为损害了原告民间资本公司的利益，造成了原告民间资本公司的实际损失。

【法院裁判结果】

综上，原告民间资本公司的诉讼请求，证据不足，本院不予支持。被告金桥控股集团公司、金桥创业投资公司的答辩意见，合理部分，本院予以采信。据此，判决如下：

驳回原告杭州余杭金桥民间资本管理有限公司的全部诉讼请求。

第八十五条 营利法人的权力机构、执行机构作出决议的会议召集程序、表决方式违反法律、行政法规、法人章程，或者决议内容违反法人章程的，营利法人的出资人可以请求人民法院撤销该决议，但是营利法人依据该决议与善意相对人形成的民事法律关系不受影响。

典型案例 郴州玉熙矿业有限责任公司等诉崔亚平公司决议纠纷

【裁判观点】 营利法人的权力机构、执行机构作出决议的会议召集程序、表决方式违反法律、行政法规、法人章程，或者决议内容违反法人章程的，营利法人的出资人可以请求人民法院撤销该决议。本案在没有充分证据证明已经通知了被上诉人崔亚平参会的情况下，上诉人郴州玉熙矿业有限责任公司2012年11月7日召开的股东会、董事会形成的决议并不违反法律的规定，应当认定为该次股东会在召开的程序上存在瑕疵，故不能宣布有关决议无效。

【案情介绍】 2005年初，崔亚平与陈为铁、李跃进、陈为乐协商一致，决定共同投资矿业。同年4月11日，崔亚平、陈为铁、李跃进、陈为乐共同出资1900000元注册成立了郴州玉熙矿业有限责任公司，崔亚平、陈为铁、李跃进各出资500000元，陈为乐出资400000元。公司设董事会，设董事长一名，董事会成员三人，推选崔亚平、李跃进、陈为铁为公司董事会成员。公司不设监事会，只设监事一名，聘任陈为乐为监事。经董事会决议，选举崔亚平为董事长，聘任崔亚平为公司总经理。2005年12月12日，郴州玉熙矿业有限责任公司的股东变更为湖南省郴州市广德实业有限公司、崔亚平、李跃进、陈为乐，各股东的出资及持股比例未变更。2012年11月7日，在未通知崔亚平的情况下，股东湖南省郴州市广德实业有限公司法定代表人陈为铁、股东李跃进、股东曾春菊召开了股东会，股东会议决议：（1）公司修正地址为：郴州市北湖区升平路20号广德市场8幢101房。（2）变更公司股东股权：股东陈为乐因病于2006年4月7日死亡，经湖南省郴州市福城公证处公证，陈为乐在郴州玉熙矿业有限责任公司的股权由其配偶曾春菊承继。崔亚平、李跃进各出资500000元，持股比例各占26.32%，广德公司出资500000元，持股比例占26.31%，曾春菊出资400000元，持股比例占21.05%。（3）变更公司董事会成员：免去崔亚平董事职务，新选举曾春菊为公司董事，此次变更后，公司董事会成员为陈为铁、李跃进、曾春菊三人。（4）变更公司监事的产生办法为股东会聘任产生。(5) 变更公司监事：免去陈为乐公司监事职务，聘任王堂英为公司监事等。同日，召开了董事会，董事会决议：(1) 免去崔亚平董事长（法定代表人）职务，选举陈为铁为公司董事长（法定代表人）。(2) 解聘崔亚平公司总经理职务，聘任陈为铁为公司总经理。2012 年 12 月 12 日，郴州市工商行政管理局核准了郴州玉熙矿业有限责任公司的变更登记，郴州玉熙矿业有限责任公司法定代表人由崔亚平变更为陈为铁。2013 年 6 月，崔亚平知道该情况后，经协调未果，提起本案诉讼，请求确认 2012 年 11 月 7 日郴州玉熙矿业有限责任公司股东会决议及董事会决议无效或者撤销。

原审法院判决后，上诉人郴州玉熙矿业有限责任公司不服，向本院提起上诉称：(1) 原审判决适用法律错误。根据《中华人民共和国公司法》第 22 条第 1 款，只有股东会决议的内容违反法律、行政法规的才无效，原审法院认定该次股东会程序上不合法导致无效是明显错误的。按照《中华人民共和国公司法》第 22 条第 2 款所规定的股东会召集程序违法、股东只能提起撤销之诉，且规定了 60 天的除斥期间。原审法院刻意回避该问题；(2) 原审判决无法执行。该次股东会决议除变更公司法定代表人外，还将公司的住所、死亡股东的继承人等予以变更，不可能再予以恢复。请求撤销原判，改判驳回被上诉人崔亚平的起诉。

被上诉人崔亚平答辩称：上诉人郴州玉熙矿业有限责任公司召开股东会没有通知被上诉人崔亚平，其决议是无效的。请求驳回上诉，维持原判。

原审第三人陈为铁、李跃进、湖南省郴州市广德实业有限公司均陈述召开股东会时已经通知了被上诉人崔亚平，请求公正处理。

【法院审理意见】原审法院认为，本案为公司决议纠纷。根据《中华人民共和国公司法》的相关规定，股东会或者股东大会、董事会的会议召集程序、表决方式违反法律、行政法规或者公司章程，公司未向原告股东履行通知义务即召集股东会、股东大会并形成决议，且原告股东未参加会议的，应当认定决议无效。本案原告崔亚平系郴州玉熙矿业有限责任公司股东，被告郴州玉熙矿业有限责任公司于 2012 年 11 月 7 日在召集股东会时，未履行通知义务召集原告崔亚平参加股东会，程序上不合法，故被告郴州玉熙矿业有限责任公司于 2012 年 11 月 7 日的股东会形成的决议应认定无效，股东会决议无效，导致 2012 年 11 月 7 日形成的董事会决议亦当然无效。据此，原审法院判决：确认被告郴州玉熙矿业有限责任公司于 2012 年 11 月 7 日形成的股东会决议及董事会决议无效。

本院认为，本案为公司决议纠纷，焦点在于：在没有充分证据证明已经通知了被上诉人崔亚平参会的情况下，上诉人郴州玉熙矿业有限责任公司 2012

年11月7日召开的股东会、董事会形成的决议是否有效。从该次股东会、董事会决议的内容来看，并不违反法律的规定，故不能适用《中华人民共和国公司法》第22条第1款的规定，宣布有关决议无效。该次股东会在召开的程序上存在瑕疵，并没有充分证据证明已经通知了被上诉人崔亚平。但是，《中华人民共和国公司法》第22条第2款规定，股东应当在决议作出之日起60日内请求人民法院予以撤销。被上诉人崔亚平作为上诉人郴州玉熙矿业有限责任公司的股东以及原董事长，应当知道上述股东会决议的内容；即使如被上诉人崔亚平所言，其一直不知道上述股东会决议的内容，也是其怠于履行职责所致。因此，至被上诉人崔亚平2014年3月提起本案诉讼，已经超过了《中华人民共和国公司法》第22条第2款所规定的60日的起诉期间。

【法院裁判结果】综上所述，上诉人郴州玉熙矿业有限责任公司的上诉理由成立，对其上诉请求本院予以支持。原审判决认定事实清楚，但适用法律错误，处理不当，本院予以纠正。判决如下：

一、撤销湖南省郴州市北湖区人民法院（2014）郴北民二初字第214号民事判决；

二、驳回被上诉人崔亚平在原审的诉讼请求。

本判决为终审判决。

第八十六条 营利法人从事经营活动，应当遵守商业道德，维护交易安全，接受政府和社会的监督，承担社会责任。

典型案例 秀针与青岛杰盛置业有限公司、薛晓明公司解散纠纷

【裁判观点】公司从事经营活动，应诚实守信，接受政府和社会公众的监督，承担社会责任。本案中李秀针虽因股东之间的矛盾未能参与公司的经营管理，但其股东个人权利的行使应当受到公司承担的社会责任的约束。李秀针要求中途解散杰盛公司，违背公司当初向政府作出的承诺，亦有悖诚实守信原则；而且目前杰盛公司经营的房地产项目预售许可证均已办理完毕，现已对外销售，处于投资收益回收阶段，杰盛公司的存续不会给李秀针造成重大经济损失。李秀针亦可通过二审判决所明确的其他诉讼途径来维护其权益；或可待杰盛公司经营的适园雅居项目按预计时间完成交房的社会义务后，另行提起解散之诉。

【案情介绍】杰盛公司于2010年2月1日被青岛市工商行政管理局核准成立，工商登记材料记载：经营范围包括房地产开发与销售等；注册资本1000万元；股东李秀针出资500万元，持股50%，股东薛晓明出资500万元，持股50%。公司章程规定了公司的名称和住所；公司经营范围；公司注册资本；股东的名称、出资方式及出资额；股东的权利和义务，其中包括股东表决权、选举、股东优先权及股东知情权等内容；第14条约定“股东会会议由股东按照出资比例行使表决权”；第17条约定“股东会会议应对所议事项作出决议，决议应由代表二分之一以上表决权的股东表决通过，但股东会对公司增加或减少注册资本、分离、合并、解散或变更公司形式、修改公司章程所作出的决议，应由三分之二以上表决权的股东表决通过”，公司章程还规定了其他事项。

杰盛公司成立以后，曾多次预备召开股东会，但因两股东之间存在矛盾，终未实际召开。

杰盛公司成立以后，仅经营了一个房地产项目即“南王保留项目”（现名称为适园雅居）。

一审法院向青岛市李沧区东部办公室工作人员调查时，该工作人员称，约600户原购房户因房屋手续一直未办理完毕，多次聚众上访。

经一审法院多次调解，各方当事人之间终未达成一致意见。

杰盛公司的工商登记材料还记载：2010年1月18日，杰盛公司形成股东会决议，选举薛晓明为公司执行董事、经理，选举李秀针为公司监事。

2012年2月份李秀针与薛晓明两人之间的矛盾逐渐显现。2012年2月24日，李秀针通知薛晓明召开股东会，由于薛晓明认为李秀针没有召集股东会的权利，会议未能召开。2012年2月28日，李秀针向杰盛公司、薛晓明发函，提议召开股东会，讨论公司董事、总经理、公司财务管理等事宜。2012年3月2日，薛晓明向李秀针发出召开股东会的通知，召开时间2012年3月20日。2012年3月20日当日，因李秀针的授权委托手续问题，股东会未能召开。

2014年3月17日，杰盛公司取得了涉案99套房屋的《预售许可证》，许可证号为：青房注字（2014）第008号。

二审中，李秀针主张涉案房地产项目已向社会出售568户的事实是虚假的，涉案房地产项目地上建筑工程费用9638万余元应由原北京雍伦佳苑房地产开发有限公司享有。

2012年7月4日，一审原告李秀针诉至青岛市中级人民法院称，2010年2月1日，李秀针、薛晓明共同发起设立杰盛公司，各出资500万元，分别持股

50%。杰盛公司成立后，从未按照公司章程规定召开过定期股东会议。薛晓明未经李秀针同意，通过虚假的股东会决议文件，骗取工商登记，使自己成为杰盛公司在工商局注册登记的执行董事、法定代表人、总经理。杰盛公司设立后至今，已经超过两年无法召开股东会，经营管理发生严重困难；公司股东陷入公司僵局，不能就公司经营管理事宜达成一致意见，而且无法通过其他方法解决；李秀针要求查阅公司账目等股东权利无法得到保障，权益受到重大损害。李秀针认为，如果杰盛公司继续存续，将使李秀针的权益受到重大损失，且僵局无法通过其他途径解决。故，依据公司法及相关司法解释之规定，请求判令解散杰盛公司。

杰盛公司辩称，本案不符合公司法规定的公司解散的条件。杰盛公司至今经营正常，除了股东之间的纠纷之外，公司开发的房地产项目正常进行，项目手续正在办理。公司有能力完成房地产项目的开发，解决原500多户购房者的历史遗留问题。在现阶段如果公司解散，会给股东带来巨额亏损，完成房地产项目反而能保证公司股东的合法权利。

第三人薛晓明辩称意见同杰盛公司。

李秀针不服一审判决上诉称，（1）原审认定事实错误。①漏判杰盛公司两年多没有召开股东会以及连续两年以上不能做出有效的股东会决议这一重大事实。公司经营管理陷入重大困难。②薛晓明与青岛瑞丰德不锈钢有限公司恶意串通，给杰盛公司增加了1.25亿的虚构债务，并用杰盛公司土地进行了抵押，李秀针作为股东的合法权益受到重大损失。如果杰盛公司继续存续，必然导致剩余资产不断被侵蚀，从而导致李秀针的股东权益进一步受到损失。③本案房地产项目自2011年12月9日拍得后两年内没有开工，杰盛公司没有能力完善该项目，杰盛公司存续只会使该项目继续拖延，进而导致公司及股东权益受到进一步损失。（2）一审判决适用法律错误。杰盛公司成立4年没有召开股东会，无法恢复股东间相互信任的合作基础，公司僵局状态仍将持续下去，杰盛公司的经营已经严重困难且继续存续会使股东利益受到重大损失。李秀针无法通过“其他途径”解决现状。本案符合《公司法》第183条所规定的公司解散条件。（3）杰盛公司4年来未处理完毕房地产项目，加剧了上访问题。为此李秀针与第三方协商，第三方承诺以2亿元收购杰盛公司的股权。因此解散公司有利于结束公司财产持续遭受侵害的状态，有利于涉案项目顺利进行，杜绝上访现象。综上，请求依法撤销原判，改判解散杰盛公司。

杰盛公司和薛晓明共同答辩称，一审判决认定事实清楚，适用法律正确，应予维持。（1）公司未能召开股东会的责任在于李秀针，也不是公司解散的充分条件。（2）杰盛公司与项目的原开发建设单位青岛瑞丰德不锈钢有限公司存在正常债务，这些债务是否虚假，是否恶意串通，完全可以在公司财务审计中予以查清，或通过其他法律途径解决，与公司解散无关。(3) 公司现在解散会造成公司的巨大违约债务，进而损害股东的合法权益。

【法院审理意见】青岛市中级人民法院一审认为，依据我国《公司法》第183条的规定，公司经营管理发生严重困难，继续存续会使股东利益受到重大损失，通过其他途径不能解决的，持有公司全部股东表决权10%以上的股东，可以请求人民法院解散公司。上述规定，主要包括三个要件：(1) 经营管理困难；(2) 公司继续存续会使股东利益受到重大损失；(3) 通过其他途径不能解决的。该条的主要立法目的是在公司经营管理发生严重困难时，如果通过其他途径不能解决，为了防止公司继续存续而使股东利益受到重大损失结果的发生，赋予了相关股东提起公司解散的权利。最高人民法院《关于适用〈中华人民共和国公司法〉若干问题的规定（二）》第1条规定，单独或者合计持有公司全部股东表决权10%以上的股东，以下列事由之一提起解散公司诉讼，并符合公司法第183条规定的，人民法院应予受理：(1) 公司持续两年以上无法召开股东会或者股东大会，公司经营管理发生严重困难的；(2) 股东表决时无法达到法定或者公司章程规定的比例，持续两年以上不能做出有效的股东会或者股东大会决议，公司经营管理发生严重困难的；(3) 公司董事长期冲突，且无法通过股东会或者股东大会解决，公司经营管理发生严重困难的；(4) 经营管理发生其他严重困难，公司继续存续会使股东利益受到重大损失的情形。股东以知情权、利润分配请求权等权益受到损害，或者公司亏损、财产不足以偿还全部债务，以及公司被吊销企业法人营业执照未进行清算等为由，提起解散公司诉讼的，人民法院不予受理。该解释主要是对《公司法》第183条中“经营困难”要件的详细解释，是规定的公司解散案件的受理条件而非公司解散的实质要件。在判断应否解散时，仍应按《公司法》第183条的规定进行审理，对此李秀针应承担相应的举证责任。具体到本案而言，李秀针的举证可以证实公司管理发生困难，但尚无充分的证据证明如果杰盛公司继续存续会给李秀针造成重大损失。反之，如果杰盛公司解散，则必然导致杰盛公司的自行清算或人民法院强制清算，对已经在开工建设的项目、已经交付的房屋后续手续的办理造成迟延，这种迟延反而会给公司增加义务进而损害股东的合法权益。虽然杰盛公司仅有的两个股东即李秀针和薛晓明之间存在矛盾，致使召开股东会等公司经营管理发生困难，李秀针主张杰盛公司及薛晓明侵犯了其对公司经营活动的知情权，并且双方对有关公司运营资金的归属存在争议，而依据最高人民法院《关于适用〈中华人民共和国公司法〉若干问题的规定（二）》，股东以知情权为由申请解散公司的，不予受理；李秀针的有关公司运营资金的归属的争议，也不符合《公司法》第183条规定的公司解散的要件。李秀针的证据不能证明已经达到了《公司法》第183条规定的“通过其他途径不能解决的”程度，李秀针可以依法通过其他方式维护自己的合法权益。

杰盛公司自成立以来仅仅经营了本案所涉的房地产项目，且该房地产项目起初尽管是违法建筑，但根据青岛市政府［（2008）116号］《李沧区城市建设有关问题会议纪要》确定的“本着尊重历史，面对现实”的原则，相关政府部门在充分论证后，完善了各项本案所涉房地产项目的行政手续，以期最终解决涉及本案在建房屋的原568户已购房者的权益问题。目前，本案所涉房地产项目，已经过相关政府职能部门的审核和批准，办理了除最后一个项目行政审批手续即预售许可证之外的所有十几个建设开发手续，杰盛公司的唯一经营的房地产项目进展顺利。而如果杰盛公司解散必然会导致其经营的房地产项目不能顺利进行。且李秀针也没有举证证明，杰盛公司经营的房地产项目继续进行会如何对其利益造成重大损害。本案杰盛公司所经营的最终产品为住宅房屋，不同于一般公司经营生产的动产产品。本案所涉房地产项目与一般房地产项目相比又有其特殊性，本案房地产项目起初系违法建筑，并已向社会出售了568户，青岛市政府已对该违法建筑完善了建设开发手续，568户原购房者急于办理房屋产权证，并且已经出现过多次多人到有关政府部门上访的现象。如果杰盛公司解散，势必要影响到杰盛公司所经营的房地产项目的顺利进行，进而影响到杰盛公司外部几百户购房者合法利益顺利实现。一审法院认为，从我国《公司法》第183条规定的立法目的和杰盛公司承担的对众多已购房户的义务角度出发，杰盛公司目前不宜解散。综上，李秀针请求解散公司的诉讼请求，缺乏事实和法律依据，不予支持。一审法院于2014年1月14日作出（2012）青民二商初字第36号民事判决：驳回李秀针的诉讼请求。

本院二审认为，本案双方当事人争议焦点为杰盛公司是否符合公司解散条件。最高人民法院《关于适用〈中华人民共和国公司法〉若干问题的规定（二）》第1条第1款规定：“单独或者合计持有公司全部股东表决权百分之十以上的股东，以下列事由之一提起解散公司诉讼，并符合公司法第一百八十三条规定的，人民法院应予受理：（一）公司持续两年以上无法召开股东会或者股东大会，公司经营管理发生严重困难的；（二）股东表决时无法达到法定或者公司章程规定的比例，持续两年以上不能做出有效的股东会或者股东大会决议，公司经营管理发生严重困难的；（三）公司董事长期冲突，且无法通过股东会或者股东大会解决，公司经营管理发生严重困难的；（四）经营管理发生其他严重困难，公司继续存续会使股东利益受到重大损失的情形。”本案李秀针持有杰盛公司50%股权，其有权提出解散公司之诉。本案杰盛公司仅有李秀针和薛晓明两名股东，两人各占50%的股份，杰盛公司章程规定“股东会决议应由代表二分之一以上表决权的股东表决通过”，因此只要两名股东的意见存在分歧、互不配合，就无法形成有效表决。杰盛公司已持续两年以上未召开股东会，无法形成有效股东会决议，杰盛公司经营管理已发生严重困难。

《中华人民共和国公司法》（2005年修订）第183条规定：“公司经营管理发生严重困难，继续存续会使股东利益受到重大损失，通过其他途径不能解决的，持有公司全部股东表决权百分之十以上的股东，可以请求人民法院解散公司。”从该规定可以看出解散公司除要求公司经营管理发生严重困难外，还必须同时具备其他两个条件：继续存续会使股东利益受到重大损失；通过其他途径不能解决。本案杰盛公司不符合公司解散的该两项条件。

（1）杰盛公司自成立以来仅仅经营了本案所涉房地产项目，且该项目具有特殊性，原系违法建筑，杰盛公司通过拍卖受让该项目后，完善了该项目的建设开发手续，取得了99套房屋的预售许可证，现本案所涉房地产项目已具备对外销售条件，杰盛公司现处于投资收益回收阶段。如果杰盛公司解散，杰盛公司所经营的房地产项目将无法对外销售，房屋产权手续更无法办理，杰盛公司的投资及收益将无法收回，进而会造成股东利益的重大损失，所以杰盛公司解散反而会使股东利益受到重大损失。

（2）公司强制解散作为股东矛盾无法解决的最后手段，应为股东穷尽一切救济途径之后方得采取。本案李秀针在上诉状中提出其与第三方协商，第三方承诺以2亿元收购杰盛公司的股权。李秀针所提方案是以杰盛公司继续存续不予解散为前提。从李秀针所提方案可以看出即使杰盛公司经营管理发生严重困难，也可通过其他途径予以解决。对李秀针所提出的杰盛公司应予解散的其他事由，其均可通过解散公司之外的其他救济途径予以解决，而不能成为李秀针主张杰盛公司应予解散的正当理由。关于李秀针主张的工商登记中的股东会决议是虚假的，其可以提出股东会决议撤销之诉。关于李秀针主张杰盛公司与青岛瑞丰德不锈钢有限公司虚构债务，并认为原北京雍伦佳苑房地产开发有限公司对地上建筑工程费用享有权益，该地上建筑工程费用由谁享有，可由原北京雍伦佳苑房地产开发有限公司的权利承继主体与青岛瑞丰德不锈钢有限公司协商解决。关于李秀针主张其查阅公司账目权利无法得到保障，其可以行使股东知情权。关于李秀针主张涉案房地产项目已向社会出售568户是虚假的，如李秀针认为已向社会出售568户的事实系虚假的，且损害了其股东权益，其可以申请对公司账目进行审计。

综上，一审法院认定事实清楚，适用法律正确。李秀针的上诉理由不能成立，不予支持。本院于2014年5月22日作出（2014）鲁商终字第111号民事判决：驳回上诉，维持原判。

本院再审认为，双方当事人争议的焦点问题是杰盛公司应否解散。本案杰盛公司因李秀针与薛晓明两名股东之间的矛盾持续两年以上无法召开股东会，无法形成有效的股东会决议，根据最高人民法院《关于适用〈中华人民共和国公司法〉若干问题的规定（二）》第1条第1款之规定，可以认定杰盛公司的经营管理发生严重困难。李秀针主张本案与最高人民法院公布的指导案例《林方清诉常熟市凯莱实业有限公司、戴小明公司解散纠纷案》（2012年4月9日发布）案情相似，应予以参照适用。本院认为，两案相同之处在于公司均因股东之间存有分歧、互不配合而持续两年以上无法召开股东会，公司经营管理发生严重困难，对股东的利益都造成一定损害。但本案又存在一定特殊性，杰盛公司经营的房地产项目相比凯莱实业有限公司经营的普通产品而言承担着更大的社会责任。本院认为，在判断公司应否解散时，不仅要考虑股东利益还要考虑到社会公众利益。

《中华人民共和国公司法》及最高人民法院《关于适用〈中华人民共和国公司法〉若干问题的规定（二）》虽然赋予了股东在法定情形下的解散公司的权利，但是股东权利的行使应当受到公司及股东应承担的社会义务的约束。《中华人民共和国公司法》第1条规定了公司法既规范公司的组织和行为，保护公司、股东的权益，还保护债权人的合法权益，维护社会经济秩序。《中华人民共和国公司法》第5条亦明确规定，公司从事经营活动，应诚实守信，接受政府和社会公众的监督，承担社会责任。

本案中，杰盛公司经营的是房地产项目，涉及众多购房者的利益。其目前经营的适园雅居项目又因历史原因存在着特殊性。该项目起初系违法建筑，已向社会公众出售了568套住宅，仅留110套住宅未出售，出于妥善解决历史遗留问题、维护社会稳定的角度考虑，青岛市政府保留了该项目并同意通过土地招拍挂完善相关手续，解决已购房者的问题。政府部门在土地招拍挂公告中明确说明了项目出售的情况，李秀针与薛晓明成立杰盛公司参与拍卖前对政府公示的项目情况并未提出异议。李秀针在诉讼中提出质疑，依据不足。再审中杰盛公司也提交了先前处分或出售房产的相关证据，李秀针虽否认房产出售的事实但仅提供青岛网上房地产可查询到的数据作为反证，而杰盛公司、薛晓明对于网站公示的销售情况与政府文件资料中显示销售情况不一致给出了合理解释。本院认为李秀针再审中所提交的证据不足以推翻政府的系列文件资料，对其主张568套房产虚假销售的事实不予认可。

本院认为，李沧区政府《关于广水路以北、四十三号线以西地块有关事项的复函》中明确了项目竞得人应承担的义务，其中包括妥善处理原购房户问题、以免引起新的社会问题。杰盛公司在清楚了解涉案项目的历史状况后仍参与竞拍即应承担起向568户原购房者交付建成房屋并完善相关手续的社会义务。目前杰盛公司已经办理了建设项目所需的所有建设手续，预售许可证也已办理完毕，除原568套历史出售房屋外，另110套房产中也已售出50余套并办理了销售合同的备案手续；15栋住宅楼主体已经竣工，正在进行小区内的管网、楼宇外观及小区道路绿化等工程的施工，杰盛公司承诺的交房时间为2015年10月至2016年1月。杰盛公司经营的房地产项目已经进行到收尾阶段，若此时公司解散，公司清算组势必无法履行公司应承担的后续施工及办理房产证等行为义务，进而影响项目的正常进展，阻却众多购房户的合法利益的实现，造成新的大规模上访，影响社会稳定。

综合以上分析，本院认为，本案中李秀针虽因股东之间的矛盾未能参与公司的经营管理，但其股东个人权利的行使应当受到公司承担的社会责任的约束。李秀针要求中途解散杰盛公司，违背公司当初向政府作出的承诺，亦有悖诚实守信原则；而且目前杰盛公司经营的房地产项目预售许可证均已办理完毕，现已对外销售，处于投资收益回收阶段，杰盛公司的存续不会给李秀针造成重大经济损失。原审判决驳回其诉讼请求并无不当，应予维持。

至于李秀针因与薛晓明之间的矛盾影响其股东表决权、知情权、利益分配权等权利的行使，本院认为薛晓明作为杰盛公司的控制方有义务按照其《承诺书》所载明的内容化解矛盾并积极配合李秀针行使相关股东权利。李秀针亦可通过二审判决所明确的其他诉讼途径来维护其权益；或可待杰盛公司经营的适园雅居项目按预计时间完成交房的社会义务后，另行提起解散之诉。

【法院裁判结果】本案经本院审判委员会讨论决定，判决如下：

维持本院（2014）鲁商终字第111号民事判决。

本判决为终审判决。

第三节　非营利法人

第八十七条　为公益目的或者其他非营利目的成立，不向出资人、设立人或者会员分配所取得利润的法人，为非营利法人。

非营利法人包括事业单位、社会团体、基金会、社会服务机构等。

第八十八条　具备法人条件，为适应经济社会发展需要，提供公益服务设立的事业单位，经依法登记成立，取得事业单位法人资格；依法不需要办理法人登记的，从成立之日起，具有事业单位法人资格。

典型案例　朱红俞与澧县林业局火连坡木材检查站、澧县林业局劳动争议

【裁判观点】具备法人条件，为适应经济社会发展需要，提供公益服务设立的事业单位，经依法登记成立，取得事业单位法人资格。澧县林业局火连坡木材检查站虽为具有独立法人资格的事业单位法人，但非澧县财政预算单位且没有独立财产，不能以自己的名义对外独立承担民事责任，故本案的适格被告应为澧县林业局。

【案情介绍】2005年11月14日，为解决本系统干部职工子女就业，经澧县林业局党组集体研究决定，朱红俞被安排至澧县林业局火连坡木材检查站工作。2005年12月1日，朱红俞与澧县林业局火连坡木材检查站签订了合同期至2008年12月31日的书面劳动合同。2005年12月12日，澧县林业局为朱红俞在澧县劳动和社会保障局办理了招工手续，招收朱红俞为澧县林业局火连坡木材检查站劳动合同制工人。2006年2月27日，朱红俞全额补缴了2005年12月至2006年12月的养老保险费，其中单位应缴费1724元。2008年12月31日，劳动合同期满后，朱红俞仍在澧县林业局火连坡木材检查站工作。2009年11月24日，朱红俞再次与澧县林业局火连坡木材检查站签订了合同期至2011年11月24日的书面劳动合同。该合同期满后，澧县林业局火连坡木材检查站未与朱红俞续签劳动合同，但朱红俞一直在原岗位工作。2015年3月23日，经澧县县委组织部、澧县监察局、澧县人社局、澧县编办组成的联合调查组认定：朱红俞未办理人事手续，不属于事业单位正式工作人员，要求澧县林业局对朱红俞按照澧县县委、县政府《澧县机关事业单位“吃空饷”和在编不在岗等问题专项治理工作整改阶段实施方案》中关于临时聘用人员的处理办法进行清退。2015年4月，澧县林业局向朱红俞在内的清退人员提出经济补偿方案，拟支付朱红俞经济补偿73737.8元，朱红俞未同意。劳动合同解除前，澧县林业局一直在为朱红俞缴纳社会保险费。2015年12月4日，朱红俞向澧县劳动人事争议仲裁委员会提请仲裁申请，澧县劳动人事争议仲裁委员会以〔2015〕澧劳人仲字158号裁决书裁决澧县林业局向原告支付解除

劳动合同的经济补偿金35383.5元，垫付的社会保险费1724元，驳回朱红俞朱红俞的其他仲裁请求。朱红俞不服仲裁裁决，以致成讼。

澧县林业局火连坡木材检查站为经澧县编委核准登记的事业单位，系澧县林业局的下属二层机构，并由澧县林业局主管。

朱红俞上诉请求：撤销一审判决，并改判澧县林业局火连坡木材检查站和澧县林业局向朱红俞支付违法解除劳动合同的经济补偿金70767.02元、加付经济赔偿金17691.76元、自应当订立无固定期限劳动合同之日起二倍工资96839.08元、个人垫付的社会保险费1724元、休息日及法定假日期间的工资报酬201385.9元，以上共计388407.76元。事实与理由：(1)澧县林业局火连坡木材检查站是本案适格被告；(2)澧县林业局火连坡木材检查站与朱红俞签订的劳动合同合法有效；(3)朱红俞已与澧县林业局火连坡木材检查站形成无固定期限劳动合同；(4)澧县林业局依据一份人事管理文件解除与朱红俞的劳动关系违法；(5)即使朱红俞签订的劳动合同无效，澧县林业局也应赔偿朱红俞因合同无效造成的损失。

澧县林业局火连坡木材检查站辩称，第一，本单位虽然是经澧县机构编制委员会核准登记的事业单位，但因非澧县财政预算单位且没有独立的财产，无能力以自己的名义独立对外承担民事责任；第二，朱红俞在本单位工作期间加班的事实不属实，本单位的工作性质是轮流上班，每人每月保证起码8天休息。故请求驳回上诉，维持原判。

澧县林业局辩称，第一，澧县林业局与朱红俞的用工情况不合法，其解除劳动合同不违法；第二，朱红俞拒绝领取经济补偿款，故其要求支付额外经济补偿缺乏法律依据；第三，朱红俞一直未举证证实其加班的事实，故其请求的休息休假期间的工资报酬缺乏事实依据；第四，澧县林业局与朱红俞之间没有连续二次签订固定期限劳动合同，朱红俞的实际工作年限也未达到十年，故其请求支付未签订无固定期限劳动合同的双倍工资无事实依据和法律依据。故请求驳回上诉，维持原判。

朱红俞向一审法院起诉请求：判令澧县林业局火连坡木材检查站和澧县林业局向朱红俞支付违法解除劳动合同的经济赔偿金74491.6元、额外经济补偿金18622.9元、个人垫缴的社会保险费1724元、休息休假期间的工资报酬215768.78元和自应当订立无固定期限劳动合同之日起的二倍工资145258.62元，共计455865.9元。

【法院审理意见】一审法院认为，澧县林业局火连坡木材检查站虽为具有独立法人资格的事业单位法人，但非澧县财政预算单位且没有独立财产，不能以自己的名义对外独立承担民事责任，故本案的适格被告应为澧县林业局。

对朱红俞要求澧县林业局火连坡木材检查站和澧县林业局支付经济赔偿金74491.6元的诉讼请求，澧县林业局辩称双方不属于合法的人事关系，终止违反法律、行政法规强制性规定的劳动合同不属于违法解除，依法无需向朱红俞支付经济赔偿金。本案争议双方建立劳动用工关系的初衷是希望通过逐步解决编制、以办理人事录用手续的方式，建立合法的人事关系。后双方因不符合新的法律法规和政策规定，未建立人事关系，但双方自2005年12月始已建立起劳动关系，双方之间未建立人事关系仅导致已按照人事关系订立并且实际履行的劳动合同违法部分无效，而非完全无效。澧县林业局执行规范性文件的规定清退不属于人事关系但在岗工作的朱红俞的行为，符合《劳动合同法》第40条第3项规定的劳动合同无法履行而解除的情形，属于合法解除。依据《劳动合同法》第46条规定，澧县林业局应就合法解除向朱红俞支付经济补偿金。朱红俞主张以澧县林业局解除劳动合同时经济补偿方案中确定的月平均工资3724.58元为计算标准，澧县林业局未举证否定，予以采信。朱红俞主张在澧县林业局工作年限为10年，实际工作年限不足9年零4个月，应计算工作年限为9.5年，即朱红俞应获得的经济补偿为35383.5元（3724.58元/年×9.5年）。

对于朱红俞要求澧县林业局支付额外经济补偿金18622.9元的诉讼请求，庭审查明事实是朱红俞不认可澧县林业局计算的解除劳动合同经济补偿数额而未领取，该情形不符合《劳动合同法》第85条第4项的规定，故对该项诉讼请求不予支持。

对于朱红俞要求澧县林业局火连坡木材检查站和澧县林业局支付个人垫付的保险费1724元的诉讼请求，依法为劳动者缴纳社会保险费是用人单位的法定义务，用人单位未履行法定义务的，应当承担补偿责任。本案中，朱红俞垫缴了应由澧县林业局缴纳的社会保险费1724元，澧县林业局依法应向朱红俞支付1724元，故对该项诉讼请求予以支持。

对于朱红俞要求澧县林业局火连坡木材检查站和澧县林业局支付休息休假期间工资215768.78元的诉讼请求，依据最高人民法院《关于审理劳动争议案件适用法律若干问题的解释（三）》第9条规定，朱红俞应当就加班事实的存在承担举证责任。现朱红俞未能举证证明存在加班事实，故对该项诉讼请求不予支持。

对于朱红俞要求澧县林业局火连坡木材检查站和澧县林业局支付自应当订立无固定期限劳动合同之日起的二倍工资145258.62元的诉讼请求，朱红俞主张签订二次固定期限劳动合同后，除劳动者本人要求签订固定期限劳动合同的，应签订无固定期限劳动合同。《劳动合同法》第14条第2款第3项规定的情形是“连续订立二次固定期限劳动合同”，而朱红俞与澧县林业局前后二次签订劳动合同期间有近11个月的间隔，不属于连续订立。并且依据《劳动合同法》第97条“连续订立固定期限劳动合同的次数，自本法施行后续订固定期限劳动合同时开始计算”的规定，《劳动合同法》自2008年1月1日实施后，朱红俞与澧县林业局仅签订一次固定期限劳动合同，且朱红俞在澧县林业局连续工作未满10年，不符合应签订无固定期限劳动合同的法定条件，故对该项诉讼请求不予支持。遂判决：一、澧县林业局于判决生效之日起十日内向朱红俞支付解除劳动合同经济补偿金35383.5元，支付朱红俞垫付的社会保险费1724元；二、驳回朱红俞的其他诉讼请求。

本院认为，本案争议焦点为：（1）澧县林业局火连坡木材检查站是不是本案适格被告？（2）朱红俞签订的劳动合同是否合法有效？（3）澧县林业局与朱红俞解除劳动合同是否违法，是否应赔偿各项损失？

关于争议焦点一，澧县林业局火连坡木材检查站作为澧县林业局的下属事业单位，不具备独立承担民事责任的能力，应由其主管单位澧县林业局承担相应的责任，故澧县林业局火连坡木材检查站不是本案的适格被告。

关于争议焦点二，2005年11月，澧县林业局为了解决本系统内部职工子女就业，将朱红俞安排至澧县林业局火连坡木材检查站工作。澧县林业局火连坡木材检查站作为澧县编委核准登记的事业单位，一直未给朱红俞办理人事手续，而是签订的书面劳动合同，招收其为合同制工人，即朱红俞不属于该单位的正式工作人员，说明当时双方签订劳动合同的目的是通过正规的人事考核录用手续，逐步为朱红俞解决编制问题，最终建立合法的人事关系。现因双方建立的劳动合同关系不符合法律法规和国家政策的相关规定，故双方按照人事关系订立并已实际履行的劳动合同部分无效。

关于争议焦点三，根据《中华人民共和国劳动合同法》第43条第3项之规定，劳动合同订立时所依据的客观情况发生重大变化，致使劳动合同无法履行，经用人单位与劳动者协商，未能就变更劳动合同内容达成协议的，用人单位提前30日以书面形式通知劳动者本人或者额外支付劳动者一个月工资后，可以解除劳动合同。因澧县林业局与朱红俞一直未办理人事手续，朱红俞不属于事业单位的正式工作人员，故朱红俞与澧县林业局火连坡木材检查站签订的劳动合同已经无法继续履行，澧县林业局根据联合调查组的认定和执行规范性文件，解除与朱红俞的劳动合同符合法律规定，属于合法解除，故对朱红俞要求两被上诉人支付违法解除劳动合同的经济赔偿金的上诉请求，不予支持。双方解除劳动合同后澧县林业局拟向朱红俞支付经济补偿金，但朱红俞不认可该数额未领取，对朱红俞要求支付额外经济补偿金的上诉请求，不予支持。2008

年1月1日,《中华人民共和国劳动合同法》实施后,朱红俞与澧县林业局火连坡木材检查站签订了一次书面劳动合同,不符合该法第14条第3款之规定,不能视为双方已订立无固定期限劳动合同,故对朱红俞要求支付自应当订立无固定期限劳动合同之日起的二倍工资的上诉请求,不予支持。一审、二审期间,朱红俞均未提交其工作期间加班的证据材料,对其要求支付休息日及法定假日期间的工资的上诉请求,亦不予支持。澧县林业局依法解除与朱红俞的劳动合同,应当向其支付经济补偿金。2006年2月27日,朱红俞垫缴了应由澧县林业局缴纳的社会保险费1724元,澧县林业局应当依法予以返还。

【法院裁判结果】 综上所述,朱红俞的上诉请求不成立,应予驳回;原审判决认定事实清楚,适用法律正确,应予维持。判决如下:

驳回上诉,维持原判。

判决为终审判决。

第八十九条　事业单位法人设理事会的,除法律另有规定外,理事会为其决策机构。事业单位法人的法定代表人依照法律、行政法规或者法人章程的规定产生。

第九十条　具备法人条件,基于会员共同意愿,为公益目的或者会员共同利益等非营利目的设立的社会团体,经依法登记成立,取得社会团体法人资格;依法不需要办理法人登记的,从成立之日起,具有社会团体法人资格。

典型案例　中国音像著作权集体管理协会与深圳市拉斯娱乐有限公司著作权权属、侵权纠纷

【裁判观点】 具备法人条件,基于会员共同意愿,为公益目的或者会员共同利益等非营利目的设立的社会团体,经依法登记成立,取得社会团体法人资格。唐山商会提交的社会团体法人登记证书显示,其有效期限自2012年1月22日至2015年1月22日,2014年度年检未通过,静海县民政有关部门对其拟予以撤销,但其法人资格尚在。

【案情介绍】 杨岚于2013年8月23日入职唐山商会,担任战略发展中心

总经理职务。唐山商会于2013年8月26日开始给杨岚记录考勤、发放工资。杨岚每月实得工资3985元。双方没有签订书面劳动合同，没有约定试用期。

2015年8月11日，杨岚以案外人瑞国通盛进出口有限公司为被申请人提起劳动仲裁。2015年9月18日，静海县劳动人事争议仲裁委员会做出（2015）第595号裁决书，裁决瑞国通盛公司支付杨岚：（1）未签订书面劳动合同的二倍工资43835元；（2）防暑降温费383.6元；（3）冬季取暖补贴335元；（4）带薪年休假工资1099.31元；（5）驳回杨岚的其他仲裁请求。因双方对该仲裁裁决均不服诉至我院。一审法院经审理以（2015）静民初字第5716号、5786号判决书判决瑞国通盛公司不支付杨岚的上述费用，并驳回杨岚的全部诉讼请求。杨岚对该判决不服上诉。天津市第一中级人民法院经审理，以（2016）津01民终1011号、1040号判决书维持了一审判决。

2016年5月25日，杨岚以唐山商会为被申请人提起劳动仲裁。2016年7月1日，静海区劳动人事争议仲裁委员会作出津静劳人仲案字（2016）第405号仲裁裁决，裁决：唐山商会支付杨岚2015年9月至11月工资9829.7元；违法解除劳动合同经济赔偿金19925元。因双方对该仲裁裁决均不服成诉。

唐山商会提交的社会团体法人登记证书显示，其有效期限自2012年1月22日至2015年1月22日，2014年度年检未通过，静海县民政有关部门对其拟予以撤销，但其法人资格尚在。

唐山商会上诉请求判令：（1）撤销原判；（2）改判唐山商会不支付杨岚2015年9月至11月工资、违法解除劳动合同经济赔偿金、2015年防暑降温费、冬季取暖补贴及2015年带薪年休假工资；（3）诉讼费由杨岚负担。事实和理由：杨岚在2015年9月至11月并未到唐山商会所在的工作场所上班，唐山商会不应支付杨岚该段时间的工资。杨岚属于自动离职，唐山商会并未违法解除劳动合同，不应支付给杨岚违法解除劳动合同经济赔偿金19925元及其他费用。

杨岚辩称，一审认定事实清楚，适用法律正确，请求维持。

唐山商会向一审法院起诉请求判令：（1）唐山商会不支付杨岚2015年9月至11月工资9829.7元；（2）唐山商会不支付杨岚违法解除劳动合同经济赔偿金19925元；（3）诉讼费用由杨岚负担。

二审中，双方当事人均未提交新证据。对当事人二审争议的事实，本院认定如下：一审法院查明认定的事实无误，本院予以确认。

【法院审理意见】一审法院认为，关于杨岚2015年9月至11月是否到唐山商会工作及唐山商会是否拖欠杨岚该期间工资的问题。一审法院认为，劳动者与用人单位应遵守诚实信用原则，全面履行各自义务，工作地点应为双方明确约定的事项，本案中，由于杨岚与唐山商会未签订书面劳动合同，对工作地点没有书面约定，故双方实际履行状况即为当事人对该项内容的默认。杨岚与唐山商会均认可杨岚于2015年8月26日之前一直在天津的办事处工作，唐山商会主张其于2015年9月11日将办公地点变更至静海区本部，但就其工作地点的变更，并未与杨岚协商一致，杨岚也未到静海区本部办公。故对唐山商会所述杨岚自2015年8月26日起未按其要求到静海区办公地点工作，应视为旷工离职的抗辩理由，一审法院不予采信。结合杨岚提交的2015年8月26日至11月15日期间到唐山商会位于天津办公地点打卡的照片，一审法院认定杨岚2015年9月、10月打卡出满勤，11月出勤14天，故唐山商会应支付杨岚2015年9月份工资3985元、10月份工资3985元、11月份14天工资1859.7元。

关于唐山商会是否应向杨岚支付拖欠工资25%经济补偿金问题，根据《中华人民共和国劳动合同法》第85条第1项的规定，未按照劳动合同的约定或者国家规定及时足额支付劳动者劳动报酬的，由劳动行政部门责令限期支付劳动报酬、加班费或者经济补偿；逾期不支付的，责令用人单位按应付金额百分之五十以上百分之一百以下的标准向劳动者加付赔偿金。庭审中，杨岚未提交证据证明，其对唐山商会拖欠工资问题已向劳动行政部门举报，且劳动行政部门已责令唐山商会限期支付劳动报酬。因此，杨岚的此项诉讼请求，不符合法律规定，一审法院不予支持。

关于杨岚请求2014年8月24日至2015年7月25日转正后实际基本工资差额13000元的诉讼请求，由于杨岚入职唐山商会后，双方未签订书面劳动合同，未约定试用期及试用期工资，仅在瑞银（集团）有限公司“员工入职审批表”转正后薪酬一栏填写5000元/月，故杨岚的该项诉讼请求无事实及法律依据，一审法院不予支持。

关于杨岚要求唐山商会返还非法扣除的每月15元工资共计405元的诉讼请求，由于该诉请未经仲裁前置程序，对于其能否在本案中合并审理的问题，一审法院认为，最高人民法院《关于审理劳动争议案件适用法律若干问题的解释》第6条规定：“人民法院受理劳动争议案件后，当事人增加诉讼请求的，如该诉讼请求与讼争的劳动争议具有不可分性，应当合并审理；如属独立的劳动争议，应当告知当事人向劳动争议仲裁委员会申请仲裁。”鉴于杨岚新增的该项诉讼请求与诉争的劳动争议具有不可分性，都属于劳动合同纠纷，故一审法院认为应当合并审理。因此，对唐山商会认为杨岚应当以仲裁阶段的诉请为准的抗辩理由，一审法院不予采纳。由于杨岚入职唐山商会后，双方未签订书面劳动合同，未约定试用期工资及转正后工资，对该问题亦没有书面补充，且杨岚对其每月实得工资3985元未向唐山商会提出异议，故杨岚要求唐山商会返还每月非法扣除15元工资的诉讼请求无事实及法律依据，一审法院不予支持。

关于唐山商会是否存在违法解除劳动合同的事实及是否应支付杨岚赔偿金的问题。杨岚主张唐山商会于2015年11月15日单方与其解除了劳动关系，系违法解除，故应给予经济补偿金；唐山商会主张杨岚2015年9月至11月未到唐山商会上班，唐山商会于2015年11月4日向杨岚发出通知，其在收到通知后亦未到静海本部办公，系自动离职。就该事实之举证责任，根据最高人民法院《关于审理劳动争议案件适用法律若干问题的解释》第13条"因用人单位作出的开除、除名、辞退、解除劳动合同、减少劳动报酬、计算劳动者工作年限等决定而发生的劳动争议，用人单位负举证责任"的规定，本案中就双方解除劳动合同之原因，应当由唐山商会负责举证。但唐山商会提交的证据不能证实杨岚系自行离职，因此，唐山商会作为用人单位应当承担举证不能的不利后果。故，在无相反证据的前提下，一审法院采纳杨岚的主张，认定唐山商会在2015年11月15日解除了与杨岚之间的劳动关系，杨岚有权依照《中华人民共和国劳动合同法》第48条的规定向唐山商会主张经济补偿金。结合一审法院查明的杨岚入职时间，并依据《中华人民共和国劳动合同法》第47条、第87条的规定，经济补偿金的具体数额应当为：杨岚在劳动合同解除前十二个月的平均工资×杨岚在唐山商会的工作年限（每满一年支付一个月工资；六个月以上不满一年的，按一年计算；不满六个月的，支付半个月工资）×2倍，即3985元×2.5×2倍=19925元。因此，唐山商会依法应当向杨岚支付违法解除劳动合同的经济补偿金19925元。

关于杨岚未签订书面劳动合同的二倍工资、防暑降温费、冬季取暖补贴及带薪年休假工资的诉请是否已过仲裁时效的问题，一审法院认为，对于未签订书面劳动合同的二倍工资、防暑降温费、冬季取暖补贴及带薪年休假工资，劳动者申请仲裁的时效均适用《中华人民共和国劳动争议调解仲裁法》第27条的规定，即申请仲裁的时效期间为一年。仲裁时效期间从当事人知道或者应当知道其权利被侵害之日起计算。(1)未签订书面劳动合同的二倍工资：杨岚自2013年8月23日到唐山商会工作直至解除劳动合同，唐山商会一直未按法律规定与其签订书面劳动合同，杨岚于2016年5月25日才提出对唐山商会的仲裁申请，已过法定时效。故一审法院对杨岚以缺乏法律知识、认知错误为由，于2015年8月11日以瑞国通盛进出口有限公司为被申请人提起劳动仲裁为时效中断事由的抗辩理由不予采信。因此，一审法院对杨岚2013年9月23日至2014年8月23日未签订劳动合同二倍工资的诉讼请求不予支持。(2)防暑降温费及冬季取暖补贴：杨岚主张唐山商会支付其2013年8月至2015年9月防暑降温费及2013年至2015年的冬季取暖补贴，唐山商会主张该诉请已超过仲裁时效，未超过部分已经在工资报酬中支付。一审法院认为，杨岚自入职起至其离职，对唐山商会未支付其防暑降温费和冬季取暖补贴未提出任何异议，也未向有关部门申请过救济权利，据此杨岚主张的2013年8月至2014年9月防暑降温费及2013年至2014年冬季取暖补贴已超过仲裁时效，一审法院不予支持。而2015年的防暑降温费及冬季取暖补贴并未超过仲裁时效，唐山商会亦未提供证据证实已将该笔费用发放给杨岚，故唐山商会应向杨岚支付：2015年防暑降温费562.4元，2015年冬季取暖补贴335元。（3）带薪年休假工资：对于职工应休而未休年休假的，应当按照年休假的天数由单位向职工按照日工资收入的300%支付。杨岚主张的2013年至2014年未休带薪年假工资因超过仲裁时效，一审法院不予支持。杨岚2015年未休带薪年假工资的计算，依照《职工带薪年休假条例》第3条、《企业职工带薪年休假实施办法》第5条、第10条、第11条的规定，杨岚2015年的带薪年休假应为5天，因唐山商会在此期间正常发放杨岚的工资，故唐山商会应当再另行向杨岚支付的带薪年休假工资为1832.18元（3985÷21.75×200%×5）。

此外，由于唐山商会为独立的社团法人，虽然2014年度年检未通过，静海区民政有关部门对其拟予以撤销，但其法人资格尚在。故唐山商会应支付杨岚2015年9月份工资3985元、10月份工资3985元、11月份14天工资1859.7元，违法解除劳动合同的经济补偿金19925元，2015年防暑降温费562.4元，2015年冬季取暖补贴335元，2015年带薪年休假工资1832.18元，以上共计32484.28元。

综上，一审法院判决：一、天津市静海县唐山商会于判决生效后三日内支付杨岚2015年9月份工资3985元、10月份工资3985元、11月份14天工资1859.7元，违法解除劳动合同的经济补偿金19925元，2015年防暑降温费562.4元，2015年冬季取暖补贴335元，2015年带薪年休假工资1832.18元，以上共计32484.28元；二、驳回天津市静海县唐山商会的其他诉讼请求；三、驳回杨岚的其他诉讼请求。

本院认为，公民的合法权益受法律保护。本案系劳动争议纠纷。

双方当事人对一审法院认定的案件事实并无异议。唐山商会上诉主张2015年9月至11月期间杨岚未到其工作场所上班，后自动离职，故不应支付其工资及违法解除劳动合同经济补偿金一节，唐山商会一审主张“2015年11月4日其向杨岚发出通知，杨岚收到后未到静海本部办公，系自动离职”，但唐山商会提交的证据不能证实杨岚系自行离职，对此唐山商会负有举证责任，作为用人单位应当承担举证不能的不利后果。二审诉讼期间唐山商会亦未提交补充证据证明自己的主张，故唐山商会的上诉请求，本院不予支持。

【法院裁判结果】综上所述，唐山商会的上诉请求不能成立，应予驳回；一审判决认定事实清楚，适用法律正确，应予维持。判决如下：

驳回上诉，维持原判。

本判决为终审判决。

第九十一条 设立社会团体法人应当依法制定法人章程。

社会团体法人应当设会员大会或者会员代表大会等权力机构。

社会团体法人应当设理事会等执行机构。理事长或者会长等负责人按照法人章程的规定担任法定代表人。

典型案例 洪泽县中小企业应急资金互助会与富泉管材公司等向非会员企业放贷纠纷

【裁判观点】设立社会团体法人应当依法制定法人章程。中小企业应急资金互助会系民政部门核准设立的社会团体法人，可依章程规定向会员企业发放临时资金化解周转困难，如其向非会员企业发放贷款并收取高额利息，实质上属于经营金融放贷业务，因其不具备从事金融业务资质，该放贷行为违反了有关金融业务活动的强制性规定，应认定为无效。

【案情介绍】2014年9月22日，原告中小企业资金互助会与被告富泉管材公司签订一份资金短期周转拆借协议，双方在协议中约定，由被告富泉管材公司向原告借款330万元用于偿还银行贷款，借款期限为5天，借款期内利息为每日万分之十五，被告富泉管材公司需在协议签订后一次性先支付利息费用，如提前或逾期还款，利息多退少补，如逾期按日万分之十计算利息。同日，原告将330万元交付被告富泉管材公司，被告富泉管材公司出具330万元借条，被告砚台投资公司向原告出具担保函，承诺如被告富泉管材公司未能按期偿还借款，由其担保偿还全部借款本金。借款期限届满后，被告富泉管材公司未能及时还款，仅分别于2014年9月30日及2014年10月31日两次支付利息合计85000元。

原告中小企业资金互助会系在民政部门登记的社会团体法人，是洪泽县人民政府去苏南考察后引进的融资新模式，主要职能是为会员企业提供过桥资金，过桥资金来自县财政出资和入会企业出资，业务范围为帮助企业防范和化解资金周转的风险与困难，保障中小企业持续健康发展。另外，该中小企业资金互助会章程规定，资金服务的对象原则上为会员企业，经营状况良好的非会员企业需要资金应急的，只要提供有效的担保手续可以借资。本案中，被告富泉管材公司并非原告中小企业资金互助会的会员。

原告中小企业资金互助会诉称：2014 年 9 月 22 日，原告与被告富泉管材公司签订一份资金短期周转拆借协议，约定由原告借给被告富泉管材公司 330 万元用于偿还被告在银行的贷款，借款期限为 5 天，借款期内利息为日万分之十五，约定贷款重新发放后优先归还原告的借款，如逾期按日万分之十计算利息。另外，还约定由被告砚台投资公司承担担保责任。原告按照协议约定将 330 万元交付被告富泉管材公司，但富泉管材公司至今未能还款。现请求判令两被告共同偿还借款 330 万元及利息（从 2014 年 9 月 28 日起按银行同期贷款利率的四倍计算至还款之日）。

被告富泉管材公司辩称：其向原告中小企业资金互助会借款 330 万元是事实，但两企业之间的借款合同为无效合同，利息应当以银行同期贷款利率计算。

【法院审理意见】本案一审争议焦点为：原告中小企业资金互助会向非会员企业发放贷款的行为是否有效。洪泽县人民法院一审审理认为：

根据《中华人民共和国合同法》第 52 条的规定，判断原告向非会员企业发放贷款的行为是否有效，应对原告与非会员企业之间的借款合同是否违反法律、行政法律的强制性规定作出认定。国务院《非法金融机构和非法金融业务活动取缔办法》第 5 条规定，未经中国人民银行依法批准，任何单位和个人不得擅自设立金融机构或者擅自从事金融业务活动。本案中，原告中小企业资金互助会虽然具备社团法人资格，但并非中国人民银行核准成立的金融机构，而是由企业自主发起设立的资金互助组织，会员企业通过缴纳人会费用获得使用其他会员人会资金进行短期周转的资格，故原告向会员发放贷款从行为性质上并非从事金融放贷业务，而是一种会员互助行为，应当认定该互助行为有效。但原告向非会员企业即不特定的社会公众发放贷款，并约定高额利息作为放贷的收益，该行为实质上属于金融机构所从事的放贷业务，违反了法律的强制性规定，故原告向非会员企业发放贷款的行为应为无效。

据此，法院认定本案中原告中小企业资金互助会与被告富泉管材公司签订的资金短期周转拆借协议无效，根据《中华人民共和国合同法》第 58 条的规定，被告富泉管材公司应返还从原告中小企业资金互助会取得的借款本金 330 万元，且因原、被告双方对于原告不具备金融业务资质和被告富泉管材公司无会员资格等事实均系明知，法院认定借贷双方对此均有过错，被告富泉管材公司不应当获得额外收益，根据公平原则，被告富泉管材公司在返还借款本金的同时，应当参照中国人民银行同期贷款基准利率，向原告返还资金占用期间的利息，原告已经收取的利息应当予以抵充。另外，根据最高人民法院《关于适用〈中华人民共和国担保法〉若干问题的解释》第8条的规定，主合同无效导致担保合同无效，担保人有过错的，担保人应承担不超过债务人不能清偿部分的1/3的民事责任。本案中的借款合同无效，相应的被告砚台投资公司对该借款提供的担保亦无效，法院结合本案证据所能确定的事实，认定砚台投资公司在明知原告不具备金融业务资质和被告富泉管材公司无会员资格的情况下仍为其提供担保，被告砚台投资公司对此存在过错，故其应在被告富泉管材公司不能清偿部分的1/3范围内承担责任。

【法院裁判结果】综上，洪泽县人民法院于2015年3月18日作出(2014)泽商初字第0734号民事判决：

判令被告富泉管材公司于本判决生效后3日内向原告中小企业资金互助会偿还本金330万元及资金占用费（自2014年9月28日起至实际还款之日止按银行同期同档贷款利率计算，已收取的85000元利息可以充抵），被告砚台投资公司在被告富泉管材公司上述款项不能偿还部分的1/3范围内承担清偿责任，驳回原告其他诉讼请求。

一审判决后，原、被告双方均未提出上诉，该判决已经发生法律效力。

第九十二条 具备法人条件，为公益目的以捐助财产设立的基金会、社会服务机构等，经依法登记成立，取得捐助法人资格。

依法设立的宗教活动场所，具备法人条件的，可以申请法人登记，取得捐助法人资格。法律、行政法规对宗教活动场所有规定的，依照其规定。

第九十三条 设立捐助法人应当依法制定法人章程。

捐助法人应当设理事会、民主管理组织等决策机构，并设执行机构。理事长等负责人按照法人章程的规定担任法定代表人。

捐助法人应当设监事会等监督机构。

第九十四条　捐助人有权向捐助法人查询捐助财产的使用、管理情况，并提出意见和建议，捐助法人应当及时、如实答复。

捐助法人的决策机构、执行机构或者法定代表人作出决定的程序违反法律、行政法规、法人章程，或者决定内容违反法人章程的，捐助人等利害关系人或者主管机关可以请求人民法院撤销该决定，但是捐助法人依据该决定与善意相对人形成的民事法律关系不受影响。

第九十五条　为公益目的成立的非营利法人终止时，不得向出资人、设立人或者会员分配剩余财产。剩余财产应当按照法人章程的规定或者权力机构的决议用于公益目的；无法按照法人章程的规定或者权力机构的决议处理的，由主管机关主持转给宗旨相同或者相近的法人，并向社会公告。

第四节　特别法人

第九十六条　本节规定的机关法人、农村集体经济组织法人、城镇农村的合作经济组织法人、基层群众性自治组织法人，为特别法人。

第九十七条　有独立经费的机关和承担行政职能的法定机构从成立之日起，具有机关法人资格，可以从事为履行职能所需要的民事活动。

典型案例　吴宁福与中山市公安局公安行政管理纠纷

【裁判观点】有独立经费的机关和承担行政职能的法定机构从成立之日起，具有机关法人资格，可以从事为履行职能所需要的民事活动。吴宁福以市公安局为被告提起本案诉讼系错列被告。市公安局与其下设分局均为独立的机关法人，其下设机构如港口公安分局具有独立承担行政责任的能力，吴宁福上诉主张市公安局应对其下设分局承担行政责任缺乏依据。

【案情介绍】吴宁福承包了原中山市港口镇八村的9.036亩土地。2016年

1月20日，吴宁福发现其承包经营土地上种植的植物被施工人员强行挖离。吴宁福认为市公安局参与了上述强制行为，侵犯其合法权益，遂以市公安局为被告诉至原审法院，请求判决确认市公安局于2016年1月20日参与征收中山市港口镇群乐社区八村第四经济合作社土地的行为违法。

根据吴宁福提供的照片反映公安人员出现在现场，但没有显示公安人员有参与征地、推土等行为。对于公安人员出现在现场的事实，中山市公安局港口分局（以下简称港口公安分局）出具情况说明，陈述经对日常社会治安管理工作中获取的信息进行系统研判，认为中山市港口镇群乐社区村一级核算土地统一利用项目可能引发生危害社会治安秩序的事件，为预防危害社会治安秩序事件的发生，港口公安分局于2016年1月20日派出警力前往现场巡视。庭审中，市公安局确认事发当日出警的是港口公安分局工作人员。吴宁福提出因港口公安分局无诉讼主体资格，港口公安分局的权利义务应由市公安局承担，市公安局是本案适格被告。

港口镇政府内设的中山市港口镇社会治安综合治理和维护稳定办公室出具情况说明，陈述因接到港口公安分局的通报，为维护社会稳定，避免发生大规模群体性事件，该单位安排了工作人员到现场调查了解情况。

上诉人吴宁福不服原审裁定，向本院上诉称：港口公安分局是市公安局的派出机构，其行为后果应由市公安局承担。请求二审法院撤销原审裁定，指定中山市第一人民法院继续审理本案。

本院查明：原审裁定查明事实清楚，本院予以确认。

【法院审理意见】 原审法院认为：公安分局是本级政府的组成部门，其行政职权来源于法律的直接授予，可以独立承担法律责任，具有行政主体资格。据港口公安分局提供的情况说明可知，2016年1月20日出警至涉案现场的是港口公安分局，也就是说，事发当日作出行政行为的行政机关是港口公安分局，而非市公安局。根据《中华人民共和国行政诉讼法》第26条第1款“公民、法人或者其他组织直接向人民法院提起诉讼的，作出行政行为的行政机关是被告”的规定，作出本案行政行为的是港口公安分局，应以港口公安分局为被告，而吴宁福却以市公安局为被告，乃错列被告，且拒绝变更。根据最高人民法院《关于适用〈中华人民共和国行政诉讼法〉若干问题的解释》第3条第1款第3项“有下列情形之一，已经立案的，应当裁定驳回起诉：……（三）错列被告且拒绝变更的”的规定，对吴宁福的起诉应予以驳回。吴宁福可以以港口公安分局为被告，另行提起诉讼。依照最高人民法院《关于适用〈中华人民共和国行政诉讼法〉若干问题的解释》第3条第1款第3项之规定，裁定：驳回吴宁福的起诉。

本院认为：根据港口公安分局出具的情况说明、港口镇政府内设的中山市港口镇社会治安综合治理和维护稳定办公室出具情况说明及市公安局的庭审意见，反映事发当日并非由市公安局派员参加，吴宁福亦未举证证明当日参加人员中有市公安局工作人员。据此，本院认定事发当日在场警察并非市公安局所指派。吴宁福就此以市公安局为被告提起本案诉讼系错列被告。市公安局与其下设分局均为独立的机关法人，其下设机构如港口公安分局具有独立承担行政责任的能力，吴宁福上诉主张市公安局应对其下设分局承担行政责任缺乏依据。原审法院在吴宁福错列被告、且拒不变更的情况下，裁定驳回其起诉是正确的。上诉人吴宁福的上诉缺乏理据，本院不予支持。

【法院裁判结果】综上，裁定如下：

驳回上诉，维持原裁定。

本裁定为终审裁定。

第九十八条　机关法人被撤销的，法人终止，其民事权利和义务由继任的机关法人享有和承担；没有继任的机关法人的，由作出撤销决定的机关法人享有和承担。

典型案例　吴开红与如皋市住房和城乡建设局行政撤销纠纷

【裁判观点】行政机关被撤销或者职权变更的，继续行使其职权的行政机关是被告。在行政机关被撤销或者相关行政职权发生变更的情况下，行政诉讼中的适格被告是作为继受主体继续行使相关行政职权的行政机关。如皋住建局包括房地产市场管理科负责房地产开发经营管理、网上销售备案等部分职能已经调整给如皋市规划局。上诉人于2016年提起本案诉讼时，相关销售合同备案或撤销备案的职能已依法由如皋市规划局履行，上诉人不服撤销合同备案的行政行为，只能以行使该职能的如皋市规划局为被告。

【案情介绍】2014年12月18日，中共如皋市委发布73号文，该文规定，如皋市规划局由在如皋住建局挂牌调整为单独设置，为如皋市政府工作部门。2014年12月31日，如皋市人民政府办公室印发176号文，该文“职责调整”部分规定，将如皋住建局城乡规划、房地产行业管理职责划入如皋市规划局，“主要职责”部分规定如皋市规划局负责房地产按规划许可开发经营、商品房销售、房屋产权产籍、房地产交易和监理等综合管理，“内设机构”部分规定规划局房地产市场管理科负责房地产开发经营管理、网上销售备案等工作。2015年1月29日，如皋市规划局领取了机关法人组织机构代码证，证号为32363833－5。

商品房预售合同备案工作原属如皋住建局房管科负责。

吴开红不服一审裁定提起上诉称，如果案涉撤销合同备案的行为系被上诉人作出，则该违法行为的后果依法应由被上诉人承担。被上诉人未能举证证明撤销合同备案的行政行为系职能调整后由如皋市规划局作出。一审法院在未查明撤销合同备案行为的确切时间的情况下，迳行裁定驳回起诉不当。请求二审法院撤销一审裁定，指令一审法院继续审理。

被上诉人如皋住建局辩称，被上诉人已不具备上诉人所诉称的行政职能。一审裁定认定事实清楚，适用法律正确，程序合法。请求二审法院驳回上诉，维持原裁定。

本院经审理查明的事实与一审裁定认定的事实一致，本院予以确认。

【法院审理意见】 原审认为：在具体的行政诉讼中，原、被告应该能够作为当事人进行诉讼或被诉，能够获得案件判决的诉讼法上的权能或地位，亦即原、被告是适格当事人。《中华人民共和国行政诉讼法》第26条第6款规定，行政机关被撤销或者职权变更的，继续行使其职权的行政机关是被告，依据该款，行政机关职权变更不影响当事人的权利救济，但职权变更后，会发生被告资格的转移。本案中，商品房预售合同备案工作原属如皋住建局之职权范围，2014年如皋市实施政府职能转变和机构改革后，房地产行业的管理职权已经发生变更，原属如皋市住建局的职权由如皋市规划局依法行使。因此，当房地产行业相关管理事项产生涉诉行政争议时，如皋住建局不再是适格被告，被告资格转移至如皋市规划局。

行政诉讼被告不适格时，当事人经释明后，应该变更错列的被告。原审法院在接收到被告如皋住建局答辩材料后，就相关事项及法律规定向原告方释明，原告方拒绝变更被告，在开庭审理时本院亦再次进行释明，原告方亦拒绝变更。

综上所述，裁定驳回吴开红的起诉。

本院认为，《中华人民共和国行政诉讼法》第26条第6款规定，行政机关被撤销或者职权变更的，继续行使其职权的行政机关是被告。也就是说，在行政机关被撤销或者相关行政职权发生变更的情况下，行政诉讼中的适格被告是作为继受主体继续行使相关行政职权的行政机关。根据如皋市人民政府办公室印发的176号文内容，如皋住建局包括房地产市场管理科负责房地产开发经营管理、网上销售备案等部分职能已经调整给如皋市规划局。上诉人于2016年提起本案诉讼时，相关销售合同备案或撤销备案的职能已依法由如皋市规划局履行，上诉人不服撤销合同备案的行政行为，只能以行使该职能的如皋市规划局为被告。对本案适格被告判断的唯一依据，就是上诉人诉讼时相关合同备案的行政职能的具体行使机关，至于此前合同备案行为或撤销合同备案行为发生于何时、由何机关行使，均不影响本案被告主体资格的认定。

【法院裁判结果】一审法院在向上诉人依法释明而上诉人拒绝变更被告的情况下，裁定驳回其起诉，认定事实清楚，适用法律准确，依法应予维持。裁定如下：

驳回上诉，维持原裁定。

本裁定为终审裁定。

第九十九条　农村集体经济组织依法取得法人资格。

法律、行政法规对农村集体经济组织有规定的，依照其规定。

第一百条　城镇农村的合作经济组织依法取得法人资格。

法律、行政法规对城镇农村的合作经济组织有规定的，依照其规定。

第一百零一条　居民委员会、村民委员会具有基层群众性自治组织法人资格，可以从事为履行职能所需要的民事活动。

未设立村集体经济组织的，村民委员会可以依法代行村集体经济组织的职能。

典型案例　临清市众通机械制造有限公司、临清市青年街道办事处临卫社区房村厂居民委员会确认合同效力纠纷

【裁判观点】居民委员会、村民委员会具有基层群众性自治组织法人资格，可以从事为履行职能所需要的民事活动。村民委员会是以村民集体意志为意思表示，代表全村的独立、完整的自治实体。村民委员会享有与另一方当事人设立、变更和终止合同的权利并承担合同生效后的履行义务。房村厂居委会有权代表房村厂村集体对外签订合同。

【案情介绍】因成立临清市迅达机械制造有限公司需要租赁土地，2009年10月1日，临清市房村厂村委会与临清市迅达机械制造有限公司签订《临清市迅达机械制造有限公司企业有偿征地协议书》，该协议尾部有房村厂村委会的公章及时任负责人杨德林的签字，并有临清市迅达机械制造有限公司的公章及刘子青的签字。但是，在预核名称的过程中“临清市迅达机械制造有限公司”未获批准，因此又以“临清市众通机械制造有限公司”为名成立的公司。宁泽存、刘子青均一直是原告众通公司的股东。

众通公司上诉请求：(1) 依法撤销一审判决，将本案发回重审或依法改判；(2) 本案的一、二审诉讼费用等由被上诉人承担。事实与理由：(1) 一审法院认定事实错误。①本案一审诉讼过程中，通过上诉人的陈述、举证等，已充分说明了本案的事实情况。而被上诉人刘子青仅于2009年10月1日以“临清市迅达机械制造有限公司”的名义与被上诉人房村厂居委会签订企业有偿征地协议书，但该协议书中的权利、义务已于2011年5月全部由上诉人承继，且上诉人自2009年始至2016年依约按时向居委会缴纳了土地租金，以保证上诉人合法使用该土地的权利。另一审诉讼中被上诉人刘子青已认可“临清市迅达机械制造有限公司”并没有实际成立。因此，二被上诉人签订企业有偿征地协议书应为无效。而原审法院则以被上诉人刘子青并非合同一方当事人，并以证据不足，迳行判令驳回上诉人的诉讼请求，实属认定事实错误。②通过一审法庭调查，上诉人充分说明了上述土地由上诉人使用并缴纳土地租赁费的事实。被上诉人刘子青于2015年10月却与中共青年街道办事处临卫社区房村厂支部委员会签订“附加协议”明显无效。上诉人要求确认该“附加协议”无效，一审法院却仍以证据不足，判令驳回上诉人的诉讼请求，认定事实也完全错误。(2) 本案一审法院明显偏袒被上诉人，由此导致错误判决。本案一审，被上诉人刘子青当庭陈述均为虚假，完全不符合客观事实，且其当庭陈述亦前后矛盾，不能自圆其说。而一审法院并没有对该案的实体作出认定，在被上诉人无切实有效的证据情况下，仅从程序上判令驳回上诉人的诉请，显属不当。

被上诉人房村厂居委会辩称：张希岭是不是村委会主任，法庭可以进行调查，一审开庭法院在青年办事处拿出了当时的选举报告单，报告单明确写明张希岭主任、张青江委员、李宪凤委员，并且张希岭在市政府培训中给张希岭一个组织部颁发的手册，手册上面明确注明张希岭主任。为了维护国家规定，建议法院解除不合理的无效合同，支部书记在没有召开两委会和群众大会就将村集体土地任意租赁给别人，支部书记明知道众通公司宁泽存交纳租金，在没有任何通知对方又没有召开两委会，没有说明众通公司土地不租赁和解除土地合同，就和刘子青签订了租地协议违反了国家法律规定。支部书记拿着支部公章任意签订租地协议在全国来说是首例，依照法律规定应解除支部书记签订的利用支部公章签订的无效协议。

被上诉人刘子青辩称：刘子青与房村厂居委会签订的协议是双方的真实意思表示，刘子青交纳了承包费176449元，合同一直实际履行，一审法院对事实的认定事实清楚，请求依法维持一审判决。刘子青不认可张希岭的村委会主任一职，房村厂村委会主任未经合法选举产生，该事实在一审庭审中张希岭自己认可。

众通公司向一审法院起诉请求：（1）依法确认二被告2009年10月1日签订的《土地租赁协议》及2015年10月签订的《附加协议》无效；（2）本案诉讼费用由被告承担。

【法院审理意见】一审法院认为：涉案土地系临清市青年街道办事处临卫社区房村厂居民委员会辖区内土地。原告要求确认房村厂居委会与刘子青于2009年10月1日签订的《临清市迅达机械制造有限公司企业有偿征地协议书》无效，但根据原、被告的当庭陈述，该协议书中明确显示合同的相对方为房村厂居委会与临清市迅达机械制造有限公司，刘子青并非合同的一方当事人。原告要求确认房村厂居委会与刘子青于2015年10月签订的附加协议无效，但该附加协议的双方为中共青年街道办事处临卫社区房村厂支部委员会与刘子青，房村厂居委会亦非合同的一方。综上所述，原告要求确认二被告于2009年10月1日签订的《土地租赁协议》及2015年10月签订的《附加协议》无效，证据不足，本院不予支持。据此，依据《中华人民共和国民事诉讼法》第64条第1款之规定，判决如下：驳回原告临清市众通机械制造有限公司的诉讼请求。

本院认为，本案争议的焦点问题是：2009年10月1日被上诉人房村厂居委会与被上诉人刘子青签订的《临清市迅达机械制造有限公司企业有偿征地协议书》以及2015年10月刘子青与房村厂支部委员会签订的附加协议是否有效。

《中华人民共和国民法通则》第36条规定："法人是具有民事权利能力和民事行为能力，依法独立享有民事权利和承担民事义务的组织，法人的民事权利能力和民事行为能力，从法人成立时产生，到法人终止时消灭。"第54条规定："民事法律行为是公民或者法人设立、变更、终止民事权利和民事义务的合法行为。"第55条规定："民事法律行为应当具备下列条件：（一）行为人具有相应的民事行为能力；……"本案中，根据上诉人众通公司、被上诉人刘子青的陈述，2009年10月1日被上诉人房村厂居委会与刘子青签订的

《临清市迅达机械制造有限公司企业有偿征地协议书》，合同的相对方为房村厂居委会与临清市迅达机械制造有限公司，而临清市迅达机械制造有限公司的名称未获批准，该公司实际并未成立，临清市迅达机械制造有限公司不具有相应的民事行为能力，故该协议书应为无效。

村民委员会是以村民集体意志为意思表示，代表全村的独立、完整的自治实体。村民委员会享有与另一方当事人设立、变更和终止合同的权利并承担合同生效后的履行义务。房村厂居委会有权代表房村厂村集体对外签订合同，故2015年10月刘子青与房村厂支部委员会签订的附加协议亦应无效。

【法院裁判结果】 综上所述，上诉人众通公司的上诉理由成立，本院予以采信。原审判决认定事实清楚，但适用法律错误，判决结果不当，本院予以纠正。判决如下：

一、撤销山东省临清市人民法院（2016）鲁1581民初36号民事判决；

二、2009年10月1日被上诉人临清市青年街道办事处临卫社区房村厂居委会与被上诉人刘子青签订的《临清市迅达机械制造有限公司企业有偿征地协议书》以及2015年10月被上诉人刘子青与被上诉人临清市青年街道办事处临卫社区房村厂支部委员会签订的附加协议无效。

本判决为终审判决。

第四章　非法人组织

第一百零二条　非法人组织是不具有法人资格，但是能够依法以自己的名义从事民事活动的组织。

非法人组织包括个人独资企业、合伙企业、不具有法人资格的专业服务机构等。

典型案例　李湖南不服宜春市工商行政管理局行政复议

【裁判观点】非法人组织是不具有法人资格，但是能够依法以自己的名义从事民事活动的组织。非法人组织包括个人独资企业等。争议所涉上高县恒发矿产品加工厂现在工商信息登记已更改为江政进个体独资所有，其取得的手段正当合法，符合法律规定善意取得的形式要件，本院确认其工商登记的相关信息有效。

【案情介绍】2003 年李片发在上高县翰堂镇密村开办采石场，工商登记名称为上高县恒发采石场，为李片发独资经营。2011 年 8 月 1 日，该采石场获得翰堂镇下发的乡村建设规划许可证。2013 年 3 月，江西联科实业有限公司欲收购李片发经营的上高县恒发采石场，经双方协商后确定为合作经营。同月 29 日，李片发以本案原告李湖南的名义与江西联科公司签订了一份《上高县恒发矿产品加工厂股东合作协议书》，约定联科公司与李湖南共同出资收购上高县恒发采石场，更名成立上高县恒发矿产品加工厂，约定联科公司占股份的 55%，李湖南占 45%，公司经营管理由双方共同决策管理，合作协议书上甲方由联科公司代表即第三人况拥军签名并盖公章，乙方由原告李湖南签名并加盖已提前办好的上高县恒发矿产品加工厂的公章，同日，第三人况拥军在上高县工商行政管理局将上高县恒发矿产品加工厂注册为个人独资企业，但提供的《乡村建设规划许可证》所标注的单位名称仍然是原上高县恒发采石场。此后，李片发代表李湖南参与加工厂的生产管理等相关事项。2014 年 1 月 13

日，经联科公司与李湖南协商决议同意将上高县恒发矿产品加工厂转让，出价不低于520万元，同月23日公开向社会出让，价高者得，竞拍成功者，三天内付清全款。2014年1月23日，江政进报价525万元竞价成功收购了上高县恒发矿产品加工厂，并按期付清了出让金，获得了该厂的经营权。2014年2月21日，第三人况拥军与江政进在上高县工商行政管理局办理了工商登记变更手续，将上高县恒发矿产品加工厂的工商信息登记变更为江政进的个人独资企业。

此后原告李湖南对上高县工商行政管理局于2013年3月29日作出的上高县恒发矿产品加工厂的个人独资企业注册登记不服，向该局提交书面申请，要求撤销该注册登记，2014年12月11日，上高县工商行政管理局口头答复原告李湖南，认为登记决定没有违法，决定不予撤销，同日，原告李湖南向被告宜春市工商行政管理局申请行政复议，宜春市工商行政管理局依法予以受理，在法定期限内向各方当事人送达了进入复议程序的通知，行政复议听证于2015年1月5日进行，李湖南、上高县工商行政管理局、况拥军均到场参加听证，2015年1月23日，宜春市工商行政管理局作出宜市工商复议决字（2014）5号行政复议决定书，查明事实如下2013年3月29日，况拥军在办理上高县恒发矿产品加工厂的工商登记时所提交给上高县工商行政管理局的"场所使用证明"为上高县翰堂乡政府颁发的乡村建设规划许可证，发证日期为2011年8月1日，被许可人为上高县恒发采石场。上高县工商行政管理局对该场地进行了核查，得出了第三人况拥军具有场地使用权属的结论，但未附任何证据。宜春市工商行政管理局认为，第三人况拥军持他人规划许可证作为场地使用证明进行企业注册登记，其申请材料不符合国家工商总局《内资企业登记提交材料规范》规定的法定形式，缺少场地所有权人和规划部门允许原告况拥军从事石材加工活动的意思表示要件，按形式审查标准不予核准。上高县工商行政管理局为弥补该瑕疵，2013年3月29日对上高县恒发矿产品加工厂工商登记信息更改时的场地使用情况进行了核查，却未附任何证据材料支持其核查结论。2014年11月13日上高县工商行政管理局启动第二次核查，其获取的证据材料存在以下缺陷：没有对江西联科实业有限公司的石场场地使用权和况拥军的石场场地使用权进行区分，将资产转让和证照非法转让混淆，缺少规划部门允许况拥军从事石材加工活动的场地使用意思表示要件。2014年1月23日，况拥军将上高县恒发矿产品加工厂转让给了江政进，江政进为善意第三人，其合法权益应受保护。

被告宜春市工商行政管理局遂根据《行政复议法》第28条第1款第3项之规定作出如下决定：确认上高县工商行政管理局于2013年3月29日作出的

上高县恒发矿产品加工厂许可决定违法，责令上高县工商行政管理局协助上高县恒发矿产品加工厂完善登记材料。原告李湖南在接到该复议决定书后，认为上高县工商行政管理局于2013年3月29日作出的上高县恒发矿产品加工厂工商登记许可不合法，被告宜春市工商行政管理局的复议决定是错误的，遂诉至法院，要求撤销被告宜春市工商行政管理局作出的宜市工商复议决字（2014）5号行政复议决定书。

原告李湖南诉称：上高县恒发矿产品加工厂原系我与第三人况拥军合伙拥有，但况拥军隐瞒事实真相，伪造虚假材料，欺骗上高县工商行政管理局，私自将普通合伙企业制的上高县恒发矿产品加工厂以其个人名义向上高县工商行政管理局进行企业登记申报，而上高县工商行政管理局违反法律规定擅自将该加工厂登记为况拥军个人独资企业，给我造成了重大的经济损失。我多次要求上高县工商行政管理局撤销该工商决定，但得到的答复是不予更改。为此，我向宜春市工商行政管理局提出复议申请。2015年1月23日，宜春市工商行政管理局作出宜市工商复议决字（2014）5号行政复议决定书，复议决定书中阐明上高县工商行政管理局作出的上高县恒发矿产品加工厂许可决定违法，但却不撤销该违法登记，仅是责令上高工商行政管理局完善登记材料，此举严重损害了我的个人利益，该复议决定是错误的，请求法院依法予以撤销。

被告宜春市工商行政管理局辩称：第三人况拥军持他人规划许可证作为场地使用证明进行企业注册登记，其申请材料不符合国家工商总局《内资企业登记提交材料规范》规定的法定形式，缺少场地所有权人和规划部门允许况拥军从事石材加工活动的意思表示要件，按形式审查标准应不予核准。上高县工商行政管理局为弥补瑕疵，对场地使用情况进行核查并作出不予更改的结论，却未附任何证据材料支持其核查结论。2014年11月13日上高县工商行政管理局启动第二次核查，其获取的证据材料存在以下缺陷：没有对江西联科实业有限公司的石场场地使用权和况拥军的石场场地使用权进行区分，将资产转让和证照非法转让混淆；缺少规划部门允许况拥军从事石材加工活动的场地使用意思表示要件。2014年1月23日，况拥军将上高县恒发矿产品加工厂的全部股权转让给了江政进，江政进为善意取得，其合法权益应受保护。因此，我局确定上高县行政管理局作出的上高县恒发矿产品加工厂许可决定违法，责令该局协助上高县恒发矿产品加工厂完善登记资料。我局作出的行政复议决定书，认定事实清楚，程序合法，适用法律正确，处理结果得当，请求法院驳回原告的诉讼请求。

第三人况拥军述称：原告李湖南因对上高县工商行政管理局于2013年3月29日作出的上高县恒发矿产品加工厂设立登记行政行为不服，向宜春市工商行政管理局申请行政复议，认为本人伪造企业登记使用证明、未经与我合伙的原告李湖南同意，在上高县工商行政管理局擅自变更企业的工商登记信息，将上高县恒发矿产品加工厂的股权更改为我个人所有，请求宜春市工商行政管理局撤销上高县工商行政管理局所作出的相关上高县恒发矿产品加工厂的企业变更登记行为。宜春市工商行政管理局于2015年1月23日作出宜市工商复议决字（2014）5号行政复议决定书，认定第三人况拥军持他人规划许可证作为场地使用证明进行企业注册登记，其申请材料不符合国家法定形式，缺少场地所有权人和规划部门允许况拥军从事石材加工活动的意思表示要件，按形式标准应不予核准。上高县工商行政管理局依据这些材料于2013年3月29日作出的上高县恒发矿产品加工厂工商登记许可决定违法。本人认为宜春市工商行政管理局认定事实严重错误，且没有任何证据支持，纯粹是主观歪曲认定，既不符合事实，也不符合常理，而且适用法律错误，是错误的行政行为，请求法院依法撤销宜春市工商行政管理局作出的宜市工商复议决字（2014）5号行政复议决定书。

【法院审理意见】本院认为，上高县工商行政管理局根据第三人况拥军提供的不符合相关法律规范的材料做出工商登记许可决定，实属违法。被告宜春市工商行政管理局在复议决定中明确此项，应予支持，但争议所涉上高县恒发矿产品加工厂现在工商信息登记已更改为江政进个体独资所有，其取得的手段正当合法，符合法律规定善意取得的形式要件，本院确认其工商登记的相关信息有效。为此，原告李湖南要求撤销上高县工商行政管理局于2013年3月29日作出的上高县恒发矿产品加工厂工商登记许可合法的诉请已无实际意义。

【法院裁判结果】判决如下：

驳回原告李湖南的诉讼请求。

第一百零三条　非法人组织应当依照法律的规定登记。

设立非法人组织，法律、行政法规规定须经有关机关批准的，依照其规定。

典型案例　杨某某等与冯某某买卖合同纠纷

【裁判观点】个人从事工商业生产经营活动，应当遵守法律、法规，依法经工商部门核准登记，领取个体工商户或个人独资企业营业执照，才能合法取得经营资格，从事生产、销售经营活动。冯某某从事生产和销售生物质燃料颗粒机的经营活动，其并未经核准登记领取营业执照，其生产的机器也属无产品检验合格证、无产品标识的产品。冯某某的生产和销售行为，违反了法律的规定，依法应确认冯某某与杨某某、梁某某签订的本案购销合同无效。

【案情介绍】梁某某看到其朋友处使用从冯某某处买来的颗粒机后，通过朋友介绍认识了冯某某，电话协商后，到冯某某制作作坊看过制造生物质燃料颗粒机。2012 年 9 月 13 日在玉林市城西开发区杨某某、梁某某与冯某某签订《生物质燃料颗粒机购销合同》一份，约定：(1) 杨某某、梁某某购买冯某某制造的颗粒机一台，总价为人民币 52000 元；(2) 质量要求每小时生产颗粒产品 800－900 斤符合国家、地方颁发的质量标准和行业标准生物质燃料的颗粒机；(3) ①由杨某某、梁某某负责机械装卸及运输；②交货日期 2012 年 10 月 2 日；③交货地点为玉林市成均镇大井头村杨某某、梁某某场所；(4) 机械设备三包期限及范围。①机械的磨盘滚轮包用三个月，其他所有设备包用两年。②机械设备包期内，因机械设备本身质量问题冯某某在接到杨某某、梁某某通知后 24 小时内到达场所，负责免费维修更换零部件。无法修复使用生产出国家、地方规定的合格产品的机械设备退回给冯某某，冯某某及时更换能正常生产出合格产品的新机给杨某某、梁某某。③冯某某对机械设备提供两年免费维修，如在设备使用过程中发生质量问题，冯某某在接到杨某某、梁某某通知后 48 小时内到达场所修复使用。在设备使用过程中发生的有有关技术性问题，冯某某在接到杨某某、梁某某通知后 24 小时内给予免费现场指导或答复解决。④属杨某某、梁某某人为造成机械设备损坏的冯某某不负责。⑤因机械设备质量问题发生争议，由发生争议地的技术单位进行质量鉴定，鉴定不合格的由冯某某负责解决质量问题，确实不能解决的退回全部购机械设备款，及赔偿因此造成的损失给杨某某、梁某某；(5) 机械设备防护包装。冯某某应在机械设备发运前对其进行防震、防锈和防破损保护，并按要求包装装卸，防止破损；(6) 机械设备款安装调试。冯某某必须在杨某某、梁某某指定场所安装调试，并在三日内调试到本合同约定及国家、省、部颁发的性能和技术要求及其产能；(7) 付款方式。分期付款，第一期：签订机械购销合同的当日内支付机械设备款 26000 元。第二期：视机械制造完成进度付款 16000 元。第三期：机械设备安装调试正常生产出合格产品后，一星期内付清余款 10400 元给被告；(8) 违约责任。①逾期交货的冯某某每天向杨某某、梁某某支付合同总价 0.005% 违约金。②不按期调试到能生产出合格产品的，杨某某、梁某某有权解除合同，并且冯某某每天按合同总价 10% 向杨某某、梁某某支付违约金。③不按期付款的杨某某、梁某某每天向冯某某支付合同总价0.005%违约金。④无正当理由拒收提供的机械设备的杨某某、梁某某向冯某某支付合同总价10%违约金。⑤冯某某所交的机械设备品种、型号、规格、质量不符合合同约定、国家、省、部颁发标准，不能正常使用生产出国家、地方规定及本合同约定的合格产品的，冯某某必须无条件全部退回购机款给杨某某、梁某某，并向杨某某、梁某某支付合同总价20%的赔偿金。签订买卖合同后，当日杨某某、梁某某支付机械设备款26000元，2012年9月24日支付机械设备款16000元，2012年10月15日付款3200元（其中130元为磁铁款），冯某某2012年11月17日交付了颗粒机。交机当日杨某某、梁某某付款3000元，支付装卸费50元及运输费450元。合计，杨某某、梁某某支付货款48200元，支付装卸费及运输费共500元，尚欠货款3800元。

2012年11月17日，冯某某派人将其制造的颗粒机运至杨某某、梁某某指定的地点交予杨某某、梁某某，之后，冯某某派其弟冯上猛等人到场安装调试，经过冯上猛等人对机器几次调试和修理后，调试所得产品的产量和质量以及机器的质量没有得到杨某某、梁某某的认可，双方并没有按合同第六条的规定，完成在三日内调试到合同约定的性能和技术要求及产能要求后，由购买方签字验收的内容。颗粒机至今未经杨某某、梁某某签字验收。由于杨某某、梁某某主张机器存在质量问题，称产量达不到合同规定、所出产品成型不好、机器漏油等情况，冯某某不能给予解决，要求退货。冯某某则主张机器没有质量问题，是因杨某某、梁某某使用的原料太湿，机器才无法正常使用，不同意杨某某、梁某某的要求，双方为此发生争议。

冯某某生产和销售生物质燃料颗粒机，没有领取营业执照，无生产许可证。其交付的生物质燃料颗粒机没有合格证、使用说明书，无标识标注生产厂家和厂址、生产执行的标准等。

上诉人杨某某、梁某某不服一审判决，上诉称：（1）一审判决认定事实错误。①被上诉人提供的机械不符合双方约定的质量要求和质量标准。双方签订的合同第二条约定：乙方提供每小时产量在800－900斤符合国家、地方颁布的质量标准和行业标准的生物质燃料颗粒机给甲方。这就是要求被上诉人提供的必须是有资质的企业生产的生物质燃料颗粒机，但被上诉人提供的却是一台无生产日期、无使用说明书、无合格证、无厂家的“三无”产品。被上诉人也没有告诉过上诉人其生产的生物质燃料颗粒机是没有国家许可证的机械。②被上诉人提供的机械未能正常调试、生产，产量也无法达到合同要求。被上诉人提供的机械，从安装调试至今该机的产量均没有达到过每小时800斤，生产的生物质燃料颗粒和产量远远达不到约定的要求，机械还多处出现漏油现象，并且经上诉人多次催促被上诉人派人进行修理调试的情况下都无法解决质量问题。③被上诉人提供的机械未经双方验收合格，并且虽经多次维修，仍无法使用。自 2012 年 11 月 17 日该机械到达上诉人场所至今，只做过几次试产，产量不达标，质量问题不能解决即停止了试产。发现问题后，上诉人每次催促被上诉人来调试或维修，被上诉人都提出要钱，由于该机无技术资料、无使用说明、无合格证书，出于生产上的考虑，上诉人只好在未验收情况下又支付 3000 元款。一审判决不顾事实、不理合同关于机械安装调试的约定，断章取义认定付了 3000 元就是合格产品，是错误的。④被上诉人的行为已构成违约，应承担违约责任。合同第八条约定了不按期调试到生产出合格产品的上诉人有权解除合同，被上诉人支付违约金，以及被上诉人所交的机械设备不符合标准，不能正常生产合格产品的，被上诉人必须无条件全部退回购机款，并支付赔偿金。并非一审认为只是换机械的问题。⑤被上诉人提供的机械存在严重质量问题，一审判决未予认定是错误的。机械未通过上诉人验收，按相关规定则无需质量鉴定，不存在要提供质量鉴定结论的问题。该机械多处漏油的现象上诉人已提供照片证明，应采信，证明该机不符合质量要求。(2) 一审判决程序违法。上诉人在一审庭审提交的证据符合法律规定，一审适用简易程序审理，举证期限为庭审终结前，一审对上诉人提供的照片不组织质证违法，而且一审未对机械质量问题可向相关部门申请鉴定进行释明，也违反程序。请求撤销一审判决，支持上诉人的一审诉讼请求，驳回被上诉人的反诉请求。

被上诉人冯某某答辩称：一审判决认定事实清楚，适用法律正确，程序合法，判决正确，上诉人的上诉没有依据。请求驳回上诉，维持一审判决。

【法院审理意见】一审法院认为：杨某某、梁某某与冯某某签订的《生物质燃料颗粒机购销合同》，没有违反法律规定，没有损害他人利益，是双方的真实意思表示，双方并认可，合同有效，双方应继续履行合同义务。杨某某、梁某某事前知道冯某某制造的生物质燃料颗粒机是未经任何部门批准生产的当地实用性机械，其机械性能已从其朋友处了解。双方之间买卖实际是按样品买卖，只要冯某某制造的生物质燃料颗粒机符合样品，即视为产品合格。虽然冯某某未取得杨某某、梁某某验收合格的依据，但杨某某、梁某某已使用了机械，时间较长，并支付了合同约定产品验收合格后一星期内才付清余款项中的部分款项 3000 元给冯某某，应视为产品合格，和对交货时间的认可。杨某某、梁某某现提出该机械是三无产品，与事实不符。杨某某、梁某某认为机械存在严重质量问题，经多次维修后仍不能正常使用。按合同约定：无法修复使用生产出国家、地方规定的合格产品的机械设备退回给冯某某，冯某某及时更换能正常生产出合格产品的新机给杨某某、梁某某。这样，只是换机械而不是退机械返购机械款。合同约定因机械设备质量问题发生争议，由发生地的技术单位进行质量鉴定，鉴定不合格的由冯某某负责解决质量问题，确实不能解决的退回全部购机械设备款，及赔偿因此造成的损失给杨某某、梁某某。杨某某、梁某某未提供出该机械设备质量鉴定为不合格的结论，或有关机械设备存在质量问题确实不能解决的相关证据，也未提供出国家、地方规定的合格产品的数据及现机械生产的产品数据，故无法认定该机械设备质量问题，更无法认定该机械设备质量问题给其造成的损失，其主张不予采信。杨某某、梁某某请求判令解除2012年9月13日与冯某某签订颗粒机买卖合同；判令冯某某退回已支付的购机款48200元及支付的颗粒机运费500元；判令冯某某赔偿杨某某、梁某某经济损失20800元（算至2013年6月20日），本案诉讼费用由冯某某负担的主张，无事实依据和法律依据，证据不充分，依法予以驳回。杨某某、梁某某购买机械后支付了货款52000元的48200元，尚欠货款3800元未支付给冯某某，违反合同约定，杨某某、梁某某应履行合同义务，付清尚欠货款。冯某某反诉请求杨某某、梁某某支付尚欠货款3800元给冯某某，理由正当，符合法律规定，予以支持。判决：一、杨某某、梁某某支付欠货款3800元给冯某某；二、驳回杨某某、梁某某的诉讼请求。

本院认为，个人从事工商业生产经营活动，应当遵守法律、法规，依法经工商部门核准登记，领取个体工商户或个人独资企业营业执照，才能合法取得经营资格，从事生产、销售经营活动。同时，《中华人民共和国产品质量法》和《工业产品质量责任条例》又规定，生产者、销售者应当对其生产、销售的产品质量负责，产品应有质量检验合格证明、应标明有产品名称、生产厂厂名和厂址；没有产品质量标准、未经质量检验机构检验的产品不准生产和销售。冯某某从事生产和销售生物质燃料颗粒机的经营活动，其并未经核准登记领取营业执照，其生产的机器也属无产品检验合格证、无产品标识的产品。冯某某的生产和销售行为，违反了《中华人民共和国产品质量法》第12条、第26条、第27条、第36条和《工业产品质量责任条例》第7条等法律的规定，依法应确认冯某某与杨某某、梁某某签订的本案购销合同无效。造成合同无效主要责任在于冯某某，同时杨某某、梁某某未对冯某某的经营、生产资质进行核验，对合同无效也存在缔约过失责任。由于合同无效，依法双方依据合同取得的财产应当予以返还，杨某某、梁某某应将机器返还给冯某某，冯某某返还货款48200元及运费500元给上诉人杨某某、梁某某，对其余损失由各自承担相应的责任。

【法院裁判结果】 一审判决认定事实不清，适用法律错误，本院予以纠正。判决如下：

一、撤销北流市人民法院（2013）北民初字第1358号民事判决；

二、上诉人杨某某、梁某某返还生物质燃料颗粒机给被上诉人冯某某；

三、被上诉人冯某某返还机械货款48200元及装卸费和运输费500元给上诉人杨某某、梁某某；

四、驳回上诉人杨某某、梁某某的其他诉讼请求；

五、驳回被上诉人冯某某的反诉请求。

上述义务，义务人应于本案判决生效之日起10日内履行完毕，逾期则应按照《中华人民共和国民事诉讼法》第253条之规定加倍支付迟延履行期间的债务利息或支付迟延履行金。权利人可在生效判决规定的履行期限最后一日起二年内向一审法院申请执行。

本判决为终审判决。

第一百零四条 非法人组织的财产不足以清偿债务的，其出资人或者设立人承担无限责任。法律另有规定的，依照其规定。

典型案例 陈文辉与佛山市顺德区均安镇顺华汽车修配厂、欧阳满盛劳动合同纠纷

【裁判观点】个人独资企业财产不足以清偿债务的，投资人应当以其个人的其他财产予以清偿。被告欧阳满盛是个人独资企业被告顺华汽修厂的投资人，故被告欧阳满盛应对被告顺华汽修厂的债务承担补充清偿的无限责任。

【案情介绍】被告顺华汽修厂是个人独资企业，投资人为被告欧阳满盛。2015年5月28日，原告进入被告顺华汽修厂工作，原告的工资于每月月底左右以银行转账方式支付上月工资。被告顺华汽修厂以原告发生交通事故后不愿意支付吊车费800元为由于2015年8月29日将其辞退。原告则称，在被告顺华汽修厂工作第三天时发生了一起小交通事故，被告顺华汽修厂当时并未辞退自己，后被告顺华汽修厂觉得员工较多才辞退自己。原告2015年5月工作4天的工资为336元、2015年6月的工资为3115元、2015年7月的工资为3163元、2015年8月的工资为3545元，原告已收取上述工资。

2015年9月1日，原告以被告顺华汽修厂既未与其签订劳动合同，也未为其购买社会保险，且无故辞退其为由向佛山市顺德区劳动人事争议仲裁委员

会申请仲裁，要求被告顺华汽修厂支付未签订劳动合同的二倍工资差额10500元、经济补偿金3500元、赔偿金7000元。2015年12月8日，佛山市顺德区劳动人事争议仲裁委员会作出顺劳人仲案终字〔2015〕2946号仲裁裁决书，裁决如下：（1）被告顺华汽修厂应在裁决书发生法律效力之日起5日内一次性向原告支付解除劳动关系的经济补偿金1637.17元；（2）驳回原告的其他仲裁请求。原告收到上述仲裁裁决书后在法定期间内诉至本院。

被告顺华汽修厂称双方签订了《劳动合同书》，原告予以否认，并申请对《劳动合同书》的签名进行笔迹鉴定。经本院委托，广东通济司法鉴定中心于2016年3月31日作出司法鉴定意见书，结论为：送检检材（JC）签署日期为"2015年5月28日"的《劳动合同书》尾页乙方（签字）处"陈文辉"字迹不是陈文辉所写。为此，原告支付鉴定费3600元。

2015年5月28日，原告填写了顺华入职申请表，原告主要填写了家庭主要成员情况、紧急联系人、工作经历、求职意向、入职部门；被告顺华汽修厂主要填写了入职部门、职位，并注明已审查身份证、驾驶证、5月28日开始上班。入职时，双方口头约定原告的工资为底薪2800元加值班费600元加补助50元，但对社会保险、工作期限等内容没有约定。

原告陈文辉诉称，原告于2015年5月28日入职被告顺华汽修厂任职司机，每月工资3500元。被告顺华汽修厂既未与原告签订书面劳动合同，也未为原告购买社会保险，并于2015年8月29日无故辞退原告。被告顺华汽修厂的行为违反了《中华人民共和国劳动合同法》的有关规定，依法应支付二倍工资、经济补偿金和赔偿金。被告欧阳满盛是个人独资企业被告顺华汽修厂的投资人，依法应对被告顺华汽修厂的债务承担补充清偿责任。据此，请求法院判令：（1）被告顺华汽修厂应向原告支付未签订书面劳动合同期间的二倍工资差额10500元（3500元/月×3个月）、经济补偿金3500元（3500元/月×1个月）、赔偿金7000元（3500元/月×2个月），被告欧阳满盛对上述债务承担补充清偿责任；（2）被告承担本案诉讼费用。

被告顺华汽修厂、欧阳满盛辩称，对仲裁裁决书的结果无异议，对原告的诉讼请求有异议。被告顺华汽修厂与原告已签订劳动合同，原告离职时把所有资料都撕烂。原告外出救客户的车时发生交通事故，致被告顺华汽修厂花费吊车费800元，原告不愿意承担该吊车费便离职。

【法院审理意见】本院认为，关于原告的月平均工资的确定。原告2015年6月、7月、8月的工资分别为3115元、3163元、3545元，其月平均工资为3274.33元。

关于是否应支付二倍工资差额。《中华人民共和国劳动合同法》第82条第1

款规定，用人单位自用工之日起超过一个月不满一年未与劳动者订立书面劳动合同的，应当向劳动者每月支付二倍的工资。虽然原告与被告顺华汽修厂签订了《驾驶车辆协议》、顺华入职申请表，但上述书面文件的内容不具备《中华人民共和国劳动合同法》第17条第1款规定的必备条款，应视为双方未签订书面的劳动合同。因此，原告要求支付二倍工资差额的主张合法有据，被告顺华汽修厂应向原告支付二倍工资差额9822.99元（3274.33元/月×3个月）。

关于是否应支付赔偿金。被告顺华汽修厂以原告发生交通事故后不愿意支付吊车费为由将其辞退，原告则认为被告顺华汽修厂是觉得员工较多才辞退自己，因被告顺华汽修厂未举证证明原告严重违反了自己的规章制度，故被告顺华汽修厂解除与原告的劳动关系的行为属于违法解除劳动关系，应向原告支付赔偿金3274.33元（3274.33元/月×0.5个月×2倍）。

关于是否应支付经济补偿。本案是因被告顺华汽修厂违法解除与原告的劳动关系，而非原告或被告顺华汽修厂合法解除双方之间的劳动关系，故原告要求支付经济补偿的主张没有事实根据，本院不予支持。

关于被告欧阳满盛是否应承担责任的问题。《中华人民共和国个人独资企业法》第31条规定，个人独资企业财产不足以清偿债务的，投资人应当以其个人的其他财产予以清偿。被告欧阳满盛是个人独资企业被告顺华汽修厂的投资人，故被告欧阳满盛应对被告顺华汽修厂的上述债务承担补充清偿责任。

【法院裁判结果】 综上所述，判决如下：

一、被告佛山市顺德区均安镇顺华汽车修配厂应于本判决发生法律效力之日起十日内向原告陈文辉支付二倍工资差额9822.99元、赔偿金3274.33元；

二、被告欧阳满盛应对被告佛山市顺德区均安镇顺华汽车修配厂的上述债务承担补充清偿责任；

三、驳回原告陈文辉的其他诉讼请求。

第一百零五条　非法人组织可以确定一人或者数人代表该组织从事民事活动。

典型案例　张京静与莱芜市钢城区鑫磊白云石矿、段元合等买卖合同纠纷

【裁判观点】 按照合伙协议的约定或者经全体合伙人决定，可以委托一个或者数个合伙人对外代表合伙企业，执行合伙事务。本案中，张

京静提供的15份送货单据均为原始单据，在双方发生买卖合同关系时即已形成，上述单据收货单位处注明的白云石矿虽由张京静单方填写，但白云石矿及段元合对单据内容填写的原始性并无异议，故张京静向顾元利交付货物后，将填写好收货单位、货物名称、数量、价格等内容的单据交时任白云石矿执行合伙企业事务的合伙人顾元利签字确认后，张京静有理由相信货物的实际购买主体为白云石矿，顾元利签字确认的行为为职务行为。

【案情介绍】 原告2012年4月4日至2012年10月6日与被告白云石矿发生买卖烟酒业务往来，被告购买原告烟酒，货款总金额为32028元。

白云石矿系普通合伙企业，合伙人为被告顾元利、段元合，顾元利为原执行事务合伙人，后于2014年4月4日执行事务合伙人变更为被告段元合。

一审原告张京静于2014年6月10日诉称：自2012年4月4日至2012年9月26日，被告白云石矿多次从原告处赊购物品价值32028元。后经原告多次催要，被告一直推诿。被告顾元利、段元合作为白云石矿的普通合伙人，依法应对合伙债务承担连带责任。为维护原告合法权益，特诉至法院，请求依法判令被告白云石矿偿还货款32028元及利息（按银行贷款利率4倍计算至支付完毕），被告顾元利、段元合承担连带责任，诉讼费用由被告承担。

被上诉人张京静提供的15份送货单中，其中一份日期为2012年9月13日的送货单由时任白云石矿内勤的段翠红在"收货单位及经手人"处签名确认。

上诉人白云石矿、段元合不服一审法院作出的上述民事判决，向本院提起上诉称：一审判决认定事实错误。被上诉人提供的送货单据上没有加盖白云石矿的公章，仅有顾无利的签名确认，在顾元利未出庭的情况下，无法确认其真实性，不能作为定案依据。该送货单据由被上诉人单方制作，所列货物为烟酒，与白云石矿的生产经营无关，即使从被上诉人处购买货物的真实的，也属顾元利的个人行为，与两上诉人无关。一审判决认定白云石矿与被上诉人的买卖关系成立错误，请求二审法院撤销原判，驳回被上诉人对两上诉人的诉讼请求。

被上诉人张京静答辩称，一审判决认定事实清楚，适用法律正确。白云石矿购买货物时，顾元利为其执行事务合伙人，其签名收货的行为应认定为职务行为。收货单据中有白云石矿的工作人员段翠红的签名，可以证明从被上诉人处购买的货物由白云石矿使用。被上诉人提供的证人崔某也可以证明被上诉人供货由白云石矿使用。请求二审法院查明事实，驳回上诉人的上诉请求，维持原判。

一审被告顾元利经本院合法传唤，无正当理由未到庭参加诉讼，亦未提交书面意见。

【法院审理意见】 一审法院认为，本案有两个争议焦点：(1) 该笔欠款的欠款主体是谁；(2) 被告顾元利、段元合应否承担连带责任。

关于焦点一，根据法律规定，当事人之间没有书面合同，一方以送货单、收货单、结算单、发票等主张存在买卖合同关系的，人民法院应当结合当事人之间的交易方式、交易习惯以及其他相关证据，对买卖合同是否成立作出认定。本案中，原告提交的送货单中载明了货物名称、数量、单价等内容，并注明收货单位为白云石矿，被告顾元利在收货单上签名确认。因顾元利在2012年期间任白云石矿（普通合伙）执行事务合伙人，原告送货亦是送至白云石矿处，故顾元利作为白云石矿执行事务合伙人，其行为应视为职务行为，原告与白云石矿的买卖关系成立。原告提交送货单证实货物价值32028元，白云石矿无证据证实已履行付款义务，应承担付款责任。原告主张白云石矿支付货款32028元的诉讼请求应予支持。

关于焦点二，因白云石矿系顾元利、段元合合伙出资成立的普通合伙企业，根据《中华人民共和国合伙企业法》第39条的规定："合伙企业不能清偿到期债务的，合伙人承担无限连带责任"，故顾元利、段元合应对白云石矿所负债务承担无限连带责任。关于原告主张的利息，应自原告起诉之日即2014年6月10日开始，按中国人民银行同期贷款利率计算。白云石矿、顾元利经传票合法传唤，无正当理由拒不到庭参加诉讼，视为自动放弃诉讼权利。一审法院判决：一、被告莱芜市钢城区鑫磊白云石矿（普通合伙）于本判决生效之日起10日内支付原告张京静货款32028元及利息（自2014年6月10日起至本判决所确定的履行期间届满之日止，按中国人民银行同期贷款利率计算）；二、被告顾元利、段元合对上述款项承担无限连带责任；三、驳回原告张京静的其他诉讼请求。如果未按本判决指定的期间履行给付金钱义务，应当依照《中华人民共和国民事诉讼法》第253条之规定，加倍支付迟延履行期间的债务利息。

本院认为，本案双方争议的焦点是：一审被告顾元利从被上诉人张京静处购买货物的行为是否是职务行为，上诉人白云石矿、段元合是否应承担还款责任。《中华人民共和国合伙企业法》第26条第2款的规定："按照合伙协议的约定或者经全体合伙人决定，可以委托一个或者数个合伙人对外代表合伙企业，执行合伙事务。"第37条规定："合伙企业对合伙人执行合伙事务以及对外代表合伙企业权利的限制，不得对抗善意第三人"。本案中，张京静提供的

15 份送货单据均为原始单据，在双方发生买卖合同关系时即已形成，上述单据收货单位处注明的白云石矿虽由张京静单方填写，但白云石矿及段元合对单据内容填写的原始性并无异议，故张京静向顾元利交付货物后，将填写好收货单位、货物名称、数量、价格等内容的单据交时任白云石矿执行合伙企业事务的合伙人顾元利签字确认后，张京静有理由相信货物的实际购买主体为白云石矿，顾元利签字确认的行为为职务行为。且张京静提供的其中一份送货单据上有段翠红的签名，经本院向段翠红调查，段翠红证实其时任白云石矿的内勤，顾元利购买该批货物后作为中秋节福利发放给了白云石矿的员工。张京静在二审中提供的证人崔某证实其陪同张京静丈夫两次将货物送至白云石矿，由顾元利接收货物。上述证据综合证实送货单上顾元利签名的真实性及涉案货物的实际购买主体为白云石矿，顾元利在送货单据上签名的行为为职务行为，白云石矿应向张京静承担支付货款的责任。白云石矿、段元合辩称从张京静处购买货物的行为系顾元利的个人行为，与合伙事务无关，不属合伙企业内部的合伙事务事项，对该辩称，本院认为，执行事务合伙人的执行合伙企业事务的范围及对外代表合伙企业权利的限制属合伙人之间的内部约定，不得对抗善意第三人，白云石矿、段元合未提供证据证明张京静明知双方之间的内部约定的情况下，应承担举证不能的法律后果。

因白云石矿为普通合伙企业，顾元利与段元合为共同合伙人，《中华人民共和国合伙企业法》第 39 条规定："合伙企业不能清偿到期债务的，合伙人承担无限连带责任"，故顾元利、段元合应对白云石矿的上述债务承担无限连带责任。

【法院裁判结果】综上，两上诉人的上诉理由均不能成立，其上诉请求均不予支持。原审判决认定事实清楚，适用法律正确，依法应予维持。判决如下：

驳回上诉，维持原判。

本判决为终审判决。

第一百零六条 有下列情形之一的，非法人组织解散：

（一）章程规定的存续期间届满或者章程规定的其他解散事由出现；

（二）出资人或者设立人决定解散；

（三）法律规定的其他情形。

第一百零七条 非法人组织解散的，应当依法进行清算。

典型案例　刘凤林与兴城市城东街道办事处南辛庄村民委员会民间借贷纠纷

【裁判观点】非法人组织解散的，应当依法进行清算。南辛庄村委会从合伙经营的兴城市南辛庄蔬菜批发部中借取款项未归还，刘凤林借入85000.00元资金负责为南辛庄村委会垫付借取的款项，南辛庄村委会为刘凤林出具7万元欠条，双方民间借贷关系事实清楚，债权债务关系明确。该欠据上虽然背书“暂时先打此条帐待算”，但该企业直至解散仍未进行清算，贷款人刘凤林的合法利益应予保护。

【案情介绍】1995年5月1日，原审原告刘凤林为乙方经理，设会计与原审被告南辛庄村委会村主任万毓林为甲方经理设现金员，甲乙双方合伙经营蔬菜恒温库，双方各实际投资10万元，并约定该企业性质为村集体所有制企业，独立核算，自负盈亏，经理负责制，亏损按现金投资比例计算。合伙经营至1997年1月，因菜库遭受停电事件被迫中止经营，1998年3月23日，甲方经理万毓林出具欠据一张，正面为：“欠菜库投资款70000元（以大写为准，含利息2000元）。”背书“暂时先打此条帐待算”。2013年10月，乙方经理刘凤林凭此条据及1995年至1996年间甲方借出菜库投资款84349.96元的记账凭单为证据，以欠款7万元为请求事项，起诉南辛庄村委会索要合伙经营期间为乙方垫付的投资款7万元及利息，本院于2013年10月25日作出（2013）兴民三初字第01248号民事判决书，判决南辛庄村民委员会给付欠款及利息，2014年4月，现任村委会到本院申诉，以该合伙未清算及即便是返还投资也不应当给付利息为申诉理由，要求本院予以改判或驳回起诉。

刘凤林于1995年10月15日向兴城市南辛庄蔬菜批发部交付借款65000.00元，1996年7月9日向兴城市南辛庄蔬菜批发部交付借款2万元。以上两笔款项共计85000.00元。

2013年9月4日，一审原告刘凤林起诉至兴城市人民法院称，在1995年左右时间，我同被告合伙共同经营村里的蔬菜恒温库，在经营过程中，由于被告将投资款挪为他用，造成蔬菜恒温库资金周转困难，故结束了合伙关系，经结算被告共欠我投资款68000.00元，利息2000.00元。并于1998年3月23日为我出具欠据一张，欠款7万元。当时双方口头约定给付利息，并过段时间偿还。虽然欠据写为投资款，实为借款，按约定还款期限逾期后，我多次向被告要钱，被告都以无款为由拒付，故起诉法院，请求判令被告给付欠借款7万元及利息，被告承担本案诉讼费用。

一审被告南辛庄村委会辩称，我们确与原告共同经营过村里蔬菜恒温库，现双方早已终止合作，也由我方给原告出具7万元欠据，因时间久远，历经几届村领导，具体欠款细节现在我们并不清楚，断然支付恐难服村民，原告因此也多次找村里要款，但由于种种原因未能得以妥协解决。关于原告利息请求，按照有关规定，按照中国人民银行同期规定贷款利率计算。

南辛庄村委会申诉称，(1) 本案合伙纠纷在2003年原告刘凤林在兴城法院诉讼过，兴城法院做出过生效判决，原告不能重复起诉。(2) 双方系合伙关系，从所谓的欠据看，并未进行合伙清算，因为当时的村书记万毓林在该条据背后写了说明，内容是“暂时先打此条帐待算”，说明合伙未进行清算。(3) 刘凤林的起诉明显超过诉讼时效期间。条据形成时间为1998年，刘凤林在2000－2003年之间对南辛庄村提起第一次诉讼后，一直未就此事向南辛庄村提出过任何权利要求。(4) 本案为合伙关系，即使返还出资，也不应支付利息，原审判决支付利息没有法律依据，存在错误，故要求法院予以改判或驳回原审原告起诉。

被申诉人刘凤林辩称，(1) 双方合伙真实存在，但欠款是因为南辛庄村把投资款抽出83830.81元，造成菜库经营困难，双方协商由我垫资68000.00元，村里承担借款并支付利息．所以1998年3月23日经原村书记万毓林同意，村会计写的字据并加盖公章，原判正确应予维持。(2) 合伙经营期间，由于2000年电业局停电造成经营损失引起的赔偿诉讼，(2001) 葫经终字第127号民事判决书证明我不是重复起诉。(3) 关于诉讼时效问题。原审开庭时村委会没有提出异议，我有证人出庭证实没有超过诉讼时效。(4) 关于利息问题。当年万毓林借菜库款都给2分利息，我有新证据提交法庭。

刘凤林不服一审判决，向本院提起上诉称，(1) 本案本金应为68000.00元，2000.00元是利息。(2) 本案的欠条证明到1998年3月23日利息就是2000.00元，证明68000.00元本金是有利息的，利息应从书写欠条之日起继续计算。(3) 南辛庄村委会给与本案有关联的菜库投资人退投资款，均按月息2分计算，证明南辛庄村委会欠刘凤林本金的利率应当按照月息2分计算。

南辛庄村委会亦不服一审判决，向本院提起上诉称，(1) 本案纠纷已于2000年至2003年经兴城市人民法院审理，兴城市人民法院再次受理本案违反一事不再理的原则。(2) 双方当事人因合伙企业未清算，带附注的欠条不能作为债权债务的依据。(3) 兴城市人民法院以南辛庄村委会不同意组织双方清算为由，判决支持被上诉人的诉请，存在错误，本案双方当事人均未申请法院清算，人民法院物权组织清算。(4) 南辛庄村委会没有向刘凤林支付利息的义务，即使支付，也应当从判决确定之日起起算。(5) 刘凤林的起诉超过诉讼时效。

【法院审理意见】 兴城市人民法院（2013）兴民三初字第01248号民事判决认为，被告基于与原告系合伙关系，在双方解除合伙关系时，经清算被告应返还给原告共计7万元（包括利息2000.00元），并给原告出了欠具一张，双方此行为不违反法律规定，系双方真实意思表示，双方应按照清算时的约定履行其义务。故原告的诉讼请求应依法予以支持。关于原告主张被告欠借款按月利率2分计算，其没有提供相应证据证明，且欠据又未有约定，故原告要求按月利率2分计算利息的请求，依法不予以支持。但被告于1998年3月23日在为原告结算投资款和利息时，被告为原告出具欠原告投资款及利息2000.00元，足以证明双方当时已约定了利息。双方对投资款及利息进行清算后，其欠款本金应以清算后的7万元为基数，双方对利率约定不清的应按中国人民银行规定的同期借款基准利率支付利息，且被告也同意按以上标准支付利息，故原告的利息应以7万元为基数，按照中国人民银行规定的同期借款的基准利率支付利息。判决：被告兴城市城东街道办事处南辛庄村民委员会于本判决生效后10日内给付原告欠款70000元及相应利息（利息自1998年3月23日始至被告还清欠款及利息之日止，按中国人民银行规定的同期贷款基准利率计算）。

兴城市人民法院（2014）兴审民初再字第00013号民事判决认为，原审原、被告双方于1995年成立的蔬菜恒温库，系合伙企业，其双方投资款应为合伙企业蔬菜恒温库的共同财产。在合伙经营期间，原审被告南辛庄村委会作为合伙投资人一方，从正在经营中的合伙企业蔬菜恒温库中借支资金，并为另一投资人原审原告出具了欠据，应认定为双方形成了债权债务关系，该债权债务应受法律保护。现该企业已停止经营多年，客观上已无法继续经营，依据《中华人民共和国合伙企业法》第86条“合伙企业解散，应当由清算人进行清算”的规定。本案在审理过程中，特别是在原审原告要求进行清算的情况下，本院在审理此案中亦向双方释明，要求对该企业经营中发生的债权债务情况清算，但原审被告不同意双方核账及清算，在此种情况下，作为投资一方人的合法权益不能得到保护。故原审原告要求原审被告给付欠款的诉求本院予以支持。

关于本案诉求利息，在欠条里有过表述为2000.00元计在本金之内。但就打欠条之后，未约定利息给付或给付起始点及利率，按《中华人民共和国合同法》第211条“自然人之间的借款合同对支付利息没有约定或者约定不明确的，视为不支付利息”之规定，故原审原告主张从欠款发生之日起给付利息的诉求本院不予支持。而应当按起诉之日起按中国人民银行规定的同期贷款利率计算利息。综上，原审（2013）兴民初字01248号民事判决因当事人举证不足，认定事实有误，应予撤销，故判决：一、撤销（2013）兴民三初字第01248号民事判决；二、兴城市城东街道办事处南辛庄村委会于本判决生效后10日内给付刘凤林欠款7万元；三、兴城市城东街道办事处南辛庄村民委员会于本判决生效后10日内给付原告欠款7万元的利息（利息自2013年9月4日起诉之日始至还清欠款及利息之日止。按中国人民银行规定的同期贷款基准利率计算）。

本院认为，南辛庄村委会主张刘凤林于2000年至2003年期间曾就此案起诉至兴城市人民法院，兴城市人民法院已经做出过生效判决，2013年兴城市人民法院再次受理本案违反一事不再理的原则，但南辛庄村委会未提供任何相关裁判文书证明其主张。本案的争议焦点为1998年3月23日，原南辛庄村书记万毓林签字、文书李玉成书写、现金员朱玉芬盖章的条据的性质认定问题。南辛庄村委会从合伙经营的兴城市南辛庄蔬菜批发部中借取款项未归还，刘凤林借入85000.00元资金负责为南辛庄村委会垫付借取的款项，南辛庄村委会为刘凤林出具7万元欠条，双方民间借贷关系事实清楚，债权债务关系明确。该欠据上虽然背书“暂时先打此条帐待算”，但该企业直至解散仍未进行清算，贷款人刘凤林的合法利益应予保护。原欠条里虽然包含2000.00元利息，但就打欠条之后对支付利息没有约定，视为不支付利息。故一审认定从起诉之日起按中国人民银行规定的同期贷款利率计算利息并无不当。南辛庄村委会出具的欠条上写明“暂时先打此条帐待算”，即并未书写返还借款的具体期限，在合伙关系已经解散的情况下，刘凤林可以随时要求南辛庄村委会返还借款，故刘凤林的起诉并未超过诉讼时效。

【法院裁判结果】 判决如下：

驳回上诉，维持原判。

本判决为终审判决。

第一百零八条 非法人组织除适用本章规定外，参照适用本法第三章第一节的有关规定。

第五章　民事权利

第一百零九条　自然人的人身自由、人格尊严受法律保护。

典型案例　吴春燕与刘斌名誉权纠纷

【裁判观点】公民享有名誉权，公民的人格尊严受法律保护。以书面、口头等形式宣扬他人的隐私或者用侮辱、诽谤等方式损害他人名誉，造成一定影响的，可以认定为侵害公民名誉权的行为。本案中，被告刘斌撰写并在网络发帖的行为客观上已经对原告造成了伤害，损害了原告的名誉及隐私，被告应承担停止侵权、赔礼道歉、消除影响、赔偿损失的责任。

【案情介绍】原告吴春燕与被告刘斌原系夫妻关系。离婚后刘斌写了《浙江药商吴春燕的真实面目》等文章，发布在百度等网站，以网名“侦察兵”、“坐标名”等ID在全国各类论坛上发表关于吴春燕贿赂、诈骗等内容的帖子及文章。为此，吴春燕于2013年8月7日向杭州市江干区人民法院以名誉权纠纷起诉刘斌。

2014年1月后，刘斌又以“坐标名”等ID在各类论坛上发表《浙江省浦江县看守所被拘七天实录》等帖子及文章。2014年10月15日，吴春燕至浙江省杭州市钱塘公证处申请公证。浙江省杭州市钱塘公证处出具（2014）浙杭钱证内字第23593号公证书，对各类网站、论坛上发表的70余篇题目为《遭遇抓捕［一］》、《遭遇抓捕［2］》、《看守所被拘七天实录》、《浙江省浦江县看守所被拘七天实录》、《这些恶奴，是什么事情都干的出来的》、《致浙江省律师协会的公开信》等文章及帖子进行了公证。

原告吴春燕诉称：婚前被告隐瞒了曾经有过婚史的事实，并用花言巧语骗取了原告的感情，婚后不久，被告就漏出了本来的劣性，整日好吃懒做、无所事事。原告在忍受了十几年之后，不得已与被告办理了离婚手续，并按被告心愿分割了婚后财产。原以为从此能够过上平静的生活，但未料到，被告离婚后整日好吃懒做，很快就“坐吃山空”，原来分给他的几套房子全部被他变卖并挥霍一空。此时，眼看原告经过打拼使公司日益红火，便产生极不平衡的罪恶心理。刚开始通过发短信、打电话整日骚扰原告，后又发展到给原告的业务单位及亲朋好友散发极尽侮辱、诽谤内容的信函，大肆侮辱原告人格，毁坏原告的名誉。此后又在原告老家浦江县城四处张贴大字报，内容不仅涉及侮辱、诽谤原告，连原告年迈的双亲也未幸免于难。2009 年底开始用不同化名（“侦察兵”、“坐标名”等）通过网络发布大量文章，极尽侮辱、诽谤之能事，甚至还公布原告的照片和详细地址及手机号码。据统计，被告发布的文章多达 36 篇（至今仍在源源不断地发布），涉及的网站多达 500 多个，点击、浏览的网民几百万之多。有些文章的内容已到了不堪入目、让人发指的程度。由于被告这一系列严重的侵权行为给原告工作、生活造成了严重的影响，一些业务单位终止了业务合作，一些不明真相的人当面讽刺和侮辱，甚至有些社会闲杂人员夜里敲门、打电话骚扰，使原告母女整日人心惶惶，甚至人身安全得不到保障，致使原告遭受极大的精神伤害（曾二次自杀未遂），由于长期遭受精神折磨，造成原告整日精神恍惚，经医院问诊有抑郁倾向。对此，原告为了维护自己的合法权益，于 2013 年 8 月 7 日向江干区人民法院提起诉讼，要求被告删除文章，赔礼道歉，并赔偿损失。江干法院经审理后作出判决，认定被告侵权行为成立；并由被告承担相应的法律责任。判决生效后，被告并未自觉履行，原告不得已申请强制执行，但在强制执行过程中，被告不但没有删除原有的诽谤文章，反而变本加厉地又在网上发布大量的诽谤文章，不仅无视法律的尊严和法院的权威，而且更加严重地再一次伤害了原告，同时又一次影响到原告及原告公司刚刚有点恢复的业务关系。对此，原告认为被告从 2014 年初以来新实施的侵权行为性质更为恶劣！原告抑郁症已到了中等的程度，女儿为此从嘉兴学院转学至城市学院。为了维护原告的合法权益，故诉至法院，请求法院判令：（1）被告立即删除 2014 年 1 月份以来发布在各网站上涉及侮辱、诽谤原告的所有文章；（2）被告在百度网首页上公开赔礼道歉一个月，以恢复和挽回原告的名誉影响，并保证今后不再以任何方式侵犯原告的名誉；（3）被告赔偿原告经济损失 100 万元，精神伤害抚慰金 10 万，维权损失 87000 元（其中公证费 26000 元、律师代理费 61000 元），合计 1187000 元。

被告刘斌未到庭，亦未向本院提交书面答辩状及证据材料。

【法院审理意见】本院认为，公民享有名誉权，公民的人格尊严受法律保护。以书面、口头等形式宣扬他人的隐私，或者用侮辱、诽谤等方式损害他人名誉，造成一定影响的，可以认定为侵害公民名誉权的行为。本案中，原告吴春燕确认起诉被告刘斌侵犯其名誉权的帖子及文章包括（2014）浙杭钱证内字第23593号公证书中公证的帖子及文章，以及其在审理过程中提交的《公证书以外的链接》中发表于2014年1月之后的帖子。本院认为，《公证书以外的链接》中涉及的帖子及文章，均由原告自行整理，但原告不能提交证据证明帖子及文章在互联网上发布的情况，应承担举证不能的不利后果。经审核，（2014）浙杭钱证内字第23593号公证书中涉及的帖子及文章，均未在（2013）杭江民初字第1211号民事判决书中涉及。鉴于被告刘斌未到庭，也未向法庭承认案涉帖子由其所写所发，故本院根据原告提交的证据来确认案涉帖子是否由被告撰写发布，继而侵犯原告的名誉权。（2014）浙杭钱证内字第23593号公证书中所涉的帖子中，《遭遇抓捕［一］》、《遭遇抓捕［2］》、《看守所被拘七天实录》等均有刘斌的署名；《律师的“自由辩护标准”》、《神探出没》、《一个被老婆坑害了的流浪汉的自白》内容或标题由刘斌以第一人称所写，故上述帖子可以认为由刘斌撰写并发布在互联网络上。其中，《致浙江省律师协会的公开信》、《给浙江省律师协会的公开信》、《给杭州市律师协会的公开信》的内容系针对律师，未涉及原告吴春燕，不能认定侵犯原告的名誉权；其余帖子及文章或出现吴春燕名字，或结合内容及（2013）杭江民初字第1211号民事判决书中确认的事实，可以合理推断文章指向原告吴春燕。在这些文章中，被告对原告进行了大量负面描述，且相关表述已经在（2013）杭江民初字第1211号民事判决书中确认侵犯原告名誉权，而被告继续在网络上发布，应认定被告侵犯原告的名誉权。《学术腐败与买卖文凭》一文分别以发帖人“糯米fan”、“星星123456”在强国论坛及华声论坛发布。鉴于发帖人“星星123456”在华声论坛曾发布署名被告刘斌的《遭遇抓捕［一］》，故可以认定华声论坛中发帖人“星星123456”系刘斌，被告在该文中有对原告的负面描述，应认定侵犯原告的名誉权。而发帖人为“糯米fan”的《学术腐败与买卖文凭》一文，内容与“星星123456”发布的一致，且发布时间在同一天，故本院亦认定为被告发布。公证书所涉的其余帖子，《杭州安安医药科技有限公司药商吴春燕》、《安安医药科技有限公司药商吴春燕的“成功”》、《杭州市药商吴春燕——一个不朽的名字［之二］》、《中国立法机关你要挨到什么时候，中国政府你要沉默到什么时候》均无刘斌签名，原告也无证据证明由被告撰写、发布，本院不予认定。

被告刘斌撰写并在网络发贴的行为客观上已经对原告造成了伤害，损害了原告的名誉及隐私，被告应承担停止侵权、赔礼道歉、消除影响、赔偿损失的责任。对于原告请求判令被告删除2014年1月以来发布在各网站上涉及侮辱、诽谤原告的文章的诉请，以及在百度网首页公开赔礼道歉一个月的诉请，本院予以支持。对于原告请求判令被告今后不得以任何方式侵犯原告名誉权、肖像权、隐私权的诉请，本院认为公民的名誉权、人格尊严受法律保护，不受他人非法侵犯。原告此项要求系法律规定的应有之义，并非具体的诉请，日后如有侵害，原告可另案处理。对于原告主张经济损失、精神伤害抚慰金、维权损失（包含公证费及律师代理费）的诉请，本院认为，原告主张的经济损失是否存在以及损失的具体范围、金额，原告均无充分证据予以证明，本院不予支持。因侵权致人精神损害，造成严重后果的，应当赔偿精神损害抚慰金。精神损害抚慰金既是对被告再次侵权行为的惩戒，亦是对原告受到伤害的抚慰。但原告所主张的数额亦明显过高，故本院根据被告侵权行为的方式、侵权行为造成的后果以及受诉法院所在地的平均生活水平，酌情确定被告赔偿原告精神损害抚慰金25000元。原告吴春燕因被侵权进行维权所支出的公证费计26000元系为制止侵权行为所支付的合理费用，应计入原告的合理损失。律师代理费，亦系原告为制止侵权行为所支付的费用，但根据（2013）杭江民初字第1211号民事判决书的内容，江干区人民法院在审理原告诉刘斌名誉权纠纷一案中已驳回了原告要求刘斌赔偿经济损失100000元的诉请，且对于原告要求被告赔偿精神损害抚慰金的诉请仅酌情支持了20000元。对此，本院认为，原告在已收到（2013）杭江民初字第1211号民事判决书的前提下，对本案原告合理损失的范围应有一定的预估，但原告方仍在本案中主张过多的损失，并根据该损失的数额支付了律师费，因此，该部分的诉讼风险应由原告自负。本院对律师费数额酌情确定为8000元。被告刘斌经本院合法传唤，无正当理由拒不到庭参加诉讼，系自动放弃诉讼权利的行为，责任应自负。

【法院裁判结果】 综上所述，判决如下：一、被告刘斌停止对原告吴春燕的侵权行为，于本判决生效后10日内消除所有网站上侮辱、诽谤原告吴春燕的文章（网站、文章名具体见附件清单）；二、被告刘斌于本判决生效后10日内在百度网首页上赔礼道歉一个月（内容需经本院审核）；三、被告刘斌赔偿原告吴春燕精神损害抚慰金人民币25000元、公证费支付损失人民币26000元、律师费支付损失人民币8000元，合计人民币59000元，于本判决生效后10日内付清；四、驳回原告吴春燕的其他诉讼请求。

第一百一十条 自然人享有生命权、身体权、健康权、姓名权、肖像权、名誉权、荣誉权、隐私权、婚姻自主权等权利。

法人、非法人组织享有名称权、名誉权、荣誉权等权利。

典型案例 王喜珍与宋秀晶生命权、健康权、身体权纠纷

【裁判观点】公民的生命健康权受法律保护。受害人因侵害人的过错行为遭受损失的，侵害人应当赔偿损失。本案中虽被告坚称原告受伤与其无关，但根据公安机关出具的调派出动单，系被告宋秀晶的自行车将原告砸伤。以此确认，被告应当对原告的损失承担赔偿责任。

【案情介绍】2014年5月21日，在沈河区泉园早市旁，被告宋秀晶将自行车停放在早市一菜摊前，后与原告王喜珍发生纠纷，被告报警后，沈阳市公安局沈河分局万莲派出所出警后，查明原告王喜珍在路过时被被告停放的自行车砸伤。当日，原告到沈阳军区总医院治疗，经诊断为头外伤、头皮血肿、头皮撕裂伤，共花费医药费609.81元。

原告王喜珍诉称：2014年5月21日早晨原告在泉源二街早市买完菜回家时，让正在路边买菜的被告停放身边的自行车砸倒在三轮车旁，因为车筐里装满了菜，所以车倒砸倒了人。导致原告头部流血不止，经过市场的同楼好心人打的报警电话，警察到现场后告知家属先带老人去看病，经医生治疗老人头部缝了三针后还伴有迷糊症状，医生告知再观察几天。后双方协商未果，现原告诉至法院请求判令被告赔偿原告医疗费610.81元，交通费27元，精神抚慰金和营养费361.19元，合计1000元；诉讼费由被告承担。

被告宋秀晶辩称：原告陈述经过不属实，2014年5月21日，我早上去的泉源二街早市买菜，我将24的小号自行车停放在我身旁，我就转身买菜，过了一会儿我就听到我身后有响声，我一回头就看到原告趴在一个三轮车上了，原告将我的自行车也拽倒了，过路的人将原告扶起来，我就去扶我的自行车，原告起来后就拽着我的自行车不松手，原告当时头破了，我当时与原告说你的头是在三轮车上卡破的，找我干什么，当时原告说三轮车没有人，就找我，原告就说是我车砸的她，原告的腿脚还不利索，原告就是自己摔倒，讹人。当时我就报警了，当时派出所的人询问了原告，原告也与派出所的人讲不是我的车砸的她，当时我们就都走了，第二天派出所的人让我去派出所，说是原告家人找我，我去了后，原告儿子告诉我原告去了医院，检查了没什么事情，让我拿医药费，我说与我没有关系，当时派出所也告诉原告如果让我赔偿医药费，需要原告拿出证据证明是我车砸的原告。而且我个头矮，骑的24型号小自行车，就算倒了也是砸到我的身上，根本就不可能砸到原告的头。本案与我没有任何关系，我不同意赔偿原告任何损失。

【法院审理意见】 本院认为，公民的生命健康权受法律保护。受害人因侵害人的过错行为遭受损失的，侵害人应当赔偿损失。本案中虽被告坚称原告受伤与其无关，但根据公安机关出具的调派出动单，系被告宋秀晶的自行车将原告砸伤。以此确认，被告应当对原告的损失承担赔偿责任。

关于原告主张被告赔偿医药费人民币610.81元的问题。根据原告提供的相应票据，原告共花费医药费人民币609.81元，予以确认。

关于原告主张被告赔偿精神抚慰金及营养费人民币361.19元的问题。原告的该项请求不符合法律规定的应予赔偿的情况，故不予支持。

关于原告主张被告赔偿交通费人民币27元的问题。根据原告提供的证据，本院予以确认。

需要指出的是本案原、被告在早市发生纠纷，早市人多拥挤难免发生碰撞，在此种环境中，原、被告均应尽到谨慎注意义务并在纠纷发生后做到互谅互让，以避免矛盾激化。

【法院裁判结果】 综上所述，判决如下：

一、被告宋秀晶于本判决发生法律效力之日起30日内赔偿原告王喜珍医药费人民币609.81元；

二、被告宋秀晶于本判决发生法律效力之日起30日内赔偿原告王喜珍交通费人民币27元；

三、驳回原告王喜珍的其他诉讼请求。

第一百一十一条 自然人的个人信息受法律保护。任何组织和个人需要获取他人个人信息的，应当依法取得并确保信息安全，不得非法收集、使用、加工、传输他人个人信息，不得非法买卖、提供或者公开他人个人信息。

典型案例 彭某与中国银行股份有限公司上海市卢湾支行名誉权纠纷

【裁判观点】 隐私权是自然人依法享有的个人私事、信息等个人生活领域内的隐私不被他人知晓、披露的权利。本案中，公民在中国人民银行个人征信系统中的个人信用信息属个人隐私，受法律保护。侵犯个人信息的隐私权应当以向他人披露、宣扬作作为行为要件，否则则不予认定。商业银行查询个人信用报告，除对已发放的个人信贷进行贷后风险管理外，应当取得被查询人的书面授权。

【案情介绍】 2013年5月21日，查询操作员“中国银行上海市卢湾支行/BOC_ SH_ LW25”以“贷款审批”为由，查询了原告彭某的信用报告。原告认为被告未经其授权而非法查询，遂向中国人民银行投诉。2013年9月11日，中国人民银行上海分行回复原告称：中国银行上海市卢湾支行个人征信查询用户未取得当事人授权违规查询个人信用报告的事实成立，对中国银行上海市卢湾支行依法实施行政处罚，并责令其限期整改。2013年9月11日中国人民银行上海分行进一步明确，中国银行上海市卢湾支行违规查询个人信用报告的精确时间为2013年5月21日11时47分17秒。

另外，南京市公安局鼓楼分局中央门派出所于2013年9月16日出具“情况说明”一份，主要内容是：“彭某自称2013年5月23日，在中央路宜信公司办理2万元贷款时，宜信公司给彭某办理了代查个人信用报告，现贷款已给了彭某，彭某认为个人信用报告属自己的隐私，应由其本人保管，而宜信公司的武某称个人信用报告连同办理贷款的其他资料都交到北京的公司总部，双方发生纠纷。武某表示可以向北京总部反映，传真回复印件给彭某。”原告同时提供2011银行版个人信用报告复印件一份，字迹模糊，完全无法辨认所涉人员姓名、身份证号码等，查询请求时间隐约显示为201.05.21.1.4.17。该复印件下方空白处注明“此系彭某先生个人信用报告复印件，原件公司已销毁”，落款为武某。被告称此复印件内容看不清楚，也不能反映武某获取原告个人信息的途径。

原告提供“自愿离婚协议”一份，称被告非法查询原告信用报告，导致原告与其妻子离婚。经庭审中追问，原告称离婚证并未办理。

被告提供了2013年5月23日原告向中国银行递交的办理信用卡的申请表一份，认为此申请表表明原告对被告行为的追认。原告认为其向中国银行其他分公司的申请不代表对被告行为的追认。

原告彭某诉称：2013年6月17日，原告因家中有事准备贷款，就和妻子一同去人民银行调取原告的《个人信用报告》，结果显示被告以“贷款审批”为由查询过原告的信用记录。因信用报告显示原告在上海有过贷款申请，造成原告夫妻之间的猜忌。原告遂向被告交涉，被告称是办理业务时“输入错了”，但原告后来发现被告在未经原告授权的情况下非法查询了原告的信用报告，并泄露给了宜信公司，用于评估此前原告与宜信公司之间签订的民间借贷合同的违约风险。原告认为，被告的行为侵犯了原告的隐私权，使原告名誉受损。故原告诉至法院，要求被告就其侵犯隐私权（名誉权）公开赔礼道歉，消除影响。

被告中国银行上海市卢湾支行辩称：查询行为并非被告的授权人员的行

为，不应由被告承担责任；查询行为未造成原告的实际损害，不构成侵犯原告的隐私权或名誉权。请求法院驳回原告的诉讼请求。

【法院审理意见】本院认为，根据原告提供的个人信用报告，足以认定2013年5月21日被告名下的“BOC_ SH_ LW25”用户查询了原告的个人信用信息。被告虽辩称“BOC_ SH_ LW25”的实际用户当时无查询行为，但在无证据证明系被他人违法冒名或入侵系统的情况下，被告作为“BOC_ SH_ LW25”用户的管理人，并不能因此而否认其查询了原告个人信用信息的事实。

隐私权是自然人依法享有的个人私事、信息等个人生活领域内的隐私不被他人知晓、披露的权利。公民在中国人民银行个人征信系统中的个人信用信息属个人隐私，受法律保护。商业银行查询个人信用报告，除对已发放的个人信贷进行贷后风险管理外，应当取得被查询人的书面授权。本案中，被告未经原告的书面授权，查询原告个人信息，违反了中国人民银行的相关管理规定。被告关于原告事后追认的辩称意见，无法律依据，本院不予采纳。

被告的行为是否侵犯原告的隐私权，应依据侵权的构成要件进行审查认定。根据最高人民法院《关于贯彻执行〈中华人民共和国民法通则〉若干问题的意见（试行）》第140条之规定，侵犯个人信息的隐私权应当以向他人披露、宣扬作为行为要件。原告虽然提供了2011银行版个人信用报告复印件，但该复印件模糊不清，无法认定与原告有关，而武某某的单方陈述仅系证人证言，不足以认定原告的个人信用报告流入了宜信公司，因而被告的查询行为尚不构成对原告隐私权的侵害，原告的诉讼请求无法律依据，本院不予支持。

【法院裁判结果】综上所述，判决如下：

驳回原告彭某的诉讼请求。

第一百一十二条 自然人因婚姻、家庭关系等产生的人身权利受法律保护。

典型案例 陈某与范某甲探望权纠纷

【裁判观点】离婚后，不直接抚养子女的父母，有探望子女的权利，另一方有协助的义务。本案中，原告依法享有对儿子的探望权，被告有协助其行使探望权的义务。

【案情介绍】原告陈某和被告范某甲原系夫妻关系，于××××年××月

××日生育一子，取名范某乙。2006年10月9日，原、被告协议离婚，双方约定儿子范某乙跟随原告生活。2012年2月5日，被告向本院提起变更抚养关系之诉，要求儿子随被告生活，经本院调解，双方均同意儿子随被告范某甲生活，由范某甲承担其全部的抚养费，原告陈某可每月探望儿子4次。现原告认为被告未积极协助以及配合其行使对儿子的探望权，影响了其与儿子之间的感情，故双方再次酿成纠纷。

原告陈某起诉称：原、被告原系夫妻关系，婚后生育儿子范某乙。2006年10月9日，原、被告因感情不和，协议离婚，双方约定儿子范某乙随母亲陈某生活，后被告于2012年2月5日向法院提起变更抚养关系之诉，要求儿子随被告生活，经法院调解，双方达成了一致意见，即儿子随被告范某甲生活，由范某甲承担其全部的抚养费，原告陈某可每月探望儿子4次，但后来原告欲探望儿子时，均遭被告的拒绝，原告认为被告的行为影响了原告与儿子的母子感情，侵犯了原告的利益，故向法院提起诉讼，请求判令：(1) 准予原告每月探望儿子范某乙4次，每次两天，具体方式为：每月的每周五放学后原告至学校将儿子范某乙接到原告处，周日晚上将儿子范某乙送回被告处，被告应协助原告行使探望权；(2) 本案诉讼费由被告承担。

被告范某甲答辩称：原告诉称的探望儿子时遭被告拒绝并非事实，原告主张的探望次数过多，不利于儿子的学习，被告不同意原告的诉讼请求，如果原告要求探望儿子，则需承担儿子每月抚养费500元。

【法院审理意见】 本院认为，离婚后，不直接抚养子女的父或母，有探望子女的权利，另一方有协助的义务；行使探望权的方式、时间由当事人协商，协议不成时，由法院依法判决。本案中，关于儿子的抚养问题，经本院调解，双方均同意儿子跟随被告范某甲生活，并且由被告范某甲负担其全部的抚养费，对于未直接抚养儿子的原告一方，依法享有对儿子的探望权，被告有协助其行使探望权的义务，考虑到原、被告的工作情况以及住房等生活条件，从有利于儿子范某乙成长的角度考虑，原告每月探望儿子范某乙两次较为适宜，探望方式本院酌情确定，原告要求每月探望4次、每次两天的主张本院不予全部支持。

【法院裁判结果】 综上所述，判决如下：

一、自本判决生效之日起，原告陈某可每月探望儿子范某乙两次，具体方式如下：每个月的第一、第三个星期的星期五放学后，由原告将儿子范某乙从其就读的学校接回，并于同一星期的星期日下午5点之前再将儿子范某乙送回被告处，被告范某甲对原告陈某行使探望权有协助的义务；

二、驳回原告陈某的其他诉讼请求。

第一百一十三条　民事主体的财产权利受法律平等保护。

典型案例　张井树与蚌埠市淮上区小蚌埠镇双墩村村民委员会、张井田承包地征收补偿费用分配纠纷

【裁判观点】民事主体的财产权受法律平等保护。征地补偿时，土地承包经营权可以作为独立的财产权利获得相应的补偿。非经法定事由或其自愿放弃，任何组织和个人均不得擅自截留或扣缴。本案中，张井树作为诉争的1.3亩土地的合法承包人，在该地被征收时，全部的补偿金属于其应享有的合法权益。

【案情介绍】2013年7月蚌埠市淮上区双墩段大庆北路项目征地涉及小蚌埠镇淮上区双墩村10组大沟北五座坟地块，该地北临沟、南邻路、东邻地、西邻地，南北宽，南74米宽，北68.8米宽，长249.75米。其中涉及10组村民张井树承包地1.3亩，村里在发放该1.3亩土地款时，村里以张井树大哥张井和、弟弟张井连认为该1.3亩是张某甲农转非退出的该地补偿款应由他们兄弟三人分割，故村里遂以该地有纠纷为由决定由本组村民代表张井田代领0.517亩土地款，张井树领取0.783亩土地款。张井树不同意该方案，遂以该1.3亩地为其在1995年承包为由向法院提出诉讼。

原告张井树诉称：原告在1995年11月1日与村委会签订承包大沟北1.3亩承包合同书，该地于2013年7月3日被征收，还有公用集体部分属原告所有的0.27亩。每亩35400元，该地补偿款双墩村委会只发放27718元（0.783亩）给原告，还有27859.80元（0.787）亩没有发放。原告多次找被告索要，但村委会认为土地款分配是张井田负责的。两被告互相推诿，拒不给付。故提起诉讼，要求两被告返还土地征收补偿款27859.80元给原告，并承担本案诉讼费用。

被告蚌埠市淮上区小蚌埠镇双墩村村民委员会未到庭答辩。

被告张井田辩称：（1）我是村民代表，事情是由村委会调解，经过原告同意把钱打到我账户的。张井树的五座坟1.3亩地原来是张某甲农转非后退出来的地，因张某甲家兄妹四人（张井和、张井连、张井树、张某甲），当时张井和、张井连不同意张某甲的土地款全部由张井树所得，要求三兄弟平分。经当时村里书记张付明调解，张井和、张井连每人各分10000元，合计折合土地0.517亩，剩余0.783亩征地款由张井树所有。当时村里要求将0.517亩征地款打到我账户，我已经把其中10000元给了张井连，张井和的10000元因我俩

有债务纠纷，我将这10000元放在本家五叔张某乙处保管。（2）公用集体部分0.27亩纯属虚构，因为当时张某甲退出的土地就是1.3亩，这块地长249.75米，东邻我家承包地，西邻别人家的承包地，何来废地，这块地与张井树承包土地合同书不相符，土地承包合同书是非法的。（3）我是村民代表，10组有很多因纠纷造成的土地款，村里面都要把钱打在村民代表账户上，我是为村里办事的，不应作为被告。

【法院审理意见】本院认为：土地承包经营权，是指土地承包经营权人为从事种植业、林业、畜牧业，对其承包的集体所有的或者国家所有由农民集体使用的土地所享有的占有、使用、收益的权利。在征地补偿时，土地承包经营权可以作为独立的财产权利获得相应的补偿。张井树作为诉争的1.3亩的合法承包人在该地被征收时，该1.3亩全部的补偿金属于其应享有的合法权益，非经法定事由或其自愿放弃，任何组织和个人均不得擅自截留或扣缴。被告未举证证明张井树自愿放弃相应的补偿款，张井田辩称是经村委会调解，张井树同意将0.517亩补偿款打到其名下依据不足，其辩解本院不予采纳。原告诉请要求两被告支付剩余0.517亩征地补偿费，按每亩35400元计算为18301.80元，理由正当，应予支持。原告诉请的要求两被告支付集体部分0.27亩征地补偿费，证据不足，本院不予支持。

【法院裁判结果】综上所述，判决如下：

一、被告蚌埠市淮上区小蚌埠镇双墩村村民委员会、张井田给付原告张井树征地补偿款18301.80元，于本判决生效后10日内付清；

二、驳回原告张井树的其他诉讼请求。

第一百一十四条 民事主体依法享有物权。

物权是权利人依法对特定的物享有直接支配和排他的权利，包括所有权、用益物权和担保物权。

典型案例 刘丽蕊与承德县下板城镇头道沟村第二村民小组所有权纠纷

【裁判观点】物权是权利人依法对特定的物享有直接支配和排他的权利。本案中，原告刘丽蕊于2011年3月12日出生，于2012年7月10日将户口落到承德县下板城镇头道沟村第二村民小组，一直在该小组居住，即取得了被告承德县下板城镇头道沟村第二村民小组的成员资格。2014年被告土地被征占，故原告请求被告支付征地补偿款本院予以支持。原告要求支付利息符合法律规定，其应于补偿款发放之日起开始计算。

【案情介绍】原告刘丽蕊于2011年3月12日出生，2012年7月10日将户口落到承德县下板城镇头道沟村第二村民小组，在该小组居住至今。2014年10月份，承德县下板城镇头道沟村第二村民小组部分土地被征占，所确定的分配方案延用2011年1月26日小组的会议决定，即“嫁出的姑奶子所生子女户口迁入本组，不享受本组村民任何待遇（不予分钱，不予分物，不予分地），独生女除外；无儿子户，只有一个姑奶子的子女享受待遇”，并于2014年12月12日做表发放了土地补偿款每人1600元，原告依该补偿方案没有得到补偿款，现原告起诉要求被告支付征地人口补偿款人民币1600元及利息。

原告刘丽蕊诉称：2011年3月份原告出生，其随母亲将户口落到承德县下板城镇头道沟村第二村民小组。2014年10月份，承德县下板城镇头道沟村第二村民小组部分土地被征占，按照规定原告作为被告承德县下板城镇头道沟村第二村民小组的成员，应依照规定及政府的相关政策享有可获得土地征地人口补偿款，但是被告拒绝支付。后其父母曾多次找当地政府解决，均要求被告支付原告应享有的征地人口补偿款，至今被告拒绝支付，为维护合法权益，故起诉至法院，请求判令被告支付征地人口补偿款人民币1600元及利息，利息自2014年12月12日按同期人民银行贷款利率计算。

被告承德县下板城镇头道沟村第二村民小组辩称：2011年我小组在时任小组长靳长金的主持下召开会议，确定了占地补偿款的分配方案，即“嫁出的姑奶子所生子女户口迁入本组，不享受本组村民任何待遇（不予分钱，不予分物，不予分地），独生女除外；无儿子户，只有一个姑奶子的子女享受待遇”，该方案我组一直延续至今，并且当年均有我小组当事人签字，依照法律，小组的事，我们小组有自治权，因原告的母亲非独生女，原告属于不享受任何待遇的情况，故不应分得征地人口补偿款。

【法院审理意见】本院认为，最高人民法院《关于审理涉及农村土地承包纠纷案件适用法律问题的解释》第24条规定，农村集体经济组织或者村民委员会、村民小组，可以依照法律规定的民主议定程序，决定在本集体经济组织内部分配已经收到的土地补偿费。征地补偿安置方案确定时已经具有本集体经济组织成员资格的人，请求支付相应份额的，应予支持。本案中，原告刘丽蕊于2011年3月12日出生，于2012年7月10日将户口落到承德县下板城镇头道沟村第二村民小组，一直在该小组居住，即取得了被告承德县下板城镇头道沟村第二村民小组的成员资格。2014 年被告土地被征占，故原告请求被告支付征地补偿款本院予以支持。原告要求支付利息符合法律规定，其应于补偿款发放之日起开始计算。

【法院裁判结果】 综上所述，判决如下：

被告承德县下板城镇头道沟村第二村民小组于本判决生效之日起 10 日内支付原告刘丽蕊征地人口补偿款人民币 1600 元及利息（按中国人民银行同期贷款利率计算，自 2014 年 12 月 12 日至给付之日止）。

第一百一十五条 物包括不动产和动产。法律规定权利作为物权客体的，依照其规定。

典型案例　商城县永海采石场诉李银钊、李立国返还原物纠纷

【裁判观点】 公民、法人的合法财产受法律保护，禁止任何组织或者个人侵占、哄抢、破坏或者非法查封、扣押、冻结、没收。本案中，采石场设备属于合法财产，被扣押后应当返还，并且应当赔偿因扣押设备而产生的经济损失。

【案情介绍】 2012 年 8 月 5 日，原告商城县永海采石厂负责人李家锋与被告李银钊、案外人王某签订《合同书》，约定将商城县永海采石厂承包给被告李银钊、王某二人合伙经营，承包时间为 2012 年 9 月 1 日至 2015 年 8 月 30 日止。合同签订后，被告李立国、李银钊父子与王某开始在采石厂共同经营。经营至 2013 年 2 月 23 日，原告与被告李银钊及其合伙人王某经协商后签订《协议书》，解除原双方签订的承包经营合同，并约定“甲方付给乙方现金人民币七十二万，其中原始合同押金三十万，乙方承包经营期间购置的机械设备折款四十二万，付款期限：2013 年 5 月 23 日前付三十七万元（汇入乙方王某账户），下余三十五万元于 2013 年 12 月 23 日前付清，甲方承担 1% 的利息，自合同成立起至付清欠款时止”，协议还约定“甲方如不能按期还款，应以甲方采石厂的机械设备向乙方抵押”。原告按约定于 2013 年 5 月 23 日前将 37 万元支付给王某后，被告李银钊、李立国认为剩余的 35 万为其个人所得，因原告一直没有给付，两被告于 2013 年 11 月 25 日到原告采石厂将龙工牌 50 铲车开走，同年 12 月 23 日，原告诉至本院，要求二被告返还原物，同时申请先予执行。诉讼中，经法庭做工作，被告于 2013 年 12 月 31 日将铲车返还原告。

2014年1月27日，法庭主持双方庭前调解时，因原、被告双方对两被告先后在原告处购买石子价款的数额如何抵付各执己见，调解未能达成协议，随后两被告又到原告采石厂将原告所有的龙工牌50铲车及三一牌235挖土机各一台强行开走。2014年2月20日，原告提出先予执行申请，本院同日作出裁定，“被告李银钊、李立国立即将原告所有的龙工牌50铲车一台和三一牌235挖土机一台返还原告商城县永海采石厂”。两被告收到本院裁定书以后，于2014年2月25、26日将龙工牌50铲车及三一牌235挖土机各一台返还给原告。现原告要求两被告赔偿2013年11月25日至12月27日扣铲车计31天及2014年元月27日至2014年2月27日扣铲车及挖机各30天的租车费用及拖车、加油、维修车辆等经济损失共计141080元，并由两被告承担本案的诉讼费用。

原告商城县永海采石厂诉称：2012年8月，被告李银钊与王某二人与永海采石厂签订承包经营合同书，后因其在承包经营过程中被告李银钊等人要求解除承包合同，采石厂也表示同意。2013年2月23日，双方经过账目结算后，甲方给付乙方（包括押金及设备折款）72万元，2013年5月23日前给付王某37万，下余35万于2013年12月23日付清。2013年5月，被告李银钊要求在原告石厂购运石子以抵偿合同中的应得款，原告方考虑到照顾关系也表示同意。自2013年5月至11月中旬，被告父子在原告石厂先后购买石子价款319142元。但二被告无事生非，无理取闹，于2013年11月25日中午，趁原告石厂无负责人之机，将正在使用中的铲车强行开走，当原告得知情况后，即时向被告要求返还铲车，否则造成的一切经济损失由其负担。但被告以合同中欠款未给付为由拒绝返还。后原告向法院提交了先予执行的申请，经法庭做工作后，被告于2013年12月27日将铲车返还给原告；2014年1月27日，在诉讼中两被告到石厂又扣走挖机和铲车各一台。被告的行为不仅是无理取闹行为，并且是严重的侵权损害行为。原告采石厂目前正是生产经营旺季，铲车被告抢走后，又租赁他人铲车使用，每小时租赁费230元，每天经济损失3680元，为维护原告的合法权益，依据法律的相关规定提起诉讼，要求被告及时返还龙工牌50铲车及三一牌235挖土机各一台，并赔偿扣车的实际经济损失141080元，诉讼费用由被告承担。

被告李银钊辩称：我扣铲车、挖机是有原因的，我在永海采石厂投资60多万，原告让我亏了25万，一分钱投资款没有收回，并且原告欠我的钱也没按约定给付。原告违约在前，我扣车在后；损失不能依据他们说的算，损失计算太高，损失费用全是白条，没有正规发票。另外，2014年元月27日第二次扣车期间原告没有生产，不可能产生费用损失。2014年2月22日经法庭做工作，我同意让原告拉设备，原告自己没有来取，这个损失应当计算到22日，不应该计算到27日，多计算了5天。

被告李立国辩称：扣车是事实，但是经济损失我父子不应承担，理由是因为原告欠我父子和工人的工资没有给付，第一次龙工牌50铲车是李银钊先去扣的，我后赶去，扣车时间没有异议；第二次铲车和挖机是我扣的。另外，双方解除合同的时候有协议，协议上约定可以用设备作抵押，所以我父子才去扣原告设备，既然有约定，我们扣车就不应该承担损失。

【法院审理意见】本院认为，公民、法人的合法财产受法律保护，禁止任何组织或者个人侵占、哄抢、破坏或者非法查封、扣押、冻结、没收。当事人应通过正当途径维护自己的合法权益，原、被告双方因债权债务发生纠纷后，在合伙债权尚未到期的情况下二被告采取过激的行为将原告的生产设备铲车、挖机开走，对此两被告具有明显过错，依法应承担赔偿责任。原告请求两被告赔偿2013年11月25日至12月27日的租赁费损失，因有刘某某的证言证明原告商城县永海采石厂于2013年11月底至12月下旬共计租用铲车25天半，每天租赁费800元，合计20400元加以证实，故本院予以支持；原告请求两被告赔偿2014年1月27日至2014年2月27日扣铲车及挖机各30天的租赁费损失，虽提供了王某某的证言，但其只证明了租用挖机每天费用2880元的收费标准，未证明租用天数和实际收取租赁费情况，且该项损失系原告依据第一次损失费用标准推算，并无扎实的证据加以证实，故该部分请求不予支持。原告请求被告赔偿在返还所扣铲车、挖机时产生的拖车、加油、维修等实际费用5580元，被告认为原告提供的费用票据均是白条的理由，不能对抗原告在拖车时所实际产生的必要费用，且未能提供相关证据证实原告未实施加油、维修车辆行为，故被告的辩解理由不能成立。该部分诉讼请求，本院应予支持。

【法院裁判结果】综上所述，判决如下：

一、被告李银钊、李立国于本判决生效之日起10日内赔偿原告商城县永海采石厂因扣车产生的经济损失25980元；

二、驳回商城县永海采石厂的其他诉讼请求。

第一百一十六条 物权的种类和内容，由法律规定。

典型案例 张淑杰诉李延生土地承包经营权纠纷

【裁判观点】物权的种类和内容，由法律规定。个人之间土地使用权和所有权争议，依据规定由乡级人民政府或县级以上人民政府处理。

本案中，依据双方所述，无法确定当事人是否构成侵权，应当由乡级或县级以上人民政府处理。

【案情介绍】原告张淑杰、被告李延生均系泉头镇马家村二组村民，分别承包了该村的荒山（地名：梨树沟）和北沟老果园，原告的荒山系从张淑文处转包而来。原告承包的荒山（地名：梨树沟）四至为：东至国有山交界分水岭、西至山分水（刺槐边）、南至责任田边、北至山分水岭。2008 年该荒山由张淑文办理了林权证，林权证上标注的四至为：东：自家山、南：自家山、西：山分水刺槐边、北：山分水马兴文山界。被告的果园范围为：老果园刺槐以内，现双方均称以刺槐为界，现在刺槐已不存在。为此，双方因边界和土地使用发生争议，均称对该 1.65 亩三角形山地享有使用权。

原告张淑杰诉称：2011 年，被告李延生从所承包的果园往山下挖沟，以刺槐树拉直，到山上后却以柞树拉直，侵占与其相邻原告所承包的一块三角形山地 1.65 亩，要求被告将该山地返还给原告，并赔偿原告经济损失 50000 元。

被告李延生辩称：原告与被告因为双方承包的山地与果园的界线发生纠纷，被告主张双方的界线以山上的刺槐树取点拉直，而原告称该刺槐树不存在，应以下面的两颗刺槐树取点拉直，形成 1.65 亩三角形争议山地，该争议地块现由被告一直经营收益。

【法院审理意见】本院认为，个人之间土地使用权和所有权争议，由乡级人民政府或县级以上人民政府处理。本案通过庭审，双方均称对诉争山地享有使用权，通过双方提供的证据以及相关部门出具的材料，可以确定双方认同的界线刺槐已不存在，界线不清，无法确定当事人是否构成侵权，为此本案属于个人之间的土地使用权争议，应当由乡级或县级以上人民政府处理。

【法院裁判结果】综上所述，裁定如下：

驳回原告张淑杰的起诉。

第一百一十七条　为了公共利益的需要，依照法律规定的权限和程序征收、征用不动产或者动产的，应当给予公平、合理的补偿。

典型案例　张学元、吉林市丰满区红旗街道温德村村民委员会确认合同无效纠纷

【裁判观点】为了公共利益的需要，依照法律规定的权限和程序可以征收集体所有的土地和单位、个人的房屋及其他不动产。征收集体所

有的土地，应当依法足额支付土地补偿费、安置补助费、地上附着物和青苗的补偿费等费用。本案中，温德村委会与张学元签订的《解除土地承包合同及安置补偿协议》，是在丰满经开区管委会进行棚户区改造项目的背景下签订，该征用行为事后依法律规定取得了省政府使用土地的批复和市规划局颁发《建设用地规划许可证》的确认。且该协议签订后，双方又陆续签订了安置补偿补充协议书、附属物及附着物补偿协议书等，张学元亦已依上述协议实际取得了各项补偿费用。故张学元要求确认该协议无效的诉请不予支持。

【案情介绍】 张学元原审诉称：2007 年，温德村委会以经济社会发展需要等理由收回张学元承包地 1.77 亩（1770 平方米耕地）。双方于 2007 年 10 月 12 日签署《解除土地承包合同及安置补偿协议》，但至今，该土地一直由张学元进行耕种。在土地承包期内没有发生《农村土地承包法》第 29 条规定的情况下，温德村委会无权收回张学元的承包地，上述协议因违法国家法律规定而无效。综上，请求法院判令张学元与温德村委会于 2007 年 10 月 12 日签订的《解除土地承包合同及安置补偿协议》无效。

温德村委会原审辩称：（1）本案不是收回承包地，而是为了公共利益的需要征收土地，不适用《农村土地承包法》。（2）按照《物权法》第 42 条的规定，为公共利益的需要，依照法律规定的权限和程序可以征收集体所有的土地和单位、个人的房屋及其他不动产。征收集体所有的土地，应当依法足额支付土地补偿费、安置补助费、地上附着物和青苗的补偿费等费用，安排被征地农民的社会保障费用，保障被征地农民的生活，维护被征地农民的合法权益。《解除土地承包合同及安置补偿协议》并未违反国家的法律规定，是合法有效的。（3）张学元的利益得到充分保障，其在 2007 年领取了土地、安置、地上附属物、青苗等全部补偿款，政府还为其安排了养老保险。综上，请求法院驳回张学元的诉请。

原审法院审理查明：张学元系吉林市丰满区红旗街道温德村的村民，其家有 1.77 亩承包地。2007 年 10 月 12 日，温德村委会与张学元签订《解除土地承包合同及安置补偿协议》。协议的主要内容为：根据经济社会发展的需要和土地利用总体规划、城市建设总体规划及村镇建设规划，张学元自愿将位于温德村四社的 1770 平方米承包地由温德村委会收回解除承包合同；温德村委会按照 90 元/平方米的标准一次性支付给张学元安置补助费 159300 元；地面附着物及青苗补偿费和失地农民基本养老保险问题，按照有关规定，经双方协商，同时办理另签订协议。2007 年 11 月 8 日，张学元与吉林市和丰国有资产经营有限公司签订《附属物及附着物补偿协议书》。2007年11月9日，张学元依上述两份协议约定领取了安置补偿费159300元、地上附属物补偿金168113元。2008年7月3日，吉林丰满经济开发区管理委员会（以下简称丰满经开区管委会）、温德村委会及张学元家四人（同一承包户内的张学元、孟献云、张峻豪、王桂芬）分别作为甲乙丙三方签订《被征地农民个人办理养老保险协议书》，约定张学元家四人的养老保险由其个人办理，三方共同出资建立被征地农民个人办理养老保险基金，按3:4:3的比例分别由被征地农民个人、村委会、政府补贴构成。温德村委会向张学元家四人支付养老保险金补贴67200元，经开区管委会直接向保险公司缴纳应承担的保险基金份额。2008年8月5日，张学元家四人依该协议领取了养老保险补贴金67200元。后孟献云代领了同一承包户内的张悦的养老保险补贴金19200元。2009年7月20日，温德村委会与张学元签订《安置补偿补充协议书》，按照30元/平方米追补给张学元（合计53100元），同时约定，自签订此协议后，在以后土地承包调整时，张学元不再享有土地承包权。2009年7月31日，张学元依补充协议约定领取了补偿费53100元。

另查明，2007年3月22日，丰满经开区管委会印发吉丰开管（2007）16号文件《关于吉林市苏宁环球有限公司小白山区域综合开发一区工程（吉林天润城）建设项目的批复》，同意该公司在开发区温德河以南、松花江以西、小白山以东（含小白山）、规划红旗大桥过江路以北的区域内征用409000平方米，建设小白山区域综合开发一期工程（吉林天润城）项目。2007年12月22日，吉林省人民政府作出第0282号《使用土地批复》，同意吉林市丰满区提出的将位于丰满区农用地转为建设用地的申请，同时，征用丰满区红旗街道温德村集体土地30.6723公顷，拨用6.6365公顷，以划拨方式提供给吉林市人民政府建棚户区改造，使用土地总面积37.3088公顷。2007年12月23日，吉林市规划局给用地单位丰满经开区管委会颁发吉市地规字第（2007）开046号《建设用地规划许可证》，载明用地项目为小白山棚户区一期，用地位置为丰满经济开发区四合村、温德村，用地面积37.3088公顷（包括集体土地30.6723公顷、国有土地6.6365公顷）。

【法院审理意见】 原审法院认为，本案系确认合同无效纠纷，合同是否无效取决于是否存在法定的无效情形。首先，温德村委会收回张学元承包的集体土地的行为是政府征用土地流程的一部分。依据《中华人民共和国物权法》第42条第1款、第2款规定："为了公共利益的需要，依照法律规定的权限和程序可以征收集体所有的土地和单位、个人的房屋及其他不动产。征收集体所有的土地，应当依法足额支付土地补偿费、安置补助费、地上附着物和青苗的补偿费等费用，安排被征地农民的社会保障费用，保障被征地农民的生活，维护被征地农民的合法权益。”温德村委会与张学元签订的《解除土地承包合同及安置补偿协议》，是在丰满经开区管委会进行棚户区改造项目的背景下签订，该征用行为事后依法律规定取得了省政府使用土地的批复和市规划局颁发《建设用地规划许可证》的确认。且该协议签订后，双方又陆续签订了安置补偿补充协议书、被征地农民个人办理养老保险协议书、附属物及附着物补偿协议书等，张学元亦已依上述协议实际取得了各项补偿费用。其次，《中华人民共和国合同法》第52条规定：“有下列情形之一的，合同无效：（一）一方以欺诈、胁迫的手段订立合同，损害国家利益；（二）恶意串通，损害国家、集体或者第三人利益；（三）以合法形式掩盖非法目的；（四）损害社会公共利益；（五）违反法律、行政法规的强制性规定。”庭审中，张学元自认系自愿签订协议，现有证据亦不能证实双方签订的《解除土地承包合同及安置补偿协议》存在上述其他法定无效的情形，故张学元要求确认该协议无效的诉请不予支持。

张学元不服原审判决，向本院上诉称：原审判决程序严重违法、认定事实错误，适用法律不当。(1) 关于温德村委会的主体资格问题，原审中，温德村委会自认是吉林市丰满区授权其具体操作的土地征收行为；原审判决书认定“《解除土地承包合同及安置补偿协议》是在丰满经开区管委会进行棚户区改造项目的背景下签订，该征用行为事后以法律规定取得了省政府使用土地的批复和市规划局颁发的《建设用地规划许可证》的确认”的事实。但原审法院未向张学元释明是否变更主体或依法追加主体，更没有释明本案征收、征用行为是民事法律行为还是行政法律关系，实属程序违法。(2) 原审判决未查清涉案土地是温德村委会还是吉林市丰满区政府或丰满经开区管委会进行的征收征用行为。(3) 温德村委会在原审答辩称“本案不是收回承包地，而是为了公共利益的需要征收，不适用农村土地承包法”，而原审判决在明知本案争议的法律关系不是土地承包合同纠纷法律关系的情况下，依据《合同法》第52条的规定判决驳回张学元的诉讼请求，属于适用法律错误。故请求二审法院查明事实，撤销原审判决，支持张学元的诉讼请求。

温德村委会二审答辩称：(1) 原审程序正当，无需履行释明义务；(2) 原审法院认定事实清楚，主体明确，适用法律无误；(3) 张学元的利益已经得到充分保障，且协议已经履行完毕。请求二审法院驳回张学院不合理的诉讼请求。

本院认为，根据当事人意思自治原则，除存在《合同法》第52条规定的合同无效的法定情形外，当事人之间自愿订立的合同合法有效，对双方当事人均有法律约束力。张学元主张其与温德村委会签订的《解除土地承包合同及安置补偿协议》存在以合法形式掩盖非法目的情形，但未能提供充分证据证明该主张成立。而关于合同主体资格问题，本院认为，作为发包方的温德村委会有权与张学元签订《解除土地承包合同及安置补偿协议》，双方经协商自愿达成上述协议，温德村委会基于该协议将涉案土地收回并不违反我国法律、行政法规的强制性规定，张学元亦已经基于上述协议获得相应补偿，其仅以温德村委会不具备征收主体资格为由主张合同无效，缺乏法律依据，本院不予支持。

【法院裁判结果】综上所述，判决如下：

驳回上诉，维持原判。

第一百一十八条 民事主体依法享有债权。

债权是因合同、侵权行为、无因管理、不当得利以及法律的其他规定，权利人请求特定义务人为或者不为一定行为的权利。

典型案例 俞晓操、俞松华与丁孝军、陈美芳等民间借贷纠纷

【裁判观点】合法的借贷关系受法律保护。对借款期限没有约定的，出借人有权要求借款人在合理期间内返还，未在合理期限内归还借款的，应承担相应的民事责任。本案中，原告要求被告归还借款及支付利息，符合法律规定，应予以支持。

【案情介绍】2013年5月24日，被告丁孝军、陈美芳、石朝红向原告借款60000元，约定利息为月息2分半。后经原告多次催讨，被告丁孝军、陈美芳、石朝红支付了8个月的利息，按每月月息2分计算，其余本息至今未还。

原告俞晓操、俞松华起诉称：2013年5月24日，被告丁孝军、陈美芳、石朝红向原告借款60000元，约定利息为月息2分半。后经原告多次催讨，被告丁孝军、陈美芳、石朝红支付了8个月的利息，按每月月息2分计算，其余本息至今未还，致该纠纷产生。庭审中，两原告变更诉讼请求：（1）要求被告丁孝军、陈美芳、石朝红归还原告借款本金60000元，并支付自2014年1月24日起至款项还清之日止按中国人民银行同期同档次贷款基准利率的四倍计算的利息；（2）本案诉讼费用由3被告承担。

原告俞晓操、俞松华为证明自己的主张成立，向本院提供了借条一份，证

明被告丁孝军、陈美芳、石朝红于2013年5月24日向原告借款60000元的事实。

被告丁孝军、陈美芳、石朝红未作答辩，亦未向本院提供相关证据。

【法院审理意见】本院认为，合法的借贷关系受法律保护。对借款期限没有约定的，借款人可以随时返还借款，出借人有权要求借款人在合理期间内返还。借款人在出借人催告后，未在合理期限内归还借款，应承担相应的民事责任。债权人或债务人为二人以上的，依照法律规定，未约定具体的债权或债务份额的，享有连带权利的每个债权人，都有权要求债务人履行义务；负有连带义务的每个债务人，都负有清偿全部债务的义务。对于被告丁孝军、陈美芳、石朝红按每月月息二分支付给原告俞晓操、俞松华的利息系其自愿支付，本院不予干涉。现原告俞晓操、俞松华要求被告丁孝军、陈美芳、石朝红归还借款60000元及支付自2014年1月24日起至款项付清之日止按中国人民银行同期同档次贷款基准利率四倍的利息，符合法律规定，本院予以支持。被告丁孝军、陈美芳、石朝红经本院依法传唤，无正当理由拒不到庭应诉，本院可依法缺席判决。

【法院裁判结果】综上所述，判决如下：

被告丁孝军、陈美芳、石朝红归还原告俞晓操、俞松华借款本金60000元，并支付自2014年1月24日起至款项付清之日止按中国人民银行同期同档次贷款基准利率的4倍计算的相应利息，限于本判决生效后10日内付清。

第一百一十九条　依法成立的合同，对当事人具有法律约束力。

典型案例　北流市金鼎小额贷款有限公司与覃荫德、覃文德小额借款合同纠纷、民间借贷纠纷

【裁判观点】当事人依据真实意思表示签订的合同，其内容没有违反有关法律、行政法规的禁止性规定的，依法成立有效，依法予以保护，对当事人具有法律约束力。本案中，原告金鼎公司与被告覃荫德、覃文德签订的《流动资金借款/担保合同》是双方当事人的真实意思表示，其内容没有违反有关法律、行政法规的禁止性规定，原告与被告覃荫德、覃文德之间的借款合同依法成立有效，依法予以保护。

【案情介绍】 原告金鼎公司为经广西壮族自治区金融工作办公室许可并领取了营业执照，从事办理各项小额贷款等业务的企业法人。被告万丰纸业公司为依法成立并领取了企业法人营业执照的公司法人，被告覃荫德、覃文德为该公司的股东。

因需要资金周转，经过协商，被告覃荫德、覃文德作为借款人并以被告万丰纸业公司的上述抵押物品作借款抵押，被告黄剑作为借款保证人，于2014年7月2日与原告金鼎公司签订了合同编号为（JD）字（2014）年0056号的《流动资金借款/担保合同》。《流动资金借款/担保合同》主要约定：（1）原告根据被告覃荫德、覃文德的申请，同意向被告覃荫德、覃文德发放借款15万元，借款用途为资金周转。（2）借款期限为10个月，实际放款日与到期日以借款凭证为准（自2014年7月2日至2015年5月2日）。（3）原告将借款一次性划入被告覃荫德的账户（账号：62×××92，开户行：北流市农村信用合作联社营业部）。（4）借款月利率为12‰，在借款期限内保持不变，按月付息，到期还本。借款逾期的，罚息利率为在本合同所执行借款利率上上浮50%；借款逾期是指借款人未在本合同约定的期限前足额偿还任意一期借款本息的行为。（5）本合同借款的担保方式为“抵押+保证”；覃荫德、覃文德以被告万丰纸业公司的上述抵押物品作抵押（至今没有到所在地的工商行政管理部门办理抵押登记手续）。（6）被告黄剑自愿对本合同的借款本息等债务承担连带保证责任。（7）明确表示或者以行为表明不愿清偿其已到期或未到期债务；连续二期或者累计三期未能按时足额偿还借款本息的，原告有权宣布借款提前到期，要求借款人提前清偿全部或部分借款。被告覃荫德、覃文德与原告金鼎公司分别在《流动资金借款/担保合同》的借款人处签名、贷款人处盖公章；被告黄剑则在保证人处签名。2014年7月2日，原告通过转账方式将借款15万元汇入了被告覃荫德的上述个人账户。在2014年10月2日前，被告除归还了借款本金3万元及支付清每月应付的借款利息外，尚欠原告借款本金12万元及相应利息至今未归还。

原告金鼎公司诉称：2014年7月2日，覃荫德、覃文德（借款人）共同与原告签订《流动资金借款/担保合同》，向原告借款15万元用于资金周转，约定借款期限10个月，月贷款利率为12‰，逾期罚息利率为月贷款利率12‰的1.5倍，采取每月付息、到期还本的还款方式。

覃荫德、覃文德、万丰纸业公司用四川中江机械厂生产的QZY-P20-A1切纸机1台等物品（以下简称抵押物品）作为借款抵押。约定贷款到期后借款人未清偿，原告有权将抵押物品拍卖、变卖后以所得价款优先受偿。被告黄剑对覃荫德、覃文德的借款本金15万元和约定的利息承担连带保证责任。合同还约定借款人明确表示或者以行为表明不愿清偿其已到期或未到期债务的则构成违约，原告有权提前收回已发放的借款。原告于2014年7月2日将借款15万元交付给被告覃荫德、覃文德使用。

此后，被告覃荫德、覃文德仅归还借款本金3万元及付清借款期限内的借款利息，尚欠借款12万元和逾期利息未归还。经原告追讨，被告覃荫德、覃文德至今未还款，两被告的行为构成了违约。为维护原告的合法权益，请求法院判令：（1）被告覃荫德、覃文德共同偿还原告借款本金12万元；（2）被告覃荫德、覃文德共同支付原告借款利息（利息的计算办法，以12万元为基数，从2014年10月3日起至付清之日止，按月利率12‰的1.5倍计算，截止到起诉之日止利息为5832元）；（3）原告对拍卖、变卖抵押物品所得价款享有优先受偿权；（4）被告黄剑对覃荫德、覃文德尚欠的借款本息承担连带清偿责任。

被告覃荫德、覃文德、万丰纸业公司、黄剑没有提出答辩意见亦没有向本院提供证据。

【法院审理意见】本院认为，原告金鼎公司与被告覃荫德、覃文德签订的《流动资金借款/担保合同》是双方当事人的真实意思表示，其内容没有违反有关法律、行政法规的禁止性规定，原告与被告覃荫德、覃文德之间的借款合同依法成立有效，依法予以保护。原告已经依约发放了借款，被告覃荫德、覃文德没有按约定归还借款本息，其行为已构成违约，依法应承担相应的违约责任。被告覃荫德、覃文德自2014年10月3日起至起诉之日止，已经连续两个月不支付借款利息，根据《流动资金借款/担保合同》的约定，原告有权提前宣布合同项下的借款全部到期并要求被告覃荫德、覃文德清偿，因此，现原告主张被告覃荫德、覃文德共同归还尚欠的借款本金12万元及支付逾期借款利息的诉讼请求，证据确实，理由成立，本院依法予以支持。

被告黄剑自愿作为被告覃荫德、覃文德的借款保证人，在《流动资金借款/担保合同》上签名，该保证合同依法成立有效。《流动资金借款/担保合同》明确约定了被告黄剑对被告覃荫德、覃文德的债务承担连带责任，根据《中华人民共和国担保法》第18条的规定，该保证方式为连带责任保证，因此，原告主张被告黄剑对被告覃荫德、覃文德的上述债务承担连带清偿责任的诉讼请求，于法有据，理由成立，依法予以支持。另外，根据《中华人民共和国担保法》第31条及最高人民法院《关于适用〈中华人民共和国担保法〉若干问题的解释》第42条的规定，被告黄剑在承担保证责任后，有权向被告覃荫德、覃文德追偿。

【法院裁判结果】综上所述，判决如下：

一、被告覃荫德、覃文德共同归还原告北流市金鼎小额贷款有限公司借款本金12万元；

二、被告覃荫德、覃文德共同支付原告北流市金鼎小额贷款有限公司逾期借款利息（利息的计算办法：以12万元为基数，自2014年10月3日起至本案生效判决规定的履行期限最后一日止，按月利率12‰上浮50%计算）；

三、被告黄剑对被告覃荫德、覃文德不能清偿的上述第一、二项债务承担连带清偿责任；

四、被告黄剑承担保证责任后，有权向被告覃荫德、覃文德追偿；

五、驳回原告北流市金鼎小额贷款有限公司的其他诉讼请求。

第一百二十条 民事权益受到侵害的，被侵权人有权请求侵权人承担侵权责任。

典型案例 周竹英与卢晓斌机动车交通事故责任纠纷

【裁判观点】民事权益受到侵犯的，受损人有权请求侵权人承担相应的侵权责任。本案中，被告作为肇事车辆的所有人，发生交通事故时车辆未投保交强险，被告对周竹英的损害应先在交强险限额和范围内承担赔偿责任，不足部分再由被告按应承担的责任比例赔偿。

【案情介绍】2015年3月22日12时许，被告卢晓斌驾驶轿车沿长沙市开福区楼盘地段由西向东行驶，恰遇案外人袁青良驾驶一辆两轮摩托车搭载原告周竹英沿该地段由北往南行驶，因案外人袁青良未取得机动车驾驶证，被告违反交通法规超速行驶，导致两车前部相撞，造成车辆受损和原告及案外人袁青良受伤的交通事故。长沙市开福区交警大队作出《道路交通事故认定书》，认定被告承担本次事故主要责任，原告不承担责任。

事故发生后，原告被送往湖南泰和医院住院治疗，经诊断为：左足第一趾近节趾骨骨折；全身多处软组织挫伤。原告经对症治疗后，于2015年4月10日出院，共住院19天。出院医嘱：注意休息，右侧大腿适当热敷，按摩对症治疗，10天后拆除右足石膏外固定；有条件可局部康复理疗；有情况复查随诊。为此，被告垫付医药费5429.04元，还垫付原告与案外人袁青良住院期间伙食费共600元，10天的护理费共1500元。

2015年5月6日，长沙市开福区交警大队委托湖南省文成司法鉴定中心对原告伤残等级、后期医疗费用、误工休息时间及护理进行评定。5月8日，该中心作出湘文成司法鉴定中心（2015）临鉴字第F2－267号《司法鉴定意见书》，鉴定意见为：原告损伤程度未构成伤残；后期医疗费用原则上按实际发生的确认，建议给予后期医疗费用肆仟元；误工休息时间评定为120日；住院期间予以1人护理，出院后予以1人护理30日。原告为此支付鉴定费2000元。

发生交通事故时，被告没有为肇事车辆投保交强险和商业三者险。原告系建筑业人员，在长沙务工，自2012年3月以来一直居住在长沙市北山镇金星村鸭公塘组。

以上事实有交通事故认定书、机动车驾驶证、机动车行驶证、病历资料、司法鉴定意见书、居住证明、交通费发票和当事人陈述等证据材料在卷佐证。

原告周竹英诉称：2015年3月22日中午，案外人袁青良驾驶两轮摩托车搭载原告沿开福区楼盘地段由北往南行驶，恰遇被告驾驶小客车由西向东行驶，发生两车前部相撞的交通事故，导致原告受伤。同日，长沙市开福区交警大队作出事故认定书，认定被告承担本次事故主要责任，原告不承担责任。事故发生后，原告在长沙市泰和医院住院19天，2015年4月10日出院，医嘱"注意休息，右侧大腿适当热敷，按摩对症治疗，10天后拆除右足石膏外固定，有条件可局部康复理疗，有情况复查随诊"等。2015年5月8日，湖南文成司法鉴定中心对原告伤残等级等项目进行评定，鉴定原告没有构成伤残，后续治疗费为4000元，误工时间约为120天，住院期间1人护理。原告支付鉴定费2000元。原告自2012年3月以来一直居住在长沙市北山镇金星村鸭公塘组，每月平均工资为3000元。由于被告过错发生交通事故，造成原告人身伤害和经济损失。原告为维护自身合法权益，特向法院提起诉讼，请求判令：（1）被告赔偿原告各项损失共计27400元（其中后续治疗费4000元，司法鉴定费2000元，误工费12000元，护理费3000元，住院伙食补助费1900元，营养费3000元，交通费1500元）；（2）被告承担本案诉讼费用。

被告卢晓斌辩称：对交通事故中认定被告承担主要责任有异议，当时是原告先撞的被告；对护理费不认可，被告已向原告和案外人袁青良支付医药费、伙食费、护理费等共计1万余元；其他费用请法院依法判决。

【法院审理意见】1. 关于原告因本次交通事故造成的损失，本院综合相关证据和事实认定如下：

（1）关于医药费，原告诉称该项费用被告已垫付，共计5429.04元，后被告提交相关医药费票据证实，本院予以认可。

（2）关于后续治疗费，原告主张4000元。根据湖南省文成司法鉴定中心作出的《司法鉴定意见书》，原告后期需继续定期复查、活血化瘀止痛、促骨折愈合等相关治疗，其后期医疗费用原则上按实际发生的确认，建议给予后期医疗费用4000元。本院考虑到原告后期继续治疗的相关费用均可预算，将后续治疗费在本案中一并处理，可以减少当事人诉累，根据该《司法鉴定意见书》并结合原告的伤情和医院诊断证明，本院对原告主张的4000元后续治疗费予以支持。

(3) 关于住院伙食补助费，原告主张1900元。参照2014年湖南省国家机关一般工作人员出差伙食补助标准，结合社会生活的实际，本院酌定原告的住院伙食补助费标准按50元/人·天计算，根据原告提交的住院病历资料，原告住院天数为19天，故住院伙食补助费为950元（50元/天×19天）。被告辩称已支付原告和案外人袁青良住院伙食费600元，原告和案外人袁青良均无异议，本院予以认可，在本案中，可视为被告已支付原告住院伙食补助费300元（600元÷2）。

(4) 关于营养费，原告主张3000元，虽没有医疗机构的明确意见，但根据原告的伤情和住院治疗等情况，确会产生该项费用，本院酌定1000元。

(5) 关于误工费，原告主张12000元。根据长沙县公安局北山派出所和长沙县北山镇金星村民委员会出具的证明，原告在长沙已居住一年以上，且在长沙务工，其误工费可按城镇居民相关标准计算。原告系建筑业人员，其工资可参照2014年湖南省建筑业城镇职工年平均工资32961元计算。又根据湖南省文成司法鉴定中心作出的《司法鉴定意见书》，原告误工休息时间为120天，故原告误工费为10836.49元（32961元÷365天×120天）。

(6) 关于护理费。原告主张出院后的护理费为3000元。根据湖南省文成司法鉴定中心作出的《司法鉴定意见书》，原告出院后予以一人护理30日。原告主张护理费按100元/天·人计算，符合一般护理人员的收入情况，本院予以认可，故原告出院后的护理费为3000元（100元/天×30天），本院予以支持。另在原告和案外人袁青良住院期间，被告聘请一名护理人员对二人进行10天的护理，支付护理费1500元，在本案中，可视为被告支付原告住院期间的护理费为750元（1500元÷2）。故原告护理费共计3750元（3000元+750元）。

(7) 关于交通费，原告主张1500元，并提交交通费票据证明，但上述票据不足以证明系原告因本案而支付的交通费。本院考虑到交通事故发生后原告确有交通费损失，结合原告的住院时间、地点等因素，本院酌定交通费为800元。

(8) 关于司法鉴定费，原告主张2000元，并有相关鉴定费票据证明，该票据符合证据“三性”，本院予以认可。

综上，原告以上各项损失共计28765.53元。

2. 关于被告对本次交通事故应承担的责任及赔偿数额。

根据长沙市开福区交警大队作出的《道路交通事故认定书》，被告违反交通法规超速行驶应承担交通事故的主要责任，案外人袁青良未取得机动车驾驶证驾驶机动车应承担次要责任。被告对交通事故主次责任的划分有异议，但没有充足理由和证据予以反驳，故本院对被告辩解不予认可。根据被告在交通事故中的过错程度，本院确定由被告承担70%的责任。被告作为肇事车辆的所有人，发生交通事故时车辆未投保交强险，被告应先在交强险限额和范围内承担赔偿责任，不足部分再由被告按应承担的责任比例赔偿。

因本次交通事故还造成案外人袁青良受伤，在（2015）开民一初字第02740号袁青良诉被告卢晓斌一案中，被告还应在同一交强险限额和范围内对案外人袁青良赔偿。

对于交强险中医疗费用赔偿限额，在（2015）开民一初字第02740号一案中，本院认定袁青良的医药费、住院伙食补助费、后续治疗费、营养费（均系医疗费用赔偿限额中项目）损失共14662.04元，与本案中原告医药费、住院伙食补助费、后续治疗费、营养费损失共11379.04元合计，已超过交强险中医疗费用赔偿限额10000元，原告与案外人袁青良的损失应按比例赔偿，故被告在医疗费用赔偿限额内应赔偿原告4369.65元［（11379.04元÷（11379.04＋14662.04元）×10000元］。

对于交强险中死亡伤残赔偿限额，在（2015）开民一初字第02740号一案中，本院认定袁青良的伤残赔偿金、精神损害抚慰金、被扶养人生活费、误工费、护理费、交通费损失（均系死亡伤残赔偿限额中项目）共68211.54元，与本案中原告的误工费、护理费、交通费损失共15386.49元合计，没有超过交强险中死亡伤残赔偿限额11万元，故被告在死亡伤残赔偿限额内应足额赔偿原告15386.49元。

原告因本次交通事故造成损失共计28765.53元，被告在交强险限额和范围内承担赔偿责任后，还有9009.39元（28765.53元－4369.65元－15386.49元）损失应由被告按责任比例赔偿，故被告还应赔偿原告6306.57元（9009.39元×70%）。

综上，被告应赔偿原告损失共计26062.71元（4369.65元＋15386.49元＋6306.57元），扣除被告已垫付的医药费、护理费和住院伙食补助费6479.04元（5429.04元＋750元＋300元），被告还应赔偿原告19583.67元（26062.71元－6479.04元）。

【法院裁判结果】 综上所述，判决如下：

一、被告卢晓斌在本判决生效之日起10日内赔偿原告周竹英医药费、后续治疗费、住院伙食补助费、营养费、误工费、护理费、交通费、司法鉴定费共计19583.67元；

二、驳回原告周竹英的其他诉讼请求。

第一百二十一条 没有法定的或者约定的义务，为避免他人利益受损失而进行管理的人，有权请求受益人偿还由此支出的必要费用。

典型案例 谢树权、吴业新无因管理纠纷

【裁判观点】 没有相应义务关系，为避免他人利益受到损失而进行管理，发生的必要费用，受益人应予以偿还。本案中，谢树权为了吴业新不受损害，在无义务的前提下进行管理，并支付了必要的费用，吴业新应予以偿还。

【案情介绍】 2012年，原告谢树权带被告吴业新到山西省吕梁市柳林县打工，约定上班期间供吃喝，90元一天。2012年9月7日，因下雨工地放假一天，被告、胡建华、熊士林、谭望军、向常青、覃家云等6人到离工地40多里外的吴堡县购物，胡建华打了五斤白酒。中午一起吃饭，覃家云与胡建华喝了打的白酒半斤，被告喝了3瓶啤酒。饭后，叫被告帮忙把喝的壶中白酒打满了回工地。途中被告提着白酒边走边喝，胡建华劝被告并拿回了酒壶，不让被告喝，但在途中休息时，被告又提起酒壶喝。后来，被告已经不能走动了，胡建华从工地找来三轮车将被告送到当地卫生院，医生看后建议送医院，即送往吕梁市人民医院住院7天出院，原告请胡建华将被告直接送回了家。原告给被告垫付门诊医疗费3114.10元，住院医疗费21915.75元，覃家云、胡建华护理工资4200元（150元/天，含3个通宵），胡建华送被告回家来回车费及生活费1975元。

同时查明，被告本身有视力障碍，一直单身未婚，独立生活。2013年在外打工腿骨骨折至今未痊愈，行走困难。

庭审中，原告承认冲抵被告工资6175元后，只要求被告给付15000元。被告称，理应偿还，但无力偿还。经本院主持调解，双方无法达成一致偿还协议。

原告谢树权诉称：2012 年，原告带被告到山西打工。2012 年 9 月 7 日，因天气原因工地放假，被告外出饮酒过量，致使酒精中毒，原告派胡建华、孙忠云等人将被告送往山西省吕梁市人民医院抢救，并住院治疗 7 天，于 2012 年 9 月 14 日出院。被告出院后，原告又请人将被告送回家。原告为抢救被告生命垫付医疗费等 31204.85 元。当年底，原告回家向被告讨要其垫付的费用，遭到了被告的拒绝。故起诉到人民法院，要求被告偿还为其垫付的医疗费等 31204.85 元。

被告吴业新辩称：2012 年 9 月 7 日中午，我们几个在街上转悠，胡建华要被告接他们吃中饭，被告想他们在外对被告还是很关照，就接他们吃饭，胡建华自己打有一壶酒，要求喝酒，被告说喝不得酒，胡建华说你不喝酒，我们就不带你回去，被告说那我只能喝 1 瓶啤酒，胡建华说要喝 3 瓶，被告就喝了 3 瓶啤酒，胡建华又要被告帮他把酒壶中喝了的酒补齐，买了一包烟，帮他提着酒，一路回工地。在回工地的途中，被告因口渴就把酒壶中的白酒当水喝了两口。后来，被告就什么都不知道了。原告说垫付了医疗费等属实，但第一次找被告说的数额与这次说的完全不符，出院时间也不是 9 月 14 日，是 13 日。原告垫付的钱，被告应当偿还，但被告还有 6175 元的工资没结，可以冲抵，差额部分，因被告有视力障碍，2013 年在外打工，腿又受伤，至今未痊愈，一时无力偿还，有钱就偿还。

被告没有向法庭提交证据。

【法院审理意见】本院认为，原告带被告外出打工，被告在放假期间擅自喝酒过量中毒，致使生命危险，原告为抢救被告生命送被告进院抢救，护送被告回家，为其垫付医疗费，护理费和交通费，被告理应偿还。原告为其垫付医疗费 25029.85 元，护理费 4200 元，交通费等 1975 元，合计 31204.85 元，并无不当费用，本院予以认定。被告虽经济能力有限，偿还垫付款项困难，但应有回报原告救命感恩之心。原告要求冲抵工资后偿还 15000 元，是原告对自己民事权利的处分，本院予以确认。

【法院裁判结果】综上所述，判决如下：

一、被告在冲抵应得工资 6175 元后，偿还原告垫付的医疗费、护理费、交通费等 15000 元。

二、偿还期限为 2015 年 6 月 30 日前。

第一百二十二条 因他人没有法律根据，取得不当利益，受损失的人有权请求其返还不当利益。

典型案例　傅锋与汤延伟不当得利纠纷

【裁判观点】 没有合法根据，取得不当利益，造成他人损失的，应当将取得的不当利益返还受损失的人。本案中，被告收取原告50万元中的35万元部分属不当得利，被告应予返还。

【案情介绍】 浦东法院受理陈萍、陈宝冲诉傅锋民间借贷纠纷一案。该案审理中，浦东法院依法追加汤延伟为第三人参加诉讼。汤延伟称，傅锋买房时缺资金向其借款，因其缺资金周转，故介绍傅锋认识陈宝冲。因汤延伟有店面作抵押，故陈萍、陈宝冲让汤延伟出面借款，傅锋再向汤延伟借款。汤延伟从陈宝冲处取了50万元的承兑汇票后，交傅锋支付了购房款，但汤延伟让傅锋直接向陈萍、陈宝冲出具借条。陈萍、陈宝冲为保险考虑也让汤延伟向其出具了借条一份。之后傅锋将40万元以现金、划账方式给汤延伟，汤延伟又将该40元还给陈萍、陈宝冲。另外10万元三方有争议，因汤延伟与陈萍、陈宝冲另外有债务，由汤延伟负责归还，利息由傅锋支付原告。在该案于2013年8月27日的庭审中，汤延伟对于傅锋提供的上述收条和收款明细表示均无异议。2012年10月15日，浦东法院作出一审判决，查明："……原告陈宝冲、陈萍系父女关系，南通和盛建材经营部系个体工商户，业主为原告陈萍，实际经营者为原告陈宝冲。被告傅锋通过第三人汤延伟结识原告陈宝冲。2012年8月8日，被告傅锋为购房需要提出向第三人借款，第三人无钱出借，即通过原告借款，原告将承兑汇票5张（票面总金额为500000元，可背书转让）交第三人，第三人再交被告傅锋，被告用该汇票支付了购房款，被告并按第三人要求出具了借条一份，明确：今借南通市崇川区和盛建材经营部银行承兑汇票，共计500000元，上述借款在一个月内归还现金。同年11月底，原告收到被告还款150000元，余款至今未收到……"浦东法院认为："……被告向原告借款由被告出具的借条为证，本院予以确认。被告抗辩其已通过第三人向原告归还了全部借款，无证据证明，本院不予确认。现原告要求被告还款，并支付相应利息，理由正当，本院应予支持。被告与第三人之间的债务纠纷应另处……"故判决："被告傅锋应于本判决生效之日起10日内归还原告陈萍、陈宝冲借款350000元，并支付该款自2012年9月8日起至本判决生效之日止的利息（按中国人民银行同期贷款利率计算）。……案件受理费6808元，减半收取3404元，由被告傅锋负担。"傅锋不服一审判决，提出上诉。2014年3月7日，上海市第一中级人民法院（以下简称"一中院"）作出（2013）沪一中民一（民）终字第2947号民事判决书，驳回上诉，维持原判。

本案审理中，原告称，系争款项 50 万元，其绝大多数以现金形式交付被告，由于时间较长，具体给付时间和经过，其已记不清楚。其中，2012 年 6 月至 8 月间，被告陆续向其借款 10.5 万元；2012 年八九月间，被告因打麻将输钱向其借款 11 万元，当晚原告给付被告现金 3 万元，次日，原告去中国银行取款 8 万元交付被告；2013 年 4 月 3 日中午，原告在中国银行南通金海岸支行取款 20 万元，因银行柜面现金不足，故原告从其账户转账 20 万元至案外人钱志新中国建设银行账户，再从中国建设银行账户中取款 20 万元，并将其中 19 万元交付被告。上述款项的资金来源是原告在担任南通东和投资公司的副总兼物业公司期间的工资收入和承包的工程项目款。此外，2013 年 3 月底，原告将其持有南通东和投资公司 5% 的股权转让得到股权转让款 50 万元。为此，原告向本院提供了股权转让协议及其名下尾号分别为 9970、3534、5956、6575 的中国银行账户交易明细。原告又称，其共计给付被告 517675 元，按照 50 万元计算，超过部分其不再主张。

原告傅锋诉称：2012 年，原告认为其向被告借款人民币 50 万元，后向被告归还了借款 50 万元，被告出具了收条，但原告未将借条收回。后案外人陈宝冲、陈萍持上述未收回的借条将原告诉至上海市浦东新区人民法院（以下简称“浦东法院”），要求原告归还借款。该案审理中，浦东法院追加汤延伟为第三人参加诉讼。后该案经一审和二审，法院认定，上述 50 万元借款系原告向陈宝冲和陈萍所借，扣除原告已向陈宝冲和陈萍归还的款项 15 万元后，判决要求原告归还陈宝冲、陈萍剩余借款 35 万元，并承担诉讼费。现原告诉至法院，要求被告返还其收取原告的不当得利款 35 万元。

被告汤延伟经本院公告送达应诉通知书、起诉状副本、举证通知书和开庭传票后，未应诉答辩。

【法院审理意见】本院认为，没有合法根据，取得不当利益，造成他人损失的，应当将取得的不当利益返还受损失的人。本案中，被告收取原告 50 万元款项的事实，由被告出具收条和收款明细予以佐证。该收条中虽记载的付款人系“付锋”，但在浦东法院（2013）浦民一（民）初字第 21090 号一案审理中，被告汤延伟对该收条的真实性和关联性均无异议，且该收条原件由原告持有，故本院认定收条中的付款人“付锋”即为本案原告。此外，原告也提供了相应证据证明其交付款项的主要资金来源，故本院对被告收到原告 50 万元的事实予以确认。原告称，其原以为 50 万元是其向被告所借，故向被告还款 50 万元，后经浦东法院（2013）浦民一（民）初字第 21090 号和一中院（2013）沪一中民一（民）终字第 2947 号民事判决书认定，该 50 万元实为原告向案外人陈萍、陈宝冲所借，扣除原告已经归还的 15 万元后，原告应归还陈萍、陈宝冲剩余借款35万元，故被告收取原告50万元中的35万元部分属不当得利，被告应予返还。本院认为，原告的诉讼请求并无不当，本院予以支持。被告汤延伟经本院合法传唤后，未到庭参加诉讼，视为放弃抗辩的权利。

【法院裁判结果】综上所述，判决如下：

被告汤延伟应于本判决生效之日起10日内返还原告傅锋不当得利款人民币35万元。

第一百二十三条 民事主体依法享有知识产权。

知识产权是权利人依法就下列客体享有的专有的权利：（一）作品；（二）发明、实用新型、外观设计；（三）商标；（四）地理标志；（五）商业秘密；（六）集成电路布图设计；（七）植物新品种；（八）法律规定的其他客体。

典型案例 中国音像著作权集体管理协会与杭州丽晶城市餐饮娱乐有限公司著作权权属、侵权纠纷

【裁判观点】电影作品和以类似摄制电影的方法创作的作品的著作权由制片者享有。本案中，原告中国音像著作权集体管理协会（以下简称音集协）对涉案音乐电视作品享有放映权、复制权，其诉讼主体适格，有权以自己的名义就本案被控侵权行为提起民事诉讼。被告丽晶公司未经权利人许可，以营利为目的，在其经营的娱乐会所中向公众提供点播涉案音乐电视作品的服务，侵犯了原告对涉案音乐电视作品享有的放映权，应当承担停止侵权、赔偿损失的民事责任。

【案情介绍】由中国唱片总公司出版的专辑《流行歌曲经典·中国音像著作权集体管理协会会员作品精选集（第一辑）》收录了北京太合麦田音乐文化发展有限公司（以下简称太合公司）等协会会员享有著作权的音乐电视作品，其中包含本案所涉的《冬天快乐》等音乐电视作品。在该专辑光盘以及外包装盒上均标有“中国唱片总公司出版 ISRCCN－A01－11－374－00/V. J6”等字样，在外包装盒上有“版权声明：本出版物内音乐电视作品的全部著作权分别归属于本出版物内页所标示的著作权人所有，未经许可，均不得使用，违者必究”等字样。根据该专辑内页标示，涉案音乐电视作品《冬天快乐》的著作权人系太合公司。

2010年9月3日、9月8日，音集协（被授权方）与太合公司（授权方）各自签订了音像著作权授权合同及补充协议，约定：太合公司将其依法拥有的音像节目的放映权、复制权信托音集协管理，以便上述权利在其存续期间及在合同有效期内由音集协行使；上述权利包括授权方过去、现在和将来自己制作、购买或以其他任何方式取得的权利；授权方不得自己行使或委托第三人代其行使在合同有效期内约定由音集协行使的权利；音集协的权利管理，指同音像节目的使用者商谈使用条件并发放使用许可，征集使用情况，向使用者收取使用费，根据使用情况向授权方分配使用费，上述管理活动，均以音集协的名义进行；音集协有权以自己的名义向侵权使用者提起诉讼。同时约定合同自签订之日起生效，有效期为3年，至期满前60日授权方未以书面形式提出异议，合同自动续展3年，之后亦照此办理。

2011年12月29日，根据原告委托代理人的申请，浙江省杭州市东方公证处的公证人员会同申请人的代理人来到位于杭州市拱墅区沈半路10号的丽晶娱乐会所，进入311歌房内进行消费，在公证人员的监督下，申请人的委托代理人使用该房内安置的歌曲点播机，点播了《冬天快乐》等歌曲，上述点播过程由公证人员使用数码摄像机对播放画面进行了录像，消费结束支付消费款后取得了由该娱乐会所经营场所工作人员出具的加盖有“杭州丽晶城市餐饮娱乐有限公司发票专用章”的发票一张。东方公证处随后将上述现场拍摄取得的数码录像内容刻录至光盘，并就上述公证内容出具了（2011）浙杭东证字第44867号公证书。

经对比，被告丽晶公司表示公证点播的上述歌曲时间仅十几秒，不能证明该公司完整地侵犯了涉案专辑中的同名音乐电视作品。

另查明，丽晶娱乐会所系由被告丽晶公司经营。丽晶公司成立于2004年7月19日，注册资本为50万元，经营范围为：卡拉OK包厢、中式餐。原告音集协为本案与其他案件共支出了包房餐费1650元。

原告音集协诉称：《流行歌曲经典·中国音像著作权集体管理协会会员作品精选集（第一辑)》收录了北京太合麦田音乐文化发展有限公司等21个协会会员享有著作权的音乐电视作品。根据原告与该21个协会会员签订的《音像著作权授权合同》及《著作权集体管理条例》的规定，原告有权以自己的名义同使用者商谈使用条件并发放使用许可，征集使用情况，向使用者收取使用费；以及以自己名义向侵权使用者提起诉讼。被告未经原告许可，也未向原告支付使用费，以营利为目的，在其营业场所的点唱机中完整地收录了上述专辑中的部分作品供公众点播，原告通过公证人员对其中的《冬天快乐》等音乐电视作品进行了证据保全。被告的上述行为严重侵犯了原告的合法权益，给原告造成了较大的经济损失。综上，原告为了维护自身的合法权益，维护规范的市场秩序，特依法提起诉讼，请求判令：（1）被告立即停止播放、从曲库中删除侵权作品，赔偿原告经济损失1500元（损失计算截止时间为本案起诉之日，以后侵犯另计赔偿）；（2）被告支付原告为制止侵权所产生的合理费用100元；（3）被告承担本案全部起诉费用。

被告丽晶公司辩称：（1）原告在起诉时未明确其作品类型和侵犯著作权权利的类别。鉴于MTV作品存在多种权利，不同的权利人又享有不同的著作权，原告应当明确作品类型及侵犯权利的类别。（2）原告提出的赔偿数额和合理费用过高。赔偿费用应当考虑作品类型、合理费用、侵权行为性质、后果等情况综合确定。对于合理费用，原告并未提供相关证据予以证明，酒水费用系代理人与公证人员消费产生，不属于合理费用。综上，被告认为原告主张的侵权事实及权利类别需要进一步明确，原告所要求的赔偿数额过高，所主张的合理费用也存在不合理之处。

【法院审理意见】本院认为，《中华人民共和国著作权法》第15条第1款规定："电影作品和以类似摄制电影的方法创作的作品的著作权由制片者享有，但编剧、导演、摄影、作词、作曲等作者享有署名权，并有权按照与制片者签订的合同获得报酬。"根据涉案专辑光盘、外包装盒说明以及内页标示，涉案音乐电视作品的著作权人属于太合公司。根据太合公司与音集协的合同约定，将其音乐电视作品的放映权、复制权以专有的方式授权给音集协行使，且音集协有权以自己的名义向侵权使用者提起诉讼；授权时间自2010年9月3日始，目前尚在授权期限内。因此，原告音集协对涉案音乐电视作品享有放映权、复制权，其诉讼主体适格，有权以自己的名义就本案被控侵权行为提起民事诉讼。被告辩称涉案专辑无法确认是正版光盘。本院认为，被告虽提出上述异议，但未能提供足以反驳的相反证据，故对被告的上述抗辩，本院不予采信。

被告丽晶公司未经权利人许可，以营利为目的，在其经营的娱乐会所中向公众提供点播涉案音乐电视作品的服务，侵犯了原告对涉案音乐电视作品享有的放映权，应当承担停止侵权、赔偿损失的民事责任。关于原告音集协要求被告丽晶公司停止侵权的诉讼请求，本院依法予以支持，被告丽晶公司应立即停止向公众提供点播涉案音乐电视作品的服务，并从曲库中删除上述作品。

【法院裁判结果】综上所述，判决如下：

一、被告杭州丽晶城市餐饮娱乐有限公司立即停止向公众提供点播《冬天快乐》音乐电视作品的服务，并从曲库中删除上述音乐电视作品；

二、被告杭州丽晶城市餐饮娱乐有限公司赔偿原告中国音像著作权集体管理协会经济损失（含诉讼合理支出）人民币450元，自本判决生效之日起10日内履行完毕；

三、驳回原告中国音像著作权集体管理协会的其他诉讼请求。

第一百二十四条　自然人依法享有继承权。

自然人合法的私有财产，可以依法继承。

典型案例　法定继承人李康伟与乐陵市农村信用合作联社储蓄存款纠纷

【裁判观点】自然人依法享有继承权，被继承人的合法私有财产可以依法继承。本案中，李康伟作为李广友唯一第一顺序法定继承人，享有李广友死亡时遗留的个人合法财产的继承权。

【案情介绍】原告李康伟之父李广友生前于2014年1月29日在乐陵市农村信用合作联社奎台信用社办理有银行卡（理财卡）一张，账户编号为“0102整存整取”。李广友于2014年1月29日存入该卡现金10000元，于2014年2月17日存入该卡现金6000元，现该卡账户有存款余额16528元。原告李康伟与李广友是父子关系，是李广友唯一子女；李广友父母已去世多年，与妻子张淑珍已于1989年11月27日离婚，李广友离婚后未再婚。李广友去世后，原告向被告要求支取涉案银行卡（理财卡）存款，因未能提供相关密码和有效法律文书而被告未予办理支款手续。原告李康伟于2015年3月12日诉来本院，要求判令被告向原告支付该银行卡上所有存款及利息。另查明，乐陵市农村信用合作联社奎台信用社属于被告乐陵市农村信用合作联社股份合作制分支机构，具备吸收公共存款的经营范围。涉案银行卡（理财卡）是农村信用社发行的一种存款凭证，其业务范围是按人民银行相关要求进行存取款业务。以上事实有当事人当庭陈述和原告提交的李广友银行卡、户口本、身份证、火化证、乐陵市某某镇某某村村民委员会证明以及本院对原告李康伟之母张淑珍的调查笔录和本院向被告调取的涉案银行卡存款情况明细及回执、被告乐陵市农村信用合作联社奎台信用社营业执照复印件为证。

原告李康伟诉称：原告之父李广友于2015年2月4日去世，生前在被告下设的奎台信用社办有银行卡一张，上有存款1.6万余元。原告父母已于1989年离婚。原告是独生子，祖父母均已去世近40年，所以原告是父亲唯一法定继承人，该卡上存款应属于原告所有，但原告到奎台信用社支取该款，其办公人员以无密码为由不予办理。为此向法院起诉，要求被告立即向原告支付该银行卡上所有存款及利息。

被告乐陵市农村信用合作联社辩称：原告诉称的银行卡及存款是事实，之所以不能向原告支取该款责任不在我方，因为该卡是李广友办理，而原告不能提供密码，也未向我方提供有效的法律文书，所以不能为原告办理支款手续。

【法院审理意见】本院认为，被告的分支机构奎台信用社具备吸收公共存款的经营范围，原告之父李广友生前在奎台信用社分两次存入涉案银行卡现金16000元，是双方真实意思表示。在本院依法向被告调取的证据中显示，涉案银行卡账户存款为整存整取性质，具有储蓄存款的属性，该法律关系事实清楚，真实有效。原告李康伟之父李广友去世后，因原告祖父母已先于其父李广友去世多年，其母张淑珍亦于李广友去世前离婚多年，李广友离婚后未再婚，且原告李康伟系李广友唯一子女，故原告作为李广友唯一第一顺序法定继承人，享有李广友死亡时遗留的个人合法财产的继承权。根据《中华人民共和国继承法》第3条第2项规定，遗产包括“公民的房屋、储蓄和生活用品”，故应认定原告李康伟因继承而享有涉案银行卡存款的所有权。《储蓄管理条例》（国务院第107号令）第5条第2款规定“储蓄机构办理储蓄业务，必须遵循‘存款自愿，取款自由，存款有息，为储户保密’的原则”。故对原告的诉讼请求应予支持。

【法院裁判结果】综上所述，判决如下：

被告乐陵市农村信用合作联社自本判决生效后即行向原告李康伟支付银行卡账户存款本金16000元及利息。

第一百二十五条　民事主体依法享有股权和其他投资性权利。

典型案例　李某某与董某某、灵寿县鑫地矿业有限公司股东资格确认纠纷

【裁判观点】民事主体依法享有的股权和其他投资性权利受法律保护，任何个人和组织不得侵占和处分。本案中，原告李某某购买鑫地矿业全部股份后，其成为实际权利人，故有权要求确认鑫地矿业名义股东董某某名下的股权归其所有、被告协助办理工商变更登记。

【案情介绍】2010年11月9日，鑫地矿业的法人韩旭与本案被告董某某签订转让协议，被告董某某出资620万元购买鑫地矿业的矿权，包括开采权、安全生产许可证、经营执照等一切手续、一切生产设备设施、全部矿权产权及安检保证金、电力押金、荒山恢复治理保证金等。2010年11月9日，原鑫地矿业作出股东会决议，将全体股东的全部股份转让给本案被告董某某，并分别与原鑫地矿业法人卢立清（原股份10%）、股东张勇（原股份22%）、股东王嘉一（原股份36%）、股东卢立清（原股份32%）分别签订了股份转让协议，转让了被告鑫地矿业100%的股份，合同转让金共计为50万元整。协议签订后，鑫地矿业性质变更为自然人独资的有限公司。

2011年3月25日，原告李某某和被告董某某签订了委托书面协议，协议约定由原告李某某出资购买鑫地矿业，委托被告董某某担任该公司法人代表，被告行使法人职权须经原告同意，对于鑫地矿业的重大决策须经原告书面授权，如有需要，被告应该无条件配合原告变更工商登记资料。2013年8月26日，被告董某某向原告出具保证书一份，保证未经原告李某某许可，不办理鑫地矿业的股东变更、法人变更、股权变更事项。被告鑫地矿业的实际购买人为本案原告李某某，620万元的购矿款是由原告李某某实际支付。

2012年6月4日，被告董某某以鑫地矿业的法人身份与案外人李连振签订了协议书一份，协议约定将鑫地矿业三采区原告李某某的50%的股份以100万元转让给李连振，并有河北厚正律师事务所的刘伟杰律师见证将鑫地矿业的法人或投资经营人变更为李连振，协议签订后，被告董某某于2012年8月16日收取了李连振转让款50万元。

原告李某某诉称：原告购买鑫地矿业的全部股份，并委托被告董某某担任该公司的法定代表人，原告为全额出资购买人，是鑫地矿业的实际所有人，被告董某某未出资，未占有公司股份，为确认原告的公司股份，特依法诉讼，要求：（1）依法确认鑫地矿业董某某名下的全部股权归原告所有。（2）判令二被告协助原告办理工商变更登记。（3）由被告负担本案诉讼费用。

被告董某某未提出答辩意见。被告鑫地矿业未提出答辩意见。

【法院审理意见】本院认为，在本院已有相关判决的情况下，被告董某某以该案受到威胁利诱、并实际占有25%的股份为由提出上诉，本案发还重审后，被告董某某经本院传票传唤无正当理由拒不到庭参加诉讼，未提交任何证据，也没有提交书面答辩意见。综合本案证据后，可以认定原告李某某个人实际出资620万元购买鑫地矿业全部股份的事实，原告李某某为鑫地矿业全部股份的实际权利人。购买完成后，原告为保证自己的股权利益，后期与被告董某某签订协议书属正常行为。故原告要求确认鑫地矿业名义股东董某某名下的股权归其所有、二被告协助原告办理工商变更登记的诉讼请求，本院应予支持。被告董某某、鑫地矿业与案外人的合同法律关系可另案处理。

【法院裁判结果】综上所述，判决如下：

一、登记在被告董某某名下的灵寿县鑫地矿业有限公司的全部股份归原告李某某所有。

二、被告董某某、灵寿县鑫地矿业有限公司于本判决生效后15日内协助将董某某名下灵寿县鑫地矿业有限公司的全部股份变更至原告李某某名下。

第一百二十六条　民事主体享有法律规定的其他民事权利和利益。

典型案例　丁某与唐某、贺某被继承人债务清偿纠纷

【裁判观点】民事主体依法享有的民事利益应予保护。本案中，贺召南未清偿债务即死亡，其生前所欠债务，应由其第一顺序继承人在可继承的遗产范围内承担清偿责任。

【案情介绍】被告贺某系贺召南之子。贺召南的父母均先于其去世。2011年10月18日，贺召南向原告出具欠条一张，载明："今欠到丁老板红砖款叁万元整。该款为2008年12月丁老板运送五〇七工地与湖天嘉园两工地的红砖款。"2012年6月2日，贺召南因死亡销户，生前未留遗嘱。贺召南生前未履行还款义务，故原告诉至本院，要求两被告履行还款义务。庭审中，两被告明确表示放弃对贺召南遗产的继承。

原告丁某诉称：贺召南生前系建筑开发商，被告唐某系贺召南之妻，被告贺某系贺召南之子。贺召南生前修建湖天嘉园小区房屋时，由原告供应红砖。该工程竣工后，经双方结算，贺召南欠原告红砖款3万元，2011年10月8日贺召南向原告出具欠条，写明欠原告丁某红砖款30000元。贺召南病故后，原告多次到被告贺某家里向其讨债，但被告贺某拒不还款。被告贺某作为其父遗产的继承人，在法律上有义务为其父还债。为维护原告合法权益，请求判决：(1) 二被告连带偿付原告丁某红砖款30000元，并支付双倍利息12150元(以30000元为基数，从2011年10月18日至2014年3月4日，按年利率18%的双倍计算利息)，本息合计42150元；(2) 两被告承担本案一切诉讼费用。

被告唐某、贺某共同辩称：(1) 原告没有证据证明贺召南留下了遗产，

被告不是欠款人，继承人承担的义务是“缴纳税款和清偿债务以他的遗产实际价值为限”；（2）原告不能举证证明贺召南留下了多少“遗产实际价值”，也不能证明贺召南到底欠下了多少税款和债务；（3）被告没有继承贺召南的财产，如果有贺召南的合法财产，被告也表示放弃，故请求法院驳回原告的诉讼请求。

【法院审理意见】 本院认为，合法的买卖关系受法律保护，由此产生的债务应当清偿。贺召南生前向原告购买红砖，有贺召南出具的欠条为据，双方形成买卖合同关系，本院予以确认。《中华人民共和国继承法》第33条规定“继承遗产应当清偿被继承人依法应当缴纳的税款和债务，缴纳税款和清偿债务以他的遗产实际价值为限。……继承人放弃继承的，对被继承人依法应当缴纳的税款和债务可以不负偿还责任”，贺召南未清偿债务即死亡，其生前所欠债务，应由其第一顺序继承人在可继承的遗产范围内承担清偿责任。原告主张湖天嘉园小区有一套住房系贺召南的遗产，对此未提供证据证实，且原告也未提供其他证据证明贺召南存在其他遗产；此外，被告当庭表示即使贺召南存在遗产，被告也放弃继承。故原告要求二被告连带偿还红砖款30000元及利息12150元的诉请，本院不予支持。

【法院裁判结果】 综上所述，判决如下：

驳回原告丁某的诉讼请求。

第一百二十七条　法律对数据、网络虚拟财产的保护有规定的，依照其规定。

典型案例　葛晓冬与广州网易计算机系统有限公司网络侵权责任纠纷

【裁判观点】 合法的数据、网络虚拟财产同样受到法律的保护。因当事人一方的违约行为，侵害对方人身、财产权益的，受损害方有权选择依照本法要求其承担违约责任或者依照其他法律要求其承担侵权责任。本案中，葛晓冬认为广州网易计算机系统有限公司在其不知情与未授权的情形下扣除其角色下的游戏币，侵犯了其合法权益，选择要求广州网易计算机系统有限公司承担侵权责任，符合法律规定，故法院认定本案为侵权纠纷，并无不当。

【案情介绍】原审法院经查，葛晓冬认为广州网易计算机系统有限公司在其不知情与未授权的情形下扣除其角色下的游戏币，广州网易计算机系统有限公司的行为侵犯了葛晓冬的合法权益，要求法院判决广州网易计算机系统有限公司撤销对葛晓冬账号的处罚、归还被扣除的游戏币、赔偿其精神赔偿金400元。

原审法院认为，本案属网络虚拟财产之侵权纠纷，依法应由侵权行为地或者被告住所地人民法院管辖。鉴于葛晓冬是通过其计算机终端感知和确认其在涉案游戏中的虚拟财产被侵害，故葛晓冬进行涉案游戏所使用的计算机终端所在地可以认定为侵权结果发生地，故其作为侵权结果发生地人民法院，行使管辖权并无不当，广州网易计算机系统有限公司提出的管辖权异议并不成立。根据《中华人民共和国民事诉讼法》第23条、第127条、第154条第1款第2项、最高人民法院《关于适用〈中华人民共和国民事诉讼法〉的解释》第25条之规定，裁定如下：驳回被告广州网易计算机系统有限公司所提的管辖权异议。

广州网易计算机系统有限公司不服原裁定，向本院提起上诉称：（1）本案属于合同纠纷，应适用游戏中所设的《最终用户许可协议》和《网易通行证服务条款》的管辖约定，由广州市天河法院管辖。（2）即使按侵权纠纷处理，本案属于财产性权益纠纷，根据民诉法规定，财产性权益纠纷同样适用协议管辖。综上，请求撤销原裁定，将案件移送至广州市天河区人民法院审理。

被上诉人葛晓冬答辩称：（1）根据侵权责任法的规定，其提起侵权之诉是合法的，高邮市人民法院作为侵权发生地依法享有管辖权。（2）《网易通行证服务条款》对腾讯、新浪邮箱注册登陆游戏的账号（不存在于网易通行证系统里的账号）没有约束力，《网易通行证服务条款》与本案无关联性。（3）双方签订的协议系广州网易计算机系统有限公司提供的格式合同，同意后方能进入游戏，且设置了阅读时间，只能快速滚动阅览，对管辖条款也无任何提醒，无法选择其他管辖法院，有失公平，请求认定该管辖条款无效。综上，高邮市人民法院依法享有对本案的管辖权，请求驳回上诉人的上诉请求。

【法院审理意见】本院经审查认为，争议焦点为：（1）原审认定本案为侵权纠纷是否恰当；（2）被侵权人葛晓冬住所地是否为侵权行为地。

本院经审查认为：关于争议焦点一，《中华人民共和国合同法》第122条规定，“因当事人一方的违约行为，侵害对方人身、财产权益的，受损害方有权选择依照本法要求其承担违约责任或者依照其他法律要求其承担侵权责任”。葛晓冬认为广州网易计算机系统有限公司在其不知情与未授权的情形下扣除其角色下的游戏币，侵犯了其合法权益，选择要求广州网易计算机系统有限公司承担侵权责任，符合法律规定，故原审法院认定本案为侵权纠纷，并无不当。

关于争议焦点二，首先，最高人民法院《关于适用〈中华人民共和国民事诉讼法〉的解释》第31条规定，“经营者适用格式条款与消费者订立管辖协议，未采取合理方式提请消费者注意，消费者主张管辖协议无效的，人民法院应予支持”。广州网易计算机系统有限公司通过网络采用格式条款的方式与游戏玩家进行管辖约定，网络游戏玩家如要参与该网络游戏，必须对该格式条款的协议内容选择接受，且广州网易计算机系统有限公司未采取合理方式提请游戏玩家注意该管辖条款，故葛晓冬以广州网易计算机系统有限公司未对格式条款中的管辖条款尽到提请注意义务，主张该管辖条款无效，本院予以支持。

其次，本案为网络侵权纠纷，根据最高人民法院《关于适用〈中华人民共和国民事诉讼法〉的解释》第25条规定，“信息网络侵权行为实施地包括实施被诉侵权行为的计算机等信息设备所在地，侵权结果发生地包括被侵权人住所地”，即本案中，该网络侵权结果发生地包括被侵权人葛晓冬住所地，因此，葛晓冬住所地所在的原审法院为该网络侵权行为结果发生地法院。根据《中华人民共和国民事诉讼法》第28条规定，“因侵权行为提起的诉讼，由侵权行为地或者被告住所地人民法院管辖”，原审法院作为该网络侵权行为结果发生地法院依法管辖该侵权纠纷，符合法律规定。

【法院裁判结果】综上所述，原审裁定驳回广州网易计算机系统有限公司的管辖权异议正确，应予维持。广州网易计算机系统有限公司的上诉理由缺乏事实和法律依据，应予驳回。裁定如下：

驳回上诉，维持原裁定。

第一百二十八条　法律对未成年人、老年人、残疾人、妇女、消费者等的民事权利保护有特别规定的，依照其规定。

典型案例　刘某某与李某某、林某某、马某甲、何某某、马某乙监护人责任纠纷

【裁判观点】法律对特殊人群的权益有特别的规定，这些规定旨在保护他们的权利和利益不受损害。同时，对于未成年人侵害别人权益的，法律规定由其法定代理人予以赔偿。本案中，李某某等作为限制民事行为能力人且无财产，其父母是其法定监护人应承担赔偿责任。

【案情介绍】2012年9月21日21时30分许，刘某某、韩某等人在平顶

山市新华区西体育场操场上玩时，李某某、林某某、马某甲、何某某、马某乙向刘某某等人要烟，进而对刘某某进行殴打，并追至光速网吧对刘某某进行殴打。2012 年 11 月 12 日，平顶山市公安局物证鉴定所作出（平）公（伤）鉴（法医）字（2012）新第 353 号法医学人体损伤程度鉴定书，认定刘某某的损伤程度伤时构成轻微伤。后平顶山市公安局新华第二分局对李某某、林某某、马某甲、何某某、马某乙 5 人作出行政拘留 10 日的行政处罚，因该 5 人系未成年人、在校学生和初犯，行政拘留未执行。因双方对赔偿问题协商未果，引起诉讼。

原告刘某某诉称：2012 年 9 月 21 日 20 时许，刘某某等人在平顶山市新华区西体育场操场上玩时，李某某、林某某、马某甲、何某某、马某乙向刘某某要烟要钱，进而对刘某某进行殴打，并追至光速网吧对刘某某进行殴打，致使刘某某头部、身体多处部位受伤，所产生的医药费和精神损害抚慰金 5 人拒不赔偿，故提起诉讼，请求依法判令李某某、林某某、马某甲、何某某、马某乙赔偿刘某某医药费、精神损害抚慰金 20000 元并承担诉讼费用。

被告林某某、马某甲、何某某、马某乙的法定代理人辩称：打架是事实，但刘某某要求赔偿数额过高，故不同意刘某某的诉讼请求。

被告李某某的法定代理人未到庭，未向本院提交答辩意见。

【法院审理意见】本院认为，公民的健康权利依法受法律保护，侵害公民身体造成伤害的，赔偿义务人应当予以赔偿相关损失。李某某、林某某、马某甲、何某某、马某乙对刘某某进行殴打，致刘某某轻微伤，应对刘某某的人身损害承担民事赔偿责任。李某某、林某某、马某甲、何某某、马某乙作为限制民事行为能力人且无财产，其父母是其法定监护人，根据《中华人民共和国侵权责任法》第 32 条的规定，无民事行为能力人、限制民事行为能力人造成他人损害的，由监护人承担侵权责任。监护人尽到监护责任的，可以减轻其侵权责任。有财产的无民事行为能力人、限制民事行为能力人造成他人损害的，从本人财产中支付赔偿费用。不足部分，由监护人赔偿。李某某、林某某、马某甲、何某某、马某乙系在校学生，无财产，应由李某某、林某某、马某甲、何某某、马某乙的监护人即父母承担赔偿责任。但刘某某提供的医药费票据时间为 2012 年 10 月 19 日，与刘某某被殴打的时间不符，而且没有药品名字，故对该医药费票据不予认定，对要求医药费的诉讼请求，证据不足，本院不予支持。李某某、林某某、马某甲、何某某、马某乙对刘某某进行殴打行为，是对刘某某人格尊严的侮蔑，造成了刘某某精神上的痛苦，刘某某请求精神损害赔偿，本院酌情予以支持，精神损害抚慰金酌定为 3000 元。被告李某某的法定代理人李自宾经本院合法传唤后，既不到庭参加诉讼，亦未提交书面答辩意见，视为放弃诉讼权利。

【法院裁判结果】综上所述，判决如下：

一、李某某、林某某、马某甲、何某某、马某乙及其父母于本判决发生法律效力之日起10日内赔偿刘某某精神损害抚慰金人民币3000元。

二、驳回刘某某的其他诉讼请求。

第一百二十九条 民事权利可以依据民事法律行为、事实行为、法律规定的事件或者法律规定的其他方式取得。

典型案例 张留灿与张书伟、张二卫、吕红涛民间借贷纠纷

【裁判观点】民事权利可依多种形式取得，依法取得的合法权利受法律保护。本案中，原、被告之间合法的借贷关系受法律保护，故原告要求被告偿还借款的请求应予以支持。

【案情介绍】2011年4月22日，张书伟向张留灿出具一份《借据》，内容为“今借现金大写壹拾万元，（小写）￥100000.00元，借期限为3个月，借款日期为2011年4月22日至2011年7月21日，如到期不能还款，且不履行其他手续，借款人自愿按每天3%的违约金赔付。担保人愿负连带还款责任。借款人张书伟，连带担保人吕红涛”。2011年10月8日，张书伟向张留灿出具一份《借据》，内容为“今借现金大写壹拾伍万元，（小写）￥150000.00元，借款日期为2011年10月8日，如到期不能还款，借款人自愿按每天3%的违约金赔付。担保人愿负连带还款责任。借款人张书伟，连带担保人吕红涛、张二卫”。同年10月31日，张书伟又向张留灿出具一份《借条》，内容为“今借现金￥50000.00元，大写伍万元整，借款人张书伟，担保人吕红涛”。对张留灿提交的上述证据，张书伟认为《借据》及《借条》上均未约定利息，2011年4月22日借款10万元已超过诉讼时效且约定的违约金过高，2011年10月8日、31日的借款15万元、5万元均未约定借款期限，故不存在支付违约金。

张留灿当庭申请证人高某某、赵某某出庭作证，高某某证明其与张留灿系同乡，自2011年下半年开始同张留灿去张书伟、张二卫家中及加工厂内找其要账，2012年至2014年每年均去找其要账；赵某某证明其系张留灿司机，自2011年下半年开始同张留灿去找张书伟要账时还见过张二卫、吕红涛等人，

最后一次见张书伟是在2014年5月份。张留灿申请上述两证人出庭作证，拟证明其经常找张书伟、张二卫、吕红涛要账，诉讼时效发生中断。张书伟认为证人赵某某与张留灿有利害关系，两证人证明的内容与张书伟离家出走的事实不符。

原告张留灿诉称：张书伟经营木材加工厂急需资金，由张二卫、吕红涛担保分别于2011年4月22日、10月8日、10月31日向张留灿共借款30万元，有借据为凭。经多次催要未果，张留灿请求判令张书伟、张二卫、吕红涛偿还借款30万元及利息，并承担违约责任。

被告张书伟辩称：向张留灿借款30万元属实，但借款时双方没有约定利息。张书伟因欠账自2011年下半年就离家出走，张留灿诉称催要过借款不属实。

被告张二卫、吕红涛未作答辩，也未提交证据。

【法院审理意见】本院认为，合法的借贷关系受法律保护。张书伟由吕红涛、张二卫担保向张留灿出具的《借据》及《借条》，系当事人的真实意思表示，其不违反国家相关法律法规的内容对当事人具有法律约束力，当事人均应按照约定行使权利、履行义务。同时，在《借据》及《借条》上签名时，张书伟、张二卫、吕红涛已具有相应的民事权利能力和民事行为能力，应当对自己实施的民事法律行为承担相应的民事责任。张书伟认可向张留灿借款30万元，其陈述已向张留灿偿还过借款本金但未提交相应的证据证明，故张留灿要求张书伟偿还借款30万元，本院予以支持。诉讼时效因提起诉讼、当事人一方提出要求或者同意履行义务而中断。从中断时起，诉讼时效期间重新计算。张留灿申请证人高某某、赵某某出庭作证，两证人也证明自2011年下半年开始至2014年期间均去找张书伟、张二伟、吕红涛要账，故张书伟关于2011年4月22日借款10万元已超过诉讼时效的质证意见，本院不予采纳。

履行期限不明确的，债务人可以随时履行，债权人也可以随时要求履行，但应当给对方必要的准备时间。当事人可以约定一方违约时应当根据违约情况向对方支付一定数额的违约金，也可以约定因违约产生的损失赔偿额的计算方法。约定的违约金过分高于造成的损失的，当事人可以请求人民法院予以适当减少。虽然两份《借据》上记载借款人自愿按每天3%的违约金赔付内容，但约定的违约金过分高于造成的损失，张书伟也认为违约金过高，故违约金应按照中国人民银行同期同类贷款利率四倍以借款25万元为基数自2011年12月31日起计算至还款之日止。两份《借据》上对是否支付利息、按什么标准支付没有约定，在张留灿请求的于法有据的违约金已获支持的情况下，其同时再要求支付利息的诉讼请求，于法无据，本院对此不予支持。

借款人未按照约定的期限返还借款的，应当按照约定或者国家有关规定支付逾期利息。《借条》上对是否支付违约金没有约定，故张留灿要求支付违约金的诉讼请求，本院不予支持；但张书伟在经催要后仍不偿还借款势必会给张留灿造成利息损失，故利息应按照中国人民银行同期同类贷款利率以借款5万元为基数自2011年12月31日起计算至还款之日止，本院予以支持。

当事人在保证合同中约定保证人与债务人对债务承担连带责任的，为连带责任保证。当事人对保证方式没有约定或者约定不明确的，按照连带责任保证承担保证责任。吕红涛、张二卫作为张书伟向张留灿借款的连带责任保证人，应当对各自担保的未偿还的借款数额、违约金、利息承担连带保证责任，即吕红涛对借款30万元及相应的违约金、利息，张二卫对借款15万元及相应的违约金承担连带保证责任，但吕红涛、张二卫各自承担连带保证责任后，有权向张书伟追偿。吕红涛、张二卫经本院传票传唤，无正当理由拒不到庭应诉，视为其放弃了答辩和质证的权利，不影响本院根据现有证据及查明的事实依法作出裁判。

【法院裁判结果】 综上所述，判决如下：

一、被告张书伟应当于本判决生效之日起10日内返还原告张留灿借款25万元，并按照中国人民银行同期同类贷款利率4倍支付自2011年12月31日起至还款之日止的违约金。

二、被告张书伟应当于本判决生效之日起10日内返还原告张留灿借款5万元，并按照中国人民银行同期同类贷款利率支付自2011年12月31日起至还款之日止的利息。

三、被告吕红涛对本判决第一项、第二项的内容承担连带保证责任。

四、被告张二卫对本判决第一项的内容中借款15万元及违约金承担连带保证责任。

五、被告吕红涛、张二卫各自承担连带保证责任后，有权向被告张书伟追偿。

六、驳回原告张留灿的其他诉讼请求。

第一百三十条　民事主体按照自己的意愿依法行使民事权利，不受干涉。

典型案例　陈某甲与段某某、陈某乙婚姻自主权纠纷

【裁判观点】 民事主体有权按照自己的意愿依法行使其民事权利，不受干涉，包括婚姻自主权等。本案中，原告陈某甲虽系被告的女儿，

但其已满28周岁，具有完全民事行为能力，原告有权利自由选择恋爱对象和结婚对象，被告无权干涉。

【案情介绍】原告陈某甲系被告陈某乙、段某某的女儿。原告陈某甲现在外务工，在务工期间与同厂的一男子建立了恋爱关系，但被告陈某乙、段某某反对两人交往，原告陈某甲认为被告陈某乙、段某某侵犯了原告的婚姻自主权，现来院起诉，要求被告陈某乙、段某某停止干涉原告的婚姻自主权。

原告陈某甲诉称：原告与被告系父女、母女关系，原告与前夫周某某结婚系二被告包办，结婚后由于感情不和，两人于2016年5月4日在民政局办理了离婚手续。原告离婚后，随二被告一起到广东务工，务工期间原告认识了某男，关系很好，在性格、志向方面都符合对方要求，随后两人确认了恋爱关系，但二被告知道后，立即反对，采取跟踪、吵闹、电话骚扰等方式进行干涉原告与某男的恋爱，二被告到原告务工的厂里吵闹，把原告赶出租住的房屋，收走原告的身份证，致使原告无法正常生活和上班，原告只能回家重新办理身份证。二被告的行为严重影响了原告的正常生活，侵犯了原告的婚姻自主权。现来院起诉，要求二被告停止干涉原告的婚姻自主权利。

被告陈某乙、段某某未作答辩。

【法院审理意见】本院认为，我国实行婚姻自由、一夫一妻、男女平等的婚姻制度。禁止包办、买卖婚姻和其他干涉婚姻自由的行为，结婚必须男女双方完全自愿，不许任何一方对他方加以强迫或任何第三方加以干涉。原告陈某甲虽然系被告陈某乙、段某某的女儿，但是其已年满28周岁，具有完全民事行为能力，原告陈某甲有权利自由选择恋爱对象和结婚对象，被告陈某乙、段某某无权干涉。

【法院裁判结果】综上所述，判决如下：

被告陈某乙、段某某停止干涉原告陈某甲的婚姻自主权利。

第一百三十一条 民事主体行使权利时，应当履行法律规定的和当事人约定的义务。

典型案例 云县大地物业管理有限公司与连云港汇泽房地产开发有限公司物业服务合同纠纷

【裁判观点】民事主体在行使权利时，应当依据法律规定或当事人之间约定的义务，若没有履行相关义务，应承担相应的责任。本案中，依法成立的物业服务合同受法律保护，对合同双方有约束力，合同双方应当按照合同约定享有权利并履行义务。原告要求被告支付未售出或未实际交付业主的物业拖欠的服务费用及合同约定的开办费诉求，应予支持。

【案情介绍】被告汇泽公司为灌云县东方家园住宅小区开方商，原告于2010年1月25日在东方家园住宅小区前期物业管理招标中中标，双方在2010年1月28日签订东方家园住宅小区前期物业管理协议书，在协议中约定小区前期物业管理期限为自中标之日起至业主委员会成立，在前期物业费中约定被告应向原告支付前期开班费8万元，该费用于合同签订时给付5万元，余下部分在交付物业时付清。原告向业主收取物业服务费标准为多层住宅每平米每月0.35元，商业用房每平米每月0.9元，高层住宅每平米每月0.8元，闲置房按省市文件执行。原告将上述收费标准向灌云县物价局备案。至2014年12月31日，东方家园小区尚未交付业主的商业用房建筑面积5863.77平方米，对应的物业服务费为215409.3元，未交付业主的多层住宅建筑面积7408.78平方米，对应的物业服务费为94146元，上述未交付房屋物业服务费共计309555.3元及前期开班费8万元，被告至今未向原告支付。

原告大地公司诉称：原、被告于2010年1月28日签订物业服务协议书，约定被告向原告支付前期开办费人民币8万元，物业中空置房的收费标准按省市文件执行。协议生效后，被告没有给付开办费8万元，也没有按照省市文件的规定向原告支付空置房产生的物业服务费用。经结算，被告共拖欠空置房物业服务费318184.3元。原告现起诉要求被告给付物业服务费、开办费共计398184.3元，并承担本案诉讼费。

被告汇泽公司辩称：开办费8万元应当以实际支出为准，原告并未实际支出该费用，因此原告要求被告支付开办费没有依据。涉案小区没有空置房，因此也没有空置房服务费，且开办费是整个物业交付前服务费，原告诉求没有依据。

【法院审理意见】本院认为，依法成立的物业服务合同受法律保护，对合同双方有约束力，合同双方应当按照合同约定享有权利并履行义务。本案中，原、被告之间的物业服务协议是双方的真实意思表示，不违反法律、行政法规的禁止性规定，合法有效，原告已按约定向东方家园小区提供物业管理服务，对已竣工未出售或未交给业主的物业，其物业服务费应由建设单位即本案被告按协议约定的交费标准交纳，被告举证的商品房交付结算登记表主张原告所称空置房与实际不符，经查在该表中被告将原告主张的上述房屋交付状况登记为：未登记、未签收、签收人与业主不符三种状况，对其中签收人与业主不符状况，被告辩称签字不符是业主委托代签。本院认为被告作为开发商，应对物业已交付业主承担举证责任，被告举证商品房交付结算登记表不能证明本案所涉物业已实际交付业主，上述房屋均应视为未交给业主的物业。原告在本案中主张的空置房物业费，实际是指被告未售出或未实际交付的物业拖欠的服务费用，该费用应由被告全额承担。对双方在协议中约定的前期开班费8万元，原告主张开班费即开办费，应由被告承担，被告辩称开班费是整个物业交付前服务费，应当以实际支出为准，原告并未实际支出该费用，被告不应负担，对此本院认为物业公司进驻前通常由开发商提供物业管理开办费，用于购买物业办公固定资产，目前法律法规对物业服务中开办费的性质没有规定，因此提供开办费不是开发商应尽义务。原、被告在协议中对开班费的性质没有约定，也没有约定以实际支出为准，因此原告主张开班费即开办费，应由被告承担，被告辩称应当以实际支出为准的理由均不能支持各自主张，但原、被告既以在协议中约定支付开班费，就应履行协议约定的义务。综上，原告要求被告支付未售出或未实际交付业主的物业拖欠的服务费用及合同约定的开班费诉求，不违反法律规定和合同约定，应予支持，但原告主张的物业面积与本案查明事实不符，对其多主张的物业费用不予支持。

【法院裁判结果】 综上所述，判决如下：

一、被告连云港汇泽房地产开发有限公司于本判决生效之日起10日内给付原告灌云县大地物业管理有限公司东方家园小区物业服务费309555.3元及前期开班费8万元；

二、驳回原告其他诉讼请求。

第一百三十二条 民事主体不得滥用民事权利损害国家利益、社会公共利益或者他人合法权益。

典型案例　李红喜与李愉快排除妨害纠纷

【裁判观点】 民事主体依法享有并行使民事权利，但民事主体不得滥用权利损害国家利益、社会公共利益或者他人的合法权益，否则要承担相应的责任。本案中，被告所栽植的葡萄树确有树枝伸向原告责任田内，被告同意将伸向原告一侧的树枝在冬剪时予以修剪，本院予以确认。

【案情介绍】被告系同村村民，两家葡萄树地东西相邻，原告家在东，被告家在西。原告家地内葡萄树2011年冬栽种。被告家地内葡萄树2008年冬栽种。被告在2008年冬栽种葡萄树时在双方地界己方一侧栽植葡萄树干22根。2012年冬，被告在双方地界己方一侧补栽葡萄树苗196棵，并在双方地界处修建土埂一条。2013年正月，原告发现被告在双方地界处栽种葡萄树苗后，曾通过村干部及镇司法办调解，因调解未果，原告于2014年7月9日持前述诉称诉至本院。审理中，本院主持调解，被告表示愿在2014年冬剪时将其2012年冬补栽的葡萄树伸向原告地内的树枝修剪短，并在2015年树枝发芽后在水泥杆上拉上铁丝网，防止树枝伸向原告地内。原告坚持要求被告将2012年冬补栽的葡萄树移至距双方地界80公分以外，将葡萄树干移至距双方地界10公分以外。因原被告各执己见，致本案调解无效。

原告李红喜诉称：我与被告系同村村民，我们两家葡萄树地东西相邻，我家在东，被告家在西。2008年，被告在我们两家地界处栽了一行葡萄树干。2013年，被告在距我家葡萄树地10公分处栽植了一行葡萄树苗，今年树已成形，树枝和树根已越过地界伸向我家地里，严重影响了我家葡萄树的通风采光，导致我家土地水肥流失，葡萄减产。而且，被告栽种的葡萄树苗与地界有一条土埂，占用了我的承包地，致使我一直没有种够，给我造成了一定损失。为此，我先后找过村干部和镇司法办进行协商，但都没有成功。为维护我的合法权益，无奈，现诉至法院，请求依法排除妨碍，被告将栽在我们两家葡萄树地中间的葡萄树及葡萄树干移走，并赔偿我损失2000元；本案诉讼费用由被告承担。

被告李愉快辩称：我与原告系同村村民，我们两家葡萄树地东西相邻，原告家在东，我家在西，2012年冬我在我家地内新栽种一行葡萄树苗属实。但我栽种的葡萄树苗是在距双方地界30公分处，不可能对原告家葡萄树的通风采光造成影响。而且，原告所说的葡萄树干是我2008年栽的，距双方地界也在10公分以上。原告当时虽不在场，但之后也并无阻拦，我认为原告也认可了我的葡萄杆是栽在我家地里的。现我家与原告家葡萄树地南边的界石已经找不到了，不过我可以肯定我家的葡萄树是栽种在我家地里的，对原告家葡萄树没有影响，树根是否扎到原告家地里我不清楚，我没有给原告造成损失，故我不同意原告的诉讼请求。

【法院审理意见】本院认为，《中华人民共和国物权法》第84条规定“不动产的相邻权利人应当按照有利生产、方便生活、团结互助、公平合理的原则，正确处理相邻关系”。《中华人民共和国民事诉讼法》第64条规定“当事人对自己提出的主张，有责任提供证据。”最高人民法院《关于民事诉讼证据的若干规定》第2条规定“当事人对自己提出的诉讼请求所依据的事实或者反驳对方诉讼请求所依据的事实有责任提供证据加以证明。没有证据或者证据不足以证明当事人的事实主张的，由负有举证责任的当事人承担不利后果”。原、被告责任田东西相邻，被告所栽之葡萄树干位于双方地界己方一侧，原告要求被告移除，于法无据，本院不予支持；原告诉称被告所栽之葡萄树树枝及树叶伸向其地内，影响其地内葡萄树通风采光，导致土地水肥流失，葡萄减产，且栽种葡萄树之土埂占用其耕地，给其造成一定的经济损失，但未提供证据加以证明，故对原告要求被告排除妨碍，将葡萄树移至距双方地界80公分以外及赔偿损失2000元之诉讼请求，本院亦不予支持。考虑到被告所栽植之葡萄树确有树枝伸向原告责任田内，且被告同意将伸向原告一侧之树枝在冬剪时予以修剪，本院予以确认。

【法院裁判结果】综上所述，判决如下：

一、被告李愉快于2015年1月15日前将伸至原告责任田内的葡萄树树枝剪除；

二、驳回原告李红喜其余之诉讼请求。

第六章　民事法律行为

第一节　一般规定

第一百三十三条　民事法律行为是民事主体通过意思表示设立、变更、终止民事法律关系的行为。

典型案例　陆勋诉陈波、陈绪洪买卖合同纠纷

【裁判观点】民事法律行为是由民事主体通过意见表示设立、变更或终止民事法律关系的行为。行为人订立合，同时双方意思表示一致，形成合同法律关系应履行相应权利和义务。本案中，原、被告通过订立合同，设立的新的民事法律关系，法院应予以保护。

【案情介绍】原告陆勋经营玻璃加工生意，被告陈波因工程需要向其购买玻璃。2012 年 2 月 11 日，经结算，被告陈波向原告出具欠条 1 份，载明玻璃款数额总计 353600 元，已付 120000 元，尚欠 233600 元。被告陈波在出具欠条后又给付原告 150000 元，尚欠 83600 元未付。2013 年 2 月 3 日，被告陈波又向原告赊购玻璃 13000 元，并向原告出具欠条一份。后经原告多次催要，被告未给付相应货款。

原告陆勋诉称：两被告系胞兄弟关系，原告向两被告供应玻璃。后经结算，两被告共向原告购买了价值 366600 元的玻璃，但仅支付部分货款，尚欠 96600 元未付。现请求依法判令两被告给付玻璃款 96600 元及逾期利息（自起诉之日起至判决确定履行期限届满时止，按照中国人民银行同期同类贷款基准利率计算），并承担本案的诉讼费用。

被告陈波、陈绪洪未答辩。

【法院审理意见】本院认为，原告陆勋与被告陈波之间的买卖合同合法有效。被告陈波应按双方确认的欠款数额履行给付义务。因双方未约定给付货款

的时间，故被告应在原告向其主张权利后合理的期限内履行债务，其没有履行，属违约行为，应承担继续履行、赔偿损失的违约责任，原告主张被告陈波给付货款96600元及利息损失（损失数额按中国人民银行同期同类贷款基准年利率计算，自2014年2月18日起至判决确定履行之日止）的请求，不违反法律规定，本院予以支持。原告主张两被告共同向其购买玻璃，应共同偿还其货款，但未提供充分证据证实被告陈绪洪与其之间存在买卖合同关系，故对原告的该主张，本院不予支持。

【法院裁判结果】 综上所述，判决如下：

一、被告陈波给付原告陆勋货款96600元并赔偿损失（损失数额按中国人民银行同期同类贷款基准年利率5.6%计算，自2014年2月18日起至判决确定履行之日止），于判决生效后10日内履行；

二、驳回原告陆勋对被告陈绪洪的诉讼请求。

第一百三十四条 民事法律行为可以基于双方或者多方的意思表示一致成立，也可以基于单方的意思表示成立。

法人、非法人组织依照法律或者章程规定的议事方式和表决程序作出决议的，该决议行为成立。

典型案例 徐飞与徐阿卫、吴秋娥赠与合同纠纷

【裁判观点】 民事法律行为的成立需要双方意思表示一致，也可基于单方意思表示成立。本案中，徐阿卫、吴秋娥在离婚协议书中将涉案房屋赠与徐飞，并经民政部门备案登记，系双方的真实意思表示，对徐阿卫、吴秋娥具有法律约束力。

【案情介绍】 徐阿卫、吴秋娥于1982年10月20日登记结婚，在婚姻关系存续期间，双方购买了浙江省杭州市余杭区临平街道某小区20幢102室的房屋，并于2003年1月8日取得涉案房屋的房屋所有权证，房屋所有权人登记在徐阿卫名下。徐阿卫与吴秋娥于1984年10月1日共同生育儿子徐飞，于2005年4月30日协议离婚。离婚协议书中关于住房和其他内容载明：浙江省余杭市临平镇某小区20幢102室，浙江省余杭镇永安村洋家组归子女所有，父母具有居住权（含室内财产）。后徐飞要求徐阿卫协助其办理房屋过户登记手续，徐阿卫拒绝，现徐飞诉至本院，要求判如所请。

原告徐飞起诉称：被告徐阿卫系原告的父亲，被告吴秋娥系原告的母亲。2005年4月30日，原告的母亲吴秋娥与原告的父亲徐阿卫协议离婚，并在杭州市余杭区民政局办理了离婚登记，《离婚协议书》约定：原告随徐阿卫生活，并明确约定双方将坐落在杭州市余杭区东湖街道某小区20幢102室房屋赠与原告所有，现原告要求两被告履行赠与行为，但徐阿卫拒绝配合。现起诉，请求判令：要求确认位于杭州市余杭区东湖街道某小区20幢102室的房产归原告所有，并要求二被告将涉案房屋的产权过户至原告名下。

原告为支持其诉请主张，在庭审中出示并陈述了下列证据材料：（1）离婚协议书一份，用以证明二被告自愿将房屋赠与原告的事实。（2）离婚证一份，用以证明徐阿卫与吴秋娥离婚的事实。（3）房产证及国有土地使用权证、契证各一份，用以证明涉案房屋权属的事实。

被告徐阿卫答辩称：徐阿卫与吴秋娥在离婚协议书上表述的内容有两方面，一是将本案所涉房屋赠与原告，二是二被告享有居住权。徐阿卫与吴秋娥协议离婚后，原告一直是由徐阿卫抚养教育直至大学毕业，并承担了原告所有的费用。同时徐阿卫一直居住在涉案房屋内。本案纠纷发生的主要原因是原告想独占房屋。涉案房屋是二被告赠与原告的财产，赠与的前提是保证二被告有居住权。现原告坚持要徐阿卫搬出涉案房屋，并过户至原告名下，从事实上违背了徐阿卫的真实意思表示，违背了法律的相关规定，现徐阿卫要求撤销赠与行为。综上，徐阿卫要求驳回原告的诉讼请求。

被告吴秋娥答辩称：徐阿卫陈述都不属实，其意见是涉案房屋要赠与给徐飞的。涉案房屋一直是吴秋娥在住的，徐阿卫没有住过，当时口头协议说好协议上另一套的房屋由徐阿卫住，涉案房屋让吴秋娥居住。徐阿卫是最近才去涉案房屋住了三天，之前一直没有去住过。

【法院审理意见】本院认为，根据最高人民法院《关于适用〈中华人民共和国婚姻法〉若干问题的解释（二）》第8条规定："离婚协议中关于财产分割的条款或者当事人因离婚就财产分割达成的协议，对男女双方具有法律约束力。"因此，离婚协议书中的财产分割条款，当事人不能随意变更或撤销。本案中，徐阿卫、吴秋娥在离婚协议书中将涉案房屋赠与徐飞，并经民政部门备案登记，系双方的真实意思表示，对徐阿卫、吴秋娥具有法律约束力。徐阿卫在庭审中提出要求撤销向徐飞赠与涉案房屋的申请，本院认为，徐阿卫未举证证明在签订离婚协议书时存在欺诈、胁迫等情形，故对徐阿卫的撤销申请不予支持。综上，对原告要求确认坐落于浙江省杭州市余杭区临平街道某小区20幢102室房屋归其所有及要求二被告协助其办理房屋过户登记的诉讼请求，本院予以支持。关于离婚协议书中约定"父母具有居住权"这一条款，可以明确该房屋办理产权变更登记后，徐阿卫、吴秋娥对该房屋依然享有居住的权利，徐飞应当履行该约定义务，以充分保障徐阿卫、吴秋娥的居住权利。被告徐阿卫的其他抗辩意见，因依据不足，本院不予采纳。被告吴秋娥的抗辩意见中的合理部分，本院予以采纳。

【法院裁判结果】综上所述，判决如下：

一、位于浙江省杭州市余杭区临平街道某小区20幢102室的房屋（余房权证临改字第××号，建筑面积67.45平方米，房屋所有权人登记在被告徐阿卫名下）归原告徐飞所有；

二、被告徐阿卫、吴秋娥于本判决生效之日起10日内协助原告徐飞办理上述房屋过户登记手续。

第一百三十五条 民事法律行为可以采用书面形式、口头形式或者其他形式；法律、行政法规规定或者当事人约定采用特定形式的，应当采用特定形式。

典型案例 查能江、张世武与丁疆试用买卖合同纠纷

【裁判观点】民事法律行为的形式存在多种方式，除法律、行政法规或当事人约定采用特定形式外，还可以用书面形式、口头形式或者其他形式。本案中，原被告双方口头协议，二原告试用买卖被告自制的葵花脱粒机，二原告支付被告20000元订金，因在试用过程中发生故障，致使合同目的不能实现，被告应还二原告给付的20000元订金，试用买卖合同的效力受法律保护。

【案情介绍】原告查能江、张世武与被告丁疆协商购买被告丁疆自制的葵花脱粒机一台。2015年9月20日原告张世武给付被告丁疆20000元作为购买订金，双方口头约定对该机器先进行试用再决定是否购买，若二原告试用后决定购买则将剩余的价款与被告结清，若二原告试用后决定不购买则被告将这20000元订金退还二原告。二原告与被告同时在场的情况下，对该葵花脱粒机进行试用，试用期间该机器出现故障，二原告按照被告要求将该机器修好后退还给了被告，但被告拒绝退还二原告给付的20000元订金。

原告查能江、张世武诉称：二原告欲在被告处购买被告自制组装的葵花脱粒机，二原告于2015年9月20日下午交付被告订金20000元，双方约定：被

告的脱粒机在下地使用正常后，原告将购买被告的机器并交付剩余款项。如原告不满意葵花脱粒机的质量，可将机器退回，被告退还原告支付的20000元订金。原告拿到机器后，由于天气原因，没有立即试用，天气好转后，二原告与被告共同在地里试用机器。机器下地后就无法正常工作，被告当时维修了几次后机器仍无法继续工作。二原告提出退还机器，被告同意，但是要求二原告将机器修好后退还订金。二原告将葵花脱粒机退还被告，但被告以无钱为由拒绝归还20000元订金。故二原告起诉要求被告偿还二原告欠款20000元。

被告丁疆辩称：二原告是试用过我的葵花脱粒机，但是没有给过我订金20000元，请求依法驳回二原告的起诉。

被告丁疆未向本院提交证据材料。

【法院审理意见】本院认为，结合本院对本案证据的综合分析论证可知，原、被告双方口头协议，二原告试用买卖被告自制的葵花脱粒机，属当事人真实意思表示，双方形成了试用买卖关系；二原告交付被告20000元订金，并在被告在场的情况下试用该机器，但该机器试用过程中发生故障，致使合同目的不能实现，双方经协商由二原告将该机器修理后归还被告，属双方协商解除试用买卖合同。二原告给付被告的20000元订金系购买该机器的预付款，现双方的试用买卖合同因该葵花脱粒机质量原因解除，被告理应退还二原告给付的20000元订金，故本院对二原告的诉请予以支持。

【法院裁判结果】综上所述，判决如下：

被告丁疆于本判决生效之日起10日给付原告查能江、张世武欠款20000元。

第一百三十六条 民事法律行为自成立时生效，但是法律另有规定或者当事人另有约定的除外。

行为人非依法律规定或者未经对方同意，不得擅自变更或者解除民事法律行为。

典型案例 宁波鸿鹄机械有限公司与宁波哈姆渡机械有限公司买卖合同纠纷

【裁判观点】民事法律行为自成立时生效且受法律保护，行为人应按约定履行，不得擅自变更或解除民事法律行为。本案中，原被告间买卖关系合法有效，双方均应按约履行。被告人作为买受人，理应及时履行支付预付款的义务，现拖延不付，应承担相应民事责任。

【案情介绍】 2014年11月21日，原、被告签订编号为HAMUDU－HONGHU001采购合同一份，约定被告向原告采购6台扭轴折弯机PPM，合同金额为834000元，约定设备交货期为原告收到预付款后30天内完成，被告派人验收确认，若原告未能按照合同规定的时间交货，被告有权从合同价中扣除误期赔偿费，每延误一周的赔偿费按延交货物交货价的0.5%计收，直到交货为止，误期赔偿的最高限额为合同价格的5%，付款方式为预付设备合同金额的30%，原告完工准备发货前，经被告验收合格后5个工作日内支付设备合同金额的70%余款，另对产品规格型号、单价制作及验收标准、质保期、合同争议处理等作出约定。

原告宁波鸿鹄机械有限公司起诉称：原、被告双方于2014年11月21日签订采购合同，约定被告向原告采购三种型号的扭轴折弯机共6台，总货款为834000元，付款方式为预付30%的合同货款，发货前经过被告验收合格后5个工作日内支付设备合同金额的70%余款。合同签订后原告积极备货组织生产，被告一直未支付货款，一再拖延。原告多次要求被告履行合同并支付预付款未果，故诉至法院，要求被告支付货款834000元，并支付违约金100000元（后在审理过程中减少诉请为要求被告支付预付款250200元）。

原告宁波鸿鹄机械有限公司为证明其诉称理由，提供了以下证据：

（1）采购合同及附件1份，用以证明原、被告双方签订合同，被告向原告采购机器设备以及合同的具体约定；（2）邮件打印件1份，用以证明原、被告双方在合同签订后口头约定交货时间及被告承认延期预付，承诺会及时支付预付款，对于原告备货等情况知情并认可的事实；（3）照片打印件7页，用以证明原告为涉案合同的履行进行了大量准备工作的事实。

被告宁波哈姆渡机械有限公司答辩称：涉案采购合同系附条件合同，合同的履行以被告支付30%的预付款为条件，而被告作为中间贸易商只有在下游卖家确定购买意向后才会向原告支付预付款，故合同履行的条件尚未成就，在被告尚未收取原告货物的情况下，原告要求被告支付全款并无事实及法律依据；涉案合同项下货物系全球市场上的一般流通物，而非特定加工物，原告备货行为并非针对涉案合同的履行；原告依据其提前备货产生损失主张10万元违约金，无法律及合同基础，应予驳回。

被告宁波哈姆渡机械有限公司并无证据提供本院。

【法院审理意见】 本院认为，原、被告间买卖关系合法有效，双方均应按约履行。被告作为买受人，理应及时履行支付预付款的义务，现拖延不付，应承担相应民事责任。在双方未约定预付款支付时间的情况下，原告作为债权人可随时要求履行，故原告要求被告支付预付款，正当合法，本院予以支持。虽然被告辩称涉案合同的履行以被告支付30%的预付款为条件，故合同履行条件尚未成就，但其并未提供证据证明双方对合同效力约定附条件，故涉案合同自成立时生效，本院对该辩言不予采信。

【法院裁判结果】综上所述，判决如下：

被告宁波哈姆渡机械有限公司应于本判决发生法律效力之日起7日内支付原告宁波鸿鹄机械有限公司预付款250200元。

第二节 意思表示

第一百三十七条 以对话方式作出的意思表示，相对人知道其内容时生效。

以非对话方式作出的意思表示，到达相对人时生效。以非对话方式作出的采用数据电文形式的意思表示，相对人指定特定系统接收数据电文的，该数据电文进入该特定系统时生效；未指定特定系统的，相对人知道或者应当知道该数据电文进入其系统时生效。当事人对采用数据电文形式的意思表示的生效时间另有约定的，按照其约定。

第一百三十八条 无相对人的意思表示，表示完成时生效。法律另有规定的，依照其规定。

第一百三十九条 以公告方式作出的意思表示，公告发布时生效。

典型案例 张吉祥要求宣告吴静失踪一案

【裁判观点】以公告方式作出的意思表示的原因在于相对人不明确，无法确定送达相对人所需的时间。故此公告作出时即生效。本案中，被申请宣告失踪人于2006年11月离家出走，时隔多年没有音信，公告查询仍下落不明，故宣告其为失踪人，公告发布即生效。

【案情介绍】 吴静，女，汉族，生于1982年10月20日，住邓州市腰店镇孙楼村后孙楼94号。申请人张吉祥之父张国华于2003年2月12日因病死亡，母亲吴静于2006年11月离家外出，至今下落不明已满2年。本院根据《中华人民共和国民事诉讼法》第185条第1款的规定，于2015年6月17日在《人民法院报》上发出寻找吴静的公告。法定公告期间为3个月，现已届满，吴静仍然下落不明。

申请人张吉祥诉称：其父张国华与母亲吴静于2002年同居生活，2003年8月17日生女孩张吉祥，父亲张国华于2003年2月12日因病死亡，母亲吴静于2006年11月份离家外出，至今杳无音信，下落不明。现请求依法宣告吴静失踪。

为此，申请人张吉祥向法庭提交如下证据：（1）申请人张吉祥、监护人郭海军的户口簿、身份证各一份，以证明之间的亲属关系；（2）申请书一份，加盖有村委会、民政所及派出所公章证明一份；（3）证人证言5份。以上以证明申请人张吉祥与被宣告失踪人吴静的亲属关系以及吴静自2006年11月份离家出走，杳无音信。

法庭依法调查薛怀兰、高玉秀、王梅青的笔录各一份，以证明张吉祥与吴静系亲属关系，吴静自2006年11月份离家出走，杳无音信；申请人张吉祥现随其祖父母生活。

【法院审理意见】 本院认为，被申请宣告失踪人吴静于2006年11月离家出走，至今未与家中联系，经有关部门及亲属多方查找，直至公告查询，仍然下落不明，申请人张吉祥作为吴静的利害关系人，其申请宣告吴静失踪，符合法律规定宣告失踪的条件，依法应予准许。

【法院裁判结果】 综上所述，判决如下：

宣告吴静为失踪人。本判决为终审判决。

第一百四十条 行为人可以明示或者默示作出意思表示。

沉默只有在有法律规定、当事人约定或者符合当事人之间的交易习惯时，才可以视为意思表示。

典型案例 李某甲与邢某甲、邢某乙等继承纠纷

【裁判观点】 行为人作出意思表示的方式有明示或者默示，沉默除有明确规定和约定或习惯外，不视为意思表示。本案中，遗产分割前，

李某乙生前通过公证明示放弃继承权，邢某乙等也自愿放弃继承，符合自愿原则；李某丙没有表示放弃继承，其仍然享有继承权。

【案情介绍】 被继承人祝某某（1903 年 10 月 23 日出生）于 1988 年 3 月 16 日死亡，其丈夫李赋文已先于其死亡。李赋文死亡后祝某某未再婚。祝某某与李赋文生育了 3 个子女，即大儿子李某乙（1934 年 2 月 12 日出生）、二女儿李某丙（1936 年 2 月 12 日出生）、三儿子李某丁（1943 年 9 月 21 日出生）。被继承人祝某某死亡时遗留有登记在祝某某名下的坐落于重庆市沙坪坝区某某街某号房屋。祝某某生前留有遗嘱，载明死亡后该房屋由 3 个子女平均分配。该房屋至今未进行分割。李某乙于 2004 年 7 月 7 日经西安市雁塔区公证处公证，作出放弃继承权声明书，自愿放弃对该房屋的继承权，2009 年 4 月 19 日李某乙死亡。

李某丙于 2004 年 2 月 16 日死亡，其继承人有丈夫邢某甲、儿子邢某乙和邢某丙。邢某乙于 2004 年 8 月 27 日经中华人民共和国驻悉尼总领馆公证，作出放弃继承权声明书，自愿放弃对该房屋的继承权；邢某甲、邢某丙于 2005 年 11 月 11 日经江苏省常州市公证处公证，作出放弃继承权声明书，自愿放弃对该房屋的继承权。

李某丁与前妻邓某某育有儿子李某甲、女儿李某午（1972 年 10 月 14 日出生），李某午于 1992 年 6 月 23 日死亡，未婚未育。李某丁于 2001 年 8 月 20 日死亡，死亡前与邓某某离婚，离婚后未再婚。原告李某甲为李某丁的继承人。

现原告李某甲向本院提起诉讼，要求判如所请。审理中，原告李某甲认为其他继承人均系原告的亲属，且都通过公证放弃了继承权，其放弃继承权的目的就是为了由原告全部继承该房屋；3 被告亦表示通过公证放弃继承权属实，同意原告的诉讼请求。但由于 3 被告经本院传票传唤，未到庭参加诉讼，其亦表示不能到庭参加诉讼，本院依法进行缺席审理。

原告李某甲诉称：被继承人祝某某于 1988 年 3 月 16 日去世，留有登记在其名下坐落于重庆市沙坪坝区某某街某号房屋一套。祝某某生前留有遗嘱，将该房屋由其子女李某乙、李某丙和李某丁三人平均分配。李某乙于 2009 年 4 月 19 日死亡，其生前对房产作出了放弃继承公证；李某丙于 2004 年 2 月 16 日死亡，其合法继承人分别为配偶邢某甲，儿子邢某乙、邢某丙。现邢某甲、邢某乙、邢某丙均作出放弃继承公证。李某丁于 2001 年 8 月 20 日死亡，合法继承人只有李某甲一人。要求由原告继承该套房屋。

被告邢某甲、邢某乙、邢某丙辩称：原告李某甲所述属实。我们已通过公证作出放弃继承权声明书，自愿放弃对该房屋的继承权，同意该房屋由原告李某甲继承。

【法院审理意见】本院认为，遗产是公民死亡时遗留的个人合法财产。继承开始后，按照法定继承办理；有遗嘱的，按照遗嘱继承办理。被继承人祝某某立下遗嘱，将其合法财产即登记在祝某某名下的坐落于重庆市沙坪坝区某某街某号房屋平均分配给3个子女李某乙、李某丙、李某丁，符合法律规定。遗产分割前，3名继承人虽均已死亡，但李某乙生前通过公证放弃继承权，符合自愿原则；李某丙没有表示放弃继承，并于遗产分割前死亡，其继承遗产的权利转移给她的合法继承人即本案的3名被告，3名被告通过公证放弃继承权，符合自愿原则；李某丁已经死亡，原告李某甲系其合法继承人，对该房屋具有继承权。由于其他继承人放弃继承权，故该房屋应由原告李某甲继承。

被告邢某甲、邢某乙、邢某丙经本院传票传唤，未到庭参加诉讼，本院依法可以缺席判决。

【法院裁判结果】综上所述，判决如下：

登记在祝某某名下的坐落于重庆市沙坪坝区某某街某号房屋由原告李某甲继承。

第一百四十一条　行为人可以撤回意思表示。撤回意思表示的通知应当在意思表示到达相对人前或者与意思表示同时到达相对人。

典型案例　李爱民与滨州市聚鑫置业有限公司、滨州市滨城区农村信用合作联社排除妨害纠纷

【裁判观点】行为人可以撤回意思表示。撤回意思表示后，民事法律行为视为未完成。但撤回意思表示的时间有明确要求。本案中，原告李爱民等16户业主向被告出具的请求报告可视为要约，在被告作为承诺之前可撤回该要约。由于在特定的时间内原告既未行使要约撤回权，也未行使合同撤销权，故该委托合同对原告仍有约束力。

【案情介绍】本案涉案房屋位于原北镇信用社宿舍院内1号楼西单元4层西户，原告李爱民对该住房享有有限产权，李爱民占40%产权，被告滨州市滨城区农村信用合作联社占60%产权。

2013年，包括原告在内16户业主向被告滨州市滨城区农村信用合作联社

递交了《关于处理北镇信用社宿舍楼的请求报告》，该报告载明：该楼由于缺乏管理，停水、停电已达十余年，没法居住，住户都已搬走。现该楼已成危楼，多年来我们多次请求联社领导处理，都以种种原因到现在还没有处理。为了减少集体财产和我们业主的财产损失，我们请求联社领导在百忙中抽出时间为我们处理一下。具体请求如下：(1) 请联社领导安排专人处理此事，(2) 每套房子的价格为 5 万元，联社处理多少钱该怎么分配与业主无关，(3) 房子处理完，资金到账 3 日内，给付完业主房款，联社不得以任何借口和理由拒付，(4) 其他未尽事宜由业主和联社领导商议再定。(5) 该请求必须由业主本人签字有效。该请求报告分别由 16 户业主签字。

根据该请求报告，2014 年 5 月 15 日，被告滨州市滨城区农村信用合作联社委托滨州市中信拍卖有限公司拍卖包括涉案住房外，16 户业主整栋楼房，2014 年 6 月 15 日被告滨州市聚鑫置业有限公司以 150 万元竞得，并将 150 万元通过滨州市中信拍卖有限公司支付被告滨州市滨城区农村信用合作联社。

随后，被告滨州市滨城区农村信用合作联社按照以上 16 户业主的请求报告载明的内容向每户业主分别发放 5 万元，除原告李爱民在外的其他 15 户业主均已领取。

庭审中，原告李爱民提交 (1) 被告滨城区农村信用合作联社出具证明一份，证实开发商应与所有权人处理好住户、相邻等各方面的所有关系及事宜，未处理好之前不得对房屋进行处置，信用社没有授权开发商（第一被告）对原告李爱民所有的房屋、储藏室进行施工拆除；(2) 现场照片 4 张，证实被告滨州市聚鑫置业有限公司对原告所有房屋门窗进行了拆除，并将照片中原告所有的储藏室进行了拆除，现在储藏室这里已推平。二被告质证对证明本身的真实性无异议，被告滨州市聚鑫置业有限公司对证明内容有异议，提出其并没有对原告所涉房屋进行拆除的主张。对其证明内容有异议，被告滨州市滨城区农村信用合作联社对于原告取得该证据来源提出质疑，主张该证明是其出具给北镇派出所的，原件在原告手中，对证据来源的合法性提出质疑，其对证明中提及的原告反映窗户还有储藏室已拆除并不知情；对照片真实性有异议，提出纯照片本身看不出原告证实的所有的储藏室已被拆除这一事实。

原告李爱民诉称：2014 年 6 月 15 日，第二被告滨州市滨城区农村信用合作联社将原告所有的位于滨州市渤海二路以东、黄河三路以南的房产在没有征得原告同意的情况下拍卖给第一被告滨州市聚鑫置业有限公司，第一被告滨州市聚鑫置业有限公司在未征得原告同意、没有取得该房屋所有权的情况下便对该房屋进行了拆除、装修等，两被告的行为严重侵犯了与原告的合法权益，原告还为此与两被告发生了冲突，但未能制止被告的侵权行为，无奈只能具状人民法院，请求依法判令被告停止对原告自有房屋的拆除、装修行为，并赔偿原告财产损失20000元，诉讼费用由被告承担。

庭审中，原告增加诉讼请求一项将已拆除的原告所有的储藏室恢复原状或赔偿损失10000元。

被告滨州市聚鑫置业有限公司辩称：（1）被告通过合法的拍卖程序竞拍取得涉案房产，履行了全部合同义务，不存在任何违约、侵权情形。被告通过合法的拍卖程序竞拍成功，取得滨州市渤海二路以东、黄河三路以南1号房产。拍卖成功后，被告在规定的时间内通过拍卖公司支付了拍卖标的房产的价款，履行了法律规定的和合同约定的全部义务，依法取得标的物所有权，并且在第二被告以及绝大多数原住户的配合下，完成了房产过户手续。过户后被告对除本案涉案房产之外的其他房产进行了开发施工，仅剩原告所称房产因原告的阻扰没有施工，实施侵权行为的不是被告，而是原告。（2）涉案房屋所有权由第二被告与原住户按份共有，由全体原住户主动要求第二被告对外处理变卖，包括原告在内的原住户全部签字确认，第二被告取得合法的住户授权，不存在没有征得原告同意的情形。涉案房产建成于1993年，是第二被告20世纪90年代的职工福利房，后根据房改政策，该房产的实际所有权由第二被告与原住户按份共有，其中作为单位的第二被告拥有60%的产权，原住户拥有40%的产权。该房产因年代久远，配套设施落后，拍卖前停水停电就长达10余年，原住户早已不再居住。为避免时间长久造成房产继续贬值，2013年5月12日，包括原告在内的全体16户原住户向第二被告提交《关于处理北镇信用社宿舍楼的请求报告》，书面请求第二被告处理该老旧房产，并要求每套房子处理后向住户支付房款5万元。原告诉状所称的房屋位于上述拍卖标的房产西单元4层西户，原告本人也在上述《请求报告》中签字。拍卖成交后，第二被告已经向其他原住户支付了5万元房款。可见，第二被告是根据全体原住户的要求，取得书面授权后，通过正规合法的拍卖的程序处理房产，房产处理后也履行了支付房款的义务。综上所述，本案涉案标的房产是由原告书面请求并授权第二被告对外处理，第二被告得授权后，通过正规合法的拍卖程序对房产进行了拍卖，被告作为竞买人，同样通过合法的竞买程序竞拍成功，这一过程合法有据，被告与第二被告均不存在任何违约、侵权情形。相反，是原告拒绝办理过户，阻挠开发施工，既违反了其与第二被告的约定，也侵害了被告的合法权利，应当承担相关法律责任。请法庭依法核实，驳回原告的诉讼请求。

被告滨州市滨城区农村信用合作联社辩称：原告所述不实，涉案整栋楼房是北镇信用社宿舍楼，被告对整栋楼房享有60%的产权，住户享有40%的产权，整栋楼房共有16户，原告是其中之一，因为该栋楼房建成的年代早，配套设施不完善，住户都相继搬出，鉴于上述事实包括原告在内的16位住户，集体请求被告对整栋楼房进行处分，并主张5万元的房款，其他事宜由被告全权处理，根据包括原告在内的全体住户的授权，被告经过法定的评估拍卖程序，最终由第一被告竞拍购得涉案的整栋楼房，拍卖款也已于2014年6月23日向被告支付，除原告之外的其他住户已陆续将5万元房款领走，而原告出尔反尔拒不领取房款，又不协助办理房屋的交接事宜，因此原告诉称两被告对其楼房构成侵权无事实和法律依据，请求驳回其诉讼请求。

【法院审理意见】本院认为，包括原告李爱民在内的16户业主向被告滨州市滨城区农村信用合作联社出具的请求报告可视为要约，在被告滨州市滨城区农村信用合作联社作出承诺之前可撤回该要约，本案中滨州市滨城区农村信用合作联社于2014年5月15日委托滨州市中信拍卖有限公司拍卖包括涉案住房在内的16户业主整栋楼房可视为合作联社已作出承诺，根据《中华人民共和国合同法》第396条“委托合同是委托人和受托人约定，由受托人处理委托人事务的合同”之规定，自此该16户业主与被告滨州市滨城区农村信用合作联社之间的委托合同成立，且合法有效，双方应按照约定全面履行各自的合同义务，被告滨州市滨城区农村信用合作联社按照该合同约定将16户业主整栋楼房拍卖，并按约定将5万元向业主进行发放，其他业主已按约定领取该5万元，原告李爱民未领取。在此期间原告李爱民既未行使要约撤回权，也未行使合同撤销权，故该委托合同对原告李爱民仍有约束力。

【法院裁判结果】综上所述，判决如下：

一、被告滨州市聚鑫置业有限公司于本判决生效之日起10日内赔偿原告李爱民储藏室损失共计10000元；

二、驳回原告李爱民的其他诉讼请求和对被告被告滨州市滨城区农村信用合作联社的诉讼请求。

第一百四十二条　有相对人的意思表示的解释，应当按照所使用的词句，结合相关条款、行为的性质和目的、习惯以及诚信原则，确定意思表示的含义。

无相对人的意思表示的解释，不能完全拘泥于所使用的词句，而应当结合相关条款、行为的性质和目的、习惯以及诚信原则，确定行为人的真实意思。

典型案例　潘桂清诉张荣光、柳州市中食食品有限责任公司委托合同纠纷

【裁判观点】合同是有相对人的意思表示，依法成立的合同对双方当事人均有拘束力，任一方在履行合同的过程中，均应当遵循诚实信用的原则，不得损害他人的合法权益。本案中，被告张荣光是履行工作职责，因此原告潘桂清与中食公司之间形成委托合同关系。依照我国法律的规定，受托人应当按照委托人的指示善意地处理委托事务。就本案来看，张荣光在出售潘桂清交付的猪肉时，应当按照市场价格出售，如市场价格过低时，除遇紧急情况外，应当及时报告委托人，由委托人决定是否出售。由于张荣光在猪肉价格偏低时，没有及时通知潘桂清，故存在一定的过错。

【案情介绍】2014 年 1 月 29 日，潘桂清委托柳州市柳南屠宰厂的张荣光代售生猪肉，生猪一共 29 头，净重 1814.1 公斤，其中 70 ~ 80 公斤的生猪 4 头，重 293.4 公斤；60 ~ 70 公斤的生猪 15 头，重 963.5 公斤；50 ~ 60 公斤的生猪 9 头，重 510.4 公斤；50 公斤以下的生猪 1 头，重 46.8 公斤。潘桂清按照每头生猪 3 元的价格支出了代理费，出售的价格随行就市。当日，张荣光按照 6 元至 13 元不等的单价出售了这些猪肉，将所得 19654 元支付给了潘桂清。潘桂清认为张荣光出售猪肉价格过低，要求其赔偿，双方协商不成，遂诉至本院。

另查明，2014 年 1 月 29 日，为 70 ~ 80 公斤的生猪平均价格为 14.67 元/公斤、60 ~ 70 公斤的生猪平均价格为 13.34 元/公斤、50 ~ 60 公斤的生猪平均价格为 11.45 元/公斤、50 公斤以下的生猪平均价格为 8.17 元/公斤。

另查明，张荣光系柳南屠宰厂的员工，负责代售猪肉。柳南屠宰厂系中食公司的下属单位，潘桂清的代理费支付给了中食公司。

原告诉称：2014 年 1 月 29 日原告以 3 元每头猪的委托费委托被告张荣光代卖共计 29 头生猪，被委托人的职责是帮原告每日按市场价或好于市场价卖出，但结果却是被告恶意以极低的价格出售原告的生猪，给原告造成极大的损失。有交易清单为证。当日市价 16.4 元/公斤，而被告却以 13 ~ 13.5 元/公斤卖出 7 头，其余 22 头以 12 ~ 6 元/公斤的价格售出，且卖出这样让原告血本无归的价格时并未告知和征求过原告。被告张荣光可从中谋取巨大利益，很难让人相信这种谋利行为不存在。中食公司对以上行为负有管理责任，故有连带赔偿责任。为了维护原告的合法权益，现向法院提起诉讼，请法院依法判令：

(1) 两被告按当时最高猪价赔偿给原告，以当时16.4元/公斤的价格计需赔19802元整；(2) 两被告赔偿损失补偿费、精神费2000元及承担本次诉讼费。

被告张荣光、中食公司辩称：(1) 两被告在履行委托事项、出售猪肉的过程中不存在主观恶意，也没有重大过失。原告也没有证据证实被告存在故意或者重大过失的行为，以及从中谋取了重大利益；(2) 原告主张的赔偿没有事实依据，在交易的当日，原告已经收取了出售猪肉的款项，且原告后来自己去卖猪肉，也没有达到其主张的16.4元的单价；(3) 原告诉请的精神损害抚慰金没有依据，不予认可；(4) 原告在委托被告出售猪肉时，并未约明出售猪肉的底价，而是随行就市。

经庭审质证，被告张荣光、中食公司对原告潘桂清提供的证据的真实性均无异议，但不认可其证明目的，认为张荣光平日不认识原告，也没有其联系方式，交易当天情况紧急，就没有告知原告便将猪肉按照市场价格卖了。原告潘桂清对被告方提供的证据的真实性均无异议，但是不认可其证明目的，认为被告方存在故意压低猪肉价格出售的故意，而且没有提前告知原告便擅自出售了猪肉。本院对当事人均无异议的事实和证据经庭审质证予以确认。被告方申请证人冉启文、焦朋出庭作证，两证人证实委托中食公司代销代售猪肉，价格都是随行就市，张荣光在出售时遇到价格偏低，会询问其是否愿意出售。两位证人与本案无利害关系，且其陈述的和原被告的陈述相一致，故本院予以采信。

【法院审理意见】本院认为，依法成立的合同对双方当事人均有拘束力，任一方在履行合同的过程中，均应当遵循诚实信用的原则，不得损害他人的合法权益。本案中，被告张荣光是履行工作职责，因此原告潘桂清与中食公司之间形成委托合同关系。依照我国法律的规定，受托人应当按照委托人的指示善意地处理委托事务。就本案来看，张荣光在出售潘桂清交付的猪肉时，应当按照市场价格出售，如市场价格过低时，除遇紧急情况外，应当及时报告委托人，由委托人决定是否出售。由于张荣光在猪肉价格偏低时，没有及时通知潘桂清，存在一定的过错。两被告辩称，出售猪肉当日的情况紧急，才没通知潘桂清并且原告委托出售的生猪毛发、大小以及肉质均存在问题，因此猪肉价格低，但两被告均未能举证证实，故本院不予采纳。因此中食公司应当向潘桂清承担赔偿责任。考虑到两被告的过错程度，同时原告也未能举证证实其损失的数额，故本院参照2014年1月29日当天生猪的平均价格计算原告的损失。按照2014年1月29日生猪的平均价格出售，原告应得23383.7元，扣除被告中食公司已经支付的19654元，原告的损失为3729.7元。该损失应当由被告中食公司支付给潘桂清，被告张荣光不是委托合同的当事人，不应当承担赔偿责任。两被告辩称，出售猪肉当日的情况紧急，才没通知潘桂清。但被告未能举证证实该紧急情况为何，本院不予采纳。潘桂清辩称，当日的猪肉价格为16.4元，与本院查明的事实不符，因此本院对潘桂清的该项诉称不予采纳。至于原告潘桂清诉称是由于被告张荣光、中食公司故意以极低的价格出售猪肉导致其损失，因原告未能举证证实，故本院不予采纳。至于原告诉请的精神损害抚慰金1000元，因本案属于合同纠纷，该项诉请没有法律依据，本院不予支持。原告潘桂清诉请的其他损失1000元，没有证据证实，故本院不予支持。

【法院裁判结果】综上所述，判决如下：

一、被告柳州市中食食品有限责任公司赔偿给原告潘桂清损失3729.7元。

二、驳回原告潘桂清的其他诉讼请求。

第三节　民事法律行为的效力

第一百四十三条　具备下列条件的民事法律行为有效：

（一）行为人具有相应的民事行为能力；（二）意思表示真实；（三）不违反法律、行政法规的强制性规定，不违背公序良俗。

典型案例　达克明与李明芳其他所有权纠纷

【裁判观点】民事法律行为若要有效，需满足相应的条件，例如，意思表示真实，不违反法律行政法规等强制性规定，不违背公序良俗等。本案中，原被告以建立没有感情的婚姻为手段，欲争取额外动迁利益，其行为违背了诚实信用原则，损害国家和集体的利益，应为无效的民事行为。

【案情介绍】原被告经介绍认识，2008年4月1日原被告签订协议书一份，内容为，经双方协议妥当，事成后为7万元成交，交费在动迁费拿到后由甲方李明芳交于乙方达克明手中，先付5万元整，离婚后再付2万元整即可。当月7日原被告登记结婚。2013年1月被告前夫的房屋动迁。2014年4月原告第二次提出离婚诉讼，经调解，原被告协议离婚。以后，原告依据协议向被告催要7万元无果，遂诉讼来院。

审理中，原告认为，自己和被告结婚后有一段短暂的共同生活经历。而被告认为，除介绍认识原告时一起喝过一杯水，从拿到结婚证到离婚间既没有生活在一起也没有联系。签订协议之前按照动迁政策，我和原告结婚有无动迁利益是不清楚的，但是等到动迁的时候，根据新的政策，自己动迁利益是肯定没有。我和前夫之间的事情与原告无关。

原告诉称：在2008年4月1日双方签订了一份协议，内容为被告拿到动迁费后支付原告5万元，离婚后再支付2万元。当月7日原被告结婚，现被告完成动迁并在本院调解离婚，但被告一直以各种理由拖延支付7万元，现要求被告支付7万元。

被告辩称：自己的户口一直在前夫房屋内，由于该房屋已被列入动迁范围内，经自己工作的棋牌室老板介绍认识了原告。原告对自己讲"自己离婚后带着女儿，如果二人结婚后原告有动迁利益的，就让被告给原告5万元，如果女儿有动迁利益的再给2万元"。2008年4月1日双方签订了协议书一份，并于当月7日自己和原告登记结婚。2013年1月自己前夫房屋动迁，自己没有动迁利益，原告也知道，不同意原告的诉求。

【法院审理意见】 本院认为，被告为争取自己动迁利益的最大化，经人介绍认识原告，并于2008年4月1日签订了本案系争协议书，旨在由原告帮忙与被告结婚，让被告有更多的条件争取额外的动迁利益。协议签订后，原被告为了各自的利益建立了没有感情基础的婚姻，至被告动迁后因未依约支付原告相应的钱款而产生纠纷，被告以与原告建立没有感情的婚姻为手段，欲争取额外动迁利益的行为违背了我国诚实信用原则，双方的行为纯粹建立在金钱交易的基础上，根本不是一个家庭应该可以享受的动迁利益，可以认定为原被告恶意串通，损害国家和集体的利益，根据法律规定该行为为无效民事行为，对原被告没有法律约束力，且不受法律保护，对于无效民事行为的形成，本案原被告均有过错，应承担相应的民事责任。

【法院裁判结果】 综上所述，判决如下：

驳回原告达克明要求被告李明芳支付人民币7万元诉讼请求。

第一百四十四条　无民事行为能力人实施的民事法律行为无效。

典型案例　孙浩、吴爱俊与于子航、于磊、张荣健康权纠纷

【裁判观点】 民事法律行为的效力受到行为人的民事行为能力影响。具有完全民事行为能力的人其行为具有效力，而限制民事行为能力或无民事行为能力人则受到限制。本案中，被告于某某年满10周岁，系限制民事行为能力人，对其造成原告损害的，应当由于磊、张荣承

担民事责任；原告孙某年满9周岁，系无民事行为能力人，其监护人对损害后果有一定过错责任，应减轻被告的赔偿责任。

【案情介绍】2014年11月23日15时许，原告孙某与案外人李某、刘某某、吴某某在永宁县望远镇唐徕湖畔小区广场上打闹、玩耍时，被告于某某前来与上述4人一起打闹、玩耍，在打闹、玩耍过程中，被告于某某不慎将原告孙某绊倒，致使原告孙某头部着地受伤。原告母亲知道后于当天16时30分报警，后原告被其母亲送至宁夏医科大学总医院就诊治疗，经诊断为急性内开放性颅脑损伤：（1）颅底骨折并脑脊液鼻漏；（2）颅骨骨折；（3）颅内积气；（4）头皮血肿，共住院8天，原告的伤情于2015年3月25日经宁夏证泰司法鉴定所鉴定为10级伤残，原告母亲与被告协商解决未果。故原告向本院提起诉讼。

原告诉称：被告于磊、张荣系被告于某某的父母。2014年11月23日15时许，原告孙某与刘某某、吴某某在望远镇唐徕湖畔小区广场上玩耍，被告于某某过来勾住原告孙某的脖子，用脚将孙某绊倒，致使原告孙某头部着地受伤，后被送至宁夏医科大学总医院就诊治疗，诊断为急性内开放性颅脑损伤：（1）颅底骨折并脑脊液鼻漏；（2）颅骨骨折；（3）颅内积气；（4）头皮血肿，共住院8天，2015年3月25日经宁夏证泰司法鉴定所鉴定为10级伤残。故原告诉至法院，请求依法判令：（1）被告赔偿原告各项损失60614.5元（其中医疗费8007元、护理费200元×35天=7000元、伙食补助费100元×8天=800元、交通费500元、伤残费21833元×20年×10%=43666元、鉴定费600元、复印费41.5元）；（2）本案诉讼费由被告承担。

被告辩称：对原告陈述的事故发生的时间、地点没有意见，对被告于某某侵权一事不予认可，因被告于某某与原告之间没有发生任何纠纷或身体接触，原告孙某是自己在穿着旱冰鞋在与一起玩耍的李某、刘某某、吴某某互相打闹过程中自己摔倒所以原告之伤与被告于某某之间的行为没有任何因果关系，被告于某某不存在侵权行为；既然原告要起诉，也应该将本案中一起玩耍的李某、刘某某、吴某某列为共同被告，所以本案中存在遗漏被告主体的情况。请求法院驳回原告的诉讼请求。

被告未向法庭提交证据。

【法院审理意见】本院认为，公民的身体健康受法律保护，不受任何人非法伤害。被告于某某与原告孙某在打闹、玩耍过程中，不慎将原告孙某绊倒导致原告受伤，给原告的身体和经济造成了损失，该损害后果与被告于某某的行为有直接的因果关系，且被告有一定过错，应承担相应的赔偿责任。被告辩称原告受伤是其穿旱冰鞋玩耍时自己摔倒造成，还应追加其他3个孩子为被告，因仅有被告于某某的陈述，无其他证据予以证明，故对其辩称理由不能成立，本院不予采信。在事情发生时，被告于某某年满10周岁，系限制民事行为能力人，对其造成原告损害的，应当由被告于磊、张荣承担民事责任；原告孙某年满9周岁，系无民事行为能力人，其监护人对原告未能尽到安全监管义务，对损害后果有一定过错责任，应减轻被告的赔偿责任。原告主张的医疗费8007元，与其提供的发票复印件金额相符且已由保险公司进行过核实，应予以支持；原告主张护理费按35天计算，原告实际住院8天，并由其母亲护理，休息时间无医疗机构的护理证明，护理期限应确定为8天，其母亲收入应当以宁夏回族自治区在岗职工上年度平均工资，每天按197.7元计算（52185元/12个月/22天），护理费共计1581.6元；原告主张住院伙食补助费每天100元，共计800元，符合法律规定，予以支持；原告主张交通费500元，因其未提交相关证据证明，故不予支持；原告主张的鉴定费600元、复印费41.5元，属原告实际支出费用，予以支持；原告主张的残疾赔偿金43666元（21833元×20年×10%），符合法律规定且有证据证明，本院予以采信。综上，原告的经济损失共计为54696.10元，被告应赔偿原告经济损失的60%，即32817.66元。

【法院裁判结果】综上所述，判决如下：

被告于磊、张荣于判决生效后10日内赔偿原告孙某各项经济损失54696.10元的60%，即32817.66元，其余损失由原告的法定代理人吴爱俊负担。

第一百四十五条 限制民事行为能力人实施的纯获利益的民事法律行为或者与其年龄、智力、精神健康状况相适应的民事法律行为有效；实施的其他民事法律行为经法定代理人同意或者追认后有效。

相对人可以催告法定代理人自收到通知之日起一个月内予以追认。法定代理人未作表示的，视为拒绝追认。民事法律行为被追认前，善意相对人有撤销的权利。撤销应当以通知的方式作出。

典型案例 上海仁丰房地产经纪有限公司与王甲、王丙居间合同纠纷

【裁判观点】限制民事行为能力人实施的民事法律行为经法定代理人同意或者追认后有效。本案中，王甲为残疾，残疾，其作为限制民事

行为能力人订立的合同，经法定代理人追认后，该合同有效。现王甲签署的《房屋买卖居间协议》、《房屋买卖协议》、《上海市房地产买卖合同》未经其法定代理人追认，应为无效，原告未促成合同成立的，因此不得要求支付报酬。

【案情介绍】原告上海仁丰房地产经纪有限公司诉称：2014 年 3 月 15 日，原告与被告及案外人三方签订了《房屋买卖居间协议》，被告拟购买位于上海市凉城路凉城二村某号某室房产，经原告居间服务活动，被告与案外人成功签署了《房屋买卖协议》，但被告未履行支付居间报酬的约定，至今未付居间佣金 24000 元。现原告起诉要求被告向支付佣金 24000 元。

被告王甲、王丙辩称：王甲为残疾，其行为能力有欠缺，其签订居间协议、房屋买卖协议均无效。王丙及其监护人均未在居间协议、房屋买卖协议上签字，对支付佣金不负有义务。故不同意原告的诉讼请求。

经审理查明，2014 年 3 月 15 日，案外人郑某某（甲方）与被告王甲（乙方）及原告（丙方）签订《房屋买卖居间协议》，约定：甲方出售上海市凉城路凉城二村某号某室房屋；总房价款 120 万元；乙方在签订本协议的同时支付意向金 8000 元；甲乙双方应于房屋买卖协议签订当日支付丙方佣金，佣金总额度为上述房屋总价的 2%，由乙方全额支付上述款项。同日，案外人郑某某（甲方）与被告王甲（乙方）签订《房屋买卖协议》，约定总房价 120 万元；根据法律、法规、规章、政策等规定的交易税费、手续费等费用全部由乙方承担，居间服务费用全部由乙方承担；本协议作为《房地产买卖居间协议》的后续合同，于《房地产买卖居间协议》同时成立，并作为买卖合同成立，独立发生法律效力。同日，王甲向郑某某支付定金 8000 元。同日，郑某某（甲方）与王甲（乙方）签订了《上海市房地产买卖合同》，约定：甲乙双方通过上海仁丰房地产经纪有限公司居间介绍，由乙方受让凉城路凉城二村某号某室房屋，建筑面积 40.22 平方米；转让价款为 120 万元。嗣后，郑某某（甲方）与王甲、王丙（乙方）签订了《上海市房地产买卖合同》，约定：甲乙双方通过上海仁丰房地产经纪有限公司居间介绍，由乙方受让凉城路凉城二村某号某室房屋，建筑面积 40.22 平方米；转让价款为 115 万元，该合同王丙由其母亲赵恺玲代为签署。因被告未向原告支付中介服务费，现原告起诉来院要求判如所请。

另查明，王甲为残疾人。

上述事实，有原告提供的《房屋买卖居间协议》、《房屋买卖协议》、定金收据、《上海市房地产买卖合同》、独生子女证、赵恺玲身份证、王丙的出生证明，被告提供的残疾人证、病历、证明、逮捕通知书，本院向郑某某所作的调查笔录及调取的《上海市房地产买卖合同》，以及原、被告陈述等证据为证。

【法院审理意见】本院认为，王甲为残疾人，残疾，其作为限制民事行为能力人订立的合同，经法定代理人追认后，该合同有效。现王甲签署的《房屋买卖居间协议》、《房屋买卖协议》、《上海市房地产买卖合同》未经其法定代理人追认，应为无效，原告未促成合同成立的，因此不得要求支付报酬。

【法院裁判结果】综上所述，判决如下：

对原告上海仁丰房地产经纪有限公司要求被告王甲、王丙支付佣金24000元的诉讼请求，不予支持。

第一百四十六条　行为人与相对人以虚假的意思表示实施的民事法律行为无效。

以虚假的意思表示隐藏的民事法律行为的效力，依照有关法律规定处理。

典型案例　郑有根、郑玉海等与郑军房屋买卖合同纠纷

【裁判观点】民事法律行为有效的前提之一为双方意思表示真实，如果存在虚假的意思表示，则民事法律行为无效。本案中，原告自愿将房屋赠与被告、被告也表示接受赠与，双方即达成赠与合同，且系双方真实意思表示，成立并已生效。后为避税，双方又签订《房地产买卖契约》，该《契约》系虚假意思表示，买卖契约并未成立，不发生效力。

【案情介绍】原告郑有根系郑玉海、郑玉舟、郑玉山、郑玉东、郑玉兰及被告郑军的父亲。郑军母亲张萍一已于2009年9月29日去世。2009年，为解决被告郑军的住房问题，郑有根、张萍一与郑军达成口头协议，由郑有根、张萍一将其名下位于新浦区海连东路35号海连东路综合楼五单元301室房屋赠与给被告郑军。协议达成后，2009年9月18日，郑军与郑有根、张萍一一起到产权部门办理过户手续时，因赠与合同交纳的契税高于买卖合同应交纳的契税，双方又重新签订《房地产买卖契约》一份，由郑有根、张萍一将上述房屋出售给被告郑军，成交价格为10万元，于2009年9月19日付清。协议签

订后，郑有根、张萍一将上述房屋过户至被告郑军名下。被告郑军至今未向郑有根支付购房款。

原告郑有根诉称：原告与被告郑军系父子关系。2009年9月18日，被告采取欺骗的方法，在原告不知情、年龄大头脑不清醒的情况下，骗取原告签字，双方订立房地产买卖契约，原告郑有根自愿将坐落在海州区海连东路35号海连东路综合楼五单元301室房屋出售给郑军。双方认定的上述房地产成交价格为10万元，郑军于2009年9月19日前一次性给付郑有根。被告至今也未付房款给原告。被告提供虚假事实，骗取原告签订房屋买卖契约，将房屋过户给被告。为保护原告的合法权益不受侵犯，现诉至法院，请求判令（1）原、被告房屋买卖无效，被告归还原告房屋。（2）诉讼费用由被告承担。

原告郑玉海诉称：同意原告郑有根的诉讼请求。原告郑玉舟诉称：同意原告郑有根的诉讼请求。原告郑玉山诉称：同意原告郑有根的诉讼请求。原告郑玉兰诉称：房子给郑军是我母亲的意思，我的父亲当时也是同意的，我们尊重我母亲的意愿。原告郑玉东诉称：同意原告郑玉兰的意见。

被告郑军辩称：（1）原、被告签订的房屋买卖合同合法有效。原告郑有根及张萍一为了解决被告住房问题，决定将涉案房屋赠与被告，后为了减少税款，被告与郑有根、张萍一协商一致，签订了房屋买卖合同，因此，签订的房屋买卖合同及办理涉案房屋过户登记的行为，均出自双方的真实意思表示，故房屋买卖合同合法有效。（2）原告诉求房屋买卖合同无效，无证据支撑。首先，房屋买卖，不但要在产权处工作人员面签订买卖契约，还要在产权处工作人员面签订过户登记手续。因此，原告郑有根的上述行为均出自自愿。其次，原告诉求房屋买卖合同无效，不符合合同法关于无效合同的法定要件。最后，原告诉称被告采取欺骗的方法，应承担举证责任。（3）原告的诉求已超过诉讼时效。涉案房屋买卖合同签订于2009年9月18日，原告认为被告采取欺骗的方法签订房屋买卖合同，原告应在权利被侵害的两年内主张权利，因此，原告的诉求已经超过诉讼时效。综上，应依法驳回原告的诉讼请求。

【法院审理意见】本院认为，赠与合同是赠与人将自己的财产无偿给予受赠人，受赠人表示接受赠与的合同。根据郑有根及郑军的陈述，郑有根在其妻张萍一在世时与郑军就涉案房屋达成赠与合意，郑有根及张萍一自愿将房屋赠与郑军，郑军也表示接受赠与，双方即达成赠与合同，该赠与合同系双方真实意思表示，成立并已生效。在办理手续时，为规避税费，双方又签订《房地产买卖契约》，该《房地产买卖契约》系虚假意思表示，双方系以买卖契约的形式履行了赠与合同，买卖契约并未成立，不发生效力。因双方赠与合同系合意达成，根据法律规定，赠与人在赠与财产的权利转移之前可以撤销赠与，该房屋现已过户至郑军名下，双方赠与合同已实际履行完毕，故原告要求返还房屋的诉讼请求，于法无据，本院不予支持。

【法院裁判结果】综上所述，判决如下：

驳回原告郑有根、郑玉海、郑玉舟、郑玉山的诉讼请求。

第一百四十七条　基于重大误解实施的民事法律行为，行为人有权请求人民法院或者仲裁机构予以撤销。

典型案例　顾隽文与中国平安人寿保险股份有限公司、中国平安人寿保险股份有限公司上海分公司人身保险合同纠纷

【裁判观点】行为人对对方提供的资料有认识错误或理解偏差的不足以构成重大误解时，双方的合同依然有效。若存在重大误解，行为人有权请求法院或仲裁机构予以撤销。本案中，原告的诉讼请求没有事实及法律依据。如果原告认为其是基于代理人的承诺才购买保险的，在发现保险条款的内容与代理人的承诺不符后，可以重大误解为由申请撤销合同。

【案情介绍】2006 年 6 月，被告业务员晏某某以保单年度第 7 年可以返还所交的保险费为险种特色向原告顾隽文推销平安财富一生两全保险（分红型），并向原告发放平安财富一生（分红险）广告页，广告页正面的险种特色一栏载明：“……4. 保费能返还，终身有保障”，背面的青年篇一栏以 30 岁男性购买“财富一生”保额 10 万 3 年缴、每年缴费 65250 元为例，至被保险人 37 岁、保单年度第 7 年时，可领取生存保险金 21000 元，累计红利（中档）15534 元，现金价值 163520 元，综合利益（中档红利）共计 200054 元，特征描述还本。广告页背面的底部载明，“宣传内容仅供参考，具体内容以保险合同为准”。

2006 年 6 月 30 日，原告向被告投保平安财富一生两全保险（分红型），《人身保险投保书》第 4 页底部投保人、被保险人、其他被保险人声明和授权一栏载明：“1. 本人已认真阅读并理解产品说明书，对所投保险种条款尤其是保险人责任免除条款、合同解除处理条款均已了解并同意遵守。其他任何与本投保书各事项及保险条款不相符的解释、说明或书面承诺均无效。”该栏中投保人签名处“顾隽文”的签名系原告本人所签。

2006年7月6日，被告平安公司在编号为P×××的《人身保险合同》上签章，保险单上载明保险合同于2006年7月1日生效，投保人为顾隽文，被保险人为陶猗，保险期间为终身，交费年限3年，年交保险费63680元，基本保险金额100000元，红利领取方式为累积生息。2006年至2008年，原告按约交纳保险费共计191040元。

《平安财富一生两全保险（分红型）保险条款》规定，“在本主险合同有效期内，我们承担如下保险责任：生存保险金，被保险人于本主险合同生效之日起每满2周年时仍生存，我们按保险金额的7%给付‘生存保险金’；身故保险金，被保险人身故，我们按保险金额与所交保险费的较大值给付‘身故保险金’，本主险合同终止。‘所交保险费’按身故当时的基本保险金额确定的年交保险费和保单年度数（交费期满后为交费年度数）计算”，“本主险合同为分红保险合同，您有权参与我们分红保险业务的盈利分配，在本主险合同有效期间内，按照保险监管机关的有关规定，我们每年将根据分红险业务的实际经营状况确定红利的分配。若我们确定本主险合同有红利分配，则该红利将于保单周年日分配给您。您在投保时可选择以下任何一种红利领取方式：（1）累积生息：红利留存在本公司，按我们每年确定的利率储蓄生息，并于您申请或本主险合同终止时给付。”

2006年7月17日，原告在《人身保险合同回执》上签字，回执上载明，“本人顾隽文于今日收到贵公司送达的个人寿险保险单及人身险保险费发票各一份。保险合同编号为：P×××。……经审核，本保险单及发票上所列各项内容确实无误，本人予以签收。”

2007年7月2日，晏某某向原告出具一份《承诺书》，内容为：“顾隽文2006年6月在我公司购买财富一生两全保险，如在六周年拿不回投资保险本金时，我另支付利率5%的年利息（拿回本金不属于退保）。”

2013年12月6日，晏某某又向原告出具一份《情况说明》，主要内容为：2006年5月底6月初，公司为销售财富一生保险对业务员进行了培训，主讲人是龚小东。同时，还召开客户联谊会并发放广告页，要求业务员按照广告页的内容向客户讲解。广告页都是公司通过课长毛伊雯发放给我们的。后王某某也向原告出具一份《情况说明》，主要内容为：晏某某所写的情况属实，所有宣传资料都是公司通过课长毛伊雯发放的，并要求按照宣传资料进行讲解。

另查明，原告已累计领取红利26170元，生存保险金21000元。被告平安上海分公司于2014年6月15日查询到系争保险单的现金价值为165259.87元。

原告诉称：2006年6月，被告的业务员晏某某向原告推销名为平安财富一生的保险产品。原告基于广告页上7年返本的宣传以及晏某某7年返本的承诺，于2006年6月30日与被告签订了编号为P×××的《人身保险合同》，合同约定：原告每年向被告支付保险费人民币（以下币种同）63680元，交费年限3年，每满2周年领取生存保险金7000元，保险期间为终身，保险年度满7年时，返还本金即已经支付的保险费，返本不等于退保。后原告按约向被告交纳保险费191040元。2013年6月30日，原、被告约定的返本期限届满，但被告拒绝向原告返还保险费。故原告诉至法院，请求判令：（1）两被告返还原告保险费191040元，并继续履行保险合同；（2）诉讼费由两被告承担。

两被告辩称：不同意原告的诉讼请求，《人身保险合同》中并未约定投保后可以返本，原告有权终止合同，但被告只需返还保险单的现金价值。由于原告已经在投保书上签字，确认了解该保险产品，且签收了保险合同，亦未提出任何异议，并领取了保单红利，现要求在不解除合同的前提下返本没有合同依据。

【法院审理意见】 本院认为，原告向被告投保、被告承保后，双方的保险合同关系成立。本案的争议焦点在于：（1）广告页和晏某某的承诺是否构成保险合同的组成部分；（2）保险合同中是否包含了保单年度第7年可以返还全部保险费并继续履行合同的约定。

关于广告页是否构成保险合同的组成部分，原告认为，广告页是保险合同的组成部分，广告页上对于该保险产品特征“还本”的描述即可理解为在保单年度的第7年可以返还所交纳的保险费，并且合同继续履行。被告认为，广告页并非由被告印发，也不是保险合同的组成部分，广告页载明的“还本”仅能理解为到保单年度的第7年，该份保险的综合利益会超过保险费的金额。本院认为，广告页的背面已作出明确提示，“宣传内容仅供参考，具体内容以合同为准”，故广告页并非是保险合同的组成部分。且广告页上对保险产品特征“还本”的描述，也很难理解为原告所主张的到保单年度的第7年可以返还全部保险费并继续履行合同。本案中，原告已领取的红利、生存保险金与保险单的现金价值之和，即综合利益，已超出其交纳的保险费，故将“还本”理解为综合利益大于已交纳的保险费更具有合理性。

关于晏某某的口头及书面承诺是否构成保险合同的组成部分，原告认为，晏某某已证实曾向原告承诺返本不等于退保，故被告应当履行晏某某的承诺；且晏某某作为被告的代理人，向原告推销保险产品应当有被告的授权，即使晏某某没有被告的授权，也构成表见代理，被告应当承担相应的法律后果。另，《平安综合保障计划》上并非由原告本人签字，在合同签订时原告并未看到该份保障计划，故只能按照晏某某的介绍来理解保险产品。被告认为，晏某某超越被告的授权对外作出的口头承诺是其个人行为，不构成表见代理；而晏某某在原告投保1年后出具的《承诺书》亦与保险合同条款的内容完全不符，故被告不应对此承担责任。《平安综合保障计划》是投保前业务员对保险产品的演示性说明，并非保险合同的组成部分，故原告本人是否在保障计划上签字对合同不产生影响。本院认为，晏某某向原告作出的口头及书面承诺并不能成为保险合同的组成部分。首先，原告在《人身保险投保书》上签名确认对所投保险种的条款已了解并同意遵守，其他任何与本投保书各事项及保险条款不相符的解释、说明或书面承诺均无效。即使代理人晏某某在向原告推销保险产品时作出了返本不等于退保的承诺，也因与保险条款不相符而无效。其次，原告在投保1年后发现保险合同的条款中没有“返本不等于退保”的内容时，要求代理人晏某某出具了一份书面《承诺书》，但是该《承诺书》也只是晏某某以个人名义向原告作出的保证，与被告无关。第三，保险合同当事人之间的权利义务关系应当以书面的保险条款为准是社会大众的普遍认知，若法院认可保险代理人可以通过口头、书面承诺的方式更改保险合同条款的内容，不仅会加剧保险代理人为追求个人业绩误导销售的情况，而且会影响保险行业的正常经营秩序。至于原告提出的《平安综合保障计划》上并非由其本人签字，因保障计划只是对被告提供的保险利益的一种演示，即使保障计划上并非由原告本人签字确认，也不影响原、被告双方基于保险合同所确定的权利义务关系。

关于保险合同中是否包含了保单年度第7年可以返还全部保险费并继续履行合同的约定。原告认为，保险合同存在缺页，故无法确认缺页上是否存在返本不等于退保的约定。被告认为，保险合同不应存在缺页，明显有被人撕掉的痕迹；合同中缺失的是《人身保险投保书》，保险条款的内容是完整的。本院认为，结合保险合同的条款目录，可以认定保险条款不存在缺失。只要保险条款的内容完整，即使整本保险合同存在部分缺页，也不会对当事人之间权利义务关系的认定产生影响。由于保险合同的条款中并不包含保单年度第7年可以返还全部保险费并继续履行合同的约定，在广告页和晏某某的口头及书面承诺均不构成保险合同组成部分的前提下，本院认定系争保险合同中不包含保单年度第7年可以返还全部保险费并继续履行合同的内容。

综上，原告的诉讼请求无事实及法律依据，本院不予支持。如果原告认为其是基于代理人的承诺才购买的该份保险，在发现保险条款的内容与代理人的承诺不符后，可以重大误解为由请求撤销合同。

【法院裁判结果】综上所述，判决如下：

原告顾隽文的诉讼请求，不予支持。

第一百四十八条　一方以欺诈手段，使对方在违背真实意思的情况下实施的民事法律行为，受欺诈方有权请求人民法院或者仲裁机构予以撤销。

典型案例　**刘姗姗与华润万家生活超市（广州）有限公司买卖合同纠纷**

【裁判观点】民事法律行为一方当事人在受到对方欺诈的情况下实施的民事法律行为，受欺诈方有权请求人民法院或者仲裁机构撤销。本案中，被告作为商品的销售者，由于未尽严格的审查义务，销售了标注内容不合格的商品，误导消费者作出不真实的意思表示，其行为已构成欺诈。

【案情介绍】2015年1月13日，原告刘姗姗在被告处购买了Jess牌女士肩包、手提斜挎包、背包等共24个，分别是：条形码为6956473700326的3个，单价为69元；条形码为6956473700036的5个，单价为69元；条形码为6956473700906的3个，单价为79元；条形码为6956473700258的5个，单价为79元；条形码为6956473700258的2个，单价为158元；条形码为69596473700111的2个，单价为138元；条形码为6956473700128的4个，单价为138元，原告共支付2428元。在上述背包的合格证上均注明等级为“一等品”，执行标准为QB/T1333－2010。

原告刘姗姗诉称：2015年1月13日，原告在被告门店处购买了由东莞市凤岗泰广手袋厂生产的JESS牌手提包及背包，其中条形码为6956473700326的3个，单价为69元；条形码为6956473700036的5个，单价为69元；条形码为6956473700906的3个，单价为79元；条形码为6956473700258的5个，单价为79元；条形码为6956473700258的2个，单价为158元；条形码为69596473700111的2个，单价为138元；条形码为6956473700128的4个，单价为138元，以上产品合计支付2428元。原告在购买前看到涉案产品的合格证上标注如下内容：“品牌、品名、型号、颜色、面料、里料、规格、产地、等级：一等品、执行标准：QB/T1333－2010”，吸引原告购买上述产品的重要原因之一也正是上述内容中标注了产品质量等级为“一等品”，而其他的同类产品标注为“合格品”。后原告使用前仔细查了涉案产品上标注的执行标准：《QB/T1333－2010背提包》（本标准适用于各种日常生活用的背提包），在该标准4.4项表3外观质量的要求、4.5.1项表4规定负重、4.5.3项表5其他物理机械性能、6.5项合格判定都只有对执行该标准的检测、评定要求分别为优等品与合格品，并没有“等级：一等品”的检测标准及评定依据，因此被告所销售的涉案产品将等级标注为“一等品”是属于伪造商品的等级，作引人误解的虚假表示。依据《欺诈消费者行为处罚办法》第2条规定，本办法所称欺诈消费者行为，是指经营者在提供商品或服务中，采取虚假或者其他不正当手段欺骗、误导消费者，使消费者的合法权益受到损害的行为。被告作为专业的销售商，在履行《产品质量法》第33条法定义务后，应当知道本诉产品上所标注的“等级为一等品”是没有任何的法律依据的，而继续销售涉案产品的行为违背了《消费者权益保护法》第20条提供真实、全面信息的义务。被告应提交关于涉案商品的标注“等级为一等品”的合法依据。因此原告认为依据《中华人民共和国消费者权益保护法》第48条、《广东省实施〈中华人民共和国反不正当竞争法〉办法》第7条及国家工商行政管理总局关于对《反不正当竞争法》第5条第4项、《消费者权益保护法》第55条的规定，被告应该承担退赔责任。故要求法院判令：被告退还货款2428元、赔偿7284元；本案诉讼费由被告承担。

被告华润万家生活超市（广州）有限公司辩称：（1）原告主张退还货款应当先退还货物，在原告未能退还货物情况下其第一项请求退还货款没有法律依据；（2）依据《消费者权益保护法》第54条的规定，必须以被行政机关认定为不合格产品的前提下才能主张退还货款，但原告并未提供这方面证据，故其主张退还货款没有法律依据；（3）涉案产品外包装为生产厂家提供，并非销售商提供，根据最高人民法院《关于贯彻执行民法通则若干问题的意见》第68条关于欺诈的解释，本案并非销售商故意告知原告虚假事实，不存在主观故意，即便法律法规规定零售商有验货的义务，但相关义务与存在故意欺诈是两个不同的法律概念，不能因为零售商存在验货义务就直接推断零售商有故意欺诈行为，如果直接推定零售商有直接故意，那么就属于过错推断，这是与法律不符的；（4）根据《消费者权益保护法》第52条规定，退还货物与赔偿损失（包括原告要求赔偿500元）是不能同时适用的，该法条中其逻辑关系是选择关系而不是并列关系，故原告主张退还货款和赔偿损失这两项诉请不能同时适用。退还货款或者赔偿损失的前提是造成消费者财产性损害，而不是原告主张的知情权或者虚构等级，知情权只是有告知义务，而没有造成原告财产性损害，原告也没有证据证明产品已经灭失或者没有使用价值。涉案产品完全具有使用价值，原告主张退还货款和赔偿损失没有依据。综上，要求法院驳回原告的诉讼请求。

【法院审理意见】本院认为，《中华人民共和国消费者权益保护法》第20条规定，经营者应当向消费者提供有关商品或服务的质量、性能、用途、有效期限等信息，应当真实、全面，不得作虚假或引人误解的宣传。被告销售的Jess牌各类背包的合格证上注明等级为一等品，执行标准为《中华人民共和国轻工行业标准（QB/T1333－2010）》，而该标准中并无一等品的等级。由于被告未向原告提供真实、全面的商品质量等级信息，其销售的商品标识不符合其标注的执行标准，涉案商品应属标识不合格产品。《中华人民共和国产品质量法》第33条规定，销售者应当建立并执行进货检查验收制度，验明产品合格证和其他标识。被告作为商品的销售者，应当有验明在其商场销售的商品标注的“等级一等品”是否符合国家质量标准的义务，但由于其未尽严格的审查义务，销售了标注内容不合格的商品，误导消费者作出不真实的意思表示，其行为已构成欺诈。经营者提供商品或者服务有欺诈行为的，应当按照消费者的要求增加赔偿消费者受到的损失，增加赔偿的金额为消费者购买商品的价款的三倍，故本院对原告的诉讼请求予以支持。鉴于被告需退还全额货款给原告，根据公平合理的原则，原告向被告退还Jess牌各类背包24个。

【法院裁判结果】综上所述，判决如下：

一、被告华润万家生活超市（广州）有限公司应于本判决生效之日起5日内退还货款2428元给原告刘姗姗。

二、被告华润万家生活超市（广州）有限公司应于本判决发生法律效力之日起5日内赔偿7284元给原告刘姗姗。

三、原告刘姗姗应于本判决发生法律效力之日起5日内，退还Jess牌各类背包24个（分别为条形码为6956473700326的3个、条形码为6956473700036的5个、条形码为6956473700906的3个、条形码为6956473700258的5个、条形码为6956473700258的2个、条形码为69596473700111的2个、条形码为6956473700128的4个）给被告华润万家生活超市（广州）有限公司。

第一百四十九条　第三人实施欺诈行为，使一方在违背真实意思的情况下实施的民事法律行为，对方知道或者应当知道该欺诈行为的，受欺诈方有权请求人民法院或者仲裁机构予以撤销。

典型案例　汤世伟与湖州南浔善琏蒙溪木材加工厂、施湘平等小额借款合同纠纷

【裁判观点】一方在受欺诈的情况下实施民事行为，其可以请求法院或仲裁机构予以撤销。本案中，被告加工厂以微凹黄檀木材充当

大红酸枝木材向原告出售，系欺诈行为，原告作为受欺诈方有权请求撤销买卖合同，原告可以据此要求被告加工厂返还货款并按中国人民银行同期同类贷款利率赔偿经济损失。

【案情介绍】 原告汤世伟起诉称：2013年被告加工厂为他人向被告贷款公司贷款将其原木作为质押物提供质押担保。被告加工厂将原木交给被告贷款公司保管后，2013年12月2日，被告贷款公司的客户经理即被告施湘平经他人介绍将质押原木以大红酸枝的名义出卖给原告，原木重量是8.78吨，货款为1097500元，原告分两次付清上述货款。2013年12月3日，被告施湘平向原告出具收条一张。后来原告怀疑所购原木可能不是大红酸枝，即与被告加工厂、施湘平发生争执，两被告同意原告对争议原木进行鉴定。2014年1月15日，南京林业大学木材科学研究中心出具了木材鉴定报告，认定争议原木并非大红酸枝。原告多次与被告交涉未果后，于2014年7月23日向德清县人民法院提起诉讼，后被告施湘平、贷款公司向德清县人民法院出具了由被告加工厂盖章的情况说明一份，故原告向该院提出撤诉申请，该院予以准许。现原告为维护自身的合法权益，诉至本院，请求判令：（1）撤销原告与被告加工厂于2013年12月2日的买卖合同；（2）被告加工厂返还原告人民币1097500元，赔偿原告经济损失人民币78822元（损失暂计算至起诉之日并要求支付至实际支付之日止）；（3）被告施湘平、贷款公司对上述第二项承担连带责任；（4）三被告承担本案诉讼费用。在本案审理过程中，原告变更诉讼请求为：（1）撤销原告与被告贷款公司于2013年12月2日的买卖合同；（2）被告贷款公司返回原告人民币1097500元并赔偿原告经济损失（按中国人民银行同期贷款利率计算，自付款之日至实际支付之日止）；（3）被告加工厂、被告施湘平对上述第二项承担连带责任；（4）三被告承担本案诉讼费用。

被告加工厂在答辩期内未作答辩，在庭审中辩称：第一，加工厂不是本案适格的被告。加工厂将其所有的木材以大红酸枝的名义出质给被告贷款公司，后因案外人章义忠无力归还借款，同意被告贷款公司将该批木材以12.5万/吨的价格卖给原告。加工厂是事后才知道此事。加工厂仅仅是出质人，同意质押物由被告贷款公司出面进行出卖，出卖的款项也是用于替章义忠归还借款，加工厂没有拿到原告支付的任何一笔款项，在本案木材的买卖过程中，加工厂并没有参与交易，均是由被告贷款公司进行。至于原告诉状中提及的加工厂负责人王国安出具的情况说明，是在原告向德清县人民法院起诉之后，由被告贷款公司事先拟好交被告施湘平让王国安签字的，该说明所陈的述并不是事实。第二，所谓的大红酸枝，分为中美洲大红酸枝、老挝大红酸枝，大红酸枝属于红酸枝的一类。在2013年12月时，根据中美洲大红酸枝的行情，该木材的市场价格为12.5万元/吨，老挝大红酸枝为30万元/吨，因此，当时被告贷款公司以12.5万元/吨的单价出卖给原告是合情合理，也是符合市场行情的。第三，原告诉称的，加工厂同意对争议木材进行鉴定，经鉴定并非大红酸枝也与事实不符。首先，加工厂没有同意鉴定；其次，该鉴定报告是虚假的，申请法院调取该鉴定报告的原始材料。因此，原告自始至终也不能证明该批木材不是大红酸枝。第四，如果原告要求撤销合同，必须返还所购木材。但距离本案木材的买卖已经事隔两年多，据加工厂了解，本案所涉的木材可能已经被原告处理掉了，无法返还。

被告施湘平在答辩期内未作答辩，在庭审中辩称：施湘平是本案被告贷款公司的职员，其所从事的均是职务行为，应由被告贷款公司承担相应责任；施湘平不知道鉴定报告的事宜。

被告贷款公司在答辩期内未作答辩，在庭审中辩称：第一，对2013年被告加工厂以本案所涉的红木8.78吨为案外人章义忠的借款提供质押担保、被告贷款公司的职员即被告施湘平出具收条一份以及原告曾向德清县人民法院提起诉讼后撤诉的事实均无异议；对鉴定报告，贷款公司不知情。第二，贷款公司不是本案适格的被告。本案所涉木材系被告加工厂所有，贷款公司系根据被告加工厂的授意进行出卖，交易所得款项是被告加工厂用于归还章义忠的借款，所以交易的双方是被告加工厂和原告。第三，原告诉请撤销买卖合同于法无据。根据合同法的规定，存在重大误解或显失公平的情形下才可以解除合同，本案并不存在前述两种情形。首先，在买卖之前，原告曾派人检验过木材；其次，原告认为，根据鉴定报告，所购的不是大红酸枝，但实际上在红木的分类当中，不存在大红酸枝的分类，只有红酸枝，所谓的大红酸枝是一种俗称，该鉴定报告也确认该木材是红酸枝，因此是符合合同约定的。

【法院审理意见】 本案争议焦点之一为：买卖的标的物是否为大红酸枝。本院认为，根据湖州市吴兴区人民法院作出的（2014）湖吴商初字第826号民事判决书中认定的事实，本案所出卖的木材与该案涉及的木材系同一批，被告加工厂将微凹黄檀充当大红酸枝木材向原告出售系事实。本院认为，被告加工厂以微凹黄檀木材充当大红酸枝木材向原告出售，系欺诈行为，原告作为受欺诈方有权请求撤销买卖合同，原告可以据此要求被告加工厂返还货款并按中国人民银行同期同类贷款利率赔偿经济损失。被告施湘平、贷款公司在本案中并不需要承担责任。此外，本案所涉木材，原告应予以返还。

【法院裁判结果】 综上所述，判决如下：

一、撤销原告汤世伟与被告湖州南浔善琏蒙溪木材加工厂于2013年12月

2日之间的木材买卖合同。

二、被告湖州南浔善琏蒙溪木材加工厂于本判决生效之日起10日内返还原告汤世伟货款人民币1097500元并赔偿原告经济损失（按中国人民银行同期同类贷款利率，100万元自2013年12月2日起支付至实际支付之日止，97500元自2013年12月3日起支付至实际支付之日止）。

三、驳回原告汤世伟的其他诉讼请求。

第一百五十条 一方或者第三人以胁迫手段，使对方在违背真实意思的情况下实施的民事法律行为，受胁迫方有权请求人民法院或者仲裁机构予以撤销。

典型案例 张会玲等与刘明伟合同纠纷

【裁判观点】一方以欺诈、胁迫的手段或者乘人之危，使对方在违背真实意思的情况下订立的合同，受损害方有权请求人民法院或仲裁机构变更或撤销。本案中，原被告并不存在真实的借款关系。被告带领3名男子以强硬的态度和言语辱骂与威胁，迫使原告签订合同，法院应予撤销。

【案情介绍】2013年9月16日，原告张会玲作为借款方，被告刘明伟作为出借方，原告董哲云作为担保人形成《借款合同》，载明原告张会玲向被告刘明伟借款256万元，期限为2013年9月16日至2013年12月30日；借款期限届满，双方可另行签订书面协议予以展期或变更。原告张会玲承诺已明确向其配偶告知该协议的全部内容及风险，如未能按期限清偿，则原告张会玲除应当按照中国人民银行公布的同期商业贷款利率的四倍支付借款利息外，还应当按照每日千分之五的利率标准支付逾期还款违约金。当日，原告张会玲作为抵押权人、被告刘明伟作为抵押人就前述《借款合同》的履行形成《抵押物合同》，约定被告刘明伟提供抵押财产保障原告张会玲债权的实现，抵押财产的详细情况以后附“抵押物清单”为准。合同后附抵押物清单为空白。同时，原告董哲云于2013年9月16日向被告刘明伟出具不可撤销连带责任保证函，载明自愿对原告张会玲向被告刘明伟借款事项提供连带清偿责任。

另查，被告刘明伟2013年9月16日带3名男子到原告董哲云经营的北京顺新凯隆科贸有限公司大厅内，声称代表廊坊盛泰公司向原告张会玲、原告董哲云要账。交涉过程中，被告刘明伟及其带领的 3 名男子态度强硬，要求原告张会玲、原告董哲云抓紧时间准备现金，否则就在其事先准备好的借款合同、抵押物合同、不可撤销连带责任保证函上签字。在原告张会玲、原告董哲云对被告刘明伟的身份及所涉欠款事项提出异议后，被告刘明伟等人多次辱骂二原告，并多次声称“我要你命”“拿不出钱，还不签，把你家店给关了，两天就砸黄了”“刀架脖子上才想起这东西，才写啊”“信不信 250 万元我一分钱都不要”“送你 50 天要死啊”等言语恐吓原告张会玲、原告董哲云。迫于无奈，原告张会玲、原告董哲云分别在被告刘明伟事先准备好的借款合同、抵押物合同、不可撤销连带责任保证函上签字。

审理过程中，被告刘明伟承认与原告张会玲、原告董哲云之间并不存在借款关系，并称签订借款合同、抵押物合同、不可撤销连带责任保证函是受盛泰公司蔡总委托办理该事项；但被告刘明伟未能提供其与盛泰公司存在劳动关系的证据。对原告张会玲、原告董哲云提供的录音材料内容，被告刘明伟没有异议。

原告张会玲、原告董哲云起诉称：二原告为夫妻关系，与被告刘明伟并不认识。2013 年 9 月 16 日，被告刘明伟带着 3 个人突然闯进位于北京市通州区玉桥中路 53 号原告董哲云的个人独资公司北京顺新凯隆科贸有限公司大厅内，声称原告张会玲、原告董哲云欠廊坊盛泰电器有限公司（以下简称盛泰公司）256 万元，盛泰公司蔡总委托被告刘明伟来要账。原告张会玲、原告董哲云向被告刘明伟说明不欠盛泰公司钱，但被告刘明伟强硬要求原告张会玲、原告董哲云还钱，并要求在其事先打印好的借款合同、抵押物合同及不可撤销连带责任保证函上签字。事实上，原告张会玲、原告董哲云与被告刘明伟之间不存在真实的借贷关系，故诉至法院，要求撤销原告张会玲、原告董哲云与被告刘明伟于 2013 年 9 月 16 日签订的借款合同、抵押物合同和不可撤销连带责任保证函，并由被告刘明伟承担本案诉讼费用。

被告刘明伟答辩称：原告张会玲、原告董哲云起诉主体不对，被告刘明伟是代表盛泰公司签订合同的，当时写明是盛泰公司的账目。现在盛泰公司倒闭了，所以被告刘明伟无业。

【法院审理意见】本院认为，一方以欺诈、胁迫的手段或者乘人之危，使对方在违背真实意思的情况下订立的合同，受损害方有权请求人民法院或者仲裁机构变更或者撤销。原告张会玲、原告董哲云与被告刘明伟之间并不存在真实的借款关系，被告刘明伟以代表盛泰公司索要欠款的名义向原告张会玲、原告董哲云主张借款，但未能提供相应授权凭证，亦未能出示证据证明盛泰公司与二原告之间存在借款关系。在本案所涉借款合同、抵押物合同、不可撤销连带责任保证函签订过程中，被告刘明伟带领 3 名男子以强硬的态度和言语的辱骂与威胁，迫使原告张会玲、原告董哲云签字，是在违背原告张会玲、原告董哲云的真实意思表示下而为。现原告张会玲、原告董哲云要求撤销借款合同及附随的抵押物合同、不可撤销连带责任保证函，理由正当，证据充分，本院予以支持。被告刘明伟辩称其代表盛泰公司签订上述合同，未能提供证据予以佐证，且其明确表示与二原告之间没有借款关系，故本院不予认可。

【法院裁判结果】 综上所述，判决如下：

撤销原告张会玲、原告董哲云与被告刘明伟于2013年9月16日签订的《借款合同》、《抵押物合同》及《不可撤销连带责任保证函》。

第一百五十一条 一方利用对方处于危困状态、缺乏判断能力等情形，致使民事法律行为成立时显失公平的，受损害方有权请求人民法院或者仲裁机构予以撤销。

第一百五十二条 有下列情形之一的，撤销权消灭：

（一）当事人自知道或者应当知道撤销事由之日起1年内、重大误解的当事人自知道或者应当知道撤销事由之日起3个月内没有行使撤销权；

（二）当事人受胁迫，自胁迫行为终止之日起一年内没有行使撤销权；

（三）当事人知道撤销事由后明确表示或者以自己的行为表明放弃撤销权。

当事人自民事法律行为发生之日起五年内没有行使撤销权的，撤销权消灭。

典型案例 段玉梅与黑龙江西方房地产开发有限责任公司履行协议纠纷

【裁判观点】 当事人自知道或者应当知道撤销事由之日起1年内、重大误解的当事人自知道或者应当知道撤销事由之日起3个月内没有行使撤销权的撤销权消灭。本案中，西方公司虽主张案涉协议是在乘人之危的情况下订立的，但其在法定期限内并未向法院申请撤销该协议。根据规定，撤销权消灭。西方公司关于该协议无效的上诉主张无事实及法律依据，本院不予支持。

【案情介绍】原审判决认定，段玉梅系哈尔滨市道里区斜角街4号1栋1单元4层2号，建筑面积54.42平方米，使用面积37.53平方米房屋的所有人。段玉梅与周辰辉系夫妻关系。2009年8月21日，西方公司经市政府批准，对哈尔滨市道里区斜角街与兆麟街转角处进行开发改造，建设华侨归国留学人员商住楼，原设计层高为16层，建成后楼体地上层高为23层。该楼在建设过程中，因挡光问题，西方公司与哈尔滨市道里区斜角街14号17户居民发生争议。2011年7月25日，双方达成和解协议，西方公司赔偿每户居民6000元。周辰辉作为居民代表在该和解协议上签字，段玉梅亦收取挡光费6000元。2011年7月28日，段玉梅与西方公司签订换建协议，约定："西方公司因工作需要，与（哈尔滨市道里区）斜角街14号402室，房主段玉梅商谈，进行换建，换建的基础是西方公司在增加的16层以上的商品房中安排，在此原则上达成如下协议：（1）西方公司用该楼使用面积48平方米左右的商品房一套（在原建设规模的基础上，即16层以上部分，所增加的面积），换建段玉梅斜角街住宅一套（使用面积37米）。（2）新房与旧房使用面积相抵，段玉梅须向西方公司交纳多出部分的房款合计6万元。（3）段玉梅原房部分营业税自行承担（交给西方公司代收）。段玉梅进户办理产权时，发生的费用自己缴纳。（4）西方公司负责出具段玉梅办理商品房产权时所需的一切手续（段玉梅用此协议换取进户通知书、商品房票据等）。（5）西方公司同意免收段玉梅所选楼层的楼层差价费。（6）双方换建成功后，段玉梅将原有房屋的产权证复印件交与西方公司，待西方公司需要更名时，段玉梅提供原有房屋的手续原件，并协助西方公司办理过户，费用由西方公司负责。"在签订该协议后，西方公司为段玉梅出具20、21层在建楼房的平面图，该图体现G套房屋使用面积50.75平方米，西方公司向段玉梅承诺可在该两层G套房屋中任选一套。华侨归国留学人员商住楼现已竣工，并于2013年11月19日开始办理进户手续。

另认定，原哈尔滨市道里区斜角街4号1栋1单元402号现变更为哈尔滨市道里区斜角街14号402号。

段玉梅起诉：2011年，段玉梅就挡光问题多次与西方公司交涉。西方公司为建16层以上楼体，同意将段玉梅的现住房按动迁换建，即将段玉梅现居住的哈尔滨市道里区斜角街14号402室房屋交给西方公司，西方公司给段玉梅在新建楼中的16层以上安排一套48平方米左右的商品房。2013年11月16日，段玉梅办理新楼进户时，刘光伟总经理回避此事，并说无法解决。故段玉梅要求西方公司履行2011年7月28日双方签订的换建协议，即西方公司向段玉梅交付其开发建设的华侨归国留学人员商住楼21层的房屋，段玉梅向西方公司交付位于哈尔滨市道里区斜角街4号1栋1单元4层2号，建筑面积54.42平方米，使用面积37.53平方米房屋；段玉梅向西方公司交纳房屋差价款20000元；双方相互向对方提供办理产权证所需的全部手续，并协助对方办理该房屋的产权证。并以该协议虽约定的由段玉梅向西方公司缴纳多出部分的房款60000元，但当时西方公司实际承诺段玉梅交付2万元即可为由，不同意交纳多出部分的60000元。

西方公司辩称：段玉梅起诉涉及的标的物是不可以履行的。因双方签订的是动迁换建协议，段玉梅所居住房屋不在动迁范围内，按动迁处理不可行。双方签订的换建协议属于无效合同。该合同违反了中华人民共和国国务院令（第305号）。在建设争议房屋所在大楼时，涉及到段玉梅的挡光问题已经得到解决。在解决挡光问题洽谈时，段玉梅代理人周辰辉是涉及挡光争议事件中的群众代表。当时因挡光问题签订丁和解协议，该和解协议内容是不再就挡光问题提起任何诉讼。在本案中段玉梅又因挡光问题提出换建，是不成立的，因挡光问题已得到解决。故不同意段玉梅的诉讼请求。

原审判决认为，段玉梅与西方公司签订的换建协议合法有效，西方公司建设的该楼已竣工，且已开始办理进户手续，双方均应按该协议约定履行各自义务。故段玉梅要求西方公司履行该换建协议向其交付第21层房屋及协助办理房屋产权证的诉讼请求，符合双方约定，予以支持。段玉梅关于只须向西方公司交纳多出部分的房款2万元的主张，证据不足，不予采纳。西方公司提出的段玉梅所居住房屋不在动迁范围内，按动迁处理不符合相关规定，双方签订的换建协议属于无效合同的答辩意见，因双方签订的协议是以新建房换被挡光的旧房，并不是拆迁协议，故此答辩意见，不予采纳。西方公司关于西方公司就挡光问题与包括段玉梅在内的居民签订了和解协议，段玉梅再就挡光问题提起诉讼不符合协议约定问题，因换建协议签订在挡光协议之后，应视为对段玉梅住房挡光问题的补充处理协议，前后两个协议并不矛盾，因此西方公司的此意见，不予采纳。据此判决：（1）西方公司于本判决生效之日起15日内在其开发建设的华侨归国留学人员商住楼21层，使用面积为48平方米（使用面积误差3米以内）的房屋交付给段玉梅，如多出或少于上述48平方米面积，差价款按市场价多退少补；段玉梅于西方公司履行上述交付房屋义务之日起10日内将位于哈尔滨市道里区斜角街4号1栋1单元4层2号，建筑面积54.42平方米，使用面积37.53平方米房屋交付给西方公司；（2）段玉梅于本判决生效之日起15日内向西方公司交纳置换房屋的差价款6万元；（3）西方公司于本判决生效之日起10日内负责为段五梅出具办理上述华侨归国留学人员商住楼房屋产权时所需的全部手续，并协助段玉梅办理该房屋的产权证。段玉梅进户、办理产权的费用自负；(4) 段玉梅于本判决生效之日起10日内将哈尔滨市道里区斜角街4号1栋1单元4层2号房屋产权证复印件交予西方公司，待西方公司需要更名时，段玉梅提供该房屋产权证原件，并协助西方公司办理该房屋的更名过户，上述更名过户费用由西方公司负担；(5) 驳回段玉梅其他诉讼请求。如果未按本判决指定的期间履行给付金钱义务，应当依照《中华人民共和国民事诉讼法》第253条之规定，加倍支付迟延履行期间的债务利息。案件受理费1300元，减半收取650元，由西方公司负担（此款原告段玉梅已预交，西方公司给付段玉梅）。

段玉梅不服原审判决，向本院提起上诉称：段玉梅举示了录音证据证实西方公司董事长兼总经理刘光伟已经答应段玉梅补偿差价款变更为20000元，原审判决以证据不足为由，对段玉梅因换建应支付西方公司房屋差价款20000的请求未予支持错误。请求二审撤销原审判决第二项，依法改判段玉梅向西方公司支付房屋补差款人民币20000元。

西方公司辩称：不同意段玉梅的诉讼请求。

西方公司上诉称：西方公司的建设项目是哈市中心区“停缓建项目”，相邻的17户居民因挡光问题不断上访，西方公司急于开工建设，为平息17户居民上访，同意支付17户居民补偿金，补偿金交到居民代表手中。段玉梅的丈夫是17户居民代表之一周辰辉，为了让周辰辉吧手续和凭证办理完交给公司，西分公司与段玉梅签订的7月28日协议，该协议属于乘人之危。该协议条款没有明确的权利和义务、没有工作质量和完成时间的约定，内容非法，段玉梅不具有主体资格，要房子无法律依据。属于不当得利。请求二审法院撤销原审判决，发回重审或依法改判确认双方协议无效。

段玉梅答辩称：不同意西方公司的上诉请求，7月25日协议和7月28日协议是一体的，后者是对前协议的补充。

二审诉讼期间，双方当事人均未举示新的证据。

本院经审查确认原审认定的事实。

【法院审理意见】 本院认为，《换建协议》系双方当事人真实意思表示，且不违反法律法规强制性规定，原审判决认定该协议有效正确，本院予以维持。关于段玉梅上诉主张20000元问题。因双方在《换建协议》中明确约定“段玉梅须向西方公司交纳多出部分的房款合计人民币六万元整”，原审据此判决段玉梅按照该协议约定向西方公司支付房屋差价款60000元并无不当，本院予以维持。段玉梅虽主张其在原审举示了录音证据，能够证实西方公司同意段玉梅支付的房屋补偿差价款变更为20000元，但该证据仅能证明段玉梅与西方公司的董事长兼总经理刘光伟就该问题进行了协商的过程，不足以证明双方对原协议的变更达成了一致意见，段玉梅该项上诉主张理由不成立。

关于西方公司主张其与段玉梅签订的《换建协议》属于乘人之危。且该协议无效问题。《中华人民共和国合同法》第54条规定："下列合同，当事人一方有权请求人民法院或者仲裁机构变更或者撤销：（一）因重大误解订立的；（二）在订立合同时显失公平的。一方以欺诈、胁迫的手段或者乘人之危，使对方在违背真实意思的情况下订立的合同，受损害方有权请求人民法院或者仲裁机构变更或者撤销。当事人请求变更的，人民法院或者仲裁机构不得撤销。"根据该规定，西方公司虽主张案涉协议是在乘人之危的情况下订立的，但其在法定期限内并未向法院申请撤销该协议。根据《中华人民共和国合同法》第55条第1项之规定，撤销权消灭。西方公司关于该协议无效的上诉主张无事实及法律依据，本院不予支持。

【法院裁判结果】综上所述，判决如下：

驳回上诉，维持原判。

第一百五十三条 违反法律、行政法规的强制性规定的民事法律行为无效，但是该强制性规定不导致该民事法律行为无效的除外。

违背公序良俗的民事法律行为无效。

典型案例 肖双印与上海国光科技新材料有限公司劳动合同纠纷

【裁判观点】民事法律行为应当遵守法律、行政法规的强制性规定，并且不得违背公序良俗有伤社会风化，否则该民事法律行为无效。本案中，原告的行为虽仅违反了公司的规定，但其行为违背公序良俗，公司对其采取的措施法院应予支持。

【案情介绍】原告系上海市外来从业人员，于2009年9月18日进入被告处从事警卫工作，双方之间签订的最近一份劳动合同的期限为2014年7月1日至2016年6月30日。2014年10月29日，被告出具人事公告，内容如下："警卫肖双印于10月26日晚夜班时对公司女同事进行骚扰，经查他对其他女同事有不雅举动，造成不好的影响，导致女同事不敢上夜班的恶果，现公司决定予以开除。"2014年11月7日，原告向上海市嘉定区劳动人事争议仲裁委员会申请仲裁，要求被告支付违法解除劳动合同赔偿金、最低工资差额等。原告在仲裁申请书上提及“2014 年 10 月 27 日上夜班，20 时 10 分上白班的员工还有没下班人员，我拿手电到车间、厂区巡逻，在厕所外遇到一女同事在玻璃门上照镜，我说你干啥照镜子，她说我眼里迷东西，我说我给你吹吹，我就和她开玩笑，我一手拿着手电一手抱了她一下，以前相互之间也有开玩笑……公司人事让我向当事人和她爱人道歉、私下解决算了，我向当事人道了歉，请求原谅，没和当事人爱人碰面，之后当事人爱人找公司闹……”2014 年 12 月 25 日仲裁庭审中，涉事当事人张某、张某的丈夫王某某、警卫班长陈丙到庭作证，张某陈述如下：“10 月 27 日晚上 8 点刚上班一会，去厂区内厕所，在厕所门口照了一下，拉了一下衣服，申请人在厕所对面的门口巡逻，当时申请人问我里面是不是有镜子，我说没有，眼睛不舒服，申请人就让我过去让他吹一下，我说不用了就走开了，他就拉我，一开始拉我手臂，我甩开后，申请人就从后面搂我，然后我要求申请人放开，但是申请人不放，我又叫了几下，申请人才放开，我责怪申请人，申请人和我说是在开玩笑，就笑着走开了，之后这一天没接触过申请人，当时没有其他人在场。”

原告诉称：原告于 2009 年 9 月 18 日进入被告处担任门卫安保工作，被告于 2014 年 10 月 29 日以性骚扰女同事为由将原告开除。原告认为被告将原告与同事之间的玩笑、打闹定义为性骚扰，并将原告开除，系违法解除劳动合同。此外，被告规章制度中关于“性骚扰”的规定是事后伪造的，被告随意更改规章制度，就是为了开除原告。现起诉要求被告支付：（1）违法解除劳动合同赔偿金 38287.70 元；（2）2011 年 7 月至 2014 年 10 月期间最低工资差额 10551.60 元。

被告辩称：原告在工作期间没有尽心尽职，反而作风随便、态度不端正，几次恶意性骚扰女同事，严重影响被告的正常经营秩序，使得被告的女员工拒绝上夜班，原告的行为严重违反被告的规章制度，被告于 2014 年 10 月 29 日以原告对多名女员工进行性骚扰、致使被告无法正常经营为由解除劳动合同，系合法解除，不同意支付赔偿金。被告已经按照劳动合同约定的工资足额支付原告劳动报酬，不存在最低工资差额。

【法院审理意见】本院认为，法院根据我国《劳动合同法》规定，劳动者严重违反劳动纪律和用人单位规章制度的，用人单位可以解除劳动合同。是否违纪及违纪是否严重，应当以劳动者本人有义务遵循的劳动纪律及劳动法规所规定的限度或用人单位内部劳动规则关于严重违纪行为的具体规定作为衡量标准。本案中，被告于 2014 年 10 月 29 日解除与原告的劳动关系，并出具解除通知书载明解除理由是原告于10月26日晚夜班时对公司女同事进行骚扰，经查他对其他女同事有不雅举动，造成不好的影响，导致女同事不敢上夜班的恶果；原告不认可被告的解除理由，被告应当对解除劳动合同的合法性承担举证义务。根据员工手册的规定，劳动者犯有情节特别严重的其他过失，被告可以解除劳动合同。根据仲裁时出庭的张某、王某某、陈丙的陈述，可以证实10月27日晚，原告在履行工作职责的过程中对女同事张某有不雅、不当的举动，已经超出同事之间正常交往的尺度，且事后原告仍然不以为然、未主动道歉，请求当事人原谅。原告在仲裁庭审时及本案诉讼中，均辩解当天是与同事之间的玩笑、打闹、只是不慎拉了张某等，但是根据原告仲裁申请书上的描述，原告承认10月27日对张某有拥抱的行为、且事后曾向张某道歉、请求原谅，原告在仲裁申请书上即对自己行为辩解的第一时间未对当时的拥抱行为解释为“不慎”，本院对原告辩称“当时只是不慎拉了一下”的意见不予采信。男女同事之间的交往应当遵循公序良俗，不得超出正常交往的尺度，而原告10月27日晚上故意对女同事张某的不雅、不当行为，已经违背公序良俗，应当予以制止和惩治，且事后原告对此轻描淡写、并未有深刻的认识和反省，原告的行为属于严重违纪，符合被告员工手册中犯有情节特别严重的其他过失的情形，被告于2014年10月29日在征求工会的意见后解除与原告的劳动合同，不存在违法之处，本院予以确认。原告要求被告支付违法解除劳动合同赔偿金的诉讼请求，于法无据，本院不予支持。

此外，原告要求被告按照裁决结果支付2011年7月至2014年10月期间最低工资差额9394.08元，被告则收到裁决书后未在法律规定的期限内主张权利，视为对裁决结果的认可，本院予以确认。

【法院裁判结果】综上所述，判决如下：

一、被告上海国光科技新材料有限公司应于本判决生效之日起10日内支付原告肖双印2011年7月至2014年10月期间最低工资差额9394.08元；

二、驳回原告肖双印要求被告上海国光科技新材料有限公司支付违法解除劳动合同赔偿金38287.70元的诉讼请求。

第一百五十四条 行为人与相对人恶意串通，损害他人合法权益的民事法律行为无效。

典型案例　郈长建与董永法租赁合同纠纷

【裁判观点】恶意串通，损害他人合法权益的民事法律行为无效。本案中，郈长建、李明明的表示行为与内心的真实意思不一致，且相互配合，恶意通谋，而双方明知其行为会造成被告董永法的利益损害而故意为之，故郈长建与李明明合意签订的合同行为构成恶意串通，应系无效民事法律行为。

【案情介绍】2011年10月份，李明明因欠原告郈长建借款无力偿还，双方协商由原告郈长建租赁李明明经营的挖掘机并以租赁费抵顶借款。因涉案挖掘机系被告董永法所有，原告郈长建授意李明明让被告董永法出具一份授权委托书，由被告董永法授权李明明可以任意处置涉案挖掘机。2011年10月12日，李明明以前往河北省秦皇岛干活为由骗取被告董永法出具了第一份授权委托书；2011年10月25日，被告董永法出具了第二份授权委托书，授权李明明办理其所有的挖掘机租赁事宜。

2011年11月5日，李明明以被告董永法代理人的名义与原告郈长建签订《挖掘机租赁合同》一份，合同约定：甲方（出租方）董永发（身份证号××），甲方代理人李明明（身份证号××），乙方（承租方）郈长建（身份证号码××）。经甲乙双方协商就甲方向乙方出租挖掘机使用权有关事宜，签订本合同；车辆概况，车辆名称液压挖掘机，规格型号320D，发动机号GDC15178，机器编号CAT0320DPJFZ02294；乙方付租赁费人民币30000元给甲方，大写人民币叁拾万元整，乙方款项应于2011年11月5日前付给甲方，以收到条为准，收到条为本合同附件1，附在本合同倒数第二页；甲方出租董永发（身份证号××）名下挖掘机使用权给乙方；甲方收到乙方全额租赁费（人民币叁拾万元整）后，乙方拥有该挖掘机五年使用权，自公元贰零壹壹年壹拾壹月伍日至公元贰零壹陆年壹拾壹月伍日；合同期间，甲方应当为挖掘机及随车人员购买安全保险；合同期间，挖掘机运行过程中发生的所有事故，责任由甲方承担；合同期间，挖掘机维修、保养、看护均由甲方负责；该合同甲方代表由李明明签订，由董永发本人签订授权书，授予李明明处理该挖掘机租赁及使用的所有权利，授权书为本合同附件2，附件2附在本合同最后一页；甲方双方必须严格履行本合同的各项条款，任何一方不得中途变更或解除合同，除特殊约定外，任何违约一方将赔付给对方合同额（租金总额）30%的违约金及由此带来的损失；有关合同的一切争议，可向莒县人民法院提起诉讼，诉讼费和胜诉方的律师费由败诉方承担。李明明在合同甲方代表人处签字、捺印，郇长建在乙方代表人处签字、捺印。同日，李明明为原告郇长建出具收到条一张，内容为："收到条，今收到郇长建（身份证号××）挖掘机租金300000元整，大写人民币叁拾万元整。挖掘机机器编号：CAT0320DPJF202294，租赁期限：公元贰零壹壹年壹拾壹月伍日至公元贰零壹陆年壹拾壹月伍日。收款人：李明明（身份证号××），2011年11月5日。"

2011年11月10日，原告郇长建与李明明签订《挖掘机租赁合同》补充协议一份，补充协议主要内容为：甲方（出租方）董永发（身份证号××），甲方代理人李明明（身份证号××），乙方（承租方）郇长建（身份证号码××）；经甲乙双方协商就甲乙双方签订的《挖掘机租赁合同》有关事宜，签订本补充协议；车辆概况，车辆名称液压挖掘机，规格型号320D，发动机号GDC15178，机器编号CAT0320DPJFZ02294；乙方有权对该挖掘机进行转租，乙方对该挖掘机进行转租时无需征得甲方同意；乙方对该挖掘进行转租时，若甲方有需要，在同等条件下，甲方通知乙方后5天内，甲方可以拥有从乙方处取得租赁该挖掘机的优先承租权，购买方式为甲方以300000元（人民币叁拾万元整）购买乙方对甲方所拥有的挖掘机剩余期限的租赁使用权；合同期内，挖掘机驾驶员由甲方提供，甲方所提供的驾驶员需合格、合法，遵守操作规程，服从施工方管理人员管理，驾驶员工资由甲方支付。驾驶员出现意外事故或由驾驶员引发的意外事故均由甲方承担完全责任。李明明在补充协议甲方处签字、捺印，郇长建在补充协议乙方处签字、捺印。

2012年1月13日，原告郇长建让案外人宋立余将涉案挖掘机从莒县棋山镇拖到宋立余家门口停放。后因李明明下落不明，被告董永法于2012年1月19日到宋立余家门口将该涉案挖掘机拖走。原告郇长建所主张的挖掘机租赁合同并未实际履行。

2012年2月4日，李明明向莒县公安局治安大队报案，称其因赌博向郇长建等人借高利贷，后公安机关对郇长建、董永法、宋立余进行了调查。

郇长建向本院提出诉讼请求：（1）判令解除原、被告之间的挖掘机租赁合同；（2）判令被告返还原告租赁费30万元并支付违约金9万元、律师费2.19万元；（3）诉讼费、保全费等费用由被告承担。事实与理由：2011年11月5日，原告与被告签订挖掘机租赁合同一份，合同约定被告将其所有的挖掘机租赁给原告使用，租赁期限5年，租赁费用为30万元，如若违约，则由违约方向守约方承担租赁费用30%的违约金及律师费。同日，原告将租赁费交付给被告，但被告拒不将合同项下的挖掘机交付给原告使用，因被告根本性违约，致使该挖掘机租赁合同无法继续履行。

董永法辩称：(1) 原告与李明明恶意串通，损害答辩人的利益，其二人签订的租赁合同无效。原告与李明明恶意串通的事实是：自2010年5月份，李明明染上赌博恶习，瞒着家人向社会上发放“高利贷”者借高息贷款，原告自2011年10月开始就多次向李明明发放“高利贷”，利息高达一万元每天50元，致使李明明借款越来越多无力偿还。在此背景下，原告明知李明明使用的挖掘机系答辩人所有，唆使李明明以去外地签合同为由，骗取答辩人的授权书，并以租赁答辩人的挖掘机，达到李明明偿还其“高利贷”的目的。《合同法》第52条规定，“恶意串通，损害国家、集体或者第三人利益的合同无效”。(2) 答辩人未授权李明明与原告签订租赁合同。答辩人与李明明系翁婿关系，李明明与答辩人之女婚后生活较为困难，出于帮助李明明，答辩人将自己所有的挖掘机租赁给李明明。2011年10月，李明明向答辩人提出去河北秦皇岛出租挖掘机干活，要求答辩人出具授权书，以便在秦皇岛签合同使用。答辩人从未授权李明明与原告签订什么租赁合同，试想，原告与答辩人均居住在莒县，如果答辩人需要与原告签订租赁合同，答辩人自己完全可以与其签订，何须授权他人办理。原告在诉状中称“原告与被告签订了挖掘机租赁合同”，“同日，原告将租赁费交付给被告”等完全与事实不符。(3) 原告与李明明签订的租赁合同显失公平。答辩人的挖掘机规格型号为320D，该种型号租赁费用达36万元/年，而原告与李明明签订的租赁合同约定的租赁费为5年30万元，这明显低于市场价格的数倍。合同还约定“合同期内，甲方（被告董永法）应当为挖掘机及随车人员购买保险”；“合同期内，挖掘机维修、发生的所有事故，责任由甲方承担”；“合同期内，挖掘机维修、保养、看护均由甲方负责”等条款，完全不合常理，也不合法。综上，请求依法驳回原告对答辩人的诉讼请求。

【法院审理意见】本院认为，本案争议的焦点是原告郈长建与李明明合意签订《挖掘机租赁合同》并以李明明所欠郈长建的借款抵顶租赁费的行为是否构成恶意串通？

首先，原告郈长建与李明明签订租赁合同时，双方表示与内心不一致。一是李明明向郈长建出具的收到租赁费收到条中，含有李明明欠原告郈长建的借款，但未在收到条中予以明示；二是双方除合同约定的租金5年30万元外，原告郈长建与李明明另口头约定其每月给付租赁费1万元，亦未在合同中体现，合同约定的租赁费与两人的真实意思表示并不一致。

其次，原告郈长建与李明明签订租赁合同时有恶意的通谋。一是通过原、被告双方提供的证据及庭审调查，与涉案挖掘机相同型号的挖掘机租赁费用每月应为2万元以上，而本案租赁合同约定年租费仅为6万元，租赁费远远低于市场价格，这明显不符合挖掘机租赁的行业习惯，原告邴长建也未能提供合理解释；二是原告邴长建在与李明明签订合同前，李明明有向原告邴长建借款，原告邴长建在付租费时直接用李明明所欠自己的借款抵顶了其应支付的租赁费，而李明明也配合实施；三是通过本院调取的李明明、邴长建等人有公安机关的询问笔录，可以证实李明明与原告邴长建事先串通以虚构事实骗取被告董永法的授权委托书。以上三点足以证实原告邴长建与李明明签订租赁合同时存在恶意的通谋。

最后，原告邴长建与李明明签订租赁合同，损害了被告董永法的利益。涉案租赁合同以明显低于市场价值的价格约定租赁费，且在过低的租赁费的情况下又约定由出租方负责司机工资、保险和车辆维修、看管等条款，同时，原告邴长建所谓支付的租赁费系由李明明的欠款抵顶，被告董永法并未实际收到租赁费，该情形严重损害了被告董永法的合法权益。

综上，原告邴长建与李明明合意签订《挖掘机租赁合同》并以李明明的所欠邴长建的借款抵顶租赁费时，双方的表示行为与内心的真实意思不一致，且相互配合，恶意通谋，而双方明知其行为会造成被告董永法的利益损害而故意为之，故原告邴长建与李明明合意签订《挖掘机租赁合同》并以李明明的所欠邴长建的借款抵顶租赁费的行为构成恶意串通。

根据《中华人民共和国民法通则》第58条规定，下列民事行为无效：(1) 无民事行为能力人实施的；(2) 限制民事行为能力人依法不能独立实施的；(3) 一方以欺诈、胁迫的手段或者乘人之危，使对方在违背真实意思的情况下所为的；(4) 恶意串通，损害国家、集体或者第三人利益的；(5) 违反法律或者社会公共利益的；(6) 经济合同违反国家指令性计划的；(7) 以合法形式掩盖非法目的的。无效的民事行为，从行为开始起就没有法律约束力。因原告邴长建与李明明合意以签订《挖掘机租赁合同》支付租金的名义，实际以李明明的所欠邴长建的借款抵顶租赁费的行为构成恶意串通，故该行为系无效民事行为，其涉案挖掘机租赁合同应属无效合同。无效合同自始没有法律约束力，原告邴长建要求解除与被告董永法之间的《挖掘机租赁合同》无法律依据，不予支持。因涉案租赁合同无效，且被告董永法不存在违约情形，故原告邴长建关于支付违约金及按照约定承担律师费等损失的请求，不予支持。因李明明以欠款抵顶租用费的行为亦无效，在原告邴长建不能举证证明向被告董永法支付30万元租赁费的情况下，对于原告邴长建主张被告董永法返还租赁费30万元的请求不予支持。对李明明所欠原告邴长建的借款，原告邴长建可另行主张。

【法院裁判结果】 综上所述，判决如下：

驳回原告郦长建对被告董永法的诉讼请求。

第一百五十五条 无效的或者被撤销的民事法律行为自始没有法律约束力。

典型案例 邓庆环与何菊生、深圳市何氏众福农业开发有限公司民间借贷纠纷

【裁判观点】 民事法律行为被认定为无效或被撤销的，其效力回溯至开始时，而自始没有法律约束力。本案中，原告与被告何氏公司之间的借款合同无效，且系因被告何氏公司的过错行为导致，故被告应归还本金及相应利息。

【案情介绍】 原告邓庆环提交一份落款日期为2011年2月22日的《借款协议》（编号101128），协议约定甲方（被告何氏公司）为开发产业基地，扩大生产规模特向乙方（原告）借款10万元，借款期限为一年，自2011年2月22日至2012年2月21日。甲方共付乙方利某24000元，每月分期支付乙方2000元，共计支付12次。在合作期内，甲方还需每月向乙方支付宣传推广补助津贴1000元。甲方每月按照约定如数发放乙方利某、推广补助津贴，不得拖延，确保所有款项均用于约定项目开发，不得挪作他用，不定期向乙方通报项目开发近况及资金去向；以企业的所有产业作为借款担保，以确保乙方资金安全。原告在上述合同落款处乙方一栏内签名，合同落款处甲方一栏内加盖了被告何氏公司的公章，何菊生在法人代表处签字并加盖印章。原告还提交了一份日期为2011年2月22日的《收款收据》证明向被告何氏公司交付了款项10万元。该《收款收据》内容为确认收到原告10万元，并加盖有被告何氏公司的财务专用章，经手人为“王”。被告对上述《借款协议》和《收款收据》予以认可。

另查明，广东省深圳市人民检察院指控被告人何菊生犯集资诈骗罪，被告人徐红玉、邵海儒、廖春梅、廖春燕犯非法吸收公众存款罪一案。宣判后，被告人何菊生、徐红玉、邵海儒、廖春梅、廖春燕均不服，提出上诉。2013年5月17日广东省高级人民法院作出（2013）粤高法刑二终字第120号刑事判决书。该判决书查明：2010年9月，上诉人何菊生以其名义租用

了深圳市深南中路1002号新闻大厦2号楼409作为何氏公司的经营场所，并于同年10月份注册成立何氏公司，担任该公司的法定代表人及总经理。何氏公司注册资本为100万元，经营范围是农产品的技术开发、国内贸易、从事货物及技术进出口业务。何氏公司成立后，未经有关部门批准，以投资种植业、农业开发等项目可获取高额回报为诱饵，以签订《借款协议》的形式向社会不特定公众吸收资金。从2010年10月起至2011年3月案发，何氏公司共向二百余人非法集资共计6302000元。上述款项进入何氏公司和何菊生个人账户后，除351251元用于返还被害人利某外，其余资金并未投入该公司对外宣称的任何项目，而是被提取后去向不明。何菊生在明知何氏公司没有任何实际经营项目的情况下，以法定代表人的身份参与何氏公司组织的推广活动并在推广会上讲话，对外积极宣传推广何氏公司的经营项目，并提供个人账户接收客户投资款。何菊生作为何氏公司法定代表人积极、主动参与何氏公司集资诈骗活动的事实，有何氏公司工商登记资料、《房屋租赁合同》、现场查获并有何菊生签章的《借款协议》、公司对外宣传资料、多名被害人陈述、证人证言及同案人供述等证据予以证实，足以认定。何菊生亦供认其对何氏公司设立后进行非法集资活动，集资款未用于生产经营活动是知情的。何菊生以非法占有为目的，使用诈骗方法非法集资，其行为应以集资诈骗罪论处。在集资诈骗活动中，何菊生以其名义租用办公场地，注册成立何氏公司担任该公司的法定代表人和总经理，并以法定代表人的身份参与何氏公司组织的推广活动并在活动上讲话，对外积极宣传推广何氏公司的经营项目，还提供个人账户接收客户投资款。何菊生提出其不是何氏公司真正的老板，一审对其量刑过重的意见理据不足，不予采纳。

原告诉称：2011年2月22日原告在被告何氏公司用散发传单、举行隆重开业庆典、原副市长上台讲话等虚假宣传下与被告何氏公司签订《借款协议》，借给被告何氏公司10万元。后被告何菊生案发被抓，致使原告血本无归。为此，原告请求法院判令：（1）两被告共同返还原告借款10万元，并支付利某（按中国人民银行同期同类贷款利率自2011年2月22日计至清偿之日止）；（2）本案诉讼费由两被告承担。

被告何氏公司和被告何菊生共同辩称：公司另有幕后老板，该幕后老板骗走被告的身份证，办理了公司营业执照，登记被告何菊生为法定代表人，被告何菊生是帮幕后老板打工的，被告何菊生在公司一无经营管理权、二无人事管理权、三无财务管理权，是有名无实的法定代表人。被告何菊生并未拿客户的钱。事实上是幕后老板和刘志鳌合伙诈骗广大客户的钱。

【法院审理意见】本院认为，《中华人民共和国合同法》第56条规定，无效的合同或者被撤销的合同自始没有法律效力。《中华人民共和国合同法》第58条规定，合同无效或者被撤销的，因该合同取得的财产，应当予以返还，不能返还或者没有必要返还的，应当折价补偿。最高人民法院《关于人民法院审理借贷案件的若干意见》第10条规定，借贷关系无效是由债权人的行为引起的，只返还本金；借贷关系无效由债务人的行为引起的，除返还本金外，还应参照银行同类贷款利率给付利某。因原告与被告何氏公司之间的借款合同无效，且系因被告何氏公司的过错行为导致，故被告何氏公司应向原告返还借款本金10万元并按中国人民银行同期同类贷款利率自借款之日即2011年2月22日起支付利某。

何菊生系被告何氏公司的法定代表人和唯一股东，无视国家法律法规，以被告何氏公司的名义变相向社会公众包括原告吸收公众存款，并且以个人账户接收投资款，个人财产和公司财产混同，且对导致涉案合同无效和原告的损失具有明显过错，依法应以个人财产对被告何氏公司的上述债务承担连带赔偿责任。被告关于责任主体另有其人的主张，缺乏证据支持，本院不予采信。

【法院裁判结果】综上所述，判决如下：

一、被告深圳市何氏众福农业开发有限公司应于本判决发生法律效力之日起10日内向原告邓庆环返还借款本金10万元并支付利息（利息按照中国人民银行同期同类贷款利率自2011年2月22日计算至本判决确定的还款之日止）；

二、被告何菊生对本判决所确认的上述债务承担连带清偿责任。

第一百五十六条　民事法律行为部分无效，不影响其他部分效力的，其他部分仍然有效。

典型案例　王某某与常甲其他婚姻家庭纠纷

【裁判观点】民事法律行为如果仅是部分无效，不影响其他部分效力的，其他部分继续有效。本案中，原被告在协议书第2条关于婚姻方面的约定违反了《婚姻法》的相关规定，属无效部分。但该协议书的其他约定内容系双方真实意思表示，并未违反有关法律规定，故仍合法有效。

【案情介绍】 原、被告于2007年1月15日登记结婚，2008年2月25日生育女儿常丙。双方由于感情破裂于2015年4月22日经上海市黄浦区民政局登记离婚。同年4月22日双方签署了一份离婚协议书，其中该协议书第2条关于子女抚养、抚养费及探望权与子女教育的第一项约定“女儿由女方抚养，随同女方生活，抚养费（含托养费、教育费、医疗费）由女方全部负责，无需男方负责，女方需在2015年6月底之前独自一人与孩子一同居住生活并养育孩子，不能与孩子的外公外婆一同居住，需将地址给予男方，并细心教导孩子成人，在孩子未满18岁之前不得再与其他男性同居和结婚，18岁后需得到孩子同意后可另行结婚，孩子18岁前如和外公外婆见面女方必须时时在场，如外公外婆有做出损害孩子成长的事件发生时女方应立刻阻止，减少孩子受到错误的教育”。该离婚协议书并对夫妻共同财产的处理等也予以了约定。原、被告离婚后，原告王某某与被告父亲常乙因财产产生纠纷，双方于2015年4月26日经公安机关调解签订了一份治安调解协议书，约定了原告王某某返还常乙人民币3000元和金器4件等内容，现原告提起诉讼要求撤销原、被告签订的离婚协议书第2条等请求。

原告王某某诉称：原、被告原系夫妻关系，双方因感情破裂于2015年4月22日经上海市黄浦区民政局协议离婚，而双方所签订的离婚协议书中存在着多处违反法律的约定，原告由于被告的胁迫而无奈签署了该离婚协议书。因上述离婚协议侵犯了原告的婚姻自主权等合法权益，故起诉要求撤销原、被告于2015年4月22日签订的离婚协议书第二条约定条款，并要求被告归还离婚后强行索要的财产人民币8000元。

被告常甲辩称：原、被告于2015年4月22日签订的离婚协议书系双方自愿签订，被告并无胁迫威胁的行为，其中部分条款内容系因原告不诚信而约定的，因双方均具有完全民事行为能力，故该离婚协议合法有效。原告要求被告返还的财产系被告父亲常乙通过与原告签订的治安调解协议书所取得，与被告无关，故不同意原告的诉讼请求。

【法院审理意见】 本院认为，公民合法的民事权益受法律保护，任何组织和个人不得侵犯。现原、被告于2015年4月22日签署的离婚协议书虽系双方自主签订，但该协议书第2条关于子女抚养、抚养费及探望权与子女教育一项中约定的“在孩子未满18岁之前不得再与其他男性同居和结婚，18岁后需得到孩子同意后可另行结婚”违反了《中华人民共和国婚姻法》中“禁止包办、买卖婚姻和其他干涉婚姻自由的行为”及“结婚必须男女双方完全自愿，不许任何一方对他方加以强迫或任何第三者加以干涉”等法律规定，侵犯了原告王某某的婚姻自主权，故上述协议约定内容违反了法律禁止性规定，故应属无效。被告辩称上述条款内容系因原告不诚信而约定的，因无法律依据，本院难以支持。但该协议书的其他约定内容系双方真实意思表示，并未违反有关法律规定，故仍合法有效。民事协议部分无效，不影响其他部分的效力，双方理应按约履行。原告诉请要求被告归还离婚后强行索要的财产人民币8000元，因上述财产系案外人即被告父亲常乙通过与原告签订的治安调解协议书所取得，故不属于本案处理范围，本院难以支持。

【法院裁判结果】综上所述，判决如下：

一、确认原告王某某与被告常甲于2015年4月22日签署的离婚协议书第2条关于子女抚养、抚养费及探望权与子女教育一项中关于“在孩子未满18岁之前不得再与其他男性同居和结婚，18岁后需得到孩子同意后可另行结婚”的约定内容无效；

二、驳回原告王某某其余之诉讼请求。

第一百五十七条 民事法律行为无效、被撤销或者确定不发生效力后，行为人因该行为取得的财产，应当予以返还；不能返还或者没有必要返还的，应当折价补偿。有过错的一方应当赔偿对方由此所受到的损失；各方都有过错的，应当各自承担相应的责任。法律另有规定的，依照其规定。

典型案例 华继中与唐丽、唐岳林等房屋买卖合同纠纷

【裁判观点】民事法律行为无效后，因该民事法律行为取得的财产，应当予以返还。本案中，被告唐丽现基于已经被法院生效文书确认的无效协议而从原告处取得的19.5万元房款应予返还，原告的主张应予支持。

【案情介绍】被告唐丽与被告胡根芳系母子关系，与被告唐岳林系兄弟关系。

2010年12月30日，原告与被告唐丽签订《购房定金和居间协议》，约定被告唐丽将系争房屋（面积为49平方米）及一车库以19.5万元价格转让给原告。原告当天支付给被告唐丽现金3万元，并于次日通过银行转账给被告唐丽妻子陆一峰16.5万元，均由被告唐丽出具收据确认收到上述款项。此后，被告唐丽协助原告办理了系争房屋的有线电视、电费的户名的变更。

2011年7月6日，原告作为出租人与被告唐丽、唐岳林和胡根芳签订

《房屋租赁合同》，由原告将系争房屋出租给被告唐丽、唐岳林和胡根芳。

2012 年 12 月，胡根芳以所有权纠纷起诉华继中、唐丽，要求判令系争房屋归胡根芳所有，判令华继中与被告唐丽签订的《购房定金和居间协议》无效。2013 年 3 月 5 日，本院作出的（2012）浦民一（民）初字第 40213 号民事判决书认定，系争房屋系非产权房，华继中在购买时已尽了善意人的谨慎注意义务，在事后依据村委会的证明也变更了电费及有线电视的户名，如胡根芳认为唐丽系擅自处分，则可与唐丽另行解决，也可在另一安置房中主张权利，遂判决，驳回胡根芳的诉讼请求。

2012 年 8 月，原告曾以房屋租赁合同纠纷案起诉被告唐丽、唐岳林和胡根芳，要求判令上述 3 被告立即从系争房屋内迁出，并将房屋返还给原告；判令 3 被告支付 2012 年 1 月至 3 月的租金及自 2012 年 7 月 6 日至实际迁出日止的房屋使用费。本院经审理于 2014 年 8 月 25 日作出的（2012）浦民一（民）初字第 26264 号民事判决书查明，系争房屋系相关部门安置给被告胡根芳的，相关手续由被告唐丽办理，系争房屋无产权登记信息，也无相关合法建造手续。并认为因系争房屋没有产权证明及合法建造手续，故判决原告与被告唐丽之间签订的《购房定金和居间协议》无效。原告对上述判决不服，向上海市第一中级人民法院提起上诉，2014 年 11 月 19 日，上海市第一中级人民法院作出（2014）沪一中民二（民）终字第 2701 号民事裁定书，裁定准许华继中撤回上诉，双方均按原审判决执行。

原告华继中诉称：2010 年 12 月 30 日，经中介公司介绍，原告向被告唐丽购买其位于上海市浦东新区惠南镇徐庙村南芦公路×××弄×××号×××室房屋（以下简称系争房屋）及车库，面积为 49 平方米，总计房价为人民币 19.5 万元（以下币种相同）。此后，原告也分两次向被告唐丽支付了 19.5 万元房款，被告唐丽陪同原告前往有关部门办理了有线电视、电费等户名变更手续。被告唐丽为安排其母亲胡根芳居住，向原告提出租赁，为此双方签订了房屋租赁合同。房屋租赁合同期满后，被告胡根芳赖着不搬离上述系争房屋。2013 年初，胡根芳提起诉讼，要求判令系争房屋属其所有，并要求确认原告与唐丽之间的房屋买卖合同无效。同年 3 月 5 日法院经审理后依法作出判决，驳回胡根芳的诉讼请求。但在 2014 年 8 月下旬，法院作出的（2012）浦民一（民）初字第 26264 号民事判决书判决，原告与被告唐丽之间的《购房定金和居间协议》无效。原告现迫于无奈，只能起诉来院，要求判令退还原告购房款（按现有市场价）90.016 万元；判令被告支付房屋租赁费（按现有市场价）从 2012 年 7 月起至今 2.4 万元。审理中，原告变更诉讼请求为，要求判令三被告共同返还购房款 19.5 万元；判令 3 被告支付占用购房款的利息损失

（以19.5万元为基数，自2011年1月1日计算至判决生效日止，按照中国人民银行规定的同期贷款利率标准计算）。

被告唐丽、唐岳林、胡根芳均未进行答辩。

【法院审理意见】本院认为，合同无效后，因该合同取得的财产，应当予以返还，故被告唐丽现基于已经被法院生效文书确认的无效的《购房定金和居间协议》而从原告处取得的19.50万元房款应予返还，原告主张的被告唐丽因占用上述房款的利息损失，亦于法无悖，本院应予支持，但应按照中国人民银行规定的同期存款利率标准计算。因被告唐岳林和胡根芳并非上述合同的当事人，原告现基于上述无效合同，要求该两被告承担民事责任的主张，无事实和法律依据，本院不予支持。

【法院裁判结果】综上所述，判决如下：

一、被告唐丽于本判决生效之日起10日内返还原告华继中房款19.50万元；

二、被告唐丽于本判决生效之日起十日内支付原告华继中占用房款的利息（以19.5万元为基数，自2011年1月1日计算至判决生效日止，按照中国人民银行规定的同期存款利率标准计算）；

三、驳回原告华继中的其余诉讼请求。

第四节 民事法律行为的附条件和附期限

第一百五十八条 民事法律行为可以附条件，但是按照其性质不得附条件的除外。附生效条件的民事法律行为，自条件成就时生效。附解除条件的民事法律行为，自条件成就时失效。

典型案例 王敏与汪勇房屋租赁合同纠纷

【裁判观点】附条件的民事法律行为，自条件成就时生效。本案中，原、被告所签的协议属于附条件合同，即协议中约定的条件成就之时，民事法律行为生效。故原告的诉讼请求于法有据、应予支持。

【案情介绍】2012年8月5日，案外人汪波与重庆市黔江区易初物业管理有限公司签订《房屋租赁协议》，协议约定租赁期限为2012年8月5日至2013年8月4日。合同签订以后，该门面的实际经营者为本案的被告汪勇。

2013年8月6日，汪波与易初公司之间的租赁期限届满，易初公司与原告王敏签订《房屋租赁合同》，合同约定租赁期限为2013年8月6日至2014年2月5日。2013年8月13日，原告王敏与被告汪勇签订《协议书》，《协议书》载明“兹有汪勇与王敏签订：位于黔江区下坝管水处门面1－1转让协议，如在2014年2月6日此门面被易初物业管理处收回，汪勇将门面转让费28800元退回一半即14400元给王敏。如因王敏个人原因造成门面被收回，汪勇将不退回转让费用14400元。”该份协议中所载明的转让费名为转让费，实为涉案该门面内进行餐饮经营服务活动所使用的整套设备、餐具、食物、油料等货物、物品的折价补偿款。在庭审过程中，被告汪勇自认原告已将28800元的折价款交付给自己。2014年1月17日，易初公司向原告王敏发出《门面收回通知书》，通知载明易初公司将于2014年2月5日租赁届满之时收回该门面，不再进行续租。2014年2月5日，易初公司将该门面收回。门面被收回后，原告王敏多次要求被告退还14400元的折价补偿款未果，故原告起诉至本院请求判如所诉。

原告王敏诉称：2013年8月初，原告与被告协商，由原告接手经营位于黔江区下坝管水处1－1门面，被告须保证原告接手经营后在被告的租赁期限到期后由原告与门面出租人即重庆市黔江区易初物业管理有限公司签订《房屋租赁合同》，原告在签订合同后向被告支付转让费28800元；同时，被告承诺如该门面在2014年2月6日被重庆市黔江区易初物业管理有限公司收回，被告将向原告退还转让费14400元。后原告在被告的协助下与重庆市黔江区易初物业管理有限公司于2013年8月6日签订《房屋租赁合同》。原告在实际接手经营黔江区下坝管水处1－1门面后，于2013年8月13日向被告支付了转让费28800元，双方并签订有书面的《协议书》，被告在协议书中明确了“如在2014年2月6日门面被易初物业管理处收回，被告将门面转让费28800元退回一半即14400元给原告”。2014年1月17日，重庆市黔江区易初物业管理有限公司向原告发出《门面收回通知书》，以管理需要为由要求原告于2014年2月6日将该门面交还，为此原告于2014年2月5日将门面交还给重庆市黔江区易初物业管理有限公司。原告认为，因黔江区下坝管水处1－1门面已被重庆市黔江区易初物业管理有限公司于2014年2月6日收回，根据原告与被告的约定，被告理应退还其收取的转让费14400元，而原告多次找被告退款未果，故原告起诉至法院请求判令：（1）被告退还转让费14400元；（2）被告承担本案的诉讼费用。

【法院审理意见】本院认为，原告王敏与被告汪勇之间签订的《协议书》是原、被告双方的真实意思表示，且不违反法律、法规的禁止性规定，属于合法有效的合同，应受法律的保护。该份协议属于附条件合同，即协议中约定的条件成就之时，附条件的民事法律行为生效。在本案中，退还一半的折价款（14400 元）是附条件的民事法律行为，条件为 2014 年 2 月 6 日门面被易初公司收回。2014 年 2 月 6 日，原告王敏承租的门面被易初公司收回，附条件的民事法律行为（退还折价款）条件成就，即被告汪勇应当退还给原告折价款 14400 元。综上，原告的诉讼请求于法有据、证据充分，本院予以支持。

【法院裁判结果】综上所述，判决如下：

被告汪勇于本判决生效之日起 5 日内支付原告王敏转让费用（名为转让费实为货物、装修折价补偿款）14400 元。

第一百五十九条　附条件的民事法律行为，当事人为自己的利益不正当地阻止条件成就的，视为条件已成就；不正当地促成条件成就的，视为条件不成就。

典型案例　龚健宁与陈汉明合伙企业财产份额转让纠纷

【裁判观点】民事法律行为为附条件时，当事人为自己的利益不正当地阻止条件成就的，视为条件已成就。本案中，《协议》是原被告的真实意思表示，没有违反法律法规的禁止性规定，双方民事主体符合法律规定，应予确认。虽《协议》载明了在结清龚健宁 53000 元后协议生效的成就条件，但是被告为自己利益不正当地阻止条件的成就，应视为条件已成就。

【案情介绍】2007 年 1 月 12 日，被告陈汉明以陈广新的名义与原告龚健宁合伙购买经营陆川县珊罗长纳红砖厂。2010 年 1 月 13 日，被告陈汉明以价格 53000 元收购原告的珊罗长纳红砖厂所有权，并于当日以曾用名陈广新的名义出具了一份《协议》给原告收执。该协议载明："我自愿接收长纳红砖厂所有权，在结清龚健宁伍万叁仟元后，协议生效。接受人：陈广新。"被告陈汉明出具《协议》后，对陆川县珊罗长纳红砖厂进行管理经营，原告龚健宁也退出了参与陆川县珊罗长纳红砖厂的经营管理。至去年，被告先后支付了 27000 元转让款给原告。从 2012 年 6 月开始，被告拒绝支付所欠的款项，至今尚欠原告 26000 元。2014 年 8 月 21 日，原告龚健宁向本院提起诉讼，请求被告支付砖厂转让款人民币26000元，并支付逾期付款利息（以26000元为基数，按中国人民银行关于同期同类贷款利率，从2010年元月13日计至付清款项之日止）。

原告龚健宁诉称：原告曾和他人合伙投资设立陆川县珊罗长纳联营红砖厂。2010年元月13日，被告陈汉明以伍万叁仟元价格收购原告的合伙股权，并于当日书面出具了一份“协议”给原告收执。被告陈汉明接收后，以该砖厂合伙人身份参与该砖厂的经营管理和享有收益处分权。至去年，被告先后支付了27000元给原告。2012年6月被告拒绝支付所欠的款项，至今尚欠原告26000元。为维护原告的合法权益，特向人民法院提起诉讼，请求：（1）依法判决被告支付砖厂转让款人民币26000元给原告，并支付逾期付款利息（以26000元为基数，按中国人民银行关于同期同类贷款利率，从2010年元月13日计至付清款项之日止）给原告。（2）本案的诉讼费用全部由被告承担。

被告陈广新辩称：我承认欠有原告的转让款，但我要求在转让款中减去原告于2008年5月18日至2008年5月30日拉我的69000块砖（总价是15465元）的砖钱，扣除后剩余的转让款我同意支付给原告。

被告为其辩解在举证期限内提供的证据有：欠条，证明原告欠被告的砖款的事实，该欠条是由原告的司机戴武出具。

经过开庭质证，原告对被告提供的证据有异议，认为该证据与本案没有关系。被告对原告提供的证据均无异议。本院对原告提供的上述证据予以认定，可作为认定本案案件事实的依据。本院认为，被告提供的证据欠条是由戴武出具，该证据没有其他证据可以佐证该欠条的义务由原告承担，与本案没有关联性，不予采纳。

【法院审理意见】本院认为，《协议》是原、被告的真实意思表示，没有违反法律法规的禁止性规定，双方民事主体符合法律规定，应予确认。被告支付了27000元转让款给原告后再没有支付，虽《协议》载明了在结清龚健宁53000元后协议生效的成就条件，但这是被告为自己利益不正当地阻止这条件的成就，根据《中华人民共和国合同法》第45条第2款的规定，应视为条件已成就。被告不履行《协议》义务，应承担违约责任。原告请求被告支付转让款26000元，合理合法，应予支持。《协议》里对支付转让款没有约定给付期限，原告请求被告支付逾期付款利息以26000元为基数，从2010年元月13日计至付清款项之日止按中国人民银行关于同期同类贷款利率，没有事实和法律依据，不予采纳。对没有约定给付期限的债务利息，只能从主张之日起计算利息。

【法院裁判结果】综上所述，判决如下：

一、被告陈汉明支付原告龚健宁合伙企业财产份额转让款26000元。

二、被告陈汉明支付原告龚健宁合伙企业财产份额款利息，从2014年8月21日起以26000元为基数按中国人民银行同期贷款利率计算至本判决生效确定履行届满之日止。

第一百六十条 民事法律行为可以附期限，但是按照其性质不得附期限的除外。附生效期限的民事法律行为，自期限届至时生效。附终止期限的民事法律行为，自期限届满时失效。

典型案例 施某甲与施某乙、施某丙等遗嘱继承纠纷

【裁判观点】 民事法律行为如果附生效期限，自期限届至时生效。本案中，协议书是一份附期限的协议，称之为附期限的协议，是因为系争房屋的权利按协议予以分配须以被继承人去世这一事实的发生为基础。现被继承人已去世，故涉案协议书中所涉被继承人部分已生效，对当事人均具有法律约束力。

【案情介绍】 被继承人施某戊2013年5月30日报死亡，黄某某系其妻子，两人共生育5个子女，即本案其他原被告。被继承人父母均早已死亡。天宝西路房屋产权现登记在施某丁、施某丙两人名下，但已经（2015）虹民三（民）初字第571号判决书确认房屋产权人恢复为黄某某，该房屋实际为被继承人施某戊与黄某某夫妻共同财产，各占一半份额，被继承人名下份额为遗产。被继承人于2006年12月17日立有自书遗嘱载明“我年事已高，我想等百年后，我自愿将房产与妻分得50%全部送给小儿子施某甲今后靠他给我养老送终”。2010年6月22日由施某乙书写，被继承人及本案其他原被告签名的《家庭协议书》载明“本人黄某某与丈夫施某戊，家住天宝西路×××弄×××号×××、×××室，总建筑面积50㎡，现住户口除我与丈夫外，另有儿子施某甲及儿媳与孙女共5个人。由于本人与丈夫均年事已高，丈夫今年92岁，我已86；岁，考虑到我们子女比较多，为防止我们百年后，我们的子女因继承房产而产生矛盾，或反目成仇，所以乘我们现在还健在的情况下，对我们的房产作一份遗嘱协议，其内容如下：（1）小儿子施某甲拥有的203室房产，早在几年前已作分割，不能视为我们的房产，这点我们必须给予重申，其4个子女不能在这件事情上进行纠缠。（2）201室所拥有的建筑面积为18㎡，只包

含201室的住房空间，而公用过道、卫生间、厨房都不包在其中。该房的18㎡由小儿子施某甲所有。(3) 202室所拥有的建筑面积为32㎡，所包含202室的住房空间、公用过道、卫生间、厨房，该32㎡则则由大儿子施某乙、大女儿施某丙、二女儿施某A、三女儿施某丁4人共同所有，具体含义则他们每个人对这套房只能拥有25%的产权，32㎡的25%主权，具体细分为每个人对这套房只能拥有8㎡的产权。(4) 由于201室与202室目前情况是一个整体，18㎡与32㎡的划分，只能是人为的、理论上的划分，但将来该房变更时，必须以现在的划分为依据，即201室的房产继承人施某甲想买下202室的房产，他必须以专业房产机构的评估价乘以32㎡去收购202室的产权，反之202室的产权所有人要收购201室的房产，他们必须出同样专业房产机构的18㎡评估价进行收购。(5) 由于202室的房产所有人为4人，如任何人提出想要这套房产的全部产权，则他必须以第4条中的条件，去收购其余的75%的产权。如果4个人都想收购，则以家中儿女的排列顺序来决定收购的优先权。收购价格则依据专为房产机构的评估价为准。(6) 5个子女间的产权收购，必须本着以亲情为重的原则，共同协商，收购价可适当地低于当时专业机构的评估价。(7) 本遗嘱的实施应在我们百年以后，为此在目前我们仍健在之时，201室与202室的产权拥有人，仍为我们所有，任何子女对该房产都无权作任何形式的变动和更改，所以大儿子从西安回沪探亲，或者女儿们照顾我们需要过夜，他们都有权居住201室，小儿子应提供相应帮助。(8) 目前我们实际居住情况是我们居住在203室，而小儿子居住在202室，所以我们百年之后，五个子女间按协议即办理201－202至203产权变更，按变更后203室产权住在202室。(9) 由于201与202室现为一个独立的单无，203室也是一个独立的单无，我们百年之后，为方便将来房产进行处理，如果203与202室需进行置换，但置换的条件是五个子女必须全部亲自到场签字，如果有人不愿签字，视为自动放弃产权。(10) 我们协议的本意，是希望我们五个子女在我们百年之后，不要在为继承我们房产问题上产生许多隔阂矛盾，我们的这个协议有可能有考虑不周的地方，但我们也是经过深思熟虑的，权衡利弊的，所以希望你们在我们百年之后，按这份协议的要求来继承我们留下的房产，大家不要为多点或少点而伤了兄弟姐妹之间的感情，你们之间的骨肉之情要重于金钱，我们走后，你们之间要多走动，互相帮助，带好你们的子女，日子越过越好，使我们九泉之下，得以安息。(11) 本协议签字后，不再有另外遗嘱。以五个子女签字为准，为防止变更，务必进行办证处公正。遗嘱协议人：施某戊黄某某。同意此协议按顺序签字：大儿子：施某乙大女儿施某丙二女儿施某A小女儿施某丁小儿子施某甲。若有施某乙住一年半到两年，父母亲生病老死有五个子女负责施某戊同意黄某某2012年6”，因原被告对被继承人遗产处分意见不一，故原告诉至本院，要求判如所请。

审理中，原告认为《家庭协议书》签订当时被继承人并未签字，故申请对《家庭协议书》上“施某戊”签名是否被继承人本人所写进行笔迹鉴定；被告则对《遗嘱》中“施某戊”签名以及遗嘱内容中“施某甲”的“施”字是否被继承人本人所写申请进行笔迹鉴定。本院依法委托司法鉴定科学技术研究所司法鉴定中心对《家庭协议书》上“施某戊”签名、《遗嘱》中“施某戊”签名以及遗嘱内容中“施某甲”的“施”字是否施某戊本人所写进行笔迹鉴定。该中心鉴定意见为：检材《家庭协议书》《遗嘱》上需检三处“施某戊”签名以及遗嘱内容中“施某甲”的“施”字均为施某戊本人所写。对此，原、被告均无异议。

审理中，原告又认为《家庭协议书》带有遗嘱属性，协议书由施某乙书写，这不符合代书遗嘱的成立要件，应属无效；（2013）虹民三（民）初字第2453号案件2013年12月11日庭审笔录证明被继承人在协议书上的签字为事后补签；协议书内容系被继承人与黄某某对自己身后财产的处分，他人不得干涉，也不因原告签字而导致遗嘱权利丧失。被告则认为庭审记录并非施某乙本意，应以相关判决书为准；《家庭协议书》确系施某乙起草，但由被继承人与原被告亲笔签名确认，虽是被继承人事后补签，但不能否认协议的有效性，故协议已撤销了原告提供的遗嘱，原告在明知有遗嘱的情况下签字，也是对遗嘱权利的放弃。

原告施某甲诉称：被继承人施某戊于2013年5月30日报死亡，黄某某系其妻子，两人共生育5个子女，即本案原告和其他被告。被继承人父母均早已死亡。上海市天宝西路×××弄×××号×××、×××室房屋（以下简称天宝西路房屋）现登记在施某丁、施某丙名下，但已经（2015）虹民三（民）初字第571号判决书确认房屋产权人恢复为黄某某，故该房屋为被继承人与黄某某夫妻共同财产，其中一半份额为黄某某所有，另一半为被继承人遗产，因原被告对遗产处分意见不一，故原告起诉来院要求依据被继承人2006年12月17日自书遗嘱由原告一人继承被继承人遗产。

被告施某乙、施某丙、施某丁、黄某某、施某A辩称：对原告所述家庭情况无异议。认可天宝西路房屋为被继承人与黄某某夫妻共同财产，各占一半份额，被继承人名下一半为遗产。认为原告提交的遗嘱上字迹并非被继承人本人所写，要求进行笔迹鉴定，并提出即使遗嘱有效，业已经2010年6月22日的《家庭协议书》予以撤销，且按照协议分割的条件未成就，故主张按法定继承由原被告六人平均分割继承。

被告提供2010年6月22日《家庭协议书》两份以证明其主张。

【法院审理意见】本院认为，本案的争议焦点之一是该自书遗嘱是否被2010年6月22日的《家庭协议书》所撤销，换言之，即《家庭协议书》生效与否。我国《民法通则》第57条规定“民事行为从成立时起具有法律约束力”。透析协议约定的具体内容，系争房屋所有权的转移是附期限的法律行为，该期限为被继承人死亡时，关于所有权转移的约定始生效力。以被继承人死亡作为系争房屋转让协议生效的要件，符合常理和国情。本案中，该协议书是一份附期限的协议，称之为附期限的协议，是因为系争房屋的权利按协议予以分配须以被继承人去世这一事实的发生为基础。现被继承人已去世，故涉案协议书中所涉被继承人部分已生效。《家庭协议书》成立、有效且已生效，具有一个合同的完整的、全部的法律约束力，对所有当事人均具有法律约束力。在遵循意思自治原则前提下，只要协议的内容不违反国家强制性规定和公序良俗原则，在不存在无重大误解、显失公平或欺诈胁迫等法定变更或撤销协议的情形下，当事人合法权益应得到法律保护。本院认为，施某戊于协议书上签字的行为即对协议内容的追认，其意以协议内容对之前遗嘱予以否认，并对天宝西路房屋予以重新分割；该自书遗嘱已被2010年6月22日的《家庭协议书》所撤销，故原告要求按照施某戊遗嘱继承天宝西路房屋的诉讼请求，本院依法不予支持。

【法院裁判结果】判决如下：

上海市天宝西路×××弄×××号×××、×××室房屋产权归原告施某甲、被告施某乙、施某丙、施某丁、黄某某、施某A按份共有，其中被告黄某某占50%份额，原告施某甲占18%份额，被告施某乙、施某丙、施某丁、施某A各占8%份额，办理该房屋产权人登记变更手续所产生的税费由原告施某甲负担。

第七章 代　　理

第一节 一般规定

第一百六十一条 民事主体可以通过代理人实施民事法律行为。

依照法律规定、当事人约定或者民事法律行为的性质，应当由本人亲自实施的民事法律行为，不得代理。

典型案例 吴立国与天津市滨海新区信发渔业船舶修理有限公司、刘恩旭等股东资格确认纠纷

【裁判观点】民事主体可以通过代理人实施民事法律行为，而依照有关规定应当由本人亲自实施的民事法律行为，不得代理。本案中，被告刘恩旭、赵加旺、吴彩霞并未按规定履行应当由本人实施的民事法律行为。关于被告刘恩旭、赵加旺辩称将个人的身份证复印件和名章交予原告之事，虽然原告在办理公司登记时使用了其身份证复印件和名章，但原告与被告刘恩旭、赵加旺对身份证复印件和名章的取得各执一词，被告刘恩旭、赵加旺又不能证明其仅有此一枚名章，且该主张不能对抗“应当由本人实施的民事法律行为，不得代理”的法律规定。依据《民法通则》第63条第3款的规定，故对被告刘恩旭、赵加旺抗辩对办理公司登记是其共同委托原告而为的主张，本院不予支持。

【案情介绍】原告与被告吴彩霞系夫妻关系。被告刘恩旭、赵加旺系原蔡家堡村村民。被告信发公司工商注册登记档案载明，该公司于2006年7月14日设立，公司股东为刘恩旭、赵加旺、吴彩霞，注册资金3万元，刘恩旭为执行董事，公司法定代表人。公司股东名册及章程载明，三股东各出资1万元。2008年10月20日公司股东会决议，公司法定代表人变更为被告吴彩霞，并

办理了工商变更登记。

2011年1月刘恩旭以信发公司、吴彩霞为被告、赵加旺为第三人提起诉讼，要求本院确认股东会决议无效，并撤销工商变更登记。其后，原告以第三人身份申请参加该案诉讼，并提出独立诉请，要求确认其股东资格，排除其他三人股东资格，并变更工商登记。本院经审理判决确认了信发公司的注册资金全部由吴立国所出，其具有股东资格。刘恩旭上诉后，二审法院认为该案合并审理，存在程序问题，裁定发回本院重审。随后，吴立国撤出参加该案申请，提起本案诉讼。

另查，经信发公司申请，天津市海洋局核准于2007年2月2日颁发了海域使用权证书（国海证：071200008号；用海类型：填海（修船）；批准使用终止日期：2017年2月11日）。后又经申请，该局于2009年4月30日通知信发公司，将用海性质变更为“经营性”，将终止日期变更为“2057年2月11日”，并于2009年5月13日颁发新的海域使用权证书（国海证：091200018号），海域使用权人为信发公司。

再查，依据原告、被告刘恩旭、赵加旺的申请调取了天津市滨海新区人民法院（2011）滨汉民初字第269号卷宗。本案在开庭审理时询问原、被告双方对（2011）滨汉民初字第269号案件中所提交的证据、证人证言是否重新进行举证、质证，对此，原、被告双方均表示以（2011）滨汉民初字第269号案件中所提交的证据、证人证言及质证意见为准。

原告诉称：原告在2006年6月由于当时国家政策的限制和避免以原告身份注册引起不便，使用了被告刘恩旭、赵加旺、吴彩霞3人身份作为股东，设立了信发公司。公司全部注册资金由原告一人交纳，经工商登记后取得了营业执照，该公司至今由原告一人进行经营。2008年10月，为了经营便利，原告自行草拟股东会决议，将公司法定代表人由被告刘恩旭变更为被告吴彩霞（原告之妻）。后被告刘恩旭得知公司注册及变更情况，于2011年提起诉讼，要求确认股东会决议无效，原告以有独立请求权第三人身份参加诉讼。后该案因程序问题被二审法院发回重审。现原告申请撤回该案的诉请，提起本案诉讼，要求：（1）依法确认原告系信发公司唯一股东；（2）被告信发公司变更工商登记股东信息。

被告信发公司、吴彩霞辩称：原告所述属实，同意原告诉请。

二被告未举证。

被告刘恩旭、赵加旺辩称：信发公司是三自然人被告依法设立，原告办理工商登记的行为是受股东的委托。设立公司的目的是为了服务渔民，保证渔业生产，公司占用的土地所有权人系蔡家堡村委会，基于此，被告刘恩旭与蔡家

堡村委会签订了渔港船台协议。原告身为教师，不具备公司股东资格，请求驳回原告诉请。

【法院审理意见】本案争议焦点之一是关于原告办理被告信发公司登记和对被告信发公司日常经营管理的行为是否为公司股东共同委托的问题。

本院认为：关于原告办理被告信发公司登记和对被告信发公司日常经营管理的行为是否为被告刘恩旭、赵加旺、吴彩霞共同委托的问题。

1. 关于原告办理被告信发公司登记的行为是否为被告刘恩旭、赵加旺、吴彩霞共同委托的问题。原告主张，其办理公司登记的行为是冒用被告刘恩旭、赵加旺、吴彩霞的名义，设立信发公司。被告刘恩旭、赵加旺主张，为设立信发公司，三股东将个人的身份证复印件和名章交予原告，并共同委托原告办理工商登记事宜，其办理公司登记的行为是三股东的授权行为。被告吴彩霞对被告刘恩旭、赵加旺的主张予以否认，并自认未委托原告办理公司登记。本院依据《中华人民共和国民法通则》（以下简称《民法通则》）第63条第3款，《中华人民共和国公司登记管理条例》（以下简称：《条例》）第2条第2款、第20条第1款、第2款的规定，并结合本案的证据和实际情况分析：庭审中，被告刘恩旭、赵加旺、吴彩霞均自认用于工商登记的"股东协议书、设立登记申请书、共同委托代理人的证明、公司章程及为公司办公所租房屋的《房屋租赁协议》"等文件均不是其本人起草、签署，而是由原告自拟、填充、签署。《条例》第2条第2款、第20条第2款明确规定："公司申请设立时，申请人应当对申请文件、材料的真实性负责。向公司登记机关提交的设立登记申请书应当由公司的法定代表人签署，股东共同委托代理人的证明、公司章程等文件也应当由公司的股东签署。"

2. 关于原告对被告信发公司日常经营管理的行为是否为被告刘恩旭、赵加旺、吴彩霞共同委托的问题。原告主张，因为公司是自己个人出资组建，其管理公司的行为是其职责所在。被告刘恩旭、赵加旺主张，原告对公司日常经营管理是三股东共同委托的行为。被告吴彩霞对被告刘恩旭、赵加旺的主张予以否认，并自认未委托原告经营管理公司。本院依据《民法通则》第65条第1款的规定，并结合本案的证据和实际情况分析：民事法律行为的委托代理，可以用书面形式，也可以用口头形式。经庭审查明，被告刘恩旭、赵加旺对委托原告经营管理公司没有书面委托证明书，其虽称是以口头形式进行的委托，但又未能提供相关证据加以证明，对此，其应当承担举证不能的法律责任。另从一般经营活动常理分析，作为公司股东、法定代表人的刘恩旭、赵加旺均具有完全民事行为能力，均参与过经济活动，其应当知道将公司的全部经营活动交予公司股东之外的原告管理经营而不留任何痕迹的后果，其虽说是自己没有文化、虽说是相信朋友，虽说是代股东吴彩霞行使股东权利，但其抗辩主张还是与一般经营活动常理相悖。故对被告刘恩旭、赵加旺抗辩对公司日常经营管理是其共同委托原告而为的主张，本院不予支持。

【法院裁判结果】综上所述，判决如下：

一、确认原告吴立国系被告天津市滨海新区信发渔业船舶修理有限公司的唯一股东。

二、驳回原告其他诉讼请求。

第一百六十二条 代理人在代理权限内，以被代理人名义实施的民事法律行为，对被代理人发生效力。

典型案例 上海爱坚文化传媒有限公司与北京市世纪鑫通投资有限公司借款合同纠纷

【裁判观点】代理人在权限内，以被代理人名义实施的民事法律行为，对被代理人发生效力。本案中，原告通过上海爱坚实业集团有限公司将200万元转账交于被告，依据法律规定，代理人可以进行隐名代理民事行为，上海爱坚实业集团有限公司接受原告的委托，以自己的名义在委托人的授权范围内与被告订立借款合同，该行为于法有据，予以认定。

【案情介绍】2014年10月23日，原告上海爱坚实业集团有限公司向被告北京市世纪鑫通投资有限公司汇款2000000元；2014年12月原告将100000元交于案外人林志东；2015年1月4日、2015年2月16日，原告分别向被告汇款1500000和300000元；之后原告对应4笔款项的时间，以此类推准备好了4份借款合同，通过林志东，分别将4份合同加盖了被告的公章。其中3份是对应已交付的3笔转账款是补签的借款合同，另一份100000元的借款合同是对应交付林志东100000元现金的时间制作的合同。4份借款合同中，第一份2000000元的借款合同，约定借款期限为14个月即2014年10月23日至2015年12月22日止，借款利息为月利率0.8%，借款期限后逾期利息为月利率0.8%，本息一起结清；第二份，100000元的借款合同，借款期限为12个月即自2014年12月28日至2015年12月28日止；第三份，1500000元的借款合同，借款期限为12个月即自2015年1月4日至2016年1月3日止；第四份

300000 元的借款合同，借款期限 10 个月即自 2015 年 2 月 16 日至 2015 年 12 月 16 日止；第一、第二、第三、第四份合同除了借款期限不同，其他约定内容完全一致。该 4 份合同到期后，被告未归还借款本息。之后，原告委托上海小城（苏州）律师事务所律师，出具律师函及回执通过林志东交于被告处确认盖章。另外，委托人上海爱坚实业集团有限公司原名称为上海爱坚机电设备有限公司，于 2014 年 11 月 18 日完成名称变更。在变更未完成之前，以原上海爱坚机电设备有限公司的账户汇款。

另外查明，被告北京市世纪鑫通文化传媒有限公司、林志东与中华社会文化发展基金会，进行了中华文化银行的课题调研及筹备工作。

原告诉称：2014 年 10 月 23 日，原告委托母公司上海爱坚实业集团有限公司出面向被告提供借款人民币 2000000 元（以下币种同），由上海爱坚实业集团有限公司与被告签署了借款合同，合同约定借款期限为 14 个月，借款利率为月 0.8%，借款期限后逾期部分按月利率 0.8% 计算利息；还款方式为本息一起结清。当日，上海爱坚实业集团有限公司通过银行将 2000000 元转入被告的账户。另外，上海爱坚实业集团有限公司原名称为“上海爱坚机电设备有限公司”，在借款时已经向工商局递交了变更的申请书，并开始使用新公司名称为“上海爱坚实业集团有限公司”的公章，但工商登记变更于 2014 年 11 月 18 日完成，因此转账凭证上的银行账户仍为“上海爱坚机电设备有限公司”。后原告与被告又陆续签署了 3 份借款合同，分别约定：被告向原告借款 100000 元，借款期限为 12 个月，自 2014 年 12 月 28 日至 2015 年 12 月 28 日止；借款 1500000 元，借款期限为 12 个月，自 2015 年 1 月 4 日至 2016 年 1 月 3 日止；借款 300000 元，借款期限为 10 个月，自 2015 年 2 月 16 日至 2015 年 12 月 16 日止；借款利息及到期后利息按月利率 0.8% 计算，本息到期一并归还。原告均自借款开始日以现金及转账的方式将上述 3 笔借款支付给了被告。4 份借款合同到期后，被告均未归还本息，原告委托律师向被告发律师函件进行了催讨，被告也回复确认向原告借款 3900000 元未归还。被告至今未归还借款本息，遂诉讼。要求本院判令被告偿付借款本金 3900000 元；判令被告支付利息及逾期利息 462080 元，以及以 3900000 元本金为基数，按月利率 0.8% 的标准向原告支付自 2016 年 2 月 18 日起至 2016 年 6 月 7 日的逾期利息。

被告答辩称：不同意原告的诉请，原告陈述的事实与客观事实不符，这几笔款项实际的经办人是林志东，是原告的实际控制人，也是中华文化银行筹备组的副组长，这几笔款项都是林志东筹备来的，2014 年年底时林志东及基金会成员一起前往泰安捐献图书共计 100000 元，2016 年春节前，林志东称公司要审计，这几笔款项没有手续，需要做个手续，让被告做个借款合同，这其实不是被告的本意。借款合同不是双方真实意思表示，是当时原告应付其内部检查作的虚假表示。并表示申请司法鉴定来确定合同上公章的形成时间。原告补充陈诉：双方借款是达成合意的，有充分的证据证明，系双方借款关系的真实存在；资金用途的确用于中华文化银行筹备，但被告拿着款项与林志东在中华文化银行筹备的事务与原告无关；关于被告提出的要求就借款合同的形成的时间及印章的时间的申请，我方认为鉴定对于本案的审理无实际性的影响，借款合同均是在被告认可并自愿的情况下盖章，即章是真实的，无论印章的时间的前后，都达成双方借款合意，原告确实将借款直接汇入被告的账户。故我方认为被告提出鉴定是为了拖延时间，故不同意鉴定。另外，在原告于 2016 年 1 月 7 日委托律师发送给被告的律师函中，也提到了催款的意思表示，而被告回函表示收到函件且对函件无异议，证明双方关于借款关系的建立是真实无异议的。

【法院审理意见】本院认为，原告通过上海爱坚实业集团有限公司将 2000000 元转账交于被告，依据法律规定，代理人可进行隐名代理民事行为，本案上海爱坚实业集团有限公司接受原告的委托，以自己的名义在委托人的授权范围内与被告订立借款合同，并交付委托的借款 2000000 元给被告，完成委托后将借款合同交于委托人即本案原告，该行为于法不悖。本院可认定出借人为原告。原告又先后将 1500000 元、300000 元转账交于被告。之后，原、被告补签书面借款合同的行为，应当认定为，双方达成了借款的合意。原告先后将款项汇入被告的公司，被告占有了该款项，后再通过借款合同来确定该款项为借款，是合同交付的一个特殊情况，即为简易交付。原告委托律师向被告发律师函件对 4 份借款合同进行确认时，被告回复对借款合同金额 3900000 元确认盖章的事实，更确定了双方对借款性质的认定，双方对此并无异议。又因为借款合同特征是实践性合同，借款的交付是合同成立的形式要件。本案中，被告对原告汇款的借款 2000000 元、1500000 元、300000 元予以确认，但对第二份借款合同的金额 100000 元明确表示未收到该款，对此，原告庭审中只是陈述交给介绍人林志东，未能出示证据证明交付与被告，故原告诉请的 100000 元借款没有事实及法律依据。故本院依法认定双方的借款金额为 3800000 元。至于被告辩称的汇入被告公司 3800000 元的款项被林志东转入中华社会文化发展基金会或其他的账户，本院认为，被告公司是具有完全行为能力的法人组织，其在经营活动中的行为由被告自行负责，与本案并无法律上的关联。据此，原、被告双方在 3 份借款合同中均约定了还款期限及合同利息、逾期利息；现 3 份借款合同均已经到期，被告并未归还本息，被告理应在约定期限内清偿所欠的债务，现被告未在期限内清偿债务，已属违约，故应当承担还款的民事责任。

【法院裁判结果】综上所述，判决如下：

一、被告北京市世纪鑫通投资有限公司应于本判决生效之日起10日内返还原告上海爱坚文化传媒有限公司借款人民币3800000元；

二、被告北京市世纪鑫通投资有限公司应于本判决生效之日起10日内支付原告上海爱坚文化传媒有限公司下列利息：以人民币2000000元为基数、自2014年10月23日起至2016年6月7日止按年利率9.6%计算；以人民币1500000元为基数、自2015年1月4日起至2016年6月7日止按年利率9.6%计算；以人民币300000元为基数、自2015年2月16日起至2016年6月7日止按年利率9.6%计算；

三、驳回原告上海爱坚文化传媒有限公司的其他诉讼请求。

第一百六十三条　代理包括委托代理和法定代理。

委托代理人按照被代理人的委托行使代理权。法定代理人依照法律的规定行使代理权。

第一百六十四条　代理人不履行或者不完全履行职责，造成被代理人损害的，应当承担民事责任。

代理人和相对人恶意串通，损害被代理人合法权益的，代理人和相对人应当承担连带责任。

典型案例　刘玉芳与杨海峰等财产损害赔偿纠纷

【裁判观点】代理人不履行代理职责而给被代理人造成损害的，应当承担民事责任。本案中，被告尹璐未经原告授权许可，将房屋出售与被告杨海峰、金述新，收取首付款，并将诉争房屋交付被告杨海峰、金述新占用使用，因此给原告造成财产损失的，当由被告尹璐对原告进行赔偿。

【案情介绍】被告杨海峰和金述新系夫妻关系。坐落于本市东城区安化南里×楼×层×号房屋系被告尹璐之母刘玉芳所有之房产，该房屋建筑面积为88.52平方米。2010年10月22日，刘玉芳取得上述房屋所有权证。

2011年10月，金述新、杨海峰曾诉至本院，称杨海峰之弟杨某与尹璐系朋友关系。刘玉芳于2009年将诉争房屋以160万元的价格出售给杨海峰、金述新，首付款为40万元。因刘玉芳当时尚未取得房屋所有权证，故双方约定待刘玉芳取得房屋所有权证后再办理房屋所有权过户手续及交纳剩余房款事宜。后，杨海峰、金述新将购房首付款40万元交付刘玉芳，尹璐代为出具收条。因刘玉芳拒绝继续履行房屋买卖协议，故杨海峰、金述新起诉要求刘玉芳将诉争房屋过户至杨海峰、金述新名下。该案审理中，刘玉芳辩称其曾委托尹璐将诉争房屋中的1间出租给杨某，但刘玉芳从未委托尹璐出售诉争房屋，亦未与金述新、杨海峰口头约定出售房屋并收取首付款。经审理，本院认为虽尹璐与金述新、杨海峰达成口头协议，约定将诉争房屋出售给杨海峰、金述新，但金述新、杨海峰并无证据证明尹璐的行为获得刘玉芳的授权；现刘玉芳否认授权尹璐代为出售诉争房屋，对尹璐将诉争房屋出售给金述新、杨海峰的行为不予认可，故金述新、杨海峰关于与刘玉芳达成口头房屋买卖合同的主张不能成立。对此，本院于2011年12月15日作出（2011）东民初字第12034号民事判决书，判决驳回金述新、杨海峰的诉讼请求。金述新、杨海峰不服判决，提起上诉。2012年6月20日，北京市第二中级人民法院作出（2012）二中民终字第06130号民事判决书，认为根据已查明的事实，刘玉芳的女儿尹璐曾以160万元的价格与金述新、杨海峰就刘玉芳所有的诉争房屋达成买卖合同。双方出于亲友间的关系，并未签订正式的书面合同。因无证据显示尹璐出售房屋时曾获得刘玉芳的授权，售房后亦未得到刘玉芳的追认，故就涉争房屋的买卖合同虽然成立，但因尹璐无权处分刘玉芳的财产，故该合同对刘玉芳不发生法律效力。合同不成立、被确认无效或者撤销后，信赖合同有效成立致受损害的一方当事人有权要求另一方当事人赔偿信赖利益损失，故金述新、杨海峰可依合法途径另行追究责任。据此，二中院判决驳回上诉，维持原判。

2012年9月21日，金述新、杨海峰将尹璐诉至本院，要求尹璐返还金述新、杨海峰购房款40万元，赔偿房屋升值损失493720元，赔偿房屋装修损失41542元等。经审理，本院认为行为人没有代理权、超越代理权或者代理权终止后，以被代理人名义订立的合同，未经被代理人追认，对被代理人不发生效力，由行为人承担责任。本案争议焦点分别为尹璐是否收到了杨海峰、金述新给付的购房款40万元以及就尹璐代刘玉芳与杨海峰、金述新订立的买卖合同被认定无效无法继续履行后，杨海峰、金述新及尹璐各自应承担何种法律责任问题。根据已查明的事实，尹璐代表刘玉芳将刘玉芳所有的房屋出售给杨海峰、金述新。因刘玉芳对该出售行为未追认，该买卖行为对刘玉芳不发生法律效力，对此有人民法院生效的民事判决书为据。现杨海峰、金述新要求尹璐返还已付购房款，并赔偿损失。尹璐否认收取杨海峰、金述新交付的购房款。现尹璐认可其将书写的收条交给杨某，并由杨某代其领款的事实。在此情况下，尹璐与杨某之间就收取购房首付款事宜，已形成事实上的委托代理关系。故杨某收取杨海峰、金述新交纳购房款的行为，对尹璐具有约束力。对于杨某收取购房款的具体数额问题，虽然杨海峰、金述新出示了尹璐书写的收取首付款40万元的收条，但该收条系在杨海峰、金述新付款之前所出具，故该收条不应作为确认尹璐收到首付款金额的依据。结合杨海峰、金述新的举证，应认定杨海峰、金述新通过汇款及现金转存的方式向杨某支付的购房款为20万元。根据相关银行票据显示，收款人均为杨某。虽然尹璐认为上述款项并非杨海峰、金述新向杨某支付的购房款，但因尹璐并未就上述款项的实际用途提供反证，故上述金额应被认定为杨海峰、金述新向尹璐支付的购房款。至于杨海峰、金述新主张以现金方式向杨某支付的购房款部分，杨海峰、金述新仅能提供取款记录，并未提供杨海峰、金述新向杨某支付上述款项的证据，故该部分金额不应被认定为杨海峰、金述新向杨某支付的购房款。本院认定杨海峰、金述新已向被告尹璐支付购房款20万元。根据已生效裁判文书确认的相关事实，尹璐代刘玉芳与杨海峰、金述新订立房屋买卖合同虽已成立，但因尹璐出售房屋时未获得刘玉芳的授权，售房后亦未得到刘玉芳的追认，故该合同对刘玉芳不发生法律效力，应由尹璐承担相应的法律责任。诉争房屋买卖合同无法继续履行，系尹璐无代理权所致，故应认定尹璐对此结果存在过错。同时，杨海峰、金述新未充分审查尹璐是否享有出售房屋权利的情况下，即与尹璐签订合同，杨海峰、金述新亦存在明显过错，应承担相应责任。故本院认定杨海峰、金述新及尹璐对此应各自承担50%的责任。关于赔偿损失的具体项目及金额问题，杨海峰、金述新要求尹璐赔偿诉争房屋升值损失，杨海峰、金述新基于鉴定结论及杨海峰、金述新所支付的购房款数额计算损失的方法并无不当。但因杨海峰、金述新对于合同无法继续履行亦应承担一定责任，故本院将对损失数额予以调整。关于杨海峰、金述新要求尹璐赔偿装修损失的诉讼请求，因杨海峰、金述新并未在房屋腾退案件中主张赔偿装修损失，故本案中应当对该损失予以处理。尹璐提出本案不应处理该项请求的答辩意见，无相关依据，本院不应采纳。关于装修损失的具体金额问题，经释明杨海峰、金述新并未在本案中申请对装修造价进行评估，而在他案中申请的装修造价评估也因未交纳鉴定费而被鉴定机构取消。结合杨海峰、金述新提供的相关证据，以及双方对于合同无法履行的过错程度，本院对装修损失予以酌定。故判决尹璐向杨海峰、金述新返还购房款20万元，赔偿房屋增值损失246860元及装修损失2万元。对此判决，尹璐不服提起上诉。2014年12月18日，北京市第二中级人民法院作出终审判决，驳回了尹璐提起的上诉，维持原判。2015 年 1 月 12 日，杨海峰、金述新申请执行上述判决。

2012 年 12 月 25 日，刘玉芳将杨海峰、金述新及牛某等人诉至本院，要求金述新、杨海峰等人返还诉争房屋。经审理，本院认为无权占有不动产或者动产的，权利人可以请求返还原物。刘玉芳是诉争房屋的所有权人，其依法对诉争房屋享有占有、使用、收益和处分的权利。经生效法律文书确认，刘玉芳与金述新、杨海峰之间不存在房屋买卖合同关系。刘玉芳的女儿尹璐虽曾就诉争房屋与金述新、杨海峰达成房屋买卖合同，但该买卖合同对刘玉芳不发生法律效力。现亦无证据证明杨海峰、金述新居住诉争房屋存在合法依据。本院于 2014 年 5 月 5 日作出民事判决书，判决杨海峰、金述新等人于本判决生效后 6 个月内将诉争房屋腾交原告刘玉芳。上述判决作出后，金述新、杨海峰等人不服提起上诉。2014 年 8 月 20 日，北京市第二中级人民法院作出终审判决，驳回了金述新、杨海峰等人提起的上诉，维持原判。2015 年 3 月 5 日，刘玉芳申请执行上述判决。

庭审中，原告刘玉峰称，被告金述新、杨海峰未经原告同意，自 2009 年 9 月 1 日开始占用使用原告所有的房屋，直至 2015 年 4 月初才将诉争房屋腾退给原告，故被告金述新、杨海峰应当向原告支付其二人占有诉争房屋期间的房屋使用费及物业服务费。对此，被告金述新称，被告杨海峰、金述新是基于房屋买卖，支付了首付款，并于 2010 年 5 月占有使用诉争房屋，关于原告所称的房屋使用费损失当由原告与被告尹璐母女之间解决，另，物业费当由产权人即原告自行承担，与被告杨海峰、金述新无关。

原告刘玉芳诉称：2009 年 2 月，原告委托其女儿尹璐出租房屋。2009 年 2 月底，被告杨海峰的弟弟杨某与尹璐就租房一事达成口头协议，内容为由杨某租一个自然间，每月租金 2000 元。谈妥后，2009 年 3 月，杨某即搬进原告位于本市东城区广渠门安化南里 × 号楼 × 层 × 号房屋（以下简称诉争房屋）居住。2009 年 9 月 1 日，杨某未经原告同意，就让其姐姐杨海峰，姐夫金述新搬进居住另外一个自然间。被告未经原告同意，擅自占用原告房屋，其行为侵犯了原告的合法财产权利。故原告诉至法院，请求依法判令：（1）被告杨海峰、金述新赔偿原告自 2009 年 9 月 1 日至 2015 年 3 月 31 日期间共计 67 个月的房屋损失共计人民币 386368.90 元；（2）被告杨海峰、金述新向原告支付 2011 年 1 月 1 日至 2014 年 12 月 30 日的物业费共计 5150 元。案件受理费及鉴定费由被告杨海峰、金述新承担。

被告金述新辩称：不同意原告的诉讼请求。原、被告之间不存在房屋租赁合同关系，被告因为购买诉争房屋才入住，居住诉争房屋合理合法。诉争房屋主要由被告杨海峰和金述新居住使用，牛某、金某、杨某甲、张某是杨海峰和金述新的家人，偶尔到诉争房屋探亲，并不长期居住，故牛某、金某、杨某甲、张某并非本案适格的被告。故如承担责任的话，亦应当由杨海峰和金述新承担。

被告杨海峰第一次开庭到庭的答辩意见同被告金述新，之后开庭，经本院依法传唤未申明理由未到庭应诉，亦未提交书面意见。

【法院审理意见】本院认为，根据查明事实，尹璐代表刘玉芳将刘玉芳所有的房屋出售给杨海峰、金述新，因刘玉芳对该出售行为未追认，该买卖行为对刘玉芳不发生法律效力，对此有人民法院生效的民事判决书为据。被告杨海峰、金述新亦基于上述房屋买卖，向尹璐支付了首付款，入住尹璐交付的诉争房屋，并非抢占，亦非与被告尹璐恶意串通损害原告利益，被告杨海峰、金述新在占有使用诉争房屋的问题上没有过错，故对于刘玉芳要求被告金述新、杨海峰支付房屋使用费损失的诉讼请求，本院不予支持。但本院判决被告杨海峰、金述新应当将诉争房屋腾退给原告刘玉芳的判决生效后，被告杨海峰、金述新逾期履行该生效判决期间占有使用诉争房屋，于法无据，被告杨海峰、金述新当向原告支付逾期腾房期间的房屋使用费，故对于原告要求被告杨海峰、金述新支付自2015年2月21日至2015年3月31日期间的房屋使用费的诉请，本院予以支持。代理人不履行代理职责而给被代理人造成损害的，应当承担民事责任。本案被告尹璐未经原告授权许可，将房屋出售与被告杨海峰、金述新，收取首付款，并将诉争房屋交付被告杨海峰、金述新占用使用，因此给原告造成财产损失的，当由被告尹璐对原告进行赔偿。庭审中，原告明确表示免除被告尹璐的责任，因不悖法律，本院予以确认。关于原告要求被告金述新、杨海峰支付其占有房屋期间自2011年1月1日至2015年3月31日的物业费的诉讼请求，因诉争房屋为被告杨海峰、金述新实际占有使用，物业费理当由其二人承担，现原告已经代付此期间的物业费，故原告的该项诉请，理由正当，本院予以支持。

【法院裁判结果】综上所述，判决如下：

一、被告杨海峰、金述新于本判决生效后7日内向原告刘玉芳支付自2015年2月21日至2015年3月31日期间的房屋使用费共计7232元；

二、被告杨海峰、金述新于本判决生效后七日内向原告刘玉芳支付自2011年1月1日至2015年3月31日期间的物业费共计5150元；

三、驳回原告刘玉芳的其他诉讼请求。

第二节　委托代理

第一百六十五条　委托代理授权采用书面形式的，授权委托书应当载明代理人的姓名或者名称、代理事项、权限和期间，并由被代理人签名或者盖章。

第一百六十六条　数人为同一代理事项的代理人的，应当共同行使代理权，但是当事人另有约定的除外。

第一百六十七条　代理人知道或者应当知道代理事项违法仍然实施代理行为，或者被代理人知道或者应当知道代理人的代理行为违法未作反对表示的，被代理人和代理人应当承担连带责任。

典型案例　**河南康乾房地产开发有限公司与平顶山市仁泽房地产经纪有限公司商品房托代理销售合同纠纷**

【裁判观点】代理人明确知道代理事项违反法律，却仍然实施代理行为的，应该为其违法代理行为承担责任。本案中，仁泽公司在2009年12月22日平顶山市房地产管理监察大队下达责令立即停止违法预售行为通知书后，已经明知继续销售行为是违法行为，且被行政机关明令禁止，仍然执意代理康乾公司与购房户签订购房协议并收取房款，属明知代理事项违法而与被代理人共同故意实施违法行为，应当认识到违法行为将导致行政处罚及可能会有相应退房、退款的损失及风险，因此其与康乾公司各自承担由此给自己造成的不利与损失。

【案情介绍】一审原告仁泽公司2010年5月26日向平顶山市湛河区人民法院起诉称，2008年7月16日，康乾公司与其签订了一份商品房代理销售协议书，协议约定由康乾公司将位于中兴路的平运综合楼以均价3387元/平方米委托仁泽公司代理销售，销售额高出部分的溢价金归仁泽公司，客户签订购房协议并支付首期购房款，视为该套房屋销售任务完成，康乾公司应按约定比例支付其佣金及溢价款，如康乾公司单方违约，应向其支付100万违约金。协议签订后，仁泽公司耗费大量人力、物力使康乾公司获得巨大经济利益。但仁泽公司完成任务后，康乾公司单方撕毁合同，拒付其全部佣金。现请求依法判令康乾公司支付溢价金3159438元、售楼部装修工程损失112538元、宣传费用6260元、工人工资660308元、利息83883元、通讯、交通、监控、招待等日常支出费用85000元、违约金170809元，共计4491823元。

平顶山市湛河区人民法院一审认为，本案双方当事人在委托售房协议的签订及履行过程中，仁泽公司作为房地产中介服务专业机构、康乾公司作为房地产开发商，均应明知国家的房地产管理法规，在“韵水名苑”项目未取得商品房预售许可证等证照的情况下，公开向社会公众销售住房，其行为违反了国家法律的强制性规定，损害了国家利益和社会公共利益。故仁泽公司的诉请不属合法的民事权益，依法不应受到法律保护。依据2006年5月31日平运公司与康乾公司、建安装饰公司签订的合同，平运公司综合楼B楼（韵水名苑）面积的71.5%产权将归康乾公司和建安装饰公司所有。康乾公司无权就将来属于和建安装饰公司共有的财产与仁泽公司签订商品房代理销售协议并进行销售，其行为侵犯了建安装饰公司的合法权利。康乾公司收取的购房款属违法所得，现仁泽公司要求康乾公司支付购房款中的溢价金、利息损失和违约金不符合法律规定，不予支持；其要求康乾公司赔偿实际投入的工程损失费112538元、宣传单费用6260元、工人工资660308元和文印、交通、监控、招待等日常支出费用85000元等直接损失，虽经法庭释明，仁泽公司仍未补充证据或申请鉴定，故对其投入的实际损失不予保护。2011年7月15日，平顶山市湛河区人民法院作出（2010）湛民初字第745号民事判决：驳回仁泽公司的诉讼请求。案件受理费42735元，由仁泽公司负担。

仁泽公司不服，向平顶山市中级人民法院提起上诉。

平顶山市中级人民法院二审认为：仁泽公司与康乾公司签订的商品房代理销售协议并非商品房预售合同，最终目的在于期待房屋售出后以溢价款的形式获得的佣金，康乾公司不能举证证明仁泽公司在签约过程中存在欺诈、胁迫、乘人之危的行为，合同内容亦不违反国家有关法律、法规，应依法确认。仁泽公司按商品房代理销售协议书为康乾公司与购房者签订了部分商品房买卖协议后，康乾公司获得部分售房利益而未依商品房代理销售协议书办理有关售楼的各项法定手续，致使康乾公司与购房者签订的商品房买卖协议效力待定中，从根本上违反了《商品房代理销售协议书》的约定，康乾公司对此应承担主要责任60%，而仁泽公司作为代销方未严格审查售楼的各项法定手续是否齐全，即代理销售房屋，应承担次要责任40%。现仁泽公司依约追索作为佣金溢价款，予以部分支持。综上，原审判决认定事实清楚，但适用法律及处理不当，应予纠正。平顶山市中级人民法院于2012年1月17日作出（2011）平民二终字第709号民事判决：一、撤销湛河区人民法院（2010）湛民初字第745号民事判决；二、平顶山市康乾房地产有限公司于本判决生效后十日内给付平顶山市仁泽房地产经纪有限公司溢价款1895662.8元（含5.5%的税金及应缴纳的一切费用）；三、驳回上诉人溢价金外的其他诉讼请求。一审案件受理费42735元由康乾公司负担18035元，仁泽公司负担24700元。二审案件受理费42735元，康乾公司负担18035元，仁泽公司负担24700元。

康乾公司不服二审判决，向本院申请再审，本院于2012年11月29日作出（2012）豫法立二民申字第1517号民事裁定，指令平顶山市中级人民法院再审。

平顶山市中级人民法院再审认为，二审根据双方履约过错程度，按六、四责任处理适当。遂于2013年5月7日作出（2013）平民再终字第14号民事判决：维持（2011）平民二终字第709号民事判决。

【法院审理意见】仁泽公司在2009年12月22日平顶山市房地产管理监察大队下达责令立即停止违法预售行为通知书后，已经明知继续销售行为是违法行为，且被行政机关明令禁止，仍然执意代理康乾公司与购房户签订购房协议并收取房款，属明知代理事项违法而与被代理人共同故意实施违法行为，应当认识到违法行为将导致行政处罚及可能会有相应退房、退款的损失及风险，因此其与康乾公司各自承担由此给自己造成的不利与损失。康乾公司因行政机关责令停止销售、受到行政处罚等原因停止销售并向部分购房户退款，已经审理法院认定，仁泽公司和康乾公司应当各自负担因退房、退款而给自己造成的损失。原审判决认为商品房委托代理销售合同有效，不违反国家相关法律法规规定，判决仁泽公司取得代理活动的报酬，未考虑仁泽公司履行商品房委托代理销售合同时明知委托事项违法的履行行为违法及自冒违法风险的因素，适用法律有误，判决结果失当。

本院再审认为，原审认定基本事实不清，河南省人民检察院的部分抗诉理由成立，应予采纳。

【法院裁判结果】综上所述，裁定如下：

一、撤销平顶山市中级人民法院（2013）平民再终字第14号民事判决、平顶山市中级人民法院（2011）平民二终字第709号民事判决和平顶山市湛河区人民法院（2010）湛民初字第745号民事判决。

二、本案发回平顶山市湛河区人民法院重审。

第一百六十八条 代理人不得以被代理人的名义与自己实施民事法律行为，但是被代理人同意或者追认的除外。

代理人不得以被代理人的名义与自己同时代理的其他人实施民事法律行为，但是被代理的双方同意或者追认的除外。

第一百六十九条 代理人需要转委托第三人代理的，应当取得被代理人的同意或者追认。

转委托代理经被代理人同意或者追认的，被代理人可以就代理事务直接指示转委托的第三人，代理人仅就第三人的选任以及对第三人的指示承担责任。

转委托代理未经被代理人同意或者追认的，代理人应当对转委托的第三人的行为承担责任，但是在紧急情况下代理人为了维护被代理人的利益需要转委托第三人代理的除外。

典型案例 洛阳协和医院与熊乃瑾人格权纠纷

【裁判观点】 转委托代理需要取得被代理人的同意，其形式一般有两种：一是事前即取得转委托的权利；二是事后被代理人及时的追认。本案中，熊乃瑾委托饶进峰、饶进峰转委托李行行代为诉讼，事实清楚，洛阳协和医院上诉认为本案属虚假诉讼，证据不足，本院不予采信。

【案情介绍】 原审经审理查明：北京市方正公证处于2014年7月22日出具的（2014）京方正内民证字第35733号公证书显示：2014年7月14日，域名为http：//meirong. Lyxhyy. Com的“协和医疗（整形）美容医院”网站上登载了“洛阳专家教你如何预防眼袋?”、“协和整形为您塑造俏丽鼻尖?”、“玻尿酸丰下巴后的注意事项有哪些?”及“洛阳哪家医院瘦脸最好?”的文章，文章下方均附有原告的照片作为文章配图，下方有找在线专家咨询的链接选项。网页上还显示“欢迎来到洛阳协和医院，如果有任何问题请咨询我们的专家……”的内容。该网站上登载的“协和医疗（整形）美容医院”的地址为洛阳市金谷园路72号（金谷园路与春晴路交叉口），与被告的住所地一致；登载的“协和医疗（整形）美容医院”的经营处所照片楼宇上巨幅广告牌上显示“协和医疗（整形）美容医院”字样，被告认可确系其住所地。原告认为被告未经其授权，擅自使用其照片进行宣传，侵害了其肖像权与名誉权。被告称并未使用原告的照片进行宣传，被告的医疗科目中没有医疗整形，并且被告医院的域名为www.lyxhyy.com，与上述域名不一致。

原审法院认为：被告洛阳协和医院未经原告本人授权，擅自使用其照片作为文章配图在网络上以宣传、介绍其相关美容整形产品，宣传内容虽不涉该院的经营范围，但以被告医院名义进行宣传，并附带该院的联系方式，属于营利性的宣传活动。被告未经原告本人许可使用其照片进行营利性宣传活动，侵犯了原告的肖像权，应当承担相应的赔偿责任。但宣传文章内容不足以使他人认为原告接受过相关整形治疗，且原告亦未能提交其社会评价因此降低的证据，故其主张被告侵犯其名誉权无事实依据，该院不予采信。原告主张的经济损失及精神损失，综合原告的知名度、被告的过错程度、侵权行为的具体情节、对原告造成精神损害的后果等因素，该院予以酌定；主张的因维权产生的合理费用，证据不足，考虑到其进行公证、诉讼会产生一定的支出，该院予以酌定。被告辩称原告委托代理人错将“北京市朝阳区”念做“北京市朝（zhao）阳区”是因原告委托代理人对北京市并不熟悉，并未接受原告委托，系自行虚假代理，因原告委托代理人系转委托代理，且有公证书与转委托书佐证，故该院对其辩称的理由不予采信；辩称的原告工作单位并不在“北京市朝阳区景华南街1号旺座中心东塔3217室”的理由，与本案讼争焦点没有直接联系，且原告的工作单位并非北京光线传媒股份有限公司，不影响本案审理。被告对原告的演员身份提出质疑，但被告自己提交的“熊乃瑾”在百度百科中的搜索显示的照片绝大多数系原告本人照片，说明原告有一定的知名度和影响力，其是否是演员身份，与肖像权受到侵害本身没有必然关系。综上，依照《中华人民共和国民法通则》第100条、第120条第1款，最高人民法院《关于确定民事侵权精神损害赔偿责任若干问题的解释》第1条第1款第2项、第10条第1款之规定，经合议庭评议，判决：（1）被告洛阳协和医院于本判决生效之日起10日内在全国公开发行的报纸上就侵犯原告熊乃瑾肖像权一事向熊乃瑾书面赔礼道歉；（2）被告洛阳协和医院于本判决生效之日起10日内赔偿原告熊乃瑾经济损失40000元、精神损失费8000元、因维权产生的合理费用2000元；（3）驳回原告熊乃瑾的其他诉讼请求。如果被告未按本判决指定的期间履行给付金钱义务，应当依照《中华人民共和国民事诉讼法》第253条之规定，加倍支付迟延履行期间的债务利息。一审案件受理费1530元，原告熊乃瑾承担1130元，被告洛阳协和医院承担400元（原告已垫付，待执行时由被告向原告一并结清）。

洛阳协和医院不服原审判决，向本院提起上诉称：(1) 被上诉人代理人在一审中对熊乃瑾的工作单位、具体地址、所在城区都说错，诉状签名签名与熊乃瑾向北京庞标律师事务所饶进峰等两人出具之《授权委托书》签名存在明显差异，本案显属虚假诉讼。一审中，在本案被上诉人没有到庭、诉讼主体基本信息明显自相矛盾、破绽百出的情况下，原审程序却以“与本案焦点没有直接联系，不影响本案审理”为由未予查明，导致完全忽略了民事诉讼能够成立的基本前提条件，进而错误地认可了本不具有诉权的被上诉人代理人的代理资格。基于本案被上诉人证据纯属虚假，上诉人特申请对被上诉人诉状签名与熊乃瑾向北京庞标律师事务所饶进峰等两人出具之《授权委托书》签名是否为同一人书写、被上诉人诉状签名和熊乃瑾向北京庞标律师事务所饶进峰等两人出具之《授权委托书》签名的书写时间进行鉴定。(2) 上诉人执业范围中没有、也从未开展过医疗整形美容项目，上诉人网站与相关网页中从未使用过原告图片。无论依法核准的执业范围还是在实际经营活动中，上诉人均从未开展或提供过任何形式的医疗整形美容服务。(3) 被上诉人代理人提交法庭的《公证书》公证程序违法，其效力不应予以认定。公证程序以及其公正事项不具有客观性和与本案的关联性，不应作为认定本案事实的依据。被上诉人工作单位是北京波诺拾捌文化经纪有限公司而非“北京光线传媒股份有限公司”，其代理人所称之系上诉人工作单位的“北京市朝阳区景华南街1号旺座中心东塔3217室”既不是北京光线传媒股份有限公司也不是北京波诺拾捌文化经纪有限公司，已被证实完全属于虚假，与被上诉人没有任何关系。因此，在诉讼主体身份信息虚假的情况下，毫无理由对被上诉人涉诉公证的效力予以认可。(4) 关于互联网信息的客观性及证明效力问题。互联网信息有两种，一种是由政府主办的官方网站，另一种是非政府性的各种民间网站，而后者的信息则根本就不具有证明效力。被上诉人将互联网上的“百度百科”、“熊乃瑾个人档案”和“熊乃瑾·海量精选高清图片·百度图片”作为证明被上诉人相貌特征、身份、知名度、影响力，既无关联事实佐证也无法律依据。(5) 被上诉人主张的所谓“损失”根本不存在，一审判决适用法律错误。依据《中华人民共和国侵权责任法》第六条的规定，承担侵权责任的构成要件是须有损害结果的发生，被上诉人没有提供任何证据证明因所谓洛阳协和医院使用其照片造成其经济损失和精神损害，故其主张的经济损失和精神损害数额没有任何事实依据。(6) 被上诉人不具有演员身份，原审却按照侵犯演员肖像的标准“酌定”赔付金额，违反自由裁量的基本原则。综上所述，上诉人认为：基于上述事实和相关法律规定，(2015) 西民一初字第48号《民事判决书》并未查明相关事实，且适用法律错误，因而严重损害了上诉人的合法权益，现特上诉至贵院，敬请贵院以事实为依据，以法律为准绳，明辨是非，依法裁判，以维护上诉人的合法权益。请求：（1）依法撤销洛阳市西工区人民法院（2015）西民一初字第48号民事判决书；（2）判令由被上诉人承担本案一、二审诉讼费用。

熊乃瑾答辩称：（1）上诉人的上诉请求和上诉理由均不能成立，一审判决认定事实清楚、适用法律正确、并无不当，请求二审法院依法驳回上诉、维持原判。（2）上诉人洛阳协和医院严重侵犯了答辩人的肖像权，侵权事实成立，其未经答辩人本人许可，擅自使用其照片进行宣传性活动，侵犯了答辩人的肖像权，应当赔礼道歉，并且承担相应的赔偿责任。（3）答辩人委托代理人，有公证委托书及转委托证书佐证，委托代理依法有效。（4）答辩人作为国内一线知名艺人，本人可以通过允许公民和法人使用本人的肖像权，获取一定报酬，肖像权具有更高的商业价值，其肖像权中包含着一定的财产利益。综上，上诉人的上诉请求和理由均不能成立，一审判决并无不当，要求二审法院维持原判，驳回上诉。

本院经审理，除对原审查明的事实予以确认外，另查明：2012年10月15日，熊乃瑾以其肖像权、名誉权受到侵害为由，委托北京庞标律师事务所饶进峰、王丹律师代为诉讼；其代理权限为特别授权，其中注明代为在相关文件上以本人名义签字、代为提出起诉、有权转委托等，并出具了委托书。北京方正公证处对熊乃瑾在委托书上的签名行为进行了公证，并作出了（2012）京方正内民证字第19310号公证书。2014年12月29日，北京庞标律师事务所律师饶进峰出具转委托书，将熊乃瑾与洛阳协和医疗美容门诊部肖像权、名誉权纠纷的诉讼权转委托给河南瀛汉律师事务所律师李行行，其代理权限为特别授权，其中注明代为签署、递交相关法律文书等。2015年1月13日熊乃瑾提起本案诉讼。

【法院审理意见】本院认为，公民的肖像权受法律保护。根据北京市方正公证处（2014）京方正内民证字第35733号公证书内容，结合熊乃瑾的代理人在原审提供的照片，洛阳协和医院在其大厅摆放的楼层科室示意图及二楼科室指引图上均显示有“整形美容”，以及该网站上登载的“协和医疗（整形）美容医院”的地址与洛阳协和医院的住所地一致等；以上证据相互印证，足以认定洛阳协和医院使用熊乃瑾照片作为文章配图在网络上宣传、介绍其相关美容整形项目。洛阳协和医院未经熊乃瑾本人授权，擅自使用其照片作为文章配图在网络上进行营利性宣传活动，侵犯了熊乃瑾的肖像权，应当承担相应的法律责任。根据北京方正公证处（2012）京方正内民证字第19310号公证书，2012年10月15日，即在熊乃瑾提起本案诉讼前，其已委托饶进锋律师代为诉讼并有转委托权，在其委托书及转委托书上特别注明代理人有权代为在相关文件上以本人名义签字、代为提出起诉、代为签署、递交相关法律文书等。因此，洛阳协和医院要求对熊乃瑾诉状签名与熊乃瑾向北京庞标律师事务所饶进峰等两人出具之《授权委托书》签名是否为同一人书写等进行鉴定的申请，本院不予支持。洛阳协和医院认为熊乃瑾的代理人提交的《公证书》公证程序违法，但没有提供证据证明其主张，本院不予采信。熊乃瑾委托饶进峰、饶进峰转委托李行行代为诉讼，事实清楚，洛阳协和医院上诉认为本案属虚假诉讼，证据不足，本院不予采信。原审根据熊乃瑾的知名度并考虑到熊乃瑾在提起本案诉讼、进行公证等维权活动中会产生一定的支出及综合洛阳协和医院的过错程度、侵权行为的具体情节，以及对熊乃瑾造成精神损害的后果等因素，其确定的赔偿数额是适宜的。综上，原审认定事实基本清楚，适用法律正确，处理并无不当。洛阳协和医院上诉理由不能成立，本院不予支持。

【法院裁判结果】综上所述，判决如下：

驳回上诉，维持原判。

第一百七十条　执行法人或者非法人组织工作任务的人员，就其职权范围内的事项，以法人或者非法人组织的名义实施民事法律行为，对法人或者非法人组织发生效力。

法人或者非法人组织对执行其工作任务的人员职权范围的限制，不得对抗善意相对人。

典型案例　德州泰康药业有限公司新特药分公司与济南乐生康佰医药有限公司、刘胜男买卖合同纠纷

【裁判观点】民商事活动中，对职务行为的认定适用外观主义原则，只要在客观上具备执行职务的特征，又以法人名义实施，相对人有理由相信该行为是执行职务的行为，就构成职务上的表见代理。本案中，刘胜男的行为应视为职务行为，由此引起的法律后果应由第一被告承担。

【案情介绍】原告诉称：2012年1月13日，原告与第一被告之间开始业务合作关系，刘胜男作为第一被告的业务员，代表第一被告到原告处进货，并对所进药品的货款总额打了总欠条。后经核算，第一被告尚欠原告货款

299762.1 元，第一被告不认可，称所欠货款系第二被告个人调货所致，不同意偿还。原告无奈提起诉讼，请求依法判令二被告偿还欠款共计 299762.1 元，返还进药保证金 15000 元；诉讼费用由被告承担。

第一被告辩称：被告刘胜男只是我公司开票员，并非公司业务人员，其从原告处的进货和调货未得到公司授权，属于其个人行为，原告所起诉的欠款和保证金与第一被告无关，应驳回原告的诉讼请求。

第二被告辩称：第一被告与原告的业务从 2012 年 1 月开始，双方药品销售业务是以货换货的形式进行。即有原告销售给第一被告的药品，也有第一被告销售给原告的药品。原告仅以被告方拖欠货款为理由起诉，但原告也拖欠被告方货款，对此，刘胜男提交 40 张盖有原告公司合同专用章的单据，证明原告尚欠第一被告药品款共计 2400383.58 元。双方债务互相抵消，被告不欠原告任何货款，应驳回原告的诉讼请求。

对刘胜男提供的 40 张加盖有原告公司合同专用章的单据，原告除对 3 张不予认可外，其余均予认可：（1）GSJP120711 - 001D（2012 年 7 月 11 日）验收入库单，为开具的重复单据，故在单据上记载了“此单据属于重复单据，仅做参考使用，其他无效”，故此单据不应作为原告从第一被告处购进药品的依据，为无效单据；（2）GSJP120618 - 001C（2012 年 6 月 18 日）单据中所列的药品及 GSJP120303 - 007A（2012 年 3 月 3 日）单据中的第 8 行的药品不是原告从第一被告处购买。（3）对 GSSP120226 - 018D（2012 年 2 月 26 日）和 GSSP120208 - 007A（2012 年 2 月 8 日）两张销售清单予以认可，但原告认为，此单据记载的购货单位为第一被告，是第一被告从原告处进货，单据中所记载的货款应由第一被告偿还给原告。（4）对 GSJP120229 - 001A（2012 年 2 月 29 日）的进货退回单予以认可，但该单据是原告退给第一被告的退货单，也就是说将货退回了第一被告，原告无需将此笔货款付给第一被告。（5）从刘胜男提供的这 40 张单据可以看出，原告与第一被告一直有业务往来，双方以货换货的形式进行，原告从第一被告处进货，第一被告也从原告处进货；刘胜男持有第一被告大量的进货单据、销售单据及退货单据，证明了刘胜男就是第一被告的业务员，曾多次代表第一被告与原告有业务往来。

对原告的以上质证意见，被告刘胜男认可 GSJP120618 - 001C 单据中全部药品、GSJP120303 - 007A 单据中的第 8 行药品原告未从第一被告处购买，GSSP120226 - 018D 和 GSSP120208 - 007A 两张销售清单是第一被告从原告处进货，不是原告从第一被告处进货。GSJP120229 - 001A 的进货退回单是原告将货退还给第一被告的清单，以上药品价款从原告应付给第一被告的药品总价中扣除。但对 2012 年 7 月 11 日的 GSJP120711 - 001D 的验收入库单，刘胜男认为，该单据不属重复单据，因为其提供的这40张单据中，没有一张和这一张重复，所以该单据是有效单据，此张单据所记载的药品价款应由原告支付给第一被告。

对刘胜男提交的以上40张单据，第一被告质证认为，GSJP120711－001D的单据是有效单据。GSSP120208－007A、GSSP120226－018D的销售清单由原告单方所制，没有第一被告的公章，并非第一被告所出具，不能证明原告与第一被告有直接的业务销售关系。其他的单据均为原告提供给刘胜男，刘胜男再提交给法庭，原告加盖印章确认的单据，我方无异议。

对原告提供的证据，本院认为：刘胜男称证据一（2012年8月27日刘胜男书写的欠条）是在被威胁、胁迫的情况下写的，但未能提供证据加以证明，刘胜男向原告出具的该份欠条应作为认定案件事实的依据。证据二（三份第一被告的销售开票汇总回执单）中盖有第一被告的公司结算专用章，该证据具有真实性，能够作为认定案件事实的依据。三份单据中有两份记载单位名称为原告公司，这说明从2011年开始第一被告与原告就有业务往来。该三份回执单上记载刘胜男为第一被告的开票员，能够据此认定刘胜男为第一被告的职员。证据三（德州某某医药连锁店及德州某某药业有限公司出具的证明）出具的时间虽然为2014年2月10日，但该两份证据能够证明第一被告药品业务由刘胜男负责联系办理。证据四（农村信用社电汇凭证）载明汇款人为夏某某，收款人为赵某某，未能体现原告因与第一被告有药品买卖关系而给第一被告付款，不能证明原告的主张，不应采信。

对刘胜男提供的40张盖有原告公司合同专用章的单据，本院认为，根据原告提交的证据二能够证明刘胜男为第一被告的员工，且原告和第一被告从2011年开始两公司就有业务往来；根据原告及二被告的庭审陈述，可以看出，刘胜男以第一被告的名义从原告处购进药品，也将第一被告的药品销售给原告，并从原告处取得了药品单据。该40张单据中，双方除对2012年7月11日出具的编号为GSJP120711－001D入库单有异议外，其余无异议的39张单据应作为认定案件事实的依据。

【法院审理意见】经审理，本院认为本案争议的焦点之一是被告刘胜男的行为是否构成职务上的表见代理，即其行为是职务行为还是个人行为？

本院认为，依最高人民法院《关于贯彻执行〈中华人民共和国民法通则〉若干问题的意见》第58条规定："企业法人的法定代表人和其他工作人员，以企业法人名义从事的经营活动，给他人造成经济损失的，企业法人应当承担民事责任。"也就是说，民商事活动中，对职务行为的认定适用外观主义原则，只要在客观上具备执行职务的特征，又以法人名义实施，相对人有理由相信该行为是执行职务的行为，就构成职务上的表见代理；根据以上的理论分析，本案中争议最大的问题是由刘胜男出具的没有第一被告签字盖章的欠条及由刘胜男提交的原告方的验收入库单能否作为证据证明刘胜男的行为是否为职务行为？对此，可以结合本案证据全面分析：第一，刘胜男的身份及其行为，本案中，从原告提交的证据二，能够证明刘胜男是第一被告的员工，其以第一被告的名义从原告处购进药品，并对所购药品欠款总额向原告出具了欠条，同时也将第一被告的药品销售给原告，并从原告处取得药品入库单，被告刘胜男的行为应视为履行第一被告的职务行为。第二，欠条的内容，欠条载明：刘胜男从2012年1月13日，从原告处调货总额2393583.6元，区别于同一天刘胜男给原告出具的3000元欠条，说明该笔欠款不是私人欠款，是为从事经营活动而欠的货款；第三，原告和第一被告在2011年就有业务往来，被告刘胜男系公司员工的身份使原告有理由相信其有公司的代理权，根据表见代理的有关规定，结合本案的具体情况，原告有理由相信刘胜男的行为是执行职务的行为，由此引起的法律后果应由第一被告承担，不应由刘胜男承担。第一被告辩称刘胜男的行为系个人行为，与公司无关的辩解与事实不符，本院不予支持。

【法院裁判结果】 综上所述，判决如下：

一、被告济南乐生康佰医药有限公司支付原告山东省德州泰康药业有限公司新特药分公司药品欠款299762.1元，于本判决生效后10日内付清；

二、驳回原告对被告刘胜男的诉讼请求；

三、驳回原告的其他诉讼请求。

第一百七十一条 行为人没有代理权、超越代理权或者代理权终止后，仍然实施代理行为，未经被代理人追认的，对被代理人不发生效力。

相对人可以催告被代理人自收到通知之日起一个月内予以追认。被代理人未作表示的，视为拒绝追认。行为人实施的行为被追认前，善意相对人有撤销的权利。撤销应当以通知的方式作出。

行为人实施的行为未被追认的，善意相对人有权请求行为人履行债务或者就其受到的损害请求行为人赔偿，但是赔偿的范围不得超过被代理人追认时相对人所能获得的利益。

相对人知道或者应当知道行为人无权代理的，相对人和行为人按照各自的过错承担责任。

典型案例 绍兴光泰金属制品有限公司与浙江森峰建设有限公司买卖合同纠纷

【裁判观点】无权代理只有经被代理人追认才能由被代理人承担法律后果，否则由行为人承担责任。本案中，合同最后记载“甲方（承包人）钱华龙，承包者身份证号码……”钱华龙不是以被告名义订立合同，而是以自己个人名义订立合同，故不支持原告诉讼请求。

【案情介绍】2007年10月22日，被告与案外人恒柏集团有限公司签订协议，约定被告承建恒柏集团有限公司夏履集镇工业园工程（工程内容为车间一、二、三、四、五及宿舍楼），被告该工程项目经理为郭欢堂。2007年11月18日，原告为供方，恒柏集团浙江森峰建设有限公司承包人钱华龙为需方签订钢材买卖合同，约定：钢材总量约800吨，在该工程的工期内由原告独家供应钢材，被告不得在该工程项目上购买其他材料商的钢材，最后记载“甲方（承包人）钱华龙，承包者身份证号码……”。依据该合同，原告供给了钱华龙钢材。2008年7月28日，原告与钱华龙对账记载“工程名称1夏履集镇工业园厂房工程（恒柏集团），工程名称2浙江中大饲料速冻仓库，截至2008年7月28日欠款金额573911.62元，欠款人浙江森峰建设有限公司（承包人）钱华龙，身份证号码……”。2008年8月16日，原告与钱华龙对账记载“收货单位浙江森峰建设有限公司，工程名称夏履集镇工业园厂房工程（恒柏集团），截至2008年8月16日欠款金额673930.148元，欠款人浙江森峰建设有限公司（承包人）钱华龙，身份证号码……”。2009年1月13日，被告向原告法定代表人俞东海出具委托书，内容为：恒柏集团负责人，浙江森峰建设有限公司绍兴分公司陈荣良经理全权委托俞东海向贵集团公司来领取：用于恒柏集团新建厂房中钢筋线材款1247841元（注：因公司账号被封，同意不进森峰建设公司账户，可采用承兑或其他方式付此款项），有效期2009年1月13日起至该钢筋款领出为止。同日被告开给恒柏集团有限公司发票，发票金额1247841元（该发票上海记载：凭建筑单位委托原件附件，同意在2009年5月30日转账（付承兑汇票），夏某某，2009年3月17日，同日孙妙祥书写“根据森峰公司委托书办理”，以及还记载“同意钱华龙”）。同日，被告出具收条，记载：今收到俞东海钢筋款税金56000元，出给森峰公司收据作废。另，被告分别于2007年12月4日、2008年7月11日就该工程的主体中间结构、地基与基础召开验收会议，案外人钱华龙代表被告出席会议。

原告诉称：2007年11月，被告因承建恒柏集团的夏履镇工业园厂房工程之需，向原告购买钢材，截至2008年10月被告共结欠钢材款1247841元。2009年1月13日，被告出具相关委托书及建筑业统一发票，要求原告自行向上述工程的发包单位（即案外人恒柏集团有限公司）收取该款。后原告持委托书及建筑发票要求恒柏集团有限公司支付此款项，该公司承诺于2009年5月30日支付，但至今未付。为此请求：判令被告支付钢材款1247841元。

被告辩称：被告承建恒柏集团夏履镇工业园区厂房属实，但被告没有向原告购买过钢材，不存在欠原告钢材款的事实。对2009年1月13日委托书，本意是被告分公司向发包方恒柏集团催讨欠款比较困难，然被告法定代表人俞东海与恒柏集团关系比较好，故委托俞东海向恒柏集团领取款项，而领取的款项最终是要交给被告的。综上，请求依法驳回原告的诉请。

【法院审理意见】本院认为，本案争点为合同相对方是被告还是钱华龙。原告认为钱华龙是实际承包人，因此按照相关法律规定，被告应当承担付款责任。如果被告否认钱华龙系实际承包人，那么钱华龙的行为亦符合表见代理的特征，被告亦应当承担相关的付款责任。被告认为钱华龙与项目经理之间可能存在承发包关系，但项目经理将部分工程分包给钱华龙与公司是没有关系的。对争点进行如下评判：

承包人的担责问题。钱华龙是承包人，且钱华龙在签订合同时已经向原告明确了其是以自己名义订立合同的承包人，与内部承包人有别，两者主要区别在于内部承包人不是以自己名义实施民事行为，而是以发包方的名义实施民事行为，其行为后果有可能由发包方承担，然以自己名义实施民事行为的承包人，其行为时已经披露了其是合同的独立主体，其民事行为后果由自己担责。本案中根据“甲方（承包人）钱华龙，承包者身份证号码……”，钱华龙显然是以自己名义实施民事行为，故行为责任由钱华龙负担。

无权代理的追认问题。钱华龙是以自己名义实施民事行为，其显然无权代理被告，且本案也不存在追认。《中华人民共和国合同法》第48条规定：行为人没有代理权、超越代理权或者代理权终止后以被代理人名义订立的合同，未经被代理人追认，对被代理人不发生效力，由行为人承担责任。第48条规定的行为人实质上或者形式上都不具有代理权，且第48条规定的无权代理，只有经被代理人追认才能由被代理人承担法律后果，否则由行为人承担责任。该法条有一个明显点是“以被代理人名义订立的合同”，但本案中合同最后记载“甲方（承包人）钱华龙，承包者身份证号码……”，钱华龙不是以被告名义订立合同，而是以自己个人名义订立合同。

表见代理问题。《中华人民共和国合同法》第49条规定，“行为人没有代理权、超越代理权或者代理权终止后以被代理人名义订立合同，相对人有理由相信行为人有代理权的，该代理行为有效。”第 49 条规定的行为人形式上有代理权，在实质上无代理权但相对人不知道而且有客观理由令相对人相信行为人有代理权。第一，钱华龙既非被告的法定代表人，也非被告在恒柏集团工程的项目经理，故钱华龙无权代表第一被告。第二，表见代理能否成立的关键因素是行为时的客观表象与相对人的无过失。本案中原告与钱华龙订立购销合同时，即确定合同相对人时原告提供的客观表象证据是一份购销合同，然该购销合同记载合同的买方是恒柏集团浙江森峰建设有限公司承包人钱华龙，且该合同最后记载“甲方（承包人）钱华龙，承包者身份证号码……”。据此原告在订立合同时无客观表象认定钱华龙系职务行为。如钱华龙系职务行为，原告在订立合同时完全有能力要求钱华龙加盖被告单位公章，或要求钱华龙出具相关的书面依据，但原告没有对此风险予以防范，本身存在过失。第三，2008 年 7 月 28 日，2008 年 8 月 16 日的对账单记载“欠款人浙江森峰建设有限公司（承包人）钱华龙，身份证号码……”，进一步印证了合同履行过程中合同相对方是钱华龙个人。综上，由于原告存在过失，以及欠缺客观表象，故本案不构成表见代理。

【法院裁判结果】综上所述，判决如下：

驳回原告绍兴光泰金属制品有限公司的诉讼请求。

第一百七十二条 行为人没有代理权、超越代理权或者代理权终止后，仍然实施代理行为，相对人有理由相信行为人有代理权的，代理行为有效。

典型案例 佛山市中南纺织有限公司与佛山市广福生纺织有限公司买卖合同纠纷

【裁判观点】行为人没有代理权、超越代理权或者代理权终止后以被代理人名义订立合同，相对人有理由相信行为人有代理权的，该代理行为有效。本案中，原告在与被告交易的过程中，确有理由相信被告的股东许家明有代表被告进行交易的权利，且原告对此并无过失。原告主张被告返还贷款的诉求，合法有据，本院依法予以支持。

【案情介绍】原、被告之间存在棉纱买卖的交易往来。原、被告之间签订的多份购销合同（签订时间：2015 年 3 月 20 日、3 月 24 日、3 月 27 日、4 月

2日）均约定交运方式为货运，付款方式为货到前付款。2014年10月18日、12月15日、12月26日、2015年1月21日、2月25日、2月28日，原告的财务人员刘海全先后向许家明（账号：62×××23）转账汇款，每笔款项对应一张进口集装箱拖车单，托运人为被告佛山市广福生纺织有限公司。2015年3月23日、3月26日、3月30日，原告的财务人员刘海全向李茂忠转账汇款，交易用途均注明“中南货款”，上述每笔款项对应一张进口集装箱拖车单，托运人为被告佛山市广福生纺织有限公司。原告称上述交易已完毕，均由原告向被告支付货款，再由被告发货给原告。庭审中，原告称在许家明涉嫌职务侵占前一直向许家明汇款，之后由于被告告知后双方签订购销合同，并由原告向李茂忠汇款。

2015年2月14日，付款人李家宝向许家明转账汇款180000元，附言：借款。2015年3月5日，付款人刘海全向许家明转账汇款400000元。原告据此主张一共支付货款580000元，被告未及时发货给原告，遂原告提起诉讼。

2015年5月8日，佛山市公安局禅城分局作出立案告知书，认为许家明涉嫌职务侵占一案有犯罪事实发生，需要追究刑事责任，且属于管辖范围，现决定立职务侵占案进行侦查。

2015年6月15日，本院向李家宝进行询问，陈述内容：李家宝在广州市爱纱进出口贸易有限公司担任业务员有8年时间，本案原告是其客户，同时认识许家明，知道许家明是被告的股东，其他业务员也介绍许家明是被告的老板，所以之后有向许家明介绍业务，收取佣金。李家宝确认在2015年2月14日向许家明汇款180000元，因其拖欠原告的货款，且认识被告的员工，故由其将款项支付给许家明用于抵扣拖欠原告的货款。至于在汇款附言中载明“借款”，不是李家宝本人汇款而是其妻子通过李家宝的网上银行汇款给被告，其与许家明个人之间不存在私人借贷的情形。大部分情况都是由许家明转账给李家宝，款项是属于佣金。李家宝同意原告就其支付给许家明的180000元款项起诉被告。

另查明一：被告提交的银行流水清单显示，2014年1月8日至2014年8月17日许家明的银行账户（账号：62×××23）有刘海全、李家宝等人汇款的记录。

另查明二：被告的企业类型属有限责任公司，投资者包括李茂忠、许家明等四人。

原告诉称：原、被告都是经营棉纱，原告多次向被告购买货物。交易中，一般是款货及时结清，由原告向指定账户汇款，被告及时将货物发货给原告，在2015年春节前后，原告先后向被告付款580000元，但被告至今没有将货物给原告。经原告多次催收，未果，故原告要求退款。为维护原告的合法权益，请求判令：(1) 被告向原告返还货款580000元及利息（从立案之日起至实际清偿之日止，按照中国人民银行同期贷款利率计算）；(2) 本案诉讼费用由被告承担。

被告提交书面答辩状辩称：第一，原告诉称与被告之间有买卖合同纠纷，依据买卖交易过程，即使是一般棉纱交易，买卖双方都会签订买卖合同，经双方加盖公章确认后才生效。目前，原告诉称金额580000元的买卖纠纷，但双方并没有存在此买卖合同，此买卖纠纷依原告所提供的银行汇款人是刘海全，收款人是许家明，原告所诉求的对象与金额与被告无关，不符合法律的规定。第二，原告诉称金额580000元的买卖纠纷，被告并没有收到一笔580000元的汇款，也没有金额580000元的购销合同。原告所提出的汇款收据是由刘海全汇款给许家明，明显是刘海全与许家明金钱往来或其他私人交易因素，其交易行为皆属于刘海全与许家明私人行为，与被告无关。原告提供的由李家宝汇款给许家明的款项180000元，李家宝的真实身份是广州市爱纱进出口贸易有限公司，担任业务销售员，显然李家宝不是原告的员工或业务员，原告避开其身份将2015年2月14日李家宝汇款给许家明的款项列为诉求，扩大诉讼请求的范围，与此案诉求不符。第三，原告诉状称："在2015年春节前后付款580000元"，但是与被告在2015年3月份签订多份买卖合同，一般常理判断，既然买卖纠纷在先，就不该有进一步的交易。若其买卖纠纷是介于汇款人刘海全与收款人许家明之间，那么原告要求被告返还货款的诉求缺乏依据。第四，原告提出的汇款金额580000元是由付款人刘海全汇给收款人许家明，由于原告与被告之间没有实质的买卖合同，此资金往来应属于其私人交易行为，目前嫌疑人许家明也由被告提出业务侵占刑事控告，佛山市经济侦查大队已决定以涉嫌职务侵占立案侦查。由佛山市经济侦查大队提供的许家明银行账户往来明细可归纳出，许家明利用职务之便，将被告进口货物棉纱在海关清关缴清关税后低价出售给原告，付款人刘海全、收款人许家明，而许家明再将金钱汇给李家宝，李家宝在其中扮演的是作为媒介洗钱的管道。许家明、原告、李家宝共同向被告长期计划性蓄意欺诈，造成被告的经济损失。综上所述，原告诉称的买卖合同纠纷，既无存在买卖合同，也无实质付款金额580000元给被告的情况下，原告的诉求无正当理由，而原告以李家宝与许家明私人借贷金钱往来扩大要求范围，不符合诉求的规定。上述第四点许家明的侵占事实已成立，但是原告可能涉及帮助许家明侵占被告的棉纱货物。

【法院审理意见】 本院认为，原告因其向被告支付货款后未收到同等价值的货物而提起诉讼，本案属买卖合同纠纷。原、被告之间的买卖合同关系合法有效，与法律法规并不相悖，应受法律保护。原告的诉求能否得到支持，关键在于许家明收取货款的行为是否构成表见代理。对此，被告抗辩认为其未收取原告支付给许家明的货款，与被告无关。依照《中华人民共和国合同法》第49条的规定："行为人没有代理权、超越代理权或者代理权终止后以被代理人名义订立合同，相对人有理由相信行为人有代理权的，该代理行为有效。"据此，表见代理的构成要件中，至少需包括两项：一是相对人确有理由相信行为人有代理权，二是相对人无过失。具体在本案中，本院分析如下：

第一，原告提交了2014年10月18日、12月15日、12月26日、2015年1月21日、2月25日、2月28日的银行电子回单及进口集装箱拖车单，足以证明在本案讼争的2015年2月14日、3月5日期间的买卖关系发生之前，许家明有代表被告收取货款的行为，被告作为托运人向原告供应了相应的货物。

第二，从被告提交的银行流水清单来看，在2014年1月至8月期间，原告的财务人员刘海全多次向许家明的账户转账，可以证明在讼争交易发生之前，许家明有收取原告支付的款项。

第三，原告提交的2015年3月23日、3月26日、3月30日的银行电子回单及进口集装箱拖车单显示由原告财务人员向李茂忠支付货款，被告作为托运人向原告供应了相应的货物。被告对支付给李茂忠货款的事实并不持异议，可以证明原、被告双方交易过程中大量存在由原告向被告工作人员的个人账户支付货款的情形。

第四，案外人李家宝向许家明支付款项的行为，经过审查，李家宝应原告的要求向许家明支付货款用于抵扣其拖欠原告的货款，符合一般的交易习惯；李家宝确认180000元款项属于原告向被告支付的货款。在被告提交的银行流水清单显示李家宝向许家明转账汇款的记录，属于其个人之间的交易往来，与本案无关。

综合以上四点，本案原告在与被告交易的过程中，确有理由相信被告的股东许家明有代表被告进行交易的权利，且原告对此并无过失。许家明于2015年2月14日、3月5日收取货款580000元行为，其效力及于被告。被告未能在原告支付580000元货款后及时供应同等价值的货物，该行为已构成违约，应承担相应的违约责任。原告主张被告返还货款的诉求，合法有据，本院依法予以支持。

关于利息的问题。因被告上述违约行为，原告主张从起诉之日起按照中国人民银行同期贷款利率计算利息，符合法律规定，本院依法予以支持。

【法院裁判结果】综上所述，判决如下：

被告佛山市广福生纺织有限公司在本判决发生法律效力之日起10日内向原告佛山市中南纺织有限公司返还货款580000元及利息（从2015年5月18日起至实际清偿之日止，按照中国人民银行同期贷款利率计算）。

第三节　代理终止

第一百七十三条　有下列情形之一的，委托代理终止：（一）代理期间届满或者代理事务完成；（二）被代理人取消委托或者代理人辞去委托；（三）代理人丧失民事行为能力；（四）代理人或者被代理人死亡；（五）作为代理人或者被代理人的法人、非法人组织终止。

典型案例　王文忠、郑荣誉与刘进发、松原市鑫基发房地产开发有限公司民间借贷纠纷

【裁判观点】 在委托代理情况下，被代理人取消委托或者代理人辞去委托时，委托代理终止。本案中，被告刘进发的代理人基于刘进发的授权代表刘进发出庭应诉，但经刘进发本人明确表示不认可代理人的身份，称代理人非其本人所委托，代理人又当庭表示辞去委托，代理人出庭诉讼行为因失去委托人的授权基础，应当视为双方的委托代理关系终止。

【案情介绍】 原告王文忠、郑荣誉诉称，2012 年 5 月 18 日，被告刘进发向二原告借款 4180 万元，约定于 2012 年 8 月 28 日前还清，被告松原市鑫基发房地产开发有限公司为此款提供连带担保。借款到期后，二原告多次向被告刘进发索要，刘进发均以种种借口拖延不还。原告认为，根据《民法通则》第 85 条、第 88 条和《合同法》第 8 条的规定，原告与被告刘进发签订并由鑫基发公司提供连带担保的借据合法有效。被告刘进发作为被告鑫基发公司的法定代表人其借款用途用于缴纳土地出让金，是代表公司的职务行为，鑫基发公司为刘进发的职务行为提供连带担保符合法律规定。根据《民事诉讼法》相关规定起诉，请求判令被告刘进发、被告松原市鑫基发房地产开发有限公司连带给付借款 4180 万元和利息，利息按每月 4 分计算。

经本院审理查明，2011 年 3 月至 2012 年 7 月，被告刘进发是被告鑫基发公司的股东并经工商登记任公司法定代表人职务。2011 年 3 月被告鑫基发公司以招拍挂的形式取得了位于前郭县沿江南路、查干淖尔大街、沿江路与哈达大街围合区域约 43 万平方米的建设用地使用权，2011 年 3 月 16 日至 2011 年 10 月 28 日，被告鑫基发公司分 12 笔向前郭县政府授权的前郭县城乡建设投

资开发有限公司交纳投资保证金1.3亿元，前郭县城乡建设投资开发有限公司于2012年6月15日为被告鑫基发公司出具了收据一枚。2011年7月，经工商登记，被告鑫基发公司的股东由刘进发、解磊、孙华男变更为山东广庆房地产开发有限公司和孙华男，法定代表人变更为付小平。

2012年5月18日，被告刘进发为二原告王文忠、郑荣誉出具借据一枚，内容是，“刘进发向王文忠、郑荣誉借现金人民币肆仟壹佰捌拾万元。¥4180万元。此款于2012年8月28日前还清，如到期不还，连带责任保证人松原市鑫基发房地产开发有限公司承担连带偿还责任，保证人保证期间为直到借款还清为止。借款人：刘进发。连带保证人：松原市鑫基发房地产开发有限公司（印章）。2012年5月18日。”

2014年6月8日，被告刘进发因涉嫌挪用山东四强化工集团有限公司资金被山东省莘县公安局立案侦查。

上述事实，有当事人的陈述，借据一枚，2011年3月15日协议书一份，前郭县政府会议纪要一份，选址意见书一份，鑫基发公司档案材料，立案告知书和受案回执等证据在卷为凭，足资认定。以上书证均为复印件。

【法院审理意见】本院认为，本案需要解决的问题有三个：（1）二原告与被告刘进发之间的借贷关系是否客观真实合法有效，原告主张的债权能否得到法律的支持保护，数额如何认定；（2）保证人是否应当承担保证责任；（3）当事人庭后的陈述与其委托代理人的出庭意见不一致时如何采信证据，代理人当庭提出退出法庭解除代理关系，诉讼程序如何进行。

关于借款的真实性审查问题。原告主张要求被告刘进发偿还借款4180万元，被告鑫基发公司承担连带保证责任，提供的证据有书证借据一枚。二原告称该款形成于2011年3月15日至2012年5月18日之间，刘进发和鑫基发公司10多次向原告借款，据刘进发讲借款用于鑫基发向松原市政府缴纳土地出让金1.3亿元的一部分，后期鑫基发公司取得了临江南路与哈萨尔大路之间的43万平建设用地，借据是将10多笔借款放到一起统一出具的。根据《合同法》第210条规定，“自然人之间的借款合同，自贷款人提供借款时生效。”最高人民法院《关于审理民间借贷案件适用法律若干问题的解释》（2013年4月征求意见稿）第7条的规定，“民间借贷合同自贷款人将资金款项或者资金款项凭证交付或者转账给借款人时生效。”第14条规定，“人民法院审理民间借贷案件，应当根据借贷金额的大小、款项交付凭证、贷款人的经济能力、当地或者当事人之间的交易方式、习惯、借贷双方的亲疏关系及当事人的陈述等因素，综合判断借贷事实是否发生。”本案中，二原告陈述称出借给被告刘进发的钱款有的是现金，有的是转账支付，被告抗辩称借款没有实际支付。鉴于本案借款金额较大，经二次延期三次开庭，本院均要求二原告提供转账部分的银行转款凭证，第三次庭后，原告向本院递交了案外人丁志军于2011年6月28日分3笔向刘进发账户转款1260万，案外人徐涛向案外人高洪波的账户转款835万元的建设银行转账凭条，原告同时提供了原告代理人调取的丁志军和徐涛的询问笔录各一份，在笔录中，丁志军和徐涛称是王文忠找其二人为刘进发借款用于开发前郭的土地，丁志军直接将款打入刘进发账户，徐涛将款打入刘进发指定的司机高洪波账户，拟证明借款是客观真实发生的事实。

本案中，被告刘进发向本院陈述称，借据本身是真实的，承认其本人收到了二原告提供的3000万元借款，借据上的其余钱款是利息。因被告刘进发认可借据以及借贷关系的真实性，辅助以原告的提供的借据和转款凭证等证据，能够认定二原告与被告刘进发之间存在真实的民间借贷法律关系。二原告主张借款4180万元均是借款本金，被告刘进发称借款本金是3000万元，其余是利息。经审查借据，从内容上看，借据上明确约定借款4180万元，没有关于利息方面的书面约定，以书证作为判断依据，应当认定4180万元全部是借款本金。被告刘进发称借款到期后其偿还过二原告209万元，是以4180万元为基数按照月利5分计算的一个月的利息。经核实原告王文忠本人，原告承认在2013年收到过刘进发209万元的利息，因口头约定利率月利5分，所以收到的209万元全部都是利息。本院认为，借贷双方均认可借款到期后偿还了209万元，该事实应当予以确认。虽双方均认可偿还的209万元钱款的性质是借款一个月的利息，但依据《最高人民法院关于人民法院审理借贷案件的若干意见》第6条规定，“民间借贷的利率可以适当高于银行的利率，各地人民法院可根据本地区的实际情况具体掌握，但最高不得超过银行同类贷款利率的四倍(包含利率本数)。超出此限度的，超出部分的利息不予保护。”本案双方认可的月利率5分超过同期银行贷款利率的四倍，对超过部分不应予以保护。原告主张按照月利4分保护没有合同依据，根据书证借据的记载，双方并没有关于利息约定，依照《合同法》第211条规定，“自然人之间的借款合同对支付利息没有约定或者约定不明确的，视为不支付利息。”最高人民法院《关于贯彻执行〈中华人民共和国民法通则〉若干问题的意见（试行)》第123条规定，“公民之间的无息借款，有约定偿还期限而借款人不按期偿还，或者未约定偿还期限但经出借人催告后，借款人仍不偿还的，出借人要求借款人偿付逾期利息，应当予以准许。”最高人民法院《关于人民法院审理借贷案件的若干意见》第8条规定，“借贷双方对有无约定利率发生争议，又不能证明的，可参照银行同类贷款利率计息。”因此，本案借款本金4180万元，根据借据在借期内视为不支付利息，双方约定有还款日期2012年8月28日前偿还，依照上述法律规定，可自逾期之日起按照中国人民银行同期贷款利率支付利息，已经支付的利息209万元，可按此标准从利息中予以扣减。

关于借款用途问题。被告刘进发提出借款用于澳门洗码赌博，二原告对此均知情，对此，二原告称刘进发借款时称用于前郭的土地开发。根据最高人民法院《关于人民法院审理借贷案件的若干意见》第11条规定，“出借人明知借款人是为了进行非法活动而借款的，其借贷关系不予保护。”本案被告刘进发除口头提出二原告对赌博用款知情外，未提供证据证明二原告对借款用途的非法性在出借时是知情的，依照上述法律规定，对被告刘进发的主张不予支持。

关于二原告的债权份额问题，二原告在诉状中称二原告是共同出借人，4180万元是二原告的共同债权，经法庭多次询问，二原告代理人称4180万元是共同债权，不分份额。后在第三次庭审中，二原告代理人又向本院提交一份书面的说明，称4180万元二原告各占一半即2090万元。后经本院询问原告王文忠本人，原告王文忠称二原告是合伙关系，钱都是放在一起的不分份额，收到的209万元利息也是还给二原告的共同债权。综合以上，本院对二原告的债权认定为共同债权，对其各占一半的书面说明，因与原告的本人的陈述不符，不予采信。

关于被告松原市鑫基发房地产开发有限公司是否应当承担保证责任问题。经查，在出具借据当时被告刘进发系被告松原市鑫基发房地产开发有限公司的法定代表人、股东，该公司共有3名股东，刘进发在借据上保证人处加盖有被告松原市鑫基发房地产开发有限公司的印章，以公司名义为被告刘进发的借款提供担保。被告鑫基发公司辩称，借款不真实，未经公司股东会同意，公司不应当承担保证责任。《公司法》第16条规定，“公司向其他企业投资或者为他人提供担保，依照公司章程的规定，由董事会或者股东会、股东大会决议；公司章程对投资或者担保的总额及单项投资或者担保的数额有限额规定的，不得超过规定的限额。公司为公司股东或者实际控制人提供担保的，必须经股东会或者股东大会决议。前款规定的股东或者受前款规定的实际控制人支配的股东，不得参加前款规定事项的表决。该项表决由出席会议的其他股东所持表决权的过半数通过。”《合同法》第52条规定，“有下列情形之一的，合同无效：…（五）违反法律、行政法规的强制性规定。”最高人民法院《关于适用〈中华人民共和国合同法〉若干问题的解释（一）》第4条规定，“合同法实施以后，人民法院确认合同无效，应与以全国人大及其常委会制定的法律和国务院制定的行政法规为依据，不得以地方性法规，行政规章为依据”。最高人民法院《关于适用〈中华人民共和国合同法〉若干问题的解释（二）》第14条规定"合同法第五十二条第（五）项规定的强制性规定，是指效力性强制性规定"。本案中被告刘进发未经股东会决议代表公司对外签订担保合同，是否违背法律的效力性的强制性规定，《公司法》第16条的规定是否是效力性强制性规定，是决定本案保证合同的效力以及被告鑫基发公司是否承担保证责任的关键。对此，最高人民法院《司法观点集成·商事卷》（第二版）就关于法定代表人代表公司签订担保合同的效力问题解释为，"司法第16条的规定，属于管理性而非效力性规范，不应作为判断公司对外合同效力的唯一依据，根据《合同法》第五十条和担保法司法解释第11条的规定，对法定代表人代表公司所签订的合同，除法定代表人系超越权限且损害公司利益且为相对方所知道或应当知道的以外，该代表行为有效。"本案中，被告刘进发作为被告鑫基发公司的法定代表人以公司名义与二原告签订担保合同，被告鑫基发公司主张担保无效，但未提供证据证明二原告知道或者应当知道法定代表人超越公司章程等规定的权限，且公司法第16条规定是非效力性的强制性规范，故应当认定作为合同相对人的原告有理由相信法定代表人的代表行为，双方所签订的保证合同有效。被告鑫基发公司应当向原告承担保证担保的法律责任。

关于本案的程序问题。在本院组织第三次庭审之前，被告刘进发主动到本院说明案件情况，但明确表示不能参加庭审。被告刘进发称，2011年9月及以后期间，其向二原告借款3000万元，用于到澳门洗码赌博，借钱分五六笔二原告全部是转账到我和我司机王强的卡上，赌客拿我的钱到澳门去赌，赢了当时就能还，输了就欠着，我赚千分十一的利。4180万的欠条是我签的，里面有月利5分的利息。出条后，我还过一个月的利息209万，是以4180万为基数按月利5分计算的，二原告没有给我出收条。我没能力还钱，可以由鑫基发公司还，公司有我80%的股份1600万元。后刘进发再次来到本院更正，借款3000万元有一部分用于洗码，还有一部分用于还贷款。2010年我注册成立鑫基发公司，至2012年7月法人经工商变更为付小平，因为我欠老百姓的拆迁款给不上，2011年3月至2012年5月投资1.425亿，给政府1.3亿，修路1250万元，付广伟答应给我3000万元，我把公司的股份转让给他，我与付广伟签订的股权转让协议，但付广伟把我骗了，他没有给我对价。我同意用我公司的股份还钱。我的代理人不是我找的，是付广伟找的，我在授权委托书上签的字，律师询问笔录我签字了，但写的什么我不知道，法庭给宣读后我认为内容不真实，代理人说的与我说的不一致，以我说的为准。

经对刘进发的调查笔录进行庭审质证，被告刘进发的代理人罗宪丽当庭提出，既然刘进发本人不认可其代理人身份，其要求辞去对刘进发的代理，退出法庭。根据《民法通则》第63条规定，"公民、法人可以通过代理人实施民事法律行为。代理人在代理权限内，以被代理人的名义实施民事法律行为。被代理人对代理人的代理行为，承担民事责任。”第64条规定，“委托代理人按照被代理人的委托行使代理权。”第69条规定，“有下列情形之一的，委托代理终止：……（二）被代理人取消委托或者代理人辞去委托；……”

本案中，被告刘进发的代理人基于刘进发的授权代表刘进发出庭应诉，但经刘进发本人明确表示不认可代理人的身份，称代理人非其本人所委托，代理人又当庭表示辞去委托，代理人出庭诉讼行为因失去委托人的授权基础，依照《民法通则》第69条的规定，应当视为双方的委托代理关系终止，代理人在法庭上发表的意见，可作为一种参考性意见，不作为法院裁判的依据。

【法院裁判结果】 综上所述，判决如下：

一、被告刘进发于本判决生效后立即偿还二原告王文忠、郑荣誉借款人民币4180万元，并自2012年8月28日起至本判决生效之日止按照中国人民银行同期贷款利率给付利息，已偿还的209万元利息可在执行时从利息总额中予以扣除。

二、被告松原市鑫基发房地产开发有限公司对被告刘进发的上述借款本息承担连带清偿责任。

三、驳回原告王文忠、郑荣誉的其他诉讼请求。

第一百七十四条 被代理人死亡后，有下列情形之一的，委托代理人实施的代理行为有效：（一）代理人不知道并且不应当知道被代理人死亡；（二）被代理人的继承人予以承认；（三）授权中明确代理权在代理事务完成时终止；（四）被代理人死亡前已经实施，为了被代理人的继承人的利益继续代理。

作为被代理人的法人、非法人组织终止的，参照适用前款规定。

典型案例 常娜、常一军与李玉华、大连房先生不动产连锁管理有限公司房屋买卖合同纠纷

【裁判观点】 被代理人与代理人约定到代理事项完成时代理权终止的，被代理人死亡后，委托代理人实施的代理行为有效。本案中，顾某某与李某某（甲）给李某某（乙）出具的委托书明确委托期限至案涉房屋出售止，因为，签订的合同不违反法律规定，原告认为被告没有代理权无事实和法律根据。

【案情介绍】2013 年 12 月 20 日，原告常娜、常一军与第一被告、第二被告签订《房地产居间买卖合同》，合同约定："1. 买卖双方通过居间方出售及购买位于大连市沙河口区黄河路 724 号 5 层 5 号的房屋，权属为产权，建筑面积约 68.96 平方米。2. 买卖双方同意房屋出售价格为人民币（大写）柒拾肆万元整（¥740000）。买方于本合同签订之日支付定金人民币（大写）叁万元整（¥30000），于买卖双方交接房款时冲抵房款，买卖双方同意由居间方代卖方保管定金。买方于本合同签订之日起 2014.1.20 日内，备齐购房款人民币（大写）柒拾壹万元整（¥710000），同时三方将该款项存入银行做资金监管。3. 买卖双方自行约定，因房屋过户发生的税费，由买方承担：过户所产生的全部税费。如买方未能履行本合同条款导致本合同终止或无法履行，须向卖方支付房款 20% 的违约金，卖方有权再将该房屋转让于任何人。如卖方未能履行本合同条款导致本合同终止或无法履行，须向买方支付房款 20% 的违约金。买卖双方未按合同约定时间履行履行义务超过 10 天，每逾期一日由违约方向对方支付房款千分之一的违约金，买卖方居间方三方另有约定的除外。代理人李玉华已得到房主的授权，则代理人负全部的法律及违约责任；代理人常娜已得到购房人的授权，则代理人负全部的法律及违约责任"。该合同还约定了三方的其他权利义务。此外，合同中常一军的签字系由原告常娜代签，顾某某的签字是由被告李玉华代签。

2013 年 12 月 20 日、2014 年 1 月 22 日，原告分别向第二被告支付中介费 5000 元、135000 元，2013 年 12 月 20 日、2014 年 1 月 22 日，原告分别支付购房定金 5000 元、20000 元，此外，原告还曾通过汇款方式支付购房定金 5000 元，定金由第二被告代收。

2014 年 1 月 22 日，原告到大连银行办理了资金监管，金额为 710000 元。

顾某某（于 2012 年 12 月 18 日死亡）生前与李某某（甲）系夫妻关系。2007 年 8 月 10 日，顾某某与李某某（甲）给李某某（乙）出具委托书，委托事项为"坐落于沙河口区黄河路 724 号 5 层 5 号的建筑面积为 68.96 平方米的私有产权房屋系我们夫妻共有财产。现仅以我们夫妻的名义，在我们的权限内，全权委托李某某（乙）为我们的代理人，办理出售上述该私有产权房屋、并代收房款，其所签署的具有法律意义文书我们均予以认可。受托人有转委权"。委托期限为"自二零零七年八月十日——该房产出售止"。同时，由大连市公证处对以上委托书进行了公证。

2013 年 12 月 10 日，李某某（乙）给第一被告出具授权书一份，授权事项为"李玉华合法地代表本人李某某（乙），授权李玉华为我的合法代理人，有权在房屋销售活动中以我的名义签署文件，以及处理与此相关的一切事项”。

2014 年 2 月 11 日，大连市沙河口区公证处出具公证书，内容为案涉房屋作为被继承人顾某某的遗产由李某某（甲）继承，顾某某的其他第一顺序继承人长子李某某（乙）、次子李某某（丙）、三子李某某（丁）放弃案涉房屋的继承权。

2014 年 2 月 10 日，李某某（甲）给第一被告出具授权委托书，委托第一被告办理、领取案涉房屋所有权证，2014 年 2 月 11 日，大连市沙河口区公证处对委托事项进行了公证。

2014 年 2 月 10 日，李某某（甲）给第一被告出具授权委托书，委托第一被告代为出售案涉房屋产权，与常娜签订《房地产买卖合同》，代收房款，还委托代为办理房屋买卖过程的其他事宜。2014 年 2 月 11 日，大连市沙河口区公证处对委托事项进行了公证。

另查，1998 年 9 月 21 日，顾某某通过继承方式取得案涉房屋的所有权。

二原告共同诉称：2013 年 12 月 20 日，原告常娜、常一军与第一被告、第二被告签订《房地产居间买卖合同》，合同约定第一被告将位于大连市沙河口区黄河路 724 号 5 层 5 号房屋出卖给原告，并由第二被告提供居间服务，卖方需保证房屋的所有权，能够完全支配和处理。但在合同签订后，原告发现案涉房屋的产权人为顾某某，而第一被告没有完整的委托手续，致使该房屋无法办理过户。而且顾某某已于 2012 年 12 月 18 日死亡，案涉房屋在其死亡时物权已发生了转移，第一被告已没有代理权。第一被告隐瞒案涉房屋非其所有的重大事实，导致了合同目的根本无法实现的重大后果，二被告已经构成违约，为维护原告的合法权益，根据《中华人民共和国合同法》的规定，请求：(1) 撤销原被告之间签订的《房地产居间买卖合同》；(2) 二被告连带双倍返还定金 50000 元；(3) 第一被告按合同赔偿违约金 142000 元；(4) 解除 710000 元购房款的资金监管并返还原告。

第一被告辩称：《房地产居间买卖合同》合法有效，我方卖房授权手续齐全，案涉房屋现在完全可以办理过户。2007 年，顾某某（第一被告婆婆，已死亡）、李某某（甲）（第一被告公公）授权李某某（乙）（第一被告丈夫）出售案涉房屋，当时案涉房屋为顾某某和李某某（甲）的共有房产，李某某（乙）有转委托权。2013 年 12 月 10 日，李某某（乙）将出售房屋权利转委托给我，我于 2013 年 12 月 20 日与原告签订了《房地产居间买卖合同》，在房屋交易中心窗口办理过户时，因为需要顾某某的二代身份证，顾某某已经死亡，无法取得二代身份证，因此我方将案涉房屋过户到李某某（甲）名下，由李某某（甲）继承，并按要求办理了继承公证，李某某（甲）于 2014 年 2 月 12

日取得房屋产权，我方还重新办理了出售房屋的授权公证手续，我不存在欺骗原告的行为，因此我不同意原告的诉讼请求。

第二被告辩称：原告所述与事实不符。原、被告在签订《房地产居间买卖合同》时，原告常娜已经看到了案涉房屋产权证、顾某某委托李某某（乙）的公证书，已经知晓房屋所有人为顾某某，代理人为李某某（乙）。顾某某委托李某某（乙）的公证书中明确受托人李某某（乙）有转委托权，即李某某（乙）有权委托其妻子即第一被告李玉华出售案涉房屋。原、被告将所有过户文件及资金备齐后到房地产交易市场办理过户时，交易市场窗口表示需要顾某某的第二代身份证，因顾某某已经死亡，需要重新办理授权委托书及公证书，因此，第一被告方将案涉房屋由李某某（甲）继承，并将房屋过户到李某某（甲）的名下，由李某某（甲）出具委托书，委托第一被告全权代理出售该房屋，并办理了相关公证。综上所述，第一被告始终有权办理案涉房屋出售事宜，作为居间方的第二被告也尽到了居间义务。

【法院审理意见】本院认为，《中华人民共和国合同法》第54条规定，因重大误解订立合同或者在订立合同时显失公平的，合同一方可以请求变更或者撤销合同；一方以欺诈、胁迫的手段或者乘人之危，使对方在违背真实意思上的情况下订立的合同，受害方有权要求变更或者撤销。顾某某死亡的事实并不必然影响第一被告李玉华代为签订《房地产居间买卖合同》的权利。根据最高人民法院《关于贯彻执行〈中华人民共和国民法通则〉若干问题的意见（试行）》第82条的规定："被代理人死亡后有下列情况的，委托代理人实施的代理行为有效：……（3）被代理人与代理人约定到代理事项完成时代理权终止的……"，2007年8月10日，顾某某与李某某（甲）给李某某（乙）出具的委托书中明确委托期限自2007年8月10日至案涉房屋出售止，受托人李某某（乙）有权转委托给第一被告，因此，第一被告签订《房地产居间买卖合同》不违反法律的规定，原告常娜、常一军认为第一被告没有代理权无事实和法律根据。此外，在大连市房地产交易中心因缺少手续未完成案涉房屋的过户手续，第一被告办理了案涉房屋的继承事宜，办理了房屋买卖事宜的委托书及公证书，表明第一被告积极配合原告达成案涉房屋的交易。纵观原被告提供的证据和双方当事人的陈述及证人证言，可以看出，《房地产居间买卖合同》不存在可撤销的情形。基于原告坚持撤销合同，被告不同意撤销合同的情况下，对原告的诉讼请求，本院不予支持。

【法院裁判结果】综上所述，判决如下：

驳回原告常娜、常一军的诉讼请求。

第一百七十五条 有下列情形之一的，法定代理终止：

（一）被代理人取得或者恢复完全民事行为能力；

（二）代理人丧失民事行为能力；

（三）代理人或者被代理人死亡；

（四）法律规定的其他情形。

第八章　民事责任

第一百七十六条　民事主体依照法律规定和当事人约定，履行民事义务，承担民事责任。

典型案例　赵丹与贾维臣等保证合同纠纷

【裁判观点】完全民事行为能力人应当对其法律行为承担民事义务。本案中，被告贾维臣、高艳兰称其鉴定协议时合同内容为空白，该辩解不符合常理，应当对合同约定的内容承担民事责任、履行民事义务。

【案情介绍】2013 年 5 月 17 日，绿盛华食品厂作为借款人（甲方）与出借人（乙方）原告赵丹签订《借款协议》，约定：(1) 甲方于 2013 年 5 月 17 日向乙方借款 200 万元人民币（贰佰万元整），转账方式交付；(2) 借款期限为一个月。借款人（甲方）于 2013 年 6 月 16 日向出借人（乙方）还清上述借款及利息；(3) 上述借款利息按同期银行贷款利息的 4 倍计算；(4) 甲方如逾期不还，每逾期一日，借款人（甲方）应按日万分之五向出借人（乙方）支付违约金；(5) 甲乙双方共同确认：根据有关法律的规定已经对赋予强制执行效力公证的内容、程序、效力等具有了明确的了解，经慎重考虑，双方同意本协议签订后向北京市方正公证处申请办理公证赋予本协议书强制执行效力；(6) 甲方保证承担举证义务，自款项还清之日起 3 个工作日内，甲方应向北京市方正公证处提供有关还款证据，证明其已经支付了应还款项；(7) 甲乙双方同意还款期限届满之日起 3 个工作日内，如甲方未向北京市方正公证处按期提供有关还款凭证，且乙方出具文件说明甲方未能按期支付应还款项时，乙方有权单方面依据具有强制执行效力的本协议向北京市方正公证处申请签发执行证书……

2013 年 5 月 17 日，原告赵丹作为出借人（甲方）与借款人（乙方）绿盛华食品厂、担保人（丙方）被告贾维臣、高艳兰签订《借款担保合同》，约定：(1) 乙方向甲方借款人民币贰佰万元整（200 万元），借款期限自 2013 年 5 月 17 日至 2013 年 6 月 16 日。乙方须于借款到期日次日向甲方一次性清偿全部借款本息。(2) 乙方有权提前还款，但须征得甲方书面同意，并就提前还款条件征得甲方同意。丙方贾维臣、高艳兰（系夫妻）自愿对上述借款承担连带还款责任。(3) 乙方保证将借款用于公司资金周转，不得挪作他用。为此，乙方提供银行账号如下，甲方将约定借款数额打入该银行账户，视为甲方履行完毕借款付至乙方义务。乙方提供银行账号如下：开户行：中国农业银行股份有限公司北京平谷支行营业部，户名：贾维臣，账号：×××。上述借款借用期间利息为银行贷款利息 4 倍。乙方保证按期还款，若到期未还欠款，每逾期一日自愿按借款金额的 5% 支付违约金。乙方保证该借款的用途符合法律规定，因所借款项用于法律所限制或禁止的用途导致的任何责任均由其独立承担。(4) 乙方提供北京市绿盛华食品厂作为上述借款的担保，该担保为全部担保。由丙方贾维臣及高艳兰共同为乙方的还款义务提供连带责任保证，若乙方到期不能履行对甲方的还款义务，贾维臣、高艳兰应承担连带责任。丙方贾维臣、高艳兰自愿以个人及家庭名下全部财产提供担保。乙方保证上述担保措施在其清偿完毕全部借款本息之前持续有效……

原告赵丹起诉称：原告赵丹通过陈某介绍与被告贾维臣相识。被告贾维臣称其经营的北京绿盛华食品厂（以下简称绿盛华食品厂）急需资金周转，于是向原告赵丹借款 200 万元。2013 年 5 月 17 日，原告赵丹与绿盛华食品厂签订《借款协议》，并在北京市方正公证处就该《借款协议》办理了《具有强制执行效力的债权文书公证书》（公证号：(2013) 京方正内民证字 14177 号）。《借款协议》约定：绿盛华食品厂向原告赵丹借款 200 万元，利息按同期银行贷款利息的 4 倍计算，借款期限一个月，原告赵丹于 2013 年 5 月 17 日将借款交付绿盛华食品厂，2013 年 6 月 16 日绿盛华食品厂向原告赵丹还清借款及利息，若绿盛华食品厂未按期归还上述借款，按日万分之五承担违约金。2013 年 5 月 17 日，原告赵丹与绿盛华食品厂、被告贾维臣、高艳兰签订《借款担保合同》，约定被告贾维臣、高艳兰对绿盛华食品厂向原告赵丹的借款 200 万元，承担连带保证责任，担保范围为本金、利息、滞纳金、违约金、赔偿金、原告赵丹实现债权的费用，保证期限为合同履行期满后 2 年。2013 年 5 月 17 日，原告赵丹按照协议约定将借款 200 万元转入绿盛华食品厂指定的被告贾维臣账户。借款期限届满后，绿盛华食品厂未返还原告赵丹借款本金，也未支付利息。被告贾维臣、高艳兰亦未履行担保责任。2013 年 10 月 17 日，原告赵丹依据《具有强制执行效力的债权文书公证书》，向北京市方正公证处申请出具执行证书。2013 年 11 月 18 日，北京市方正公证处出具了《执行证书》。后原告持《具有强制执行效力的债权文书公证书》、《执行证书》向北京市平谷区人民法院申请强制执行，因绿盛华食品厂无财产可供执行，故原告赵丹的借款本息仍未得到偿还。被告贾维臣、高艳兰系绿盛华食品厂向原告赵丹所借款项的连带责任保证人，应当承担保证责任。故起诉要求：（1）被告贾维臣、高艳兰返还原告赵丹借款本金 200 万元；（2）被告贾维臣、高艳兰承担上述借款利息，利率以借款发放日银行同类贷款利率的四倍计算，给付期限为 2013 年 5 月 17 日起至该款偿还完毕之日止；（3）被告贾维臣、高艳兰依法承担违约金，每日按所欠本金的万分之五计算，给付期限为 2013 年 6 月 17 日起至该款偿还完毕之日止；（4）被告贾维臣、高艳兰承担申请实现债权的费用。后原告赵丹撤回了第四项诉讼请求。庭审中，原告赵丹称被告贾维臣、高艳兰与陈某之间的资金往来与其无关。

被告贾维臣、高艳兰答辩称：首先，原告赵丹陈述的事实虚假，并且严重违反法律程序，法院应当驳回其全部诉讼请求。根据最高人民法院、司法部关于公证机关赋予强制执行效力的文书执行有关问题的联合通知，本案应当由执行庭依法调取原告赵丹所谓的北京市方正公证处留存的全部公证卷宗，并且由原告赵丹与被告贾维臣、高艳兰到执行庭对证据进行举证质证后，才能够确定原告赵丹所谓的债权是否客观存在，是否合法有效。原告赵丹虽然在谈话时提到曾向平谷法院申请强制执行，但是绿盛华食品厂和被告贾维臣、高艳兰从未接到法院的通知，也没有参加过原告赵丹所谓的执行程序。因此，原告赵丹主张的债权是否真实？是否客观存在？是否合法有效？均处在待定状态。法院应当依法告知或者当庭驳回原告赵丹的诉讼请求，待人民法院的执行案件审理后原告赵丹才有权利进入同本案类似的诉讼程序。第二，原告赵丹并非个人向绿盛华食品厂出借款项，原告赵丹系润鹏投资公司的财务主管，本案实际是一起高利贷纠纷，当时该投资公司的经理陈某和原告赵丹在北京市方正公证处同绿盛华食品厂和被告贾维臣、高艳兰签订过所谓的协议。但是，原告赵丹起诉状中所列的《借款协议》、《借款担保合同》、《连带还款保证书》均未向绿盛华食品厂和被告贾维臣、高艳兰交付过。被告贾维臣、高艳兰没有看过《借款协议》、《借款担保合同》、《连带还款保证书》的内容就在上面签字了。至今，被告贾维臣、高艳兰也没有《借款协议》、《借款担保合同》、《连带还款保证书》的原件及复印件。而这些所谓的证据，均在润鹏投资公司委派的陈 × 经理和财务总监原告赵丹手中掌握。实际上，原告赵丹作为个人提起本案之诉，就是润鹏投资公司假借原告赵丹的名义掩盖非法目的进行诉讼的表现。因此所谓的《借款协议》还有所谓的公证处出具的《具有强制执行效力的债权文书公证书》，人民法院均应当认定其为无效。第三，原告赵丹所诉的借款本金错误，被告所担保的债务协议上约定的虽然是200万元，但绿盛华食品厂的实际借款金额是179万元。2013年5月17日，借款转账当天，被告贾维臣已经向陈某工商银行的账户（账号为×××）中转回了10万元。2013年8、9、10月份，被告贾维臣、高艳兰又从朋友手中拆借了15万元，打入了陈某工商银行的账户内，其中11万元是归还的本金，35800元为一个月的利息，4200元是五天的违约金。被告贾维臣、高艳兰当时就明确告知了陈某和原告赵丹，该笔借款系高利贷不应当受到法律保护，被告贾维臣、高艳兰愿意一次性归还本金，但是原告赵丹为了谋求巨额非法利益不允许。原告赵丹的出生日期是1987年3月27日，其应当说明借款200万元的来源并对此负有举证责任。借款合同中约定借款期限是一个月，在借款期限内应当计算利息，借款期限届满后只能计算违约金，不能再主张利息了。故不同意原告赵丹的诉讼请求。

【法院审理意见】本院认为，2013年5月17日，原告赵丹与绿盛华食品厂签订了《借款协议》，约定绿盛华食品厂向原告赵丹借款200万元。合同签订当日，绿盛华食品厂为被告贾维臣出具了《授权委托书》，委托被告贾维臣代为接收绿盛华食品厂向原告赵丹所借的款项。同日，原告赵丹将其账户中的人民币200万元转入被告贾维臣账户。原告赵丹提供的电子转账凭证能够证明原告赵丹出借给绿盛华食品厂的款项已实际交付。绿盛华食品厂为被告贾维臣出具的《授权委托书》载明了“北京绿盛华食品厂向赵丹借款人民币贰佰万元整”，绿盛华食品厂出具的借条载明“今向赵丹借款人民币贰佰万元整”，表明绿盛华食品厂对于向原告赵丹借款是知情的，被告贾维臣亦认可其收到了原告赵丹出借的款项，原告赵丹交付借款的行为已经完成，上述事实与原告赵丹提交的《借款协议》、《借款担保合同》、《连带还款保证书》相互印证了绿盛华食品厂向原告赵丹借款的事实。被告贾维臣、高艳兰对于《借款协议》、《借款担保合同》、《连带还款保证书》中其二人签字的真实性予以认可，但以其签字时上述合同内容均为空白为由否认绿盛华食品厂与原告赵丹之间存在借贷关系的辩解不能成立。完全民事行为能力人应当对其法律行为承担民事义务。被告贾维臣、高艳兰称其签订《借款协议》、《借款担保合同》、《连带还款保证书》时上述合同内容为空白，被告贾维臣、高艳兰在空白的合同上签字，该辩解不符合常理。且被告贾维臣作为绿盛华食品厂的投资人，对于绿盛华食品厂向原告赵丹借款是知情的，被告高艳兰与被告贾维臣系夫妻关系，其二人在《借款担保合同》、《连带还款保证书》落款处签字，应当对合同约定的内容承担民事责任、履行民事义务。《中华人民共和国担保法》第18条规定，当事人在保证合同中约定保证人与债务人对债务承担连带责任的，为连带责任保证。连带责任保证的债务人在主合同规定的债务履行期届满没有履行债务的，债权人可以要求债务人履行债务，也可以要求保证人在其保证范围内承担保证责任。被告贾维臣、高艳兰在《借款担保合同》、《连带还款保证书》中约定其二人对绿盛华食品厂向原告赵丹的借款承担连带责任保证。现借款期限届满，原告赵丹有权要求被告贾维臣、高艳兰在其保证范围内承担保证责任。故被告贾维臣、高艳兰提出原告赵丹对绿盛华食品厂的借款申请强制执行，绿盛华食品厂、被告贾维臣、高艳兰从未接到法院通知，强制执行程序违法，因此不同意承担保证责任的辩解，没有法律依据，本院不予采信。原告赵丹提供的电子转账凭证能够证明其已向绿盛华食品厂交付借款本金200万元，被告贾维臣、高艳兰提出实际借款金额为179万元，并称2013年5月17日虽转入被告贾维臣账户200万元，但当天被告贾维臣又向陈某账户转回了10万元，此后又打入陈某账户15万元。被告贾维臣、高艳兰主张向陈某账户汇入的款项是偿还原告赵丹的借款本息，原告赵丹对此予以否认，称被告贾维臣、高艳兰与陈某之间的资金往来与原告赵丹无关，被告贾维臣、高艳兰亦未提供证据证明其汇入陈某账户的款项即为偿还原告赵丹借款，故对被告贾维臣、高艳兰的该项辩解，本院不予采信。原告赵丹要求被告贾维臣、高艳兰履行保证责任返还借款本金200万元的诉讼请求，于法有据，本院予以支持。原告赵丹与绿盛华食品厂在《借款协议》中约定借款期限为一个月，并约定借款利息按同期银行贷款利息的四倍计算，故被告贾维臣、高艳兰应当依照合同约定支付借款期间内的利息。原告赵丹要求被告贾维臣、高艳兰支付借款期限届满后的利息，不符合合同约定，本院不予支持。原告赵丹与绿盛华食品厂在《借款协议》中约定绿盛华食品厂如逾期未返还借款，每逾期一日，按日万分之五向原告赵丹支付违约金。故原告赵丹要求被告贾维臣、高艳兰自2013年6月17日起支付违约金的诉讼请求，于法有据，本院予以支持。

【法院裁判结果】 综上所述，判决如下：

一、被告贾维臣、高艳兰于本判决生效后7日内返还原告赵丹借款200万元；

二、被告贾维臣、高艳兰自2013年5月17日起按中国人民银行同期同类贷款基准利率四倍的标准支付利息至2013年6月16日；

三、被告贾维臣、高艳兰自2013年6月17日起按日万分之五的标准计算借款200万元的违约金至款实际付清之日止；

四、驳回原告赵丹的其他诉讼请求。

第一百七十七条 二人以上依法承担按份责任，能够确定责任大小的，各自承担相应的责任；难以确定责任大小的，平均承担责任。

典型案例 江苏宏马建设有限公司与南京宇翔建设发展有限公司返还欠款纠纷

【裁判观点】二人以上依法承担按份责任的，能够确定责任大小的，各自承担相应的责任；难以确定责任大小的，平均承担责任。本案中，由于宏马公司与宇翔公司均未提供证据证明各自应承担债务的具体份额，因此，两公司应对再审判决确定的数额各承担50%份额。

【案情介绍】原告宏马公司承建了江苏红太阳房地产开发有限公司开发建设的旭日上城G标段工程（以下简称旭日上城工程），陶某某是该工程负责人之一，其中有两幢楼的土建施工陶某某为实际承包人。夹岗工程系由被告宇翔公司承建，宇翔公司将该工程转包给了吴某某，吴某某是鼎樽公司法定代表人、宏马公司南京分公司负责人。吴某某将宇翔公司夹岗工程交由陶某某实际施工。2007年8月6日，陶某某作为经办人，以鼎樽公司名义（合同中加盖了鼎樽公司公章）与聚来公司签订钢材买卖合同。该合同的履行过程中，聚来公司是将钢材送至宏马公司承建的以陶某某为项目经理的宏马公司旭日上城工程工地。2008年3月12日，陶某某以宇翔公司名义（合同中加盖了宇翔公司工程项目资料专用章、工程项目专用章）与聚来公司签订钢材买卖合同一份。在宇翔公司与聚来公司买卖合同订立后，聚来公司将钢材送至夹岗工程工地。2009年2月26日，聚来公司持一张加盖有宏马公司印章、注明陶某某为欠款人的还款计划（还款计划内容是："宏马公司承建旭日上城工程欠聚来公司钢材款共计2569481.16元，分三期支付欠款，第一期在2008年11月24日或25日支付40万元；第二期在2008年12月10日还款60万元；第三次付清剩余的1569481.16。"）向下关法院提起诉讼，要求宏马公司、宇翔公司支付还款计划项下欠款2166481.16元。在陶某某以宏马公司名义出具还款2569481.16元计划后，聚来公司收到过一张陶某某交付的宏马公司背书转让的金额为403000元的转账支票，聚来公司认可已收到还款计划中的第一期付款403000元。下关法院经过审理，认为陶某某出具还款计划的行为符合表见代理规则，可归责于宏马公司，并于2009年5月6日作出（2009）下民二初字第66号判决：（1）宏马公司向聚来公司支付货款2166481.16元；（2）驳回聚来公司对宇翔公司的诉讼请求。宏马公司不服下关法院一审判决，向南京中院提起上诉。宏马公司认为与聚来公司进行交易的是鼎樽公司，宏马公司与聚来公司不存在合同关系。南京中院经过二审审理，于2009年8月19日作出（2009）宁民二终字第782号判决，驳回宏马公司上诉，维持了下关法院一审判决。南京中院二审判决生效后，下关法院执行了宏马公司40万元付给聚来公司。在南京中院二审判决作出后，宏马公司向江苏省高级人民法院申请了再审。2010年7月22日，南京中院作出（2010）宁民监字第23号民事裁定，对上诉人宏马公司、被上诉人聚来公司、原审被告宇翔公司买卖合同纠纷上诉案另行组成合议庭进行再审。南京中院裁定再审后，作出了先予执行裁定，裁定由宏马公司向聚来公司先行支付40万元，该款南京中院已执行给付了聚来公司。在南京中院再审审理中，南京中院限期宏马公司、宇翔公司提供各自所承建的旭日上城工程、夹岗工程所用钢材来源及付款情况的证据，宏马公司和宇翔公司在南京中院给定期限届满后，未能提供相应证据。2011年5月24日，南京中院作出（2010）宁商再提字第6号判决：（1）撤销南京中院（2009）宁民二终字第782号判决及下关法院（2009）下民二初字第66号判决；（2）宇翔公司、宏马公司共同向聚来公司支付货款2166481.16元（履行时应扣除已实际执行款项）。一审、二审案件诉讼费由宇翔公司、宏马公司共同负担。南京中院（2010）宁商再提字第6号民事判决作出后，下关法院执行了宏马公司283241元、宇翔公司300000元给付了聚来公司。

原告宏马公司诉称；陶某某系原、被告双方建设工程的实际承包人（施工人），在施工期间，分别以被告宇翔公司、南京鼎樽建筑劳务有限公司（以下简称鼎樽公司）名义与案外人南京聚来贸易有限公司（以下简称聚来公司）签订钢材买卖合同。并于2008年11月18日将被告宇翔公司和鼎樽公司所欠钢材款又以原告宏马公司的名义向聚来公司出具一份还款计划，载明原告宏马公司欠聚来公司钢材款2569481.16元，于同年12月30日前付清。聚来公司于2009年2月26日向南京市下关区人民法院（以下简称下关法院）提起诉讼，该案经一审、二审和再审，南京市中级人民法院（以下简称南京中院）于2011年5月24日作出（2010）宁商再提字第6号民事判决，判令原告宏马公司与被告宇翔公司共同支付聚来公司货款2166481.16元（此前原告宏马公司已代鼎樽公司支付403000元）。根据有关法律规定，南京中院的判决并非是连带责任，非连带即按份额。所以，根据有关公安部门的调查证据，在2569481.16元中原告宏马公司（鼎樽公司）应承担733343.16元，被告宇翔公司应承担1836138元。在下关法院和南京中院案件审理期间，两级法院执行、扣划了原告宏马公司1083241元，结比后，原告多支付了752897.84元，该费用不应当由原告宏马公司支付，而应当由被告宇翔公司支付。原告宏马公司请求法院判令被告宇翔公司返还752856元并承担本案的诉讼费用。

被告宇翔公司辩称：宏马公司起诉宇翔公司要求宇翔公司赔偿损失即返还欠款明显欠缺事实与法律依据，依法应当驳回其全部诉讼请求。（1）宏马公司主张的赔偿损失金额完全是其单方计算得出的，与客观事实不符，没有明确的法律依据；（2）南京中院（2010）宁商再提字第6号民事判决存在重大瑕疵，宏马公司与宇翔公司承担债务的份额有待明确。南京中院作出的（2010）宁商再提字第6号民事判决书只确认宏马公司、宇翔公司双方共同向聚来公司支付货款2166481.16元，并未明确该共同责任是连带责任还是按份责任，或者其他法律责任，再审判决作出之后，南京中院作出的（2011）宁执督字第20号复函中明确具体份额由该院审监庭和原审判庭查清事实后处理，本案中宏马公司主张返还之诉的前提条件是双方各自承担的份额已被南京中院确定，但到目前为止，南京中院尚未确认原、被告各自承担的份额，因此宏马公司返还之诉的前提条件尚未成就，其主张的金额也没有依据。原告宏马公司提供的主要证据（南京市溧水县公安局调取的供货清单）系通过非正常合法程序和途径获得的，且下关法院一审、南京中院二审与再审均未查证属实，该证据没有法律效力，不能作为本案依据；（3）原告宏马公司诉状中表示南京中院（2010）宁商再提字第6号民事判决确认的2166481.16元的款项其已代鼎樽公司支付了403000元，宇翔公司认为宏马公司未提供证据予以佐证，同时该403000元款项也不能视为宏马公司支付给聚来公司的货款；（4）宇翔公司承建的本市秦淮区夹岗村委会新建工业厂房A1、D幢工程（以下简称夹岗工程），宇翔公司目前已支付给承包人吴某某工程款金额为3530000元，工程所用钢材款项已经全部支付完毕，目前可以显示的支付给聚来公司的款项为150万元；（5）聚来公司在下关法院一审，南京中院二审、再审过程中均多次明确表示其诉请的2166481.16元的钢材款的实际欠款人为本案原告宏马公司，宇翔公司不欠其钢材款；（6）陶某某在公安机关所作的供述内容与其签字确认的还款计划内容不一致，且其前后多次供述的内容也不一致，明显破绽百出，南京中院二审、再审均未查证确认其供述属实，且陶某某系宏马公司的员工，职务为项目经理，实际承包了宏马公司多个工程，与宏马公司之间存在诸多法律上的利害关系，其所作的供述不属于法定证据种类，因此，陶某某在溧水、秦淮公安机关所作的供述不能作为认定双方承担份额的依据。

【法院审理意见】本院认为，当事人对自己提出的诉讼主张有责任提供证据。南京中院在（2010）宁商再提字第6号民事判决中，判令宏马公司和宇翔公司共同向聚来公司支付货款2166481.16元。本案中，由于宏马公司与宇翔公司均未提供证据证明各自应承担债务的具体份额，因此，两公司应对再审判决确定的数额各承担50%份额。在聚来公司提起诉讼后，宏马公司的实际付款并未超过再审判决确定数额的50%份额。原告宏马公司在本案中主张被告宇翔公司应返还752856元，其应当承担相应的举证责任，但原告宏马公司在本院给出的举证期限内未提供相应证据，故其应承担举证不能的法律后果。综上，本院对原告宏马公司的诉讼请求不予支持。

【法院裁判结果】综上所述，判决如下：

驳回原告宏马公司的诉讼请求。

第一百七十八条　二人以上依法承担连带责任的，权利人有权请求部分或者全部连带责任人承担责任。

连带责任人的责任份额根据各自责任大小确定；难以确定责任大小的，平均承担责任。实际承担责任超过自己责任份额的连带责任人，有权向其他连带责任人追偿。

连带责任，由法律规定或者当事人约定。

典型案例　济南市历城区农村信用合作联社与李善国等金融借款合同纠纷

【裁判观点】依法承担连带责任的，权利人有权请求部分或者全部连带责任人承担责任。本案中，被告王冲、李吉法、胡振国自愿为李善国的借款提供连带责任保证，应按合同约定履行，并在承担保证责任后，有权向债务人李善国追偿。

【案情介绍】2011年3月15日，历城信用社与李善国签订借款合同，约定：2011年3月15日至2014年2月15日期间，李善国向历城信用社借款10万元；借款人在约定的金额、期限内随借随还、循环使用；借款人按月结息，结息日为每月20日，借款到期日一次性偿还所有借款本金，利随本清；借款人未按合同约定期限归还借款本金的，贷款人自逾期之日起在借款执行利率基础上上浮50%计收罚息等。

2011年3月15日，历城信用社与被告王冲、李吉法、胡振国签订最高额保证合同，约定：被告王冲、李吉法、胡振国作为保证人自愿为债务人李善国在2011年3月15日至2014年2月15日期间，在历城信用社办理约定的各类业务所形成的债权提供担保，担保的债权最高余额为15万元；担保方式为连带责任保证；保证范围为主合同项下的债务本金、利息、罚息、复利、违约金等；保证期间为决算期届至之日起两年等。

2012年3月23日，历城信用社向李善国发放贷款10万元，贷款期限至2013年3月22日，贷款月利率为9.84‰。截至2014年10月20日，除被告李善国已支付历城信用社借款利息外，尚欠本金10万元、利息42064.29元。

另查明：2015年1月26日，中国银行业监督管理委员会山东监管局做出批复，批复第三条载明：济南农村商业银行股份有限公司开业的同时，山东济南润丰农村合作银行、济南市历城区农村信用合作联社、济南市长清区农村信用合作联社自行终止，其债权债务由济南农村商业银行股份有限公司承担。2015年5月5日，农商银行历城支行成立。

上述事实，有原告提供的借款合同、最高额保证合同、借款凭证、利息计算表、鲁银监准（2015）37号文、组织机构代码证、营业执照及原告的当庭陈述为证，经审查，应予采信。

原告农商银行历城支行诉称：被告李善国于2012年3月23日在济南市历城区农村信用合作联社（以下简称历城信用社）贷款10万元，借款于2013年3月22日到期，被告王冲、李吉法、胡振国承担连带保证责任。借款到期后，被告未偿还贷款。要求（1）被告李善国偿还原告借款本金10万元、支付截至2014年10月20日的利息42064.29元；（2）被告李善国自2014年10月21日起，以10万元为基数，按月利率14.76‰另行支付利息，至判决生效之日止；（3）被告王冲、李吉法、胡振国对李善国的借款承担连带清偿责任；（4）诉讼费由被告负担。

被告李善国（缺席）未答辩。被告王冲（缺席）未答辩。被告李吉法（缺席）未答辩。被告胡振国（缺席）未答辩。

【法院审理意见】本院认为，2011年3月15日，历城信用社与被告李善国签订的借款合同，以及与被告王冲、李吉法、胡振国签订的最高额保证合同，均是当事人的真实意思表示，不违反法律、法规的强制性规定，合法有效。

历城信用社向被告李善国发放贷款，被告李善国应当按照约定偿还借款及利息。历城信用社的债权债务现由农商银行历城支行承担，对原告农商银行历城支行要求被告李善国归还借款本金10元及相应利息的诉讼请求，本院予以支持。关于利息的计算，应当按照合同约定执行。

被告王冲、李吉法、胡振国自愿为李善国的借款提供连带责任保证，应按合同约定履行，并在承担保证责任后，有权向债务人李善国追偿。

【法院裁判结果】综上所述，判决如下：

一、被告李善国偿还原告济南农村商业银行股份有限公司历城支行借款本金10万元。

二、被告李善国支付原告济南农村商业银行股份有限公司历城支行截至2014年10月20日的利息42064.29元。

三、被告李善国自2014年10月21日起，以借款本金10万元为基数，按月利率14.76‰（9.84‰×150%）另行支付原告济南农村商业银行股份有限公司历城支行逾期借款利息，至本判决生效之日止。

四、被告王冲对上述一至三条判决款项在最高限额15万元内承担连带清偿责任，并在承担保证责任后，有权向被告李善国追偿。

五、被告李吉法对上述一至三条判决款项在最高限额15万元内承担连带清偿责任，并在承担保证责任后，有权向被告李善国追偿。

六、被告胡振国对上述一至三条判决款项在最高限额15万元内承担连带清偿责任，并在承担保证责任后，有权向被告李善国追偿。

第一百七十九条 承担民事责任的方式主要有：（一）停止侵害；（二）排除妨碍；（三）消除危险；（四）返还财产；（五）恢复原状；（六）修理、重作、更换；（七）继续履行；（八）赔偿损失；（九）支付违约金；（十）消除影响、恢复名誉；（十一）赔礼道歉。

法律规定惩罚性赔偿的，依照其规定。

本条规定的承担民事责任的方式，可以单独适用，也可以合并适用。

典型案例 鲁俊强与刘善森、管贻国网络侵权责任纠纷

【裁判观点】公民的名誉权受法律保护，禁止用侮辱、诽谤等方式损害公民的名誉。本案中，被告发帖内容属正常的检举举报，但应通过一定渠道进行，其举报事实未经有关部门证实，目前尚无事实依据。被告应停止侵害，并向原告公开道歉，根据被告过错程度和损害后果的严重性，酌情由被告赔偿原告精神损害抚慰金。

【案情介绍】原告鲁俊强系高密市经济开发区撞上村村主任，被告刘善森、管贻国系该村村民。在被告西祠公司经营的西祠胡同网站上，网名为

“京城问天律师”的网友于2015年4月2日发表题为：“揪出败类村官－刻不容缓”的帖子，内容是以被告管贻国名义写给山东省纪律检查委员会李法泉书记的一封检举信，大致反映原告鲁俊强利用村委会换届选举之机，贿赂村民给其投票，指使侄儿殴打被告管贻国家人及非法建房等问题，文章中带有“败类”、“恶棍”等字眼。发表该贴时同时附有刘善森、管贻国的身份证照片及管贻国家人被打照片、管贻国家玻璃打碎照片和原告举报的所谓的“违章建筑”照片等。

原告诉至本院后，本院即向西祠公司送达诉讼材料，西祠公司于2015年4月20日收到有关诉讼材料后即于当日将本案所涉帖子删除。

根据本院要求，被告西祠公司提供了网络用户“京城问天律师”的用户信息及发贴IP地址，具体内容为：编号……，网名京城问天律师，级别真实网友，联系电话为……首次登陆时间2015年1月23日，首次登陆IP地址……，涉案帖子发帖IP地址……，但无法提供发帖人的真实信息。

为保全证据，原告委托山东省潍坊市潍城公证处对证据进行了保全（两案），并支付保全费2000元。另外原告主张经济损失140000元，称系为提起诉讼导致公司损失140000元，同时另外主张精神损害抚慰金140000元，但未提交有效证据证实。

被告刘善森、管贻国提交《高密经济开发区党工委关于撞上村管贻国上访反映问题的答复意见》一份，内容为反映问题：（1）鲁俊强贿选的问题；（2）鲁俊强支使他人威胁管贻国的问题；（3）违规办理委托票的问题；（4）鲁俊强租赁土地及违章建设的问题；（5）鲁俊强上访及超生的问题。只有第4项经调查，此宗土地原系于相清承包，2012年7月份转包给鲁俊强，鲁俊强在该地块所建房屋未经审批私自建设，属违章建筑。其他反映问题均与事实不符，查无实据。

以上事实，有原告提供的公证书、公证费单据，被告刘善森、管贻国提交的答复意见，被告西祠公司提交的删贴记录、网站站规、网络用户信息内容及当事人陈述等为证，足以认定。

原告诉称：近期原告获知在被告西祠公司的网页上发布有恶意诋毁诽谤原告名誉的题为“揪出败类村官－刻不容缓”的文章，在涉嫌侵权文章末均有被告刘善森、管贻国的身份证照片。

原告作为高密市经济开发区撞上村的村主任，一向遵纪守法、体恤民情，其当选村主任乃众望所归，在选举过程中原告从未向参选村民送礼、从未恐吓被告管贻国和刘善森，更不存在指使打人的行为。潍胶路东的土地房屋乃是康成大街拆迁依法所得，不存在非法建房、圈占土地的情况。涉嫌侵权网页中的文章，歪曲事实，恶意诋毁诽谤原告，给原告造成了极大的心理伤害和社会否定，侵害了原告的名誉权，给原告造成了巨大的经济损失和精神损害。请求人民法院依法判令：（1）被告刘善森、管贻国、西祠公司立即删除侵权链接 http：//www. ×ici. net/d214969713. htm；（2）被告西祠公司向原告提供西祠胡同用户昵称为“京城问天律师”（ID 号：……）的姓名、身份证明、联系电话及地址等信息；（3）被告刘善森、管贻国、西祠公司在其官网首页位置、西祠胡同首页位置及全国公开发行报纸、高密市公开发行报纸上向原告公开赔礼道歉，致歉内容应包括本案民事判决书的主要内容，致歉持续时间不少于 90 日；（4）被告刘善森、管贻国、西祠公司连带赔偿原告经济损失 140000 元、精神损害抚慰金 140000 元，维权成本 20000 元（包括但不限于证据保全费、交通费、住宿费、通讯费等）。

被告刘善森、管贻国辩称：被告刘善森和管贻国未实施侵权行为。原告主张的财产损失及精神损害抚慰金无事实依据，请求依法驳回原告的诉讼请求。

被告西祠公司辩称，（1）原告的诉讼请求无事实依据。被告作为西祠胡同网站的合法经营者，拥有江苏省通信管理局颁发的增值电信业务经营许可证，向网络用户提供互联网电子公告服务，为网友提供一个免费、公开的信息发布平台，每天在此平台上发布的信息难以计数，且网站本身不对网友上传的信息内容进行编辑、组织或修改，被告并不是侵权人。（2）原告的诉讼请求无法律依据。根据网络服务特点，《中华人民共和国侵权责任法》第 36 条第 2 款规定：“网络用户、网络服务提供者利用网络侵害他人民事权益的，应当承担民事责任。网络用户利用网络服务实施侵权行为的，被侵权人有权通知网络服务提供者采取删除、屏蔽、断开链接等必要手段措施。网络服务提供者接到通知后未及时采取必要措施的，对损害的扩大部分与该网络用户承担连带责任。”即网络服务提供者没有接到通知，或者接到通知后即采取了必要措施的，则不需要承担侵权责任。关于本案涉案的帖子，原告从未发送过书面通知至被告公司。被告公司于 2015 年 4 月 20 日收到原告民事起诉状，方首次得知西祠网站可能含有侵权内容。收到起诉状后，被告公司立即删除了原告主张侵权的帖子，因此被告履行了法定义务，避免了侵权结果的扩大。根据《侵权责任法》的相关规定，被告不应承担任何责任。（3）发表信息的网友是侵权责任人，应承担侵权责任。被告已制定并在西祠胡网站公布了完善的服务规则，其中明确指出任何人不得在该网站上发布、传播、使用或者传输侵犯他人名誉权、隐私权或其他人身权利的内容；并明确提示了上网用户对其发布的信息应该自行承担一切责任。用户在注册、上传信息之前必须接受被告的站规。因此可以将站规认定为被告与用户之间的约定，根据此约定，用户应承担一切

责任。综上所述，被告非侵权行为人，原告主张被告侵权无事实及法律依据，要求驳回原告的诉讼请求。

【法院审理意见】本院认为，发贴的网络用户“京城问天律师”虽非实名认证，但帖子的内容是被告管贻国写给省纪委领导的一封检举信，并且帖子上附有两被告的身份证及管贻国与原告发生纠纷的照片等材料，上述材料无关人员较难知悉，特别是二被告的身份证件为其本人所独自持有，不可随意外泄，故可以认定帖子内容是由被告刘善森、管贻国发布或授权他人发布。二被告辩称，二被告未实施侵权行为的意见，与常理不符，本院不予采信。

公民的名誉权受法律保护，禁止用侮辱、诽谤等方式损害公民的名誉。被告刘善森、管贻国发贴内容虽属正常的检举举报，但应通过一定渠道进行，其举报事实未经有关部门证实，目前尚无事实依据。网贴称原告是“败类”、“恶棍”等词语，是一种侮辱性话语。被告在互联网站上发表网贴以侮辱、诽谤等方式陈述无证据证明的事实，并对原告做出不适当的评论，已超出正常范围，足以毁损原告的名誉，贬低其人格，已构成对原告名誉权的侵害，应依法承担相应的民事责任。被告应停止侵害、并向原告公开道歉，根据被告过错程度和损害后果的严重性，酌情由被告刘善森、管贻国赔偿原告精神损害抚慰金1000元。

西祠公司作为网站经营者，并不能阻止网友在其网站上发帖，依照《中华人民共和国侵权责任法》第36条第2款的规定：“网络用户利用网络服务实施侵权行为的，被侵权人有权通知网络服务提供者采取删除、屏蔽、断开链接等必要措施。网络服务提供者接到通知后未及时采取必要措施的，对损害的扩大部分与该网络用户承担连带责任。”事件发生后，原告并未通知西祠公司采取必要措施导致损失扩大，在本院向被告西祠公司送达诉讼材料后，被告西祠公司及时删除了侵权信息，已尽到了网络服务提供者的义务，故原告要求被告西祠公司承担共同赔偿责任的请求，本院不予支持。由于侵权信息已被西祠公司从网站上删除，侵权行为已经停止，原告现要求删除信息已无意义。但原告作为权利人，仍可要求恢复名誉，消除影响。根据法律规定，恢复名誉、消除影响的范围，一般应与侵权所造成不良影响的范围相当。因本案所涉侵权信息系在西祠网站上发布，故被告应当在西祠网站上发布道歉声明。原告要求被告在全国公开发行报纸、高密公开发行报纸上发表书面道歉声明的请求，本院不予支持。原告主张造成经济损失14万元、精神损害抚慰金14万元。维权成本2万元，均无有效证据予以证实，本院对其不予支持。原告因保全证据支出的公证费2000元系合理费用，应予支持，因为两案共同公证，每案支持1000元。

【法院裁判结果】 综上所述，判决如下：

一、被告刘善森、管贻国于本判决生效后10日内在南京西祠信息技术股份有限公司的“西祠胡同”网站上刊登道歉声明（一个月内不得删除，内容须经本院审核），为原告消除名誉，恢复影响；

二、被告刘善森、管贻国于判决生效后10日内赔偿原告鲁俊强精神损害抚慰金1000元；

三、被告刘善森、管贻国于判决生效后10日内支付原告鲁俊强公证费用1000元；

四、驳回原告的其他诉讼请求。

第一百八十条　在认定因不可抗力不能履行民事义务时，不承担民事责任。法律另有规定的，依照其规定。

不可抗力是指不能预见、不能避免且不能克服的客观情况。

典型案例　中电（天津）新能源发展有限公司与乌兰察布市亿嘉物流有限责任公司运输合同纠纷

【裁判观点】 在认定因不可抗力不能履行民事义务时，应注意对不可抗力的理解，不可抗力是指不能预见、不能避免且不能克服的客观情况。本案中，原告委托被告托运的起重机因故臂杆折断，不属于不可抗力的情况，不能免去相应责任。

【案情介绍】 2013年6月3日，原、被告签订《战略合作协议》，约定双方在签订运输合同的同时，经协商一致签订本协议，本协议有效期为一年，自本协议签订之日起计算；乙方（被告）承包甲方（原告）的吊车设备（1200吨全路面起重机）运输，具体型号尺寸见附件，甲方指定运输起止点，运输方式为陆运及其他辅助运输方式，可根据甲方合理要求确定运输期限（不可抗拒因素除外）；运输总费用根据单次运输目的地计算，价格根据当地大件平均运输费用计算（含保险）；启运前付40%启动资金，运送到目的地后一周内一次付清剩余运输费用；双方还就其他权利义务进行了约定。

2013年9月11日，原、被告签订《运输合同》约定，本次运输费用共25万元，运程为赛汉到大连，共计8车等。后双方口头协商将运输车辆变更为9辆。2013年9月11日，被告方调派的9辆运输车到达赛汉地区。2013年9月

12 日，原告依约向被告支付了启动资金 10 万元。同日，原告委托被告托运的 1200 吨全路面起重机因故臂杆折断、桨叶摔落，原告遂通知被告取消运输。2013 年 9 月 24 日，被告退还原告运输启动资金 41250 元。

庭审中，原告不再主张以不可抗力作为免责事由，并表示愿意在 2 万元范围内赔偿被告因此遭受的损失，而被告则明确表示对该损失不提出反诉。

原告诉称：2013 年 6 月 3 日，原、被告双方签署了合作协议，约定被告为原告提供运输服务等。2013 年 9 月 11 日，原、被告依照上述合作协议签订了赛汉到大连的运输合同，金额 25 万元。原告依约于 2013 年 9 月 12 日支付了启动资金 10 万元。后，因出现不可抗力事件原、被告双方解除了该运输合同，合同解除后，被告仅返还原告 41250 元，剩余的预付款经原告多次催要，被告拒绝给付，故诉至法院请求判令被告立即返还原告运输启动资金 58750 元并承担本案诉讼费。

被告辩称：原告主张不可抗力导致运输合同解除没有事实及法律依据，被告为履行合同已实际调派车辆到现场，因原告单方原因造成无法运输，故请求驳回原告的诉讼请求。

【法院审理意见】 本院认为，原、被告签订的《战略合作协议》及《运输合同》，系双方当事人真实意思的表示，亦未违反法律及行政法规的强制性规定，应属合法有效。根据《合同法》第 308 条的规定，在承运人将货物交付收货人之前，托运人可以要求承运人中止运输、返还货物、变更到达地或者将货物交给其他收货人，但应当赔偿承运人因此受到的损失。则原告有权单方解除运输合同。鉴于原告已于事故发生的当天通知被告取消运输，则该意思到达被告之日即 2013 年 9 月 12 日双方签订的《运输合同》解除。运输合同解除后，被告应将收取的预付款 58750 元退还原告。由于被告对运输合同的解除并无过错，因此，原告应当赔偿被告相应的损失。因被告庭审中明确表示不就其损失提起反诉，故其可另行向原告主张。现原告自愿赔偿被告损失 2 万元，系自主处分，本院予以照准，被告损失超出部分仍可另行向原告主张，故，被告应返还原告运输启动资金 38750 元。至于被告所称，原告尚有 4000 元运费没有结清事宜，该笔费用与涉案运输合同无关，被告可另行向原告主张。

【法院裁判结果】 综上所述，判决如下：

一、被告乌兰察布市亿嘉物流有限责任公司于本判决生效后 10 日内返还原告中电（天津）新能源发展有限公司运输启动资金 38750 元；

二、驳回原告其他诉讼请求。

第一百八十一条 因正当防卫造成损害的，不承担民事责任。

正当防卫超过必要的限度，造成不应有的损害的，正当防卫人应当承担适当的民事责任。

典型案例 王翠英与王东身体权纠纷

【裁判观点】对正当防卫的理解和适用要重点关注两点：一是正当防卫成立的条件，应注意与互相打斗区别；二是不能超过必要的限度。本案中，原被告因发生口角，进而打斗，此行为具有连贯性和持续性，是互相的有前提的打斗行为，不适用正当防卫的情况。

【案情介绍】2015 年 5 月 18 日下午，原告来到本村村委会办公室交纳欠付的纸箱款，并向会计询问村委会何时向村民发放 2014 年度樱桃款等事宜，随后与同在村委办公室的村委会主任即被告王东发生口角，二人相互指责并发生撕扯，被在场的村民拉开后，原告又手持板凳冲向被告，被告进行了还击，此后，原告倒地受伤，被送往威海海大医院治疗，经诊断为：面部软组织损伤、脑震荡、脑外伤反应，原告在该医院住院 9 天，出院时医嘱继续休养 2 周，但住院期间及出院后是否需要护理，并无医嘱。

本案发生后，威海市公安局环翠分局羊亭派出所以双方均违反《中华人民共和国治安管理处罚法》之规定，对被告和原告分别作出罚款 500 元、200 元的处罚决定。本院在审理过程中，依法调取了公安机关对原告、被告的询问笔录。

诉讼中，原告主张其支付医疗费 3069. 19 元，并提供医疗费收据、威海海大医院住院病历等。原告还主张事发前 3 个月其平均工资 3250 元，日工资 108 元，并提供威海海大医院出具的诊断证明书、单位误工证明及事发前 3 个月工资表。质证后，被告认为给原告开具误工证明的单位负责人系原告的亲戚，不符合法律规定，且原告每天在家劳作，并未休养，但未能举证。

诉讼中，原告自愿撤回要求被告书面赔礼道歉的诉讼请求。

原告诉称：2015 年 5 月 18 日，被告王东对其进行殴打，导致原告受伤，事后被送往威海海大医院治疗，共住院 9 天，花费医疗费 3069. 19 元。因被告未履行赔偿义务，故诉至法院，请求判令被告赔偿医疗费损失 3069. 19 元、误工费 2492 元、护理费 1211. 04 元、住院伙食补助费 900 元，共计 7672. 23 元，并书面向原告赔礼道歉。

被告辩称：其没有殴打原告，己方是正当防卫；原告的出生日期与住院病历上的不符，原告与病历上伤者非同一人，故不应承担赔偿责任。

【法院审理意见】本院认为，公民的身体权受到侵害后，被侵权人有权请求侵权人承担侵权责任。根据双方提供的证据，结合公安机关的询问笔录，在被告未提供证据证实原告系自伤、他伤或伪诈伤的情况下，可以认定原、被告互相殴打，原告面部软组织损伤、脑震荡、脑外伤反应等伤害后果，系被告实施的侵害行为导致，被告应当承担侵权责任，其关于自卫的抗辩，与事实不符，本院不予支持。在双方已被在场村民劝开的情况下，原告仍然手持板凳冲击被告，导致冲突升级，原告自身也存在过错，根据侵权责任法的规定，被侵权人对损害的发生也有过错的，可以减轻侵权人的责任。综合案情，本院酌定，原、被告各自承担的责任比例分别为20%、80%。

【法院裁判结果】综上所述，判决如下：

一、被告王东赔偿原告王翠英医疗费2455元；

二、被告王东赔偿原告王翠英住院伙食补助费216元；

三、被告王东赔偿原告王翠英误工费1987.2元；

四、驳回原告王翠英其他诉讼请求。

第一百八十二条　因紧急避险造成损害的，由引起险情发生的人承担民事责任。

危险由自然原因引起的，紧急避险人不承担民事责任，可以给予适当补偿。

紧急避险采取措施不当或者超过必要的限度，造成不应有的损害的，紧急避险人应当承担适当的民事责任。

典型案例　朱彩霞与李宏伟、赤峰市交通运输局、赤峰市交通运输局国道303线宇宙地收费站、克什克腾旗交通运输局机动车交通事故责任纠纷

【裁判观点】构成紧急避险首先应满足危险正在发生并威胁着本人或者他人合法权益之条件。本院经审查被告李宏伟在交警部门所作的笔录，其称“当我右转弯时我看见那条道上横着一个大水泥桩，我车过不去，我就把车停下了，我下车想去看看那个水泥桩”，由此可见，虽然路障阻挡了李宏伟车辆的正常通行，但在李宏伟停车时并不

存在威胁其本人及财产安全的情形。因次，对被告李宏伟主张构成紧急避险的辩解意见，本院不予采纳。

【案情介绍】2013年8月22日19时30分许，被告李宏伟驾驶小型普通客车，沿国道303线林西至热水一级公路由西向东行驶，至1023公里+750米距宇宙地收费站400米交叉路口处右转时停车，与后方向原告朱彩霞乘坐杨某军驾驶的二轮摩托车发生碰撞，导致原告朱彩霞及二轮摩托车驾驶员杨某军受伤、二轮摩托车受损的交通事故。原告朱彩霞受伤后，被送至赤峰市医院治疗。经诊断为左膝关节软组织挫伤、左膝关节积液。共住院治疗12天，支出医疗费用2954.07元。出院后复印病历支出复印费32.5元。

被告李宏伟驾驶的小型普通客车，在中国大地财产保险股份有限公司蓟县支公司投保了交强险。该保险公司已在交强险赔偿责任限额范围内赔偿了二轮摩托车驾驶员杨某军各项损失121200元。

另查明，被告宇宙地收费站在国道303线林西至热水一级公路1023公里+750米距宇宙地收费站400米右侧岔路口处设置了长3米、底坐宽0.6米、高0.87米的黄黑相间的水泥预制件，阻碍了车辆的正常通行。

又查明，被告赤峰市交通局是被告宇宙地收费站的主管机关，被告宇宙地收费站不能对外独立承担民事责任。被告克旗交通局是国道303线林西至热水一级公路k1008+646至k1034+422.468段的管理者，发生交通事故路段1023公里+750米在其管理范围内。

上述事实，有原、被的陈述，原、被告向法庭提交的证据在卷予以佐证，通过审查，足以认定。

原告朱彩霞诉称：2013年8月22日19时30分许，被告李宏伟驾驶小型普通客车，沿国道303线由西向东行驶，至1023公里+750米距宇宙地收费站400米交叉路口处，欲从交叉路口右行下道，突然发现，右侧岔路被设置了涂画着黑黄相间斑纹的水泥预制件，导致车辆无法通行，被告李宏伟被迫急刹车，停在了303线国道南侧的路肩上。此时，原告朱彩霞乘坐杨某军驾驶的二轮摩托车，以正常速度沿国道303线由西向东行驶，被前方李宏伟驾驶的普通客车挡住了去路，致使杨某军驾驶的摩托车躲闪不及，两车发生碰撞，导致原告朱彩霞及摩托车驾驶员杨某军受伤，车辆受损的交通事故。原告朱彩霞受伤后被送往赤峰市医院住院治疗。被告宇宙地收费站及其主管机关被告赤峰市交通局为了增加通行费收费额，在事故路段叉道口处设置路栏是导致交通事故发生的直接原因，因此被告宇宙地收费站及其主管机关被告赤峰市交通局对原告朱彩霞应承担全部赔偿责任。被告克旗交通局作为该路段的管理机关，未及时发现并清除岔路口的路障，未尽到管理职责，亦应承担赔偿责任。原告朱彩霞自愿放弃要求杨某军承担责任。因此原告朱彩霞要求被告宇宙地收费站、赤峰市交通局、克旗交通局共同赔偿：(1) 各项赔偿款合计 14049.57 元，其中医疗费 3481.07、误工费 8364 元、护理费 1212 元、住院伙食补助费 480 元、营养费 480 元，病历复印费 32.5 元。(2) 被告李宏伟对被告宇宙地收费站、赤峰市交通局、克旗交通局共同赔偿责任 80% 部分负连带责任。(3) 由被告承担诉讼费。

被告李宏伟辩称：(1) 关于原告朱彩霞主张的各项赔偿费用，请求法院审查，合法、合理部分同意赔偿。(2) 因为被告宇宙地收费站非法在路口设置路障，导致被告李宏伟驾驶车辆不能通过而紧急刹车，该行为构成机动车驾驶员紧急避险行为，《侵权责任法》第 31 条规定，因紧急避险造成损害的，由引起险情的人承担责任。(3) 被告克旗交通局作为该路段的管理者，未尽到管理职责，亦应承担相应的赔偿责任。

被告宇宙地收费站庭审辩称，此次交通事故与收费站无关，路障不是收费站设置的，收费站不是公路的管理者，因此，对原告朱彩霞的损失收费站不应承担任何赔偿责任。

被告赤峰市交通局辩称：(1) 机动车发生交通事故，应当由保险公司和事故双方承担赔偿责任。道路交通事故认定书是确定责任人的重要依据，公安交警部门作出的公交认字（2013）第 131112 号道路交通事故认定书，认定李宏伟承担主要责任，杨某军承担次要责任。现原告朱彩霞要求赤峰市交通局及宇宙地收费站承担责任的诉求是错误的。(2) 不存在紧急避险。原告朱彩霞及被告李宏伟仅凭村道上有路障就断定李宏伟是紧急刹车，即构成紧急避险，缺乏事实及法律依据。(3) 杨某军及被告李宏伟的违法驾驶行为是导致交通事故的全部原因，与是否设置路障没有关系。杨某军驾驶机动车在非机动车道路上行驶，是造成事故的直接原因。被告李宏伟在没有转弯标示的地方转弯，且没有让直行车先行，是事故发生的重要原因。(4) 宇宙地收费站并未设置路障，不应承担任何赔偿责任。(5) 赤峰市交通局不是该路段的管理者，与该案无任何关系。

被告赤峰市交通局向法庭提交了赤交发（2012）540 号文件一份，证明对涉案路段的养护和管理已进行了分工，赤峰市交通局并非该路段的管理者。

原告朱彩霞、被告李宏伟、宇宙地收费站对被告赤峰市交通局提交的证据均没有异议。

被告克旗交通局对被告赤峰市交通局提交的证据的真实性没有异议，该证据只是一份验收报告，管理职责并没有进行移交。

被告克旗交通局辩称：（1）原告朱彩霞本次诉讼为交通事故损害赔偿，将克旗交通局列为赔偿义务人系认定诉讼主体错误。朱彩霞的损害结果系杨某军与被告李宏伟违章驾驶引发交通事故所致，与克旗交通局的道路管护责任无关。克旗交通局在此次事故无任何侵权行为，与本案的损害结果不存在因果关系。（2）克旗交通局作为交通运输行政管理机关，在履行路政管理职责中不存在未尽义务之过错。朱彩霞起诉理由与客观事实不符，设置路栏的土路为乡道，依法不属于克旗交通局进行养护、管理的范围，故对在该道路上设置路栏的行为不具有监管义务。因此，朱彩霞要求克旗交通局承担赔偿责任，缺乏事实及法律依据。（3）朱彩霞诉求“依法判令克旗交通局、赤峰市交通局、宇宙地收费站共同承担全部赔偿责任，李宏伟对上述被告赔偿责任的80%部分负连带责任”，于法无据。克旗交通局不存在侵权行为，事故发生的原因与克旗交通局履行路政管理义务无关，要求克旗交通局承担赔偿责任实属强加的义务。根据《最高人民法院关于审理道路交通事故损害赔偿案件适用法律若干问题的解释》及《侵权责任法》的相关规定，即使克旗交通局在路政管理方面存在过错，依法也只以其过错为限承担相应的赔偿责任，即与其他被告承担按份责任。（4）原告朱彩霞所主张的部分赔偿数额计算错误，与事实不符。原告朱彩霞按两名护理人员主张护理费没有相关依据，误工费按102天计算缺乏事实依据。

被告克旗交通局向法庭提交了克旗公安交警部门出具的道路交通事故认定书一份，证明交警部门对事故发生地的道路、环境及当事人的基本情况进行调查、勘验后，作出的事故认定。该起交通事故系杨某军与李宏伟违章驾驶所致，其中李宏伟的违法行为是造成交通事故的主要原因，应承担主要责任，杨某军的违法行为是造成交通事故的次要原因，应承担次要责任。该事故认定已排除了收费站或其他相关单位的责任。同时，当事人并没有对该事故认定提出异议，因此该事故认定书应作为认定案件事实的依据。

原告朱彩霞对被告克旗交通局提交的交通事故认定书的证明目的不予认可。

被告李宏伟对被告克旗交通局提交的交通事故认定书质证认为，交警部门没有更深层次地查明李宏伟紧急停车的真正原因，没有查明是谁设置的路障，仅是表面的对事故发生的原因进行了判断，与事实不符，在本案中没有证明力。

被告赤峰市交通局、宇宙地收费站对被告克旗交通局提交的证据均没有异议。

【法院审理意见】本院认为，公民的生命健康权受法律保护。二人以上没有共同故意或者共同过失，但其分别实施的数个行为间接结合发生同一损害后果的，应当根据过失大小或者原因力比例各自承担相应的赔偿责任。本案中，被告宇宙地收费站在国道（一级公路）叉道口处设置路障，未设置警示标志，防碍了被告李宏伟驾驶车辆右转通行，迫使李宏伟停车，是导致发生交通事故，造成原告朱彩霞受损的原因之一，因此作为路障的设置者，被告宇宙地收费站应承担相应的赔偿责任。被告克旗交通局作为公路的管理者，未及时清除影响公路畅通的路障，未设置警示标志，未尽到管理义务，存有过错，亦应承担相应的赔偿责任。被告李宏伟驾驶车辆上道路行驶，右转弯时未让直行车辆先行，存在过错，亦是导致交通事故发生的原因，对原告朱彩霞的合理损失亦应承担相应的赔偿责任。二轮摩托车驾驶人杨某军未按照分道通行原则行驶，观察路面情况不够，也是导致交通事故发生的原因，其亦应承担相应的责任。被告李宏伟、宇宙地收费站、克旗交通局及二轮摩托车驾驶人杨某军均无致人损害的共同故意，也无事先的意思联络，但几被告及杨某军在特定的环境中因各自的过失使各自的行为直接结合后，造成原告朱彩霞受伤的同一损害后果，各自应承担相应的责任。综合本案案情，根据各当事人对发生交通事故所起的作用及过错程度，本院认为，被告宇宙地收费站非法设置路障，过错严重，是导致交通事故发生的重要原因，应承担55%的赔偿责任。但被告宇宙地收费站是被告赤峰市交通局的下设机构，不能对外独立承担民事责任，应由其主管机关即被告赤峰市交通局承担。被告克旗交通局未尽到管理义务，根据其过错程度及引发交通事故的盖然性，承担10%的赔偿责任为宜。被告李宏伟的违章行为，亦是导致发生交通事故的原因，承担25%的赔偿责任为宜。杨凤军在本次交通事故中亦存有过错，应承担10%的责任。

被告李宏伟驾驶的小型普通客车，在中国大地财产保险股份有限公司蓟县支公司投保了交强险。现该保险公司已在交强险赔偿责任限额范围内对二轮摩托车驾驶人杨某军承担了赔偿责任。因此，对原告朱彩霞的损失应由当事人按各自过错的比例分担责任。

被告李宏伟主张其行为构成紧急避险，应由引起险情的人承担赔偿责任。紧急避险是指为了使本人或者他人的人身财产和其他权利免受正在发生的危险，不得已采取的紧急避险行为，造成损失的，不承担责任或者减轻责任的情形。因此构成紧急避险首先应满足危险正在发生并威胁着本人或者他人合法权益之条件。本院经审查被告李宏伟在交警部门所作的笔录，其称“当我右转弯时我看见那条道上横着一个大水泥桩，我车过不去，我就把车停下了，我下车想去看看那个水泥桩”，由此可见，虽然路障阻挡了李宏伟车辆的正常通行，但在李宏伟停车时并不存在威胁其本人及财产安全的情形。因次，对被告李宏伟主张构成紧急避险的辩解意见，本院不予采纳。

【法院裁判结果】综上所述，判决如下：

一、被告赤峰市交通运输局于本判决生效之日后10日内赔偿原告朱彩霞医疗费2954.07元、误工费984元、护理费1212元、住院伙食补助费480元等损失合计人民币5630.07元的55%即3096.54元；

二、被告克什克腾旗交通运输局于本判决生效之日后10日内赔偿原告朱彩霞医疗费2954.07元、误工费984元、护理费1212元、住院伙食补助费480元等损失合计人民币5630.07元的10%即563元；

三、被告李宏伟于本判决生效之日后十日内赔偿原告朱彩霞医疗费2954.07元、误工费984元、护理费1212元、住院伙食补助费480元等损失合计人民币5630.07元的25%即1407.52元；

四、驳回原告朱彩霞的其他诉讼请求。

第一百八十三条　因保护他人民事权益使自己受到损害的，由侵权人承担民事责任，受益人可以给予适当补偿。没有侵权人、侵权人逃逸或者无力承担民事责任，受害人请求补偿的，受益人应当给予适当补偿。

典型案例　宜昌市夷陵区龙泉镇龙泉村村民委员会与向华、范宗玉见义勇为人受害责任纠纷

【裁判观点】因防止、制止他人民事权益被侵害而使自己受到损害的，由侵权人承担责任。侵权人逃逸或者无力承担责任，被侵权人请求补偿的，受益人应当给予适当补偿。本案中，谢权未尽到监护责任，导致谢文哲落水，向云见义勇为导致死亡，谢权应当给予适当补偿。

【案情介绍】龙泉村委会申请再审称：(1) 原审判决认定的基本事实缺乏证据证明。龙泉村委会在本案中不存在过错，未构成侵权。堰塘的加固行为与向云的死亡无因果关系，向云因见义勇为求助谢文哲落水而亡，双方家长对小孩监护失职是本案发生的主要原因，原审对谢权应承担的监护责任漏判。事发地雷家湾老堰地处偏远地带，不属于公共场所，是否设置警示标志，并不违反国家强制性法律规定，原审认为村委会有过错，构成侵权，承担赔偿责任错误。(2) 原审判决适用法律错误。村委会仅对堰塘进行了加固，原审依据最高人民法院《关于审理人身损害赔偿案件适用法律若干问题的解释》第16条的规定，认定堰塘属于人工构筑物，承担赔偿责任，适用法律错误。另对于龙

泉村委会加固堰塘的行为是否违法、是否构成侵权的问题，未引用法律规定。龙泉村委会依据《中华人民共和国民事诉讼法》第200条第2项、第6项的规定，申请再审。

【法院审理意见】本院认为，关于龙泉村委会主张其不存在过错，对向云的死不应承担赔偿责任的问题。本案中，位于宜昌市夷陵区龙泉镇龙泉村4组的雷家湾老堰，归夷陵区龙泉镇龙泉村集体所有。2012年龙泉村委会对该堰塘进行改造加固，完工后于堰塘边立一石碑，刻有“于二零一二年二月完成此塘清淤扩挖”等字样。2013年5月4日下午5时许，向云与案外人谢权之子谢文哲在该堰塘堤上玩耍时，为救落水的谢文哲而不幸身亡。龙泉村委会作为雷家湾老堰的所有权人，对该堰塘进行改造加固后，未尽到谨慎注意义务，没有考虑堰塘面积较大，常年蓄水，附近亦有农户居住等具体情形，也未采取相关安全措施加以提醒和防范，对堰塘的维护、管理存在瑕疵。最高人民法院《关于审理人身损害赔偿案件适用法律若干问题的解释》第十六条规定：“下列情形，适用民法通则第一百二十六条的规定，由所有权人或者管理人承担赔偿责任，但能够证明自己没有过错的除外：（一）道路、桥梁、隧道等人工建造的构筑物因维护、管理瑕疵至人损害的。”本案中，雷家湾老堰主要用于农田灌溉，并于2012年完成改造加固，原审认定其为人工建造的构筑物并无不当。龙泉村委会虽认为该堰塘在改造加固时已留有上下堰塘的台阶，但仅留有台阶不足以证明龙泉村委员会已尽到维护、管理的义务。龙泉村委会未能提供证据证明其没有过错，原审依据上述法律规定，认定由村委会承担50%的赔偿责任，认定事实和适用法律并无不当。谢权作为本案中未成年人谢文哲的法定监护人及受益人，根据最高人民法院《关于审理人身损害赔偿案件适用法律若干问题的解释》第15条“为维护国家、集体或者他人的合法权益而使自己受到人身损害，因没有侵权人、不能确定侵权人或者侵权人没有赔偿能力，赔偿权利人请求受益人在受益范围内予以适当补偿的，人民法院应予支持。”《中华人民共和国侵权责任法》第23条“因防止、制止他人民事权益被侵害而使自己受到损害的，由侵权人承担责任。侵权人逃逸或者无力承担责任，被侵权人请求补偿的，受益人应当给予适当补偿”的规定，原审判决认定由谢权在受益范围内给予适当补偿，判决由其承担20%的赔偿责任并无不当。龙泉村委会认为谢权未尽到监护责任，导致谢文哲落水，是向云死亡的直接原因，应承担更多的赔偿责任的主张不能成立。

【法院裁判结果】综上所述，裁定如下：

驳回宜昌市夷陵区龙泉镇龙泉村村民委员会的再审申请。

第一百八十四条　因自愿实施紧急救助行为造成受助人损害的，救助人不承担民事责任。

第一百八十五条　侵害英雄烈士等的姓名、肖像、名誉、荣誉，损害社会公共利益的，应当承担民事责任。

第一百八十六条　因当事人一方的违约行为，损害对方人身权益、财产权益的，受损害方有权选择请求其承担违约责任或者侵权责任。

典型案例　重庆农村商业银行股份有限公司巫山支行与刘绍艳金融借款合同纠纷

【裁判观点】当事人一方的违约行为，损害对方财产权益的，应当承担相应的民事责任。本案中，原、被告签订的《农户小额信用贷款借据》，当事人意思表示真实，内容未违反法律行政法规的规定，合同合法有效，对双方当事人具有法律约束力。被告借款后，未按约定偿还借款本息，属违约行为，应当承担逾期偿还的民事责任。原告要求被告偿还借款本金20000元及利息的诉讼请求，符合法律规定，本院予以支持。

【案情介绍】原告农商行巫山支行诉称：被告刘绍艳于2011年1月11日向原告借款20000元。借款到期后，被告未能偿还借款本金及利息，经原告数次催收，被告刘绍艳以种种理由拒不偿还。现请求：被告刘绍艳立即偿还借款本金20000元及利息（利息从2011年1月11日起至2012年12月30日止，按月利率9.75‰计算；从2012年12月31日起至还清之日止，按月利率14.625‰计算）。

被告刘绍艳未提出答辩，亦未提交证据材料。

经审理查明，2011年1月11日，被告刘绍艳向原告农商行巫山支行借款20000元，并签订《农户小额信用贷款借据》，借据载明“贷款金额20000元，贷款日期2011年1月11日，到期日期2012年12月30日，月利率9.75‰，逾期罚息月利率14.625‰”等。借款后，被告未能偿还借款本金及利息。

以上事实，有原告提交的营业执照、组织机构代码证、法定代表人身份证明、被告的身份证复印件、《农户小额信用贷款借据》及当事人的当庭陈述予以证实，这些证据的真实性、合法性、关联性已经开庭质证和本院审查，可以作为认定本案事实的根据。

【法院审理意见】本院认为，原、被告签订的《农户小额信用贷款借据》，当事人意思表示真实，内容未违反法律行政法规的规定，合同合法有效，对双方当事人具有法律约束力。被告借款后，未按约定偿还借款本息，属违约行为，应当承担逾期偿还的民事责任。原告要求被告偿还借款本金20000元及利息的诉讼请求，符合法律规定，本院予以支持。

【法院裁判结果】综上所述，判决如下：被告刘绍艳于本判决生效后10日内，偿还原告重庆农村商业银行股份有限公司巫山支行借款本金20000元及利息（利息从2011年1月11日起至2012年12月30日止，按月利率9.75‰计算；从2012年12月31日起至还清之日止，按月利率14.625‰计算）。

第一百八十七条 民事主体因同一行为应当承担民事责任、行政责任和刑事责任的，承担行政责任或者刑事责任不影响承担民事责任；民事主体的财产不足以支付的，优先用于承担民事责任。

典型案例 陈日娣、梁华升等与梁龙、梁磊生命权、健康权、身体权纠纷

【裁判观点】侵权人承担刑事责任并不影响承担民事责任，而且承担民事责任还具有优先性。本案虽是一起民事侵权损害赔偿纠纷，不是刑事附带民事诉讼，原告方就民事侵权部分提起损害赔偿诉讼并无不当，法院应予以支持。

【案情介绍】原告与被告是邻居关系，原告陈日娣、梁华升是夫妻关系，原告梁胜生是原告陈日娣、梁华升的儿子，被告梁华轩、石惠珍是夫妻关系，被告梁龙、梁磊是被告梁华轩、石惠珍的儿子。

2014年12月2日，原告梁华升与被告石惠珍因土地界至问题产生纠纷，为此双方发生争吵，争吵过程中双方发生扭打，被告石惠珍受伤并当天到茂名市人民医院进行治疗，于2014年12月4日出院，住院治疗2天，用去医疗费用1922.90元。经该院诊断为：多处挫伤，右手环指近节指间关节半脱位。医

嘱：定期复查，注意休息，全休一个月，住院期间陪人1人，加强营养。

2014年12月7日上午，被告梁龙、梁磊到原告家索取被告石惠珍的医疗费用，为此双方发生争吵，争吵过程中，陈日娣、梁华升、梁胜生、梁和生四人与梁龙、梁磊、梁华轩、石惠珍、梁苗五人在原告家门前发生打架，造成了陈日娣、梁华升、梁胜生及梁华轩、石惠珍、梁苗（伤情为轻微伤）受伤。原告陈日娣、梁华升、梁胜生及被告梁华轩、石惠珍受伤后并当天到茂名市中医院进行治疗。

原告陈日娣从2014年12月7日至2015年2月16日在茂名市中医院共住院治疗71天，用去医疗费用21242.83元（20703.53元+6元+256.40元+80.30元+6元+190.60元）。经该院诊断为：右锁骨中段骨折，头部多处软组织挫裂伤，脑震荡，左小腿挫擦伤，全身多处挫伤。医嘱：定期复查，不适门诊随诊，注意休息，全休一个月，住院期间陪人1人，加强营养，骨折愈合后择期行内固定物取出术（费用约10000元，具体以出院结算为准）。原告陈日娣的伤情经茂名市茂南区公安司法鉴定中心鉴定为轻伤二级。用去鉴定费用500元。

原告梁华升从2014年12月7日至2014年12月10日在茂名市中医院共住院治疗3天，用去医疗费用1900.59元（471.60元+118.30元+1310.69元）。经该院诊断为：全身多处软组织挫伤，脑萎缩。医嘱：门诊随诊，注意休息。原告梁华升的伤情经茂名市茂南区公安司法鉴定中心鉴定为轻微伤。原告梁华升为此用去鉴定费300元。

原告梁胜生受伤被诊断为右侧颈部软组织挫伤，产生了门诊医疗费399.60元。

被告石惠珍从2014年12月7日至2014年12月16日在茂名市中医院共住院治疗9天，用去医疗费用6775.26元（6188.76元+586.50元）。经该院诊断为：全身多处软组织挫伤，脑震荡，头皮血肿，头皮挫裂伤，多处皮肤软组织钝挫伤，双侧鼻骨及鼻中隔骨折。医嘱：建议继续住院治疗并行鼻骨骨折手术治疗，门诊随诊，注意休息，加强营养。被告石惠珍的伤情经茂名市茂南区公安司法鉴定中心鉴定为轻伤。被告石惠珍主张为此用去鉴定费500元，未能提供证据证实。

被告梁华轩受伤，产生了门诊医疗费用404.60元（399.60元+5元）。

2015年1月19日，茂名市公安局茂南分局作出茂公南立字（2015）00201号《立案决定书》，决定对陈日娣、石惠珍等人故意伤害案立案侦查。至本案法庭辩论终结前，该案仍在侦查中。

2015年3月10日，原告陈日娣委托广东国泰法医临床鉴定所对其进行伤残程度评定。2015年3月16日，该所作出粤国司鉴所（2015）临鉴字第a146号司法鉴定意见书，鉴定原告陈日娣之伤系被人打伤所致，构成十级伤残。用去伤残鉴定费1900元。

原告陈日娣主张交通费300元、梁华升主张交通费200元，均未能提供相关的票据。

另查明，原、被告均系农村居民。原告陈日娣、梁华升请求按《广东省2014年度人身损害赔偿计算标准》计算其损失，被告石惠珍请求按《广东省2015年度人身损害赔偿计算标准》计算其损失。《广东省2014年度人身损害赔偿计算标准》一般地区全省农村居民人均纯收入为11669.30元/年，住院伙食补助费100元/天，国有同行业在岗职工年平均工资"农业"标准为21891元/年。《广东省2015年度人身损害赔偿计算标准》一般地区全省农村居民人均纯收入为12245.60元/年，住院伙食补助费100元/天，国有同行业在岗职工年平均工资"农业"标准为26184元/年。

上述事实，有原、被告提供的身份证、立案决定书、诊断证明书、住院费用明细清单、收据、出院记录、法医学人体损伤程度鉴定书、司法鉴定意见书、询问笔录等证据及一审庭审笔录在案佐证。

原审法院认为：根据《中华人民共和国侵权责任法》第四条规定："侵权人因同一行为应该承担行政责任或者刑事责任的，不影响依法承担侵权责任。同一行为应当承担侵权责任和行政责任、刑事责任，侵权人的财产不足以支付的，先承担侵权责任。"该法明确了侵权人承担刑事责任并不影响承担民事责任，而且承担民事责任还具有优先性。本案是一起民事侵权损害赔偿纠纷，不是刑事附带民事诉讼，原告方就民事侵权部分提起损害赔偿诉讼并无不当，我国现行法律也未禁止刑事案件受害人就民事侵权部分单独提起诉讼，故被告主张先刑为民、本案应中止审理的理由不能成立，该院不予采纳。

公民的生命权、健康权受法律保护，任何人不得侵犯。公民、法人由于过错侵害他人财产、人身的，应当承担民事责任。本案中，原、被告因土地界至问题产生纠纷，为此双方发生争吵，争吵过程中双方发生打架，在整个案件的发生过程当中，原、被告双方均存在过错，根据公平的原则，对于原、被告双方的损失，原、被告双方分别承担50%民事赔偿责任。

原告陈日娣、梁华升主张按《广东省2014年度人身损害赔偿计算标准》计算其两人相关的损失，被告石惠珍主张按《广东省2015年度人身损害赔偿计算标准》计算其相关的损失，均没有违反法律规定，该院予以支持。

原告陈日娣因受伤遭受的损失分析计算认定如下：（1）医疗费。原告陈日娣因治疗产生的医疗费21242.83元，提供有诊断证明书、收费收据为据，该院予以支持。(2) 误工费。原告陈日娣是农村户籍，其请求的误工费应按国有同行业在岗职工年平均工资“农业：21891 元/年”的标准计算。原告陈日娣的误工时间应从受伤住院时计至治疗终结后十五天为宜，误工时间应为86 天，原告陈日娣误工费应为 5157.88 元（21891 元/年 ÷365 天 ×86 天）。(3) 护理费。医嘱确定原告陈日娣住院期间护理人员为 1 人。原告陈日娣请求护理的劳动报酬按“120 元/人/天”计算，符合茂名地区从事同等级别护理工作劳动报酬的标准计算。护理费为 8520 元（120 元/人/天 ×71 天 ×1 人）。(4) 住院伙食补助费为 7100 元（100 元/天 ×71 天）。(5) 交通费。原告陈日娣主张的交通费 300 元，未能提供相关票据证实，该院不予支持。(6) 营养费。原告陈日娣请求营养费，提供医疗机构的医嘱，但其请求营养费 3000 元过高，酌情以 2000 元为宜。(7) 残疾赔偿金、鉴定费用。广东国泰法医临床司法鉴定所作出司法鉴定意见书，具有《最高人民法院关于民事诉讼证据的若干规定》第二十九条规定的鉴定书内容，其形式要件合法，该院依法采信该所对原告陈日娣的伤情所作十级鉴定结论。原告陈日娣残疾赔偿金计算年限按 20 年计算。残疾赔偿金为 23338.60 元（11669.30 元/年 ×20 年 ×10%）。原告陈日娣因伤情鉴定及评残产生鉴定费 2400 元（1900 元 +500 元），系原告陈日娣为伤情鉴定及评定伤残等级支出的实际费用，予以支持。8. 精神损害抚慰金部分。因本次事故造成原告陈日娣十级伤残，精神受到损害，给予其精神损害抚慰金，可以在一定程度上抚慰其因此造成的精神损害，原告陈日娣请求精神损害抚慰金 3000 元，该院予以支持。综上所述，原告陈日娣的损失为：医疗费 21242.83 元、误工费 5157.88 元、护理费 8520 元、住院伙食补助费 7100 元、营养费 2000 元、残疾赔偿金 23338.60 元、鉴定费用 2400 元、精神损害抚慰金 3000 元，共 72759.31 元，均属合理损失，由被告梁龙、梁磊、梁华轩、石惠珍承担 50% 赔偿责任即 36379.66 元（72759.31 元 ×50%）。

原告梁华升因受伤遭受的损失分析参见陈日娣的情况。

原告梁胜生因治疗产生的医疗费用 399.60 元，提供有诊断证明书、收费收据为据，该院予以支持。原告梁胜生的损失 399.60 元，由被告梁龙、梁磊、梁华轩、石惠珍承担 50% 赔偿责任即 199.80 元（399.6 元 ×50%）。

被告石惠珍的损失为：医疗费 8698.16 元、误工费 2941.22 元、护理费 1320 元、住院伙食补助费 1100 元、营养费 300 元，共 14359.38 元，均属合理损失，由原告陈日娣、梁华升、梁胜生承担 50% 赔偿责任即 7179.69 元（14359.38 元 ×50%）。

被告梁华轩因治疗产生的医疗费用 404.60 元，提供有诊断证明书、收费收据为据，该院予以支持。被告梁华轩的损失 404.60 元，由原告陈日娣、梁华升、梁胜生承担50%赔偿责任即202.30元（404.60元×50%）。

原审法院判决：（1）被告梁龙、梁磊、梁华轩、石惠珍于本判决生效之日起10日内赔偿损失36379.66元给原告陈日娣。（2）被告梁龙、梁磊、梁华轩、石惠珍于本判决生效之日起10日内赔偿损失1520.26元给原告梁华升。（3）被告梁龙、梁磊、梁华轩、石惠珍于本判决生效之日起10日内赔偿损失199.80元给原告梁胜生。（4）反诉被告陈日娣、梁华升、梁胜生于本判决生效之日起10日内赔偿损失7179.69元给反诉原告石惠珍。（5）反诉被告陈日娣、梁华升、梁胜生于本判决生效之日起十日内赔偿损失202.30元给反诉原告梁华轩。（6）驳回原告陈日娣、梁华升的其他诉讼请求。（7）驳回反诉原告石惠珍的其他诉讼请求。

上诉人陈日娣、梁华升、梁胜生不服原审判决，上诉称：（1）石惠珍、梁华轩反诉的损失，并非四上诉人所起诉的打架事件造成的，故石惠珍、梁华轩不是本案适格的反诉原告，原审法院受理该反诉并判决三上诉人赔偿石惠珍、梁华轩的损失，明显属于认定事实错误，适用法律错误，程序错误。①从双方所诉的法律事实来看，本案中，三上诉人作为原审原告向原审法院起诉石惠珍、梁华轩、梁龙和梁磊等四人，诉请索赔的是2014年12月7日石惠珍、梁华轩、梁龙和梁磊打伤三上诉人所造成的经济损失。而石惠珍、梁华轩所反诉的是2014年12月2日双方发生争吵所造成的经济损失。可见，石惠珍、梁华轩的反诉并非是针对本诉，反诉与本诉并非是基于同一法律事实，所诉的并非是同一法律事实。②从本案中本诉与反诉的当事人来看，并非全部互为原、被告，本诉的被告是四名，分别是石惠珍、梁华轩、梁龙和梁磊，而反诉的原告仅是两名，分别是石惠珍、梁华轩。由此可见，本诉的原、被告并非全部互换为反诉的原、被告。综上两点理由，石惠珍、梁华轩如果认为在2014年12月2日因为三上诉人遭受到经济损失，其应当另行起诉，而不是提起反诉，因此原审法院不但受理了石惠珍、梁华轩的反诉，而且判决三上诉人赔偿7179.69元给石惠珍、赔偿202.3元给梁华轩，属于事实认定错误和适用法律错误。（2）原审判决只判令石惠珍、梁华轩、梁龙和梁磊对三上诉人的损失承担50%的赔偿责任，也是错误的。①石惠珍、梁华轩、梁龙和梁磊的性质属于强闯民宅入室打人，在本案中三上诉人是没有过错的。从三上诉人提供的现场录像可以看出，本案之所以发生是因为石惠珍、梁华轩、梁龙和梁磊强行闯进三上诉人的家里，并且在语言不合的情况下最先动手殴打三上诉人。从主观上来说，上诉人一家本就在家中吃着早餐，并无闹事意图，而梁龙、梁磊则冲进上诉人家中闹事。从客观上来说，梁龙拿起了一根约1米长的荔枝木棍对上诉人进行殴打，而上诉人仅仅是赤手空拳地进行正当防卫，难道要上诉人任由梁龙、梁磊肆意殴打而不能反抗？上诉人在家中进行自我防卫都需要承担50%的过错，原审判决却没有考虑这一重大事实，原审法院对事实的认定显然存在错误。②石惠珍、梁华轩在反诉中称2014年12月2日发生的事件是因石惠珍、梁华轩一家的宅基地被陈日娣、梁华升、梁胜生一家侵占一事，双方发生争执。石惠珍、梁华轩的该主张不是事实。双方于2009年4月27日签订了有关上述宅基地的《协议书》，双方约定清楚，上述宅基地是属于上诉人的，而石惠珍一家违反《协议书》的约定，强行霸占上诉人的宅基地，从而才引起双方的纠纷。可见，导致2014年12月2日双方发生争斗的过错方是石惠珍、梁华轩、梁龙和梁磊，并非是三上诉人。原审法院判决三上诉人承担50%民事赔偿责任是显失公平的，石惠珍、梁华轩、梁龙和梁磊理应对三上诉人的损失承担全部的民事赔偿责任。综上所述，原审判决认定事实不清，程序不合法，适用法律明显错误，损害上诉人的合法权益，上诉人特此上诉请求：1. 撤销（2015）茂南法民三初字第564号民事判决书，依法驳回石惠珍、梁华轩的反诉请求，改判石惠珍、梁华轩、梁龙和梁磊赔偿上诉人81498.68元。

为维护上诉人的合法权益，上诉人特提起上诉请求：（1）撤销（2015）茂南法民三初字第564号民事判决书的第一、二、三项判决；（2）驳回陈日娣、梁华升、梁胜生对上诉人的全部诉讼请求（上诉人不服原审判决金额为38099.72元）；（3）本案一审、二审诉讼费用由陈日娣、梁华升、梁胜生承担。

【法院审理意见】本院认为，本案争议的焦点之一是上诉人石惠珍、梁华轩、梁龙、梁磊认为本案应根据先刑后民的原则中止审理的主张能否成立。关于上诉人石惠珍、梁华轩、梁龙、梁磊认为本案应根据先刑后民的原则中止审理的主张能否成立的问题。先刑后民是指在民事诉讼活动中，发现涉嫌刑事犯罪时，应当在侦查机关对涉嫌刑事犯罪的事实查清后，由法院先对刑事犯罪进行审理，再就涉及的民事责任进行审理，或者由法院在审理刑事犯罪的同时，附带审理民事责任部分；在此之前不应当单独就其中的民事责任进行审理判决。先刑后民原则主要发生在刑事犯罪和民事责任（司法实践中主要表现为经济犯罪与经济纠纷）交织的案件中，最高人民法院《关于审理经济纠纷案件发现违法犯罪必须严肃执法的通知》及《关于在审理经济纠纷案件中涉及经济犯罪嫌疑若干问题的规定》的相关规定均体现了该原则。但本案是生命权、健康权、身体权纠纷，而且根据茂名市公安局茂南分局山阁派出所的询问笔录、《呈请立案报告书》、茂公南立字（2015）00201号《立案决定书》、茂名市茂南区公安司法鉴定中心《法医学人体损伤程度鉴定书》及茂名市中医院的诊断证明、医疗收费票据等，陈日娣、梁华升、梁胜生、梁和生与梁华轩、石惠珍、梁龙、梁磊、梁苗在梁华升家门前发生打架，导致陈日娣、梁华升、梁胜生、梁华轩、石惠珍及案外人梁苗受伤的事实清楚，原审判决依照《中华人民共和国侵权责任法》的相关规定对本案民事赔偿责任进行处理并无不当，本院予以支持。上诉人石惠珍、梁华轩、梁龙、梁磊以先刑后民为由要求中止本案审理，理由不能成立，本院不予采纳。

【法院裁判结果】综上所述，判决如下：

维持原审判决。

第九章　诉讼时效

第一百八十八条　向人民法院请求保护民事权利的诉讼时效期间为三年。法律另有规定的，依照其规定。

诉讼时效期间自权利人知道或者应当知道权利受到损害以及义务人之日起计算。法律另有规定的，依照其规定。但是自权利受到损害之日起超过二十年的，人民法院不予保护；有特殊情况的，人民法院可以根据权利人的申请决定延长。

典型案例　姚若某与姚海某民间借贷纠纷

【裁判观点】 民事权利的保护有明确的期限限制，如此规定，一为督促当事人及时行使权利，二为保护已有法律关系。本案中，原告未能充分举证、证实在诉讼时效内已向人民法院提起诉讼，或已向当事人提出权利主张及向有关组织提出民事权利的保护请求，亦无其他诉讼时效中断的情形。故应认定原告向本院提出的诉讼请求已超过诉讼时效期间。

【案情介绍】 被告姚海某在借款前经他人介绍与原告姚若某认识。2012年6月12日，被告姚海某以经营生意资金周转困难为由向原告姚若某借款人民币20000元，并于借得现金的同时向原告出具一张借据，内容如下“现借到姚若某老板现金贰万元正（小写：20000.00元），定于8月12日归还无误。经借人：姚海某，2012年6月12日。”该借据现由原告提交给本院。该借款逾期后，原告姚若某称被告只给付了2个月的利息后未再清偿本息。因被告未到庭参加诉讼，无法确定原告出借给被告的借款是否口头约定了利息，且被告放弃还款抗辩，亦不能确认被告对该笔借款的清偿金额。原告在规定的举证期间内，向本院递交了原告于2014年11月与被告的手机通话录音光盘，用以证明原告向被告催取借款的事实。

原告姚若某诉称；原告与被告是朋友关系，被告在2012年8月12日，因做生意资金周转困难，向原告借款人民币20000元，由被告亲笔写有一张借条给原告收执。借款后，经原告多次催收，被告均以诸多借口而未偿还，现被告连电话都不愿意接听，为此，请求法院依法判令：（1）判令被告姚海某偿还借款人民币20000元，并从起诉日按银行同类贷款利率计算至还清之日止的利息。(2) 由被告承担本案诉讼费用。

被告姚海某书面辩称：被告借姚若某2万元的借据已超过二年期限，法院应当不予保护。

【法院审理意见】本院认为，被告姚海某向原告姚若某借款人民币20000元，有其亲笔书写的借据为凭，可予认定。该借据中约定了借款期限为2个月，即该借款被告姚海某应于2014年8月12日前归还清楚。逾期后，被告姚海某一直未清偿该借款，并提出原告请求法院判令其清偿的借款已超过受法律保护的2年诉讼时效的抗辩。因原告姚若某未能充分举证证实在诉讼时效内已向人民法院提起诉讼，或已向当事人提出权利主张及向有关组织提出民事权利的保护请求，亦无其他诉讼时效中断的情形。故应认定原告向本院提出的诉讼请求已超过二年的诉讼时效期间。虽然原告姚若某提交了向姚海某催取借款的录音资料，但姚若某自认该录音是在2014年11月录制，亦已超过二年的诉讼时效期间，原告的诉讼请求权利已超过法律规定受法院保护的期限。

【法院裁判结果】综上所述，判决如下：

驳回原告姚若某的全部诉讼请求。

第一百八十九条　当事人约定同一债务分期履行的，诉讼时效期间自最后一期履行期限届满之日起计算。

典型案例　山东君泰融资担保有限公司临沂分公司与朱宏伟追偿权纠纷

【裁判观点】对于分期履行的债务，诉讼时效期间自最后一期履行期限届满之日起计算。本案中，原告分期分批代被告偿还同一笔贷款后，双方并未约定原告追偿的限制日期，因此，不能确定原告的追偿权受到侵害的具体时间。且针对同一笔贷款，原告最后一批的代偿为2013年2月2日垫付12156元，按该最后一批的日期起算，原告的起诉也未超过法律规定的诉讼时效。

【案情介绍】 2010 年 1 月 6 日，原告君泰担保公司（曾用名青岛君泰融资担保有限公司临沂分公司）与被告朱宏伟签订了“担保合同”一份，约定原告为被告朱宏伟的汽车消费贷款作连带保证人，为其向中国银行股份有限公司临沂临沂朝阳支行（以下简称朝阳中行）的贷款提供担保责任。被告朱宏伟于 2010 年 1 月 6 日就整体担保金额交纳担保费 17200 元，未交纳履约保证金。2010 年 1 月 12 日，被告朱宏伟因购车缺少资金，与朝阳中行签订了“个人一手自用汽车贷款合同”一份，从该行借款 40 万元，用于购买丰田普拉多汽车一辆。同日，原告与朝阳中行签订了“个人一手自用汽车贷款保证合同”一份，原告作为被告朱宏伟的连带保证人，为被告朱宏伟的上述贷款提供担保责任。合同约定违约金为自原告承担保证责任之日起至被告赔偿原告损失之日止，按照原告承担保证金额的日 5‰计算。

贷款到期后，被告朱宏伟并未履行还款付息义务。原告分别于 2010 年 7 月 31 日为其垫付一次款项 50 元，2010 年 9 月 29 日垫付 24400 元，2010 年 11 月 10 日垫付 12100 元，2010 年 12 月 11 日垫付 12200 元，2011 年 1 月 10 日垫付 12000 元，2011 年 2 月 14 日垫付 12500 元，2011 年 3 月 10 日垫付 12050 元，2011 年 4 月 11 日垫付 12100 元，2011 年 5 月 9 日垫付 13000 元，2011 年 6 月 8 日垫付 12000 元，2011 年 7 月 11 日为其垫付一次款项 11600 元，2011 年 8 月 11 日垫付 12200 元，2011 年 9 月 14 日垫付 12300 元，2011 年 10 月 13 日垫付 13000 元，2011 年 11 月 15 日垫付 11400 元，2011 年 12 月 22 日垫付 12100 元，2012 年 1 月 18 日垫付 12300 元，2012 年 2 月 16 日垫付 12200 元，2012 年 3 月 21 日垫付 12300 元，2012 年 5 月 8 日垫付 24588.09 元，2012 年 6 月 30 日垫付 12268.79 元，2012 年 8 月 2 日垫付 12326.2 元，2012 年 9 月 12 日垫付 12336.38 元，2012 年 9 月 8 日垫付 12332.83 元，2012 年 10 月 31 日垫付 12269 元，2012 年 11 月 30 日垫付 12336.17 元，2012 年 12 月 28 日垫付 24608.47 元，2013 年 2 月 2 日垫付 12156 元。共 28 笔垫款，共垫付 367021.93 元。被告偿还了 8 万元，现累计尚欠原告代偿款 287021.93 元。该代偿款经原告催要，被告朱宏伟一直未偿还。为此，原告于 2014 年 12 月 4 日诉至本院。

原告君泰担保公司诉称：2010 年 1 月 12 日，被告朱宏伟因购车缺少资金，与中国银行临沂朝阳支行签订借款合同，从该行借款 40 万元。原告作为连带保证人为其提供担保。贷款到期后，被告朱宏伟并未完全履行还款义务，导致原告代其向银行履行了担保人的义务，但被告未偿还给原告垫付款，至今仍欠原告 287021.93 元。法律规定原告在承担责任后，有权向被告追偿。合同约定自原告承担保证责任之日起至被告赔偿原告损失之日止，按照原告承担保证金额的日5‰计算违约金。综上，为保护原告的合法权益，特提起诉讼，请求法院依法判令被告偿还原告代偿款287021.93元，并承担违约金。

被告朱宏伟辩称：这车不是我买的，是别人买的。签合同是我签的名，是用我的名贷的款，后期我给还了20多万元。后期听说车让宋连波给扣了。我还了部分款，我出事后被判了12年刑，无法继续偿还了。原告向我催要，我给原告说让他们去追车，出事后给家人说，家里说车让宋连波给扣了，车我也没有见也没有开。该款可能也过了追诉期。如果原告光算本金，我家里人给代偿还本金就不错了，不能再算滞纳金了。

【法院审理意见】本院认为，原告君泰担保公司、被告朱宏伟与贷款人朝阳中行之间的“担保合同”、“贷款合同”和保证合同，均系相应合同当事人的真实意思表示，且不违反法律及行政法规的禁止性规定，均为有效合同。原告君泰担保公司为被告朱宏伟向朝阳中行的借款提供担保，因被告朱宏伟未能按借款合同的约定履行还款义务，原告为此承担了担保还款责任，偿还了借款人在朝阳中行的借款本息367021.93元。被告偿还了8万元，现累计尚欠原告代偿款287021.93元，故原告依法享有对被告朱宏伟的追偿权。双方约定如被告朱宏伟违约造成原告代偿，被告朱宏伟应按日支付给原告代偿额5‰的比例支付违约金，该约定比例超出了法律规定的限额，超出部分本院不予支持，以支持到中国人民银行同期贷款基准利率的四倍为限。

关于被告主张的诉讼时效问题。最高人民法院《关于审理民事案件适用诉讼时效制度若干问题的规定》第5条规定：“当事人约定同一债务分期履行的，诉讼时效期间从最后一期履行期限届满之日起计算。”原告分期分批代被告偿还同一笔贷款后，双方并未约定原告追偿的限制日期，因此，不能确定原告的追偿权受到侵害的具体时间。且针对同一笔贷款，原告最后一批的代偿为2013年2月2日垫付12156元，按该最后一批的日期起算，原告的起诉也未超过法律规定的诉讼时效。被告关于诉讼时效的主张，证据不足，本院不予支持。

【法院裁判结果】综上所述，判决如下：

一、被告朱宏伟偿还给原告山东君泰融资担保有限公司临沂分公司代偿款287021.93元；

二、被告朱宏伟支付给原告君泰担保公司代偿款287021.93元的违约金（分别自本判决查明的原告分期分批垫付款项之日起，至被告履行判决义务之日止，相应款项按中国人民银行同期贷款基准利率的四倍分别计算，累计支付）。

上述第一至二项，均于本判决发生法律效力后10日内付清。

第一百九十条 无民事行为能力人或者限制民事行为能力人对其法定代理人的请求权的诉讼时效期间，自该法定代理终止之日起计算。

第一百九十一条 未成年人遭受性侵害的损害赔偿请求权的诉讼时效期间，自受害人年满十八周岁之日起计算。

第一百九十二条 诉讼时效期间届满的，义务人可以提出不履行义务的抗辩。

诉讼时效期间届满后，义务人同意履行的，不得以诉讼时效期间届满为由抗辩；义务人已自愿履行的，不得请求返还。

第一百九十三条 人民法院不得主动适用诉讼时效的规定。

第一百九十四条 在诉讼时效期间的最后六个月内，因下列障碍，不能行使请求权的，诉讼时效中止：（一）不可抗力；（二）无民事行为能力人或者限制民事行为能力人没有法定代理人，或者法定代理人死亡、丧失民事行为能力、丧失代理权；（三）继承开始后未确定继承人或者遗产管理人；（四）权利人被义务人或者其他人控制；（五）其他导致权利人不能行使请求权的障碍。

自中止时效的原因消除之日起满六个月，诉讼时效期间届满。

典型案例 崔峰与蒋建龙、王遵义工伤保险待遇纠纷

【裁判观点】关于诉讼时效之规定，在诉讼时效期间的最后6个月内，因不可抗力或者其他障碍不能行使请求权的，诉讼时效中止。本案中，原告于2011年5月21日发生事故，于2012年11月28日经鉴定确定伤残等级及生活自理障碍程度。此后绍兴县人力资源和社会保障局又于2013年6月9日作出《工伤认定决定撤销通知书》，撤销了原工伤认定，故原告向二被告主张权利的诉讼时效应当自其收到上

述《工伤认定决定撤销通知书》起算。同时，原告因患有认知功能障碍、四肢功能障碍、adl障碍，客观上符合关于“其他导致权利人不能行使请求权的障碍”的规定，适用诉讼时效中止。

【案情介绍】原告崔峰原系绍兴太平洋印染有限公司职工。2011年5月21日，原告在工作中不慎被机器轧伤，经诊断为挤压综合症、多发伤等伤。原告受伤后经绍兴市人民医院医治、上海长征医院、绍兴第二医院救治、武警浙江省总队杭州医院等医院治疗，住院时间共计433天。2011年9月28日，绍兴县人力资源和社会保障局作出《工伤认定决定书》1份，认定原告构成工伤。2012年11月28日，绍兴市劳动能力鉴定委员会作出《劳动能力鉴定结论通知书》1份，经鉴定原告伤残程度为一级，生活自理障碍程度为a级（完全护理依赖）。

2012年2月10日，绍兴县工商局出具《行政处罚决定书》1份，认为绍兴太平洋印染有限公司以欺诈手段隐瞒重要事实取得公司登记，构成情节严重，决定对其作出如下处罚：撤销2008年11月1日作出的绍兴太平洋印染有限公司的设立登记。2013年6月9日绍兴县人力资源和社会保障局作出《工伤认定决定撤销通知书》1份，认定因原告原用人单位绍兴太平洋印染有限公司被工商部门撤销设立登记，即该单位自始未有效成立，其主体资格自始不存在，导致之前作出的工伤认定书也失去工伤认定的法律主体，故撤销之前的工伤认定决定书。原告的事故伤害赔偿应按《非法用工单位伤亡人员一次性赔偿办法》处理。

事故发生后，原告获赔9900元。2014年9月9日，原告向绍兴市劳动人事争议仲裁委员会提出仲裁申请，绍兴市劳动人事争议仲裁委员会未予受理。为此原告诉至本院。

同时查明，绍兴太平洋印染有限公司注册资本为100万元，投资人为被告蒋建龙、王遵义，其中蒋建龙投资80万元，投资比例为80%，王遵义投资20万元，投资比例为20%。

原告诉称：2010年2月，原告进入绍兴太平洋印染有限公司工作，职务为机修工及电工，工资每月7000左右，双方未签订劳动合同，绍兴太平洋印染有限公司也未为原告缴纳社保。2011年5月21日，原告工作中不慎被机器轧伤，被送往绍兴市人民医院医治，经诊断为挤压综合症、多发伤等。后住院治疗，因病情需要，于2011年5月26日转往上海长征医院救治，于2011年7月18日转往绍兴第二医院救治，于2011年8月30日转往武警浙江省总队杭州医院就诊，于2011年11月8日转往绍兴市人民医院康复治疗，于2012年8

月6日出院，现门诊治疗中。2011年9月28日，绍兴县人力资源和社会保障局依法认定原告构成工伤，但2012年2月10日，绍兴太平洋印染有限公司被绍兴县工商局撤销设立登记。2013年6月9日，绍兴县人力资源和社会保障局又依法撤销原告的工伤认定。2012年11月28日，原告经绍兴市劳动能力鉴定委员会鉴定为一级伤残，需一级护理。同时查明，绍兴太平洋印染有限公司被吊销营业执照后未进行清算。为此原告起诉至法院，请求判令：（1）二被告连带赔偿原告各项损失合计2910708元（医药费878036.66元、误工费273000元、前期护理费64994.8元、住院伙食补助费12990元、残疾赔偿金721888元、后期护理费878400元、被抚养人生活费81399.5元）；（2）本案诉讼费由二被告承担。

被告蒋建龙辩称：陈迪庆的厂是绍兴太平洋印染有限公司下的分厂，厂房和营业执照都是被告租给他的，设备是他自己的。该厂到现在还开着，原告应直接向陈迪庆解决赔偿事宜，陈迪庆不好解决的，等被告释放以后会帮助解决。若原告不能等，由法院依法判决，被告希望等释放以后再行解决。

被告王遵义辩称：（1）目前二被告在乔司监狱服刑，失去自由，无法充分有效行使民事诉讼权利，为保障被告的诉讼权利，要求中止审理；（2）要求追加陈迪庆为被告，因陈迪庆系与本案有重大关系的人，也与原告之间存在雇佣关系，为查明本案主要事实，要求追加被告；（3）从目前的诉讼材料看，本案不是事实清楚、证据充分、法律关系明确的简单民事诉讼，不适用简易程序审理，要求组成合议庭重新开庭审理；（4）被告在开庭前未收到相关诉状及材料，庭审中有些证据原件也未出示，被告对有些证据未仔细阅览，也未充分质证；（5）被告认为原告起诉被告的诉讼时效已过。原告受伤是在2011年5月发生，从原告受侵害至今从未向被告主张权利，所以向被告主张权利的时间已超过2年，且中间没有中断时效的事由发生，故被告认为诉讼时效已过；（6）本案的诉讼主体错误，二被告不是本案适格被告。原告与陈迪庆发生过雇佣关系，双方确立了权利义务关系。而原告与二被告之间没有任何法律关系。既然没有实体上的法律关系，也就不可能存在诉讼法上的法律关系，故不能成为本案被告等。

【法院审理意见】本院认为，关于诉讼时效问题，根据《民法通则》关于诉讼时效之规定，在诉讼时效期间的最后6个月内，因不可抗力或者其他障碍不能行使请求权的，诉讼时效中止。本案中，原告于2011年5月21日发生事故，于2012年11月28日经鉴定确定伤残等级及生活自理障碍程度。此后绍兴县人力资源和社会保障局又于2013年6月9日作出《工伤认定决定撤销通知书》，撤销了原工伤认定，故原告向二被告主张权利的诉讼时效应当自其收到上述《工伤认定决定撤销通知书》起算。同时，原告因患有认知功能障碍、四肢功能障碍、adl障碍，客观上符合《民法通则》关于“其他导致权利人不能行使请求权的障碍”的规定，适用诉讼时效中止。适用诉讼时效中止。且原告至今仍在康复治疗中。综上，本院认为原告向二被告主张损害赔偿，未超过法律规定的诉讼时效，对被告关于诉讼时效的抗辩，本院不予采纳。

【法院裁判结果】综上所述，判决如下：

一、被告蒋建龙、王遵义应连带赔偿给原告崔峰各项损失合计1497320.67元，该款于本判决生效之日起30日内付清；

二、驳回原告崔峰的其他诉讼请求。

第一百九十五条 有下列情形之一的，诉讼时效中断，从中断、有关程序终结时起，诉讼时效期间重新计算：（一）权利人向义务人提出履行请求；（二）义务人同意履行义务；（三）权利人提起诉讼或者申请仲裁；（四）与提起诉讼或者申请仲裁具有同等效力的其他情形。

典型案例 张留灿与张书伟、张二卫、吕红涛民间借贷纠纷

【裁判观点】诉讼时效因提起诉讼、当事人一方提出要求或者同意履行义务而中断。从中断时起，诉讼时效期间重新计算。张留灿申请证人高某某、赵某某出庭作证，两证人也证明自2011年下半年开始至2014年期间均去找张书伟、张二伟、吕红涛要账，故张书伟关于2011年4月22日借款10万元已超过诉讼时效的质证意见，本院不予采纳。

【案情介绍】2011年4月22日，张书伟向张留灿出具一份《借据》，内容为“今借现金大写壹拾万元，（小写）￥100000.00元，借期限为3个月，借款日期为2011年4月22日至2011年7月21日，如到期不能还款，且不履行其他手续，借款人自愿按每天3%的违约金赔付。担保人愿负连带还款责任。借款人张书伟，连带担保人吕红涛”。2011年10月8日，张书伟向张留灿出具一份《借据》，内容为“今借现金大写壹拾伍万元，（小写）￥150000.00元，借款日期为2011年10月8日，如到期不能还款，借款人自愿按每天3%的违约金赔付。担保人愿负连带还款责任。借款人张书伟，连带担保人吕红涛、张二卫”。同年10月31日，张书伟又向张留灿出具一份《借条》，内容

为“今借现金￥50000.00元，大写伍万元整，借款人张书伟，担保人吕红涛”。对张留灿提交的上述证据，张书伟认为《借据》及《借条》上均未约定利息，2011年4月22日借款10万元已超过诉讼时效且约定的违约金过高，2011年10月8日、31日的借款15万元、5万元均未约定借款期限，故不存在支付违约金。

张留灿当庭申请证人高某某、赵某某出庭作证，高某某证明其与张留灿系同乡，自2011年下半年开始同张留灿去张书伟、张二卫家中及加工厂内找其要账，2012年至2014年每年均去找其要账；赵某某证明其系张留灿司机，自2011年下半年开始同张留灿去找张书伟要账时还见过张二卫、吕红涛等人，最后一次见张书伟是在2014年5月份。张留灿申请上述两证人出庭作证，拟证明其经常找张书伟、张二卫、吕红涛要账，诉讼时效发生中断。张书伟认为证人赵某某与张留灿有利害关系，两证人证明的内容与张书伟离家出走的事实不符。

另查明，(1) 在庭审中，张留灿明确利息按同期银行贷款利率四倍自借款之日起计算至还款之日止，违约金按每天3%自2011年12月31日起计算至还款之日。(2) 张书伟陈述自2011年下半年因欠账离家出走及向张留灿偿还过借款本金等事实，但未提交相应的证据证明。

原告张留灿诉称：张书伟经营木材加工厂急需资金，由张二卫、吕红涛担保分别于2011年4月22日、10月8日、10月31日向张留灿共借款30万元，有借据为凭。经多次催要未果，张留灿请求判令张书伟、张二卫、吕红涛偿还借款30万元及利息，并承担违约责任。

被告张书伟辩称：向张留灿借款30万属实，但借款时双方没有约定利息。张书伟因欠账自2011年下半年就离家出走，张留灿诉称催要过借款不属实。

被告张二卫、吕红涛未作答辩，也未提交证据。

【法院审理意见】 本院认为，合法的借贷关系受法律保护。张书伟由吕红涛、张二卫担保向张留灿出具的《借据》及《借条》，系当事人的真实意思表示，其不违反国家相关法律法规的内容对当事人具有法律约束力，当事人均应按照约定行使权利、履行义务。同时，在《借据》及《借条》上签名时，张书伟、张二卫、吕红涛已具有相应的民事权利能力和民事行为能力，应当对自己实施的民事法律行为承担相应的民事责任。张书伟认可向张留灿借款30万元，其陈述已向张留灿偿还过借款本金但未提交相应的证据证明，故张留灿要求张书伟偿还借款30万元，本院予以支持。诉讼时效因提起诉讼、当事人一方提出要求或者同意履行义务而中断。从中断时起，诉讼时效期间重新计算。张留灿申请证人高某某、赵某某出庭作证，两证人也证明自2011年下半年开始至2014年期间均去找张书伟、张二伟、吕红涛要账，故张书伟关于2011年

4月22日借款10万元已超过诉讼时效的质证意见，本院不予采纳。

履行期限不明确的，债务人可以随时履行，债权人也可以随时要求履行，但应当给对方必要的准备时间。当事人可以约定一方违约时应当根据违约情况向对方支付一定数额的违约金，也可以约定因违约产生的损失赔偿额的计算方法。约定的违约金过分高于造成的损失的，当事人可以请求人民法院予以适当减少。虽然两份《借据》上记载借款人自愿按每天3%的违约金赔付内容，但约定的违约金过分高于造成的损失，张书伟也认为违约金过高，故违约金应按照中国人民银行同期同类贷款利率四倍以借款25万元为基数自2011年12月31日起计算至还款之日止。两份《借据》上对是否支付利息、按什么标准支付没有约定，在张留灿请求的于法有据的违约金已获支持的情况下，其同时再要求支付利息的诉讼请求，于法无据，本院对此不予支持。

借款人未按照约定的期限返还借款的，应当按照约定或者国家有关规定支付逾期利息。《借条》上对是否支付违约金没有约定，故张留灿要求支付违约金的诉讼请求，本院不予支持；但张书伟在经催要后仍不偿还借款势必会给张留灿造成利息损失，故利息应按照中国人民银行同期同类贷款利率以借款5万元为基数自2011年12月31日起计算至还款之日止，本院予以支持。

当事人在保证合同中约定保证人与债务人对债务承担连带责任的，为连带责任保证。当事人对保证方式没有约定或者约定不明确的，按照连带责任保证承担保证责任。吕红涛、张二卫作为张书伟向张留灿借款的连带责任保证人，应当对各自担保的未偿还的借款数额、违约金、利息承担连带保证责任，即吕红涛对借款30万元及相应的违约金、利息，张二卫对借款15万元及相应的违约金承担连带保证责任，但吕红涛、张二卫各自承担连带保证责任后，有权向张书伟追偿。吕红涛、张二卫经本院传票传唤，无正当理由拒不到庭应诉，视为其放弃了答辩和质证的权利，不影响本院根据现有证据及查明的事实依法作出裁判。

【法院裁判结果】综上所述，判决如下：

一、被告张书伟应当于本判决生效之日起10日内返还原告张留灿借款25万元，并按照中国人民银行同期同类贷款利率4倍支付自2011年12月31日起至还款之日止的违约金。

二、被告张书伟应当于本判决生效之日起10日内返还原告张留灿借款5万元，并按照中国人民银行同期同类贷款利率支付自2011年12月31日起至还款之日止的利息。

三、被告吕红涛对本判决第一项、第二项的内容承担连带保证责任。

四、被告张二卫对本判决第一项的内容中借款15万元及违约金承担连带保证责任。

五、被告吕红涛、张二卫各自承担连带保证责任后，有权向被告张书伟追偿。

六、驳回原告张留灿的其他诉讼请求。

第一百九十六条　下列请求权不适用诉讼时效的规定：（一）请求停止侵害、排除妨碍、消除危险；（二）不动产物权和登记的动产物权的权利人请求返还财产；（三）请求支付抚养费、赡养费或者扶养费；（四）依法不适用诉讼时效的其他请求权。

典型案例　毕志力与周敏房屋买卖合同纠纷

【裁判观点】依据不适用诉讼时效情况的规定，本案中，被告提出原告主张其支付房款本金134000元的诉讼请求已经超出诉讼时效，该抗辩意见应适用于被告不同意支付违约金的抗辩，故应从原告起诉之日倒计2年即2012年3月11日起计付逾期付款违约金。但对于原告主张的未付房款本金，因房款本金是被告取得诉争房屋物权的基本对价，不适用诉讼时效的相关规定，故对被告该抗辩，本院不予采纳。

【案情介绍】2011年4月21日，原告（出卖人）与被告（买受人）及广州市阳裕商贸发展有限公司（出卖人的委托代理人及保证人）就买卖诉争房屋事宜签订《商铺买卖合同》，约定该铺建筑面积共12.3984平方米，房价款总金额为260000元，付款方式为按揭付款，2011年4月21日前支付全部房价款的10%（包含定金），计26000元，2011年5月20日前支付全部房价款的52%，计134000元，剩余房价款计100000元向银行申请抵押贷款，由贷款银行直接拨入出卖人指定的银行账号，备注：（1）买受人接出卖人通知（电话通知或书面通知）的3天内须到出卖人指定的律师事务所办理按揭贷款手续；如买受人未按约定期限办理按揭贷款手续或逾期未按银行要求提供所需的按揭资料，视为逾期付款，按本合同第五条承担违约责任……（3）如买受人提出按揭贷款申请后，因买受人原因导致无法办理银行按揭贷款手续或银行不批准买受人贷款申请的（包括但不限于银行根据自身经营需要不批准及国家贷款政策调整因素不批准），买受人须在收到银行（包括银行委托办理按揭机构）

或出卖人电话或书面通知后3天内，足额向出卖人一次性支付该商铺全部房价款；逾期付款的，则按本合同第五条承担违约责任。第5条买受人逾期付款的违约责任……逾期超过15日后，出卖人有权单方面提出解除本合同，若出卖人选择解除本合同的，可将买受人已付房价款作为违约金没收，且购房定金亦不予退回，若出卖人选择继续履行本合同的，本合同继续履行，从买受人逾期付款之日起至实际履行之日止，按欠付金额每日1.5‰计付违约金，等等。

上述合同签订后，被告向原告支付定金20000元及首期款6000元，原告在2011年9月23日委托广州市阳裕商贸发展有限公司将诉争房屋交付被告使用；诉争房屋产权于2012年12月27日登记至被告名下。

2014年1月13日，原告代理人杨宇鹏向被告邮寄发出《律师告知函》，要求被告在收函后3天内，及时、足额向原告一次性支付全部房价款，或与原告达成其他还款方案等。该函件收件地址为广州市海珠区某街2号某房，于2014年1月17日由他人代收，被告并确认其已收到该函件。2014年3月10日，原告向本院提起本案诉讼。

庭审中，原告主张被告委托其代办产权过户及抵押登记相关手续，抵押登记就是用于向银行申办按揭，之后其在2013年年底才得知被告的按揭申请未获通过。

以上事实，有《商铺买卖合同》、收款收据、《律师告知函》、房地产权证及当事人陈述等证据证实。

原告毕志力诉称：2011年4月21日，被告与原告就位于广州市白云区西槎路某街38号某房（自编二层62号铺）（以下简称诉争房屋）的房产买卖事宜签订了《商铺买卖合同》一份，房款合计260000元，其后，被告仅陆续支付了购房款26000元，二期款134000元及按揭款100000元均未支付，原告依约履行了商铺的登记过户等合同义务，之后由于银行不同意被告的贷款申请，原告在2014年1月13日委托律师按被告所留联系方式向被告发出书面通知，要求其依约付清余款，但被告至今未付，上述合同合法有效，原告已依约办理了过户登记手续，被告至今未依约支付剩余房款，故诉至法院，请求判令：（1）被告立即一次性付清购房余款234000元及违约金（违约金按应付房价款1.5‰/日的标准计算，自2011年5月21日起至2014年1月19日，本金134000元，违约金按134000元计算；自2014年1月20日起，本金234000元，计算至本息清偿之日止）；（2）本案诉讼费由被告负担。

被告周敏辩称：不同意原告的诉讼请求：（1）原告向法院提出诉讼请求该支付的第一期款项已过两年追诉期，请求法庭不予支持原告诉讼请求；（2）原告提出违约金偏高，也请求法院对原告主张不予支持。

【法院审理意见】本院认为，原告与被告签订的《商铺买卖合同》是当事人的真实意思表示，无违反我国法律、行政法规的强制性规定，属合法有效，双方均应恪守履行。现原告已依约履行合同，被告至今未支付剩余房款，原告要求被告一次性支付购房余款234000元合情合理，本院予以支持。因合同约定的违约金标准过高，且原告自称按揭贷款手续由其办理，长期未付款的责任并不完全在于被告，根据公平原则，本院将该标准酌情调整为按中国人民银行规定的金融机构计收逾期贷款利息的标准计付。被告提出原告主张其支付房款本金134000元的诉讼请求已经超出诉讼时效，该抗辩意见应适用于被告不同意支付违约金的抗辩，故应从原告起诉之日倒计二年即2012年3月11日起计付逾期付款违约金。但对于原告主张的未付房款本金，因房款本金是被告取得诉争房屋物权的基本对价，不适用诉讼时效的相关规定，故对被告该抗辩，本院不予采纳。

【法院裁判结果】综上所述，判决如下：

一、在本判决生效之日起5日内，被告周敏向原告毕志力支付购房款234000元及违约金（以134000元为本金，自2012年3月11日起按中国人民银行规定的金融机构计收逾期贷款利息的标准计付至2014年1月19日止，以134000元为限；以234000元为本金，自2014年1月20日起按中国人民银行规定的金融机构计收逾期贷款利息的标准计至被告付清房款之日止，且至判决生效之日的违约金于判决生效之日起10日内支付，自判决生效之次日起的违约金于每月10日前逐月支付，违约金总额以234000元为限）；

二、驳回原告毕志力的其他诉讼请求。

第一百九十七条　诉讼时效的期间、计算方法以及中止、中断的事由由法律规定，当事人约定无效。

当事人对诉讼时效利益的预先放弃无效。

第一百九十八条　法律对仲裁时效有规定的，依照其规定；没有规定的，适用诉讼时效的规定。

典型案例　宁陵县中医院与刘某劳动争议纠纷

【裁判观点】有关仲裁时间法律有规定的，依照规定。本案中，宁陵县劳动争议仲裁委员会的仲裁庭审记录，因被告的退休证发证日期为2014年5月9日，宁陵县劳动争议仲裁委员会受理涉案劳动争议的时间为2014年5月22日，不违背自劳动争议发生之日起60日内申请劳动仲裁的相关规定，不能作为证明已超仲裁时效的证据使用，本院不予认定。

【案情介绍】原告诉称：被告原是宁陵县中医院的职工，自2007年1月份至今，被告无故没有上班，也没有向单位做过任何的请示，没有说明任何理由，只是向同科室的人讲到：不干了。至2013年其本人到单位找领导盖章并说到：自己在社保机构办理退休手续，并已经交纳相关的保险费用，需要原用人单位盖章，单位领导出于体恤职工的心态为其加盖公章。然而，2014年5月份原告收到宁陵县劳动人事仲裁委员会的开庭通知，才知道被告提起劳动仲裁，仲裁委于2014年8月11日做出裁决。原告认为：原告与被告之间的劳动关系已经解除，被告在无故离职后自己经营印刷工作，被告已经违反《劳动法》第25条和《劳动合同法》第39条以及原告单位的规章制度和主管部门的文件规定，双方不存在劳动关系。宁陵县劳动仲裁委员会认定事实错误，裁决依据错误。原告为维护合法权益而诉至法院，请求依法判令：（1）原告与被告之间已经解除劳动关系。（2）原告无须支付被告养老保险金。（3）诉讼费用由被告承担。

被告辩称：（1）被告在办理退休手续之前与宁陵县中医院的劳动关系没有解除。原告诉称："被告无故离职，违反了《劳动法》第二十五条和《劳动合同法》第三十九条以及原告单位的规章制度和主管部门的文件规定，双方之间不存在劳动关系…"被告认为原告所诉理由不能成立，原告与被告之间的劳动关系一直存续到办理退休手续之日（2013年9月）。事实是：被告于2008年1月因病请假，后要求上班，单位以无岗位为由没有安排被告上班，被告到了退休年龄，原告为其办理了退休手续。最高人民法院《关于审理劳动争议案件适用法律若干问题的解释》（2001年4月16日）第13条规定："用人单位作出的开除、除名、辞退、解除劳动合同等决定而发生的劳动争议，由单位负举证责任。"被告从未收到过原告关于解除劳动合同的通知，因此原告要求确认原、被告之间劳动关系已经解除的诉请于法无据，不能成立。（2）原告依法应当为被告交纳其应当交纳的社会保险金。原告和被告的劳动关系一直存续，没有解除，依据《劳动法》第73条及《社会保险法》第10条之规定，原告应当为被告交纳其应当交纳的那部分养老金。被告在退休时全额交纳了单位与个人应当交纳的养老金，因此宁陵县劳动仲裁委员会（2014）

第5号裁决书裁决原告支付养老金28853元并无不当。(3)本案并未超出仲裁时效，因为发证日期在2014年5月9日，申请仲裁的日期在5月22日，没有超出60日的仲裁时效。故原告的诉请不能成立，请依法驳回原告的诉讼请求。

【法院审理意见】根据原、被告双方的诉辩观点，本院归纳本案的争议焦点为之一为该劳动争议是否已经超过仲裁时效。

宁陵县劳动争议仲裁委员会的仲裁庭审记录，因被告的退休证发证日期为2014年5月9日，宁陵县劳动争议仲裁委员会受理涉案劳动争议的时间为2014年5月22日，不违背自劳动争议发生之日起60日内申请劳动仲裁的相关规定，不能作为证明已超仲裁时效的证据使用，本院不予认定。被告提交的证据：(1)宁陵县劳动争议仲裁委员会的仲裁裁决书，该裁决书可证明原、被告之间的纠纷已经仲裁委裁决的事实，且不超仲裁时效，可作本案定案的依据，予以认定。(2)交纳养老金的票据及退休证，能证明被告交纳社会保险费并于2014年5月9日办理退休的事实，与本案有关联性，可作本案定案的依据，予以认定。(3)宁陵县机关事业保险所的证明，未加盖单位印章，证据形式不合法，不予认定。

本院认为：最高人民法院《关于审理劳动争议案件适用法律若干问题的解释》第13条规定："因用人单位作出的开除、除名、辞退、解除劳动合同、减少劳动报酬、计算劳动者工作年限等决定而发生的劳动争议，用人单位负举证责任。"本案中，被告刘某系原告宁陵县中医院的职工，在办理退休手续时，原告宁陵县中医院为其加盖单位公章、协助办理了相关退休手续；原告称已与被告解除劳动合同关系，没有提交充足有效的证据证明，应承担举证不能的不利后果；原告要求判令其与被告之间已经解除劳动关系并无须支付被告养老保险金的诉请不成立，本院不予支持。

【法院裁判结果】综上所述，判决如下：

驳回原告宁陵县中医院的诉讼请求。

第一百九十九条　法律规定或者当事人约定的撤销权、解除权等权利的存续期间，除法律另有规定外，自权利人知道或者应当知道权利产生之日起计算，不适用有关诉讼时效中止、中断和延长的规定。存续期间届满，撤销权、解除权等权利消灭。

第十章 期间计算

第二百条 民法所称的期间按照公历年、月、日、小时计算。

第二百零一条 按照年、月、日计算期间的，开始的当日不计入，自下一日开始计算。

按照小时计算期间的，自法律规定或者当事人约定的时间开始计算。

典型案例 杨明成与钟新利、中国人民财产保险股份有限公司江门市分公司机动车交通事故责任纠纷

【裁判观点】规定按照小时计算期间的，从规定时开始计算。规定按照日、月、年计算期间的，开始的当天不算入，从下一天开始计算。本案中，依此规定，原告住院应为17天（注：2015年2月份有28天），原告诉请赔偿的住院伙食补助费应为1700元（100×17）。原告请求住院伙食补助费按18天计算，本院依法不予支持。被告答辩认为原告的住院伙食补助费为900元，本院依法不予支持。

【案情介绍】2015年2月22日，被告钟新利驾驶粤JLK405号小型轿车由325国道往开平市赤坎镇堤东路方向行驶，16时05分许，行驶至开平市赤坎镇中华东路69号路段时，与由开平市一中往开平市赤坎镇中国农业银行方向行驶的杨瑞成驾驶的粤J900BM号普通二轮摩托车（乘载杨宗强、原告杨明成）发生碰撞，造成两车损坏，杨宗强（另案原告）、杨瑞成（另案原告）及原告杨明成受伤的交通事故。经开平市公安局交通警察大队现场勘查和调查取证证实：被告钟新利驾驶机动车未按照操作规范安全驾驶，是导致此事故发生的一方面过错，杨瑞成驾驶机动车通过无交通信号灯控制的交叉路口，在进入路口前没有停车瞭望，让右方道路的来车先行，是导致此事故发生的另一方面

的过错，无证据证明杨宗强、原告杨明成有导致此事故发生的过错。开平市公安局交通警察大队于2015年3月10日作出第201500064号《道路交通事故认定书》，认定杨瑞成、被告钟新利均承担此事故的同等责任，杨宗强、原告杨明成均无责任。

原告杨明成诉称：2015年2月22日16时05分许，被告钟新利驾驶粤JLK405号小型轿车由325国道往开平市赤坎镇堤东路方向行驶，行驶至中华东路69号路段时与杨瑞成驾驶的粤J900BM号普通二轮摩托车（搭载杨宗强、原告杨明成）发生碰撞，造成两车损坏，杨瑞成、杨宗强、原告杨明成受伤的交通事故。经交警认定，被告钟新利和杨瑞成均承担事故的同等责任，杨宗强、原告杨明成不承担事故责任。事故后，原告被送至开平市第二人民医院住院治疗19天。

被告钟新利驾驶粤JLK405号小型轿车在被告中保江门分公司处购买了交强险和商业三者险，事发在保险期限内。事发后，两被告支付了原告的部分医疗费，但原告的其他损失没有得到被告赔偿，故为了维护自己的合法权益，现依法向贵院提起诉讼。

诉讼请求：（1）请求判令被告中保江门分公司在交强险限额内赔偿原告4095.34元，在商业险赔偿限额内赔偿原告2642.69元（二项合计6738.03元），被告钟新利对此承担连带赔偿责任；（2）本案受理费用由两被告承担。

被告钟新利辩称：被告钟新利同意对赔偿原告的6738.03元承担连带责任。被告钟新利在此交通事故中，对三个伤者杨明成、杨宗强及杨瑞成共赔偿了6500元，其中赔偿给原告杨明成1500元。

被告钟新利在举证期限内没有证据提供。

被告中保江门分公司辩称：

1. 医疗费5840.72元不应支持。①被保险车辆在答辩人处投保了交强险和第三者责任险（500000），根据道路交通安全法及机动车交通事故责任强制保险条例的相关规定，答辩人在交强险内的赔偿限额为122000元，其中医疗费10000元、伤亡赔偿金110000元、财产损失赔偿2000元，应分别计算、分开赔偿。②本案伤者多人，答辩人已赔付医疗费10000元，请法庭核实车主垫付情况，垫付费用应扣除。③按《商业保险合同条款》第27条第2款：保险人按照国家基本医疗保险的标准核定医疗费用的赔偿金额。所以保险公司按国家医保标准计赔医疗，需扣除非医保用药，一般按10%扣减。商业险应按责任比例承担。④原告出具的开平市第二人民医院《广东省医疗收费票据》发票（2015年3月7日、3月21日、3月22日、3月24日、3月28日、3月31日、4月4日、4月6日、4月12日2张）无原始病历证明，也无用药清单，无法核实真实性、合法性及与本次事故的关联性。

2. 被答辩人杨明成伙食补助费1800元不应支持，伙食补助费应为900元。根据最高人民法院《关于审理人身损害赔偿案件适用法律若干问题的解释》第23条规定，住院伙食补助费可以参照当地国家机关一般工作人员的出差伙食补助标准予以确定。住院伙食补助费赔偿金额=国家机关一般工作人员出差伙食补助标准（广东省为50元/天）×住院天数。广东省财政厅发布的粤财文（2007）229号《关于印发省直党政机关和事业单位差旅费管理办法的通知》规定了，省直各单位和事业单位关于伙食补助部分的内容，具体为：第13条，出差人员在省外出差，伙食补助费按出差自然（日历）天数实行定额包干，每人每天50元。第14条，出差人员在省内出差不发放伙食补助费，可以凭出差地的餐饮发票，按自然（日历）天数，每人每天50元以内的标准据实报销。因此，其伙食补助费应是900元（50元/天×18天）。

3. 被答辩人的护理费1440元应提供发票。被答辩人未提供护理人的收入情况及护理费用的发票。

4. 被答辩人杨宗强的交通费300元不应支持。依据《解释》第22条，交通费根据受害人及其必要的陪护人员因就医或者转院治疗实际发生的费用计算。交通费应当以正式票据为凭；有关凭据应当与就医地点、时间、人数、次数相符合。被答辩人未提供任何证据证明交通费用，所以不应支持被答辩人的诉讼请求。

5. 被答辩人杨明成请求的诉讼费没有法律依据，不应支持。

综上所述，本次交通事故被答辩人方负同等责任，伤者多人，答辩人交强险仅在保险分项限额内承担责任，商业险应按责任划分。

【法院审理意见】本院认为，对于原告诉请赔偿的住院伙食补助费1800元。《广东省2015年度人身损害赔偿计算标准》中伙食补助费标准为100元/天，原告从2015年2月22日至2015年3月11日在开平市第二人民医院住院治疗，《中华人民共和国民法通则》第154条第2款规定："规定按照小时计算期间的，从规定时开始计算。规定按照日、月、年计算期间的，开始的当天不算入，从下一天开始计算。"依此规定，原告住院应为17天（注：2015年2月份有28天），原告诉请赔偿的住院伙食补助费应为1700元（100×17）。原告请求住院伙食补助费按18天计算，本院依法不予支持。被告答辩认为原告的住院伙食补助费为900元，本院依法不予支持。

【法院裁判结果】综上所述，判决如下：

一、被告中国人民财产保险股份有限公司江门市分公司于本判决发生法律效力之日起10日内在机动车第三者责任强制保险责任限额范围内赔偿

1054.61元给原告杨明成；

二、被告中国人民财产保险股份有限公司江门市分公司于本判决发生法律效力之日起10日内在机动车商业第三者责任保险赔偿限额范围内赔偿906.56元给原告杨明成。

第二百零二条　按照年、月计算期间的，到期月的对应日为期间的最后一日；没有对应日的，月末日为期间的最后一日。

第二百零三条　期间的最后一日是法定休假日的，以法定休假日结束的次日为期间的最后一日。

期间的最后一日的截止时间为二十四时；有业务时间的，停止业务活动的时间为截止时间。

第二百零四条　期间的计算方法依照本法的规定，但是法律另有规定或者当事人另有约定的除外。

第十一章 附 则

第二百零五条 民法所称的“以上”“以下”“以内”“届满”，包括本数；所称的“不满”“超过”“以外”，不包括本数。

典型案例 陈佳枫与罗维孔民间借贷纠纷

【裁判观点】 对于民法所称的“以上”“以下”等词语应准确理解和把握，否则会给当事人造成重大的损失。本案中，原、被告双方约定的借款期限届满之日应当是2013年12月31日，因此原告要求被告支付从2013年12月1日起利息的请求不妥，利息应当从2014年1月1日起开始计算。

【案情介绍】 2013年11月1日，被告罗维孔出具一张欠条给原告陈佳枫，确认欠原告陈佳枫280000元，计划于2013年12月前还，否则按月利率2%计算利息。现因被告罗维孔分文未还，原告向本院起诉，要求被告罗维孔偿还欠款280000元及从2013年12月1日起至还清欠款之日止按月利率2%计算的利息。

原告诉称：2008年7月，被告罗维孔向原告借款200000元。原告于2008年7月28日、7月30日，通过中国民生银行自助设备分别向被告转账共计200000元。后因生意经营需要，被告再次向原告借款80000元，原告以现金支付给被告80000元。以上3笔借款共计280000元。2013年11月1日，被告向原告出具一张欠条，约定2013年12月前还，如果没还月利息按2分计算。借款到期后，被告仍未能按约定还款。综上，特诉至法院请求判决被告罗维孔偿还原告借款本金280000元及自2013年12月1日起至还清借款之日止按月利率2%计算的利息。

被告罗维孔未提供书面答辩。

为了证明其主张，原告提供了借条及中国民生银行个人分户账对账单各一份，以此证明2008年7月28日、7月30日，原告通过中国民生银行向被告转账200000元，2013年11月1日，被告罗维孔出具一张借条，确认向原告借款280000元，并约定上2013年12月前还清欠款，如果未还按月利率2%计算利息的事实。

因被告未到庭参加诉讼，又未提交证据，视为自愿放弃诉讼权利。经审查，原告提供的证据是真实有效的，予以确认，作为本案定案的依据。

【法院审理意见】本院认为，合法的民间借贷受法律保护，被告罗维孔向原告借款后，拒不偿还借款本金，应承担相应的民事责任。原告要求被告罗维孔偿还借款280000元的诉讼请求符合法律规定，应予支持；根据《中华人民共和国民法通则》第155条“民法所称的‘以上’、‘以下’、‘以内’、‘届满’，包括本数；所称的‘不满’、‘以外’，不包括本数”的规定，原、被告双方约定的借款期限届满之日应当是2013年12月31日，因此原告要求被告支付从2013年12月1日起利息的请求不妥，利息应当从2014年1月1日起开始计算。被告罗维孔经本院合法传唤，无正当理由拒不到庭。

【法院裁判结果】综上所述，判决如下：

一、被告罗维孔应于本判决生效之日起10日内向原告陈佳枫偿还借款本金280000元，并支付利息（按月利率2%，从2014年1月1日计至款项还清之日止）。

二、驳回原告陈佳枫的其他诉讼请求。

第二百零六条　本法自2017年10月1日起施行。

附录：中华人民共和国民法总则

（2017 年 3 月 15 日第十二届全国人民代表大会第五次会议通过）

目　录

第一章　基本规定

第一条　为了保护民事主体的合法权益，调整民事关系，维护社会和经济秩序，适应中国特色社会主义发展要求，弘扬社会主义核心价值观，根据宪法，制定本法。

第二条　民法调整平等主体的自然人、法人和非法人组织之间的人身关系和财产关系。

第三条　民事主体的人身权利、财产权利以及其他合法权益受法律保护，任何组织或者个人不得侵犯。

第四条　民事主体在民事活动中的法律地位一律平等。

第五条　民事主体从事民事活动，应当遵循自愿原则，按照自己的意思设立、变更、终止民事法律关系。

第六条　民事主体从事民事活动，应当遵循公平原则，合理确定各方的权利和义务。

第七条　民事主体从事民事活动，应当遵循诚信原则，秉持诚实，恪守承诺。

第八条　民事主体从事民事活动，不得违反法律，不得违背公序良俗。

第九条　民事主体从事民事活动，应当有利于节约资源、保护生态环境。

第十条　处理民事纠纷，应当依照法律；法律没有规定的，可以适用习惯，但是不得违背公序良俗。

第十一条　其他法律对民事关系有特别规定的，依照其规定。

第十二条　中华人民共和国领域内的民事活动，适用中华人民共和国法律。法律另有规定的，依照其规定。

第二章　自 然 人

第一节　民事权利能力和民事行为能力

第十三条　自然人从出生时起到死亡时止，具有民事权利能力，依法享有民事权利，承担民事义务。

第十四条　自然人的民事权利能力一律平等。

第十五条 自然人的出生时间和死亡时间，以出生证明、死亡证明记载的时间为准；没有出生证明、死亡证明的，以户籍登记或者其他有效身份登记记载的时间为准。有其他证据足以推翻以上记载时间的，以该证据证明的时间为准。

第十六条 涉及遗产继承、接受赠与等胎儿利益保护的，胎儿视为具有民事权利能力。但是胎儿娩出时为死体的，其民事权利能力自始不存在。

第十七条 十八周岁以上的自然人为成年人。不满十八周岁的自然人为未成年人。

第十八条 成年人为完全民事行为能力人，可以独立实施民事法律行为。

十六周岁以上的未成年人，以自己的劳动收入为主要生活来源的，视为完全民事行为能力人。

第十九条 八周岁以上的未成年人为限制民事行为能力人，实施民事法律行为由其法定代理人代理或者经其法定代理人同意、追认，但是可以独立实施纯获利益的民事法律行为或者与其年龄、智力相适应的民事法律行为。

第二十条 不满八周岁的未成年人为无民事行为能力人，由其法定代理人代理实施民事法律行为。

第二十一条 不能辨认自己行为的成年人为无民事行为能力人，由其法定代理人代理实施民事法律行为。

八周岁以上的未成年人不能辨认自己行为的，适用前款规定。

第二十二条 不能完全辨认自己行为的成年人为限制民事行为能力人，实施民事法律行为由其法定代理人代理或者经其法定代理人同意、追认，但是可以独立实施纯获利益的民事法律行为或者与其智力、精神健康状况相适应的民事法律行为。

第二十三条 无民事行为能力人、限制民事行为能力人的监护人是其法定代理人。

第二十四条 不能辨认或者不能完全辨认自己行为的成年人，其利害关系人或者有关组织，可以向人民法院申请认定该成年人为无民事行为能力人或者限制民事行为能力人。

被人民法院认定为无民事行为能力人或者限制民事行为能力人的，经本人、利害关系人或者有关组织申请，人民法院可以根据其智力、精神健康恢复的状况，认定该成年人恢复为限制民事行为能力人或者完全民事行为能力人。

本条规定的有关组织包括：居民委员会、村民委员会、学校、医疗机构、妇女联合会、残疾人联合会、依法设立的老年人组织、民政部门等。

第二十五条 自然人以户籍登记或者其他有效身份登记记载的居所为住

所；经常居所与住所不一致的，经常居所视为住所。

第二节　监　　护

第二十六条　父母对未成年子女负有抚养、教育和保护的义务。

成年子女对父母负有赡养、扶助和保护的义务。

第二十七条　父母是未成年子女的监护人。

未成年人的父母已经死亡或者没有监护能力的，由下列有监护能力的人按顺序担任监护人：

（一）祖父母、外祖父母；

（二）兄、姐；

（三）其他愿意担任监护人的个人或者组织，但是须经未成年人住所地的居民委员会、村民委员会或者民政部门同意。

第二十八条　无民事行为能力或者限制民事行为能力的成年人，由下列有监护能力的人按顺序担任监护人：

（一）配偶；

（二）父母、子女；

（三）其他近亲属；

（四）其他愿意担任监护人的个人或者组织，但是须经被监护人住所地的居民委员会、村民委员会或者民政部门同意。

第二十九条　被监护人的父母担任监护人的，可以通过遗嘱指定监护人。

第三十条　依法具有监护资格的人之间可以协议确定监护人。协议确定监护人应当尊重被监护人的真实意愿。

第三十一条　对监护人的确定有争议的，由被监护人住所地的居民委员会、村民委员会或者民政部门指定监护人，有关当事人对指定不服的，可以向人民法院申请指定监护人；有关当事人也可以直接向人民法院申请指定监护人。

居民委员会、村民委员会、民政部门或者人民法院应当尊重被监护人的真实意愿，按照最有利于被监护人的原则在依法具有监护资格的人中指定监护人。

依照本条第一款规定指定监护人前，被监护人的人身权利、财产权利以及其他合法权益处于无人保护状态的，由被监护人住所地的居民委员会、村民委员会、法律规定的有关组织或者民政部门担任临时监护人。

监护人被指定后，不得擅自变更；擅自变更的，不免除被指定的监护人的责任。

第三十二条 没有依法具有监护资格的人的，监护人由民政部门担任，也可以由具备履行监护职责条件的被监护人住所地的居民委员会、村民委员会担任。

第三十三条 具有完全民事行为能力的成年人，可以与其近亲属、其他愿意担任监护人的个人或者组织事先协商，以书面形式确定自己的监护人。协商确定的监护人在该成年人丧失或者部分丧失民事行为能力时，履行监护职责。

第三十四条 监护人的职责是代理被监护人实施民事法律行为，保护被监护人的人身权利、财产权利以及其他合法权益等。

监护人依法履行监护职责产生的权利，受法律保护。

监护人不履行监护职责或者侵害被监护人合法权益的，应当承担法律责任。

第三十五条 监护人应当按照最有利于被监护人的原则履行监护职责。监护人除为维护被监护人利益外，不得处分被监护人的财产。

未成年人的监护人履行监护职责，在作出与被监护人利益有关的决定时，应当根据被监护人的年龄和智力状况，尊重被监护人的真实意愿。

成年人的监护人履行监护职责，应当最大程度地尊重被监护人的真实意愿，保障并协助被监护人实施与其智力、精神健康状况相适应的民事法律行为。对被监护人有能力独立处理的事务，监护人不得干涉。

第三十六条 监护人有下列情形之一的，人民法院根据有关个人或者组织的申请，撤销其监护人资格，安排必要的临时监护措施，并按照最有利于被监护人的原则依法指定监护人：

（一）实施严重损害被监护人身心健康行为的；

（二）怠于履行监护职责，或者无法履行监护职责并且拒绝将监护职责部分或者全部委托给他人，导致被监护人处于危困状态的；

（三）实施严重侵害被监护人合法权益的其他行为的。

本条规定的有关个人和组织包括：其他依法具有监护资格的人，居民委员会、村民委员会、学校、医疗机构、妇女联合会、残疾人联合会、未成年人保护组织、依法设立的老年人组织、民政部门等。

前款规定的个人和民政部门以外的组织未及时向人民法院申请撤销监护人资格的，民政部门应当向人民法院申请。

第三十七条 依法负担被监护人抚养费、赡养费、扶养费的父母、子女、配偶等，被人民法院撤销监护人资格后，应当继续履行负担的义务。

第三十八条 被监护人的父母或者子女被人民法院撤销监护人资格后，除对被监护人实施故意犯罪的外，确有悔改表现的，经其申请，人民法院可以在尊重被监护人真实意愿的前提下，视情况恢复其监护人资格，人民法院指定的监护人与被监护人的监护关系同时终止。

第三十九条 有下列情形之一的，监护关系终止：

（一）被监护人取得或者恢复完全民事行为能力；

（二）监护人丧失监护能力；

（三）被监护人或者监护人死亡；

（四）人民法院认定监护关系终止的其他情形。

监护关系终止后，被监护人仍然需要监护的，应当依法另行确定监护人。

第三节 宣告失踪和宣告死亡

第四十条 自然人下落不明满二年的，利害关系人可以向人民法院申请宣告该自然人为失踪人。

第四十一条 自然人下落不明的时间从其失去音讯之日起计算。战争期间下落不明的，下落不明的时间自战争结束之日或者有关机关确定的下落不明之日起计算。

第四十二条 失踪人的财产由其配偶、成年子女、父母或者其他愿意担任财产代管人的人代管。

代管有争议，没有前款规定的人，或者前款规定的人无代管能力的，由人民法院指定的人代管。

第四十三条 财产代管人应当妥善管理失踪人的财产，维护其财产权益。

失踪人所欠税款、债务和应付的其他费用，由财产代管人从失踪人的财产中支付。

财产代管人因故意或者重大过失造成失踪人财产损失的，应当承担赔偿责任。

第四十四条 财产代管人不履行代管职责、侵害失踪人财产权益或者丧失代管能力的，失踪人的利害关系人可以向人民法院申请变更财产代管人。

财产代管人有正当理由的，可以向人民法院申请变更财产代管人。

人民法院变更财产代管人的，变更后的财产代管人有权要求原财产代管人及时移交有关财产并报告财产代管情况。

第四十五条 失踪人重新出现，经本人或者利害关系人申请，人民法院应当撤销失踪宣告。

失踪人重新出现，有权要求财产代管人及时移交有关财产并报告财产代管情况。

第四十六条 自然人有下列情形之一的，利害关系人可以向人民法院申请宣告该自然人死亡：

（一）下落不明满四年；

（二）因意外事件，下落不明满二年。

因意外事件下落不明，经有关机关证明该自然人不可能生存的，申请宣告死亡不受二年时间的限制。

第四十七条 对同一自然人，有的利害关系人申请宣告死亡，有的利害关系人申请宣告失踪，符合本法规定的宣告死亡条件的，人民法院应当宣告死亡。

第四十八条 被宣告死亡的人，人民法院宣告死亡的判决作出之日视为其死亡的日期；因意外事件下落不明宣告死亡的，意外事件发生之日视为其死亡的日期。

第四十九条 自然人被宣告死亡但是并未死亡的，不影响该自然人在被宣告死亡期间实施的民事法律行为的效力。

第五十条 被宣告死亡的人重新出现，经本人或者利害关系人申请，人民法院应当撤销死亡宣告。

第五十一条 被宣告死亡的人的婚姻关系，自死亡宣告之日起消灭。死亡宣告被撤销的，婚姻关系自撤销死亡宣告之日起自行恢复，但是其配偶再婚或者向婚姻登记机关书面声明不愿意恢复的除外。

第五十二条 被宣告死亡的人在被宣告死亡期间，其子女被他人依法收养的，在死亡宣告被撤销后，不得以未经本人同意为由主张收养关系无效。

第五十三条 被撤销死亡宣告的人有权请求依照继承法取得其财产的民事主体返还财产。无法返还的，应当给予适当补偿。

利害关系人隐瞒真实情况，致使他人被宣告死亡取得其财产的，除应当返还财产外，还应当对由此造成的损失承担赔偿责任。

第四节 个体工商户和农村承包经营户

第五十四条 自然人从事工商业经营，经依法登记，为个体工商户。个体工商户可以起字号。

第五十五条 农村集体经济组织的成员，依法取得农村土地承包经营权，从事家庭承包经营的，为农村承包经营户。

第五十六条 个体工商户的债务，个人经营的，以个人财产承担；家庭经营的，以家庭财产承担；无法区分的，以家庭财产承担。

农村承包经营户的债务，以从事农村土地承包经营的农户财产承担；事实上由农户部分成员经营的，以该部分成员的财产承担。

第三章　法　　人

第一节　一般规定

第五十七条　法人是具有民事权利能力和民事行为能力，依法独立享有民事权利和承担民事义务的组织。

第五十八条　法人应当依法成立。

法人应当有自己的名称、组织机构、住所、财产或者经费。法人成立的具体条件和程序，依照法律、行政法规的规定。

设立法人，法律、行政法规规定须经有关机关批准的，依照其规定。

第五十九条　法人的民事权利能力和民事行为能力，从法人成立时产生，到法人终止时消灭。

第六十条　法人以其全部财产独立承担民事责任。

第六十一条　依照法律或者法人章程的规定，代表法人从事民事活动的负责人，为法人的法定代表人。

法定代表人以法人名义从事的民事活动，其法律后果由法人承受。

法人章程或者法人权力机构对法定代表人代表权的限制，不得对抗善意相对人。

第六十二条　法定代表人因执行职务造成他人损害的，由法人承担民事责任。

法人承担民事责任后，依照法律或者法人章程的规定，可以向有过错的法定代表人追偿。

第六十三条　法人以其主要办事机构所在地为住所。依法需要办理法人登记的，应当将主要办事机构所在地登记为住所。

第六十四条　法人存续期间登记事项发生变化的，应当依法向登记机关申请变更登记。

第六十五条　法人的实际情况与登记的事项不一致的，不得对抗善意相对人。

第六十六条　登记机关应当依法及时公示法人登记的有关信息。

第六十七条　法人合并的，其权利和义务由合并后的法人享有和承担。

法人分立的，其权利和义务由分立后的法人享有连带债权，承担连带债务，但是债权人和债务人另有约定的除外。

第六十八条　有下列原因之一并依法完成清算、注销登记的，法人终止：

（一）法人解散；

（二）法人被宣告破产；

（三）法律规定的其他原因。

法人终止，法律、行政法规规定须经有关机关批准的，依照其规定。

第六十九条 有下列情形之一的，法人解散：

（一）法人章程规定的存续期间届满或者法人章程规定的其他解散事由出现；

（二）法人的权力机构决议解散；

（三）因法人合并或者分立需要解散；

（四）法人依法被吊销营业执照、登记证书，被责令关闭或者被撤销；

（五）法律规定的其他情形。

第七十条 法人解散的，除合并或者分立的情形外，清算义务人应当及时组成清算组进行清算。

法人的董事、理事等执行机构或者决策机构的成员为清算义务人。法律、行政法规另有规定的，依照其规定。

清算义务人未及时履行清算义务，造成损害的，应当承担民事责任；主管机关或者利害关系人可以申请人民法院指定有关人员组成清算组进行清算。

第七十一条 法人的清算程序和清算组职权，依照有关法律的规定；没有规定的，参照适用公司法的有关规定。

第七十二条 清算期间法人存续，但是不得从事与清算无关的活动。

法人清算后的剩余财产，根据法人章程的规定或者法人权力机构的决议处理。法律另有规定的，依照其规定。

清算结束并完成法人注销登记时，法人终止；依法不需要办理法人登记的，清算结束时，法人终止。

第七十三条 法人被宣告破产的，依法进行破产清算并完成法人注销登记时，法人终止。

第七十四条 法人可以依法设立分支机构。法律、行政法规规定分支机构应当登记的，依照其规定。

分支机构以自己的名义从事民事活动，产生的民事责任由法人承担；也可以先以该分支机构管理的财产承担，不足以承担的，由法人承担。

第七十五条 设立人为设立法人从事的民事活动，其法律后果由法人承受；法人未成立的，其法律后果由设立人承受，设立人为二人以上的，享有连带债权，承担连带债务。

设立人为设立法人以自己的名义从事民事活动产生的民事责任，第三人有权选择请求法人或者设立人承担。

第二节　营利法人

第七十六条　以取得利润并分配给股东等出资人为目的成立的法人，为营利法人。

营利法人包括有限责任公司、股份有限公司和其他企业法人等。

第七十七条　营利法人经依法登记成立。

第七十八条　依法设立的营利法人，由登记机关发给营利法人营业执照。营业执照签发日期为营利法人的成立日期。

第七十九条　设立营利法人应当依法制定法人章程。

第八十条　营利法人应当设权力机构。

权力机构行使修改法人章程，选举或者更换执行机构、监督机构成员，以及法人章程规定的其他职权。

第八十一条　营利法人应当设执行机构。

执行机构行使召集权力机构会议，决定法人的经营计划和投资方案，决定法人内部管理机构的设置，以及法人章程规定的其他职权。

执行机构为董事会或者执行董事的，董事长、执行董事或者经理按照法人章程的规定担任法定代表人；未设董事会或者执行董事的，法人章程规定的主要负责人为其执行机构和法定代表人。

第八十二条　营利法人设监事会或者监事等监督机构的，监督机构依法行使检查法人财务，监督执行机构成员、高级管理人员执行法人职务的行为，以及法人章程规定的其他职权。

第八十三条　营利法人的出资人不得滥用出资人权利损害法人或者其他出资人的利益。滥用出资人权利给法人或者其他出资人造成损失的，应当依法承担民事责任。

营利法人的出资人不得滥用法人独立地位和出资人有限责任损害法人的债权人利益。滥用法人独立地位和出资人有限责任，逃避债务，严重损害法人的债权人利益的，应当对法人债务承担连带责任。

第八十四条　营利法人的控股出资人、实际控制人、董事、监事、高级管理人员不得利用其关联关系损害法人的利益。利用关联关系给法人造成损失的，应当承担赔偿责任。

第八十五条　营利法人的权力机构、执行机构作出决议的会议召集程序、表决方式违反法律、行政法规、法人章程，或者决议内容违反法人章程的，营利法人的出资人可以请求人民法院撤销该决议，但是营利法人依据该决议与善意相对人形成的民事法律关系不受影响。

第八十六条 营利法人从事经营活动，应当遵守商业道德，维护交易安全，接受政府和社会的监督，承担社会责任。

第三节 非营利法人

第八十七条 为公益目的或者其他非营利目的成立，不向出资人、设立人或者会员分配所取得利润的法人，为非营利法人。

非营利法人包括事业单位、社会团体、基金会、社会服务机构等。

第八十八条 具备法人条件，为适应经济社会发展需要，提供公益服务设立的事业单位，经依法登记成立，取得事业单位法人资格；依法不需要办理法人登记的，从成立之日起，具有事业单位法人资格。

第八十九条 事业单位法人设理事会的，除法律另有规定外，理事会为其决策机构。事业单位法人的法定代表人依照法律、行政法规或者法人章程的规定产生。

第九十条 具备法人条件，基于会员共同意愿，为公益目的或者会员共同利益等非营利目的设立的社会团体，经依法登记成立，取得社会团体法人资格；依法不需要办理法人登记的，从成立之日起，具有社会团体法人资格。

第九十一条 设立社会团体法人应当依法制定法人章程。

社会团体法人应当设会员大会或者会员代表大会等权力机构。

社会团体法人应当设理事会等执行机构。理事长或者会长等负责人按照法人章程的规定担任法定代表人。

第九十二条 具备法人条件，为公益目的以捐助财产设立的基金会、社会服务机构等，经依法登记成立，取得捐助法人资格。

依法设立的宗教活动场所，具备法人条件的，可以申请法人登记，取得捐助法人资格。法律、行政法规对宗教活动场所有规定的，依照其规定。

第九十三条 设立捐助法人应当依法制定法人章程。

捐助法人应当设理事会、民主管理组织等决策机构，并设执行机构。理事长等负责人按照法人章程的规定担任法定代表人。

捐助法人应当设监事会等监督机构。

第九十四条 捐助人有权向捐助法人查询捐助财产的使用、管理情况，并提出意见和建议，捐助法人应当及时、如实答复。

捐助法人的决策机构、执行机构或者法定代表人作出决定的程序违反法律、行政法规、法人章程，或者决定内容违反法人章程的，捐助人等利害关系人或者主管机关可以请求人民法院撤销该决定，但是捐助法人依据该决定与善意相对人形成的民事法律关系不受影响。

第九十五条 为公益目的成立的非营利法人终止时，不得向出资人、设立人或者会员分配剩余财产。剩余财产应当按照法人章程的规定或者权力机构的决议用于公益目的；无法按照法人章程的规定或者权力机构的决议处理的，由主管机关主持转给宗旨相同或者相近的法人，并向社会公告。

第四节 特别法人

第九十六条 本节规定的机关法人、农村集体经济组织法人、城镇农村的合作经济组织法人、基层群众性自治组织法人，为特别法人。

第九十七条 有独立经费的机关和承担行政职能的法定机构从成立之日起，具有机关法人资格，可以从事为履行职能所需要的民事活动。

第九十八条 机关法人被撤销的，法人终止，其民事权利和义务由继任的机关法人享有和承担；没有继任的机关法人的，由作出撤销决定的机关法人享有和承担。

第九十九条 农村集体经济组织依法取得法人资格。

法律、行政法规对农村集体经济组织有规定的，依照其规定。

第一百条 城镇农村的合作经济组织依法取得法人资格。

法律、行政法规对城镇农村的合作经济组织有规定的，依照其规定。

第一百零一条 居民委员会、村民委员会具有基层群众性自治组织法人资格，可以从事为履行职能所需要的民事活动。

未设立村集体经济组织的，村民委员会可以依法代行村集体经济组织的职能。

第四章 非法人组织

第一百零二条 非法人组织是不具有法人资格，但是能够依法以自己的名义从事民事活动的组织。

非法人组织包括个人独资企业、合伙企业、不具有法人资格的专业服务机构等。

第一百零三条 非法人组织应当依照法律的规定登记。

设立非法人组织，法律、行政法规规定须经有关机关批准的，依照其规定。

第一百零四条 非法人组织的财产不足以清偿债务的，其出资人或者设立人承担无限责任。法律另有规定的，依照其规定。

第一百零五条 非法人组织可以确定一人或者数人代表该组织从事民事

活动。

第一百零六条 有下列情形之一的，非法人组织解散：

（一）章程规定的存续期间届满或者章程规定的其他解散事由出现；

（二）出资人或者设立人决定解散；

（三）法律规定的其他情形。

第一百零七条 非法人组织解散的，应当依法进行清算。

第一百零八条 非法人组织除适用本章规定外，参照适用本法第三章第一节的有关规定。

第五章 民事权利

第一百零九条 自然人的人身自由、人格尊严受法律保护。

第一百一十条 自然人享有生命权、身体权、健康权、姓名权、肖像权、名誉权、荣誉权、隐私权、婚姻自主权等权利。

法人、非法人组织享有名称权、名誉权、荣誉权等权利。

第一百一十一条 自然人的个人信息受法律保护。任何组织和个人需要获取他人个人信息的，应当依法取得并确保信息安全，不得非法收集、使用、加工、传输他人个人信息，不得非法买卖、提供或者公开他人个人信息。

第一百一十二条 自然人因婚姻、家庭关系等产生的人身权利受法律保护。

第一百一十三条 民事主体的财产权利受法律平等保护。

第一百一十四条 民事主体依法享有物权。

物权是权利人依法对特定的物享有直接支配和排他的权利，包括所有权、用益物权和担保物权。

第一百一十五条 物包括不动产和动产。法律规定权利作为物权客体的，依照其规定。

第一百一十六条 物权的种类和内容，由法律规定。

第一百一十七条 为了公共利益的需要，依照法律规定的权限和程序征收、征用不动产或者动产的，应当给予公平、合理的补偿。

第一百一十八条 民事主体依法享有债权。

债权是因合同、侵权行为、无因管理、不当得利以及法律的其他规定，权利人请求特定义务人为或者不为一定行为的权利。

第一百一十九条 依法成立的合同，对当事人具有法律约束力。

第一百二十条 民事权益受到侵害的，被侵权人有权请求侵权人承担侵权责任。

第一百二十一条 没有法定的或者约定的义务，为避免他人利益受损失而进行管理的人，有权请求受益人偿还由此支出的必要费用。

第一百二十二条 因他人没有法律根据，取得不当利益，受损失的人有权请求其返还不当利益。

第一百二十三条 民事主体依法享有知识产权。

知识产权是权利人依法就下列客体享有的专有的权利：

（一）作品；

（二）发明、实用新型、外观设计；

（三）商标；

（四）地理标志；

（五）商业秘密；

（六）集成电路布图设计；

（七）植物新品种；

（八）法律规定的其他客体。

第一百二十四条 自然人依法享有继承权。

自然人合法的私有财产，可以依法继承。

第一百二十五条 民事主体依法享有股权和其他投资性权利。

第一百二十六条 民事主体享有法律规定的其他民事权利和利益。

第一百二十七条 法律对数据、网络虚拟财产的保护有规定的，依照其规定。

第一百二十八条 法律对未成年人、老年人、残疾人、妇女、消费者等的民事权利保护有特别规定的，依照其规定。

第一百二十九条 民事权利可以依据民事法律行为、事实行为、法律规定的事件或者法律规定的其他方式取得。

第一百三十条 民事主体按照自己的意愿依法行使民事权利，不受干涉。

第一百三十一条 民事主体行使权利时，应当履行法律规定的和当事人约定的义务。

第一百三十二条 民事主体不得滥用民事权利损害国家利益、社会公共利益或者他人合法权益。

第六章 民事法律行为

第一节 一般规定

第一百三十三条 民事法律行为是民事主体通过意思表示设立、变更、终止民事法律关系的行为。

第一百三十四条 民事法律行为可以基于双方或者多方的意思表示一致成立，也可以基于单方的意思表示成立。

法人、非法人组织依照法律或者章程规定的议事方式和表决程序作出决议的，该决议行为成立。

第一百三十五条 民事法律行为可以采用书面形式、口头形式或者其他形式；法律、行政法规规定或者当事人约定采用特定形式的，应当采用特定形式。

第一百三十六条 民事法律行为自成立时生效，但是法律另有规定或者当事人另有约定的除外。

行为人非依法律规定或者未经对方同意，不得擅自变更或者解除民事法律行为。

第二节 意思表示

第一百三十七条 以对话方式作出的意思表示，相对人知道其内容时生效。

以非对话方式作出的意思表示，到达相对人时生效。以非对话方式作出的采用数据电文形式的意思表示，相对人指定特定系统接收数据电文的，该数据电文进入该特定系统时生效；未指定特定系统的，相对人知道或者应当知道该数据电文进入其系统时生效。当事人对采用数据电文形式的意思表示的生效时间另有约定的，按照其约定。

第一百三十八条 无相对人的意思表示，表示完成时生效。法律另有规定的，依照其规定。

第一百三十九条 以公告方式作出的意思表示，公告发布时生效。

第一百四十条 行为人可以明示或者默示作出意思表示。

沉默只有在有法律规定、当事人约定或者符合当事人之间的交易习惯时，才可以视为意思表示。

第一百四十一条 行为人可以撤回意思表示。撤回意思表示的通知应当在意思表示到达相对人前或者与意思表示同时到达相对人。

第一百四十二条 有相对人的意思表示的解释，应当按照所使用的词句，结合相关条款、行为的性质和目的、习惯以及诚信原则，确定意思表示的含义。

无相对人的意思表示的解释，不能完全拘泥于所使用的词句，而应当结合相关条款、行为的性质和目的、习惯以及诚信原则，确定行为人的真实意思。

第三节 民事法律行为的效力

第一百四十三条 具备下列条件的民事法律行为有效：

（一）行为人具有相应的民事行为能力；

（二）意思表示真实；

（三）不违反法律、行政法规的强制性规定，不违背公序良俗。

第一百四十四条 无民事行为能力人实施的民事法律行为无效。

第一百四十五条 限制民事行为能力人实施的纯获利益的民事法律行为或者与其年龄、智力、精神健康状况相适应的民事法律行为有效；实施的其他民事法律行为经法定代理人同意或者追认后有效。

相对人可以催告法定代理人自收到通知之日起一个月内予以追认。法定代理人未作表示的，视为拒绝追认。民事法律行为被追认前，善意相对人有撤销的权利。撤销应当以通知的方式作出。

第一百四十六条 行为人与相对人以虚假的意思表示实施的民事法律行为无效。

以虚假的意思表示隐藏的民事法律行为的效力，依照有关法律规定处理。

第一百四十七条 基于重大误解实施的民事法律行为，行为人有权请求人民法院或者仲裁机构予以撤销。

第一百四十八条 一方以欺诈手段，使对方在违背真实意思的情况下实施的民事法律行为，受欺诈方有权请求人民法院或者仲裁机构予以撤销。

第一百四十九条 第三人实施欺诈行为，使一方在违背真实意思的情况下实施的民事法律行为，对方知道或者应当知道该欺诈行为的，受欺诈方有权请求人民法院或者仲裁机构予以撤销。

第一百五十条 一方或者第三人以胁迫手段，使对方在违背真实意思的情况下实施的民事法律行为，受胁迫方有权请求人民法院或者仲裁机构予以撤销。

第一百五十一条 一方利用对方处于危困状态、缺乏判断能力等情形，致使民事法律行为成立时显失公平的，受损害方有权请求人民法院或者仲裁机构予以撤销。

第一百五十二条 有下列情形之一的，撤销权消灭：

（一）当事人自知道或者应当知道撤销事由之日起一年内、重大误解的当事人自知道或者应当知道撤销事由之日起三个月内没有行使撤销权；

（二）当事人受胁迫，自胁迫行为终止之日起一年内没有行使撤销权；

（三）当事人知道撤销事由后明确表示或者以自己的行为表明放弃撤

销权。

当事人自民事法律行为发生之日起五年内没有行使撤销权的，撤销权消灭。

第一百五十三条 违反法律、行政法规的强制性规定的民事法律行为无效，但是该强制性规定不导致该民事法律行为无效的除外。

违背公序良俗的民事法律行为无效。

第一百五十四条 行为人与相对人恶意串通，损害他人合法权益的民事法律行为无效。

第一百五十五条 无效的或者被撤销的民事法律行为自始没有法律约束力。

第一百五十六条 民事法律行为部分无效，不影响其他部分效力的，其他部分仍然有效。

第一百五十七条 民事法律行为无效、被撤销或者确定不发生效力后，行为人因该行为取得的财产，应当予以返还；不能返还或者没有必要返还的，应当折价补偿。有过错的一方应当赔偿对方由此所受到的损失；各方都有过错的，应当各自承担相应的责任。法律另有规定的，依照其规定。

第四节 民事法律行为的附条件和附期限

第一百五十八条 民事法律行为可以附条件，但是按照其性质不得附条件的除外。附生效条件的民事法律行为，自条件成就时生效。附解除条件的民事法律行为，自条件成就时失效。

第一百五十九条 附条件的民事法律行为，当事人为自己的利益不正当地阻止条件成就的，视为条件已成就；不正当地促成条件成就的，视为条件不成就。

第一百六十条 民事法律行为可以附期限，但是按照其性质不得附期限的除外。附生效期限的民事法律行为，自期限届至时生效。附终止期限的民事法律行为，自期限届满时失效。

第七章 代　　理

第一节 一般规定

第一百六十一条 民事主体可以通过代理人实施民事法律行为。

依照法律规定、当事人约定或者民事法律行为的性质，应当由本人亲自实施的民事法律行为，不得代理。

第一百六十二条 代理人在代理权限内，以被代理人名义实施的民事法律行为，对被代理人发生效力。

第一百六十三条 代理包括委托代理和法定代理。

委托代理人按照被代理人的委托行使代理权。法定代理人依照法律的规定行使代理权。

第一百六十四条 代理人不履行或者不完全履行职责，造成被代理人损害的，应当承担民事责任。

代理人和相对人恶意串通，损害被代理人合法权益的，代理人和相对人应当承担连带责任。

第二节 委托代理

第一百六十五条 委托代理授权采用书面形式的，授权委托书应当载明代理人的姓名或者名称、代理事项、权限和期间，并由被代理人签名或者盖章。

第一百六十六条 数人为同一代理事项的代理人的，应当共同行使代理权，但是当事人另有约定的除外。

第一百六十七条 代理人知道或者应当知道代理事项违法仍然实施代理行为，或者被代理人知道或者应当知道代理人的代理行为违法未作反对表示的，被代理人和代理人应当承担连带责任。

第一百六十八条 代理人不得以被代理人的名义与自己实施民事法律行为，但是被代理人同意或者追认的除外。

代理人不得以被代理人的名义与自己同时代理的其他人实施民事法律行为，但是被代理的双方同意或者追认的除外。

第一百六十九条 代理人需要转委托第三人代理的，应当取得被代理人的同意或者追认。

转委托代理经被代理人同意或者追认的，被代理人可以就代理事务直接指示转委托的第三人，代理人仅就第三人的选任以及对第三人的指示承担责任。

转委托代理未经被代理人同意或者追认的，代理人应当对转委托的第三人的行为承担责任，但是在紧急情况下代理人为了维护被代理人的利益需要转委托第三人代理的除外。

第一百七十条 执行法人或者非法人组织工作任务的人员，就其职权范围内的事项，以法人或者非法人组织的名义实施民事法律行为，对法人或者非法人组织发生效力。

法人或者非法人组织对执行其工作任务的人员职权范围的限制，不得对抗善意相对人。

第一百七十一条 行为人没有代理权、超越代理权或者代理权终止后，仍然实施代理行为，未经被代理人追认的，对被代理人不发生效力。

相对人可以催告被代理人自收到通知之日起一个月内予以追认。被代理人未作表示的，视为拒绝追认。行为人实施的行为被追认前，善意相对人有撤销的权利。撤销应当以通知的方式作出。

行为人实施的行为未被追认的，善意相对人有权请求行为人履行债务或者就其受到的损害请求行为人赔偿，但是赔偿的范围不得超过被代理人追认时相对人所能获得的利益。

相对人知道或者应当知道行为人无权代理的，相对人和行为人按照各自的过错承担责任。

第一百七十二条 行为人没有代理权、超越代理权或者代理权终止后，仍然实施代理行为，相对人有理由相信行为人有代理权的，代理行为有效。

第三节 代理终止

第一百七十三条 有下列情形之一的，委托代理终止：

（一）代理期间届满或者代理事务完成；

（二）被代理人取消委托或者代理人辞去委托；

（三）代理人丧失民事行为能力；

（四）代理人或者被代理人死亡；

（五）作为代理人或者被代理人的法人、非法人组织终止。

第一百七十四条 被代理人死亡后，有下列情形之一的，委托代理人实施的代理行为有效：

（一）代理人不知道并且不应当知道被代理人死亡；

（二）被代理人的继承人予以承认；

（三）授权中明确代理权在代理事务完成时终止；

（四）被代理人死亡前已经实施，为了被代理人的继承人的利益继续代理。

作为被代理人的法人、非法人组织终止的，参照适用前款规定。

第一百七十五条 有下列情形之一的，法定代理终止：

（一）被代理人取得或者恢复完全民事行为能力；

（二）代理人丧失民事行为能力；

（三）代理人或者被代理人死亡；

（四）法律规定的其他情形。

第八章　民事责任

第一百七十六条　民事主体依照法律规定和当事人约定，履行民事义务，承担民事责任。

第一百七十七条　二人以上依法承担按份责任，能够确定责任大小的，各自承担相应的责任；难以确定责任大小的，平均承担责任。

第一百七十八条　二人以上依法承担连带责任的，权利人有权请求部分或者全部连带责任人承担责任。

连带责任人的责任份额根据各自责任大小确定；难以确定责任大小的，平均承担责任。实际承担责任超过自己责任份额的连带责任人，有权向其他连带责任人追偿。

连带责任，由法律规定或者当事人约定。

第一百七十九条　承担民事责任的方式主要有：

（一）停止侵害；

（二）排除妨碍；

（三）消除危险；

（四）返还财产；

（五）恢复原状；

（六）修理、重作、更换；

（七）继续履行；

（八）赔偿损失；

（九）支付违约金；

（十）消除影响、恢复名誉；

（十一）赔礼道歉。

法律规定惩罚性赔偿的，依照其规定。

本条规定的承担民事责任的方式，可以单独适用，也可以合并适用。

第一百八十条　因不可抗力不能履行民事义务的，不承担民事责任。法律另有规定的，依照其规定。

不可抗力是指不能预见、不能避免且不能克服的客观情况。

第一百八十一条　因正当防卫造成损害的，不承担民事责任。

正当防卫超过必要的限度，造成不应有的损害的，正当防卫人应当承担适当的民事责任。

第一百八十二条　因紧急避险造成损害的，由引起险情发生的人承担民事责任。

危险由自然原因引起的，紧急避险人不承担民事责任，可以给予适当补偿。

紧急避险采取措施不当或者超过必要的限度，造成不应有的损害的，紧急避险人应当承担适当的民事责任。

第一百八十三条 因保护他人民事权益使自己受到损害的，由侵权人承担民事责任，受益人可以给予适当补偿。没有侵权人、侵权人逃逸或者无力承担民事责任，受害人请求补偿的，受益人应当给予适当补偿。

第一百八十四条 因自愿实施紧急救助行为造成受助人损害的，救助人不承担民事责任。

第一百八十五条 侵害英雄烈士等的姓名、肖像、名誉、荣誉，损害社会公共利益的，应当承担民事责任。

第一百八十六条 因当事人一方的违约行为，损害对方人身权益、财产权益的，受损害方有权选择请求其承担违约责任或者侵权责任。

第一百八十七条 民事主体因同一行为应当承担民事责任、行政责任和刑事责任的，承担行政责任或者刑事责任不影响承担民事责任；民事主体的财产不足以支付的，优先用于承担民事责任。

第九章　诉讼时效

第一百八十八条 向人民法院请求保护民事权利的诉讼时效期间为三年。法律另有规定的，依照其规定。

诉讼时效期间自权利人知道或者应当知道权利受到损害以及义务人之日起计算。法律另有规定的，依照其规定。但是自权利受到损害之日起超过二十年的，人民法院不予保护；有特殊情况的，人民法院可以根据权利人的申请决定延长。

第一百八十九条 当事人约定同一债务分期履行的，诉讼时效期间自最后一期履行期限届满之日起计算。

第一百九十条 无民事行为能力人或者限制民事行为能力人对其法定代理人的请求权的诉讼时效期间，自该法定代理终止之日起计算。

第一百九十一条 未成年人遭受性侵害的损害赔偿请求权的诉讼时效期间，自受害人年满十八周岁之日起计算。

第一百九十二条 诉讼时效期间届满的，义务人可以提出不履行义务的抗辩。

诉讼时效期间届满后，义务人同意履行的，不得以诉讼时效期间届满为由抗辩；义务人已自愿履行的，不得请求返还。

第一百九十三条 人民法院不得主动适用诉讼时效的规定。

第一百九十四条 在诉讼时效期间的最后六个月内，因下列障碍，不能行使请求权的，诉讼时效中止：

（一）不可抗力；

（二）无民事行为能力人或者限制民事行为能力人没有法定代理人，或者法定代理人死亡、丧失民事行为能力、丧失代理权；

（三）继承开始后未确定继承人或者遗产管理人；

（四）权利人被义务人或者其他人控制；

（五）其他导致权利人不能行使请求权的障碍。

自中止时效的原因消除之日起满六个月，诉讼时效期间届满。

第一百九十五条 有下列情形之一的，诉讼时效中断，从中断、有关程序终结时起，诉讼时效期间重新计算：

（一）权利人向义务人提出履行请求；

（二）义务人同意履行义务；

（三）权利人提起诉讼或者申请仲裁；

（四）与提起诉讼或者申请仲裁具有同等效力的其他情形。

第一百九十六条 下列请求权不适用诉讼时效的规定：

（一）请求停止侵害、排除妨碍、消除危险；

（二）不动产物权和登记的动产物权的权利人请求返还财产；

（三）请求支付抚养费、赡养费或者扶养费；

（四）依法不适用诉讼时效的其他请求权。

第一百九十七条 诉讼时效的期间、计算方法以及中止、中断的事由由法律规定，当事人约定无效。

当事人对诉讼时效利益的预先放弃无效。

第一百九十八条 法律对仲裁时效有规定的，依照其规定；没有规定的，适用诉讼时效的规定。

第一百九十九条 法律规定或者当事人约定的撤销权、解除权等权利的存续期间，除法律另有规定外，自权利人知道或者应当知道权利产生之日起计算，不适用有关诉讼时效中止、中断和延长的规定。存续期间届满，撤销权、解除权等权利消灭。

第十章 期间计算

第二百条 民法所称的期间按照公历年、月、日、小时计算。

第二百零一条 按照年、月、日计算期间的，开始的当日不计入，自下一日开始计算。

按照小时计算期间的，自法律规定或者当事人约定的时间开始计算。

第二百零二条 按照年、月计算期间的，到期月的对应日为期间的最后一日；没有对应日的，月末日为期间的最后一日。

第二百零三条 期间的最后一日是法定休假日的，以法定休假日结束的次日为期间的最后一日。

期间的最后一日的截止时间为二十四时；有业务时间的，停止业务活动的时间为截止时间。

第二百零四条 期间的计算方法依照本法的规定，但是法律另有规定或者当事人另有约定的除外。

第十一章 附 则

第二百零五条 民法所称的“以上”“以下”“以内”“届满”，包括本数；所称的“不满”“超过”“以外”，不包括本数。

第二百零六条 本法自2017年10月1日起施行。